邵阳年鉴

SHAOYANG NIANJIAN

2018

邵 阳 市 人 民 政 府 主办
邵阳市人民政府地方志办公室 编

红旗出版社

图书在版编目（CIP）数据

邵阳年鉴. 2018年 / 邵阳市人民政府地方志办公室编. -- 北京 : 红旗出版社, 2019.10

ISBN 978-7-5051-4973-1

Ⅰ. ①邵… Ⅱ. ①邵… Ⅲ. ①邵阳—2018—年鉴 Ⅳ. ①Z526.43

中国版本图书馆CIP数据核字(2019)第234856号

书　　名　邵阳年鉴. 2018年
著　　者　邵阳市人民政府地方志办公室
出 品 人　唐中祥
总 监 制　褚定华　　　　责任编辑　朱小玲
出版发行　红旗出版社　　内文设计　邵阳市华彩印刷有限公司
邮政编码　100727　　　　地　　址　北京市沙滩北街2号
编 辑 部　010-57274497　发 行 部　010-57270296
印　　刷　邵阳市华彩印刷有限公司
开　　本　210毫米×285毫米 1/16
字　　数　695千字　　　　印　　张　27
版　　次　2019年11月北京第1版　印　　次　2019年11月湖南第1次印刷
ISBN 978-7-5051-4973-1　定　　价　260.00元

编 辑 说 明

一、《邵阳年鉴》是邵阳市人民政府主办、邵阳市人民政府地方志办公室编纂的综合性地方年鉴。以马克思列宁主义、毛泽东思想、邓小平理论、“三个代表”重要思想、科学发展观、习近平新时代中国特色社会主义思想为指导，坚持辩证唯物主义和历史唯物主义的立场、观点和方法，分年度全面系统地记载邵阳市国民经济和社会发展的基本情况与重大事件。

二、《邵阳年鉴》2018年卷主要记载2017年1月1日至12月31日邵阳市自然、政治、经济、文化、社会等方面的基本情况。全书依次并列设特载、大事记、邵阳概况、中共邵阳市委、邵阳市人大及其常务委员会、邵阳市人民政府、政协邵阳市委员会、中共邵阳市纪律检查委员会、民主党派与工商联、群众团体、军事、公安司法、经济综合管理、财政·税务、城建·环保、交通·邮电、工业、农业、经开区、商贸·服务、金融·保险、教育·科技、文化·体育·新闻、卫生与食品药品监管、县市区情、政府文件选登、统计资料共27个部类。

三、《邵阳年鉴》所载稿件内容和数据均由各部门、各单位提供，并经撰稿单位领导审核后，由市政府地方志办公室组织编纂，最后由年鉴编委会审定。凡涉及全市国民经济和社会发展全局的数据，均以市统计局提供的资料为依据。

四、《邵阳年鉴》采取部类、分目、条目的编辑体例，以字体、字号等版式设计区别不同层次，以条目作为记述的基本形式，条目标题统一用黑体加【】表示。

五、《邵阳年鉴》在“邵阳概况”部类中所设“市领导机关、市直行政事业单位及部、省属在邵领导人名单”中，限于篇幅只收录正处以上（含正处）单位的班子成员，党政领导分设的，标明党委书记或副书记，当年任免的分别予以注明。

邵阳年鉴编纂委员会

邓联日　邵阳市统计局局长
李剑平　邵阳市国家税务局局长
王　昆　邵阳市烟草专卖局局长
周铁钢　国网邵阳供电公司总经理
卿国清　邵阳市气象局局长
蒋佑华　邵阳市水文局局长
许洪范　邵阳市机关事务管理局局长
刘厚见　邵阳市信访局局长
罗广洪　邵阳市扶贫开发办主任
欧阳向东　邵阳市行政审批服务局局长
黄海蓉　邵阳市医疗保障局局长
周玉柳　邵阳市人民政府地方志办公室调研员
蔡　然　邵阳市人民政府地方志办公室调研员
刘长峰　邵东县县委办主任
陈学先　新邵县县委办主任
贺永亮　隆回县常务副县长
吴方定　洞口县县委办主任
戴蹇吾　绥宁县副县长
熊雪娥　城步苗族自治县副县长
范志锋　武冈市常务副市长
刘颖彬　新宁县副县长
周玉祥　邵阳县常务副县长
陈小飞　大祥区常务副区长
胡迪芬　双清区副区长
罗　颢　北塔区副区长

邵 阳 年 鉴 社

社　　　长　陈秋良

副 社 长　石卫东　周玉柳　蔡　然

邵　阳　年　鉴

（2018）

主　　　编　石卫东

执行主编　尹敬中

副 主 编　周玉柳　蔡　然

编　　　辑　邓　艳　曾爱武　郭勇华

编　　　务　鞠　柯　蒋俊彬

目　录

特　载

政府工作报告 1

大 事 记

2017 年邵阳大事记 12

邵阳概况

地理 28
位置 28
地貌 28
水文 28
区域气候特征 28
2017 年气候表现 28
主要天气气候事件及其影响 29
区位交通 30

资源 30
土地资源 30
水利资源 30
矿产资源 31
生物资源 31
旅游资源 31

生态环境 33
环境质量 33
环境治理 33
生态文明建设 33

政区 33
建置沿革 33
行政区划 33
2017 年邵阳市行政区划统计表 34
2017 年邵阳市区、县、市所辖镇个数 34

人口·民族·宗教 35
人口总量 35
人口变动 35
年龄结构 35
从业人员 35
民族 35
宗教 35

国民经济和社会发展 35
经济发展概况 35
振兴实体产业 36
推进项目建设 36
统筹区域发展 36
深化改革开放 37
改善民生民利 37

城乡居民生活 37
居民收支稳步增长 37
居民收入对比分析 37
居民收入结构特点 38
居民消费特点 38

市领导机关、市直行政事业单位及部、省属派驻邵单位领导名单（2017 年） 39

中国共产党邵阳市委员会

重要会议 56
十一届二次全体会议 56
市委经济工作暨产业发展大会 56
传达学习全国“两会”精神会议 56
市委十一届三次全体（扩大）会议 57
传达学习党的十九大精神大会 57
市委十一届四次全体（扩大）会议 57

附：中共邵阳市委印发文件目录 57

办公室工作 58
全市党委办公室工作会议 58
文秘工作 58
综合调研工作 58
保密工作 59
安全保卫工作 59
行政后勤工作 59

市委政策研究 59
文稿起草 59
调查研究 59
深化改革 60
推进全面小康建设 60

市委督查工作 60
决策部署落实督查 60
专项事件督查督办 60

市委组织工作 61
学习贯彻党的十九大精神 61
推进“两学一做”学习教育常态化制度化 61
加强领导班子和干部队伍建设 61
推进基层党建“四个全面覆盖”“四个全面提升” 61
完成村（社区）“两委”换届 62
脱贫攻坚 62
推进人才兴邵战略 62

宣传工作 62
意识形态领域管理 62
中心组学习 63
理论宣讲 63
理论平台建设 63
党的十九大精神宣传 63
主题宣传 63
媒体平台建设 63
文明创建 64
社会主义核心价值观培育 64
社会公益宣传 64
文化宣传 64
学习教育培训 64
主题学习活动 65

政法工作 65
维护社会和谐稳定 65
社会治安综合治理 65
平安邵阳建设 65
法治邵阳建设 66
政法队伍建设 66

统一战线工作 66
概况 66
学习宣传 66
多党合作 66
党外代表人士队伍建设 67
党外知识分子和新的社会阶层人士统战工作 67
经济统战 67

民族宗教 68
海外统战 68
自身建设 68

对台工作 69
对台经济 69
对台交流 69
涉台服务 69
涉台宣传教育 69

机构编制工作 69
编制管理 69
编制改革 70

市直机关党建 70
思想政治工作 70
“两学一做”学习教育 70
基层基础工作 70
党的纪律和作风建设 71
机关文体活动 71

党史研究 71
资料征集 71
资政研究 71
书籍编撰 71
党史宣传 71
党史联络 72

老干部工作 72
离退休干部党建工作 72
发挥老干部正能量 72
为离退休干部服务 72

党校（行政学院）工作 72
实行教师专（课）题招标制 72
学员全程式从严管理 73
推行后勤社会化服务 73
从严治校 73
新校建设 73

市委讲师团工作 73
集中学习 73
理论宣讲与研究 74

防范和处理邪教 74
概况 74
宣传教育 74
基层基础建设 74

接待工作 74
概况 74

邵阳市人民代表大会及其常务委员会

概况 75

邵阳市第十六届人民代表大会第一次会议 75

市十六届人大常委会会议 76
第一次会议 76
第二次会议 76
第三次会议 77
第四次会议 77
第五次会议 77
第六次会议 77
第七次会议 77
第八次会议 78
第九次会议 78

立法工作 78
推进地方立法 78

监督工作 79
监督财政预决算 79
审议专项工作报告 79

监督重要民生项目实施 79
监督重大项目建设工作 79

代表联络与人事任免工作 80
代表履职 80
代表主体活动 80
全覆盖督办代表建议、批评和意见 80
人事任免工作 80

提高履职能力 81
思想政治建设 81
履职规范化建设 81
自身建设 81

邵阳市人民政府

市人民政府重要会议 82
全体会议 82
党组（扩大）会议 82
常务会议 82
专题会议 83

市政府办公室工作 83
“两学一做”学习教育 83
组织协调 83
督查督办 83
调查研究 83
办文办会 83
信息工作 83
队伍建设 84
日常工作 84
扶贫帮困 84

市政府法制工作 84
概况 84
专题研究法治政府建设工作 84
权力清单编制工作 84
综合执法体制改革 85
政府合同管理及法律顾问工作 85
地方政府立法工作 85
规范性文件管理工作 85
依法行政监督指导工作 85
行政复议应诉 86
法律仲裁 86

重点项目建设 86

人力资源和社会保障 87
概况 87
就业再就业 87
春运期间为农民工服务 87
春风行动 87
就业援助月行动 87
促进高校毕业生就业 87
公益性岗位管理 88
培育创新创业平台 88
创业培训师资培养 88
创业培训 88
企业养老保险 88
企业养老保险服务新举措 89
机关养老保险 89
失业保险 89
城镇职工医疗保险 90
生育保险 90
医保定点监管 90
特殊门诊工作 90
意外伤害工作 90
个人帐户工作 90
结算工作 90
异地就医工作 91
城乡居民医疗保险 91
落实城乡医保新政策 91
实施健康扶贫工程 91
推进大病保险工作 92
实现跨省异地就医直接结算 92
工伤保险 92
推进“同舟计划” 92

工伤保险基金管理 92
工伤认定 92
城乡居民养老保险 93
经办服务优化升级 93
落实被征地农民社会保障 93
职业技能鉴定 93
组织职业技能竞赛 93
加强技工院校管理 94
劳动监察日常巡查和举报投诉管理 94
劳动监察网络建设 94
劳动监察专项行动 94
劳动人事争议仲裁 94
劳动关系 95
公务员管理 95
专业技术人员管理 95
事业单位人事管理 96
军队转业干部安置 96
人事考试 96
专家管理 96
工资福利 97
社会保险基金监督 97
统计信息 97
信息系统建设 97
社保卡建设 98
绩效考核评估 98
人力资源开发 98
人事档案管理 98

民政 99
社会救助 99
村（社区）“两委”换届选举 99
抗灾救灾 99
双拥工作 100
养老院服务 100
困境儿童和残疾人保障 100
社会公共服务 100

民族宗教工作 101
调查研究 101
民族地区经济发展 101
少数民族文化体育 101
民族团结进步创建 101
邵阳市宗教工作会议 101
宗教工作法治化建设 101
妥善处理涉及民族宗教领域的矛盾纠纷 102

旅游 102
概况 102
重点旅游项目建设 102
市城区重点旅游景点建设“三年行动计划”项目 102
发展全域旅游 103
旅游扶贫 103
旅游宣传 103
规范旅游市场 104

外事侨务 104
概况 104
内引外联 105

信访工作 105
概况 105
源头预防治理 105
积案化解 105
规范业务办理 105
非访整治 105
接访下访 106
督查督办 106

地方志工作 106
概况 106
方志建设 106
年鉴编纂 106
地方志资源开发利用 106
方志理论研究 107

安全生产监管 107
概况 107

隐患整治 107
落实安全生产重大隐患“一单四制” 107
落后小煤矿整顿关闭 107
烟花爆竹秩序整顿 108
煤矿领域专项整治 108
道路交通领域专项整治 108
危险化学品领域专项整治 108
建设施工领域专项整治 108
人员密集场所和消防领域专项整治 108
安全宣传教育 108
基层能力建设 108
应急救援体系建设 109

住房公积金管理 109
概况 109
公积金规模 109
公积金管理 109
公积金服务 109

政务服务 109
软硬件建设 109
考评监督 110
政务审批 110
窗口建设 110
热线服务 110

移民安置工作 111
概况 111
规范资金管理 111
基础设施建设 111
移民产业开发及扶贫 111
移民计生工作 111
移民培训 111
移民安置 112
抢险救灾 112

无线电管理 112
无线电监测 112
无线电干扰查处和安全保障 112
无线电行政执法 112
服务国防建设 113
无线电宣传 113
队伍建设 113

政协邵阳市委员会

全体会议 114
政协邵阳市十二届一次会议 114

常务委员会会议 114
十二届一次常委会议 114
十二届二次常委会议 114
十二届三次常委会议 114
十二届四次常委会议 114
十二届五次常委会议 115

主要工作 115
政治协商 115
调研建言 115
提案工作 115
民主监督 115
委员视察 116
社情民意信息和文史工作 116
助力实体经济发展 116
助力脱贫攻坚 116

自身建设 116

重要活动 116

中共邵阳市纪律检查委员会

十一届纪委二次全会 118
惩治腐败 118
三项改革 118
服务保障 118

专项整治 119

民主党派与工商联

民革邵阳市委员会 120
概况 120
参政议政 120
社会服务 120

民盟邵阳市委员会 121
概况 121
思想建设 121
宣传工作 121
组织建设 121
参政议政 121
民主监督 122
社会服务 122

民建邵阳市委员会 122
概况 122
思想建设 122
组织建设 123
参政议政 123
社会服务 123

民进邵阳市委员会 124
概况 124
思想建设 124
组织工作 124
参政议政 124
民主监督 125
社会服务 125

农工党邵阳市委员会 125
概况 125
思想建设 125
政治协商 125
参政议政 126
专题调研 126
宣传信息 126
脱贫攻坚民主监督 126
社会服务 126
“三先三优”创建活动 127
湖南邵阳北京市西城区共建友好市区委会 127

九三学社邵阳市委员会 127
概况 127
思想建设和宣传工作 127
组织建设 128
参政议政 128
民主监督 128
社会服务 128

邵阳市工商业联合会 128
组织建设 128
教育培训 129
建言献策 129
招商引资 129
服务会员 129
光彩事业 129

群众团体

邵阳市总工会 130
邵阳市总工会十五届六次全体扩大会议 130
劳模评选 130
关心劳模生活 130
开展“工人阶级宣传月”活动 130
推进“邵阳工匠”活动 130
职工文体活动 130
推进“一户培养一名产业工人”解困脱困工程 131
为民办实事 131
推动维权帮扶 131
“送清凉”活动 131

共青团邵阳市委 131
概况 131
青少年教育引导 131
服务党政中心工作 132
服务青年成长 132
维护青少年合法权益 132
从严治团 132

邵阳市妇女联合会 133
组织活动 133
脱贫攻坚 133
维权维稳 133
关爱帮扶 133
组织建设 134

邵阳市文学艺术界联合会 134
概况 134
邵阳市文联第五次代表大会召开 134
打造“文艺进六区”文艺活动品牌 134
作品展览展示 134
组织文艺家活动 135
指导文艺工作 135
扶持文艺新人 135
组织创作采风 135
举办作品展览 135
参加公益活动 136
发展标志性文化区域 136
文艺创作成果 136
文艺活动 136

邵阳市科学技术协会 137
概况 137
院士专家工作站建设 137
引进高端科技教育精英 137
全民科学素质工作 137
创新科普活动 137
组织青少年系列科技竞赛活动 138
举荐宣传表彰优秀科技工作者 138
指导学会党建工作 138
精准扶贫脱贫 138

邵阳市归国华侨联合会 139
概况 139
为侨服务 139
招引侨资 139
海（境）外侨捐活动 139
维护侨胞合法权益 140
精准扶贫 140

邵阳市社会科学界联合会 140
理论学习 140
成果评奖 140
课题研究 140
学术活动 140
社科普及 141
科普活动周 141

邵阳市残疾人联合会 141
概况 141
残疾人康复托养服务中心项目建设 141
残疾人康复 141
残疾人宣传文艺体育 141
残疾人教育 142
残疾人就业 142
残疾人扶贫 142
贫困残疾人家庭无障碍改造 142
精准扶贫 142

邵阳市贸易促进委员会 142
参加北京科博会 142
参与阿斯塔纳世博会 142
参加广州食品展 143
参加湘商大会 143
参与省市贸促重点活动 143
驻外代表处 143
国际联络 143
精准扶贫 143

军 事

邵阳军分区 144
思想政治建设 144
战备训练 144
后备力量建设 144
兵役征集 145
国防教育 145
双拥共建 145
综合保障 145
安全稳定工作 145
军民融合 146
召开军分区命令调整大会 146
组织参加抗洪抢险 146
组织民兵试训论证 146
召开邵阳市征兵工作会议 146
湖南省军区常委、办公室主任胡代松指导邵阳军分区民主生活会 146
召开军分区党委全体会议 146
组织民兵营长和专武干部集训 146
湖南省军区政委冯毅到邵调研 147

中国人民武装警察部队湖南省邵阳支队 147
思想政治建设 147
能力建设 147
调整改革 147
基础建设 148
全面从严治党 148
安全保卫 148
武装设卡 148
武装抓捕 148
后勤保障 149
抢险救灾 149
党委二届十次全体（扩大）会议 149
司务长考核及司务长之家活动 149
“健康警营行”活动 149
“魔鬼周”极限训练 149
议军工作会议 149

邵阳市公安消防支队 150
概况 150
执勤备战 150
队伍建设 150
消防监督 150
消防宣传 150
后勤保障 150

邵阳市人民防空办公室 151
重点项目建设 151
工程建设与管理 151
指挥通信建设 151
法制建设 151
宣传教育 151
文明创建 152

公安·司法

公安 153
公安机关内部机构设置 153
巡逻防控 153
清理整治 154
打击违法犯罪 154
优化行政管理 154
践行民生举措 154
规范执法行为 154
派出所建设 155
社区警务 155
“一村一辅警”工作 155
思想教育 155
公安改革 155
队伍培训 156
典型宣传 156

惠警活动 156
纪律管理 156
破获部督贩毒案件 157

检察 157
概况 157
侦查监督 157
公诉工作 158
反贪污贿赂反渎职侵权 158
监所检察 158
控告申诉 158
民事行政检察 159
预防职务犯罪 159
检察技术工作 159
司法警察工作 160
案件管理、检务督查工作 160
司法体制改革 160
队伍建设 160

审判 161
概况 161
刑事审判 161
民商事审判 161
行政审判 161
执行工作 162
司法为民 162
司法改革 162
智慧法院建设 162
队伍建设 163
接受监督 163

司法行政 163
概况 163
法治建设 164
人民调解 164
教育矫治 164
司法行政改革 164

经济综合管理

发展和改革工作 165
决策参谋 165
产业发展 165
项目建设 165
争取国家和湖南省支持 166
推动改革落地 166
增进人民福祉 166
固定资产投资 166
工业经济与高新技术产业 167
农业经济 167
铁路建设 167
机场建设 168
能源建设 168
资源节约和环境保护 168
法规工作 168
公共资源交易管理 168
代建制 169
社会事业 169
湘西地区开发 169
湘商产业园建设 169
易地扶贫搬迁 170
现代物流业 170
企业债券融资 170

优化经济发展环境 170
推进简政放权 170
推行阳光行政 170
开展专项督查 170
督办通报典型案例 170
落实社会诚信制度建设 171
经济环境监测 171
严格考核奖惩 171

价格管理 171
服务价格管理 171

商品价格管理 171
价格调控 171
价格业务工作 172

经济体制改革 172
供给侧结构性改革 172
产业园区管理体制改革 172
商事制度改革 172
财税体制改革 172
社会信用体系改革 172
投融资体制改革 173
价格体制改革 173

统 计 173
概况 173
统计调查监测 173
统计改革创新 173
优化统计分析服务 173
统计执法监督 174
统计基层基础建设 174

工商行政管理 174
商事制度改革 174
事中事后监管 174
重点领域执法 174
消费维权 175
职能帮扶 175
自身建设 175

审 计 175
审计成果 175
各项审计 176

质量技术监督 176
概况 176
效能管理 176
质量管理 176
执法监管 177
计量监管 177
安全监管 177
能力建设 177

国土资源管理 178
用地保障 178
耕地保护 178
矿政管理 178
地质环境管理 178
测绘地理信息管理 178
执法监察 178
去存量土地专项工作 179
脱贫攻坚 179
全面深化改革 179
国土资源宣传 179
维护权益 179
队伍建设 179

国有资产管理 180
产权交易与资产处置 180
产权登记 180
资产评估监管 180
对接合作 180
管理考核 180

国企改革 181
央企省企分离移交 181
改制企业扫尾 181
新启动改制企业工作 182
改制企业信访维稳 182
职教幼教相关工作 182

财政·税务

财政工作 183
概况 183
支持企业提高创新能力 183
完善金融支持体系 183
推进重点项目建设 183

优化经济发展环境 184
支持农业产业化发展 184
加强社会保障投入 184
支持文化事业发展 184
增加农业农村投入 184
支持生态环境保护 184
加强财政资金监督检查 185
强化预算管理和绩效评价 185

国家税务 185
概况 185
提升税收质量 185
释放税收红利 185
优化税收环境 186
纳税服务 186

地方税务 186
概况 186
征收管理 186
依法治税 187
纳税服务 187

城建·环保

城市规划 188
概况 188
完善编制体系 188
推动重点项目建设 188
规划管理 188
脱贫攻坚 189
邵阳市城市规划展示馆建成开馆 189

住房和城乡建设 189
概况 189
新型城镇化建设 189
重点项目建设 189
行业管理 190
产业发展 190

城市管理 190
概况 190
城管综合执法体制改革完成 190
市容秩序管理 190
环境卫生管理 191
全面开展城区禁放工作 191
渣土运输整治 191
完善城市管理长效机制 191
加强督查考评力度 191
配合中央环保督察工作 192
开展蓝天保卫战 192

公用事业 192
概况 192
污水处理设施建设 192
项目建设 192
燃气管理 192
供水管理 193
市政管理 193
污水处理及节水用水 193
安全生产 193

房地产 193
概况 193
棚户区改造 193
项目建设 193
公共租赁住房分配及租赁补贴发放 193
申请国开行贷款 194
房地产市场监管 194
物业管理 194
依法开展国有土地上的房屋征收工作 194
直管公房管理 194

环境保护 194
概况 194
大气环境质量 194
声环境质量 195
水环境质量 195
农村环境质量 195

"三废" 排放及处理 195
配合落实中央环保督察 196
环境污染防治 196
大气污染防治 196
水污染防治 196
土壤污染防治 196
龙须塘区域环境综合整治 197
环境监管 197
农村环保和生态创建 197
环境信息宣教 197

交通・邮电

交通运输 198
概况 198
重大交通项目建设 198
交通扶贫攻坚 198
行业服务转型升级 198
深化交通改革 199
打造平安交通 199
全面从严治党 199
民用航空 200
怀邵衡铁路建设 200
火车站综合客运枢纽工程启动建设 200
邵阳东货场建设 200
铁路项目前期工作 200

邮　政 201
概况 201
推进电商发展 201
推进邮政公共服务均等化 201
规范快递市场发展秩序 201

邵阳电信 202
概况 202
市场经营 202
机制创新 202
财务管理 202
客户服务 202
运维建设 203
工会工作 203

邵阳移动 203
市场经营 203
网络建设和维护 203
内部管理 203

邵阳联通 204
概况 204
市场发展 204
客户服务 204

工　业

概述 205

电力 206
安全生产 206
营销服务 206
电网发展 206
经营管理 206

农　业

概述 208
全市农业农村工作会议 209
粮油生产 209
经济作物生产 209
美丽乡村建设 209
农村环境卫生综合整治 210
农村能源建设 210
农业产业化 210
休闲农业 210
农产品质量安全 210

农机购置补贴 210
农机管理 211
农机安全监理 211
邵阳茶文化节 211
农业科学研究 211
农业技术管理 211
农业综合行政执法 212
农村经营服务 212
农村土地确权登记颁证 212
种子管理 212
农民素质教育 212

林业 212
概况 212
绿化行动 212
义务植树 212
资源管理 212
有害生物防治 213
候鸟过境 213
森林防火 213
林业执法 213
林业产业 213
林业投入 213
生态补偿脱贫 213

水利 214
防汛抗灾 214
农村饮水安全 214
部署落实河长制 215
水利建设 215
依法治水 215

畜牧水产 215
概况 215
现代农业特色产业园建设 216
草食动物发展 216
奶山羊发展 216
发展休闲渔业 216
鱼类增殖放流 216
动物防疫会议 216
免疫接种 216
流调监测 217
屠宰管理 217
推进无害化机制建设 217
防疫工作督查 217
畜禽水产品质量安全监管 217
畜禽水产品专项整治 218
养殖业环境保护 218
安全生产 218
渔船检验 218
湖南最大奶山羊养殖基地开建 219
9 家养殖企业通过农业部“三品一标”认证 219
邵阳市首家池塘循环流水养鱼基地建成 219

大圳灌区管理 219
概况 219
灌区抗洪抢险救灾 219
灌区抗旱 219
水利工程建设 219
工程管护 220
水力发电 220
安全生产 220
社会管理综合治理 220
驻村精准扶贫 220

气象 220
概况 220
气象防灾减灾 220
气象服务 221
气象现代化工程建设 221
气象预报预测 221
气象综合观测 221
气象信息化基础建设 221
推进人才科技创新发展 221
气象改革和法治建设 222
安全管理 222
气象文化建设 222

水文 222
概况 222
水情预警预报服务 222
水资源水环境监测服务 222
基础业务及研究 222
“四化” 应用建设 223
安全生产 223
项目建设 223
机构改革和队伍建设 223

脱贫攻坚 223
概况 223
产业扶贫 223
行业扶贫 224
基础设施建设 224
凝聚扶贫合力 224
市扶贫领导小组第一次会议 224
“10·17” 扶贫日活动 224
易地扶贫搬迁工作约谈会 225
全市农村低保和社会保障兜底脱贫对象认定清理整顿工作会议 225
业务培训 225

经开区

概述 226
中共湖南省委副书记乌兰调研考察邵阳经开区 227
邵阳经开区“港洽周”现场签约76亿元 227
邵阳市首家智能制造项目正式开工 227
中共湖南省委书记、省人大常委会主任杜家毫调研考察邵阳经开区 227
邵阳经开区“蜂巢创客”建成 228
邵阳经开区举办湖南省2017年“精准服务进园区”活动 228
邵阳经济开发区托管“一镇十村” 228
500强企业——彩虹集团（邵阳）特种玻璃项目正式开工 228
邵阳经开区拓浦精工工业4.0标杆工厂投产运营 229
邵阳经开区供电中心正式运营 229
邵阳经开区参加第八届湘商大会 229

商贸·服务

商务 230
概况 230
招商引资 230
对外贸易 230
市场建设 231
促进消费 231
精准扶贫 231

供销合作 231
概况 231
综合改革 231
供销服务 232
项目建设与企业转型 232

粮油 232
概况 232
粮食安全责任制 232
执行最低价粮食收购政策 232
储备粮油管理 232
粮油市场监测 232
粮食收储 232
粮食产业发展 232
依法管粮 233
军粮供应 233
粮油质检 233
驻村扶贫 233
安全生产与综治维稳 233

烟草专卖 233
概况 233
绩效改革 233

卷烟经营模式改革 234
打假打私 234
大户治理 234
“三项改革” 234
精益管理 234
队伍建设 235
党风廉政建设 235

石油经营 235
概况 235
经营 236
管理 236
网建 236
改革 236

盐业 237
概况 237
规范外省盐入邵经营 237
重拳打击涉盐违法犯罪 237
宣传“雪天”品牌 237
抓好调运和配送工作 237
开展宣传促销“两个活动” 237
网点建设 238
尝试突破传统非盐经营模式 238
安全生产 238

服务业经济 238
概况 238
房地产市场 238
消费品市场 238
旅游市场 239
交通运输 239
邮电业务 239
金融业务 239
证券市场 239
保险业务 239
教育事业 239
文化事业 239
体育运动 240

金融·保险

中国人民银行邵阳市中心支行 241
概况 241
金融发展 241
金融扶贫 241
金融监管 242
金融创新 242
信用建设 242
金惠工程 243
内部管理 243

中国银行业监督管理委员会邵阳监管分局 243
概况 243
全面从严治党 243
服务实体 244
风险防控 244
乱象整治 244
消费者权益保护 244
监管效能 244
内部管理 245

中国工商银行邵阳分行 245
概况 245
信贷业务 245
存款业务 245
银行卡业务 245
网络金融业务 245
结算与现金管理业务 245
国际业务 246
资产风险管理 246
运营风险管制 246
渠道管理建设 246
文明优质服务 246
内控案防和安全生产 246
党建、工会和人才队伍建设 246

中国农业银行邵阳分行 247
概况 247
经营转型 247
业务创新 247
内部控制 247

中国建设银行邵阳市分行 248
概况 248
支持重点项目建设 248
服务社会民生工程 248
满足个人消费信贷需求 249
金融生态圈建设 249
渠道转型 249
重点产品与业务营销 249
全面风险管控 249
党建工作 250

中国农业发展银行邵阳市分行 250
概况 250
风险防控 251
基础管理 251
党建工作 251

中国银行邵阳分行 251
概况 251
授信业务 252
负债业务 252
内控管理 252
资产质量管控 252
文明优质服务 253

中国邮政储蓄银行股份有限公司邵阳市分行 253
概况 253
风险管理 253
渠道建设 253
服务地方经济发展 253

邵阳市农村商业银行 254
概况 254
业务拓展 254
企业文化建设 254

华融湘江银行邵阳分行 254
概况 254
业务发展 255
风险管理 255
金融服务 255
夯实基础 256
党建工作 256

邵阳市保险业协会 256
概况 256
自律检查 257
诉调对接 257
扶贫、救灾 257

教育·科技

教育 258
概况 258
素质教育 258
项目建设 258
教育扶贫 258
教师队伍建设 259
内部管理 259
党的建设 259

邵阳学院 259
概况 259
政治思想建设 259
开展专业综合评价 260
人才培养 260
教学管理与质量工程建设 260
开展国际学术交流 260
学生管理 260
招生就业 261
学科建设 261

科研 261
学报创核工作 261
内部治理 261
教育服务 261
基础建设 262
财源建设 262
校园管理 262

邵阳职业技术学院 262
概况 262
教学 262
科研 263
社会服务 263
文化传承 263
管理改革 263

科学技术 263
概况 263
邵阳市推进创新引领开放崛起暨科技奖励大会 263
争取部省科技项目 264
高新技术产业 264
创新创业活动 264
农村和社发科技 264
科技成果转化 264
知识产权保护 264
防震减灾 265
附一：2017 年邵阳市科学技术进步奖名单 265
附二：2017 年度邵阳专利奖 267

文化·体育·新闻

文化 269
概况 269
文艺精品创作 269
公共文化服务体系建设 269
文物保护 270
非物质文化遗产保护 270
文化市场管理 270
市场监管专项行动 270
文化产业 271

新华书店 271
概况 271
发行管理 271
第三届“书香邵阳·全民阅读”活动 271
“书里书外” 271
“共享阅读” 271
“智慧书城” 272
“友阿海外购” 272

档案 272
概况 272
全国首创领导干部离任档案工作审查制度 272
档案业务工作 272
档案宣传与执法 272
新档案馆建设 273
档案查阅利用服务 273
档案征集与编研开发 273
信息化工作 273
精准扶贫 273
档案学会工作 273

体育 274
群众体育 274
青少年体育 274

广播电视 274
概况 274
宣传党的十九大精神 274
外宣上稿 275
宣传创优 275
大型活动 275
设备改造 276
内部管理 276

邵阳日报社 276
概况 276

“砥砺奋进的五年”专栏　277
“学习宣传贯彻十九大精神”专题报道　277
全媒体“中央厨房”系统上线运营　277
“云邵阳”移动新闻客户端上线　277
产业经营　277
报社集团化改革　278
邵阳日报社整体搬迁　278

卫计与食品药品监管

卫生和计划生育　279
概况　279
健康邵阳建设全面启动　279
医疗体制改革　279
医疗服务　280
计生服务　280
健康扶贫　280
基础建设　281

食品药品监督管理　281
概况　281
完善监管体制机制　281
行政审批改革　281
食品药品安全监管　281
食品药品稽查打假　282
食品药品检验检测　282
食品药品安全示范创建　282
助推“创国文”工作　282

县市区情

邵东县　283
县领导成员名单（2017年）　283
概述　283
推动企业转型升级　285
开展最严环保整治　285
举办首届邵东五金机电国际博览会　285
邵东智能制造技术研究院挂牌开业　286
邵东八老公路全线通车　286
邵东国际商贸城一期全面建成　286

新邵县　286
县领导成员名录（2017年）　286
概述　286
新邵县成功创建市级卫生县城　289
“美丽乡村”建设　290
交通条件改善　290
孙氏正骨术入选湖南省传统中药丛书　290

隆回县　290
县领导成员名录（2017年）　290
概述　291
脱贫攻坚　293
招商引资　293
城乡建设　293
完成村级组织换届选举工作　294
县域旅游　294
隆回县监察委员会挂牌成立　294
隆回第一家院士工作站成立　294

洞口县　295
县领导成员名录（2017年）　295
概述　295
洞口县连续四年获评湖南省安全生产先进单位　298
洞口县农地抵押贷款试点扩面提质　298
洞口县“雪峰蜜桔生态高效种植及精深加工产业化”国家科技项目通过中期评估　299
洞口县电子商务发展迅猛　299

绥宁县　299
县领导成员名录（2017年）　299
概述　300
发展速度与规模效益实现“双稳进”　302
项目建设与创新新开放实现“双驱动”　302

现代农业与文化旅游实现“双促进” 302
生态文明与城乡管理实现“双提升” 302
脱贫攻坚与民生改善实现“双突破” 302

城步苗族自治县 303
县领导成员名录（2017 年） 303
概述 303
省长许达哲调研城步脱贫攻坚、南山国家公园体制试点工作 306
城步遭受两次特大洪灾 306
2017·湖南（南山）六月六山歌节暨湘桂原生态风情节开幕 306
湖南南山国家公园管理局挂牌成立 306
武靖高速城步段通车 307

武冈市 307
市领导成员名录（2017 年） 307
概述 308
邵阳武冈机场建成通航 309
浪石村获批为第五批省级历史文化名村 309
武冈市首家乡村公益书吧对外开放 309
武冈“最美学生”向上向善展风采 309

新宁县 309
县领导成员名录（2017 年） 309
概述 310
西村坊列入湖南省首批经典文化村镇 313
潇湘 100 崀山国际越野赛激情开跑 313
国家石漠公园通过国家评审 313

邵阳县 313
县领导成员名录（2017 年） 313
概述 314
2017 中国（邵阳）油茶产业精准扶贫研讨会暨油茶互联网博览会 317
棚改拆迁做到“三百两没有” 317
7·2 洪灾 318

大祥区 318
区领导成员名录（2017 年） 318
概述 318
抗洪救灾 320
落实中央环保督察整改任务 320
项目集中攻坚行动 320
大祥区农村饮水安全巩固提升项目入选财政部第四批 PPP 示范项目 320

双清区 320
区领导成员名录（2017 年） 320
概述 321
9 个省级贫困村全部退出 323
全面整改落实中央环保督察交办工作 323
通过国家义务教育均衡发展考核验收 323
500 万元重奖规模服务业企业 323

北塔区 324
区领导成员名录（2017 年） 324
概述 324
禁养区退养清零工作全面完成 325
北塔区实现总体脱贫退出 325

政府文件选登

邵阳市人民政府关于加快推进易地扶贫搬迁工作和后续产业发展的实施意见 326
邵阳市人民政府关于印发《邵阳市城乡居民基本医疗保险实施细则》的通知 330
邵阳市人民政府关于印发《邵阳市妇女发展规划（2016—2020 年）》和《邵阳市儿童发展规划（2016—2020 年）》的通知 335
邵阳市人民政府关于加快推进“一核一带多点”工业走廊建设的实施意见 355
邵阳市人民政府关于进一步加强食品安全工作的实施意见 360

附：2017 年邵阳市人民政府发文件总目录 363

统计资料

2017年邵阳市国民经济和社会发展总量指标 364
2017年邵阳市各县（市、区）总产出（现行价） 366
2017年邵阳市各县（市、区）生产总值（现行价） 368
2017年邵阳市各县（市、区）最终消费 370
2017年邵阳市城镇单位从业人员平均人数 372
各县（市、区）财政总收入 373
各县（市、区）财政总支出 373
2017年邵阳市城乡居民人均可支配收入与总支出情况 374
2017年邵阳市各县（市、区）城乡居民收入 376
2017年邵阳市各县（市、区）城乡居民支出 376
2017年邵阳市各县（市、区）限额以上单位社会消费品零售总额 377
2017年邵阳市城市社会经济基本情况 378
2017年邵阳市各县（市、区）农林牧渔业总产值（现价） 388
2017年邵阳市各县（市、区）农林牧渔业增加值（现价） 388
邵阳市规模工业产销总值完成情况 389
2017年邵阳市规模工业增加值完成情况 390
2017年邵阳市交通运输主要统计指标 391
2017年邵阳市各县（市、区）邮电通信业务情况 392
2017年邵阳市各县（市、区）限额以上单位社会消费品零售总额 393
2017年邵阳市各县（市、区）对外经济主要指标 394
2017年邵阳市旅游业主要经济指标 394
2017年邵阳市各类学校及在校学生、招生、毕业生、教职工数 395
邵阳市卫生机构、床位及人员数 395
2017年邵阳市社会救济、社会福利情况 397

特　　载

政府工作报告

——2018年1月3日在邵阳市第十六届人民代表大会第二次会议上

邵阳市人民政府市长　刘事青

一、2017年工作回顾

2017年，面对严峻复杂的经济下行压力和历史罕见的洪涝灾害，在省委、省政府和市委的坚强领导下，我们坚持稳中求进工作总基调，抓重点、补短板、强弱项，积极应对，攻坚克难，较好完成了市十六届人大一次会议确定的年度目标，实现了本届政府工作的良好开局。

（一）狠抓政策落地，经济运行稳中有进。认真贯彻落实中央和省委、市委关于稳增长和供给侧结构性改革工作部署，落实降低实体企业成本21条、出台迎老乡回家乡创业发展15条、房地产去库存19条和物流业降本增效若干政策措施，促进经济稳步发展。**“三去一降一补”成效初显**。降低企业用电、物流成本5.1亿元，减轻企业税费负担15.1亿元。新入规“四上”企业（不含年度申报）435家、排名全省第二位，其中净增规上工业企业125家、排名全省第二位，其他专业入规数量均排全省第四位。推动280家停产减产企业复产达产。棚户区改造开工46309户，货币化安置比例提高到60%，争取棚改贷款102亿元，是上年的2.6倍。商品房去化周期由24.9个月缩短到15.2个月。争取中央和省预算内资金30亿元，完成政府性债务置换100.3亿元。城投全年完成投融资240.2亿元，同比增加111.9亿元，为一批重大项目实施提供了有力支撑。市财政拿出3亿元作为企业续贷“过桥”资金，中小企业融资担保资金由1.1亿元扩充到3亿元，帮助实体企业渡过难关。财政八项民生支出同比增长30%，创历史新高。**经济质量有所提升**。产业结构由上年的21.5∶35.2∶43.3优化为19.7∶35.4∶44.9，一产比重下降1.8个百分点，历史性首次降到20%以下，二产比重提高0.2个百分点，三产比重提高1.6个百分点。战略性新兴产业总产值同比增长12.5%，新增高新技术企业33家，实现高新技术产业增加值300亿元，同比增长18%。专利授权1627件，有效发明专利拥有量340件，“湘中”商标被国家工商总局认定为中国驰名商标。全市有效商标注册量突破2万件，居全省第二位。新增财政收入过10亿元县1个。全市地方财政收入税占比首次上升到50%，上升5.59个百分点。**经济整体稳中向好**。面对高开低走、低迷下沉的重重压力，我们对症施策、密集调度、精准发力，有效遏制严重下滑，成功实现逐步拉升。到11月，11项主要经济指标增速10项高于全省或达到全省平均水平，其中6项排全省前三位。尤其是财政收入增长，由二季度-7.3%拉升到8.58%；地方收入非税占比49.86%，首次下降到50%以下，同比下降5.59个百分点，财税质量成功退出全省后三位。规模工业增加值增速由上半年低于全省0.9个百分点逐次收窄到0.5、0.3、0.1个百分点，排全省第六位，全年可实现高于或追平全省目标。狠抓作风、狠抓项目，固定资产投资增速已追平全省，预计年终也可实现高于全省目标。

（二）狠抓实体产业，转型升级初见成效。全力推进“产业兴邵”，出台产业发展实施意见和考核办法，组建14个项目推进小组，推动生产要素向主导产品、优势产业集聚，实体产业投资增速由负转正，全年增长1.8%。**工业转型升级**。全市第一批重点产业项目完成投资296.4亿元。全市工业园区完成固定资产投资295亿元，增长20.5%；技工贸总收入2157.8亿元，增长14.2%。湘商产业园竣工厂房累计使用率超过70%，新增签约企业170家、投产200家，实现产值140亿元、税收6.5亿元，在全省“135”工程三年综合评价考核中名列第一。主导产业由过去的轻化型、能耗型开始向绿色型、智能型转变。邵东锐科机器人在中国青年创新创业板挂牌上线，智能家电之小米电饭煲、邵东智能制造、3D打印等一批新兴产业项目建成投产或单项投产，彩虹集团邵阳特种玻璃、桑德集团、富电集团、湘电集团等一批重大产业项目签约落户，皮具箱包、印刷、小五金、打火机、品牌服饰、发制品等一批传统特色产业联建园区、成建制升级。**农业提质增效**。粮食播种面积和产量保持稳定，其中优质稻种植面积116.5万亩，比前三年平均数增加37%。生猪、肉牛、奶牛饲养量全省第一。良种油茶、柑橘、中药材等特色经作快速发展。“三品一标”认证产品206个，农产品加工企业发展到5623家，加工销售收入1043亿元。邵阳县国家油茶产业示范园建成运行，“邵阳油茶”入选第一批中国特色农产品优势区。隆回军杰蔬菜示范产业园等6个园区进入首批全国农村创业创新园区目录。**服务业活力凸显**。友阿国际广场建成营业，世界500强沃尔玛入驻邵阳。邵东大市场、湘西南农产品物流中心、步步高新天地等44个现代商贸物流项目加快推进。成功举办中国·邵阳油茶产业精准扶贫暨油茶互联网博览会、中国·邵东首届国际五金机电博览会。邵东、城步、洞口、新邵、邵阳县获批全国电子商务进农村综合示范县。积极发展全域旅游，魏源故居等8个旅游景区获评国家AAA级旅游景区，接待游客数量、实现旅游收入较快增长。金融服务业发展迅速，全年新增各类金融机构35家，存贷比提高2.9个百分点。

（三）狠抓项目建设，有效投资不断增长。突破征地、拆迁、融资和要素供给等瓶颈制约，实施重点建设项目287个，完成投资561亿元，超额完成年度计划2.1个百分点，150个项目实现全部投产或单项投产。48个省重点建设项目完成投资428.8亿元，为年度计划的112.8%。开展“奋战五个月，喜迎十九大，建设新邵阳”重点项目攻坚行动，一批重点项目相继建成或开工。武冈机场6月28日通航，相继开通北京、郑州、长沙、海口、昆明、杭州、重庆等七个城市的航线，邵阳由“高速时代”进入“高铁时代”，进而迈入“航空时代”。武靖高速邵阳段建成通车，洞兴高速全线贯通，我市又新增一条出省大通道。怀邵衡铁路邵阳段加速推进，今年可望竣工通车。投资40亿元的现代化邵阳站综合交通枢纽项目开工，坪上综合客运枢纽主体工程完工。犬木塘灌区（神滩替代）工程、城市第二水源工程项目前期继续推进。投资19亿元，建设干线公路424公里，建成通车200公里；完成农村公路提质改造1531公里。建成光伏扶贫项目281个。“气化邵阳”一期工程市区—邵东、市区—邵阳县全线贯通，即将投产供气。

（四）狠抓基础设施，城乡建设持续推进。投资75亿元，推进市城区基础设施建设三年行动，全市城镇化率提高到45.9%。雪峰大桥、桂花大桥竣工通车，邵西大道南段、湖口井路、新城大道西段建成通车，学院路二期、邵水东路南段、邵水西路茅坪段稳步推进，市三环线虎形山路、东城快线、魏源西路、桃花桥、资江北路、蔡锷大道（邵九公路）等一批城市路网工程相继开工，紫霞公园、体育公园、北塔公园等一批城市公园启动建设。市体育中心及周边路网、市污泥集中处置中心、市燃气安全指挥中心等重点民生工程建设全面提速。中心城区数字化城管投入使用，主次干道“白改黑”全覆盖。一批城市骨架工程、配套工程相继建成或启动，中心城区基础设施进一步完善，管理水平进一步提升，成功创建国家卫生城市。积极推进全国文明城市创建，在全省参与城市文明程度指数测评的五个市州中排名第一。下花桥镇入选全国特色小镇，堡面前乡大羊村入选全国改善农村人居环境示范村，黄桥镇、滩头镇、坪上镇、五峰铺镇被评为全省美丽乡镇示范镇，山门镇、长铺子乡田心村、李熙桥镇陈家村、山界乡老屋村、双牌镇浪石村被评为省级历史文化名镇名村，建成省级美丽乡村28个，新建美好社区212个。

（五）狠抓改革开放，市场主体活力增强。推进“放管服”改革，全面清理行政审批事项，完成权力清单、责任清单、负面清单编制，权力事项精简60%，非行政许可审批事项全部取消。完成经开区托管乡（镇）村改革，向邵阳经开区一次性下放经济管理权限232项。推进南山国家公园体制改革试点，湖南南山国家公园管理局正式挂牌，总体规划基本完成，公园自然资源确权登记发证开始试点。深化商事制度改革，“多证合一”全面施行，新登记市场主体22015户，增长17.53%。城管综合执法体制改革全面完成。农村土地承包经营权确权登记颁证工作稳步推进。创新非税收入管理，我市成为全国首个通过电子凭证库实现非税收入缴库城市。市不动产数字管理技术创新项目获省首届“管理创新奖”。市公共资源交易中心取消业主评委等多项创新实践在全省推广。成功举办第三届“邵商大会”，组团参加“港洽周”、深圳招商推介会、“湘商大会”，积极对接“三个500强”，各产业小组主动对接500强实体企业26家，招商引资、外经外贸和对外合作成效明显。湖南出入境检验检疫局邵阳办事处机构获批，进出口通关服务中心开工建设。保税仓建设运营改革试点全面启动，邵阳经开区公共保税仓开工建设。聘请李国杰院士等12名专家为科技经济顾问。

（六）狠抓环保整治，生态环境明显改善。积极配合中央环保督察，国省交办的222件信访件办结221件，有效回应了人民群众对生态环境改善的关切。共关闭企业360家，责令整改235家，淘汰落后产能项目16个，对有污染的10家企业转产退出，对湘中制药等6家发展前景好的企业“退城进园”。全面淘汰市区所有10蒸吨以下燃煤锅炉，全面禁止市城区燃放烟花爆竹。新增新能源公交车472辆，累计淘汰黄标车11825辆，逐步推动机动车尾气污染物检测。完成枫江溪、邵水（市区段）、红旗河3条黑臭水体治理。完成梅子井、珑瑚排污口污水截留处理，结束了中心城区水源保护地污水直排历史。完成龙须塘区域环境综合整治3个重金属点源治理。黏土砖厂全部关闭，禁养区内养殖场全部退出。环保整改中，共立案处罚48家，罚款237.7万元，立案侦查19家，行政拘留9人，刑事拘留14人，对履职不到位的公职人员约谈92人、问责112人。强化农村环境综合整治，启动重点镇污水处理设施建设18个，新建无害化垃圾焚烧炉206座、垃圾中转站65座。继续实施“四边五年”绿色行动，完成造林37.6万亩，全市森林覆盖率达到60.49%，城步获评“全国绿化模范县”。全面落实四级“河长制”，有效整治污水直排、垃圾倾倒、无序采砂、网箱养鱼、挤占堤岸等顽症痼疾，水质水岸明显好转，“一河一档”、“一河一策”全面启动，在全省率先推进“僵尸船”清理工作。

（七）狠抓脱贫攻坚，人民生活不断改善。强力推进脱贫攻坚，投入各类扶贫资金64亿元，可望实现21万人脱贫、441个贫困村“摘帽”。建成金融扶贫服务站1074个，新增扶贫小额贷款10.3亿元。建设易地扶贫搬迁安置住房9914套、搬迁37757人，完成危房改造14126户。完成人安饮水工程1074处，解决22.57万贫困人口安全饮水。发放农机补贴3713万元、受益农户25259户。完成农村公路“窄改宽”1139公里。建成和在建、改建村卫生室2943个，实现全市所有贫困村标准化卫生室全覆盖。新建和在建、改建村级综合服务平台2559个、乡镇综合服务平台135个，实现全市农村综合服务平台全覆盖。大力发展各级各类教育，合格学校完成率99%。湘中幼儿师范高等专科学校建成并招生入学，市一中搬迁项目开工建设。市中心医院东院试运营。市体育中心项目主体工程完工，市博物馆、文化馆、图书馆、美术馆、规划馆相继开馆。新增城镇就业5.1万人，失业率控制在4.5%以内。民生支出425亿元，占财政总支出77%。农村最低生活保障标准提高到3026元/年·人，连续12年调高企业退休人员基本养老金，连续4年提高城乡居民养老保险基础养老金。发放住房租赁补贴3.3万户、3366万元。新增发放住房公积金个人贷款24亿元，市场占有率达46%。

（八）狠抓综合治理，社会大局和谐稳定。去年6月下旬至7月初，我市遭遇历史罕见的长时间持续强降雨，过程强度历史第二，局部降雨量、降雨强度超历史极值，造成全流域大面积受灾。市委市政府沉着应对、科学调度，驻邵官兵勇挑重担、冲锋在前，全市上下众志成城、日夜奋战，取得了抗洪救灾的决定性胜利。严格落实安全生产责任制，深入开展重点行业、重点领域安全生产专项整治和打非治违专项行动，没有发生重特大事故，各类事故起数、死亡人数分别下降61.39%、53.89%，安全生产工作再获全省先进。食品药品安全监管持续发力，安全形势稳中趋好。全面完成省际市际长途客运实名制工作。推进“公安消防大建设三年行动计划”，加强“一村一辅警”建设，完善社会巡逻防控，屯警街面、动中备勤，全市没有发生重大群体性事件和重特大恶性案件，社会治安持续平稳，综治民调排名全省第八。“七五”普法顺利实施，社区矫正和安置帮教工作得到加强。落实信访维稳工作责任，一批矛盾纠纷和信访积案得到化解，特别防护期维稳安保工作再创佳绩。加大文明单位创建力度，新增“全国文明单位”5个。

一年来，我们扎实推进“两学一做”学习教育常态化、制度化，认真执行市人大及其常委会的决议决定，自觉接受市人大的法律监督、工作监督，主动接受市政协的民主监督，158件人大代表议案、建议和286件政协提案全部办结，见面率100%、满意率99.4%。积极推进法治政府建设，严格执行重大行政决策程序规定，科学决策、民主决策进一步加强。村级换届圆满完成。推进廉洁政府和高效政府建设。严禁严查公职人员涉矿、涉砂、涉渔、涉小水电、涉烟花爆竹、涉危险化学品六类经济活动。深入开展“雁过拔毛”、“禁赌限牌”和“四治四提”等专项整治，重点整治群众身边的腐败问题和干部不作为、乱作为、慢作为问题，群众对政府的满意度进一步提高。推进审计监督全覆盖，查出各类违规资金44亿元。开展政府投资审计，为财政节约建设资金3亿元以上。

档案、民族、宗教、海事、人防、国安、双拥、国防动员、国防教育、供销、气象、邮政、通信、工会、共青团、妇女儿童、科协、残联、文联、工商联、台湾事务、外侨港澳事务、红十字会、驻外办事机构、高等院校、科研院所等工作取得新的成绩。

各位代表！一年的成绩来之不易，是市委统揽全局、正确领导的结果，是市人大、市政协、邵阳军分区及驻邵部队、武警官兵和社会各界勠力同心、鼎力支持的结果，是全市人民团结合作、奋力打拼的结果。在此，我代表市人民政府向全市人民和各级干部，向所有关心、支持邵阳发展的同志们、朋友们，表示衷心的感谢，并致以崇高的敬意！

在总结成绩的同时，我们也清醒地看到不足：实体经济发展困难，个别经济指标没有达到预期，稳增长难度越来越大；传统产业转型升级缓慢，新兴产业战略支撑能力不强，经济发展新动能不足；项目建设要素制约突出，推进力度不够，重大项目较少，投资持续增长乏力；脱贫攻坚任务艰巨，财政收支矛盾突出，民生保障压力较大；创卫成果时有反弹，空气指数全省排名靠后，污染治理、生态修复任重道远；一些部门和少数干部服务意识不强，攻坚克难动力不足、能力不够，缺乏责任担当。对此，我们将坚持问题导向，采取有力措施，不断加以解决。

二、2018年工作安排

2018年政府工作的总体要求是：**全面贯彻落实党的十九大精神，以习近平新时代中国特色社会主义思想为指导，牢牢把握稳中求进工作总基调和**

社会主要矛盾变化新趋势，坚持新发展理念，按照高质量发展要求，以供给侧结构性改革为主线，大力实施“创新引领，开放崛起”战略，加快推进“二中心一枢纽”建设，突出产业兴邵，努力改善民生，坚决打好防范化解重大风险、精准脱贫和污染防治攻坚战，促进经济社会持续健康发展。

经济社会发展预期目标是：GDP **增长8%，规模工业增加值增长8%，固定资产投资增长14%，财政总收入增长8%以上，社会消费品零售总额增长11%，实际利用外资增长12%，实际利用内资增长15%，进出口总额增长15%，城镇居民人均可支配收入增长8.5%，农民人均可支配收入增长10.5%，人口自然增长率控制在9‰以内，居民消费价格涨幅保持在3%左右，万元**GDP**能耗下降3.5%。**

围绕以上工作要求和目标任务，重点抓好六个方面的工作：

（一）提质增效，全力振兴实体经济

中国特色社会主义进入新时代，我国经济发展也进入了新时代，基本特征是经济由高速增长阶段转向高质量发展阶段。高质量发展就是能够很好满足人民日益增长的美好生活需要的发展，是体现新发展理念的发展，是创新成为第一动力、协调成为内生特点、绿色成为普遍形态、开放成为必由之路、共享成为根本目标的发展。要认真学习、深刻领会、全面落实习近平新时代中国特色社会主义经济思想，矢志不移推动高质量发展，推动质量变革、效率变革、动力变革，加快建设实体经济、科技创新、现代金融、人力资源协同发展的产业体系。经济发展的根本在实体、在产业。要坚持以园区为载体、以产业链为抓手、以优化环境为基础、以项目建设为关键、以引才聚才为支撑，着力培育、发展、壮大、做优产业。紧紧围绕产业发展、对外开放、脱贫攻坚、环境治理、投资环境改善等短板、弱项，集中力量攻坚克难，把重点落实，把短板拉长，把弱项变强。

全力以赴抓产业。要立足邵阳“一带一部”定位，对接全省“四大体系”、“五大基地”建设，瞄准20个优势产业链和“五个100”产业布局，重点推进市委确定的“一走廊六基地”产业建设。**“一走廊”**：就是建设沪昆高速百里工业走廊。以邵阳经开区和湘商产业园为平台，在培育壮大现有企业的基础上，积极引进一批重点产业项目及配套产业链，打造湘中湘西南规模最大、覆盖人口最多的百里工业走廊。**“六基地”：一是建设智能制造基地。**顺应科技革命和产业变革新趋势，抓住智能制造这个核心，提质升级传统制造业，加快培育壮大新兴产业，大力促进互联网、大数据、人工智能同实体经济的深度融合。围绕省里主推的20个工业新兴优势产业链，力争在工程机械、显示功能材料、先进储能材料、新能源装备、3D打印及机器人等5个重点领域率先突破，推动我市制造业加速向网络化、智能化、绿色化方向延伸拓展，努力在智能制造方向“杀出一条血路来”。以信息化、智能化提升传统工业，用人工智能（机器人、机械手）改造打火机、小五金、皮具箱包、制鞋、服饰等行业的制造工艺，着力提升产品质量和劳动生产率。以标准化、品牌化发展特色产业，推进发制品产业园建成投产，并由档发向品牌提升。以集成化、链条化壮大优势产业，重点围绕三一智能渣土车和搅拌车、亚洲富士电梯、恒天九五邵阳纺织机械、智能家居、盖板玻璃、汽车零配件等装备制造龙头企业，吸纳其产业链上下游配套企业来邵集聚发展，打造先进装备制造业基地。排除一切阻力，克服一切困难，尽快把特种玻璃、拓浦精工智能制造、富电新能源、桑德环保、湘电制造等一批已落户的战略性新兴产业做起来，全力扶持其中一二家优势企业在2020年成功冲刺百亿元企业。**二是建设优质农产品基地。**实施“一县一主导产业和产品”，重点建设市区近郊蔬菜和苗木花卉、邵东中药材、新邵富硒农产品、邵阳县油茶、隆回金银花和龙牙百合、洞口蜜橘和茶叶、武冈卤制品、新宁脐橙、绥宁楠竹、城步奶业和绿色有机蔬菜等优质农产品供应基地，推进农产品精深加工，努力实现农产品规模化、品牌化、效益化。**三是建设文化产业基地。**大力传承和发展传统戏曲、传统工艺、民俗风情等非物质文化遗产，加快魏源文化、花瑶文化、君子文化等地方特色文化产业品牌建设，积极引进一批国内外知名文化企业和重大文化产业项目，培育壮大一批龙头文化企业，努力打造湘中湘西南文化产业园和游乐中心。**四是建设全域旅游基地**。现在邵阳高铁通了，机场有了，新桂高速、武靖高速开通了，怀邵衡动车也将开通，这就有了很好的交通基础。我们要利用世界自然遗产崀山、南山国家公园、六月六山歌节、四八姑娘节等旅游品牌，积极对接张家界、桂林等国际旅游线路和大湘西精品旅游线路，支持旅游风情小镇、“美丽乡村”和国家旅游扶贫村建设，努力形成全域、全年、全业的“全产业链”的现代旅游业。**五是建设健康产业基地**。支持邵东廉桥健康养老示范乡镇和中药产业园建设，支持绥宁、城步、新宁、武冈、新邵等地引进大型企业发展健康产业，支持大祥檀香园、双清莲荷村、北塔茶园头建设高标准养老健康产业园，努力建设湘中湘西南健康养老产业基地。**六是建设现代物流基地**。着眼“智慧城市”建设，加快发展智慧物流、农村“互联网+电商”和寄递物流业，加快湘西南农产品物流中心、金罗湾国际商贸城、烟草物流中心、邵东星沙物流园、武冈商都物流园等大型物流项目建设，积极申报全国物流标准化试点城市，着力打造湘桂黔边陲物流中心。结合保税仓、监管仓建设，启动邵阳经开区大型物流中心招商工作，建设集运输、仓储、配送、信息、交易、结算和产品展示、服务外包于一体的现代综合物流服务基地。

攻坚克难抓项目。安排市重点项目300个左右，年度投资600亿元左右，其中产业项目不少180个，年度投资不少于300亿元。怀邵衡铁路竣工通车，争取呼南高铁邵永段尽快开工，推进兴永郴赣铁路、市域轨道交通前期工作，加快推进邵阳站综合交通枢纽建设。争取武冈机场新增1—3条航线，开工建设武冈通用航空基地、新宁崀山通用机场，争取邵东军民两用机场尽快获批。大力实施城网建设三年行动计划，建成110千伏六岭变电站；完善中心城区35千伏及以上主干电网，推进智能电网建设。启动“气化邵阳”二期工程，开工建设邵阳县—隆回—洞口—武冈—新宁支线。加快全市新能源汽车充电站场运营建设。强力推进PPP项目，在“两供两治”、智能城市、健康养老等领域率先突破。用攻坚克难的决心、意志、勇气、担当和能力狠抓项目建设，不推诿、不扯皮、不拖拉，不惧困难，不怕担责，推进工作落实、项目见效。

紧盯不放抓园区。邵阳经开区瞄准千亿产业、国家级园区目标冲刺。双清区协同经开区完善政策，全力解决托管后续重大问题。大祥区着力打造国家现代农业产业园。北塔区着力打造省级服务业示范集聚区。邵东以隆源中小企业创业中心、金华湘包装印刷产业园等特色园区为基地，以智能制造技术研究院、锐科机器人技术公司为研发平台，对园区传统产业进行“智能化”改造，加快推进产业升级和品质提升。新邵循环经济产业园、新宁裘革产业园，形成主导产业集聚规模。隆回整合金银花、辣椒等产业资源，推进大健康产业园建设。洞口以辣妹子食品为龙头，加快农产品产业园建设，促成台湾新金宝电子进驻投产。武冈做强卤制品品牌，加快推进温氏、大北农、帝立德等重大项目投产。邵阳县加快学海文化产业园和油茶产业示范园建设，打造“中国茶油之都”。城步加快建设以乳制品、青钱柳茶为主导的生态产业园。绥宁着力打造以贵太太、绿洲惠康为主的食品和新材料产业园。园区建设重在招商引资。要用好用活“省十条”、“市十条”等优惠政策。支持鼓励异地邵阳商会建设，实施“邵商总部、产业、资本、市场、人才、科技、旅游、社会公益”八大回归行动。围绕“产业链”抓招商，以龙头企业为核心，着力引进上下游强链延链补链企业，培植产业集群。重点瞄准“三个500强”，引进亿元以上项目150个；各县市区力争每年至少引进1家500强先进制造企业进驻或设立分支机构。

各位代表，基础薄弱、发展落后是我市最大的市情。悠悠万事，发展最重。我们唯有锐意进取、埋头苦干，把产业做大、把实力做强，才能确保全省第二方阵“领头雁”的地位，最终实现跻身全省第一方阵、重振邵阳雄风的宏伟目标！

（二）凝心聚力，深化改革创新开放

全面深化改革。以中央、省委、市委深化改革精神为指导，统筹推进各项改革工作。**推进供给侧结构性改革**。落实“三去一降一补”措施。去产能，坚决关闭高污染、高能耗、低附加值企业。去库存，加强房地产用地调控和市场监管，促进房地产回归居住功能；市政项目建设和棚改，货币化安置力争达到80%。去杠杆，降低企业负债率，推进企业债务重组，支持银行、资产管理机构和企业开展市场化债转股；加大股权融资力度，盘活企业存量资产和闲置资产，加快处置“僵尸企业”。降成本，切实降低企业融资、用工、用能、物流、制度性交易、清算退出等成本，加快推进“三供一业”分离移交。补短板，把着力点放在脱贫攻坚、培育实体经济、壮大县域经济、加强环境治理、生态修复、创新开放、转型升级和公共服务上。**推进财税金融改革**。深化预算管理制度改革，强化政府预算全口径大统筹。启动“新财源建设工程”，严格控制并逐步降低非税收入占比；取消非税收入收支挂钩，增强政府可用财力。加大地方金融和政府债务监管，整合政府融资平台公司，开展县乡政府性债务清理核查。落实新型金融业态监管措施，抓好非法集资、民间融资、各类交易场所、互联网金融等专项整治，守住不发生区域性和系统性金融风险和债务风险的底线。**推进“放管服”改革**。继续简政放权，出台行政审批事中事后监管制度，推行市场准入负面清单制度。推进事业单位改革，加快中介机构和行业协会商会脱钩。推动商事制度改革，“多证合一、一照一码”更加协调同步。深化以负面清单为核心的外商投资管理制度改革，在市场体系建设中建立公平竞争审查制度。**推进农业农村改革**。以农村土地“三权分置”为核心，推进农村集体产权制度改革，加快农村土地依法依规流转，培育新型农业经营主体和服务主体。推动集体经营性土地入市和宅基地制度改革，深化户籍制度改革，加快农业转移人口市民化。

突出创新引领。**强化企业自主创新**。大力培育高新技术企业、科技型中小企业，新增高新技术企业20家以上，R&D经费支出占GDP比重1.4%以上，高新技术产业增加值占GDP比重18%以上。实施质量强市和品牌强市战略，支持企业开发新产品、新技术、新工艺、新服务，引导企业发扬“工匠精神”，全面提升产品质量；支持优质企业创名牌、树品牌，打造“百年老店”、著名商标、地理标志产品。**加强创新平台建设**。依托科技经济专家顾问团，深化与国家科研院所、高校等研发机构合作，组织实施一批产学研协同创新项目，支持组建一批工程技术研究中心和企业研发中心，培育发展一批科技企业“孵化器”和区域性“众创空间”，打造“技术链+产业链+市场链”集成创新平台体系。**激发创新创造活力**。落实和完善“双创”政策，构建经开区、产业园、大学科技园、大学生创业基地、创客空间等多方协同的创业创新机制。实施人才强市战略，致力引进一批科技领军人才和高水平创新团队，大力培养一批企业家人才队伍和高技能产业工人队伍，建设一支结构合理、素质优良的创业创新人才队伍。

加快开放崛起。立足“一带一部”新定位，积极推进对接500强提升产业链、对接“新丝路”推动走出去、对接自贸区提升大平台、对接湘商会建设新家乡、对接“北上广”优化大环境“五大开放行动”，大力发展开放型经济。着力推动“邵品出境”和邵阳—东盟文化旅游联盟。积极引导打火机、农产品、小五金、箱包、皮草、裘革等产业申报国家级和省级外贸转型升级出口示范基地，推动洞口、新宁建设省级出口食品、农产品安全示范区。实施外贸“破零倍增”工程，加快外贸综合服务体建设，推进园区保税仓改革运营试点，建设一批保税仓、出口监管仓和进口商品交易展示店，完成市进出口通关服务中心主体工程，加快邵阳公路口岸建设，支持企业开拓国际市场。大力引进各类外贸和跨境电商企业在邵设立跨境电商展示交易中心，加快发展“互联网+商贸流通”。鼓励支持优势产业、优质企业组建联盟“抱团出海”和“借船出海”，加强与央企、省属企业和境外湖南园区的联系对接，发挥龙头企业和行业协会的引领作用，带动我市产品、技术和劳务输出。

各位代表，今年是我国改革开放40周年。实践证明，改革开放是决定发展的关键一招。在新时代中国特色社会主义建设的伟大征程中，我们唯有解放思想，敢为人先，向改革要动力，向开放要红利，向创新要活力，才能在新一轮发展竞争中抢占先机，赢得主动！

（三）强基固本，推进城乡融合发展

抓好城市扩容提质。以“城市双修”为抓手，补齐城市短板，提升城市品质。**科学谋划城市发展扩容**。进一步优化城市规划，稳妥推进市区行政区划调整，支持邵东撤县设市。加快构建“三环”、“四线”交通网络骨架。全面启动三环线地下综合管廊和邵西大道、新城大道、金鸡路等道路桥梁建设，力争2020年全部建成通车。加快东城快线建设，启动西城快线（市区至隆回快速线）项目前期，以快速通道网络拉开“双百”城市大框架，释放主城区发展的压力。**全力推动城市建设提质**。坚持基础设施先行。搞好城市骨干路网建设，实现邵水西路茅坪段、邵水东路南段、宝庆西路延伸段（提质改造）、魏源西路、邵西路中段、资江南路（西湖桥至雪峰桥段）、北塔路、中山路（扩改）建成通车，加快桃花桥、资江北路、白马大道、蔡锷大道（邵九公路）、建设北路建设，做好城市精品工程和亮点工程。实施市中心城区旅游景点建设三年行动计划，完成城区“老八景”修复，推进资江、邵水两岸保护开发。以邵阳经开区为龙头，辐射带动各类产业和园区建设，吸引更多的人才、技术、资金、信息等要素向新城区集聚，增强新城区的张力。**有序推进中心城区改造**。完善新老城区连接路网、电网、管网和微循环路网、电网、管网建设，打通新华南路二期、迎春路、雪峰南路延伸段等“断头路”。综合治理占道停车，增加天桥、地下通道等人车分流设施，畅通城市“肠梗阻”。将老城区设施改造和产业置换结合起来，实施“退二进三”、“退二还绿”，有序推进第二产业外迁，腾出部分土地作为城市公共绿地，形成对高端服务业的内聚效应，让老城区焕发新的活力。

实施乡村振兴战略。以“农村双改”为抓手，加快推进农业农村现代化，让农业成为有奔头的产业，让农民成为有吸引力的职业，让农村成为安居乐业的美丽家园。**大力发展农村产业**。协同推进三个“百千万”工程，重点扶持一批省级以上龙头企业。优化农业种养结构，做大做强生猪、柑橘、油茶、乳业等优势农产品基地，打造农产品公共品牌、产地品牌和企业品牌，增强农产品有效供给能力。以农产品精深加工业为重点，推进农村一二三产业融合发展，培育壮大休闲农业、森林康养、农村电商等新兴业态。**努力补齐农村短板**。加快农村水利、电网、公路、饮水等公共服务设施建设，消灭无网络村，实现宽带全覆盖。以“厕所革命”为切入点，全面整治农村村容村貌。全面完成省里下达的农村危旧房改造任务。实施农村公路“窄改宽”800公里，加速推进25户100人以上自然村通水泥路建设。提质改造城郊公路86.8公里，实施安保工程885公里，改造危桥56座，建成农村客运招呼站110个。全面完成1167处农村饮水工程建设，解决全市所有农村人口安全饮水问题。**着力培养农村人才**。鼓励更多城市优秀人才下乡创业和回家创业，支持农民工、大学生当地就业创业。加强农村干部、农民和新型主体培训，培养造就一支懂农业、爱农村、亲农民的“三农”工作队伍。**加快城乡互联互通**。抓好城乡客运一体化试点建设，推进各县市城乡客运一体化发展，实现县城组团、重点镇、乡村的客运网络全覆盖，畅通城乡人流物流。进一步做好农网提质改造。推进用水城乡联网同价，用气同步规划、同步实施。推动医疗、教育、养老、社会保障、文化体育、就业培训等社会事业向农村延伸，全面开启农村生活城镇化、城乡保障一体化、区域产业现代化的新道路。

各位代表，发展不平衡、不充分是我市经济社会的突出矛盾，集中表现为城乡发展不平衡和农村发展不充分。我们唯有加快补齐农村这块短板，帮助农民实现像城里人一样生活的千年梦想，才能让广大群众切身感受到党和政府的阳光雨露和新时代中国特色社会主义的优越性。这是贯彻以人民为中心的发展思想的根本要求。

（四）精抓细管，努力建设美丽邵阳

创建全国文明城市。坚持创建为民、创建惠民。抓“硬件”、强“筋骨”，在巩固“创国卫”成果基础上，进一步夯实创建基础，大力开展占道经营、违章建筑、环境脏乱差、空气质量差和社会治安秩序、城市交通秩序、文化市场及校园环境、乱采乱挖乱排等重点整治，全面提升城市品质。抓“软件”、聚“灵气”，推进群众性精神文明创建，深化文明社区、文明村镇、文明单位、文明家庭创建活动，加强社会主义核心价值观和社会公德、职业道德、家庭美德、个人品德教育。建设社会诚信体系，建立互联互通的公共信用共享平台，强化守信联合激励和失信联合惩戒机制，推动形成重信、守信的社会风尚，为经济社会持续健康发展输送大“资本”、正能量。

创建国家森林城市。国家林业局已批复同意我市创建国家森林城市。以此为起点，优化森林城市布局，同步推进生态建设和生态保护，切实抓好绿色通道、绿色水道、美丽乡村、生态文化等九大生态工程建设。持续推进城市中心园林化、城郊地区森林化、江河道路林网化、社区庭院花园化、产业经济生态化。坚持造林与造景、造园、造福结合，绿化与美化、彩化、香化结合，开展道路增绿、景区增绿、社区增绿和系统增绿。以“四边五年”绿色行动和城区绿化攻坚为抓手，以宝庆森林公园整体开发为支撑，力争三年内建成国家森林城市。

创建国家健康城市。发挥“五馆一中心”和体育中心等平台作用，打造健康主题公园，发展健康文化。推进健康单位、健康社区、健康家庭等健康细胞建设，构建健康社会。加强传染病、地方病、职业病等监测和预防控制，提升重大疾病和突发公共卫生事件预测预警和处置能力，优化健康服务。全面开展无烟单位创建活动，倡导绿色低碳出行，组织开展形式多样的全民健身活动；依托公园、景点等休闲场所，建设健康广场、健康步道，打造城市社区15分钟健身圈，培育健康人群。同步推进国家健康城市、全国文明城市、国家森林城市创建，带动县（市）乡（镇）创卫、创文，营造文明卫生健康环境。

做美南山国家公园。突出抓好公园总体规划编制、自然资源确权登记、生态补偿、公园立法以及生态保护性基础设施建设，修复“碎片化”，保护“原真性”。用好36亿第一期国家项目资金，重点做好草山植被生态恢复、核心保护区生态移民搬迁和水电风电等涉矿涉企产业逐步有序退出，加强公园生态体验、科普教育以及绿色发展相配套的基础设施建设，有效保护和合理利用现有资源，建立科普教育与生态旅游协调、资源保护与区域发展统一的国家公园建设新模式，不断提升影响力和知名度，打造绿色邵阳新名片。西部几县要利用南山国家公园品牌，依托自身优势，做好生态旅游大文章。

打好污染防治攻坚战。认真落实“党政同责、一岗双责、失职追责”规定，开展领导干部自然资源资产管理和生态环境保护离任审计。严格执行环境影响评价和环保“三同时”制度，坚决杜绝新上污染项目。加大对去年中央、省环保督察交办问题整改落实情况的跟踪检查，确保件件真整改、事事真落实，不反弹、不死灰复燃。开展大气污染防治专项行动，完成国电宝庆煤电有限公司1#机组超低排放改造，继续推进市城区煤改气工程；加大机动车尾气污染物检测，再投放新能源公交车400台；加强对建设工地扬尘、道路扬尘、露天堆场及货物扬尘的综合治理，控制工业粉尘污染，全面禁止秸秆焚烧，将市城区禁放烟花爆竹向各城镇延伸，扫除十面“霾”伏，坚决打赢蓝天保卫战。全面落实“河长制”，实行“河”“岸”共治，加大资江、邵水、红旗河水污染治理，强化全流域生态环境保护。实行城市建成区生活污水全截污、全处理、全达标，黑臭水体治理全覆盖。推进龙须塘片区综合治理，推进“退城入园”，加快区域内排污管网配套建设和“两沟”清淤疏浚、“两路”升级改造。推进城乡垃圾转运站、垃圾无害化处理，搞好垃圾分类处理和餐厨垃圾资源化利用。建立市县乡村四级环境监管网格化体系，严查严处各类干扰监测的违法行为。启动市级环保督察，对重点地区、重点行业开展机动式、点穴式专项督察，让污染企业和污染行为无处遁形。

各位代表，绿水青山就是金山银山。生态建设是最大的民生福祉，生态资源是最宝贵的公共资源。我们唯有牢牢守住环境底线，像保护眼睛一样保护生态，像善待生命一样善待环境，让邵阳大地青山常在、碧水常流、空气常新，我们的发展才有意义，才不辜负生育、养育我们的净土乐园、父老乡亲！

（五）精准扶贫，切实保障改善民生

决战决胜脱贫攻坚。紧扣“一高于一接近”、“两不愁三保障”目标和“六个精准”要求，用绣花功夫推进脱贫攻坚，确保绥宁、武冈、新邵3个县市脱贫摘帽、400个贫困村出列、24万贫困人口脱贫。全面落实“三走访、三签字”脱贫责任。改善基础设施和公共服务，推动特色产业发展、劳务输出、生态保护、教育和健康扶贫。实施贫困村整体提升工程，增强贫困地区和贫困群众自我发展能力。开展涉农资金整合，引导金融和社会资本投入，鼓励龙头企业、合作社与贫困户建立稳定利益联结机制，发展壮大乡村旅游、光伏发电等扶贫产业。大力推进电商扶贫，力争所有贫困村都建有村级服务站和电商扶贫示范网店。易地扶贫搬迁34473人，让贫困户搬得出、稳得住、逐步能致富。着力抓好驻村帮扶，落实单位、人员责任。推进专项扶贫、行业扶贫，动员更多社会组织和爱心人士参与社会扶贫。不让一个孩子因贫辍学，不让一个困难群众因病返贫，让所有贫困群众早日踏上小康路、过上好日子，做到脱真贫、真脱贫。

抓紧抓好民生实事。扎实做好稳岗就业工作，支持农民工返乡创业。积极开展职业技能培训和创业培训，做好高校毕业生、就业困难人员、农村转移劳动力、退役军人等重点人员的就业工作。加大社保体系建设，落实城乡养老保险制度衔接，完善城乡居民基本医疗保险制度整合。扩大社会保险覆盖范围，建立疾病应急救助基金。坚持“四个最严”要求，全力抓好食品药品安全，实现食美药安。不断扩大住房公积金制度覆盖面，逐步推进住房公积金向农民工、个体工商户和外来常住人口延伸。继续实施保障性住房安居工程，完成各类棚户区改造30506套。积极应对人口老龄化，构建养老、孝老、敬老政策体系和社会环境，推进医养结合，加快老龄事业和产业发展。

优先优办社会事业。坚持教育先行。统筹推进城乡义务教育一体化发展，促进各级各类教育均衡发展。推进职教新城建设。加快市一中搬迁建设，确保今年秋季开学投入使用。支持鼓励社会力量办学，落实房地产开发企业履约建校责任，加快解决城区“大班额”问题。实行“医保、医药、医疗联动”，做好医疗服务保障。坚持计划生育基本国策，提升妇幼保健、计划生育服务能力。实施文化惠民工程，着力提高公共文化服务水平。开展全民健身活动，促进群众体育与竞技体育协同发展。加快市体育中心项目建设，当好东道主，高质量、高水准办好湖南省第十三届运动会。鼓励社会资本进入教育、医疗、健康、文化等领域，加快形成统一开放、公平竞争的市场体系。认真贯彻落实强军目标，扎实推进双拥、国防动员、兵员征集和后备力量建设工作创新发展。支持各民主党派、工商联、无党派人士及各人民团体工作。

各位代表，人民群众对美好生活的向往就是我们的奋斗目标。我们唯有用心用情用力谋民生之利，解民生之忧，在幼有所育、学有所教、劳有所得、病有所医、老有所养、住有所居、弱有所扶、贫有所帮上下功夫，才能保障全市人民在共享发展中有更多获得感，才无愧于830万邵阳人民的信任和重托！

（六）履职尽责，积极维护安全稳定

创新社会治理。建立健全党委领导、政府主导、社会协同、公众参与、法治保障的社会治理体制，形成政府治理和社会调节、居民自治良性互动，确保综治民调进位不退位。深入开展“七五”普法活动，扎实做好人民调解和社区矫正工作。全面开展“信访法治年”专项活动，创新开展“三无县市区、乡镇村（社区）”创建活动；推行“以村为主”工作模式，设立“一村一接访中心”（原群众工作站）、“一村一信访员”、“一村一信访调解委员会”，最大限度把矛盾化解在初访、解决在基层。加快村级综合服务监管平台建设，探索建立村级辅警、河段长、护林员、保洁员等聘用人员联合出勤机制，进一步提升乡村基层组织社会综合治理能力，推动形成良好社会秩序。

强化安全生产。坚决落实安全生产党政领导责任、部门监管责任和企业主体责任，健全重大隐患治理“一单四制”动态化管理，进一步强化安全管理、防范、监督和检查，坚决杜绝重大及以上事故，确保安全生产形势持续稳定。推进重点领域、重点行业安全生产智能化监测。运用互联网等新技术，构建生产、运输、存储、销售、使用等全过程、无缝隙监管体系，实现对各类安全生产风险自动识别、预警、预防，有效减少生产安全事故发生。

维护社会稳定。健全重大决策社会稳定风险评估机制和应急管理机制，提高突发公共事件防范处置能力。发挥“一村一辅警”作用，完善社会矛盾排查预警和多元化解机制。依法做好民族宗教事务管理工作，深入开展民族团结进步创建“六进”活动。加强社会组织管理，建立社会组织“异常名录”和“黑名单”。加强社会治安防控体系建设，继续开展打黑除恶专项斗争，严厉打击各类暴恐犯罪、刑事犯罪、金融犯罪、网络犯罪以及黄赌毒等一切违法犯罪活动，不断提升社会公众的安全感。

各位代表，发展的重任、人民的期盼，对政府自身建设提出了更高的要求。我们将始终本着对人民、对事业高度负责的态度，努力打造为民务实清廉的政府。**强化为民宗旨**。认真开展“不忘初心、牢记使命”主题教育，把执政为民贯穿政府工作始终。加快政府职能转变，创新公共服务供给方式，完善政府购买服务清单，集中更多财力用于公共服务和民生改善。坚持放权于企、让利于民，正确处理政府与市场的关系，不断优化“互联网+政务”和“互联网+监管”，让群众和企业少跑腿、好办事。**严格依法行政**。坚持领导干部带头尊法学法守法用法，坚持运用法治思维和法治方式推动工作，坚持法定职责必须为、法无授权不可为，认真执行重大行政决策程序规定，让权力在阳光下运行，确保决策制度科学、程序正当、过程公开、责任明确。依法接受人大及其常委会的监督，自觉接受人民政协的民主监督，认真做好人大议案、代表建议和政协提案办理工作。主动接受司法机关监督，接受社会公众监督和新闻舆论监督，充分听取民主党派、工商联、无党派人士和各人民团体的意见。**切实改进作风**。坚持求真务实、真抓实干，不搞虚假政绩、不搞数字攀比、不搞形象工程。把雷厉风行和久久为功有机结合，一件接着一件办，一年接着一年干，办一件，成一件。健全问责处罚机制，力戒敷衍了事、推诿扯皮、为官不为，坚决整治庸政、懒政、怠政。**恪守廉洁从政**。认真执行党风廉政建设责任制，切实履行主体责任。认真落实“一岗双责”，深化廉政风险防控，坚持不懈纠正“四风”。坚持用制度管权、管事、管人，强化行政执法和审计监督，严管公共资金、国有资产资本和公共资源交易。坚决反对腐败，坚持无禁区、全覆盖、零容忍，严查重点领域和关键岗位腐败，严惩侵害群众利益的不正之风和害群之马，严治“雁过拔毛”的微腐败、尤其是涉及扶贫领域的违法违规和腐败行为。

大 事 记

2017 年邵阳大事记

1 月

1 日 邵阳市首批30台新型智能环保渣土运输车投入运营，老式渣土车逐步退出市核心城区渣土运输市场。邵阳市当前有专业渣土运输公司12家、大型渣土运输车辆260台。

△ 即日起，邵阳天气预报走上央视荧屏，分别在CCTV—1，CCTV—新闻、CCTV—4以及中国气象频道、旅游卫视播出。

4 日 政协邵阳市第十二届委员会第一次会议在市文化艺术中心开幕。本次大会应到委员419人，实到411人。

△ 中共湖南省委派驻现场督导组到邵阳市，对市人大、政府、政协换届选举风气进行督导，为期6天。督导组将采取受理举报、个别访谈、明察暗访等方式了解“两会”期间严肃换届纪律和换届选举风气情况。

5 日 邵阳市第十六届人民代表大会第一次会议在市文化艺术中心开幕。本次大会应到代表540人，实到535人。

7 日 政协邵阳市第十二届委员会第一次会议举行选举大会，大会应到委员419人，实到407人。经全体委员投票选举，鞠晓阳当选为政协邵阳市第十二届委员会主席，肖益林、蒋科荣、周晓红、李少华、郭妤、邓联日、徐桂阳当选为副主席，伍备战当选为秘书长，68人当选为常务委员。

8 日 邵阳市第十六届人民代表大会第一次会议举行第三次全体大会。本次会议应到代表540人，实到536人。经全体代表以无记名投票方式选举，龚文密当选为邵阳市第十六届人民代表大会常务委员会主任，周国利、蒋耀华、刘德胜、李斌、赵为济、秦立军当选为副主任；刘事青当选为邵阳市人民政府市长，蔡典维、彭华松、谭学军、李华和、蒋志刚、肖拥军、晏丽君当选为副市长；尹南飞当选为邵阳市中级人民法院院长；根据法律程序，本次会议选举的邵阳市人民检察院检察长，报经湖南省人民检察院检察长提请湖南省人大常委会批准后公布。

△ 为期5天的政协邵阳市第十二届委员会第一次会议闭幕。

9 日 邵阳市第十六届人民代表大会第一次会议闭幕。

△ 中共邵阳市委召开县市区委书记抓基层党建述职评议考核会议。市委书记、市人大常委会主任龚文密现场点评并讲话，市委副书记、市长刘事青等出席会议。

10 日 邵阳市人民政府召开2017年第一次全体（扩大）暨党风廉政建设会议，贯彻落实中央和省委经济工作会议及省、市第十一次党代会和刚结束的邵阳市“两会”精神，并下发2017年市政府工作报告重点工作责任一览表。市委副书记、市长刘事青部署2017年市人民政府工作。

△ 邵阳市在大祥区启动被征地农民养老保险发放工作。即日起，市内3区被征地农民社会保障对象可以领取养老保险补贴。

19日 邵阳市人民政府召开2017年第一次常务会议，集中研究项目建设、人口和计划生育工作、信访工作、安全生产、社会管理综合治理等有关事项，并部署当前重点工作。

22日 邵阳市博物馆（非物质文化遗产展览馆）举行开馆仪式，即日起免费开放。该馆位于邵阳市文化艺术中心A幢西侧，共四层楼，总建筑面积15000平方米。一二楼为博物馆，分为基本陈列区和专题陈列区，三楼为非遗展览馆。

2月

3日 中共邵阳市委副书记、市长刘事青一行先后到市城区资江雪峰大桥、雪峰南路北段、雪峰北路、桂花大桥、邵阳大道西段和邵西大道南段、邵水东路南段、邵水西路茅坪段以及市体育中心等项目现场调研施工建设情况。

△ 中共邵阳市委副书记、市长刘事青到邵阳经开区走访调研部分企业生产情况，他强调出台10个文件不如兑现一条优惠政策。

5日 《邵阳日报》报道，邵阳市初步形成县乡村三级农村电商体系，已建成县级电商服务中心6个，乡镇、村级电商服务站点3450个，其中邮乐店1733个，进度居湖南省第一位。

6日 中共邵阳市委经济工作暨产业发展大会召开。市委书记、市人大常委会主任龚文密，市委副书记、市长刘事青分别在会上发表讲话。会议强调要以实体产业大发展推动邵阳经济大发展。

9日 中共邵阳市委副书记、市长刘事青组织市本级主要投融资平台与国家开发银行湖南省分行展开业务对接，进一步深化银地合作，为“产业兴邵”提供强大支撑。

9～10日 中共湖南省委副书记乌兰深入邵阳市区和隆回县、武冈市，调研精准扶贫、基层党建和产业发展等情况。

10日 邵阳市人民政府召开第二次常务会议，专题研究邵阳经济开发区宝庆产业基金项目、盖板玻璃项目、分享通信集团SIM+创新产业园（邵阳）项目、锂离子动力及储能电池邵阳生产基地项目、通用航空产业园（邵阳）项目5个重点项目考察洽谈情况。

13日 中共邵阳市委副书记、市长刘事青在全市开放型经济工作座谈会上强调，要全面兑现承诺的优惠政策，加快发展开放型经济。

14日 中共邵阳市委书记、市人大常委会主任龚文密会见率团到邵阳市考察访问的老挝人民革命党乌多姆赛省省委书记、省长佩沙孔·龙阿派一行，双方就加强经贸、文化、旅游等方面的交流合作进行会谈。

△ 中共邵阳市委副书记、市长刘事青专题调度市中心医院东院、市体育中心、邵阳幼专、职教城等重点社会事业项目建设。

△ 中共邵阳市委副书记、市长刘事青参加全市旅游建设工作研讨会，并重点对市城区旅游景点“宝庆古八景”“宝庆新八景”和“八大文化场馆”、资江八桥景观等领域项目建设展开调度。

15日 中共邵阳市委副书记、市长刘事青专题调度邵阳火车站客运综合交通枢纽项目建设。

16日 国务院办公厅第二督查组率湖南省人民政府第一调查组、第八调查组向邵阳市反馈解决拖欠农民工资问题督查情况，市委副书记、市长刘事青代表中共邵阳市委、市人民政府作表态发言。该督查组、调查组于13～15日就邵阳市解决拖欠农民工工资问题进行专项督查。

△ 邵阳市人民政府召开第三次常务会议，重点研究农村卫生室规划化建设、农村安全饮水工程建设等事项。

17日 邵阳市人民政府召开第四次常务会议，重点研究市洋溪桥污水处理二厂项目选址、水环境综合治理项目融资合作以及环保工作等民生事项。

21日 邵阳市人民政府专题调度环境保护督察工作，要求对环境违法行为“零容忍”。

27日 上午9时许，邵阳武冈机场起降首架飞机。

28 日 中共邵阳市委副书记、市长刘事青调度邵阳市首个防灾避险公园——市人防疏散基地（紫霞公园）项目建设工作。

3 月

1 日 邵阳市全面启动新闻阅评制度，7 名专家被聘为市新闻阅评员。即日起，邵阳所有市直媒体的新闻稿件将接受阅评员的随时评议，并对阅评意见反映的问题进行限时整改。

1～2 日 中共桂林市委书记、市人大常委会主任赵乐秦率桂林市党政代表团到邵阳市考察。

2 日 中共邵阳市委书记、市人大常委会主任龚文密到市规划展示馆，就进一步完善展厅布局、充实展示内容进行现场办公。他强调要将展示馆打造成全面展现邵阳风貌的亮点工程。

△ 邵阳市公安机关 3800 余名民警和武警、消防官兵奔赴各卡点，对辖区内的重点行业场所、重要路段进行集中清查。

6 日 邵阳市人民政府召开第五次常务会议，研究市本级产业、重点项目责任分解和工业重点企业结对帮扶工作。

△ 邵阳市部署开展集中打击重点交通违法行为“百日会战”行动。即日起对公路客运车辆等 6 类重点车辆超员超速等 6 类违法行为形成高压态势。

8 日 中共邵阳市委副书记、市长刘事青到邵阳经开区发制品产业园现场办公，要求各级各部门全面兑现优惠政策，限时办结有关事项，加快推进项目建设。

9 日 中共邵阳市委副书记、市长刘事青率市规划、国土、住建、城投、房产、邵阳路桥等部门和单位负责人赴桂花大桥和邵西大道项目建设现场，集中研究解决两项目现阶段所遇到的困难，特别是项目红线范围内的土地问题。

△ 中共邵阳市委副书记、市长刘事青专题调度市区学院路二期项目建设，要求要坚决啃下几块“硬骨头”，倒排工期加快项目建设进度。

10 日 中共邵阳市委副书记、市长刘事青主持召开市长办公会议，要求坚决做到“八个一律”，强力保障农民工工资（“八个一律”，即工程项目资金筹措不到位、农民工工资无保障的一律不准开工，未办理施工许可证和农民工工资保证金缴纳不到位的一律不准开工，已开工的一律停工；政府性工程未缴纳质保金的一律不准开工，已开工的一律停工；所有政府网站、平台一律开通农民工工资投诉渠道，所有建设工地一律设置农民工工资拖欠投诉举报宣传栏；对现在仍拖欠农民工工资的项目一律清查整顿，在 3 月份实行欠薪清零行动；对拖欠农民工工资的企业和法人一律曝光惩处，列入黑名单；建设领域程序不规范的项目一律从严查处；市县区政府在 3 月底前一律建立起农民工工资支付应急周转金管理机制）。

△ 邵阳市中小企业挂牌上市孵化基地揭牌。该基地是由市信源中小企业公共服务公司联合金融机构和第三方中介服务机构共同打造，为邵阳市中小微企业通过创新创业基地运营创业服务、投融资服务、技术服务、人才服务等服务的综合公共服务机构。

14 日 中共邵阳市委书记、市人大常委会主任龚文密，市委副书记、市长刘事青到邵阳经济开发区，就智能家居、通用航空等重大项目建设选址情况进行现场办公。

20 日 邵阳市召开脱贫攻坚推进会，市委书记、市人大常委会主任龚文密，市委副书记、市长刘事青出席会议并讲话。会议强调 2017 年要力争 25 万人脱贫，确保 538 个贫困村摘掉贫困帽子。

△ 邵阳市生态环境保护暨迎接中央环保督察工作动员大会召开，会议强调要坚持目标导向和问题导向，着力解决突出环境问题，推动新时期环保工作再上新台阶。

22 日 中共邵阳市委书记、市人大常委会主任龚文密主持召开会议，专题调度全市铁路建设项目。会议明确邵阳火车站综合交通枢纽建设等有关事项，市委副书记、市长刘事青就铁路建设相关工作进行部署。

△ 湖南南山国家公园管理机构筹备委员会挂

牌成立，标志着南山国家公园体制试点工作进入全面攻坚阶段。

△ 即日起至12月底，邵阳市警方在全市组织开展以“治枪爆、扫毒患、除黑恶、剿黄赌”为中心内容的“狂飙行动”。

22～23日 中共邵阳市委书记、市人大常委会主任龚文密深入武冈城乡，调研指导乡镇（村）综合服务平台建设、村级组织换届工作，并考察城市建设和邵阳武冈机场建设项目。

23日 邵阳市人民政府召开第七次常务会议，重点研究工业和信息化工作、机构事业单位养老保险制度改革情况等事项。

△ 中共邵阳市委副书记、市长刘事青专题督导邵阳县村级换届工作。

24日 邵阳市4个村寨入选全国第二批“中国少数民族特色村寨”，加上2014年首批入选的4个，邵阳市“中国少数民族特色村寨”总数已达8个。

28日 《邵阳日报》报道，邵阳市创新道路交通管理模式，在全市3299个行政村建立“驻村辅警管交通”平台，在全省率先实施城乡道路交通管理一体化。

△ 邵阳武冈机场试飞告捷，首批8名乘客体验了这次试飞之旅。

30日 湖南省村（居）“两委”换届选举工作推进会在邵阳市召开。

△ 邵阳市政协组织400多名新一届市政协委员在市委党校开展为期2天的集中培训，培训内容涉及统战理论、履职能力、业务知识等多个方面。

31日 邵阳市大祥区被授予湖南省“全面小康推进工作前十位县”称号，成为邵阳市全面小康建设唯一获此殊荣的县级单位。

4月

1日 邵阳市重点项目建设工作会议召开。市委书记、市人大常委会主任龚文密，市委副书记、市长刘事青出席会议并讲话。2016年全市330个市级重点建设项目完成投资668亿元，为年度计划的104.3%，同比增长6.2%；65个项目实现全部投产，78个项目实现单项投产。根据计划安排，2017年全市第一批重点建设项目287个，年度投资550亿元。

5日 中共湖南省委副书记、省人民政府省长许达哲到邵阳调研经济社会发展情况，省委常委、常务副省长陈向群，省政府秘书长王群及省直有关部门负责人参加调研。许达哲强调，要抢抓国家公园体制试点机遇，加快生态文明建设，扎实推进脱贫攻坚。

△ 中共邵阳市委书记、市人大常委会主任龚文密就南山国家公园体制试点工作进行专题调度。市委副书记、市长刘事青就相关工作进行具体安排。2016年7月，国家发展改革委正式批复南山国家公园体制试点方案，成为湖南唯一的国家公园体制试点区。

6日 全国人大民族委员会副主任委员王君率专题调研组到邵阳市调研指导民族乡经济社会发展情况。

△ 2017中国·邵东首届五金机电博览会在邵阳市邵东县开幕。3万余平方米的展区，来自全国619家知名企业、1000余品牌参展，参展产品达30个大类1万余种。20世纪初，邵东县即为全国著名的“五金之乡”，到2017年已发展五金工具生产和经营企业2500余家，从业人员达5万多人，建成30多个专业市场，形成近300条物流线路覆盖全国80%的县市区，货物日吞吐量40多万件。

10日 邵阳市人民政府召开第八次常务会议，重点研究科技创新和供销社综合改革等事项。

11日 全国政协民族和宗教委员会副主任、国务院参事杜鹰率全国政协“实施精准扶贫中存在的问题和建议”监督性调研组深入城步部分乡村和企业，调研精准扶贫、精准脱贫工作。

△ 中共邵阳市委副书记、市长刘事青就市区学院路二期项目建设过程中遇到的紧迫问题进行研究解决。

12日 邵阳市人民政府召开房地产去库存工作推进会。

18日 邵阳市人民政府召开第九次常务会议，重点研究扶贫和文明城市创建工作等事项。

20日 中共邵阳市委书记、市人大常委会主任龚文密，市委副书记、市长刘事青与到邵阳考察的三湘集团党组书记、董事长刘胜辉，新奥集团总裁张叶生进行交流。三湘集团与新奥集团拟合作投资50亿元人民币，在清洁能源综合利用、工业危废处理、旅游开发、健康地产、基础设施建设等领域与邵阳市开展合作。

23日 中共邵阳市委副书记、市长刘事青率队考察深圳部分邵商企业，邀请到邵投资兴业，共建美丽富饶新邵阳。

24日 2017年湖南邵阳（深圳）招商推介会在深圳举行。会上，邵阳市对外发布招商项目122个，总投资1541.6亿元。25个重大项目现场签约，签约合同资金76.95亿元。

24～25日 中共湖南省委常委、常务副省长陈向群率省环保厅相关人员到邵阳突击检查督办突出环境问题整改工作。他强调要采取最严厉措施、最有效手段推动突出问题整改，重点打击违法行为。中共邵阳市委书记、市人大常委会主任龚文密作表态发言。

25～26日 中共湖南省委常委、常务副省长陈向群暗访邵阳市洞口县脱贫攻坚工作。

27日 邵阳智能制造（工业4.0）产业小镇项目正式开工建设。该项目是邵阳市首个智能制造项目，位于邵阳经开区，规划用地面积2000亩以上，建筑面积200万平方米以上，总投资超过67亿元。

△ 中共邵阳市委书记、市人大常委会主任龚文密先后到市区梅子井和蓬莱岛，就解决两处排污口的污水排放问题进行现场办公。

30日 邵阳市首座220千伏智能GIS变电站——新宁元宝220千伏变电站成功投运。

5月

2日 邵阳市召开全市卫生与健康、农村饮水安全全覆盖暨巩固提升工程动员会议。

△ 中共邵阳市委书记、市人大常委会主任龚文密，市委副书记、市长刘事青到双清区龙须塘，就加快龙须沟、洋溪沟、龙须塘路、古塘路项目建设，推进片区环保问题治理进行现场办公。

△ 中共邵阳市委副书记、市长刘事青主持召开会议，专题督办邵阳市配合中央第六环境保护督察组交办的邵阳环境突出问题整改工作。

3日 截至5月3日，配合中央环境保护督察工作开展，邵阳市环保系统共排查企业1032家次，立案查处违法企业113家次，向公安机关移送案件21件，实施行政拘留和刑事拘留9人，罚款320万元。

4日 以国家住建部副部长倪虹为组长的国家督察组到邵阳市调研督察湖南南山国家公园体制试点工作。要求努力为国家公园体制试点提供可复制可推广的南山经验。

△ 邵阳市脱贫攻坚指挥部成立，由中共邵阳市委副书记、市委政法委书记张殿文任指挥长，市人民政府副市长肖拥军任常委副指挥长，市领导陈华、刘德胜、周晓红任副指挥长，市委办、市政府办、市纪委等23个市直部门主要负责人任成员。

5日 中共邵阳市委书记、市人大常委会主任龚文密主持召开县市区委书记工作调度会。会议强调要聚焦产业发展、精准扶贫、基层党建“四个全覆盖四个全提升”、村级换届、环保督察五项重点，切实抓好当季工作。

6日 中共邵阳市委书记、市人大常委会主任龚文密主持召开会议，部署加快推进突出环境问题整改。

△ 中共邵阳市委副书记、市长刘事青赴邵阳县下花桥镇双江村，就当地合山养猪场污水处理问题与村民代表座谈，他强调各级党员干部要始终站在群众角度思考解决问题。

8日 《邵阳日报》报道，从5月开始，邵阳市在全市范围内全面开展禁赌限牌专项整治、党政机关副处级及以上领导干部亲属“吃空饷”问题专项整治、“四治四提”专项整治工作，严肃查处国家公职人员赌博、违规打牌和副处级及以上领导干部亲属“吃空饷”等问题，着力整治影响和妨碍邵阳经济社会发展的“不作为、乱作为”和“庸懒散软”等问题。

△ 邵阳市政协召开全市“优化经济发展环境，促进实体产业发展”专题民主监督工作推进会议。

9日 邵阳市人民政府召开第十次常务会议，重点研究环保督察、东城快线和三环线项目建设等工作。

10日 中共邵阳市委书记、市人大常委会主任龚文密和市委副书记、市长刘事青就异地扶贫搬迁工作落后问题约谈6个县市区党政主要负责人。

△ 邵阳市部署开展农村低保和社会保障兜底脱贫对象认定清理整顿工作，确保农村困难群众基本保障更精准。

12日 全国政协常委、民建中央常委李冬玉率全国政协调研组到邵，就油茶产业扶贫工作开展为期3天的监督性调研。

13日 邵阳市首届焦墨艺术展在市资江南路菩提书画院开展，45位作者创作的68幅画作引领观众走进邵阳秀美风光中。

15日 邵阳市召开《关于迎老乡回家乡创业发展的若干支持意见》新闻发布会，透露邵阳市将通过搭建平台、政策支持、优质服务等措施，支持、鼓励异地邵阳籍企业家和务工人员回乡创业发展，加快推进精准脱贫和全面小康社会建设步伐。

△ 邵阳市统一开展防范和打击非法集资宣传月活动拉开序幕。

19日 邵阳市人民政府召开第十一次常务会议，重点研究全市产业发展等工作。会议要求强化“产业兴邵”理念，推进实体经济发展。

△ 中共邵阳市委副书记、市长刘事青就全市脱贫攻坚突出问题集中整改工作进行专题调度，他强调要学透政策找准症结，强力推进整改落实。

25日 中共邵阳市委书记、市人大常委会主任龚文密到邵阳经开区，就园区产业链发展情况进行调研。邵阳经开区引进的200多个工业项目尚没有形成完整的产业链，企业大部分配件都需从外地采购。龚文密强调要配齐建强产业链，做精产品树品牌。

△ 全国人大常委会委员、全国人大内司委副主任委员何晔晖率调研组到邵阳市，就养老院建设情况进行调研。

26日 邵阳市人民政府召开电视电话会议，调度全市防汛抗灾和经济运行工作。市委副书记、市长刘事青强调要落实“六个一律”工作要求，确保全市安全度汛。22～23日，邵阳市迎来入汛以来最强降雨过程，隆回、新邵局部地区出现大暴雨，造成严重损失。

27日 中共邵阳市委书记、市人大常委会主任龚文密率队到大祥区城南街道，就加快推进市体育中心及周边路网建设现场办公。他强调要确保2018年全省体育运动会在邵阳市顺利举行。

△ 邵阳市人民政府召开第十二次常务会议，重点研究湘中幼儿师范高等专科学校组建、全市公务用车综合服务平台建设和安全生产等工作。

31日 邵阳市人民政府召开第十三次常务会议，重点研究中共邵阳市委党校新校址选址有关事宜和盖板玻璃邵阳生产基地项目等工作。

△ 由湖南省扶贫办主任王志群率队的省督查组到邵督查脱贫攻坚工作，共派出5个小组，分赴全市各地督查。

△ 湖南省人大常委会副主任王柯敏率队到邵调研脱贫攻坚和新型城镇化及特色小镇建设等工作。

6月

1日 邵阳市推进创新引领开放崛起暨科技奖励大会在市区召开。

△ 中国工程院院士李国杰等12位著名专家受聘为邵阳市科技经济顾问。

△ 邵阳市邀请国内外25家邵阳商会会长回邵，举行“迎老乡回故乡建家乡”为主题的座谈会。

2日 邵阳市召开创建全国文明城市工作动员大会，全面部署文明创建工作。中共邵阳市委书记、市人大常委会主任龚文密到会讲话，市委副书记、市长刘事青作工作报告。

5日 邵阳市城区即日起全面禁止燃放烟花爆竹。

8日 邵阳市环境治理攻坚战推进会议召开。中共邵阳市委副书记、市长刘事青出席会议并讲话。

△ 亚洲富士电梯邵阳生产线基地1号厂房自动烤漆生产线运行，成为湖南省首家实现全自动化作业的电梯生产车间。

12日 湖南省人大常委会检查组到邵阳，就《中华人民共和国著作权法》贯彻实施情况开展执法检查。

13日 湖南省政协主席李微微到邵阳县开展为期2天的督查调研脱贫攻坚工作。

△ 邵阳市人民政府分别与中国电子彩虹集团、中电长城网际系统应用有限公司在长沙签订《彩虹盖板玻璃邵阳生产基地项目引进合同》《邵阳市人民政府与中国电子彩虹集团合作智慧城市框架协议》《邵阳市人民政府与中电长城网际系统应用有限公司合作框架协议》《彩虹盖板玻璃邵阳生产基地项目补充协议》。

15日 邵阳市人民政府第十四次常务会议召开，重点研究全市“放管服”改革工作等事项。

21日 中共邵阳市委全面深化改革领导小组第十九次会议召开。会议审议并原则通过《邵阳日报社邵阳报业传媒集团有限公司一体化运行机构设置方案》《关于进一步深化邵阳市文化市场综合执法改革的实施方案》《关于加强市纪委派驻机构建设的意见》《关于推进邵阳经济开发区管理体制和运行机制改革的实施意见》。

22日 中共湖南省委常委、省国资委党委书记胡衡华到邵调研国企改革工作。

23日 邵阳市召开专题会议，贯彻落实中共湖南省委书记、省人大常委会主任杜家豪和省委副书记乌兰批示精神，部署开展合乡并村和村级换届“回头看”工作。

24日 中共邵阳市委书记、市人大常委会主任龚文密召开全市防汛视频会商会，分析研判当前邵阳市雨情、汛情，部署防汛抗灾各项工作，强调要严阵以待、严防死守，坚决打赢防汛抗灾战役。

26日 中共邵阳市委副书记、市长刘事青召开全市防汛视频会商会，调度全市防汛抗灾工作，积极应对下一轮强降雨过程。并连夜冒雨赶赴邵阳县等地，暗访防汛抗灾措施落实情况。

28日 邵阳武冈机场正式通航。该机场是湖南省投入使用的第7座民用机场，项目总投资概算9.68亿元，设1条2600米跑道、1座航站楼、4个C类机位站坪，可保障空客320、波音738及以下机型起降。当前通航郑州、北京等城市，7～8月拟通航长沙、张家界、重庆等城市，下半年计划开通昆明、海口、深圳、广州、南昌、上海、西安等城市航线。

△ 中共邵阳市委书记、市人大常委会主任龚文密率市电力、交通、公路、水利等部门相关负责人赶赴绥宁县，检查指导抗洪救灾工作。

28～29日 国家防总工作组组长、水利部长江水利委员会副总工程师夏仲平带领工作组到邵阳市绥宁县、武冈市督查指导防汛及灾后重建工作。

30日 中共邵阳市委副书记、市长刘事青主持召开全市防汛会商会。6月24日～30日上午，邵阳市平均降雨量达189.4毫米，较历年同期平均水平偏多20%。降雨量超过200毫米的观测站点达95个，超过300毫米的观测站点2个，超过500毫米的观测站点1个，大小河流水位全面接近或超过警戒水位。据民政部门统计，全市受灾人口达32.9万人。

7月

1日 中共邵阳市委书记、市人大常委会主任龚文密到市防汛抗旱指挥部，通过邵阳市山洪灾害综合监测平台，实时查看全市35个水文监测点水位情况，会商调度各地防汛工作。

△ 中共邵阳市委副书记、市长刘事青赶赴市防汛抗旱指挥部，紧急调度全市防汛工作，随后对市区防洪措施落实情况进行督导。

△ 中共邵阳市委书记、市人大常委会主任龚

文密到邵阳经济开发区，就加快推进宝庆产业基金（智能制造产业小镇）和彩虹集团邵阳盖板玻璃2个重大项目进行调度。

2日 中共湖南省委常委、省纪委书记傅奎代表省委省政府深入邵阳市城区部分河段、路段，检查指导防汛救灾工作。强调要以严格的纪律确保抗洪救灾的胜利。

3日 邵阳市人民政府组织中国人民银行邵阳市中心支行、邵阳银监分局、市保险行业协会以及市内各大商业银行、保险机构主要负责人召开会议，专题调度全市救灾应急贷款暨保险理赔工作。要求各金融机构建立绿色通道，强化配合，做到及时放贷、快速理赔。

4日 中共邵阳市委书记、市人大常委会主任龚文密率市民政、财政、电力、交通等部门负责人赶赴新宁县，深入受灾严重的崀山镇部分村庄，查看灾情并现场指导救灾工作。他强调要充分发挥基层党组织的作用，深入细致做好灾后重建工作。

△ 中共邵阳市委副书记、市长刘事青赴邵阳县督导救灾工作，并参加扶贫工作联系点主题党日活动。他要求各级各部门强化为民宗旨，积极组织生产自救。

5日 邵阳市人民政府召开第十六次常务会议。重点部署当前防灾救灾、灾后重建工作。自6月24日截至7月4日8时，强降雨造成邵阳市12个县市区194个乡镇受灾，给全市造成重大灾害损失，特别是电力、交通、水利等基础设施严重受损，给人民生产生活造成严重影响。会议要求全市上下扎实做好灾后防疫，迅速组织救灾补损。

9日 中共邵阳市委、市人民政府紧急召集各县市区、市直各有关部门负责人召开防汛视频会商会，对迎战新一轮强降雨进行部署，强调要严阵以待、严防死守，确保夺取防汛抗灾工作的全面胜利。

10～11日 中共湖南省委书记、省人大常委会主任杜家豪深入邵阳市指导防汛救灾并调研脱贫攻坚和产业发展工作。他强调要用“绣花”的功夫扎实做好脱贫攻坚等民生工作，在“创新引领、开放崛起”中彰显邵阳作为。

12日 自中央第六环保督察组进驻湖南省以来，邵阳市收到转办环境信访222件，当前已办结222件，办结率100%。

△ 中共湖南省委对邵阳市绥宁县坚持“四个在前四个到位”（即：防范演练在前，知识普及到位；会商研判在前，精准调度到位；严明纪律在前，责任追查到位；干部冲锋在前，应急抢险到位）的防汛抗灾经验予以推介。

14日 邵阳市正式被全国爱卫会公布为国家卫生城市。邵阳市自2012年启动城市管理综合整治，2014年开始创建国家卫生城市攻坚行动，5年间先后通过省级基础评估、资料初审、国家暗访、国家技术评估、综合评审、社会公示6重考核，终获国家卫生城市称号。

20日 邵阳市人民政府召开第十九次常务会议，重点研究进一步规范地方政府举债等事项，要求着力化解财政金融风险。

24～25日 湖南省现代公共文化服务体系建设现场推进会在邵阳市召开。湖南省文化厅党组书记、厅长禹新荣作工作报告，省政府副秘书长彭翔主持，中共邵阳市委书记、市人大常委会主任龚文密致辞，中共邵阳市委副书记、市长刘事青作典型发言。

25日 全国政协提案委副主任、湖南省政协原主席胡彪到邵阳武冈机场，对邵阳市全域旅游发展工作进行调研。

26日 湖南省矿山应急救援技术竞赛在邵阳市举行。湖南矿山应急救援邵阳支队自1960年建队，成功处理各类事故1550次，实现建队57年安全抢救57年的佳绩。

28日 邵阳日报社全媒体“中央厨房系统”正式上线运营，标志着邵阳日报社融媒体建设发展转型走上新高度。

29日 2017·湖南（南山）六月六山歌节暨湘桂原生态风情节在城步苗族自治县民族文化体育中心开幕。万余名来自全国各地的观众和30万苗乡人民一道尽享文化盛宴。

29～30日 中共湖南省委常委、省委宣传部部长蔡振红调研邵阳市宣传思想文化工作。

31日 邵阳市召开视频会议，部署中央第六环境保护督察组邵阳市环保督察反馈问题整改工作。

是月 邵阳市成功接入全国住房公积金异地转移接续平台。

8月

1日 中国共产党邵阳市第十一届委员会第三次全体（扩大）会议召开。全会学习贯彻中共湖南省委书记杜家毫在邵阳考察调研期间讲话和中共湖南省委十一届三次全会精神，全面总结上半年经济工作，安排部署下半年经济工作，审议通过《关于加快推进产业发展的实施意见》。出席全会的市委委员应到60人，实到57人；市委候补委员应到12人，实到11人，符合规定人数。

2日 邵阳市公安机关“优化产业发展环境护航邵阳经济建设”专项行动动员大会召开，部署开展为期5个月的专项整治行动。

3日 湖南省人大常委会副主任陈君文率《湖南省农村扶贫开发条例》执法检查组到邵阳市开展执法检查并召开座谈会。邵阳市共有8个武陵山片区扶贫攻坚重点县，其中3个国家扶贫工作重点县。2016年度全市共减少贫困人口20.48万人，完成省定任务的108.4%，19个贫困村脱贫出列。

4日 邵阳市人民政府召开第二十一次常务会议，重点研究湖南南山国家公园体制试点工作和推进全市旅游扶贫攻坚等事项。

4~5日 湖南出入境检验检疫局党组书记、局长杨杰率调研组到邵阳市调研。邵阳市产品出口112个国家和地区，建立境外营销公司12家，批发市场3个。

7日 中共邵阳市委副书记、市长刘事青组织召开专题会议，就解决市生活垃圾填埋场突出环境问题进行调度。

8日 邵阳市人民政府召开第二十二次常务会议，重点研究突出环境问题整改工作和邵阳经开区体制改革等事项。

△ 邵阳市人民政府召开专题会议，调度全市工业经济运行工作。会议要求要狠抓招商入园、产业链建设“四百工程”、规上入统、运行调度等方面工作，加快工业发展，完成全面目标任务。

8~9日 湖南省政协副主席胡旭晟率省政协调研组到邵阳市，就“建立健全中小学法治教育机制”开展调研。

△ 湖南省关工委主任杨泰波率队到邵阳市调研青少年普法教育工作。

9~10日 湖南省人民政府副省长何报翔一行到邵阳市，重点就商贸旅游、扶贫攻坚和湖南南山国家公园体制试点工作开展调研。

11日 邵阳市农村饮水安全全覆盖暨巩固提升工程工作推进会议召开，自5月以来，邵阳掀起农村饮水工程建设高潮，全市已有633处工程开工建设，其中千吨万人工程31处。

15日 邵阳市召开PPP项目推进和培训会议。市委副书记、市长刘事青强调要抢抓机遇，规避风险，加快推进PPP项目。

△ 邵阳市启动自然灾害救助应急四级响应。14日起，邵阳市迎来新一轮强降雨过程，城步、绥宁、武冈、洞口等县市受灾严重。

16日 中共邵阳市委副书记、市长刘事青组织专题会议，重点就完成财政收入、规范地方政府性债务管理、加强财政资金监管进行调度。

17日 中共邵阳市委书记、市人大常委会主任龚文密先后到维克液压股份有限公司、智能制造产业小镇和盖板玻璃项目建设工地，调研企业转型升级和项目建设情况。他强调要抢抓智能制造发展新机遇，加快高端装备制造业发展。

19日 即日起，共享书店落户邵阳市，上千市民进入阅读共享空间。

21日 湖南省发改委和长沙海关到邵阳市就邵阳保税仓建设试点工作开展专题调研。

22日 邵阳市人民政府召开第二十三次常务会议，重点研究推进落实地方政府违法违规举债融资清理整改工作。

23日 湖南省人民政府副省长隋忠诚一行到邵阳市督导安全生产和调研农业农村工作。要求要坚持问题导向，铁腕推进安全生产大检查工作。

△ 湖南省人大常委会副主任王柯敏一行深入邵阳市城步苗族自治县和新邵县，就湖南南山国家公园体制试点工作和精准扶贫工作开展调研。

24日 湖南省人民政府专项督查组先后到邵阳武冈市、新邵县督查病死禽畜无害化处理中心项目建设，并在市区召开汇报会就督查情况进行反馈。

25日 五矿二十三冶建设集团有限公司高管到邵阳市考察，就投资邵阳市基础设施项目建设事项举行对接。五矿二十三冶建设集团有限公司是以建筑安装、基础设施投资、矿业工程等为主业的大型国有企业。

28日 邵阳旅游智库成立暨精品旅游线路评审会在长沙召开，宣告由湖南省旅游专家、旅游协会、旅游企业等组成的邵阳旅游智库正式成立，旅游智库将为邵阳旅游整体规划、线路设计、全域旅游发展、旅游信息化技术开发、旅游产学研一体化等领域提供智力支持。会上，专家共同评审出邵阳十大精品旅游线路。

29日 中共邵阳市委书记、市人大常委会主任龚文密率队到大祥区和北塔区，就加快推进资江雪峰大桥、桂花大桥和雪峰南路北段、雪峰北路、邵西大道项目建设进行调度。

△ 邵阳市人民政府召开第二十四次常务会议，重点研究全市保税仓建设改革试点等工作。

△ 伟光汇通集团董事长陆学伟一行到邵阳市对接宝庆古城项目。伟光汇通集团是一家主要从事文化旅游开发运营的企业，在特色旅游小镇开发方面经验丰富。

30日 湖南省政协原副主席、省生产力学会会长武吉海就“着力提升湖南制造质量，加快推进质量强省建设”率调研组到邵阳市开展调研。

△ 邵阳市安全委员会全体（扩大）视频会议召开，会议强调要铁腕治安，确保全市社会大局“安全、安定、安宁”。

31日 中共邵阳市委副书记、市长刘事青赴邵东县调研该县经济社会发展情况。他强调要聚焦产业发展，振兴实体经济，狠抓项目建设，稳步推进脱贫攻坚。

9月

1日 邵阳经济开发区举行揭牌暨乡镇（办）托管仪式，新挂牌的开发区整合原湖南邵阳经济开发区和宝庆工业集中区2个园区，集中接受232项经济管理权限，委托管理双清区高崇山镇，火车站乡世纪新村、栗山村、集仙村、红旗社区，渡头桥镇东城村、新群村、鸡笼村，爱莲办事处砂糖村、云十村，兴隆办事处财桥村“1镇10村”，基本实现“园政一体”。

4日 《邵阳日报》报道，2017年邵阳市总工会困难职工“金秋助学”工作筹资160万元，将帮助450余名困难职工（农民工）家庭解决子女上学难问题。

5日 中共邵阳市委书记、市人大常委会主任龚文密深入市城区部分社区、农贸市场和城乡接合部等地，督察创建全国文明城市工作。

△ 邵阳市人民政府召开第二十五次常务会议，传达学习习近平总书记在深度贫困地区脱贫攻坚座谈会上的重要讲话精神，全国金融工作会议精神，省委书记杜家毫在省委理论学习中心组集体学习报告会上的讲话精神；研究城市管理综合执法体制改革等工作。

6日 湖南省人民政府副省长杨光荣一行到邵阳市调研安全生产和住建工作。

8日 中共邵阳市委书记、市人大常委会主任龚文密到邵东县调研指导信访安全稳定工作，要求邵东县营造安定和谐环境，尽快重返“全省十强县”行列。

9日 中共湖南省委副书记、省长许达哲宣布彩虹邵阳特种玻璃项目开工建设。该项目位于邵阳经开区内，总投资约20亿元，占地300余亩，分2期建设4条盖板玻璃生产线。建成后可带动关键装备材料和关键装备智能制造的发展，形成包括盖板玻璃加工、3D玻璃、触控模组和触控移动终端产品在内的超100亿元产业链。

11 日 在湖南省科技厅发布的第六届湖南省创新创业大赛获奖名单中，邵阳市 4 个项目获优秀奖，其中“高效节能有载调容调压电力变压器及核心配件研发制造项目”将参加全国总决赛，为邵阳市近年最好参赛成绩。

13 日 中共邵阳市委副书记、市长刘事青赴邵阳县督导安全生产和脱贫攻坚工作，他强调要确保发展安全有序，稳步推进脱贫攻坚。

14 日 以中国科学院院士唐守正为首的创新中国智库 18 位专家深入邵阳市城步苗族自治县调研考察，为城步精准扶贫把脉问诊。

15 日 邵阳市召开“双二十”重点项目调度会，市委书记、市人大常委会主任龚文密，市委副书记、市长刘事青到会讲话，会议强调要以超常规的力度加快推进项目建设。自 5 月始，中共邵阳市委、市人民政府部署开展“喜迎十九大，建设新邵阳”重点建设项目攻坚行动，确定重点推进 20 个重点项目开工和 20 个重点项目竣工或投产。

△ 邵阳市举行“砥砺奋进的五年”形势报告会，邀请中共湖南省委宣讲团成员、湘潭大学副校长刘建平作主题报告，市委书记、市人大常委会主任龚文密主持会议，市委理论学习中心组成员参加。

△ 邵阳市首家社区精神康复会所——邵阳市心愉会所在双清区江湖社区成立，这是市宝庆精神病医院在福彩公益金支持下主办的一家非营利慈善机构，是全省继长沙之后的第二家。

18 日 《湖南日报》以《邵阳，在开放发展中崛起》为题，用彩色连版的篇幅，全景式反映邵阳市推进“二中心一枢纽”建设所取得的巨大成就（“二中心一枢纽”，即建设省域副中心、湘中湘西南经济文化中心和全国区域性综合交通枢纽）。

19 日 中共邵阳市委书记、市人大常委会主任龚文密率队深入邵阳大道沿线部分建设工地，调研城区扬尘治理工作。龚文密强调要严格落实各项措施，不断深化巩固创卫成果。

△ 老飞虎队队员陈科志和以美国洛杉矶湖南总商会会长段成金为团长的美国侨团一行到邵阳市考察访问。

18～21 日 国务院安委会第十三综合督查组组长、文化部副部长杨志今率队到邵阳市开展安全生产大检查综合督查。

26 日 邵阳市召开信访维稳安保暨抗洪救灾总结、“四冬”生产工作会议，会议强调要大力弘扬抗洪救灾精神，确保完成各项目标任务。会上，97 个单位被授予“2017 年全市抗洪救灾先进集体”称号，266 名抗洪救灾先进个人受到表彰。

△ 邵阳市人民政府召开第二十六次常务会议，重点研究全市异地扶贫搬迁等工作。

29 日 由中央人民广播电台、《国际商报》、《湖南日报》、湖南卫视、湖南经视等 12 家中央、省级媒体组成的“开放崛起从头越”采访团聚焦邵阳，就邵阳市贯彻落实湖南“创新引领、开放崛起”战略进行专题采访。中共邵阳市委书记、市人大常委主任龚文密接受媒体采访团专访。

30 日 邵阳市在位于松坡公园的市烈士纪念园举行烈士公祭仪式，缅怀为中国革命事业和社会主义建设事业英勇献身的先烈。

△ 中共邵阳市委书记、市人大常委会主任龚文密率队到新宁，就加快邵阳市西部地区旅游产业发展进行调研。

△ 邵阳市公安局“屯警街面，动中备勤”移动警务新模式正式启动。将主城区划分为 10 个主网格，设立 10 个移动警务平台，每个平台配备 1 辆指挥车、2 辆处警车、4 台摩托车、30 名警力，按照三班一运作模式，全天候 24 小时屯警街面，履行接警处警、动态巡逻、交通管理、纠纷化解、服务咨询等职能，全面提高见警率和管控力。

10 月

1 日 中共邵阳市委书记、市人大常委会主任龚文密到邵阳经开区督导安全生产工作，体察企业实情，调研产业项目建设。

2 日 中共邵阳市委书记、市人大常委会主任龚文密深入邵阳市文化艺术中心督导安全管理和服务工作。10 月 1 日，该中心的文化馆、图书馆、美术馆、城市规划展览馆继博物馆后正式开馆。

9日 中共邵阳市委书记、市人大常委会主任龚文密率市党政代表团赴长沙经济技术开发区学习考察产业发展（工业4.0项目）。

11日 中共湖南省委常委、省委政法委书记黄关春一行到邵阳市督导安全稳定信访工作。

△ 中共湖南省委常委、省人民政府常务副省长陈向群率队到邵阳，就城步南山国家公园体制试点工作开展调研。

12日 中共湖南省委常委、常务副省长陈向群在邵阳市洞口县组织召开全省自然保护区突出环境问题整改工作座谈会。邵阳市有新宁舜皇山、绥宁黄桑、城步金童山3个国家级自然保护区，以及武冈云山省级自然保护区。

11～13日 湖南省人大常委会党组书记、副主任韩永文深入绥宁县和城步苗族自治县，就邵阳市生态建设与农业发展工作进行调研。

13日 邵阳市又一批重点项目集中开工建设、竣工启用或投产。市区紫霞公园（人防疏散基地）工程、蔡锷大道邵九公路项目、东城快线项目相继开工，邵阳日报社“云邵阳”移动客户端上线，湖南南山国家公园管理局授牌，邵阳智能制造产业小镇内的拓浦精工工业4.0标杆工厂投产运营。

△ 湖南省部分市、县易地扶贫搬迁工作推进会在邵阳市召开，省委常委、常务副省长陈向群出席并讲话。

16日 中共邵阳市委副书记、市长刘事青组织召开会议，督导河长制及黄标车整治工作。邵阳市有13名市级河长、158名县级河长、1005名乡级河长、11674名村级河长，形成四级联动的“河长制”体系；按照国务院2017年底全面淘汰黄标车要求，截至10月13日，邵阳市剩余淘汰任务9119辆。

17日 邵阳市人民政府召开第二十七次常务会议，重点研究平安稳定和安全生产等工作。

△ 中共邵阳市委、市人民政府举行2017“全国扶贫日”邵阳活动暨“最美扶贫人物”颁奖大会。会上，22名“最美扶贫人物”受到表彰，21家单位为“邵阳‘我想有个家’安居工程”捐款117万元。

19日 湖南省人民检察院党组书记、检察长游劝荣到邵阳调研检察机关工作，辅导邵阳市检察机关学习领会党的十九大精神。

△ 中共邵阳市委副书记、市长刘事青组织召开全市易地扶贫搬迁工作推进会。

△ 中共邵阳市委副书记、市长、邵阳总河长刘事青组织相关负责人员开展巡河工作，组织召开河长制工作推进会议，要求对照问题强力整改。

19～20日 湖南省人民政府副省长张剑飞深入邵东县、邵阳市区和新邵县相关工业企业进行实地调研，详细了解企业发展情况及智能生产、科研开发和园区配套等情况。

26～28日 邵阳市第四届少数民族传统体育运动会在隆回县举行。来自全市各县市区的12个代表团8个少数民族共400名运动员参赛。

28日 邵阳市召开传达学习党的十九大精神大会。

30日 邵阳市首部地方性法规《邵阳市城市公园广场管理条例》颁布实施新闻发布会召开。该条例将于2018年1月1日开始实施。

11月

1日 邵阳市人民政府召开第二十八次常务会议，重点研究总结创建国家卫生城市成功经验等工作。

4日 中共邵阳市委书记、市人大常委会主任龚文密到邵阳经开区，调度市一中新校区、恒天九五邵阳纺机有限公司、小快智造电子科技有限公司等部分重点项目建设。他强调要蹄疾步稳推进各重点项目建设，确保各项目建设任务按时间节点顺利完成。

6日 中共邵阳市委副书记、市长刘事青专题调度城区路网重点项目建设工作。刘事青一行现场查看了雪峰大桥、雪峰南路北段、资江北路、邵西大道施工沿线、桂花大桥、学院路二期、新城大道、湖口井路、邵水西路、邵水东路、桃花桥、立新路、新华南路隧道项目建设现场。要求对照问题，巡查现场，问诊开方，确保项目保质提速。

9日 中国崀山文化旅游产业园项目破土动工。该项目以世界自然遗产、国家5A级景区崀山为依托，总占地面积约7000亩，预计总投资36亿元。旨在打造世界级的旅游休闲目的地，成为辐射中国中部旅游的战略支点。

△ 湖南省人民政府口岸办主任杨中万率省发改委、韶山海关等有关部门负责人组成的调研组到邵阳，就邵阳保税仓建设运行改革试点和通关服务平台建设工作进行调研。邵阳保税仓于9月28日动工建设，建设内容包括邵阳市进出口通关服务中心大楼、海关和检验检疫机构值班用房和进出口货物查验场建设。

10日 邵阳市人民政府召开第二十九次常务会议，重点研究市区重点项目建设等工作。

13日 邵阳市人民政府召开第三十次常务会议，重点研究城市绿化等工作。

△ 中共邵阳市委书记、市人大常委会主任龚文密率队督查城区部分道路项目建设。他强调要千方百计加快道路项目建设，构建畅通路网推动城市上档升级，增强人民群众获得感。

14日 邵阳市人民政府主体调度全市易地扶贫搬迁工作，市委副书记、市长刘事青强调要以整风精神推进易地扶贫搬迁工作。2017年，邵阳市易地扶贫搬迁集中安置项目112个、18620人，分散安置项目9个、19799人，计划建设住房10118套。

15日 邵阳市人民政府召开第三十一次常务会议，专题学习贯彻《对接“北上广”优化达环境行动导则》，会议要求要解决好5个问题、抓好4个结合，推进《导则》落地落实。

△ 中共邵阳市委副书记、市长刘事青组织召开会议，专题听取关于落实中央环保督察整改及全市环保重点工作推进情况汇报，安排部署整改工作措施。

16日 中共湖南省委宣讲团党的十九大精神报告会在中共邵阳市委礼堂举行。

17日 湖南省环保厅到邵阳市开展大气污染防治和黄标车淘汰专项督查。

△ 邵阳市脱贫攻坚工作推进会在市区召开。中共邵阳市委书记、市人大常委会主任龚文密强调，要集中精力，抢抓时间，确保全面完成脱贫攻坚各项目标任务。

18日 国家土地督察武汉局副专员杭邦明一行就邵阳市对土地资源利用与管理情况进行实地督察。

22日 《邵阳日报》报道，在郴州市举行的第八届湘商大会暨第五届中国湘南国际承接产业转移投资贸易洽谈会上，邵阳市共组织百瑞工具、东方神鹰等18家知名企业参展，展出面积1380平方米，是除郴州外参展企业最多、参展面积最大的市州。会上签下的富电邵阳产业园和桑德（邵阳）产业园两个重大项目，总投资超过40亿元。

△ 中共邵阳市委书记、市人大常委会主任龚文密主持召开全市经济形势分析会，重点研究分析邵阳市财政收入和支出情况。他强调要积极挖潜补漏抓好税收入库，确保各项公共民生领域资金支出。

23日 盖有“人民银行邵阳市中心支行国库业务转讫”电子印章的缴款书回单出现在市财政局非税收入征管系统界面，邵阳市非税收入缴库从此告别手工方式，正式迈入电子化缴库时代，成为全国首个非税收入电子入库的地级城市。

24日 《邵阳日报》报道，截至7月，邵阳市地理标志商标达11件，涵盖油、茶、果、畜产等特色农产品，彰显宝庆文化和邵字号产品特色。

25日 第三届中国·崀山脐橙文化旅游节在新宁崀山北大门开幕。来自全国各地的专家、文艺界代表、客商、旅行社等企业代表及游客5000多人参加开幕式。

27日 中共邵阳市委书记、市人大常委会主任龚文密到邵阳经开区，就加快智能制造产业小镇（工业4.0）项目建设进行专题调度。该项目总投资60亿元。

△ 中共邵阳市委副书记、市长刘事青率市发改委、武冈机场建设有限责任公司负责人赴民航中南地区管理局，就邵阳机场发展，航班航线开发、

时刻协调，通用航空产业发展，政策支持等工作进行衔接。

28日 邵阳市召开邵阳站综合交通枢纽项目开工暨动员大会，市委书记、市人大常委会主任龚文密，市委副书记、市长刘事青出席并讲话。该项目是洛湛、怀邵衡和规划的呼南、长邵城际、邵冷5条铁路的交汇中心，项目控规面积1477亩。

30日 中共邵阳市委副书记、市长刘事青组织召开市长办公会议，专题协调推进桑德、湘电邵阳产业园项目建设。市政府与桑德集团合作协议包括环保治理项目和产业合作项目两个方面；与湘电集团9月底签订全面战略合作协议，约定在风电资源开发和产业发展两个方面进行合作。

12月

1日 市委书记、市人大常委会主任龚文密到新邵县部分乡镇，宣讲党的十九大精神，并调研脱贫攻坚和基层党建工作。强调要以基层党建为引领，坚决打赢脱贫攻坚战。

2日 《邵阳日报》载，由共青团邵阳市委推荐申报的16个湖南省青年创新创业扶持资金项目，经过考察筛选，最终13个项目获省青年创新创业扶持资金。这是邵阳市近年来获得扶持项目最多、资助额度最大的一次。

4日 中共邵阳市委副书记、市长刘事青深入隆回县部分乡镇、村组宣讲党的十九大精神并调研脱贫攻坚工作。要求要以党的十九大精神引领脱贫攻坚，进一步推行政务公开。

△ 邵阳市城区第一个法治文化公园——西苑公园正式对外开放。

5日 市委全面深化改革领导小组第二十二次会议审议并原则通过《邵阳市总工会深化改革实施方案》《邵阳市妇联改革实施方案》《共青团邵阳市委改革实施方案》《邵阳市科协系统深化改革实施方案》《邵阳市公务用车综合服务平台建设方案》《关于促进非公有制经济发展的实施意见》。

△ 中共邵阳市委副书记、市长刘事青主持召开全市当前重点工作推进会。会议通报2017年《政府工作报告》明确的重点工作落实情况及“一单四制”（一单：建立重大事故隐患清单；四制：1. 实行交办制，对督查发现的隐患问题，明确治理责任单位逐一下发交办通知；2. 实行台账制，对整改主体、监管责任、整改任务、整改时限等建立台账；3. 实行销号制，隐患整改到位，通过验收即予销号，不整治到位不销号；4. 实行通报制，将隐患排查整治情况予以通报，接受社会监督）执行情况，强调要坚决完成年度经济工作目标任务。

△ 湖南省住房和城乡建设厅公布湖南省第五批省级历史文化名镇和名村名单。邵阳市洞口县山门镇入选历史文化名镇，绥宁县长铺子苗族侗族乡田心村、绥宁县李熙桥镇陈家村、隆回县山界回族乡老屋村、武冈市双牌镇浪石村入选历史文化名村。

6日 上午，邵阳市人民政府召开第三十二次常务会议，讨论《政府工作报告（征求意见稿）》《2017年国民经济和社会发展计划执行情况与2018年计划草案报告（征求意见稿）》《2017年市级预算安排方案（草案）报告》。下午召开第三十三次常务会议，重点研究招商引资和国家森林公园城市创建等工作。

5~7日 中共湖南省委常委、省委统战部部长黄兰香深入邵阳市企业、社区、农村、宗教场所调研及宣讲党的十九大精神，强调充分发挥统战法宝作用，画好最大最美同心圆。省委统战部副部长龙建湘，市委副书记、市委统战部部长张殿文陪同调研。

6~7日 中共湖南省委常委、省纪委书记傅奎深入邵阳市调研督查深化监察体制改革试点工作、扶贫领域的执纪监督问责以及环保问题整改情况和信访问题督办等工作，强调要扎实推进监察体制改革试点工作，切实加强扶贫领域执纪监督问责。省纪委常委、秘书长张建平，市委书记、市人大常委会主任龚文密，市委副书记、市长刘事青，市委常委、市纪委书记邓广雁，市检察院检察长戴华峰等参加调研或出席座谈会。

7日 中共邵阳市委副书记、市长刘事青轻车简从，深入武冈市、洞口县部分乡镇（办事处）、村组（社区）宣讲党的十九大精神，调研基层党建并开展脱贫攻坚“三走访三签字”活动。

8日 邵东县民企——湖南锐科机器人技术有限公司正式挂牌上线中国青年创新创业板。同日获“创青春”湖南省青年创业大赛创新创业二等奖。该公司成立于2017年3月6日，已申请专利36项、软件著作权1项，建立全国性销售与服务网络，业务遍布全国各地。

10日 《邵阳日报》报道，邵阳市正式建立领导干部经济责任审计项目数据库，并完成对270余名党政领导干部和国有企业领导人员相关信息输入。

12日 湖南省脱贫攻坚工作实地考核邵阳市见面会召开。即日起，省脱贫攻坚工作实地考核第五组80余人，分赴邵阳市各县市区开展实地考核工作。2017年邵阳市将退出贫困人口210424人，441个贫困村要摘帽退出。

△ 湖南省通信管理局局长许继金、中石油湖南分公司总经理王长根、龙星化工股份有限公司董事长庞雷到邵，就产业信息化建设、新能源建设、气化邵阳工程等领域合作进行洽谈对接。市委副书记、市长刘事青分别会见客人。

△ 邵阳报业传媒集团正式入驻由《人民日报》搭建的“全国党媒公共平台”，将与平台内包括人民日报在内的党媒在内容、渠道、运营、盈利模式等各个层面实现共建、共享和共赢的融合发展。

13日 中共邵阳市委副书记、市长刘事青主持召开市政府第三十四次常务会议，重点研究部署邵阳站综合交通枢纽项目建设和“西部生态经济圈”建设等工作。

12～14日 湖南省政协主席李微微到邵阳，深入邵阳县指导督查脱贫攻坚工作，调研市政协关于开展“助力脱贫攻坚，建设小康社会”“助力新发展，建设新湖南”两项主题活动的落实情况，并征求对省政协工作的意见建议。

14日 中共邵阳市委书记、市人大常委会主任龚文密主持召开邵阳市深化监察体制改革试点工作小组会议，听取前段监察体制改革试点工作推进情况汇报，通报《邵阳市深化国家监察体制改革试点工作实施方案》，强调确保圆满完成改革试点任务。

△ 中共邵阳市委书记、市人大常委会主任龚文密，市委副书记、市长刘事青共同会见到邵阳市考察投资项目的红星美凯龙地产集团副总经理韩树奎一行。

16日 邵阳友阿国际广场正式投入运营，沃尔玛、必胜客等一大批国内外一线品牌进驻邵阳。邵阳友阿国际广场是市级重点建设项目，总投资17亿元，商业面积达15万余平方米，是集购物、餐饮、休闲、娱乐等功能于一体的大型城市商业综合体。

17日 中共邵阳市委市人民政府组织召开“对接邵商会、建设新邵阳”暨“百万邵商游家乡”推进会。来自全球的部分异地湖南商会和异地邵阳商会会长、秘书长和旅游企业代表共商邵阳产业振兴和旅游发展大计。当前各地设立组织完善的邵阳商会46家，企业会员2万多个，会员资产达2.6亿元，遍布全国各地及泰国、越南、老挝、印度尼西亚等国家。

△ 湖南对接东盟旅游合作座谈会在邵阳市召开。省旅游发展委员会党组书记、主任陈献春等与泰国、越南、老挝、印度尼西亚等东盟国家的湖南商会负责人，围绕如何发挥商会作用促进湖南、邵阳旅游创新营销、开拓东盟市场进行深入探讨。

18日 第三届邵商大会在邵阳市文化艺术中心举行，来自全球各地的600多名专家、学者、客商代表参会。市委书记、市人大常委会主任龚文密致辞，市委副书记、市长刘事青作市情和投资说明，市委副书记、统战部部长张殿文主持大会。大会现场举行重大项目签约仪式，共签订合作项目61个，总投资369.85亿元。

19日 邵阳市学习贯彻党的十九大精神第一期县处级领导干部集中轮训班开班。市委书记、市人大常委会主任龚文密在开班式上作动员讲话，强调要以坚定的思想自觉、政治自觉、行动自觉，深入学习贯彻习近平新时代中国特色社会主义思想。

△ 长沙海关党组书记、关长黎对贞一行到

部，调研外向型经济发展需要解决的问题和邵阳保税仓建设运行改革试点等工作，表示将全力建好邵阳海关，为邵阳外贸企业提供更快捷的通关便利。

20日 中共邵阳市委副书记、市长刘事青主持召开市政府第三十五次常务会议，重点研究教育等系列重点工作。强调要全力办好公平有质量的教育。

△ 《邵阳日报》报道，2017年1～11月，邵阳市完成进出口总额15.25亿美元，同比增长34.2%，完成年计划的106.3%，居湘中西地区第一位。其中出口总额14.28亿美元，同比增长36.4%；进口0.97亿美元，同比增长9.3%。

△ 邵阳市人民政府与国家开发银行湖南省分行正式签订《助推棚户区改造开发性金融合作协议》，该行为市本级提供102.82亿元棚户区改造专项贷款额度。2017年市本级共申报实施棚户区项目29个，18689户，拆迁面积166.1万平方米。

21日 邵阳市召开创建国家卫生城市工作总结表彰大会。市委书记、市人大常委会主任龚文密强调，要进一步巩固创卫成果，着力推进全国文明城市、国家健康城市和国家森林城市创建工作。市委副书记、市长刘事青作创建国家卫生城市工作报告，市委副书记、统战部部长张殿文主持会议。

25日 中国共产党邵阳市第十一届委员会第四次全体（扩大）会议召开。会议深入学习贯彻党的十九大精神，传达学习中央、省委经济工作会议精神，听取和讨论市委常委会工作报告，审议通过《中共邵阳市委关于深入学习贯彻落实党的十九大精神坚决打赢脱贫攻坚战的意见》。

26日 中共邵阳市委召开县市区及市直行业系统党（工）委书记抓基层党建述职评议会。市委书记、市人大常委会主任龚文密现场点评并讲话，强调要坚持把党的政治建设放在首位，提高基层党建工作科学化水平。市领导刘事青、张殿文、王昌义、陈华、李万千、周迎春、邓广雁、李志雄、侯文，以及省委组织部有关部门负责人出席。

27日 中共邵阳市委书记、市人大常委会主任龚文密先后到湘中幼儿师范高等专科学校和邵阳职业技术学院，调研高等职业教育工作。并到宝庆电厂和云峰水泥有限公司，督导企业环保工作。

△ 中共邵阳市委副书记、市长刘事青主持召开市政府第三十六次常务会议，重点研究元旦春节及市“两会”期间有关工作。

邵阳概况

地　理

【**位置**】邵阳市位于湘中偏西南，资江上游。东与衡阳市为邻，南与永州市和广西壮族自治区桂林市接壤，西与怀化市交界，北与娄底市毗连。介于北纬25°58′～27°40′，东经109°49′～112°57′之间，总面积20824平方公里，占湖南省总面积的9.8%。邵阳市城区位于市境东北，邵水与资江汇流处，建成区面积434.53平方公里。

（邓　艳）

【**地貌**】邵阳市地处江南丘陵向云贵高原过渡地带，全市地貌类型多样，山地、丘陵、岗地、平地、平原兼有。南岭山脉绵亘南境，雪峰山脉耸峙西、北，中、东部为衡邵丘陵盆地。城步苗族自治县东部二宝顶为最高峰，海拔2021米；最低处是邵东县崇山铺乡珍龙村测水岸边，海拔仅125米，地势比降为10.25‰。邵阳整个地貌为北、西、南面高山环绕，中、东部丘陵起伏，平原镶嵌其中，呈由西南向东北倾斜的盆地地貌。全市以丘陵、山地为主，山地和丘陵约占全市面积的2/3，大体是“七分山地两分田，一分水、路和庄园”。

（邓　艳）

【**水文**】邵阳市溪河密布，分属资江、沅江、湘江与西江四大水系。资江干流两源逶迤，支派纵横，自西南向东北呈“Y”字型流贯全境，流域面积遍及市辖8县1市3区。巫水源出城步，横贯绥宁，西入沅江，为西南部主要水道。资江及其支流邵水流经市区，把市区一分为三，后市辖3区即依此划分。2017年年末，全市有5公里以上的大小河流633条，河流长度1199.7公里，淡水面积67.1千公顷。

（邓　艳）

【**区域气候特征**】邵阳市地处亚热带，属典型中亚热带湿润季风气候。四季分明，光热充足，雨水充沛，雨热同季，气候条件比较优越。春季温暖，夏季炎热，秋季凉爽，冬季寒冷，四季变化明显，光照充足。适宜人居和农作物、绿色植物生长。2017年，全市年平均气温17.7℃，平均年降水量1261.6毫米，全年日照时数为1190.4小时。

（邓　艳）

【**2017年气候表现**】2017年，邵阳市气候属于洪涝年景。出现暴雨洪涝、大风、冰雹、龙卷风等16次气象灾害过程，出现高温热害、干旱、连阴雨、倒春寒、寒潮、雾、霾、市区重污染天气等。

气温　全市年平均气温17.7℃，与上年持平。冬季、春季和秋季的平均气温偏高，夏季正常，没有严寒期。年极端最低气温在-0.7℃（武冈）～-3.4℃（新宁）之间，均比上年低，但未超过历史极值。夏季极端最高气温在36.9℃（城步）～38.9℃（邵阳县）之间，未超过历史极值。冬季全市平均气温为8.5℃，比上年同期偏高1.3℃，较常年同期偏高1.8℃，位居1951年以来第2高位（仅次于1999年冬季平均气温8.7℃），各县市冬季平均气温在8.1℃（洞口）～9.4℃（绥宁）之间，均达到暖冬气候标准。

降水 全市平均年降水量1261.6毫米，与上年相比偏少75.5毫米，属正常标准。各县市大致呈西南多东北少的分布态势，绥宁、新宁、武冈、城步比上年偏多48.8毫米~256.8毫米，其余县市偏多91.1毫米（邵阳县）~320.1毫米（洞口）。全市平均降雨天数（日雨量≥0.1毫米的降水日数）157.7天，比常年平均值少8.3天。全市日雨量≥50毫米的平均暴雨天数3.5天，比常年平均值多0.4天。汛期（4~9月）平均降水量893.9毫米，比常年同期偏多13.4毫米，距平百分率为1.5%，属正常范畴，比上年偏少18.6毫米。冬季、春季、秋季降水量偏少，仅夏季降水量异常偏多。

日照 全市平均日照时数1190.4小时，较常年同期偏少247.6小时，属于偏少的年份与上年相比，偏少49.5小时。各县市年日照时数在951.0小时（武冈）~1404.5小时（隆回）之间，按日照时数的多寡划分标准评定，隆回日照时数正常，其余县市日照时数均偏少。与上年相比，洞口、邵阳市区、隆回、新邵偏多，其余县市偏少65.2小时（新宁）~204.4小时（邵阳县）。春季、夏季、秋季、冬季日照均偏少。

风向风速 2017年邵阳市区NE风向出现的频率最多，为16.0%，ENE风向出现频率15.0%，NNE风向出现频率9.9%。此外，静风频率为11.6%，可见市区主导风向为NE。年平均风速以NNE方向的风速为最大，达2.5米/秒，超过2.1米/秒的风向有S，达2.2米/秒（注：东E、南S、西W、北N）。 （吕校华）

【主要天气气候事件及其影响】2017年，邵阳市出现的主要天气气候事件有大风、冰雹、龙卷风、雷电、暴雨洪涝、寒潮等。其中，暴雨过程频发，灾害最重；大风冰雹灾害位居第二；无明显的雨雪冰冻灾害。

暴雨洪涝 全市出现11次暴雨过程。6月24日08时至7月2日08时，全市平均降雨量达276.4毫米，较历年同期异常偏多440%。9天大范围持续强降雨导致全市12个县市区分别出现中度和重度气象洪涝。绥宁、洞口、城步、隆回、新宁、武冈、新邵、大祥区均达到重度洪涝。截至7月2日，境内资江、邵水、郝水、夫夷江等干支流水位迅猛上涨，资江邵阳洪峰最高水位达218.68米，超警戒水位4.68米。高水位洪水致使邵阳市主城区出现倒灌，沿江一线和城市低洼地带出现严重城市渍涝。据市民政局统计，此次暴雨洪涝自然灾害共造成全市12个县市区201个乡镇（街道）170.7万人受灾，因灾死亡5人，失踪1人，紧急转移安置23.1万人，8.47万人需要紧急生活救助，集中安置灾民3.08万人，受灾农作物面积107.13千公顷，绝收面积13.33千公顷，倒塌房屋2085户5477间，严重损房3254户8771间，一般损房10606户29899间，直接经济损失47.2亿元。

龙卷风 6月5日邵东县遭遇严重龙卷风灾害，两市镇、周官桥镇大量房屋、树木倒塌，玉米等农作物出现倒伏，群众生产生活造成严重损失。邵阳市多普勒雷达显示，11:40，基本反射率因子图上邵东县周官桥附近有强降水超级单体回波，呈明显的“S”型，回波前部反射率因子梯度大，速度图上有正负速度对，最大值达20（24）米/秒，此时雷达识别出“龙卷涡旋特征”。据县民政局统计，全县4120人受灾，因灾伤病人员8人，倒塌房屋47户154间，严重损坏房屋442户1065间，一般损坏房屋303户1067间，直接经济损失2789万元。

大风冰雹 4月19日下午，邵阳县黄亭市镇出现冰雹。5月3日下午18时前后，邵阳市出现一次雷暴大风天气过程，其中洞口县出现11级雷雨大风，邵阳县11级大风，邵阳市区和绥宁8级大风，隆回和新邵7级大风。受雷暴大风天气影响，洞口县黄桥、高沙、雪峰、文昌等乡镇均出现不同程度大风，其中洞口县国家站18时极大风速29.5米/秒。据县民政部门统计，受灾总人数1260人，安置转移人数41人，倒塌房屋8间，农业受灾面积10.4公顷，绝收面积2.5公顷，造成直接经济损失360万元。隆回县六都寨、荷田、岩口等乡镇出现雷雨大风、冰雹等强对流天气，其中岩口镇农作物大面积受灾，烤烟、葡萄和水稻秧田等农作物受到严重破坏，直接经济损失达200万元。

高温热害 7月下旬至8月上旬全市出现不同

程度高温热害。邵阳市区、邵阳县、邵东县、隆回县、洞口县、武冈市、新宁县、城步苗族自治县、绥宁县超35℃高温日数7~9天，达轻度高温热害；新邵县超35℃高温日数13天，达中度高温热害。8月18~23日，新邵县、邵阳县超35℃高温日数连续6天，达轻度高温热害。

干旱 7月中旬至8月上旬中期邵阳市高温少雨，蒸发量远远大于降水量，气象干旱呈快速发展之势。据湖南省气候中心干旱监测显示，截至8月8日，邵阳市西北部出现干旱，局地达中旱。

连阴雨 3月中下旬邵阳市大部分地区出现连阴雨天气（连续降水7天或以上，且过程日平均日照时数≤0.1小时），其中邵阳市区、邵阳县、新邵、隆回出现轻度连阴雨（连续降水7~9天），洞口县、绥宁县、城步苗族自治县出现中度连阴雨（连续降水10~12天），武冈市、新宁县出现重度连阴雨（连续降水13天及以上）。绥宁县红岩镇泡桐村1组栗子冲出现严重地质灾害险情，唐家坊镇2处乡道和3处村道发生山体滑坡造成交通堵塞。

轻度倒春寒 3月中旬全市出现一次强冷空气过程，旬平均气温为9.2℃，较常年同期偏低2.2℃，其中邵阳市区、邵阳县、洞口县、隆回县、武冈市、城步苗族自治县、新宁县均达到轻度倒春寒标准。此外，新宁县4月下旬平均气温为17.2℃，较常年同期偏低2.4℃，较4月中旬偏低1.6℃，达到轻度倒春寒标准。轻度倒春寒仅对农作物生长有一些不利影响，未出现灾情。

雾霾 全市出现大雾283站次，各县市出现大雾日数为3天（绥宁）~74天（市区）之间，大雾天气集中出现在冬季和春季，其中1月、11月和12月气温昼夜温差加大，桥梁、隧道和水体附近等地表温度低且湿气较重的地段极易形成能见度为50~100米的局地性的浓雾，引起交通阻塞和交通事故等。出现霾199站次，邵阳县未出现霾，其余县市出现霾的日数在6天（新宁）~51天（洞口）之间，主要出现在1~2月、10~12月。12月24日起市区出现重度污染天气。雾、霾天气出现频繁，对公众出行、交通及人体健康造成不利影响。

（吕校华）

【区位交通】邵阳市位于湘中偏西南，资江上游，自古为“上控云贵、下制长衡”的交通要塞，曾因水路、公路交通顺畅而辉煌。明清时期，宝庆府城依资江黄金水道和数条驿道而成为水陆要冲，湘中重镇；民国时期，湘黔公路干线贯穿境内，邵阳县城成为东南与西南商品物资转运枢纽。2002年12月，潭邵高速正式通车，邵阳进入高速公路时代。2014年12月，邵阳高铁北站投入使用，邵阳驶入高速铁路时代。2016年9月，中共邵阳市委书记、市人大常委会主任龚文密在第十一次党代会上提出，邵阳将实施“二中心一枢纽”战略，打造湖南省域副中心、湘中湘西南经济文化中心、全国区域性交通枢纽。2017年3月，邵阳确定将着力引导水运经济转型升级，加快建设现代化水上交通；6月，邵阳武冈机场顺利通航，邵东军用机场改军民合用工作实施，形成一东一西空运格局，邵阳步入航空时代；12月，武靖高速建成通车，邵阳市进入“县县零距离上高速”的“新高速时代”。到2017年末，邵阳已基本形成以市区为中心，沪昆高速为东西主轴、二广高速为南北主轴，辐射长株潭、珠三角、长江经济带、大湘西地区及东盟地区的高速公路主骨架。全市公路通车里程22498.6公里，其中高速公路632公里，通车铁路总里程135公里，水运航道总里程837公里。全市建制村100%通硬化路。

（邓　艳）

资源

【土地资源】2017年末，邵阳市土地总面积20824.37平方公里，其中耕地面积448.23千公顷，约占全省耕地总面积的10.8%，耕地中水田面积339.24千公顷、旱地面积108.99千公顷；园地面积70.09千公顷；林地面积1234.96千公顷，约占全省林地总面积的10.1%；牧草地面积42.59千公顷，约占全省牧草地总面积的9.0%。

【水利资源】2017年末，邵阳市可养殖淡水面积6.71千公顷，天然水资源总量172.7亿立方米，地表水源总量170.3亿立方米，地下（浅层）总量

44.58 亿立方米，水能资源蕴藏量 107.59 亿千瓦，其中可开发量 30.15 亿千瓦，集中分布于西南部城步苗族自治县、绥宁县等山区县。

【矿产资源】2017 年末，邵阳全市已发现的矿藏有煤、铁、锰、钨、锑、金、银、铅、锌、硫铁、石膏、大理石、辉绿岩、优质石灰岩等 74 种。矿区地 140 处，其中大型矿床 8 处，中型矿床 18 处，小型矿床 76 处。非金属矿藏蕴藏量大，品位高。石膏矿保有储量 564543.9 千吨，累计查明储量 593530.50 千吨。优质石灰岩矿、大理石矿为省内优势矿种；煤矿保有储量 309756.09 千吨，累计查明储量 401989.12 千吨。金属矿藏比较集中地分布于隆回、新邵、邵东、新宁等县。

【生物资源】2017 年末，邵阳市境内高等植物有 245 科，792 属，2826 种。其中用材林树种 210 种，以杉木、马尾松和阔叶用材林为大宗。经济林树种 432 种，楠竹、油茶、油桐、漆树、板栗、乌桕、白蜡树、山苍子树等成片分布。有国家Ⅰ级保护植物银杉、资源冷杉、伯乐树、南方红豆杉、红豆杉、银杏等，国家Ⅱ级保护植物三尖杉、篦子三尖杉、华南五针松、香榧、连香树、香樟、闽楠、鹅掌楸、峨眉含笑、水青树、香果树、榉树、半枫荷、花榈木、红椿、毛红椿、喜树等。

有野生脊椎动物 397 种，分属 5 纲，33 目，102 科。有国家Ⅰ级保护动物云豹、金钱豹、林麝、白鹳、黄腹角雉和白颈长尾雉；有国家Ⅱ级保护动物穿山甲、水獭、斑林狸、小灵猫、大灵猫、藏酋猴、水鹿、青鼬、大鲵、苍鹰、雀鹰、蛇雕、白鹇、红腹锦鸡、虎纹蛙等。已建立绥宁黄桑、新宁舜皇山、城步金童山 3 个国家级自然保护区，以及武冈云山 1 个省级自然保护区。

【旅游资源】邵阳有着 2500 多年历史，自然风光绮丽秀美，历史文化底蕴深厚。主要景区有崀山旅游风景区、白水洞风景名胜区、城步湖南南山国家公园、云山国家森林公园、黄桑自然保护区、隆回虎形山—花瑶、隆回魏源故居、绥宁上堡古国等。

宝庆八景　邵阳史称“宝庆”。城区“宝庆古八景”曾美景如画，名贯古今。2016 年中共邵阳市委、市人民政府制定《邵阳市城区重点旅游景区建设三年行动计划》，提出打造国家级历史文化旅游名城的发展目标。开始逐步恢复宝庆古八景，建设“新八景”。古八景即“佘湖雪霁”“双江秋月”“六岭春色”“洛阳仙洞”“桃洞流香”“莲池古香”“山寺晓钟”“龙桥铁犀”。新八景即蔡锷故居、东塔公园、北塔公园、体育公园、西苑公园、宝庆森林公园、现代游乐园、双龙紫薇博览园。

新宁崀山　总面积 108 平方公里，资江上游的扶夷江（夫夷水）蜿蜒贯穿南北，年平均气温 17℃，气候宜人，森林覆盖率达 70%。有天一巷、辣椒峰、夫夷江、八角寨、紫霞峒、天生桥 6 大景区及 3 大溶洞和 1 个原始森林，其中天一巷入选中国世界纪录协会世界第一巷、天生桥被誉为亚洲第一桥。境内地质结构奇特，山、水、林、洞要素齐全，是典型的丹霞峰林地貌，属典型的丹霞地貌，被称为“中国丹霞之魂”。是世界自然遗产、国家地质公园、国家 5A 级风景名胜区。著名诗人艾青曾发出“桂林山水甲天下，崀山山水赛桂林”的咏叹。

城步湖南南山国家公园　总面积 619.14 平方公里，整合南山国家风景名胜区、金童山国家级自然保护区、两江峡谷国家森林公园、白云湖国家湿地公园，白毛坪乡、汀坪乡部分具有保护价值的区域，是湖南省第一个国家公园。园内动植物资源丰富，且具有十分珍稀性，保护价值非常高。植物区系起源古老，是生物物种遗传基因资源的天然博物馆，生物多样性非常丰富；拥有一处天然湿地——十万古田湿地，是我国南方重要的“生物种质资源库”；是东亚——澳大利亚的候鸟迁徙通道，每年有大量迁徙的候鸟在试点区内停歇和觅食；西部 80 平方公里以上的高海拔牧场，是独特的中国南方山地草甸生态系统。

绥宁黄桑国家级自然保护区　总面积 1.2 万千公顷，有海拔 1000 米以上峰峦 16 座，长度超出 5 公里的大小溪流 14 条，区内有维管束植物 213 科 848 属 2029 种，有国家重点保护野生植物 21 种、野生动物 37 种。记录有昆虫 14 目 96 科 482 种。全境七大景区、十大溶洞、十大瀑布及铁杉林、楠木林、马褂木林等；森林密布，丘陵起伏，奇峰怪石林立，溪流纵横，流水潺潺，空气洁净，富含负氧离子，夏季气温比区外低5~7℃，是名副其实的“氧吧”和避暑胜地。

武冈云山 以云多奇幻而得名。最高峰海拔1372.5米，为国家级森林公园和国家3A景区。分伴山冲、云山堂、紫霄峰几大景区，景区中云海、古树、流泉、溪涧、瀑布、幽谷、山峰、怪石、古刹、灵寺、古道、古迹一应俱全，被誉为“楚南胜地”。始建于三国吴国时胜力寺，寺庙面积2500平方米，寺内有弥勒殿、大雄宝殿、观音殿等，建筑完好，为湘西南著名的宗教文化活动场所和游览胜地。

新邵白水洞 有景点480多处，一级景点30处，省、市重点保护文物8处，核心景区在严塘镇白水村。有“高峡平湖”“流泉飞瀑”“地下溶洞群”“一线天”“洞天门”“白龙洞”等自然景观。有寺院、宗祠、牌坊、古墓葬、名人故居等人文景观，其中太平天国古战场遗址、抗日战争遗址和李臣典、刘策成、廖耀湘、李文、李公望等名人故居保存完好。

隆回花瑶 省级风景名胜区，景区内有千年古树林、120多处瀑布，有全国最大的金银花基地、连绵10万多亩的万贯冲梯田，有花瑶古老的寨舍以及新奇怪诞的民风习俗。其中，崇木凼古寨被称为“中国花瑶第一村”；大托古寨有长13公里的神秘大峡谷和原始次森林；魏源故居为全国重点文物保护单位；高洲温泉水常年恒温，是珍稀的锂水资源；滩头古镇被列为中国72古镇之一，中国现代民间艺术之乡。

（邓　艳）

2017年邵阳市人口和自然资源

项　　目	计量单位	2017年	项　　目	计量单位	2017年
一、人口			五、水文、水利		
年末总人口	万人	826.46	5公里以上河流	条	633
人口密度	人/平方公里	397	境内河流长度	公里	1199.7
二、土地			淡水面积	万公顷	6.71
土地面积	平方公里	20824.37	其中：可养殖面积	千公顷	33.1
总计中：耕　地	千公顷	447.34	天然水资源总量	亿立方米	172.7
园　地	千公顷	70.09	地表水源总量	亿立方米	170.3
林　地	千公顷	1234.96	地下（浅层）总量	亿立方米	44.58
牧草地	千公顷	42.59	水能资源蕴藏量	亿千瓦	107.59
水　域	千公顷	67.88	其中：可开发量	亿千瓦	30.15
三、气候			六、矿产资源		
市区年平均气温	摄氏度	17.6	煤矿	万吨	30884.38
市区年日照时数	小时	1274	铁矿	万吨	23271.76
市区年降水总量	毫米	1223	锰矿	万吨	1576.55
四、森林			石膏矿（矿石）	万吨	56704.39
林地面积	万公顷	132.2	铅锌矿（金属量）	万吨	19.12
有林地面积	万公顷	115.8	锑矿（金属量）	万吨	8.03
森林覆盖率	%	60.5	金矿（金属量）	吨	16.92
林木蓄积量	万立方米	7469	银矿（金属量）	吨	205.53

生态环境

【环境质量】2017年，邵阳市空气质量优良天数为280天，优良率为76.7%；市区区域环境噪声质量评价较好，城市功能区噪声100%达标，城市道路交通噪声基本符合国家标准要求；省控及以上断面水质全部达标，河流型地表水水质总体为优，市区集中式饮用水水源水质100%达标。

【环境治理】2017年，邵阳市工业企业主要污染物排放达标率97%，工业项目环保“三同时”执行合格率100%；全年化学需氧量和二氧化硫的排放量分别为90391吨和25452吨，化学需氧量相比上年削减2014吨，二氧化硫相比上年削减1624吨。城市生活垃圾无害化处理率达到98.4%，城市污水处理率达到91.2%，全市建成烟尘控制区5个，面积120平方公里，市区空气质量达到二级标准。

【生态文明建设】2017年，邵阳市大力开展植树造林、公益林保护、退耕还林和石漠化治理等生态工程建设，森林覆盖率达60.51%。深入推进“四边五年”绿色行动，植树造林36.45万亩。人均公园绿地面积12.27平方米，建成区人均绿地面积43.95平方米，建成区绿化覆盖率达40.67%。成功创建全国卫生城市。

（邓　艳）

政　区

【建置沿革】邵阳在秦代时分属长沙郡及黔中郡。西汉初设置昭陵县。三国吴宝鼎元年（266年）置昭陵郡，为境内建郡之始。西晋太康元年（280年）更昭陵为邵陵。唐代设邵州，与邵阳县在今城区同城而治。宋崇宁五年（1106年），分邵州西部置武冈军。南宋宝庆元年（1225年），升邵州为宝庆府。元代设宝庆、武冈2路。明初设宝庆、武冈2府，后降武冈为州。中华民国2年（1913年），废宝庆府设宝庆县，境内各县隶湘江道；民国11年直隶于省。民国17年，宝庆县复名邵阳县。民国26年，在邵阳县城设置湖南省第六行政督察专员公署。

1949年10月10日，邵阳解放。13日设置湖南省邵阳区督察专员公署，同时建立邵阳市，隶邵阳县。11月，邵阳区督察专员公署更名为行政专员公署。1950年7月，邵阳市升格为县级市。1955年4月，邵阳区行政专员公署更名为邵阳专员公署。1958年，邵阳专员公署辖邵阳市和邵东、新邵、邵阳、隆回、洞口、武冈、城步、新宁、绥宁、新化、涟源、双峰、湘乡县14个市县。1964年划湘乡县归湘潭地区管辖。1968年2月，成立邵阳地区革命委员会，邵阳专区改称邵阳地区。1977年7月，邵阳市升格为省辖市，由邵阳地区代管；10月，划出东北部邵东、新化、涟源、双峰等县置涟源地区。1980年1月，邵阳市由省直管，领东区、西区、桥头区、郊区4区。1983年，邵阳市增领邵东、新邵2县。1986年1月，撤销邵阳地区建制，实行市领导县体制，原邵阳地区所辖邵阳、隆回、洞口、武冈、绥宁、城步、新宁7县归邵阳市管辖。1987年桥头区并入东区。1994年2月，国务院批准撤销武冈县，设立武冈市，属邵阳市代管。1997年10月，市辖3区重新调整区划，更名为大祥区、双清区、北塔区。至此，邵阳市辖8县1市3区，即邵东县、新邵县、隆回县、洞口县、绥宁县、城步苗族自治县、新宁县、邵阳县、武冈市、大祥区、双清区、北塔区。

【行政区划】2017年末，邵阳市辖3个市辖区、7个县、1个自治县，代管1个县级市。有110个镇，42个乡（其中民族乡15个），34个街道办事处，454个居委会，3177个村。邵阳经开区委托管理双清区高崇山镇，火车站乡世纪新村、栗山村、集仙村、红旗社区，渡头桥镇东城村、新群村、鸡笼村，爱莲办事处砂塘村、云十村，兴隆办事处财桥村。

（邓艳）

2017年邵阳市行政区划统计表

单位：个

县、市、区	镇	乡	民族乡	街道办事处	居委会	村
全市合计	110	42	15	34	454	3177
双清区	1	1		9	55	17
大祥区	1	2		11	60	38
北塔区		1		4	25	16
邵东县	18	4		3	58	521
新邵县	13	2			47	366
邵阳县	12	8			25	393
隆回县	19	3	2		58	514
洞口县	12	5	3	3	29	334
绥宁县	8	1	8		19	215
新宁县	8	6	2		17	299
城步县	6	6			31	160
武冈市	11	3		4	28	287
经开区	1				2	17

2017年邵阳市区、县、市所辖镇个数

双清区：高崇山镇、渡头桥镇

大祥区：罗市镇

北塔区：

邵东县：牛马司镇、九龙岭镇、仙槎桥镇、火厂坪镇、佘田桥镇、灵官殿镇、团山镇、砂石镇、廉桥镇、流光岭镇、流泽镇、魏家桥镇、野鸡坪镇、杨桥镇、水东江镇、黑天铺镇、简家陇镇、界岭镇

新邵县：严塘镇、雀塘镇、潭溪镇、巨口铺镇、坪上镇、小塘镇、寸石镇、陈家坊镇、大新镇、酿溪镇、新田铺镇、龙溪铺镇、太芝庙镇

邵阳县：塘渡口镇、白仓镇、金称市镇、塘田市镇、黄亭市镇、长阳铺镇、岩口铺镇、九公桥镇、下花桥镇、谷洲镇、郦家坪镇、五峰铺镇

隆回县：桃洪镇、小沙江镇、金石桥镇、司门前镇、高平镇、六都寨镇、荷香桥镇、横板桥镇、周旺镇、滩头镇、鸭田镇、西洋江镇、岩口镇、北山镇、三阁司镇、南岳庙镇、七江镇、羊古坳镇、罗洪镇

洞口县：高沙镇、山门镇、竹市镇、岩山镇、石江镇、花园镇、毓兰镇、醪田镇、黄桥镇、水东镇、江口镇、杨林镇

绥宁县：长铺镇、武阳镇、李熙桥镇、红岩镇、唐家坊镇、金屋塘镇、瓦屋塘镇、黄土矿镇

新宁县：金石镇、水庙镇、崀山镇、黄龙镇、高桥镇、回龙寺镇、一渡水镇、马头桥镇

城步县：儒林镇、丹口镇、茅坪镇、西岩镇、五团镇、长安营镇

武冈市：稠树塘镇、邓元泰镇、荆竹铺镇、龙溪镇、秦桥镇、司马冲镇、文坪镇、邓家铺镇、双牌镇、大甸镇、湾头桥镇

人口·民族·宗教

【人口总量】2017年末，邵阳市户籍人口总户数246.24万户，总人口826.46万人，比上年减少3.62万人。其中，男性435.86万人，女性390.60万人；平均户籍人口828.27万人，人口密度397人/平方公里。常住人口总户数225.46万户，总人口732.54万人。其中，男性383.77万人，女性353.77万人；城镇人口338.46万人，农村人口399.08万人，城市化率45.89%，比上年提高1.9个百分点。平均常住人口734.86万人。

【人口变动】2017年，邵阳市年内总出生人口97865人，其中男性52792人，女性45073人，出生人口性别比117.13，出生率11.82‰；死亡人口124077人，其中男性68433人，女性55644人，死亡率14.98‰；自然增长人口-26212人，其中男性-15641人，女性-10571人，自然增长率-3.16‰；全年省外迁入人口10308人，迁往省外人口26747人。

【年龄结构】2017年，邵阳市户籍人口中，0～14岁人口166.11万人，15～64岁人口571.08万人，65岁以上人口89.27万人，占比合计（100%）分别为20.1%、69.1%、10.8%；总抚养比0.4442人/人，其中老人抚养比0.1563人/人，少儿抚养比0.2909人/人。未成年（0～17岁）人口208.09万人，占比25.18%；成年（18岁以上）人口中，18～34岁185.65万人，35～59岁289.08万人，60岁以上143.65万人，占比分别为22.46%，34.98%，17.38%。

【从业人员】2017年末，邵阳市全部从业人员521.05万人。其中，在岗职工33.73万人，城镇个体从业人员67.97万人，城镇私营企业从业人员24.29万人，农村从业人员391.31万人，其他从业人员3.75万人。按产业分，第一产业从业人员167.27万人，第二产业从业人员76.50万人，第三产业从业人员277.28万人，构成比（以合计100%）分别为32.10%、14.68%、53.22%。全部非私营单位从业人员37.47万人，其中国有单位从业人员19.00万人、城镇集体单位从业人员1.56万人、其他单位从业人员16.91万人。

【民族】2017年，邵阳市辖1个自治县（城步苗族自治县），1个少数民族人口过半县（绥宁县），15个民族乡，6个民族村；共有43个少数民族，56万少数民族人口，占全市总人口的6.8%。邵阳少数民族有3个特点：一是民族族别多，全市有44个民族，其中43个少数民族，世居的少数民族主要有苗、瑶、回、侗4个；二是民族分布广，全市散居少数民族人口32.9万人，占全市少数民族人口的58.8%，分布在12个县市区；三是风俗习惯保持较为完整，其中以回族和隆回花瑶民族表现尤为突出。

【宗教】邵阳市佛教、道教、基督教、伊斯兰教、天主教五教俱全，有隆回县、洞口县、武冈市、邵东县4个湖南省宗教工作重点县（市）。2017年末，全市共有登记开放的宗教活动场所854处，其中寺观教堂405处，固定宗教活动处所449处。有民间信仰活动场所46处。爱国宗教团体20个，其中市级爱国宗教团体5个，县级爱国宗教团体15个。有经认定备案的宗教教职人员361名，信教群众80余万人。

（邓　艳）

国民经济和社会发展

【经济发展概况】2017年，邵阳市实现地区生产总值1691.5亿元，比上年（下同）增长8.1%。其中第一产业完成增加值333.47亿元，增长4.0%；第二产业完成增加值595.13亿元，增长6.5%；第三产业完成增加值762.90亿元，增长11.3%。按常住人口计算，全市人均GDP23018元，增长7.2%。三次产业结构由上年的21.5：35.2：43.3调整为19.7：35.2：45.1。非公有制经济实现增加值1113.87亿元，增长8.3%，占GDP的比重为65.85%。全年完成固定资产投资1840.1亿元，增长13.1%；财政总收入153.4亿元，增长8.7%；规模工业增加值535.1亿元，增长7.3%；社会消费品零售总额926.2亿元，增长

11%；城乡居民人均可支配收入16353元，增长10.8%，其中城镇居民人均可支配收入25029元，增长8.8%；农民人均可支配收入10756元，增长10.6%；金融机构存款余额2860亿元，贷款余额1285亿元，存贷比为44.93%。

【振兴实体产业】2017年，邵阳市出台《关于加快推进产业发展的实施意见》，实施重点产业项目建设“1125”工程，全市第一批396个重点产业项目完成投资296.4亿元。三次产业结构比为19.7：35.4：44.9，二产比重提高0.2个百分点，三产比重提高1.6个百分点。实现工业总产值2747.47亿元，增长11.3%；新增规上工业企业194家；战略性新兴产业总产值增长12.5%；实现高新技术产业增加值300亿元，增长18%。一批新能源新材料产业项目落户邵阳，小米智能电饭煲、亚洲富士电梯、邵东智能研究院、锐科机器人、隆回湖南京能等一批战略性新兴产业项目建成投产。全市工业园区完成固定资产投资295亿元，增长20.5%，技工贸总收入2157.8亿元，增长14.2%。湘商产业园新建标准厂房63.05万平方米，竣工125.13万平方米，投产131.31万平方米；新增签约企业185家，投产211家；实现产值155.8亿元，税收6.9亿元，在全省“135”工程三年综合评价考核中名列第一。全年粮食播种面积910万亩，经济作物播种面积435万亩，生猪、肉牛、奶牛饲养量位居全省第一。全市新增种粮大户923户，耕地流转总面积达到170万亩。农民专业合作社发展到3283家。农产品加工企业发展到5623家，规模以上企业425家。魏源故居等8个景区获评国家3A级旅游景区，接待游客数量、实现旅游收入较快增长。友阿国际广场建成营业，世界500强沃尔玛入驻邵阳；湘西南农产品物流中心、步步高新天地等商贸物流项目加快推进。新增金融机构35家，新增贷款200亿元。

【推进项目建设】2017年，邵阳市开展“奋战五个月、喜迎十九大、建设新邵阳”项目攻坚行动，全年287个重点建设项目完成投资568亿元，为年计划的103.4%，150个项目实现全部投产或单项投产；48个省重点建设项目（含打捆项目）完成投资428.8亿元，为年计划的112.8%。武冈机场建成通航，邵阳进入“航空时代”。怀邵衡铁路加快推进，预计2018年底竣工通车。邵阳站综合交通枢纽工程开工建设。武靖高速建成通车。洞兴高速全线贯通，又增加一条出省大通道。建成干线公路200公里，完成农村公路提质改造1531公里。农网改造升级和城网建设加快推进。“气化邵阳”建设市区—邵东、市区—邵阳县天然气管道全线竣工。新宁寨子背、绥宁宝鼎山二期风电项目进展顺利。建成光伏扶贫项目281个。邵阳县获批全国种养结合整县推进试点县，新宁县纳入石漠化综合治理改革试点，洞口县、邵阳县、新邵县获批全国电子商务进农村综合示范县，洞口县和邵东县火厂坪镇成功申报为全省一二三产业融合试点。全年争取中央和省预算内资金30亿元。强力开展优化重点项目建设环境专项督查，通报打击环境不优行为的典型案件21起。

【统筹区域发展】2017年，邵阳市城乡生态和人居环境不断优化，城市建设和镇村面貌明显改观，全市城镇化率达到45.9%。中心城区不断扩容提质。成功创建国家卫生城市，成功获得全国文明城市提名资格，邵阳宜居宜业形象显著提升。实施城区基础设施建设三年行动计划，雪峰大桥、桂花大桥竣工通车，邵西大道南段、湖口井路、新城大道西段建成通车，邵水东路南段、邵水西路茅坪段稳步推进，市三环线虎形山路、东城快线等一批城市路网工程开工建设。棚户区改造开工46309户，货币化安置比例提高到60%。中心城区数字化城管全面投入使用。实现主次干道“白改黑”（即把水泥路面改为沥青路面）全覆盖。特色村镇建设加快推进。下花桥镇入选第二批全国特色小镇，堡面前乡大羊村入选全国改善农村人居环境示范村，黄桥镇、滩头镇、坪上镇、五峰铺镇被评为全省第三批美丽乡镇示范，山门镇、长铺子乡田心村、李熙桥镇陈家村、山界乡老屋村、双牌镇浪石村被评为全省第五批省级历史文化名镇名村。建成省级美丽乡村创建村28个、市级美丽乡村办点示范村24个，建设“美好社区”212个。生态保护和环境治理取得实效。“四边五年”绿色行动深入推进，完成造林37.6万亩，全市森林覆盖率达到60.49%。启动18个重点镇的污水处理设施建设，完成658个村的生活垃圾治理，70%的农村生活垃圾实行集中处理。建立市、县、乡、村四级全覆盖的河长制体系。新增新能源公交车472台，累计淘汰黄标车11825辆。市城区及部分县城全面禁止燃放烟花爆竹。

【深化改革开放】2017年，邵阳市供给侧结构性改革稳步推进，"三去一降一补"取得阶段性成果。淘汰落后产能项目16个，降低企业用电、物流成本5.1亿元，减轻企业税费负担15.1亿元。投入近亿元，实现全市烟花爆竹生产企业"清零"，经验在全省推广。湖南南山国家公园管理局正式成立，体制试点工作围绕"九大创新"稳步推进。深入推进"放管服"改革，权力事项精简率达到60%。党政机关公务用车改革全面完成。邵阳经开区"园政合一"改革取得重大进展，232项市级经济管理权限下放到邵阳经开区。价格机制体制改革不断推进，市本级、武冈市、邵东县实施居民阶梯水价制度。全面推进在市场体系建设中建立公平竞争审查制度。深入推进社会信用体系建设，信息归集量排名全省第一。市公共资源交易中心挂牌运营，湖南出入境检验检疫局邵阳办事处机构获批，进出口通关服务中心开工建设。市级公立医院改革实现全覆盖，32家市级公立医院全部实行药品"零差率"销售和药品购销"两票制"。招商引资取得新成绩。成功举办第三届邵商大会，组团参加"港洽周"、深圳招商推介会、湘商大会等大型经贸招商活动。大力实施"邵商回归工程"，异地邵阳商会达到46家。彩虹集团特种玻璃、湘电集团、桑德集团等一批重大产业项目落户邵阳。全年实际利用外资2.66亿美元，增长18.1%；利用内资330.8亿元，增长17.5%；实现进出口总额114.7亿元，增长33.1%。

【改善民生民利】2017年，邵阳市精准实施脱贫攻坚工程。整合投入各类扶贫资金64亿元，全年可望减少贫困人口21万人、441个贫困村"摘帽"；完成帮扶项目869个，成立合作社941个，参与产业扶贫的市级以上龙头企业95家；建成金融扶贫服务站1074个，新增扶贫小额贷款10.3亿元；易地扶贫搬迁完成投资22.65亿元，可望建设住房9914套、搬迁37757人；农村贫困户危房改造攻坚行动扫尾工作全面完成，建设村卫生室2943个，完成农村安全饮水工程1074处。24项就业和社会保障工作全面完成。新增城镇就业5.1万人，失业率控制在4.5%以内。推进公安消防大建设三年行动，全面实施"一村一辅警"。继续实施化解大班额三年行动计划，建设公办乡镇中心幼儿园28所，完成义务教育合格学校建设"实事项目校"112所。湘中幼儿师范高等专科学校建成并招生入学，市一中搬迁等项目加快推进。市体育中心各场馆建设进展顺利，省十三届运动会筹备工作有序推进。市博物馆、文化馆、图书馆、美术馆、规划馆相继开馆。市中心医院东院全面竣工即将投入运营，武冈市人民医院等健康扶贫工程进展顺利。

（市发展改革委）

城乡居民生活

【居民收支稳步增长】2017年，邵阳市城乡居民人均可支配收入16353元，比上年（下同）增长10.8%，恩格尔系数为33.6%，下降0.5个百分点。城镇居民人均可支配收入25029元，增长8.8%；人均消费支出15769元，增长10.3%。农村居民人均可支配收入10756元，增长10.6%；人均消费支出8977元，增长7.5%。

【居民收入对比分析】2017年，邵阳市城乡居民人均可支配收入对比分析，呈四大特点。一是增速高于全省平均，居全省前列。2017年邵阳居民人均可支配收入增速较全省平均增速9.4%高1.4个百分点，在全省14个市州中并列第1位。其中城镇高0.3个百分点，农村高2.2个百分点，增速分别居全省第5和第4位。二是增速呈逐年下降趋势，但仍保持中高速增长水平。2017年邵阳市全体居民收入增速较上年略低0.3个百分点，其中城镇略低0.3个百分点，农村略低0.9个百分点。从2014年至2017年连续4年数据看，全体居民及城乡居民三项收入增速逐年下降，但增速明显高于同期 GDP 增速。三是农村增速高于城镇，城乡差距缩小。农村居民收入增幅比城镇高 1.8 个百分点，城乡居民收入比由上年的 2.36∶1 缩小为 2.32∶1，城乡差距进一步缩小。四是居民收入绝对值在全省偏后。2017 年邵阳居民人均可支配收入较全省平均水平 23103 元少 6750 元，低 29.2%，在全省位居第 11 位，仅高于怀化、张家界和湘西州。其中城镇较全省少 8919 元，低 26.3%，居全省第 11 位，仅高于怀化、张家界和湘西州；农村较全省少 2179 元，低 16.9%，居第 10 位，高于娄底、怀化、张家界和湘西州。

【居民收入结构特点】2017 年，邵阳居民四大类收入稳步增长，其中工资性收入和财产净收入增长较快，分别增长 11.8% 和 23.2%；经营净收入和转移净收入平稳增长，分别为 8.4% 和 7.3%。一是工资性收入增长较快，占比最大。全体居民人均工资性收入 8498 元，占可支配收入的 52.0%。其中，城镇居民人均工资性收入 13389 元，同比增长 9.1%，占城镇可支配收入的 53.5%；农村居民人均工资性收入 5343 元，同比增长 12.7%，占农村可支配收入的 49.7%。二是经营净收入增长稳定，占比提升。全体居民人均经营净收入 2760 元，占可支配收入的 16.9%。其中，城镇居民人均经营净收入 3121 元，同比增长 4.6%，占城镇可支配收入的 12.5%；农村居民人均经营净收入 2528 元，同比增长 11.0%，占农村可支配收入的 23.5%。三是财产净收入增长强劲，占比最少。全市全体居民人均财产净收入 1135 元，占可支配收入的 6.9%。其中，城镇居民人均财产净收入 2645 元，同比增长 19.0%，占城镇可支配收入的 10.6%；农村居民人均财产净收入 161 元，同比增长 27.8%，占农村可支配收入的 1.5%。四是转移净收入占比位居第二，农村增幅远高于城镇。全市全体居民人均转移净收入 3960 元，占可支配收入的 24.2%。其中，城镇居民人均转移净收入 5874 元，同比增长 6.5%，占城镇可支配收入的 23.5%；农村居民人均转移净收入 2725 元，同比增长 5.8%，占农村可支配收入的 25.3%。

【居民消费特点】2017 年，邵阳市居民消费水平稳步提升，居民消费继续提质升级。一是居住支出快速增长。全市人均居住消费支出 2437 元，同比增长 18.0%。其中，城镇居民人均住房支出 3301 元，农村居民人均住房支出 1879 元，占消费支出的比重均为 20.9%，居住消费成为城乡居民消费的亮点。二是交通和通信支出快速增加。全市人均交通通信支出 1092 元，占消费总支出的 9.4%，同比增长 22.4%。其中，全市居民家庭人均交通支出 650 元，同比增长 28.8%；人均通信支出 441 元，同比增长 13.9%。三是教育文化娱乐支出不断增加。随着居民生活水平的提高，居民更加注重充实自身发展和享受生活，特别是在子女教育方面，不惜花重金培养孩子参加各种培训班学习，使得居民在教育方面的投入不断增加，全市教育文化娱乐人均支出 1939 元，增长 13.6%。

（安　艳）

市领导机关、市直行政事业单位及部、省属派驻邵单位领导名单（2017年）

中共邵阳市委

书　记：

龚文密

副书记：

刘事青

张殿文

常　委：

龚文密

刘事青

张殿文

蔡典维

王昌义

陈　华

杨德平（挂职，2017.08免）

李万千

周迎春（女）

邓广雁

李志雄

侯　文

秘书长：

李万千

副秘书长：

何均胜

谢景容（2017.09免）

周星巨（2017.11免）

彭仲文（2017.06任）

张　放（2017.03任）

曾梅林（2017.05免）

李福信

李驰宇（2017.10任）

邵阳市第十五届人民代表大会常务委员会

主　任：

龚文密（2017.01当选）

主任、党组书记：

赵丽莎（2017.01退）

党组副书记：

周国利（2017.01任）

谢爱民（2017.04退）

副主任：

周国利（2017.01当选）

蒋耀华

刘德胜

李　斌（2017.12辞）

赵为济

秦立军（2017.01当选）

党组成员：

胡民主

秘书长：

禹志加

副秘书长：

赵开勤（2017.03免）

张尚庚

陈智英（女，2017.10任）

邵阳市人民政府

市　长：

刘事青

副市长：

蔡典维

周国利（2017.01免）

东·华尔丹（2017.02免）

杨德平（挂职，2017.08免）

李万千（2017.01免）

赵为济（2017.01免）

李志雄（2017.01免）

彭华松

谭学军

李华和（2017.01任）

蒋志刚（2017.01任）

肖拥军（2017.01任）

晏丽君（女，2017.01任）

秘书长：

刘永德

副秘书长：

张建平（2017.08免）

肖化虎（2017.03任）

杨一丁

王成章

贺利平（2017.03免）

罗少林（2017.03免）

李秀清（2017.03免）

唐斌龙

刘柏生（2017.05 任）
罗广洪（2017.05 免）
曾峤林（2017.06 任）
刘厚见（2017.05 任）
马玉龙（挂职，2017.08 任）

政协邵阳市第十二届委员会

主席、党组书记：
鞠晓阳
党组副书记：
王若波
副主席：
肖益林
蒋科荣（兼）
周晓红
李少华（兼）
郭　妤（女）
邓联日（兼）
徐桂阳（兼）
党组成员：
李放文
副厅级干部：
伍邵华（女）
秘书长：
伍备战
副秘书长：
张治求（2017.11 免）
陈海清（2017.11. 任）

邵阳军分区

司令员：
王如兵
政治委员：
陈　华
副司令员：
宋德瑞（2017.05 任）

中共邵阳市纪律检查委员会（市监察局、市预防腐败局）

市纪委

书　记：
邓广雁
副书记：
杨卫平
陈建平
苏远刚
常　委：
黄振国
刘南霞
唐小富
张世杰（2017.11 免）
向树华

市监察局、市预防腐败局

局　长：
杨卫平（2017.12 免）
副局长：
廖继东（2017.12 免）
蒋志南（2017.12 免）

市中级人民法院

院　长：
尹南飞
副院长：
吴纲要（常务）
莫争春
晏丽君（女，2017.01 免）
吴　东
范才友
政治部主任：
吴波涛
派驻纪检组长：
马和平

市人民检察院

检察长：
戴华峰
副检察长：
刘亦龙（常务）
易延安
黄雁峰
冯丽君
唐志军
纪检组长：
姚柳荣（2017.08 免）
派驻纪检组长：
肖永丰（2017.08 任）
政治部主任：
陈青云

市各民主党派市委市工商联

民革邵阳市委会

主　委：
李少华（兼）
副主委：
李中业（专）
欧阳隆俊（兼）
黄四清（兼）
石富东（兼）

民盟邵阳市委会

主　委：
赵为济（兼）

副主委：

何　忠（专）

孙清良（兼）

张三平（兼）

张群慧（女，苗族，兼）

民建邵阳市委会

主　委：

蒋志南（兼）

副主委：

卿　晖（专）

肖国球（兼）

蒲秀连（女，兼）

张宗凡（兼）

民进邵阳市委会

主　委：

徐桂阳（兼）

副主委：

杨喜国（专）

刘承智（兼）

戚雅颂（兼）

黄家胜（兼）

农工党邵阳市委会

土　委：

毛学雄（兼）

副主委：

赵忠明（专）

郭洲清（兼）

鞠远英（兼）

龙　达（兼）

九三学社邵阳市委会

主　委：

晏丽君（女，兼）

副主委：

贺小玲（女，专）

欧阳山城（兼）

何　湘（兼）

周竟成（兼）

市工商业联合会

主　席：

蒋科荣

党组书记：

谢续才（兼）

副主席：

王建军（专，2017.08 免）

谢岸炀

谢华云

党组成员：

谢春香

高　强

市委工作机构及其部门管理机构

市委办公室

主　任：

李万千

副主任：

赵步高

罗　健（2017.08 免）

罗健康（2017.09 任）

纪检组长：

邹　洪（2017.08 免）

派驻纪检组长：

汤建武（2017.11 任）

市委组织部

部　长：

王昌义

副部长：

刘　刚（常务）

陈英杰

陈爱民

黄海蓉（兼）

贺祝民（兼）

派驻纪检组长：

肖玉国

机关党委书记：

杨贻松

市委宣传部

部　长：

周迎春（女）

副部长：

王化平（常务）

林少林

汪庆春（2017.08 免）

赵应国（2017.08 任）

黄光荣（兼）

派驻纪检组长：

邹　洪（2017.08 任）

机关党委书记：

曹红旗（2017.08 免）

简利中（2017.11 任）

部务会成员：

谢治辉

陈　广（2017.10 任）

陈文华（2017.10 免）

市委统战部

部　长：

李志雄（2017.07 免）

张殿文（兼，2017.07 任）

副部长：

吴承红（常务）

贺志红

谢续才

派驻纪检组长：

黄正佑（2017.08 任）

派驻副处长级纪检：

向　阳（2017.08 任）

市委政法委

书　记：

张殿文（兼，2017.07 免）

李志雄（2017.07 任）

副书记：

龙黎明（常务）

杨如秋

辜红姿（2017.11 任）

政治部主任：

辜红姿（2017.11 免）

纪检组长：

周新华（2017.08 免）

派驻纪检组长：

申鹏岚（2017.08 任）

机关党委书记：

孙在启

市委政研室（市委改革办）

主　任：

陈爱民（2017.02 免）

副主任：

唐　凌（专）

孙雨晴（专）

袁卫东

曾建新（2017.02 任）

市直机关工委

书　记：

曾梅林（2017.06 任）

副书记：

周业湘

周忠良

纪工委书记：

李　军

工会主席：

尹大跃

委　员：

欧阳佑春

市机构编制委员会办公室

主　任：

彭正华（2017.10 免）

毛文胜（2017.10 任）

副主任：

刘　诚

尹自云

陈新高

纪检组长：

简利中（2017.10 免）

市委老干部局

局　长：

黄海蓉

副局长：

刘　慧

郑文甫（2017.10 免）

米　锋（2017.08 免）

杨起帆（2017.10 任）

申琼豪（2017.11 任）

市信访局

局　长：

刘厚见

副局长：

赵有志

张　雄

刘灿春

市委防范与处理邪教问题领导小组办公室

主　任：

罗海君

副主任：

魏　敏

市台湾工作办公室

主　任：

戴代军

副主任：

姚　敏

市委党校（邵阳行政学院）

校（院）长：

张殿文（兼）

副校(院）长：

李小坚（常务）

郑典福

孟一凡（2017.05 免）

肖秋成（2017.05 任）

邓　政（2017.11 免）

陈湘清

市委党史研究室

主　任：

金卫国（2017.11 免）

尹　荣（2017.11 任）

副主任：

刘　辉（2017.08 任）

杨丽江

市委、市政府接待处

主　任：

李驰宇

副主任：

吴伟明

市档案局

局　长：

龚超群

副局长：

周琦富（2017.07 免）

李春佑

吕旭强（2017.08 任）

市委讲师团

主　任：

林少林

副主任：

李　维

李远良

市委巡察办

主　任：

黄振国

副主任：

匡　正

巡察组组长：

陈扬桂

陈修萱

刘世明

李爱国

李维雄

副组长：

陈海龙

颜秋楚

蒋日新

刘　芳

雷　勇

李锡红

王步惠

市委督查室

主　任：

王征培

副主任：

罗爱国

欧阳浪

毛同生

市人大各专门委员会及常委会工作机构、办事机构

办公室

主　任：

禹志加

副主任：

黄红禹（2017.10 免）

民族华侨外事委员会

主任委员：

丰新妹（女，苗族）

副主任：

赵筱玲（女）

内务司法委员会

主任委员：

申志勇

副主任委员：

刘家豪

财政经济委员会
预算工作委员会

主任委员、主任：

王超群

副主任委员、副主任：

曾纪永（女）

教育科学文化卫生委员会

主任委员：

龙飞云（女）

副主任委员：

孙　俊

农业与农村委员会

主任委员：

罗早林

副主任委员：

陈智英（女，2017.10 免）

黄红禹（2017.10 任）

城乡建设环境资源保护委员会

主任委员：

郭建江（2017.01 免）

赵开勤（2017.01 任）

副主任委员：

何小舟（女）

法制委员会　法制工作委员会

主任委员、主任：

夏宇宏

副主任：

刘金花

选举任免联络工作委员会

主　任：

毛文胜（2017.10 免）

副主任：

彭正华（2017.10 任）

研究室

主　任：

张尚庚

副主任：

唐耀平

市政府工作部门

市政府办公室

党组书记、主任：

刘永德

副书记：

肖化虎（2017.02 任）

副主任：

梁　栋

刘　昊

杨云龙

派驻纪检组长：

易祥忠

党组成员：

杨一丁

王成章

唐斌龙

刘柏生

曾峤林

刘厚见

陈劲松

市发展和改革委员会

主　任：

张顺华

副主任：

李爱国（2017.05 免）

谭新爱

李蓉娥

苏　海（2017.12 免）

何志红

朱绍阳

金日飞

陈功春（2017.05 任）

派驻纪检组长：

欧阳晨光

总经济师：

刘百军

党委委员：

陈业华（2017.05 任）

市教育局

局　长：

肖玉叶

副局长：

刘　毅

刘运礼

汤策程（2017.10 免）

廖明君

胡扬宏

纪委书记：

肖克勤（2017.08 免）

派驻纪检组长：

肖能刚（2017.08 任）

党委委员：

肖克勤

市科学技术局

局　长：

段邵宁

副局长：

林千军

游国富

谢跃斌

纪检组长：

吕旭强（2017.08 免）

总工程师：

刘泽球

市经济和信息化委员会

主　任：

谢益林

副主任：

肖育斌（2017.12 退）

李世卿

石卫东

李永禄

肖建华

纪委书记：

邓　忠（2017.08 免）

派驻纪检组长：

胡　俊（2017.08 任）

总经济师：

曾高贵

机关党委书记：

肖　林

市民族宗教事务委员会

党组书记：

王文蕊

主　任：

彭泽愿

副主任：

张常红

吴小明

龚世喜（2017.01 任）

市公安局

局　长：

谭学军（兼）

副局长：

肖国清

邓启元

龙卫平

朱邵武

政治部主任：

朱建龙

党委委员：

康正建

杨修文

派驻纪检组长：

朱甲云

市民政局

局　长：

蒋志强（2017.03 免）

刘得正（2017.03 任）

副局长：

曾晴阳

肖殿群

蒋益民

雷铜生

派驻纪检组长：

李拥军

党委委员：

覃　勋

市司法局

局　长：

李新华

副局长：

金碧大

曾伯华

吴善成

市财政局

局　长：

谢景峰

副局长：

李政权

陈　刚

蒋建龙

派驻纪检组长：

黄生安

总会计师：

王佑君

党组成员：

刘昆耀

市人力资源和社会保障局

局　长：

王道信（2017.03 免）

贺祝民（2017.03 任）

副局长：

贺祝民（2017.03 免）

王祥国

岳荣俊

曾玉娥（女）

罗晓莲（女）

胡育红

派驻纪检组长：

彭茂华

总会计师：

赵友明

机关党委书记：

吕光华

班子成员：

殷志斌

市国土资源局

局　长：

李桂楚

副局长：

彭启阳

温少谦

蒋卓斌

李茂席

派驻纪检组长：

林　森

总工程师：

朱建湘

党组成员：

李延龄

市环境保护局

局　长：

邓江南

副局长：

李寿云

杨开云

宁少华

曾建龙

李忠生

总工程师：

李　勇

市规划局

局　长：

金晚球

副局长：

尹华立

刘宣平

李红军

党组成员：

唐朝晖

总工程师：

刘亮成

市住房和城乡建设局

局　长：

张　放（2017.03 免）

王大松（2017.03 任）

副局长：

陈少红

李世太

曾志旺

赵海峰

曾德生

陈志忠

派驻纪检组长：

何再第

总工程师：

王跃辉

党组成员：

许乾明（2017.10 免）

刘长军

市城市管理和综合执法局

局　长：

王大松（2017.02 免）

朱　敏（2017.03 任）

副局长：

刘云桂

申群会

黄四清（2017.10 免）

苏　纲

市交通运输局

局　长：

肖高国（2017.02 免）

邓　涛（2017.03 任）

副局长：

陈湘伟

邓劲松

蒋胜利

李立新（2017.08 任）

纪委书记：

曾庆发（2017.08 免）

派驻纪检组长：

梁保平（2017.08 任）

总工程师：

蒋和清

机关党委书记：

李立新（2017.07 免）

市农业委员会

主　任：

蒋绍情（2017.02 免）

肖高国（2017.02 任）

副主任：

谭启平

何晓林

周响亮

刘　勇

邓作成

赵大洪（2017.11 免）

刘文峰

纪委书记：

蒋再菊（2017.08 免）

派驻纪检组长：

蒋再菊（2017.08 任）

总农艺师：

罗　华

市水利局

局　长：

伍先明

副局长：

朱贵炎

陈克武（2017.06 免）

尹楚成

魏粮钢

易少华

杨永忠

纪委书记：

谭飞鸿（2017.08 免）

派驻纪检组长：

唐少武（2017.08 任）

市林业局

局　长：

肖化虎（2017.02 免）

李秀清（2017.02 任）

副局长：

刘昭华（2017.07 免）

何跃怀

刘湘中

李仕刚

总工程师：

刘华雄

纪检书记：

周　衡

党委委员：

王步惠

市商务局

局　长：

刘得正（2017.03 免）

许红梅（2017.03 任）

副局长：

戴若民

尹显武

陈录华

谢小军

党委委员：

陈四平

陈中献

纪委书记：

陈中献（2017.08 免）

派驻纪检组长：

米　锋（2017.08 任）

市文体广电新闻出版局

局　长：

王铭祥（2017.03 免）

张映梅（2017.03 任）

副局长：

郑小娟

罗开明

舒年新

曾克平

李红军

胡光华（2017.08 免）

纪委书记：

王松柏（2017.08 免）

总工程师：

王松柏（2017.08 任）

市卫生和计划生育委员会

局　长：

刘晓江

副局长：

吕国华

刘谋湘（2017.09 退）

陶小伶

田清良

郭小平（2017.02 退）

李邦银

纪委书记：

朱鹏程（2017.08 免）

派驻纪检组长：

朱鹏程（2017.08 任）

市审计局

局　长：

申建伟

副局长：

李伯升

刘　喆

袁连文

宇向东

总审计师：

朱良华

市安全生产监督管理局

局　长：

刘志斌

副局长：

刘幼民

李进发

易祥忠（2017.08 免）

赵　韬

肖国良

姜卫军

总工程师：

陈小雄

党组成员：

段绍兴

市食品药品监督管理局

局　长：

张万根（2017.03 免）

贺利平（2017.03 任）

副局长：

杨月华

欧阳秋生

范清乐

何科能

党组成员：

罗梅香

机关党委书记：

刘赵云

总工程师：

汤芳萍

市统计局

局　长：

邓联日

党组书记：

唐红艳（女，2017.05 免）

许登雍（2017.05 任）

副局长：

汤艳丽（女）

李　峰

赵景文（2017.09 任）

纪检组长：

赵景文（2017.08 免）

总统计师：

舒振朝（2017.05 任）

调查队队长：

苏利亚（女）

市旅游外事港澳侨务局

局　长：

许红梅（女，2017.03 免）

姚鹏飞（2017.03 任）

副局长：

王慧敏（女）

刘金雄

段光华

申　尧

纪检组长：

李拥军（2017.08 免）

市粮食局

局　长：

雷永杰

副局长：

罗万方

黄四清

戴先平

市工商行政管理局

局　长：

吴卫红

副局长：

陈其谋

段志远

杨光辉

曾广晖

张备清

纪检组长：

林　森（2017.08 免）

派驻纪检组长：

姚曙光（2017.08 任）

市质量技术监督局

局　长：

何育新

副局长：

肖松海

王建军

曹建文

市人民防空办公室

主　任：

朱文敖（2017.03 任）

副主任：

赵龙云

陈　晖

总工程师：

谢辉荣

市国有资产监督管理委员会

主　任：

李维德

副主任：

夏存良

余立中

龙景刚

谭运祥

夏建国

派驻纪检组长：

黄小斌

市政协办公室及各专门委员会

办公室

主　任：

伍备战

副主任：

陈海清（2017.11 免）

戴宏伟（2017.11 任）

机关党委书记：

唐立新

研究室

主　任：

龙毅鹏

副主任：

曾　林

提案委员会

主　任：

范珍萍

副主任：

戴宏伟（2017.11 免）

扈展胜（2017.11 任）

经济科技委员会

主　任：

黄卫坤

副主任：

肖体团

人口资源环境委员会

主　任：

赵海燕

副主任：

何颜斌

文教卫体文史学习委员会

主　任：

徐桂阳（2017.11. 免）

张治求（2017.11 任）

副主任：

申麒祥

法制群团民族宗教委员会

主　任：

谢洪军

副主任：

曾景霞

港澳台侨外事委员会

主　任：

唐颂武

副主任：

袁立平

市群团组织

市总工会

主　席：

蒋耀华

副主席：

刘文贤（常务）

张红燕（女）

赵比特

吴少安

经审主任：

雷　虹（女）

共青团市委

书　记：

张映梅（女，2017.02 免）

副书记：

隆伟峰

党组成员：

罗素云（2017.05 免）

市妇女联合会

主　席：

姚鹏飞（女，2017.02 免）

副主席：

岳红艳（女）

曾志华（女）

纪检书记：

张峥嵘（女，2017.08 免）

市文学艺术界联合会

主　席：

张千山

副主席：

曾伟子

唐海龙

市科学技术协会

主　席：

曾阳素（兼）

党组书记：

苏进富

副主席：

刘武典

赖必仁

党组成员：

樊彩霞

市社会科学界联合会

主　席：

肖治国

副主席：

海　卓

市残疾人联合会

理事长：

李青元

副理事长：

刘　华

谢　涵

市国际贸易促进委员会

会　长：

李少华

党组书记：

丁　武

副会长：

林峻宇

苏敬华

市其他正处级机构

市广播电视台

台　长：

赵应国（2017.08 免）

胡光华（2017.08 任）

副台长：

申翊君

谢桂明

杨荣干

总工程师：

呙安全

市公用事业局

局　长：

李新启

副局长：

肖志健

彭学武

谭海艮

纪检书记：

刘　辉（2017.08 免）

总工程师：

柯珍湖

市房产局

局　长：

敬文阳

副局长：

唐飞云

罗尔赫

刘吉元

罗　雄

杨肇晖（2017.05 免）

纪委书记：

杨桂林（2017.08 免）

总工程师：

李爱科

市扶贫领导小组办公室

主　任：

彭仲文（2017.05 免）

罗广洪（2017.05 任）

副主任：

屈利光

肖洪照

吕湘翎

邓小容（女）

容娟玲（挂职）

市畜牧水产局

局　长：

欧阳祝萱

副局长：

黎云发

肖文胜

陈友良

总畜牧师：

吴求生

纪检书记：

唐少武（2017.08 免）

市人民政府地方志办公室

主　任：

刘　琼

副主任：

龙喜平

市供销合作总社

理事会主任：

李良平（2017.08 免）

汪庆春（2017.08 任）

监事会主任：

唐怡胜

理事会副主任：

阳海军

孙易之

纪委书记：

梁志奇（2017.08 免）

市公路管理局

局　长：

刘柏生（2017.05 免）

石亮明（2017.06 任）

副局长：

彭端祥

陶永雄

谢　恺

总工程师：

张伟韧

党委委员：

肖一平

市移民开发局

局　长：

刘邵华

副局长：

戴许民

黄石林

邵江华

市大圳灌区管理局

局　长：

陈克武（2017.06 任）

副局长：

莫朝晖（2017.08 免）

范建成

肖银成

黄拥军

总工程师：

刘程里

市政务服务中心

主　任：

曾令君（2017.10 免）

欧阳向东（2017.10 任）

副主任：

刘建华

罗　雄

纪检组长：

姚曙光（2017.08 免）

市住房公积金管理中心

党委书记：

蒋小燕

主　任：

毛学雄

副主任：

江学军

柳　明

潘光明

总会计师：

杨雄良

纪委书记：

梁保平（2017.08 免）

南山牧场

场　长：

刘跃发

副场长：

刘跃成

吴均洋

杨安农

王祥辉

漆录明

纪委书记：

刘继成

总会计师：

周　锋

邵阳日报社

社　长：

肖秋成（2017.05 免）

黄颂民（2017.08 任）

总编辑：

黄颂民（2017.08 免）

王乐华（2017.08 任）

副社长：

匡光昭（2017.08 任）

副总编辑：

张卫民

李顺桥

市燃气总公司

总经理：

李叶松

副总经理：

蒋小波

左威君

市城市建设投资经营集团有限公司

副董事长：

龚子文

副总经理：

范　瑾

刘梦林

胡国辉

陈路军

廖继发

市商业企业改制服务办公室

主　任：

袁驰炳

副主任：

宋洪波

路湘玲

市工业企业改制服务办公室

主　任：

戴开盛

副主任：

黄爱群

曾展鹏

李秀成

刘建平

汤农辉

市医疗卫生机构

市疾病预防控制中心

主　任：

胡邵华

副主任：

肖善良

粟　兴

岳　军

纪委书记：

陈立红

市中心医院

院　长：

张国华

党委书记：

李如意

副院长：

蒋德安（2017.05 退）

刘小勇

黄雅莲（女）

黄端阳

肖　谦

工会主席：

宁绍斌

纪委书记：

陈毅明

邵阳学院附属第一医院

院　长：

刘天云

党委书记：

廖旭才

党委副书记：

李均祥

副院长：

胡弥安

周红勤

范芳荣

纪检书记：

唐益民

工会主席：

汪顺清

邵阳学院附属第二医院

院　长：

伍石华

党委书记：

李杰红

副院长：

陈小红

李开奇

吕　冬

院长助理：

佘贵平

纪委书记：

胡杨青

工会主席：

赵品清

大中专学校

邵阳学院

党委书记：

陈晓飞

校　长：

彭希林

党委副书记：

陆步诗

副校长：

曾阳素

袁　曦

李金成

王　刚

向文江

纪委书记：

张治春

院长助理：

赵敏丽

邵阳职业技术学院

党委书记：

董康明（2017.05 免）

李小平（2017.06 任）

院　长：

段雪梅

党委副书记：

张远红

副院长：

周　平

马昌保

刘一兵

纪委书记：

申金阳

党委委员：

刘邵忠

曾　云

邵阳广播电视大学

党委书记：

刘　毅

副校长：

李斌玉

曾世勇

邵阳教育学院

院　长：
曾广耀
党委书记：
李能华
副院长：
张三平（兼）
纪委书记：
袁钢铁
工会主席：
王　晖

邵阳师范学校

党委书记：
杨一丁
校　长：
曹才力
副校长：
吕永忠
刘光仁
李　昂
纪委书记：
徐培荣

武冈师范学校

副校长：
李勤敏
朱耀建
沈国林
纪委书记：
胡金轩

邵阳市高级技工学校

校　长：
孟一凡
党委书记：
莫朝晖
党委副书记：
肖宏伟
纪委书记：
孙　炯
工会主席：
孙大明

市计算机学校

校　长：
陈公良
副校长：
谢晓燕
刘菲菲
雷少平
工会主席：
刘艳萍

邵阳工业学校

校　长：
许望文
副校长：
刘顺友
纪委书记：
刘念三
工会主席：
肖立新

派驻邵军事单位

邵阳军分区机关

战备建设处处长：
刘光明（2017.07任）
政治工作处处长：
向军华（2017.07任）

武警邵阳市支队

支队长：
王友明（2017.05免）
李　奇（2017.05任）
第一政治委员：
谭学军（兼）
政治委员：
邓向平（2017.05免）
贺国华（2017.05任）
副支队长：
黄炜铭（2017.05免）
海　磊（2017.05任）
副政治委员：
陈今辉（2017.05免）
胡双喜（2017.05任）
参谋长：
姚汉文
政治工作处主任：
杨秀勇（2017.05免）
聂立军（2017.05任）
后勤处处长：
邓　曦（2017.05免）
覃志刚（2017.05任）

武警邵阳市消防支队

支队长：
刘洪义
政治委员：
李孟军
副支队长：
雷志勇
曹铁牛
副政治委员：
谭伟峰
司令部参谋长：
罗　艺
政治处主任：
许名芳
后勤处处长：
吴　非
防火监督处处长：
宁湘钢

部省属派驻邵单位

市国家安全局

党委书记、局长：

秦兴桥

指挥部主任：

左志刚

市国家税务局

局　长：

李剑平

副局长：

卿育龙

饶建华

郑牧龙

刘湘和

纪检组长：

邹华利

总经济师：

李维杰

总会计师：

肖志明

市地方税务局

局　长：

罗建红

副局长：

何　骏

张又平

刘卫秋

总会计师：

李源辉

纪检组长：

田　睿

国家统计局邵阳调查队

队　长：

朱正堂

副队长：

曾中荣

邓爱平

纪检组长：

向和群

市气象局

局　长：

严光荣

副局长：

袁智生

金宜喜

纪检组长：

谢美兰

邵阳水文水资源勘测局

党委书记、局长：

蒋佑华

党委副书记、纪委书记：

曾邵华

副局长、总工程师：

金舒宜

副局长：

刘　皓

工会主席：

陈利平

市烟草专卖局（公司）

局长、经理：

王　昆

副局长：

汪少波

副经理：

陶文强

张光利

纪检组长：

杜树坤

国家电网邵阳供电公司

总经理：

周铁钢

党委书记、副总经理：

肖　恩（2017.05免）

张建玲（2017.05任）

副总经理：

吴文珍

刘建华

孙柳青

纪委书记：

王大尉

湖南盐业公司邵阳市分公司

总经理：

陈顺求

党委书记：

黄　飞

副总经理：

谢宏亮

朱欢群

新华书店邵阳市分公司

总经理：

邓铮铮

副总经理：

罗少清

肖　军

刘四海

纪委书记：

罗少清（兼）

湖南日报社（报业集团）邵阳分社

社长、总编辑：

蒋剑平

执行总编辑：
戴　勤
经营副社长：
陈仕球
经营总经理：
陈志强

市邮政管理局

局　长：
姚飞翔
副局长：
陈振高

市邮政公司

总经理：
徐克勤
副总经理：
罗　春
周　斌
刘东辉

中国电信邵阳分公司

总经理：
王建民
副总经理：
孙　武（2017.11免）
刘鸿儒
温文斌
刘展年
欧阳利民（2017.11任）

中国移动邵阳分公司

总经理：
李爱平
副总经理：
胡震宇
吴曙辉
总经理助理：
李安英

中国联通邵阳分公司

总经理：
刘长勇
副总经理：
李新宝
许云石
唐　琳

中国铁塔邵阳分公司

总经理：
郑伯锋
副总经理：
王　晨

中石化邵阳石油分公司

经　理：
刘　侃
党委书记：
陈　敏（2017.08免）
杨桂生
副经理：
杨桂生（2017.08免）
陈文胜
郑伟红（2017.08任）
总经理助理：
郑伟红（2017.08免）
张　勇（2017.08免）
蒋雄飞（2017.08任）
刘胜强（2017.08任）

中国石油邵阳分公司

总经理：
何　佳
副总经理：
李宝卫
刘克志

中国人民银行邵阳市中心支行

行　长：
李贤智
副行长：
黄少青
胡立平
何小平
纪委书记：
甘再华
工会主席：
陈飞雄

中国银监会邵阳监管分局

局　长：
叶建新
副局长：
谢阳春
邓向红
纪委书记：
李少亮

中国工商银行邵阳市分行

行　长：
刘忠敏
副行长：
杜凌翼
邓跃华
刘颂仁
曹　俊
纪委书记：
刘　根

中国银行邵阳分行

行　长：
易广志
副行长：
罗　毅
蒋萱林

纪委书记：

蒋萱林（兼）

中国建设银行邵阳市分行

行　长：

安　利

副行长：

谢希岳

郑德改（2016.04 免）

宋宗伟（2016.04 任）

曾　琪（2016.12 免）

章　卓

杨滔滔

赵　颖（2016.12 任）

纪委书记：

尹光惠（兼）

督　导：

李三平

中国交通银行邵阳分行

行　长：

曾伟宏

副行长、纪委书记：

龚　艳

总经理：

王　宁

杨　晖

周　华

潘志超

申校军

中国农业发展银行邵阳市分行

行　长：

向建国

副行长：

肖迪绵

付昌国

李红涛

中国农业银行邵阳市分行

行　长：

周星辉

副行长：

曹　海

华元寿

刘宗毅

谭小兵

邓星步

中国邮政储蓄银行邵阳市分行

行　长：

肖和平

副行长：

曾江平

吴明昭

杨　珺

李文青

纪委书记：

曾江平（兼）

华融湘江银行邵阳分行

行　长：

黄渊伯

纪委书记：

陈仲佳

行长助理：

黄　容

黎明东（2016.09 免）

凌小红

王东平（2016.10 任）

杨小海（2016.12 任）

授信审批官：

李文魁

工会主席：

陈仲佳（兼）

省农村信用联社邵阳办事处

主　任：

肖沪生

副主任：

周玉荣

邵阳农村商业银行股份有限公司

董事长：

许　光

行　长：

伍　波

监事长：

李昌元

副行长：

陈思羽

尹前进

武美玲

纪委书记：

罗元保

中国共产党邵阳市委员会

重要会议

【十一届二次全体会议】2017年1月20日下午邵阳市委十一届二次全体会议召开。58名市委委员，9名市委候补委员出席会议。市委书记、市人大常委会主任龚文密主持会议。会上，市委常委、组织部部长王昌义就酝酿推荐邵阳市出席党的十九大代表候选人初步人选有关情况作说明。根据多数党组织和党员意见，在征求纪检、综治、计生、安监、信访等部门意见的基础上，市委召开常委会会议研究确定5名推荐提名湖南省出席党的十九大代表候选人初步人选建议名单，提交市委十一届二次全体会议表决通过。随后根据推荐提名原则和程序，通过邵阳市推荐提名湖南省出席中国共产党第十九次全国代表大会代表候选人初选名单。

【市委经济工作暨产业发展大会】2017年2月6日，中共邵阳市委经济工作暨产业发展大会在市文化艺术中心召开。全体在职副市级以上领导；各县市区委常委，各县市区人民政府副县市区长，各乡镇（街道、场）党政正职；市人大常委会、市政府、市政协秘书长，市委、市人大常委会、市政府、市政协副秘书长，市委常委所在单位常务或排第一的副职，市“法检”两院常务副职，市直和部省属驻邵单位主要负责人，市人大、市政协委室主要负责人，市政府工作部门排第一的副职，市直年纳税1000万元以上的企业（含年纳税未达1000万元但属创新型高成长及特色鲜明企业）负责人参加会议。会上，市委书记、市人大常委会主任龚文密，市委副书记、市长刘事青分别讲话；市委副书记、政法委书记张殿文宣读2016年度全市绩效考核情况通报、全市人口和计划生育工作情况通报、全市社会管理综合治理工作情况通报、全市安全生产工作情况通报、全市项目建设表彰通报、全市信访工作表彰通报；各县市区长、市卫生计生委、市安监局、市信访局、市畜牧水产局作代表向市长递交2017年度人口计划生育工作、综合治理工作、安全生产工作、信访工作、防治重大动物疫病工作责任状；市长刘事青作总结讲话。

【传达学习全国“两会”精神会议】2017年3月20日上午，邵阳市传达学习全国“两会”精神会议在市委礼堂召开。在邵全国人大代表，现职市级领导和离退休正市级领导，市人大常委会、市政府、市政协秘书长，市委、市人大常委会、市政府、市政协副秘书长，各县市区委书记、人大主任、县市区长、政协主席，市委常委所在单位常务或排第一的副职，市“法检”两院常务副职，市直和部省属驻邵有关单位党政主要负责人，市人大、市政协机关副科级以上干部，市委党校主体班学员参加会议。市委副书记、市长刘事青主持会议。会上，全国人大代表、市人大常委会原主任赵丽莎传达十二届全国人大五次会议精神；

市政协主席鞠晓阳传达全国政协十二届五次会议精神；市委书记、市人大常委会主任龚文密讲话。

【市委十一届三次全体（扩大）会议】2017年8月1日，中国共产党邵阳市第十一届委员会第三次全体（扩大）会议召开。市委委员、市委候补委员出席；不是市委委员、候补委员的在职市级领导，各县市区、邵阳经开区党政主要负责人，市人大常委会、市政协秘书长，市委、市政府副秘书长，市委常委所在单位常务或排第一的副职，市“法检”两院常务副职，市直和部省属驻邵有关单位党员主要负责人，市人大、市政协各委室党员主要负责人，市纪委委员，市党代表中的部分基层一线代表列席。会议全面总结上半年经济工作，安排部署下半年经济工作，审议通过《关于加快推进产业发展的实施意见（草案）》。

【传达学习党的十九大精神大会】2017年10月28日上午，邵阳市传达学习党的十九大精神大会在市委礼堂召开。党的十九大邵阳市代表；全体在职副市级以上领导，在邵大中专院校党政主要负责人，副市级以上离退休老同志；市人大常委会、市人民政府、市政协秘书长，市委、市人大常委会、市人民政府、市政协副秘书长；各县市区委书记、县市区长、人大主任、政协主席；市委常委所在单位常务或排第一的副职；市公安局、市“法检”两院常务副职；邵阳经开区、市直和部省属驻邵单位主要负责人、分管组织人事工作的副职；市委巡察办主任、巡察组组长；市人大、市政协委室主任；市委党校主体班学员参加会议。会上，党的十九大代表、市委书记、市人大常委会主任龚文密传达学习党的十九大精神，并就如何抓好党的十九大精神的学习、宣传和贯彻提出要求；党的十九大代表王化永、肖笑波汇报参加党的十九大会议切身感受。

【市委十一届四次全体（扩大）会议】2017年12月25日，中国共产党邵阳市第十一届委员会第四次全体（扩大）会议在市区召开。市委委员、市委候补委员出席会议；不是市委委员、候补委员的在职市级领导，各县市区、邵阳经开区党政主要负责人，市人大常委会、市政协秘书长，市委、市人民政府副秘书长，市委常委所在单位常务或排第一的副职，市“法检”两院和市公安局常务副职，市直和部省属驻邵有关单位党员主要负责人，市人大、市政协各委室党员主要负责人，市纪委委员，市党代表中的部分基层一线代表列席会议。会议传达学习中央、省委经济工作会议精神，听取市委常委会的工作报告；审议通过《中共邵阳市委关于深入学习贯彻落实党的十九大精神坚决打赢脱贫攻坚战的意见（草案）》；审议同意《关于申报撤销邵东县和设立县级邵东市的决定（草案）》。

附：中共邵阳市委印发文件目录

2017年1月11日中共邵阳市委印发《关于第十一届市委书记、副书记、常委工作分工的通知》

2017年2月6日中共邵阳市委、邵阳市人民政府印发《关于推进供给侧结构性改革的总体方案》

2017年2月23日中共邵阳市委、邵阳市人民政府印发《关于表彰全市关心下一代工作先进集体和先进个人的决定》

2017年2月24日中共邵阳市委印发《关于加强和改进新形势下党校工作的实施意见》

2017年3月28日中共邵阳市委印发《市委常委联系工作分工》的通知

2017年3月31日中共邵阳市委、邵阳市人民政府印发《关于表彰2016年度邵阳市文明标兵单位、文明单位、文明乡镇的决定》

2017年4月21日中共邵阳市委、邵阳市人民政府印发《2017年度迎老乡回家乡创业发展的实施方案》

2017年4月21日中共邵阳市委印发《中共邵阳市委常委会2017年工作要点》

2017年5月9日中共邵阳市委印发《市委文件审核工作办法》

2017年5月16日中共邵阳

市委印发《关于调整市委全面深化改革领导小组的通知》

2017年5月22日中共邵阳市委、邵阳市人民政府印发《关于贯彻落实创新驱动发展战略加快我市科技创新的实施意见》

2017年5月27日中共邵阳市委、邵阳市人民政府印发《关于表彰全市改革创新奖、扩大开放奖和创新创业奖的决定》

2017年8月10日中共邵阳市委、邵阳市人民政府印发《关于加快推进产业发展的实施意见》

2017年9月25日中共邵阳市委、邵阳市人民政府印发《关于表彰2017年全市抗洪救灾先进集体和先进个人的决定》

2017年11月2日中共邵阳市委、邵阳市人民政府印发《关于推进邵阳经济开发区体制机制改革建设千亿园区的实施意见》

2017年11月3日中共邵阳市委、邵阳市人民政府印发《关于推进价格机制改革的实施意见》

2017年11月16日中共邵阳市委转发《中共湖南省委贯彻〈中国共产党问责条例〉实施办法》

2017年11月17日中共邵阳市委印发《关于成立邵阳市深化监察体制改革试点工作小组的通知》

2017年12月14日中共邵阳市委、邵阳市人民政府印发《关于表彰“兴邵贡献奖”获奖商（协）会和个人的决定》

2017年12月27日中共邵阳市委印发《关于申报撤销邵东县和设立县级邵东市的决定》

2017年12月27日中共邵阳市委印发《关于推进市属经营性国有资产统一监管的实施意见》

办公室工作

【全市党委办公室工作会议】 2017年3月27日，邵阳市党委办公室工作会议在市委礼堂召开。会上，市委常委、市委秘书长、市委办公室主任李万千作工作报告，全面总结2016年全市党委办公室工作，安排部署2017年党委办公室工作；表彰通报全市党委办公室工作先进单位和个人并颁奖；市委副书记、政法委书记张殿文作总结讲话；市委书记、市人大常委会主任龚文密做书面讲话。最后，县市区委办公室主任、督查室主任、秘书组长、综合组长、信息组长、行政后勤组长、政工组长、改革办副主任开展分组讨论，同时对机要密码、电子政务内网人员进行培训。

【文秘工作】 2017年，邵阳市委办公室发各种大小会议（活动）通知290余次，接待前来办公室向市委领导汇报和办文、办会、办事、取通知等2800余次，接待上访人员450余人次。办理市委书记龚文密批示301件，副书记张殿文批示47件，李万千批示8件。编撰《市委通报》19期，编撰《市委内参》15期26篇。完成市委常委会议服务48次，完成书记办公会记录35次，完成秘书长办公会议记录15次，起草、审核、呈签、制发市委或市委办公室各类文件721个。组织市委经济工作暨产业发展大会、市委全会、县市区委书记工作调度会等重大会议活动80多场次，服务市领导赴省里开会、外出考察、下基层调研等公务活动30多次，参与完成省领导到邵调研等20余次接待任务。处理传真来电来文273件、省委办公厅机要文件452件、省政府办公厅机要文件251件，分发省委办公厅机要文件14507份、省政府办公厅机要文件2239件，送阅机要文件62批次，收集、整理中央、省委、市委及市委办的各类文件和市领导的重要讲话材料3000多份。分发报刊杂志信件18000多份，寄送信件22000多份，归纳整理档案16328份，利用档案527人次。

【综合调研工作】 2017年，邵阳市委办公室累计撰写、编发、整理各类文稿331篇，较上年增加150篇，增幅65.5%，调查研究、文稿撰写、省委内刊上稿、市委内刊编撰等工作均取得历年最好成绩。开展区划调整、农村安全饮水、村卫生室建设、异地扶贫搬迁等专题调研13次，撰写调研报告15篇。累计向湖南省委办公厅报送《工作专报》77期，报送数量居全省各市州前列。撰写各类文稿材料134篇，近120万字。撰写、整理、编发《中共邵阳市委2017年工作要点》《省委主要领导赴邵阳参加开工仪式邀请函》《致县市区委书记的一封信》等各类文件、简报、函件、主持词共59篇。累计20多篇文稿材料被省级以上刊物采用。做好随同市委领导到基层调研、考察指导、现场办公50余次。整理领导讲话录音40次，向市委、市政府领导呈交录音整理材料40篇。完成省委主要领导视察邵阳、市委经济工作会议、市委十一届四次全会、邵商大会、领导干部集中轮训等重大接待、重要会议、重大活动的材料撰写工作，共撰写各类材料45份。

【保密工作】2017年，邵阳市委办公室强化“三大管理”，全面推进定密规范管理，突出抓好网络保密管理，进一步规范和严格领导干部、核心重点岗位涉密人员保密管理。在3月、6月和9月集中销毁存放在库房的涉密文件资料载体共计13.5吨。开展互联网信息公开保密审查、涉密网络专项检查等各类保密检查，发出整改通知6份。为减少和避免涉密计算机违规连入互联网、移动存储介质交叉使用、涉密计算机违规安装使用无线互联设备等网络失泄密现象的发生，推进涉密计算机违规外联监控平台（三合一）、重要涉密单位互联网出入口保密监测平台、机关单位门户网站保密检查监管平台三大保密监控平台建设，到年底已通过验收并开始试运行，全面监控全市涉密网络和非涉密网络的运行情况，预防失泄密案件发生。

【安全保卫工作】2017年，邵阳市委秘书长会议就市委机关综治工作进行专题研究，成立社会管理综合治理、平安创建、安全保卫领导小组。同时调整市委机关安全防火委员会、市委机关义务消防队、市委机关调解委员会、市委机关反邪教工作领导小组、市委机关禁赌禁毒领导小组、市委机关帮教领导小组、市委机关治安巡逻队，成立市委办公室国家安全小组。市委机关安全保卫委员会修订完善安全保卫目标管理责任书，制定达标计分办法，并与院内26个单位签订安全保卫目标管理责任书，各单位与内设机构签订安全保卫责任书，形成一级抓一级，群防群治的工作机制。落实《市委机关大院管理规定》，不定期组织人员对规定落实情况进行督促检查，并加强对重点地段的防范。

【行政后勤工作】2017年，邵阳市委办公室推进“节约型机关”建设。加强办公室行政后勤机关事务管理，制定《关于加强行政后勤事务管理保障机关正常运行的暂行规定》，从财务管理、公务接待、物资采购、文印管理、车辆管理、礼堂管理、水电管理7个方面制定完善规章制度，确保行政后勤工作做到开源节流、精打细算。分解下达水、电的节能目标，为进一步推行节能改造提供有力支撑。以文明创建活动为平台，强化机关院落的管理。针对机关大院存在私搭乱建、卫生死角等影响市容环境的问题，实施“三拆除”“四整治”措施。春节、中秋、国庆和党的十九大期间，对市委大院进行美化亮化，同时协调市路灯管理所对市委机关路灯和亮化设施进行维修。搞好办公室有关会议的会场服务，全年保障全市性大型会议70余次、市委礼堂会演5次和办公室小型会议100余次。严格落实办公室采购申报制度，做到大项采购招标、小项采购货比三家。对采购的固定资产严格管理，办公家具和电器统一登记造册，落实责任人、管理人与资产交接制度。

（吴跃进、张磊、龙宝华）

市委政策研究

【文稿起草】2017年，邵阳市委政研室撰写领导讲话稿142篇，各类汇报材料52篇，参与起草重要文件3篇。为市委主要领导在《湖南日报》、新华网等主流媒体发表《立足新坐标，放大新优势》《坚持以人民为中心的发展思想　努力让人民过上更美好的生活》2篇，在《湖南工作》刊登《以对党的绝对忠诚　担当全面从严治党责任》等2篇，《严格党的组织生活必须弘扬“三种精神”》一文在全省党员领导干部“学系列讲话，谈从严治党”征文研讨活动中获一等奖。

【调查研究】2017年，邵阳市委政研室开展调查研究数十次，及时为市委决策提供服务依据，完成市委和市委主要领导交办的各类课题的调研任务。其中，市委改革办围绕医疗、教育、扶贫、民政等领域的深改工作多次专题调研；市小康办就抓关键、明重点、破难题、补短板工作，展开深入调研。同时，先后协助湖南省委政研室完成关于老工业基地转型发展、深度贫困地区脱贫攻坚、互联网+产业发展等5个重要课题调研，获调研组领导高度评价。

【深化改革】2017年，邵阳市委政研室建立健全全面深化改革考评工作机制，将改革事项责任分解到位，并指导和协调市直单位和县（市、区）开展考评工作，推动改革落地见效。创造“三个一批”，即一批改革项目走出“邵阳路径”，一批改革项目创造“邵阳经验”，一批改革项目形成“邵阳特色”。

【推进全面小康建设】2017年，邵阳市委政研室指导和协调县市区开展考评工作，及时修订完善监测评价指标体系，全市全面小康各项工作全面推进。邵阳市全面建成小康社会总实现程度达到91%，比2016年提高3.2个百分点，获全省全面小康快进奖，是大湘西地区5个市州中唯一连续4年获奖的单位。

市委督查工作

【决策部署落实督查】2017年，中共邵阳市委督查室开展中央、省、市重大决策部署落实督查，推动决策部署在邵阳落地落实。共开展决策督查21次，编发《督查专报》和《督查通报》48期，查摆问题100余个，提出整改（处理）建议63条。

经济发展督查。市委督查室年初组成4个组，对贯彻落实全市经济工作暨产业发展大会情况进行督查推动。8月组织开展“奋战五个月、喜迎十九大、建设新邵阳”项目建设督查和《关于迎老乡回家乡创业发展的若干支持意见》贯彻落实情况督查。11月底联合市小康办、市绩效办，组织开展全面建设小康社会工作督查，压实经济工作责任。

扶贫攻坚督查。对扶贫工作实行全程跟踪督查，全年开展集中督查3轮次、专项督查2轮次，安排2名干部参与常态化联点督查。

社会稳定督查。全国“两会”期间，组织开展信访专项督查；先后2次对“一村一辅警”社会管理新举措开展专项督查，人员、经费和管理得到全面落实。持续开展安全生产督查，强化部门监管责任和企业主体责任，全市安全生产形势良好。

民生民利督查。连续3个季度对农村村卫生室建设和安全饮水全覆盖工程开展督查；四五月开展环保工作督查，查摆环保突出问题30余个，督办环保案件27起；7月组成4个督查组深入县市区督促中共湖南省委书记杜家毫在邵阳调研时专门指出的15件民生实事进展情况；8月组织市农业委开展全市减负惠农政策落实情况督查；12月与市民政局联合开展灾后重建工作督查，确保受灾群众住进新房温暖过冬。

工作大局督查。专门就湖南省委十一届三次全会和邵阳市委十一届三次全会会议精神传达贯彻情况开展督查。党的十九大开幕当天，对全市收看开幕式情况进行督查。11月中旬深入村组和企业开展学习贯彻党的十九大精神情况督查。

【专项事件督查督办】2017年，中共邵阳市委督查室全面加强专项事件督查督办，执行力和“三服务”水平明显提升。

领导批示件办理。办理中央、省、市领导批示件15件，做到件件有着落，事事有回音。清明期间，邵阳县白仓镇石脚村发生山火，造成巨大损失。市委督查室会同市纪委组成调查组迅速查明火灾原因、损失及救灾情况，对相关部门和责任人提出处理建议，市纪委处理相关责任人8人。7月上旬，城步苗族自治县遭遇特大暴雨，白毛坪乡和五团镇发生人员伤亡。市委督查室牵头组织相关部门专家开展现场调查，查明系特大暴雨引发山洪致6人死亡的灾害事实，对相关责任人履职不力提出处理建议。防汛期间，资江流域超警戒水位，新宁、市区和新邵段发生挖砂船脱锚事件。市委督查室组织市河道处、市海事局赶赴现场开展调查，查明事件原因和船只去向，提出整改建议，获市委书记肯定。相关县区按照要求，迅速落实责任，完善安全措施，消除安全隐患，确保安全渡汛。省委书记杜家毫对隆回县桃洪镇叶罗村罗攀胜反映当地开办红砖厂相关问题批示后，市委督查室深入现场调查处理，协调多个职能部门解决这一信访积案。省委督查室5月专门到隆回县进行回访复核，对处理结果表示满意。

政协委员提案办理。党委系统共收到政协委员提案17件，其中重点提案3件。市委督查室安排专人与市政协联系，进行分类，逐一清点核对，明确承办单位，加大督办催办力度，全部按时办结，办结率100%，委员满意率100%，解决一批群众关注的难点问题。

网络舆情办理。创新网络舆情办理机制，加大回访复核力度，共办理中央、省、市网络舆情59条，解决实际问题41个。

会风会纪督查。全年服务全市性会议会风会纪督查30余次，发出督查通报2期。

协调服务。加强督查活动的统筹协调，服务中央、省到邵督查服务，完成中央到邵督查2次、省到邵督查5次，配合完成省督查调研3次，报送各类文稿20余篇。4月下旬，湖南省委办公厅到邵开展的文件办理情况和扶贫问卷调研，市委督查室组织12个县市区270余人参与调研。5月中央环保督察组进驻邵阳，市委督查室会同市纪委、市公安局、市环保局对18件案件进行核查处理。落实完成湖南省委督查室对扶贫工作党政主要领导开展“三走访三签字”情况收集报送。

市委组织工作

【学习贯彻党的十九大精神】2017年，邵阳市11483个基层党组织、23万多名党员集中收看收听党的十九大开幕会，并以理论中心组学习、主题党日等形式开展党的十九大精神专题学习。协调省管干部参加全省集中轮训，开办全市学习贯彻党的十九大精神第一期县处级领导干部集中轮训班，计划分4期对县处级干部进行全面集中轮训。各级党组织围绕学习党的十九大精神开展学习讨论12400多场次，市县两级领导干部以下基层上党课形式宣讲党的十九大精神1200多场次。全市学习宣传贯彻党的十九大精神，实现各级党组织和全体党员学习党的十九大精神100%覆盖。中央电视台新闻联播对邵阳市“村村响”广播宣传党的十九大精神进行专题报道。

【推进“两学一做”学习教育常态化制度化】2017年，邵阳市把“两学一做”学习教育作为推进全面从严治党向基层延伸的重要抓手，坚持抓在经常、融入日常，实行一季度一调度，纳入基层党建常态化督导。出台《市委常委会落实“两学一做”学习教育常态化制度化的十二项措施》，分类编写《做什么、怎么做？——基层党建工作指导手册》系列丛书。落实“三会一课”、主题党日、党员积分管理、“双述双评”等制度，做到基层党组织“党员有台账、学习有计划、活动有记录、评议有标准”；开展“不忘初心、继续前行”大讨论、“今天我来讲党课”等活动，共举办各类党课6500多场，基层党支部集中学习5.8万次、专题研讨4.3万次。村级普遍建立以“农事托管、家事托管和民事代办”为主要内容的“两托管一代办”机制。

【加强领导班子和干部队伍建设】2017年，邵阳市委组织部开展县市区领导班子开局工作调研，全面了解换届后领导班子整体运行、市管干部表现、年轻干部队伍建设情况。完成新一届市人民政府33个工作部门正职的任免工作，33名拟任人员全部通过任命。建立县市区领导班子建设督导员制度，及时掌握县市区的领导干部思想动态和工作表现，逐个列出问题清单、督促整改。从严从实把关，完成全国、省人大代表和省政协委员推选工作。开展年轻干部专项摸底调研，建立1683人的年轻干部资源库，开办50人规模的年轻干部战略培训班。按期完成全市超配的副处级以上非领导职数、科级领导职数整改消化。抓好全市领导干部个人有关事项填报，部署开展全市领导干部因私事出国（境）证件专项清理，149名省管干部（含离退休干部）、1750名市管干部的因私事出国（境）证件全部登记和集中保管。

【推进基层党建“四个全面覆盖”“四个全面提升”】邵阳市把2017年作为基层党建“基

础提升年”，整合资源，全面推进乡镇综合服务平台、村级综合服务平台、美好社区、村级组织运转经费按标准保障全面覆盖，全面提升基层党组织和干部服务群众、党建基础工作规范化、党建引领脱贫攻坚以及各领域党建工作水平。新建和提质改造乡镇综合服务平台133个、村级综合服务平台2440个，新建“美好社区”212个、乡镇干部小套房6825套。市县两级共投入4.46亿元，实现村级组织运转经费按标准全面覆盖。建成党员电子身份信息系统，完成党员基本信息录入工作，全面整顿改进人才市场流动党员管理。实施村级集体经济“清零”工程，共消除村级集体经济空白村1429个。全市建立非公有制企业党组织911个，社会组织党组织562个，“两新”组织全面实现“六个100%”。

【完成村（社区）“两委”换届】2017年，中共邵阳市委强化党组织责任、强化党员身份意识、选优配强班子、严肃纪律规矩，顺利完成村级换届工作。建立工作日志和定期调度机制，县市区委书记、组织部长《履职日志》每日一报。通过组织开展一次集中学习宣讲、一次警示教育、一次谈心谈话、一次党员公开承诺、一次在家党员联系流动党员、一次专题党员民主评议“六个一”活动，在全市18万多名农村（社区）党员中开展“我是党员、向我看齐，齐心协力抓好村（社区）换届”党员主题春训，打牢换届基础。严把村级换届人选关，全市通过联审考察排除不符合资格条件的人选345人。开展打击“村霸”和宗族恶势力专项行动，强化换届风气监督。对4名县级领导、6名乡镇党委书记、8名乡镇组织委员、265名村干部进行约谈、诫勉、免职和通报批评，强化换届工作责任。通过换届，3254名能人和大学毕业生进入村级班子，村干部平均年龄比换届前下降5.6岁，大专以上学历2248人、增加1153人。编印《换届后工作指南手册》，规范换届后村级班子运行。邵阳市村级换届工作得到中共湖南省委和省委组织部肯定，全省村（居）“两委”换届选举工作推进会在邵阳市召开。

【脱贫攻坚】2017年邵阳市委组织部制定全市组织系统助力脱贫攻坚的实施方案，细化目标任务、具体措施和责任部门，列出时间表，压紧压实抓党建促脱贫攻坚责任。全市共派出5529名驻村帮扶工作队员、1381名“第一书记”，实现贫困村全覆盖。出台《市派驻村帮扶工作队管理办法》，要求工作队员做到“十个必须”，实行量化积分管理，坚持驻村帮扶工作队长、“第一书记”和村党组织书记同责任、同管理、同考核。驻村帮扶工作“三述三评三公开”机制被《湖南日报》专题推介。建立村党组织书记动态调配机制，通过干部下派、能人回请等方式，为117个难点村选出“带头人”。建立农村发展党员“2+1”帮促制度，解决317个村（社区）发展党员工作薄弱的问题。建立3100多人的村级带头人后备人才库，对1008名村级干部进行大专学历免费教育。提高党员致富带富本领，共有3162名党员带头成立合作社941个。

【推进人才兴邵战略】2017年，邵阳市引进高学历、技能型人才105名，聘请李国杰院士等12位专家教授为邵阳市科技经济顾问、127名专家为市人民政府第六届专家服务组成员。继续实行“高校毕业生+农民专业合作社”人才扶贫。争取省派科技特派员24名和“三区人才”163名，科技特派员实现贫困村全覆盖。召开全市推进创新引领开放崛起暨科技奖励大会和“湘字号”传统技艺工匠竞赛活动表彰大会，评选表彰科技创新团队和个人，弘扬工匠精神，激发人才队伍活力。出台《邵阳市贯彻落实〈关于深化人才发展体制机制改革的意见〉责任分工方案》及《邵阳市人才工作要点及责任分工》，完善党政领导干部联系优秀人才制度。

（宁帮发）

宣传工作

【意识形态领域管理】2017年，邵阳市落实党委（党组）意识形态工作责任制。全年市委常委会专题研究意识形态工作11次，制定出台意识形态工作责任制《工作方案》《风险防控预案》等系列文件。实施“六个纳入”，建立完备的责任体系。组织开展各县市区委意识形态工作责任制执行情况专项督查。实施县市区委书记落实意识形态工作责任制述职评议考核。

意识形态领域形势分析研判坚持常态化。出台工作预案，建立联席会议制度，定期研究重大舆情、重点情况、重要社情民意中的倾向性、苗头性问题。市委书记龚文密多次组织开展舆情分析研判和舆论引导处置工作。及时发现、稳妥处置网上各类突发舆情事件40余件。

加强阵地管理确保意识形态安全。落实举办报告会、讲座、论坛等审批管理制度。落实办报、办台、办网政治纪律。加强和改进高校思想政治工作，组织开展高校思想政治工作调研，召开座谈会，市委书记龚文密赴邵阳学院开展学习贯彻党的十九大精神形势政策报告会。加强文化市场监督管理，深入开展“扫黄打非”专项行动，严抓广播电视安全播出。

【中心组学习】2017年，邵阳市推进党委（党组）中心组学习。市委理论中心组围绕党的十八届六中全会、文化自信、习近平总书记“7·26”重要讲话精神等主题，集中学习10次，平均参学率93.5%以上。创新学习形式，在洞口县宝瑶村扶贫现场开展调研学习，经验做法得到湖南省委讲师团宣传推介。落实党委（党组）中心组学习旁听、督查、通报制度，党委（党组）中心组学习实现制度化、规范化。各级党委（党组）中心组成员撰写理论文章500多篇。

【理论宣讲】2017年，邵阳市组织开展习近平总书记“7·26”重要讲话精神、党的十九大精神、“好声音讲坛——‘讲话精神’进基层”等系列专题宣讲和百姓微宣讲。市委书记龚文密、市长刘事青带头深入基层、学校、企业开展党的十九大精神宣讲，市委常委会成员共开展宣讲100余场次。全市开展“文艺宣传、理论宣讲、热点恳谈”的“三三制”微宣讲3000余场次。组织开展农家、车间、党日、班级、小区、空中“六大微课堂”，推动党的十九大精神进农村、进企业、进机关、进学校、进社区、进网络。

【理论平台建设】2017年，邵阳市逐步完善理论平台建设。做大做强“宝庆大讲坛”品牌，邀请中央党校等专家教授开讲3次。建立并完善邵阳市干部理论学习网。组织开展“贯彻发展新理念转型升级补短板——加快‘二中心一枢纽’建设”专题讨论活动。推进学习型党组织建设，评选表彰一批学习型党组织建设示范点和党员学习标兵；广泛开展社会主义“有点潮”主题征文活动。

【党的十九大精神宣传】2017年，邵阳市浓墨重彩宣传党的十九大精神。各媒体对标中央、省级主要媒体，开设专题专栏，推出地域性、行业性大型综述报道，推出“看得见的幸福”“新时代·新邵阳”等系列大型主题宣传。精心策划“砥砺奋进的五年”“开启新征程　建设新邵阳”等系列融媒体互动专题宣传，市本级举办“砥砺奋进的五年”新闻发布会17场。在市区巡回开展图文展10余场次。利用流动车、“村村响”“送戏下乡”“宝庆群艺汇”等载体集中向基层宣传。中宣部和湖南省委办公厅推介城步苗族自治县“五大课堂”做法；中央电视台《新闻联播》推出新宁县做法。

【主题宣传】2017年，邵阳市组织开展创建国家卫生城市、创建全国文明城市、精准扶贫、产业兴邵、“重点建设项目巡礼”等系列主题宣传。重点策划推出村级卫生室标准化建设、农村危房改造、易地扶贫搬迁、一村一辅警建设、深化交通改革等主题，得到中央、湖南省主流媒体重点推介。策划组织城步“六月六”山歌节、武冈机场通航等重大经贸旅游文化活动对外宣传，全市共组织召开各类新闻发布会60余场。组织开展“你好，邵阳”手机摄影大赛等网络主题活动。全年全市在中央、省级主要媒体上稿1335条，同比增长108.2%，居全省前列。

【媒体平台建设】2017年，邵阳市加强媒体平台建设。邵阳日报全媒体“中央厨房”系统正式运营，“云邵阳”App正式上线，媒体融合程度和技术水平领先于中西部省份同级别地市州党报。邵阳广播电视台新闻综合频道采、编、播设备升级改造完成，全面实现高清。广播新闻专题《医改“手术刀”该动向哪里?》获中国新闻奖二等奖，实现邵阳市新闻奖项的重大突破。邵阳新闻网获评“2017全国地市网络媒体最具价值十强品牌”，“邵阳新闻”微信公众号获评“2017全国地市网络媒体微信公众号三十强品牌”。

【文明创建】2017年，邵阳市推进文明创建。实行创建主体责任单位周调度、月督查、季考评，集中开展重难点问题专项集中整治和各级、各类创建主题活动，在全省公共文明指数测评考核中名列参评市州第一。开展首届志愿服务项目大赛、“做文明乘客、树文明形象”演讲比赛等系列主题创建活动。推进农村移风易俗、树立文明乡风，培育邵东县青山村等一批农村精神文明建设示范村镇。常态开展“道德模范”“文明家庭”创建评比和“道德讲堂”巡讲等活动，开展市第五届道德模范暨“最美人物”评选表彰活动。

【社会主义核心价值观培育】2017年，邵阳市全面推进社会主义核心价值观培育践行活动。组织开展“邵阳好人”“身边的感动”等主题报道，推介向长江、李粤玲、蒋科等一批先进典型人物。开展市第一届“美德少年”评选表彰活动，成功举办全省“我的中国梦·学习和争做美德少年”、全市“向国旗敬礼”未成年人主题教育实践活动；建成19个乡村学校少年宫项目，创建2家省级社区未成年人心理健康辅导站。结合建军90周年开展社会主义核心价值观系列教育实践活动。

【社会公益宣传】2017年，邵阳市各类社会公益宣传达50余万平方米，覆盖率达30%以上，相比上年增加3倍以上。市区公益宣传面积达20余万平方米，增加5倍以上；形成社会公益宣传示范点20余个，建设社会主义核心价值观主题公园3个，新增主干道立柱宣传10个、公交站台宣传牌130个。经验做法获中宣部宣传推介。

【文化宣传】2017年，邵阳市现代公共文化服务体系基本构建。市文化艺术中心（包括博物馆、非遗展览馆、文化馆、图书馆、美术馆）整体工程竣工并投入使用，向公众免费开放。市体育中心建设加快推进，2018年将成为第十三届省运会成年组主赛场。截至年底，全市建成文化馆14个，公共图书馆15个，大型体育馆4个，博物馆、纪念馆10个，美术馆2个。建成乡镇（街道）综合文化站221个，村（社区）文化活动室396个，农家书屋5653个，村综合文化服务中心650个，乡村文体小广场2148个。电影《穿越硝烟的歌声》、歌曲《黄桑姑娘》获湖南省第十三届精神文明建设“五个一工程”奖。省祁剧传承保护中心参加东盟“一带一路”文艺交流演出，在越南演出4场；祁剧《目连救母》获国家艺术基金传播交流推广资助项目，在北京、上海、安徽、江西、福建、广东、广西、云南等10个省（自治区、直辖市）和省内10个城市巡演40场。《儿大女大》参加全国花鼓戏优秀剧目展演。创作推出一批诗歌、报告、长篇小说和散文。组织“欢乐潇湘”大型群众文艺活动240余场，参赛节目达2300多个，参加演出群众4万多人次。少儿舞蹈《锦鸡炫美》、侗笛独奏《竹林晨曲》参加全省优秀节目展演。创新推出“宝庆群艺汇”，组织开展群众文艺活动10余场，开展周末剧场“宝庆大戏台”演出36场。组织开展纪念中国人民解放军建军90周年邵阳佛山书法联展、管铜乐比赛等主题文化活动。完成“送戏下乡”845场、农村电影放映67662余场。继续办好湖南（南山）“六月六”山歌节、绥宁“四月八”姑娘节。

重点抓好湘西南文化生态产业园、邵东金华湘包装印刷产业园、邵阳蓝印花布文化旅游产品生产性保护基地等文化产业项目建设，打造邵阳市宝庆号工艺美术品有限公司、湖南三力达文化发展有限公司等文化融合发展示范点。

【学习教育培训】2017年，邵阳市围绕学习习近平总书记系列重要讲话精神，组织乡镇（街道）宣传委员和县市区委宣传部、市直单位业务骨干等共700余人参加全市宣传文化战线干部队伍培训。组织全市150多人参加迎接党的十九大宣传暨“砥砺奋进的五年”重大主题宣传业务培训。按照分级、分层培训的原则和要求，全市宣传文化战线各单位先后组织各类业务培训。中共湖南省委常委、宣传部部长蔡振红到邵调研时充分肯定邵阳14个方面的创新案例，并提出“两个走前列”的工作要求。

【主题学习活动】2017年，邵阳市开展“好书伴我行——日读月谈季评”主题学习活动。全市宣传文化战线各单位结合自身实际和工作特点，采取集中讲学、分散自学、交流谈学、调研促学、活动推学等多种形式开展读书活动。组织开展“学习习近平总书记关于宣传思想文化工作系列重要论述思考体会”专题讨论活动，收集思考体会文章49篇，在省市级媒体和刊物上发表文章26篇，专题讨论活动的经验做法获省委常委、宣传部部长蔡振红肯定，并被省委宣传部专题推介。在全市宣传文化战线组织开展“大宣讲、大调研、大服务、大提升”主题实践集中月活动。2017年，邵阳市宣传思想工作在湖南省绩效年度考核评估中位列湘中西部地区第一名，获优秀等级。

（邵红威）

政法工作

【维护社会和谐稳定】2017年，邵阳市防范、打击各类渗透破坏活动，经营侦办一批专案，确保国家政治安全。推进社会稳定风险评估，全年共开展社会稳定风险评估179件，暂缓实施9件，不予实施4件。组织开展2轮影响社会稳定矛盾问题集中摸排调研工作，集中交办突出涉稳问题361个、信访问题52个、反邪教问题40个、涉稳涉访重点人员766人。开展“三调联动解纠纷、防控风险促发展”专项调解活动，组织律师、法律工作者参与化解信访积案，排查化解矛盾纠纷3万余件，其中有效化解疑难复杂纠纷2600余件，防止引发自杀、民转刑、群体性械斗、集体上访等400余件。进一步健全完善舆情监测、预警和应对机制，加强舆论引导，主动及时回应社会关切问题，成功处置10余起舆情案件。完善日常情报信息收集和重点时段每日调度会商机制，对掌握的各类预警信息做到“不过夜”部署调度和核查处置。全年共报送涉稳情报信息500余条，调度相关单位4000余次，成功化解50余起各类群体赴省进京集访和30余起群体性事件，确保各个重点时段平稳度过。

【社会治安综合治理】2017年，邵阳市保持对各类违法犯罪的严打高压态势，组织开展“秋冬会战”“雷霆行动”“狂飙行动”，侦破一批大要案件，“两抢一盗”等多发性侵财案件得到有效遏制，全市社会治安明显好转。全年全市共破案8089起，刑事拘留5786人，逮捕2984人、治安拘留16346人；发生命案60起，破60起，命案全破；打掉黑恶团伙81个，一审判决黑恶犯罪嫌疑人542人，行政拘留“涉黄涉赌”人员4519人，查处酒驾4140人次，判决经济犯罪嫌疑人161人，为群众挽回经济损失5.92亿元。全面加强社区矫正、重症吸毒人员、肇事肇祸精神病人以及问题青少年等重点群体的服务管理和教育管控工作，各类社会治安乱源得到有效稳控。全年共查获吸毒人员6426人，决定强制隔离戒毒3069人，决定社区戒毒（康复）人员4558人。规范涉毒特殊人员收治工作，共收治涉毒特殊人员187名。开展教育矫正4.2万次，撤销缓刑、假释30余人，社区矫正运用手机定位、电子腕带监控覆盖面达95%以上。加强肇事肇祸精神病人排查、管控，1862名肇事肇祸精神病人录入公安管理系统。提升工读学校教育管理质量，进一步加强对问题青少年的帮教工作。

【平安邵阳建设】2017年，邵阳市全面推动平安县（市、区）、平安乡镇（街道）、平安社区（村）及平安学校、平安医院、平安企业、平安单位、平安景区（点）、平安交通、军地平安创建“十大平安创建”活动，城步县苗族自治县、新邵县坪上镇清水村、绥宁县人民医院、湖南湘窖酒业有限公司、新宁崀山旅游区被评为2017年度全省“十大平安”系列创建示范单位。强化社会治安防控体系建设，推广“屯警街面，动中备勤”的移动警务机制，完善“一村一辅警”工作机制，加快推进“雪亮工程”建设，逐步推进城管、交警、金融、学校、医院等相关部门的探头并网联网共享，全市共有社会治安视频监控探头1万余个。利用专职治安巡逻队、行业专业巡逻队、社区和农村义务巡逻队，推行夜间保安巡逻市场化运作，实施定点定位、警灯闪烁和流动闪灯巡逻，为群众织就平安网。

【法治邵阳建设】2017年，邵阳市推进以员额制为基础的司法责任制、以审判为中心的刑事诉讼制度和以信息化、大数据为核心的公安警备运行机制改革，推进涉法涉诉信访改革，全市涉法涉诉联合受理中心实现“全覆盖”。市涉法涉诉受理中心全年接待来访816人次，681案次。在实行诉访分离、畅通信访渠道的同时，针对各种违法上访行为坚决打击处理，起到打击一小批、震慑一大片的社会效果。强化案件评查，全市共评查案件9000余件，纠正错误案件8件，补正瑕疵案件587件，获得较好的执法监督效果。推进法治文化建设，全面落实“谁执法谁普法”责任制，建成西苑法治公园、绥宁绿洲法治文化广场、洞口法治文化广场等一批高标准的法治公园（广场）。

【政法队伍建设】2017年，邵阳市坚持政治建警、作风兴警、素质强警，推进政法队伍建设。学习宣传贯彻党的十九大精神，用习近平新时代中国特色社会主义政法思想武装政法干警。推进“两学一做”学习教育常态化制度化，加强政治纪律和政治规矩教育，增强政法干警“四个意识”“四个自信”。推进政法干警能力建设，组织政法机关分别采取轮岗交流、岗位练兵、业务培训等方法，组织各类培训111期，培训政法干警4780人次。组织全市新闻媒体对政法战线上涌现出的先进典型和感人事迹进行集中报道20余次，对“人民的好法官”刘欣、“2016年度湖南省最具影响力法治人物”谢阳标等30余名先进典型进行深度报道。加强对全市政法系统领导班子和领导干部的管理监督，组织副处级以上领导干部填报个人有关事项报告表，全市1700余名政法领导干部的信息全部录入《湖南省政法领导干部信息综合系统》。坚持从严治警，严肃查处政法干警违法违纪问题，提升政法队伍纪律作风和整体形象。

（周光平）

统一战线工作

【概况】2017年，邵阳市统一战线连续第五年在省委统战部对市州的绩效考核中被评定为“优秀”等次。“开展‘摸实情、办实事、帮实体’民企大走访大调研助力非公经济点‘实’成金”以及建立健全“三级宗教网络和两级责任制”等工作得到省委常委、省委统战部部长黄兰香的批示或点赞，先后被中央统战部《中国统一战线》、省委统战部《统战工作》刊发。市委统战部被评为2017年度全省统战调研工作先进单位；邵东县隆源中小企业创业园和隆回县岩口镇向家村成功创建省级“同心园区”、“同心乡村”。“摸实情办实事帮实体，助推非公经济发展”等三项特色创新项目获评“2017年度全省统战工作实践创新成果”。

【学习宣传】2017年，邵阳市委统战部把学习贯彻习近平新时代中国特色社会主义思想和党的十九大精神作为首要政治任务，通过印发方案、学习宣讲、座谈讨论等形式，兴起学习宣传贯彻的热潮。市县统战部门领导班子理论学习中心组组织专题学习研讨，编印《立足统战大舞台·画出最大同心圆》学习辅导资料，带头开展“上讲台、走基层、抓落实”行动，联合驻村帮扶贫困村党支部开展“十九大精神照耀贫困村”主题党日活动，深入基层宣讲党的十九大精神，引导广大统一战线成员逐步把思想和行动统一到习近平新时代中国特色社会主义思想和党的十九大精神上，用马克思主义中国化的最新理论成果武装统一战线成员的头脑。组织召开市县党委统战工作会议，学习宣传贯彻中央、省委统战工作会议精神特别是习近平总书记重要讲话精神。在邵阳日报和邵阳统战网开辟“同心跟党走　同行建邵阳”专栏，实时刊发全市统一战线成员学习心得体会、助力建设新邵阳等稿件10余篇。

【多党合作】2017年，邵阳市委统战部结合实际，制定年度政党协商计划，规定协商形式、明确协商内容、提出工作要求，为切实同各民主党派开展政党协商提供制度保障。通过会议协商、约谈协商、书面协商等方式，相继5次组织开展政党协商，促进各单位民主决策、科学决策。主动把握时间节点，围绕全面深化改革、党风廉政建设和反腐败工作情况等内容充分协商、征求意见，推进邵阳市民主政治建设和经济社会健康发展。坚持完善“党委出题、党派调研、政府采纳、部门落实”参政议政调研机制，组织引导各民主党派、工商联、无党派人士围绕全面深化改革和创新引领开放崛起等课题开展专题调研，形成《挺进新时代　开启邵阳市生态文明建设新进程——关于邵阳市生态文明建设的调研》等20余篇调研成果。多方筹集资金420余万元持续推进“一家一”助学就业·同心温暖工程，举办“民盟·同心班”等9个培训班；配合省委统战部实施“泛海助学行动”，发放资助资金800余万元、资助贫困大学新生1610名。联合市扶贫办出台《关于支持各民主党派市委会开展脱贫攻坚民主监督工作的实施方案》，协助、配合农工党湖南省委会对口邵阳市开展脱贫攻坚民主监督工作，推动筹资30万元支持隆回县北山镇3个村级卫生室建设，邀请100名省内外知名医学专家举办民主监督脱贫攻坚·助力健康邵阳能力提升专题培训班3期，培训医务人员550余人次。

【党外代表人士队伍建设】 2017年，邵阳市委统战部配合湖南省委统战部做好各民主党派省委会和省工商联换届有关人事工作，分别推荐安排民主党派省委会副主委1名、常委12名和省总商会副会长1名、省工商联常委4名；根据省委换届办有关要求，会同组织部推荐提名第十三届省人大党外代表人选23名、第十二届省政协委员人选30名。加强与市委组织部沟通联系，提拔3名党外处级领导干部、交流4名党外处级领导干部。组织5000多名党外代表人士开展“两学一助”（学系列讲话、学优良传统，助力新邵阳）学习教育，持续开展坚持和发展中国特色社会主义学习实践活动。会同有关部门制定下发《2017年度邵阳市统一战线培训计划》，先后组织参加民主党派参政议政骨干成员、党外优秀中青年干部、党外知识分子（无党派人士）和新的社会阶层人士等培训班，培训党外代表人士近1000人次。

【党外知识分子和新的社会阶层人士统战工作】 2017年，邵阳市委统战部组织党外知识分子和新的社会阶层人士开展“两学一助”学习教育之助力山区行动，联合市松坡图书馆等单位向绥宁县民族中学等3所山区学校累计捐赠1万余册科教图书。组织60名党外知识分子（无党派人士）和新的社会阶层人士赴浙江大学参加培训。联合邵阳市壹心慈善志愿者协会开展“九九重阳百叟宴”活动，邀请100余名耄耋老人观看“传统文化”演出、品尝“感恩孝心”百叟宴。建立邵阳市新的社会阶层人士凝心聚力“十三五”创新创业基地——“智丰众创空间”，协调解决经费20万元，推动举办“创新创业2.0时代高峰论坛”1次，开办培训班5期，为20余家初创企业免费提供场地，解决相关问题，落实相关政策。组织200余名来自市直各单位、各县市区以及学校、医院、企业等多个领域的党外知识分子参加“不忘合作初心　继续携手前进”主题演讲比赛。

【经济统战】 2017年，邵阳市委统战部落实省委书记杜家毫在万户民企大走访调研专题报告上的批示精神，按照市委书记、市人大常委会主任龚文密在全市产业发展大会上作出的“以实体产业大发展推动邵阳经济大发展”指示精神，围绕“二中心一枢纽”战略、振兴实体产业目标，开展“摸实情、办实事、帮实体”民企大走访大调研活动，全市200多名统战系统干部踊跃参与该项活动，走访单位、企业200户，1000多人次，及时帮助企业解决职责范围内问题20余个，推动组织起草《关于促进非公有制经济发展的若干意见（草案）》，为实体经济发展提供政策支持和服务保障。参与“迎老乡、回故乡、建家乡”活动，服务引导20余名邵商参与湘商产业园建设，其中邵阳海永实业有限公司投资的市金属门窗产业示范基地项目计划投资3亿元，已到位项目资金2000万元。开展“千企帮千村”精准扶贫行动，引导湖南华兴实业发展有限公司等204家非公企业、商协会结对帮扶572个村，实施项目612个，投入帮扶资金10.4亿元，帮助扶贫村9.4万名贫困群众实现精准脱贫。以“四同创建”为平台，引导统一战线成员新创建省级“四同创建”示范点2个、市级示范点7个。组织非公有制经济人士和邵阳籍香港同胞等统一战线成员投入抢险救援设备70余台（件）、安置灾民500多人次、捐款捐物1000多万元。

【民族宗教】2017年，邵阳市委统战部在全省率先以邵阳市宗教工作领导小组名义印发《关于建立健全县、乡、村三级宗教工作网络和乡村两级责任制的实施意见》，强化责任领导，健全体制机制，与全市各宗教场所签订工作责任状近900份，组织民宗、公安、国安、民政、金融办、人民银行等相关单位召开联席会议10次，及时妥善处理基层宗教矛盾10余次。指导少数民族特色村寨建设工作，洞口县罗溪瑶族乡白椒村、绥宁县关峡苗族乡花园阁村、隆回县山界回族乡民族村、城步苗族自治县丹口镇边溪村获评为第二批中国少数民族特色村寨，推动城步苗族自治县铺头村、洞口县宝瑶村获评为全省最美少数民族特色村镇，绥宁县大团村获评为全省美丽少数民族特色村镇。促进民族地区经济发展，向省民宗委争取省级民族专项资金项目480万元，联合市审计局、市财政局深入城步、绥宁、洞口、隆回、新宁等县审查2016年财政扶贫少数民族发展资金项目使用情况，为合理合法使用专项资金提供保障。指导市佛协首次实行对各县市佛协和教职人员进行年度综合考评，指导市伊协举办加强教职人员队伍建设专题培训班，开展新卧尔兹演讲比赛和“爱党爱国爱教”主题教育活动，推动爱国宗教团体加强自身建设。妥善处理涉及民族宗教领域的矛盾纠纷，依法处置新疆维吾尔族教师在邵非正常死亡事件、原伊斯兰教教职人员违规利用微信进行公开募捐活动等10余起矛盾纠纷，维护全市民族宗教领域的团结稳定。11月29日召开全市宗教工作会议。

【海外统战】2017年，邵阳市委统战部恢复成立香港邵阳联谊会，在洪涝灾害发生后，联谊会自发组织捐赠102.8万港币支援家乡抗洪救灾。接待香港铜锣湾集团高层、加拿大商务考察团等赴邵阳参观访问、投资考察，引进资金3亿元。走访慰问100余户重点侨务对象、困难归侨，送去慰问金和慰问品折现80余万元。推进海（境）外侨捐活动，引导北美新宁夷江教育基金会等海（境）外慈善组织捐赠资金近400万元开展扶贫助学。维护归侨侨眷和台胞台属合法权益，妥善处理侨眷廖黎明加拿大寻亲等涉侨信访诉求和矛盾纠纷近60件，帮助九兴连泰鞋业外籍员工解决签证延期问题30余人次。

【自身建设】2017年，邵阳市委统战部推动中共邵阳市委印发《关于构建全市大统战工作格局的实施意见》，对构建全市大统战工作格局的组织领导、人员编制、机构设置、经费保障、工作网络进行详细规定，为全面加强统一战线工作提供制度保障。组织全市统战干部开展“充理论知识、业务实践之‘电’，续‘不忘初心、继续前进’之航”行动，为推动统战实践创新、实施“二中心一枢纽”战略提供人才支持。以“邵阳统战”微信公众号为载体，通过统战故事、数说统战、视频摄影、知识问答等形式，陆续推出“重温十八大、喜迎十九大”“日学统战”“读史忆人”主题学习或宣传，编撰统战政策知识等专刊100余期，总阅读量达10万人次。结合“两学一做”“两学一助”学习教育，邀请领导和专家客座“同心讲坛”，培训统战干部和统一战线成员近2000人次；组织60名市县统战干部赴重庆大学参加“干部素质培训班”，组织120名非公有制经济代表人士赴复旦大学参加第四期“创新与发展提升”培训班。组织500余名市县统战系统干部开展“三比三看、三多三少”（比学习，看谁掌握的统战知识多、不懂不会少；比能力，看谁担当作为解决问题多、出现差错少；比贡献，看谁为集体争取荣誉多、抹黑添乱少）活动。持续开展统战干部“联点交友”“三联二访一帮”“走基层、问需求、解难题”活动，18名机关党员干部深入基层帮扶联点社区，常年走访慰问48户困难群众，筹资30余万元帮助解决社区路面积水、增设路灯等30余项实际困难。加强机关建设，交流1名副处级干部、提拔（重用）3名科级干部；成立新的社会阶层人士工作科（同党外知识分子工作科合署办公），面向全市遴选4名优秀年轻干部到部机关和市台办、民建市委会机关工作。组织开展禁赌限牌、清理副处级及以上领导干部亲属“吃空饷”问题和“四治四提”专项整治，签署承诺书300人次。

（杨小平）

对台工作

【对台经济】2017年，邵阳市扩大邵阳与台湾经贸合作，积极实践，预判困难，增强工作针对性，着重在打基础、谋长远、搭平台等方面来促进经贸合作。立足邵阳发展实际，重点拜访和邀请劳动密集型及农产品加工、电子信息类台资企业。第十三届“湘台会”和第二届“电博会”期间，联系与会台商，增强感情。湖南用工规模最大的企业九兴控股是台资企业，已在邵阳市6个县区设厂，其中九兴连泰厂已成为邵阳经开区（湖南宝庆台湾工业园）支柱企业，2017年全年实现产值6.6亿元。

【对台交流】2017年，邵阳市克服各种不利因素，争取重点对台交流项目，打造邵台交流品牌活动，成功举办第二届“中医药大学台湾学子中医文化之旅邵阳行”活动。活动期间，台籍学子们参观正大邵阳骨伤科医院、尚源保健酒业公司、新邵南阳生物及种植基地、崀山铁皮石斛种植基地、廉桥中药大市场，参与交流座谈会与应用介绍会等活动中，医药界各资深人士以临床教学、现场示范、观看影片、现场讲解等多种方式与同学们深入细致交流，拓展和巩固同学们对中医理论、技艺、中医药材的认知。通过持续开展邵台交流，增进两地人民感情，促进台基层民众对大陆的了解，增强对两岸同属中华民族的认同。

【涉台服务】2017年，邵阳市开展涉台维稳管控，抓经常、盯重点，防范涉台不稳定事件发生。规范做好涉台信访案件受理工作，落实“属地管理、分级负责”“谁主管、谁负责”原则，引导台商、台胞、台属逐级反映信访诉求。重视初信初访，把矛盾纠纷化解在萌芽状态，减少信访转投诉案件，全年接待信访求助案件维持在较低水平。依法依规开展台商权益保护案件、重点案件调处工作，未出现重大涉台责任事件。主动作为，开展送服务上门活动，为帮助九兴外籍员工顺利在邵交流培训，特邀请市出入境管理支队到企业现场办公答疑，先后4次发函妥善解决九兴30余位外籍员工签证延期问题。妥善处理市辖域内发生的4起涉台领域死亡事件和1起涉台突发事件。

【涉台宣传教育】2017年，邵阳市开展贯彻学习党的十九大精神和习近平总书记对台工作重要思想，开展形式多样的涉台宣传教育。举办涉台专题报告会，邀请湖南省台办主任做客邵阳宝庆大讲坛作“两岸关系形势和湖南对台工作”专题报告；涉台讲座进党校、进社区，市台办到市委党校、邵阳县委党校、双清区人民巷社区等多地宣讲党的十九大对台大政方针和台海形势，为群众讲解中央对台政策等。

（张　膑）

机构编制工作

【编制管理】2017年，邵阳市严控编制资源总量。落实“财政供养人员只减不增”要求，摸清家底、划定底线、层层传导压力；同时细化控编减编方案，提高机构编制审批门槛，新设机构原则上“撤一建一”“撤多建少”，有关编制需求都在总量内调剂解决。强化制度约束。市、县两级编办结合实际，出台一系列规章制度，从制度层面扎紧机构编制日常管理的笼子。抓好实名制管理。落实人员编制与经费预算联合管控机制，全面实行通过数据库办理人员出入编手续，形成编办未核编，人社不核工资、财政不拨经费、社保不办入保的良好局面，杜绝任何形式的超编进人；推进机构编制综合管理平台建设工作，8月组织开展县市区操作人员工作培训，9月经与市电子政务管理办公室衔接拉通省电子政务外网，10月份平台正式运用到实名制业务中，并逐步将数据信息全部导入到中央编办机构编制实名制管理系统。推进事业单位登记管理。全面完成统一社会信用代码赋码发证工作，稳步推进网上名称管理，市、县两级将中文域名注册费纳入财政预算，全市域名注册共计4931家，覆盖率达97.7%。

【编制改革】2017年，邵阳市深化行政审批事项改革。推进简政放权，做好上级取消和下放的行政审批事项的承接工作，取消行政许可事项15项，下放行政许可事项3项。加快打造“千亿园区”，创建国家级经开区，向邵阳经开区下放232项市级经济管理权限，并实现“园区事项园区办结”。有效提升服务水平，坚持线上线下结合，全面加强行政许可标准化建设，规范审批行为，优化工作流程，实现行政许可可预期、可操作、可考核、可监督；开展市直单位权力清单动态调整、“减证便民”专项行动；配合完善网上政务服务与电子监察系统，推进“互联网+政务服务”，实现横向到边、纵向到底。

推进事业单位改革。选定5家经营发展较好的事业单位纳入2017年、2018年两年的改革。以市委办、市政府办名义下发《市直生产经营类事业单位改革总体方案》，对市路桥公司、市旅游公司、市经济协作物资总公司进行转企改革。对市公用事业局（正处级）进行撤销，将其承担的市政公用设施运行管理职能划入市城市管理和综合执法局。

开展重点领域改革。配合做好纪检监察体制改革，做到纪检监察体制改革职能调整到位、机构设置到位、班子配备到位、人员编制划转到位。市本级从各部门划转、置换行政编制（含政法编制）170名至市纪委，从已有检察院政法编制中划转38名编制至市监察委。加快推进园区管理体制改革，对邵阳经济开发区内设机构、所属事业单位、派驻机构事项进行批复，完善园区管理机构编制。

（王周达）

市直机关党建

【思想政治工作】2017年，邵阳市直机关工委制定《市直机关学习宣传贯彻党的十九大精神实施方案》《市直机关“贯彻发展新理念转型升级补短板——加快‘二中心一枢纽’建设”讨论活动实施方案》，编印《党的十九大精神——学习辅导500题》，对中心组集中学习研讨的次数、质量、流程步骤、资料整理等情况进行专项检查，为各级党组织免费订购《党建》《党支部工作指导》《中直党建》等报刊杂志。办好《邵阳市直机关党建动态》《邵阳机关党建》微信公众号和“邵阳市直机关党建云平台”三大宣传阵地。组织参加全省“学系列讲话、谈从严治党”主题征文，4名市级领导分别获一、二等奖，是全省获奖最多的市州，市直机关工委获市州唯一优秀组织奖。举办“爱廉说”市直机关廉政主题演讲比赛和“市直机关党旗红”先进典型系列报道，在党员干部中引起强烈反响。《邵阳市直机关党员使用微信“十严禁”》被腾讯网、新浪网、《湖南日报》等30余家媒体报道；5篇经验文章被人民网、紫光阁、中国干部教育网等媒体刊登，《创新党员志愿服务方式，开辟联系服务群众的新途径》获全国党建创新“百优案例”。

【“两学一做”学习教育】2017年，邵阳市直机关工委制定《关于推进市直机关“两学一做”学习教育常态化制度化的工作方案》《全面推行支部主题党日的意见》等文件，编印《“两学一做”学习教育常态化制度化笔记本》《做什么、怎么做？——机关基层党建工作指导手册》，先后组织“一周一课大家讲”政治学习观摩会和“市直机关中心组学习经验推介会”，被湖南省直机关工委在全省工委系统推广。市直各单位规范落实主题党日、“三会一课”“双述双评”、党员积分管理等制度，打造机关党建一月一调度、身边人讲述身边事的“微党课”“一周一课大家讲”支部学习、“点对点”督促指导并建立党支部工作月报告制度等一系列可观摩、可复制、可推广的经验。

【基层基础工作】2017年，邵阳市直机关工委制定《关于加强市直机关基层党组织规范化建设的意见》，出台《邵阳市直机关党建工作量化管理考核办法》，按2次检查考核得分对各单位进行绩效考核打分，抓实抓好机关党建工作。先后举办党务干部浙江大学培训班、机关党支部书记轮训班和党员发展对象培训班；270个基层党组织按期换届；发展党员42人，确保发展党员五个步骤落到实处；建立党员电子身份信息库，开展党内统计2次，整顿改进人才市场流动党员管理；推进党费专户设立工作，27个机关党委年内设立党费专户；对市直机关30多名困难党员进行慰问，对市直66个先进基层党组织、116名优秀共产党员和64名优秀党务工作者进行表彰。市直各单位落实党建工作责任，查漏补缺，做好整改。

【党的纪律和作风建设】2017年，邵阳市直机关工委落实《关于新形势下党内政治生活的若干准则》的要求，严肃党内政治生活，支持基层党组织充分履行三项监督职责、党员积极履行四项监督义务，配合有关部门对市直单位的领导班子民主生活会进行督促指导，确保党内监督成为常态。推进市直机关“纠四风、治陋习”“四治四提”“禁赌限牌”等专项整治工作，协助市纪委调查、审查相关案件7起，检查作风建设3次，及时处理和通报作风建设方面存在的突出问题。强化对市直机关科级干部的监督管理，做好派驻纪检监察组查办的科级干部违纪案件审理工作，审理案件2件，开除党籍2人。

【机关文体活动】2017年，邵阳市直机关工委组织开展“双联”帮扶活动，走访慰问市直困难企业和职工家庭。市直单位新设工会28个，审批换届工会24个，近150个工会组织依法设立工会账户。先后举办市直机关长跑和羽毛球比赛、联合市文化体育广播电视新闻出版局举办冬季长跑比赛，累计参与人数达8000多人。指导市直机关各级群团组织开展演讲比赛、唱红歌、竞技比赛、红色之旅等系列活动，增强群团组织凝聚力。

（陈意详）

党史研究

【资料征集】2017年，中共邵阳市委党史研究室为做好《中国共产党邵阳历史》第三卷的编写工作，组织业务人员到市档案馆等单位收集改革开放以来的重要史料近100万字。结合邵阳企业改制这一热点问题，完成《邵阳企业改革史》资料收集整理研究工作，形成30余万字初稿。为服务邵阳改革开放，征集邵阳市改革开放实录文稿12篇15万余字；为服务邵阳“一中心两枢纽”战略，征集邵阳交通建设资料30余万字。

【资政研究】2017年，中共邵阳市委党史研究室围绕市委市政府中心工作和重点任务，组织人员撰写《发展红色旅游　助推精准扶贫》《邵阳湘商产业园建设的实践与探索》等深度资政文章，并在《邵阳日报》发表。同时，组织县市区党史部门先后撰写《百万群众齐奋斗　千年桃城换新貌——隆回县桃洪镇城镇建设回眸》《小油茶托起大梦想——湖南省邵阳县油茶产业发展之路》《以产业为支撑　再造邵东新城——湖南省邵东生态产业园建设发展纪实》等多篇资政文章。

【书籍编撰】2017年，中共邵阳市委党史研究室推进党史正本三卷编撰工作，完成20余万字的初稿。如期出版《2016：邵阳党史工作纪事》，全书74万字，全面完整地记录2016年全市各级各部门在建设小康邵阳、和谐邵阳中的重要决策、重大活动、主要成就和重要经验。开展《邵阳红色故事》征编工作，采用稿件98篇，共计20余万字，年底付梓。

【党史宣传】2017年，邵阳市委党史研究室系统在湖南省委党史研究室主办的党史刊物《湘潮》上稿3篇，宣传邵阳党史人物。市委党史研究室业务人员先后到市委党校、市经信委、市国资委等单位上党史课，反响很好。在《邵阳日报》发表《群众利益无小事·一枝一叶总关情》文章，宣传介绍市委党史研究室扶贫工作组在精准扶贫工作中的优秀事迹和突出业绩。为迎接党的十九大召开，结合省室组织“半床被子”精神征文活动，撰写《弘扬“半床被子”精神践行党的群众路线》，受到省室好评。

【党史联络】2017年，邵阳市委党史联络组指导撰写《邵阳市党史陈列馆筹建方案》和《邵阳市党史陈列馆文本初稿》，组织联络组全体人员到省党史陈列馆和韶山学习考察，接受红色教育。完成湖南省中共党史联络组联合办公室编的《回忆录》第23辑《新时期湖南城市建设专辑（1978—2017）》征文，提供文稿三篇共计4万余字。协助党史部门完成“邵阳红色遗址名录”资料征集研究和整理工作，形成20余万字书稿，撰写《邵阳市红色遗址摸底报告》，为市委决策提供参考。

（陈秧林）

老干部工作

【离退休干部党建工作】2017年，邵阳市通过“主题党日+”组织离退休干部党员开展“不忘初心、不忘身份”组织生活会、“做全面从严治党的坚定支持者和模范践行者”专题学习讨论1000余场次，撰写心得体会文章1200余篇。组织3.2万人参加收看党的十九大开幕会，在市委礼堂举办市直单位600余名离退休干部参加的党的十九大精神宣讲报告会，1.8万余人通过湖南老干部开放大学集中远程收看党的十九大精神宣讲。

开展支部标准化建设。下发《关于进一步加强离退休干部党支部建设的意见》《关于抓好离退休干部党支部“五化”建设的意见》等文件。依托高校、党校，全市培训离退休干部党务工作者550人次，编印下发《离退休干部党建工作指导手册》3000册。落实离退休干部党组织工作经费和党组织负责人工作补贴，按照80%的比例下拨收缴党费。全年创建省级示范支部5个、市级示范党支部30个，评选出全市“五好”离退休干部党员25名。

继续开展“两学一做”学习教育。出台7个“两学一做”常态化制度化文件。落实支部主题党日活动、“三会一课”纪实管理和党支部书记“双述双评”等制度。在121个党支部实行党员积分管理，为行动不便党员送学上门2000多人次。

【发挥老干部正能量】2017年，邵阳市围绕“点赞新变化、助力新邵阳、喜迎十九大”主题，在老干部中开展“学精神、学先进，献计策、献成果”活动。组织厅级老干部参观考察实体企业，并举行“点赞”“建言”座谈会。组织座谈讨论、主题征文、文艺演出、演讲比赛、书画摄影展等活动500多场次，4万多人次参与。评选“二中心一枢纽”优秀调研文章30篇。在“喜迎十九大·颂歌献给党”合唱比赛中获全省第一名。

开展“进社区、建美好家园、做城市好市民，进农村、建美好家乡、做农村新乡贤”活动，发放“创文明城市、做文明老人”倡议书3000份。5名离退休干部获市委市政府创国卫专项表彰。2000多名离退休干部参与协助村“两委”换届工作。在全市评选出“最美银发好市民”20名、“最美银发新乡贤”10名。

深化“金秋助贫”活动。离退休干部团体和个人帮扶贫困学生3000多人，开办农民培训班500多期，帮助贫困地区发展推广铁皮石斛、玉竹、“雪峰虫草”等产业项目20多个。

【为离退休干部服务】2017年，邵阳市出台《关于进一步加强和改进离退休干部工作的实施意见》《关于加强离退休干部经常性学习教育工作的意见》等文件。健全离休干部医药费保障机制，离休干部医药费实行实报实销。做好生活长期不能自理离休干部护理费提标工作。市县两级建立特困离退休干部及遗孀帮扶机制，全市筹资210万元，帮扶2000多人次。加强精细服务，市委老干部局全年看望住院离退休干部280余人次，生日祝寿90余人，走访慰问460余人，接待来访老干部200余人次。排查化解信访问题，党的十九大期间没有发生老干部进京赴省上访现象。30个全市老干部工作先进集体和60名全市老干部工作先进个人受市委组织部、市委老干部局、市人社局联合表彰。

（许小松）

党校（行政学院）工作

【实行教师专（课）题招标制】2017年，中共邵阳市委党校（邵阳行政学院）开设教学专题92个，其中招标教学新专题41个，淘汰5个，淘汰率为12%，课题更新率为35%，在期末的教学测评中，课题优秀率都达到了92%以上；科研课题招标21个，淘汰4个，淘汰率为19%。全年获准新立项省级课题5个，承担全市社科规划课题12个；在市级刊物发表论文41篇、省级公开刊物发表论文18篇。

【学员全程式从严管理】 2017年，中共邵阳市委党校（邵阳行政学院）出台学员管理规定，加强学员的“四率”考核，全方位、全天候了解学员在校学习期间的动态，党校成为市纪委、市委组织部观察了解、监督管理干部的“第三只眼睛”。特别是下半年举办的年轻干部培训班，做到全天候全程跟踪、全程管理，学员的学习能力、写作能力、口头表达能力、处理问题的能力明显提升。学员的出勤率、住宿率、就餐率、成绩优良率均创下历史新高。

【推行后勤社会化服务】 2017年，中共邵阳市委党校（邵阳行政学院）改革食堂经营模式，切实提高餐饮服务能力、质量和效益。学校成立食堂监督委员会，对食堂管理者行使监督权，履行监督职责。食堂财务账目单设，保证其独立性，食堂管理团队每半年须按标准向学校上交目标管理利润。通过此项改革，学校食堂达到“色香味全、品种丰富、营养均衡、食品安全、服务贴心”的二十字目标。

【从严治校】 2017年，中共邵阳市委党校（邵阳行政学院）坚持从严治教。开展“读书活动”，专职教师读书量达160万字，兼职教师读书量达100万字，专兼职教师都完成10万字的学习笔记和1万字的心得体会；在全省党校系统教学比武中，邵阳市党校系统获2个二等奖；市委党校在全市宣传系统微宣讲比赛中分别获一等奖1个、二等奖1个，在全省宣传系统微宣讲比赛中获二等奖1个。坚持从严治学，加强教育规律和干部成长规律研究、党的理论创新研究以及省情市情县情研究，主体班教学初步形成以马克思主义基本原理、习近平总书记系列重要讲话精神、新时期下党性教育的新要求和省市发展的基本问题等为主要内容的教学体系；全年共主办主体班13个，培训学员589人，完成市委下达的干部培训任务。坚持从严管理，严格实行岗位责任制，做到每个人的岗位明确、职责明确，为完成全年工作目标，推行一线工作法和层级管理，要求工人到生产第一线，教师到教学第一线，公务员到管理第一线，一层一层抓落实；同时加大职工考勤考核力度，干部职工责任意识、岗位意识明显增强。共投入410多万元完成对学员宿舍和图书馆的改造。从严加强学校党的建设。进一步理顺学校党建工作的领导体系、责任体系、组织体制、管理机制、工作制度建设，组织开展活动的内容和形式更加丰富有效，党组织活动的经费得到进一步保障，两会一课、主题党日活动、民主生活会、民主评议走上正常化轨道。

【新校建设】 中共邵阳市委于2016年10月8日的第二十次、12月7日的第二十四次市委常委会议，2017年5月31日第十三次市政府常务会议、6月15日的第二十次市委常委会议专题研究市委党校新校建设工作。到2017年底，新校建设取得阶段性成果。原选址方案因国土规划编制等因素被否决，初步再次拟定新校地址为新城大道与桃花路交界处；确定占地面积为220亩，学校功能建筑先期建设3万平方米左右，再根据需要适当增加建筑面积，市委党校根据占地面积和建筑面积等具体情况做好投资概算。确定资金解决渠道，由市城建投集团公司负责解决新校建设所需资金；和有关方面协调，明确新校建设新思路。

（肖承武）

市委讲师团工作

【集中学习】 2017年，中共邵阳市委中心组学习围绕“文化自信、脱贫攻坚、科学的思想方法和工作方法、‘两学一做’常态化教育、习近平总书记‘7·26’重要讲话精神、金融安全与金融稳定、党的十九大精神、开放型经济”等重大理论和政策热点，集中学习9次，共计18天，平均参学率达到93.5%。按照“六个环节”要求开展集中学习，做到学习内容更贴实际、学习方式不断创新、学习成效愈发明显。

【理论宣讲与研究】2017年，中共邵阳市委讲师团全面落实党的重大理论政策的宣讲工作。向各县市区和市直机关单位及时下发邵阳市理论宣讲菜单，围绕“习近平总书记‘7·26’重要讲话精神、砥砺奋进的五年、党的十九大精神”等重大理论宣讲活动，先后深入基层宣讲130场，听众达2万人次。同时注重理论研究，在《学习导刊》和《邵阳日报》刊发论文4篇，撰写的市委理论学习中心组学习方式的创新探索理论文章被《学习导刊》全文刊载。参加省委宣传部组织的“社会主义有点潮”论文征选大赛获一等奖1项，参加省委讲师团组织的征文大赛获三等奖1项，参加市社科联组织的征文比赛获三等奖1项。

（办公室）

防范和处理邪教

【概况】2017年，邵阳市共破获邪教案件12起，抓获19人，刑拘5人，批捕3人，行政拘留14人。

【宣传教育】2017年，中共邵阳市委、邵东县等部分县市区委理论学习中心组进行反邪教警示教育专题学习1次；传统节日和集中宣传月的反邪教宣传活动实现常态化；在全市范围内开展反邪教宣传进机关、进城区、进农村、进学校、进景区、进宗教场所等“六进六入”活动，在农村地区利用公益电影放映、广播“村村响”和基层党员远程教育网开展反邪教宣传。邵东县、绥宁县、邵阳县“三网三万”行动成效明显。

【基层基础建设】2017年，邵阳市财政投入200多万元建成多功能的市级反邪教工作基地，绥宁、新宁、双清、新邵、武冈等县市区相继建成高标准反邪教警示教育基地，邵东县野鸡坪镇、新宁县水庙镇、新邵县酿溪镇、邵阳县岩口铺镇、隆回县北山镇等近100个乡镇（街道）建成规范化的反邪教警示教育中心，绥宁县、隆回县、邵东县、新邵县、邵阳县等一批村（社区）建成高水平村级反邪教警示宣传室。新宁县成功创建全省无邪教示范县，邵东野鸡坪镇、新邵酿溪镇、隆回北山镇成功创建全省无邪教示范乡镇，双清洛阳洞社区等26个村（社区）成功创建全省无邪教示范村（社区）。

（蒋兴华）

接待工作

【概况】2017年，中共邵阳市委、市人民政府接待处严格遵守中央八项、湖南省委九项、邵阳市委十项、《国内公务接待管理规定》等公务接待有关规定，坚持以客人需要为第一信息，以客人舒心为第一追求，以领导放心、来宾满意为第一标准，树立质量意识、精品意识，打造邵阳对外接待的优质品牌。将新宁脐橙、雪峰蜜橘、南山奶品、武冈卤制品等一批极富邵阳地方人文特色的用品作为接待用品。在做好接待的同时向来宾展现邵阳人文、历史、社会、经济等各种资源，形成富有邵阳特点的地方特色接待，宣传推介邵阳。年内先后组织完成杜家毫、许达哲、乌兰、李微微、陈向群、傅奎、黄关春、谢建辉等省部级领导相继到邵考察的接待任务；完成省委、省政府、省人大、省政协等督查、检查和调研的接待任务；完成城步南山六月六山歌节等大型活动的接待保障工作。

（办公室）

邵阳市人民代表大会及其常务委员会

【概况】2017年，邵阳市人民代表大会常务委员会共召开代表大会1次，常委会9次，主任会议12次，任免国家机关工作人员51人次，收到代表建议163件，经有关机关组织研究办理，已办结163件，办结率100%。1月5～9日邵阳市第十六届人民代表大会第一次会议召开；2月16日上午，邵阳市委书记、市人大常委会主任龚文密主持召开市十六届人大常委会第一次主任会议；3月7日，召开市十六届人大常委会第二次会议；4月6日，召开市十六届人大常委会第二次主任会议；4月7日，全国人大民族委员会副主任委员王君率专题调研组到邵阳市调研指导民族乡经济社会发展情况；4月17日，召开市十六届人大常委会第三次主任会议；4月18日，召开市十六届人大常委会第三次会议；5月26日，召开市十六届人大常委会第四次主任会议；6月1～2日，湖南省人大常委会副主任王柯敏带队赴邵阳、洞口、邵东三县调研新型城镇化和特色小镇建设工作；6月21日，湖南省人大财经委副主任委员姚茂椿率队到隆回工业集中区调研经济运行情况；6月23日，召开市十六届人大常委会第五次主任会议；6月26日，召开市十六届人大常委会第四次会议；7月26日，召开市十六届人大常委会第六次主任会议；8月3～4日，湖南省人大常委会副主任陈君文率执法检查组第二组在邵阳市就贯彻实施《湖南省农村扶贫开发条例》情况开展执法检查；8月7日，召开市十六届人大常委会第五次会议；8月16日，召开市十六届人大常委会第7次主任会议；8月21～22日，召开市十六届人大常委会第六次会议；8月22日，召开市十六届人大常委会第八次主任会议；9月22日，召开市十六届人大常委会第九次主任会议；10月11日，湖南省人大常委会法制委主任委员钟实率调研组到邵阳市调研全市县级人大法制委建设情况；10月23日，召开市十六届人大常委会第十次主任会议；10月31日，召开市十六届人大常委会第七次会议；11月21日，湖南省人大常委会法工委副主任戴少一带队到邵阳市，就《湖南省实施〈中华人民共和国固体废物污染环境防治法〉办法》开展立法调研；11月27日，召开市十六届人大常委会第十一次主任会议；12月4日，召开市十六届人大常委会第八次会议；12月15日，召开市十六届人大常委会第十二次主任会议；12月26日，召开市十六届人大常委会第九次会议。

邵阳市第十六届人民代表大会第一次会议

2017年1月5～9日邵阳市第十六届人民代表大会第一次会议在市区举行，会期5天。会议听取和审查刘事青作的邵阳市人民政府工作报告；审查和批准邵阳市2016年国民经济和社会发展计划执行情况与2017年计划草案的报告，批准邵阳市2017年国民经济和社会发展计划；审查和批准邵阳市2016年预算执行情况与2017年预算草案的报告，批准邵阳市2017年市级预算；听取和审查主任赵丽莎作的邵阳市人大常委会工作报告；听取和审查尹南飞作的邵阳市中级人民法院工作报告；听取和审查戴华峰作的邵阳市人民检察院工作报告；审议通过《邵阳市第十六届人民代表大会第一次会议选举办法（草案）》；选举了邵阳市第十六届人民代表大会常务委员会主任、副主任、秘书长和委员；选举邵阳市人民政府市长、副市长；选举邵阳市中级人民法院院长；选举邵阳市人民检察院检察长；审议通过《关于设立邵阳市第十六届人民代表大会专门委员会的决定（草案）》；审议通过邵阳市第十六届人民代表大会各专门委员会主任委员、副主任委员、委员名单（草案）。

1月8日上午邵阳市第十六届人民代表大会第一次会议第三次全体会议选举产生邵阳市第十六届人民代表大会常务委员会主任龚文密，副主任刘德胜、李斌、周国利（苗族）、赵为济、秦立军、蒋耀华（按姓氏笔画为序）；选举产生邵阳市人民政府市长刘事青，副市长李华和、肖拥军、晏丽君（女）、彭华松、蒋志刚（苗族）、蔡典维、谭学军（按姓氏笔画为序）；选举产生邵阳市中级人民法院院长尹南飞；选举产生邵阳市人民检察院检察长戴华峰，选举的市人民检察院检察长，须报经省人民检察院检察长提请湖南省人民代表大会常务委员会批准；选举产生邵阳市第十六届人民代表大会常务委员会秘书长禹志加，选举产生丰新妹等40名委员。

会议回顾和总结一年来市人大常委会主要成就和不足，明确今后一年工作的指导思想，确定2017年主要预期目标。

市十六届人大常委会会议

【第一次会议】 2017年1月10日，邵阳市十六届人大常委会第一次会议在市人大常委会五楼会议室召开，会期半天。会议依次听取市人大常委会副主任、党组第一副书记周国利讲话，市人大常委会党组书记、市十五届人大常委会主任赵丽莎讲话，市委书记、市十六届人大常委会主任龚文密讲话。

【第二次会议】 2017年3月7日，邵阳市十六届人大常委会第二次会议在市人大常委会五楼会议室召开，会期1天。会议听取市委书记、市人大常委会主任龚文密讲话；听取和审议人事事项；审议并通过《邵阳市人大常委会2017年度工作要点（草案）》；审议并通过《邵阳市人民代表大会常务委员会议事规则（修正案）》；市委书记、市人大常委会主任龚文密讲话。会议决定免去赵开勤的邵阳市人大常委会副秘书长职务。决定任命刘永德为邵阳市人民政府秘书长、办公室主任、张顺华为邵阳市发展和改革委员会主任、肖玉叶为邵阳市教育局局长、段邵宁为邵阳市科学技术局局长、谢益林为邵阳市经济和信息化委员会主任、彭泽愿为邵阳市民族宗教事务委员会主任、谭学军为邵阳市公安局局长、杨卫平为邵阳市监察局局长、刘得正为邵阳市民政局局长、李新华为邵阳市司法局局长、谢景峰为邵阳市财政局局长、贺祝民为邵阳市人力资源和社会保障局局长、李桂楚为邵阳市国土资源局局长、邓江南为邵阳市环境保护局局长、金晚球为邵阳市规划局局长、王大松为邵阳市住房和城乡建设局局长、朱敏为邵阳市城市管理和综合执法局局长、邓涛为邵阳市交通运输局局长、肖高国为邵阳市农业委员会主任、伍先明为邵阳市水利局局长、李秀清为邵阳市林业局局长、许红梅为邵阳市商务局局长、张映梅为邵阳市文体广电新闻出版局局长、刘晓江为邵阳市卫生和计划生育委员会主任、申建伟为邵阳市审计局局长、刘志斌为邵阳市安全生产监督管理局局长、贺利平为邵阳市食品药品监督管理局局长、邓联日为邵阳市统计局局长、姚鹏飞为邵阳市旅游外事港澳侨务局局长、雷永杰为邵阳市粮食局局长、吴卫红为邵阳市工商行政管理局局长、何育新为邵阳市质量技术监督局局长、朱文熬为邵阳市人民防空办公室主任。会议决定接受姚鹏飞、张映梅辞去邵阳市第十六届人民代表大会常务委员会委员、邵阳市第十六届人民代表大会法制委员会委员职务，报邵阳市第十六届人民代表大会第二次会议备案；接受刘永学、李志雄辞去湖南省第十二届人民代表大会代表职务，报湖南省第十二届人民代表大会常务委员会备案。

【第三次会议】2017 年 4 月 18 日，邵阳市十六届人大常委会第三次会议在市人大常委会五楼会议室召开，会期 1 天。会议审议并通过《邵阳市人民代表大会代表建议、批评和意见工作办法》，审议并通过市十六届人大常委会代表资格审查委员会组成人员建议名单（草案）、人事事项，初次审议《邵阳市城市公园管理条例（草案）》。会议免去晏丽君的邵阳市中级人民法院审判委员会委员职务、马和平的邵阳市中级人民法院审判委员会委员职务。会议决定接受刘细云辞去湖南省第十二届人民代表大会代表职务，报湖南省第十二届人民代表大会常务委员会备案。

【第四次会议】2017 年 6 月 26 日，邵阳市十六届人大常委会第四次会议在市人大常委会五楼会议室召开，会期 1 天。会议通过人事任免，听取和审议市人民政府关于市区电力城网改造工作情况的报告，听取市人大财政经济委员会关于市区电力城网改造工作情况的调研报告，听取和审议市人民政府关于 2016 年全市环境状况和环境保护目标完成情况的报告，听取市人大城乡建设环境资源保护委员会关于 2016 年全市环境状况和环境保护目标完成情况的调研报告，听取和审议市人民政府贯彻执行《中华人民共和国城乡规划法》情况及 2016 年度规划实施计划的实施情况的报告，听取市人大城乡建设环境资源保护委员会关于贯彻执行《中华人民共和国城乡规划法》执法检查情况及 2016 年度规划实施计划的实施情况的报告，听取和审议市人民政府关于关于全市农村饮水安全全覆盖暨巩固提升工作情况的报告，听取市人大农业与农村委员会关于全市农村饮水安全全覆盖暨巩固提升工作的调研报告，二审《邵阳市城市公园广场管理条例》。会议任命杨喜国、卿晖为邵阳市第十六届人民代表大会法制委员会委员。

【第五次会议】2017 年 8 月 7 日，邵阳市十六届人大常委会第五次会议在市人大常委会五楼会议室召开，会期半天。会议听取邵阳市人大常委会代表资格审查委员会关于个别市十六届人大代表的代表资格终止的报告。

【第六次会议】2017 年 8 月 21 日，邵阳市十六届人大常委会第六次会议在市人大常委会五楼会议室召开，会期 2 天。会议听取和审议市人民政府关于《中华人民共和国对外贸易法》《中华人民共和国海关法》贯彻实施情况的报告，听取市人大民族华侨外事委员会关于《中华人民共和国对外贸易法》《中华人民共和国海关法》贯彻实施情况的调研报告，第三次审议《邵阳市城市公园广场管理条例（草案）》，听取和审议市人民政府关于 2017 年上半年国民经济和社会发展计划执行情况的报告，听取和审议市人民政府关于 2016 年市级决算（草案）和 2017 年上半年预算执行情况的报告，听取和审议市人民政府关于 2016 年市级预算执行和其他财政收支的审计情况报告，听取市人大财政经济委员会关于 2016 年市级决算（草案）的审查报告，审查和批准 2016 年市级决算，表决《邵阳市城市公园广场管理条例（草案）》，听取和审议市人民政府关于湘商产业园建设和企业入园情况的报告，听取市人大财政经济委员会关于湘商产业园建设和企业入园情况的调研报告，听取和审议市人民政府关于振兴实体产业政策措施制定及落实情况的报告，听取市人大财政经济委员会关于振兴实体产业政策措施制定及落实情况的调研报告。

【第七次会议】2017 年 10 月 31 日，邵阳市十六届人大常委会第七次会议在市人大常委会五楼会议室召开，会期 1 天。会议通过人事任免，听取和审议市人民检察院关于预防腐败工作情况的报告，听取市人大内务司法委员会关于检察机关预防腐败工作情况的调研报告，听取和审议市人民政府关于区域性综合交通枢纽建设情况的报告，听取市人大财政经济委员会关于区域性综合交通枢纽建设情况的调研报告，听取和审议市人民政府关于贯彻实施《湖南省农村初级卫生保健条例》情况和全市农村卫生室规范化建设情况的报告，听取市人大教育科学文化卫生委员会关于检查《湖南省农村初级卫生保健条例》贯彻实施情况和全市农村卫生室规范化建设情况的报告，听取和审议市人民政府关于贯彻实施《湖南省农村扶贫开发条例》情况和全市扶贫脱贫情况的报告，听取市人大农业与农村委员会关于检查《湖南省农村扶贫开发条例》贯彻实施情况和全市扶贫脱贫情况的报告。会议决定任命彭正华为邵阳市人大常委会选举任免联络工作委员会主任、陈智英为邵阳市人大常委会副秘书长，任命黄红禹为邵阳市第十六届人民代表大会农业与农村委员会副主任委员。决定免去毛文胜邵阳市人大常委会选举任免联络工作委员会主任职务、黄红禹邵阳市人大常委会办公室副主任职务，免去陈智英邵阳市第十六届人民代表大会农业与农村委员会副主任委员职务。

【**第八次会议**】2017 年 12 月 4 日，邵阳市十六届人大常委会第八次会议在市人大常委会五楼会议室召开，会期半天。会议通过人事事项，审议并通过关于召开邵阳市第十六届人民代表大会第二次会议的决定（草案），听取市人民政府关于市十六届人大一次会议以来代表建议、批评和意见办理工作情况的汇报，听取市人大常委会联工委关于市十六届人大一次会议以来代表建议、批评和意见办理及督查工作情况的报告，对市十六届人大一次会议以来代表建议、批评和意见办理情况进行综合测评，市人民政府报告关于《邵阳市侗族村寨申报世界文化遗产工作的审议意见》研究处理结果（书面报告），市人大民侨外委报告关于《邵阳市人民政府关于〈邵阳市侗族村寨申报世界文化遗产工作审议意见〉研究处理结果的报告》的审议意见（书面报告），市人民政府报告关于《中华人民共和国烟草专卖法》《中华人民共和国烟草专卖法实施条例》执法检查审议意见研究处理结果（书面报告），市人大农业与农村委员会报告关于邵阳市人民政府烟草专卖“一法一条例”执法检查审议意见研究处理结果的报告的审议意见（书面报告）。会议决定罢免李政科湖南省第十二届人民代表大会代表职务，报湖南省第十二届人民代表大会常务委员会备案。

【**第九次会议**】2017 年 12 月 26 日，邵阳市十六届人大常委会第九次会议在市人大常委会五楼会议室召开，会期半天。会议通过人事事项；听取和审议市人民政府关于邵阳市 2017 年国民经济和社会发展计划执行情况与 2018 年国民经济和社会发展计划草案的报告；听取和审议市人民政府关于 2017 年市级财政预算调整方案（草案）、2017 年预算执行情况和 2018 年市级预算安排方案（草案）的报告；听取和审议市人民政府关于 2016 年市预算执行和其他财政收支审计查出问题整改情况和审议意见研究处理结果的报告；市发改委、财政局、环保局、林业局、文体广新局报告关于 2016 年市级部门预算执行和其他财政财务收支审计报告中指出问题整改情况（书面报告）；听取市人大财政经济委员会关于 2017 年市级财政预算调整方案（草案）的审查报告，审查和批准财政预算调整方案；听取市十六届人大常委会代表资格审查委员会关于市十六届人大代表异动情况的报告；讨论并原则通过邵阳市第十六届人民代表大会第二次会议议程（草案）；讨论并原则通过邵阳市第十六届人民代表大会第二次会议日程（草案）；讨论并原则通过邵阳市第十六届人民代表大会第二次会议主席团和秘书长名单（草案）；讨论并通过邵阳市第十六届人民代表大会第二次会议列席人员名单（草案）；讨论并通过邵阳市第十六届人民代表大会第二次会议应邀在主席台就座人员名单（草案）；讨论和修改市人大常委会工作报告（审议稿）；市公安局报告关于贯彻实施《中华人民共和国治安管理处罚法》的情况（书面报告）；市人大内务司法委员会报告关于检查全市公安机关贯彻实施《中华人民共和国治安管理处罚法》的情况（书面报告）。会议决定接受陈建平辞去邵阳市第十六届人民代表大会常务委员会委员、邵阳市第十六届人民代表大会法制委员会委员职务，报邵阳市第十六届人民代表大会第二次会议备案。

立法工作

【**推进地方立法**】2017 年，邵阳市人大常委会加强立法能力建设，健全立法工作机制。建立立法咨询专家库，研究制定《邵阳市人大常委会基层立法联系点工作办法》，建立9个基层立法联系点，创办“邵阳立法”微信公众号。加强立法队伍建设，对市县立法工作者普遍开展培训，组织开展立法研究，完成相关理论研究文章30余篇。坚持科学立法、民主立法、依法立法，在推进地方立法过程中，先后召开立法推进会、进展情况汇报会和重点难点问题论证会；组织各类座谈会、论证会30余次；发放征求意见函80余份，公开征求意见1000余条。8月邵阳市第一部地方性法规《邵阳市城市公园广场管理条例》通过市人大常委会的最后一次审议，9月在湖南省人大常委会的审议中获高票通过。第二部地方性法规《邵阳市城市绿化条例》的起草工作于3月启动，已完成起草并形成市人民政府报市人大常委会审议的议案。第三部地方性法规《邵阳市邵水河保护条例》于11月启动前期调研论证工作。同时完成《湖南南山国家公园条例》的前期调研起草工作，协助湖南省人大常委会完成《湖南省地方立法条例修正案（草案）》等10余部地方性法规的征求意见工作。

监督工作

【监督财政预决算】2017年，邵阳市人大常委会依据新修改的预算法，明确全口径预决算审查监督的目标、重点和方法，依法对公共财政预算、政府性基金预算、国有资本经营预算、社会保险基金预算以及市级部门预算进行审查。以规范部门预算为重点，对部门预算草案收支平衡、收入保障、准确真实性进行审查。依法做好市级财政预决算审查，落实全口径预算，强化预算执行约束，增强预算执行的法律意识。围绕重点难点热点问题制订监督工作计划，探索监督方式，组织召开全市人大常委会监督工作座谈会，创新制定执法检查办理流程、专项工作办理流程、听取和审议专项工作报告流程图，做到代表视察、专题调研、听取汇报、意见交办、实地查验、跟踪督办等环环相扣。确保监督工作有法可依、程序规范、成效良好。

【审议专项工作报告】2017年，邵阳市人大常委会共听取和审议市人民政府及其工作部门专项工作报告15份，听取和审议市人民检察院预防腐败情况报告、市人民检察院司法监督情况以及错案追究制度落实情况报告、市中级人民法院化解金融风险情况报告、市中级人民法院服务重点项目建设情况报告等。及时对每次的审议意见进行汇总整理，先后提出建管并举推进农村安全饮水全覆盖工程建设、“五个确保”抓好“一村一辅警”工作、切实加强反腐败预警机制建设、完善错案追究制度、加大扶贫工作问责力度等审议意见，综合运用发函督办、电话督办、会议督办、实地督办等方式，对审议意见进行跟踪督办，确保审议意见的贯彻落实，支持和推动“一府两院”的各项工作。

【监督重要民生项目实施】2017年，邵阳市人大常委会加大对推进民族乡经济发展、脱贫攻坚、农村安全饮水全覆盖暨巩固提升工程建设、养老服务体系建设、农村社会保障体系建设、农村卫生室规范化建设、新机械化屠宰场建设等工作的监督推进力度。督促市财政采取专家评审的办法公平公正安排扶贫资金；配合全国人大常委会和湖南省人大常委会开展农村养老院建设、华侨侨眷权益保护、《湖南省中小学校幼儿园规划建设条例》贯彻实施情况等专题调研；关注出租车及新能源公交车调价、供电供水供气和通信服务等民生问题，加大对服务质量和价格调增的监督力度；支持并督促市城区化解中小学校大班额三年行动计划的实施；持续组织开展“民族团结进步行动”“三湘农产品质量安全行”“三湘农民健康行”“邵阳环保世纪行”等活动。同时，市人大常委会机关干部全部与建档立卡贫困户结成帮扶对子，常委会领导经常带领机关干部深入扶贫联系点调查研究，了解民情，倾听民意，开展扶贫帮困工作，为贫困村群众排忧解难。

【监督重大项目建设工作】2017年，邵阳市人大常委会把发展作为第一要务，把发展的着力点放在支持重大项目的争取、招商引资和建设上。开展对重点工程、重大项目的督查和视察等活动，按照市委的统一安排，市人大常委会领导参与并督促抓好龙须塘老工业区综合治理、呼南高铁、雪峰大桥、桂花大桥、“五馆一院两中心”、体育中心及周边路网建设、工人文化宫棚户区改造、武靖高速、邵九公路、新华路和立新路二期等重大项目建设，解决项目建设中的困难和问题，确保重大项目建设加快推进。

代表联络与人事任免工作

【代表履职】 2017 年，邵阳市人大常委会支持和保障人大代表依法履职，建立健全代表小组工作制度，指导和推进全市人大代表工作平台规范化建设，拓展代表依法履职的渠道和途径。注重人大代表的学习培训，针对换届后新当选的市人大代表占比 74.1% 的实际情况，制订代表培训计划和具体实施方案，组织对省、市人大代表进行初任培训、履职培训，并组织部分省、市人大代表赴全国人大培训中心进行专题培训。为代表寄送学习资料，分批安排代表列席常委会会议，提高代表履职能力和水平。全年组织 2 批次共 130 多名市人大代表到全国人大北京培训中心和北戴河培训中心进行履职培训。

【代表主体活动】 2017 年，邵阳市人大常委会组织代表参加专题调研和集中视察活动，定期邀请代表参加执法检查活动。5 月下发专门通知，围绕“支持农产品加工业发展，推进农业供给侧结构性改革”“完善‘架桥拓市’和‘联盟抱团’机制，推动企业融入‘一带一路’建设”“加强基层民政能力建设，提升民生兜底保障水平”等主题，委托各县市区组织代表开展专题调研，并对调研情况进行梳理汇总。9 月协助十二届全国人大代表邵阳小组围绕“我市精准扶贫工作开展情况”进行专题调研，形成《关于邵阳市精准扶贫工作的调研报告》。引导广大代表参与各种社会公益活动，发动各级人大代表为受灾严重的新宁县募捐 352 万元。

【全覆盖督办代表建议、批评和意见】 2017 年，邵阳市人大常委会改变往年只将部分代表建议、批评和意见纳入重点督办范围的做法，年初制定《邵阳市人民代表大会代表建议、批评和意见工作办法》，将 2017 年度所有的代表建议、批评和意见全部纳入督办范畴，建立由联工委牵头抓总，各专门委员会分工负责的代表建议、批评和意见督办工作机制，对每一件代表建议的办理工作都明确交办程序和督办责任，形成督办合力，实现零死角、全覆盖。7 月 19 日召开代表建议、批评和意见督办工作座谈会，科学细致地规范交办督办、办理报告、现场查验、满意调查、真实反馈、追踪办理、大会评价 7 道督办工作流程和环节。全年共收到代表建议 163 件，经有关机关组织研究办理，已办结 163 件，办结率 100%。12 月 4 日市人大常委会对市十六届人大一次会议以来，市人民政府系统 254 个测评对象的代表建议、批评和意见办理工作进行综合测评，满意率 77.50%，基本满意率 20.52%，不满意率 1.98%。“重答复轻落实”、“重满意率轻解决率”的问题在一定程度上得到解决。

【人事任免工作】 2017 年，邵阳市人大常委会坚持党管干部和依法任免干部相统一的原则，严格依法办事，切实做好人事任免工作，确保中共湖南省委、中共邵阳市委人事安排意图圆满实现。全年共任免国家机关工作人员 51 人次，其中决定任命 36 人次，任命 3 人次，决定免职 2 人次，免职 3 人次，接受辞职 6 人次，罢免 1 人次。3 月 7 日在邵阳市第十六届人大常委会举行的第二次会议上，对市人民政府工作部门 33 名拟任负责人进行任命过程中，首次进行现场电视直播，拟任新一届邵阳市人民政府组成人员一一登台，谈工作思路、作任期承诺，市人大常委会组成人员当场对拟任人选进行审议并表决，大屏幕同步显示每位拟任人选的得票情况，刘永德等 33 名新任命的国家工作人员集体向宪法宣誓。并在《邵阳日报》专版刊登拟任人员履职承诺书，让群众监督，社会反响良好。《人民代表报》等媒体对该做法进行宣传推介。

提高履职能力

【思想政治建设】2017年，邵阳市人大常委会针对人大及其常委会工作政治性、法律性、程序性、专业性都很强的特点，注重提高机关干部的政治素质、法律素养和业务能力。组织学习党章党规、党的十九大精神和习近平新时代中国特色社会主义思想，贯彻新形势下党内政治生活的若干准则和条例，推进“两学一做”学习教育常态化制度化，在市人大常委会机关各党支部全面推行主题党日、“三会一课”纪实管理、党员积分管理、书记“双述双评”。组织学习《宪法》《组织法》《监督法》《选举法》《代表法》以及其他与人大工作密切相关的法律法规，并要求执法检查组开展执法检查前，组织全体成员对相关法律法规进行集中专题学习。全面贯彻落实全国、全省县乡人大工作和建设推进会精神，11月组织召开全市县乡人大工作和建设推进会，并对部分县市区和乡镇的人大工作典型做法进行宣传推介。聘请专家举办专题讲座，组织全市人大干部以及部分党校主体班的学员学习领会中共中央办公厅《关于健全人大讨论决定重大事项制度、各级政府重大决策出台前向本级人大报告的实施意见》的文件精神。组织常委会成员、机关干部参加全国人大培训中心和省人大常委会主办的各类主题培训班。

【履职规范化建设】2017年，邵阳市人大常委会进一步修改完善《邵阳市人民代表大会常务委员会议事规则》《邵阳市人大常委会机关会议制度》《邵阳市人大常委会机关财务管理办法》等12项制度，形成全方位、多层次的制度体系。并将这些制度汇编成册，发至全体机关工作人员。以制度管人管事，确保各项工作规范有序。

【自身建设】2017年，邵阳市人大常委会机关先后获全市综合治理先进单位、精准扶贫先进单位、新农村建设先进单位和招商引资先进单位等称号。机关各委室和各级干部相继获“全省人大工作先进个人”“全省老干部工作先进集体”“全市抗洪抢险先进个人”“市人民政府重点项目建设二等功”等市级以上荣誉10余项。选送7篇作品参加好新闻评选，其中1篇获全国人大好新闻评选二等奖，1篇获全省人大好新闻评选二等奖；4篇论文在省级理论研讨会上获奖。

（黄士成）

邵阳市人民政府

市人民政府重要会议

【全体会议】2017年1月10日上午，邵阳市人民政府召开第一次全体会议。会议贯彻落实中央和中共湖南省委经济工作会议及湖南省、邵阳市第十一次党代会和邵阳市“两会”精神，下发《关于分解2017年〈政府工作报告〉重点工作责任的通知》，部署市人民政府2017年政府工作。市人民政府市长、副市长、秘书长、副秘书长，各县市区人民政府县市区长，市政府工作部门主要负责人，市政府其他部门及部省属驻邵有关单位负责人参加会议。邀请市委常委所在单位排第一的副职、市委其他部门及群团组织主要负责人，市中级人民法院、市人民检察院排第一的副职，各民主党派市委排第一的副职列席会议。

【党组（扩大）会议】2017年，邵阳市人民政府党组共召开党组（扩大）会议9次。会议主要内容：市人民政府党组民主生活会；专题学习贯彻党的十九大精神和湖南省人民政府全会精神；学习贯彻落实习近平总书记关于生态文明建设和环境保护的系列重要指示精神及全省环保工作会议精神、习近平总书记在中央政治局第三十九次集体学习时的重要讲话精神、中央第六环保督察组督察湖南工作动员会议精神、全省扶贫开发工作会议精神等重要讲话及会议精神。

【常务会议】2017年，邵阳市人民政府共召开常务会议36次。会议主要内容：学习习近平总书记关于脱贫攻坚、生态文明建设和环境保护工作等一系列重要讲话和指示精神，学习中共中央、国务院、中共湖南省委、省人民政府等下发的一系列文件，学习《水法》等一系列法律法规；讨论研究年度各项主要经济指标、《政府工作报告》及《南山国家公园规划》《金融业发展规划》《创新发展十年规划》《村卫生室建设方案》《南山国家公园管理条例》《旅游扶贫意见》《生态保护红线划定方案》《促进物流业降本增效意见》等各专项规划和方案；研究发改财税安全生产等有关问题，包括发改、重点项目、重点产业、安全生产、南山国家公园体制试点、统计、审计、养老保险制度改革、公务用车服务平台建设、“放管服”改革、绩效考核、金融、财政预算、法治政府、公共资源交易、易地扶贫搬迁、职称制度改革、“气化邵阳”、邵阳经开区体制改革等有关工作；研究城建城投城管及规划环保等方面有关问题，包括融资、邵阳武冈机场建设、污水处理、环保、住建、国土、城市执法改革、文明城市创建、排污口截流、垃圾焚烧发电、桂花渡水厂扩建、生态保护、棚改等有关工作；研究农口系统有关问题，包括农业农村、扶贫、农村饮水安全、河长制、低保清理、防汛抗旱、国家森林城市创建、市农科院创新发展等有关工作；研究公交系统及园区建设等有关问题，包括工业、通用航空产业、综合交通枢纽、物流、“工匠小镇”暨SIM+创新产业园项目规划建设等有关工作；研究商贸旅游等有关问题，包括供销系统改革、保税仓改革试点、邵商大会、文化旅游合作联盟、旅游扶贫攻坚、招商引资等有关工作；研究文教体卫科技等方面有关问题，包括卫生计生、义务教育、博雅外国语实验学校建设、湘中幼儿师范高等专科学校创建、科技、地震、旅游、食品药品安全、医疗体制改革等有关工作；研究公安交警、综治、交通、司法武警、信访、消防等有关工作。

【专题会议】2017 年，邵阳市人民政府共召开专题会议 128 次。会议主要内容：研究市政务中心工作、开展脱贫攻坚民主监督工作、南山国家公园体制试点工作、全市美丽乡村建设和农村环境卫生综合整治工作、消防工作及加强和改进行政应诉、棚户区改造、湘西南粮食仓储中心项目建设、发制品产业园项目建设、市食品药品检测中心建设、全市高速公路项目建设、市直中小学编制、“气化邵阳”、邵阳市第二水源工程建设、北塔区重点道路项目建设、处置洞口县威凌金属有限公司环境污染等有关问题。

（魏利全）

市政府办公室工作

【“两学一做”学习教育】2017 年，邵阳市人民政府办公室党组推进“两学一做”学习教育常态化制度化。学习习近平总书记系列重要讲话和治国理政新理念新思想新战略，学习党的十九大精神，理论学习中心组集中学习研讨 6 次。建立领导联系点和每周五政治理论学习制度，党组成员指导并参加所在支部干部理论学习，并利用周五政治理论学习时间，每月安排两名 45 岁以下干部上台授课，共授课 14 次。组织开展“书香机关、书香公仆”主题读书活动，要求全办干部开展一次读书笔记、一次心得体会、一次优秀授课员和一次学习标兵等“四个一”评比表彰活动。

【组织协调】2017 年，邵阳市人民政府办公室围绕贯彻实施重点项目投资、脱贫攻坚、城乡环境综合整治、“两桥四路”等城镇建设、创建国家文明城市、“放管服”体制改革等一系列事关加快邵阳发展的大事和热点难点问题以及一些历史遗留问题，进行组织协调工作。全年共协调各类矛盾和问题 500 余件次，下发专题会议纪要近 150 份。

【督查督办】2017 年，邵阳市人民政府办公室做好国务院第四次大督查热线电话举报线索核处和督查，对反映的 75 个问题逐一核实处理；加强重点工作综合督查，推动脱贫攻坚、安全生产、中央环保督察等工作落实。做好市政府重要会议及文件精神的贯彻落实和领导批示件办理工作，全年承办省级以上领导批示件 16 件、市长批示件 22 件。先后组织或参与湖南省精准扶贫、全市重点项目、拖欠农民工工资、全市第三次全国农业普查入户登记工作、全市生态环境保护工作、全市保障性安居工程、湘商产业园区建设工作等 75 项督查，促进问题整改落实。

【调查研究】2017 年，邵阳市人民政府办公室以全市发展进程中面对的实际问题和社会关注的热点焦点、群众反映的重点难点问题为工作着力点，深入开展调查研究，并就市公路货运周转量问题组织开展专题调研，形成《关于邵阳市加快促进物流业降本增效的意见》等政策性文件。牵头起草《邵阳市人民政府重大决策实施效果评估办法》，全年撰写调研报告 2 篇，为市政府领导科学决策提供依据。

【办文办会】2017 年，邵阳市人民政府办公室完成《政府工作报告》、领导讲话、汇报材料、经验材料、考察报告等各类文稿 100 多篇，200 万余字。起草、审核市政府及办公室各类文件 1100 余件。严格执行收文办理流程，简化文件流转环节，全年共处理各类电报 1000 余件，呈阅上级文件 1000 余份。组织政府常务会议 35 次，中央、省、市组织召开的各类电话会议 50 余次，其他小型会议 400 余次。高标准做好部、省领导到邵视察的接待方案及各项重大活动的服务工作。

【信息工作】2017 年，邵阳市人民政府办公室多措并举抓好信息畅通工作。及时收集报送信息，突出报送全市工作中的特色做法、创新经验、突出问题和重要建议。加强对各种信息的“甄别”和“分析”，全年共收集政务信息1700余篇，报送国办、省办信息1300多篇，连续6年获全省政务信息工作先进单位称号。

【队伍建设】2017年，邵阳市人民政府办公室提拔任免科长2人，主任科员2人，副科长9人；推荐处级领导3人，副处虚职晋升为副处实职2人；科级晋升处级1人；接收军转干部2人；公开招考公务员2人，遴选工作人员9人。推荐参加市委党校培训处干班2人，科干班3人，年轻干部战略培养班1人，省第14期党外中青年干部培训班1人。完成干部职工人员编制、工资福利、社会保障等一系列工作。9月份组织办公室系统52名干部赴延安红色教育基地集中培训。组织网络教育学习、普法培训与无纸化考试，参与率和及格率均达100%。

【日常工作】2017年，邵阳市人民政府办公室应急值守工作形成分类管理、分级负责、条块结合、属地为主的管理模式，率先实行法定节假日、双休日办公室班子成员带头值班制度。

人大代表建议、政协委员“建议提案办理软件系统”开始运行，全年承办人大代表建议、政协委员提案444件，走访率100%，满意率均达99%，连续10年被评为全省先进单位。

稳步推进金融证券工作，截至10月末，全市金融机构各项存款余额2789.07亿元，同比增长16.23%；预计年末贷款余额1285亿元，同比增长22%；金融精准扶贫贷款余额113.21亿元，年内新增30.65亿元，同比增长44%。全年新设金融机构35家。

公共机构节能、“两烟”、专家顾问等工作在全省处于先进行列；“三公”经费支出比上年明显下降，公车改革按期完成。

【扶贫帮困】2017年，邵阳市人民政府办公室持续开展扶贫帮困。截至年底，定点3年共为安顺村争取各类扶贫项目资金2332.3万元，成立1个农产品种植专业合作社、推进2个技能培训和创业扶持项目、5个精神文明及文化事业项目、8个基础设施项目、9项民生工程和9个产业发展项目，多功能村级综合服务平台、美丽乡村建设项目已开工建设，2、3、4组的通畅工程、安顺至洪江市龙船塘瑶族乡翁野村的旅游公路竣工。组织全办干部连续三年对全村44个建档立卡贫困户和28名贫困学生开展对口帮扶和助学帮扶，累计发放慰问金6.85万元，干部个人资助贫困学生包括实物合计8.03万元。开展“三联两访一帮”活动，集中组织2次去北塔区槐树村走访，共联系帮扶对象184人。

（刘启军）

市政府法制工作

【概况】2017年年初，中共邵阳市委办公室、市人民政府办公室联合印发《邵阳市贯彻落实〈法治政府建设实施纲要（2015—2020年）〉实施方案》，将各项任务作出具体化安排和部署，分解为129项具体任务，明确责任单位和完成时间；明确党政主要负责人履行推进法治政府建设第一责任人的职责。5月30日，召开全市推进法治政府建设暨政府法制工作会议，总结2016年工作，安排部署当年工作，下发《2017年法治政府建设考核方案（征求意见稿）》，表彰2016年度法治政府建设工作先进单位和先进个人。11月，28名市县两级法制机构人员分两批参加湖南省人民政府法制办公室组织的“新时期政府法制领导干部综合能力提升培训班”。

【专题研究法治政府建设工作】2017年5月19日，邵阳市人民政府第十一次常务会议专题研究法治政府建设工作。会议形成关于市政府法制办机构设置问题的意见，由市编委会研究；同意成立法律顾问办公室，定编4名；解决南山国家公园立法经费、仲裁委换届经费、行政应诉经费及会议相关经费；明确正副市长、正副秘书长年内至少出庭1次行政应诉；明确将法治政府建设工作列入政府绩效考核范围内等7点意见。调整邵阳市法治政府建设领导小组，由市长任组长、常务副市长任常务副组长、其他副市长和政府秘书长任副组长，统筹全市法治政府建设工作。

【权力清单编制工作】2017年，邵阳市全面清理行政审批事项，衔接落实上级下放的行政审批事项，各县市区、市发展改革委、国土资源局、环境保护局等部门均开通在线审批平台。全面完成权力清单、责任清单、负面清单的编制工作，全市6859项权力事项审核清理后保留2681项，精简率60%，并实行动态管理；向邵阳经济开发区下放经济管理权限232项，同时全市不再保留非行政许可审批事项。

【综合执法体制改革】2017年，邵阳市推进综合执法体制改革，优化政府组织结构。《邵阳市综合执法体制改革方案》经2次政府常务会议、2次市委深改领导小组会议审议通过，报湖南省人民政府，已批准实施。《方案》决定在市交通运输、城管、农业、卫计委4个部门进行综合行政执法改革试点。2016年12月底，按照精简统一效能原则，整合职能相近机构，解决部门各自为政和职能交叉问题，将市住建、规划、环保、工商、公安、水务、食药监管等部门的部分行政处罚权调整给市城管局行使；将市城管局的11项行政处罚权按“执法重心下移”和“属地管辖”的原则，调整给市辖三区城管局行使，从市直划转76名行政执法人员到市辖3区，充实一线执法力量；市交通运输局整合进城市公共客运方面的行政处罚权，组建市交通运输执法支队；市农业委和市计生委在系统内整合执法权，分别组建市农业执法支队和市卫计综合监督执法局，并已正常开展工作。

【政府合同管理及法律顾问工作】2017年，邵阳市共审查政府合同19件，其中出具法律分析意见和建议书7件，就合同文本条款进行具体修改完善的12件。对于重大政府合同，启动全过程介入机制。政府法律顾问参与行政复议应诉、合同审查、项目法律意见书、规范性文件、立法、重大行政决策、案卷评查、群体性事件处置、信访包案等工作150余次，接受部门法律咨询140余次，接待群众法律咨询400余人次。继续推动政府法律顾问制度向县级政府部门和乡级政府延伸，已有80%以上的市县两级政府工作部门聘请法律顾问。

【地方政府立法工作】2017年3月，为逐步解决邵阳市在城乡建设与管理、环境保护方面的体制障碍和弊端，完善相关法制建设，中共邵阳市委书记、市人大常委会主任龚文密主持召开第九次市委常委会议，专题研究并通过《邵阳市2017年度立法计划》，包括《邵阳市城市公园管理条例》（审议项目）、《邵阳市城市绿化管理条例》（立法项目）、《湖南省南山国家公园管理条例》（调研项目）、《资江（邵阳段）和邵水水资源保护条例》（调研项目）。《邵阳市城市公园管理条例》作为邵阳市第一部地方性法规，经8月22日市人大常委会第六次会议表决通过，9月29日省人大常委会第三十二次会议审议批准，将于2018年元旦正式实施；《邵阳市绿化条例》起草工作完成第7稿修订，已上报市政府常务会议进行研究。《湖南南山国家公园条例》经市政府常务会通过，报省人大常委会和省人民政府纳入2018年省立法计划。

【规范性文件管理工作】2017年，邵阳市人民政府法制办公室坚持“三统一”和备案审查制度，全年市本级共收到政府规范性文件发文申请35件，经审查，不予发文7件，发文28件，并及时向省人民政府法制办公室进行报备；收到部门规范性文件登记申请14件，经审查登记9件，不予登记5件；收到县（市）区政府报备的规范性文件187件。4月开展全市法制机构规范性文件清理工作专题培训。7月启动“放管服”改革涉及的规范性文件专项清理工作，至9月已完成全市范围内的所有清理工作，将清理结果报送省人民政府法制办公室，并向社会发布清理公告。

【依法行政监督指导工作】2017年，邵阳市全面贯彻落实行政执法责任制，在全市行政执法单位开展规范监督行政执法的活动。全年通过对全市行政执法工作进行不定期督查，纠正市直部门的5件违法行政行为；通过对市本级和各县市区行政执法及辅助执法人员的情况调研，起草《邵阳市行政执法人员和辅助执法人员管理办法》。开展行政执法三项制度试点工作，选取市工商局、市公安局、市城管局、市食药监局、市国税局、市安监局、市环保局、市农业委、市卫计委、市交通局10个部门进行试点。6月组织10个试点部门召开工作推进会，8月对此项工作进行专项督查，年底在法治政府建设考核中进行全面评估。加强行政执法人员培训、管理。从2016年8月开始由市人民政府法制办公室组织开展全市行政执法人员资格考试和“两证”换发工作，截至11月已有近2万名行政执法人员参加考试，没有发生一起违纪现象。除缺考人员外，全市考试合格率达70%。建立全市行政执法人员岗位培训制度，重点组织市城管局、市工商局、市国税局、市地税局、市运管处、市安监局、市水利局等单位2000人次进行通用法律知识培训。

【行政复议应诉】2017年，邵阳市各级政府共收到市行政复议申请43件，受理38件，作出书面不予受理决定5件，上年结转8件。共办结41件，其中维持决定的20件，撤销决定4件，作出不予受理决定7件，因当事人和解、撤回复议申请作出终止决定的5件，驳回复议申请2件，责令履行职责3件。落实《湖南省人民政府办公厅加强和改进行政应诉工作实施意见》，5月16日由市政府秘书长刘永德主持召开法院、市直主要行政应诉行政机关联席会议，研究探讨加强和改进行政应诉工作、维护司法权威等问题；起草《邵阳市人民政府办公室关于加强和改进行政应诉工作的实施意见》，报经市政府常务会议和市深改小组研究通过，于9月13日印发。全年市本级共收到一二审行政诉讼应诉案件63件，2016年结转二审行政诉讼应诉案件38件，当年审结的诉讼案件均得到法院和上级政府支持，没有撤销和确认行政违法的案件。

【法律仲裁】2017年，邵阳市共受理各类仲裁案件400余件，案件标的额超过3亿元，调解结案187件，案件平均审结时间为60天，没有仲裁案件被人民法院撤销或不予执行。推行仲裁法律制度，年末市内大部分律师事务所的律师、部分企业法律顾问在草拟或审查合同时，能引入仲裁方式解决合同争议。加强仲裁机构规范化建设，各项规章制度，立案、开庭记录全部实现电子化。按时成功完成仲裁换届工作。

（莫晓文）

重点项目建设

2017年，邵阳市共安排市级重点建设项目287个，概算总投资2750亿元，年度计划投资549.7亿元。截至12月底，实际完成投资568亿元，为年度计划的103.4%，年度投资规模连续3年超过550亿元。重点项目投资占固定资产投资的30.9%，重点项目稳增长作用凸显。有武冈机场、雪峰大桥等150个省市重点项目实现竣工投产或单项投产，投产率为52.3%。

中共邵阳市委、市人民政府坚持“储备一批、上马一批、建设一批、竣工一批”的工作思路，全市48个省级重点项目（含打捆、跨区及独立项目），实际完成投资428.8亿元，为年度计划的112.8%，其中11个独立省重点项目大幅超额完成年目标任务。邵阳武冈机场正式通航；武靖高速建成通车；怀邵衡铁路邵阳段全面启动铺轨工作，完成水电路等“三改”工作，进入沿线站房建设；邵阳火车站综合客货运枢纽工程临时高铁候车厅开工建设，进行站房设计、土地征收等工作；邵阳智能制造（工业4.0）产业小镇项目食堂、冲压车间、示范线建设完成，工厂正式开工投产；全钒液流电池及大型储能技术产业化应用项目3栋厂房主体完成；市发制品产业园全部一期工程主体建设完成，进入配套工程建设；邵阳油茶产业园项目交易大楼装修及园区内绿化完成；廉桥医药工业科技园建设一期土地报批工作完成，场内3条道路土路基压实完毕；国药控股湖南隆回大健康科技产业园项目完成园区征地、林地报批及安置区设计工作，厂房主体结构已建成；市龙须塘老工业区改造和综合治理项目3个污染点源的废水、废渣处理基本完成，自来水管已铺设到位，两沟共清淤1000方；白仓至新宁高速公路完成全部前期立项，环评水保、初步设计基本完成；中国电子玻璃生产基地完成所有前期工作，并正式开工。

市委经济工作会议专题部署重点项目建设工作，全年先后召开10次市委常委会、28次市政府常务会、52次重点项目协调会，专题研究重点项目建设，决定事项135件，为怀邵衡铁路、邵阳市三环线及地下综合管廊工程、邵阳市发制品产业园建设等90多个省、市重点项目协调解决项目规划、征地拆迁、资金筹措、供水供电、治安消防等问题200多个。所有市级领导均挂点联系重点项目。加强项目建设管理，全年没有发生重大安全事故和恶性阻工事件，全市重点工作有序推进，进展良好。

（市发展改革委）

人力资源和社会保障

【概况】2017年，邵阳市创业带动就业工作被湖南省人民政府表彰为先进单位；市人力资源和社会保障局被人社部评为宣传先进单位，被湖南省人社厅评为“全省人社系统绩效考核评估先进单位”，被市委市政府表彰为“2017年度邵阳市绩效考核优秀单位”“2017年度邵阳市社会管理综合治理先进单位”“2017年度邵阳市社会管理综合治理平安单位”“2017年度全市信访工作先进单位”“2017年度邵阳市维护稳定工作先进单位”“全市人口和计划生育综合治理工作优秀单位”“2017年度全市安全生产工作先进单位”和“2017年度建议提案办理先进单位”。

【就业再就业】2017年，邵阳市做好春运期间为农民工服务工作、春风行动、就业援助月行动、促进高校毕业生就业、强化公益性岗位管理等专题活动，提高就业服务工作新成效。同时，通过培育创新创业平台、加大创业培训师资培养力度、组织创业培训、全面推进小额担保贷款等方式，实现创业带动就业新发展。到年底，全市新增发放创业贷款2382笔，金额24153万元；落实公共就业服务信息平台推广实施经费350万元，公共就业18项业务和劳务协作脱贫信息系统10月全面上线。全年实现城镇新增就业51490人；失业人员再就业27545人，其中就业困难人员再就业9625人；新增农村劳动力转移就业4.92万人；实施零就业家庭就业援助126户，实现零就业家庭动态清零目标；全市登记失业28230人，失业率控制在4.5%以内。邵阳市被湖南省人民政府表彰为就业工作成效明显的市，并奖励80万元。

【春运期间为农民工服务】2017年，邵阳市在春运期间共组织输出农民工18959人次，安排接送农民工车辆431台次，接农民工人数9157人次，送农民工人数13996人次，代买车票2442张，设立宣传点164个，发放宣传资料234330份，现场接受政策咨询18901人次。为500名贫困家庭外出务工人员发放交通补助10万元。

【春风行动】2017年2月16日上午，2017年湖南省“春风行动”启动仪式暨“促进转移就业、助力脱贫攻坚”农民工专场招聘会在邵阳市举行。现场有378家来自长三角、珠三角、长株潭大中型企业和邵阳市内用人单位，提供各类岗位达3万多个。据统计，2017年春风行动期间，邵阳市共举办各类专场招聘会37场次，发放“春风卡”等宣传资料24万余份，提供公共就业创业服务74939人，其中建档立卡贫困人10928人；组织参加职业技能培训3231人次；提供劳动维权服务和法律援助4340人次，实现县内就地就近就业8733人次，实现县外省内转移就业5977人次，实现跨省转移就业8028人次。

【就业援助月行动】2017年，邵阳市开展就业援助月行动，共走访就业困难人员和零就业家庭4066户，登记认定的未就业困难人员1832人，其中残疾就业困难人员494人、去产能煤炭企业职工318人；帮助就业困难人员实现就业1186人，其中残疾就业困难人员199人、去产能煤炭企业职工229人；帮助就业困难人员享受政策1207人，其中企业招用753人、灵活就业226人、公益性岗位安置116人，辖区内招用就业困难人员并享受扶持政策的企业总数达106家。

【促进高校毕业生就业】2017年，邵阳市通过《邵阳日报》《邵阳晚报》《邵阳城市报》“邵阳交通频道”等新闻媒体宣传高校毕业生就业政策，并深入高校，通过就业指导讲座、现场咨询等形式宣传高校毕业生就业政策，将《大学生就业指导》和《大学生职业生涯规划与就业指导》列入邵阳学院、邵阳职院教学计划。集中开展“高校毕业生就业服务月”活动，共为1070名高校毕业生提供求职登记服务，举办专场招聘会13场，提供就业岗位3520个。抓好就业见习基地建设，提供2060个就业见习岗位，接受1380名高校毕业生参加过见习，620名见习生被留用，680名通过见习实现就业，留用率为44%，就业率达95%，发放就业见习补贴247.2万元。启动第三批高校毕业生就业见习基地申报工作。重新审核批准邵阳市中心医院等12家企事业单位为第三批邵阳市高校毕业生就业见习基地，每年提供大学生见习岗位2600多个。持续开展未就业大学生实名制登记服务工作。截至12月底，全市离校未就业高校毕业生3711人，其中湖南省教育厅和人社部下发数据为3044人，各县市区登记或办理业务、入户走访调查摸排以及其他渠道登记667人。其中，已就业2834人，未就业618人，应征入伍28人，升学214人，出国8人，共接收就业创业服务875人次。

【公益性岗位管理】2017年，邵阳市为保障就业困难群体就业，坚持在开发公益性岗位工作中，把国有和集体企业下岗失业人员中的4050人员、零就业家庭成员（含高校毕业生）、残疾人以及军人退役未就业的等特殊群体作为援助重点，科学设置岗位。全市共安排公益性岗位4856个。

【培育创新创业平台】2017年，中共邵阳市委、市人民政府出台《关于迎老乡回家乡创业发展的若干支持意见》，市人力资源与社会保障局、市财政局印发《邵阳市促进就业创业孵化基地认定试行办法》。截至年底，全市建成洞口雪峰建材城创业孵化基地、邵阳市（邵阳学院）大学生创业孵化基地、邵阳宝庆工业集中区中小企业创业服务中心、邵东隆源中小企业创业中心、新邵县经济开发区建设有限公司5家省级创业孵化示范基地；建成省级创新创业带动就业示范基地2家、示范乡镇4个、示范村7个、优质初创企业15家、个体工商户11家，市级充分就业星级社区23家。宝庆工业园、邵阳学院、智丰创业指导中心等相继建立众创空间，为广大创业者提供优质创业服务。

【创业培训师资培养】2017年，邵阳市加大创业培训师资培养力度。3月20日，湖南省创业引领者专项活动暨创业培训讲师大赛在邵阳市成功举办。5月17~21日，邵阳市开展创业培训讲师大赛，45名创业培训讲师同台竞技，大赛以“创业培训，创新引领”为主题，从个人综合能力竞赛中，选拔2名优秀选手晋级省级决赛。从单项奖竞赛中，决出全市优秀课程设计作品奖，并选送3件优秀作品参加省级决赛。选送的课程设计作品《评估你的市场》《企业的人员组成》获全省优秀课程设计作品奖，其中《企业的人员组成》获全国优秀课程设计奖。邵阳市获全省创业培训讲师大赛优秀组织奖。

【创业培训】2017年，邵阳市首次开展“改善你的企业”IYB培训，在新邵县和市直完成2期IYB（IYB即英文Improve Your Business缩写，意为“改善你的企业”）培训班。全市共完成创业培训1.16万人，完成全年任务的105%，创业成功0.54万人，创业成功率达47%。

【企业养老保险】2017年末，邵阳市累计在职参保人数33.26万人，累计新增参保人员7686人，其中市本级累计在职参保13.3万人，基本实现全覆盖。全市完成企业养老保险基金征缴21.9亿元，其中市本级9.1亿元。落实同级财政补贴3700万元，其中市本级925万元。连续第13年调整企业离退休人员养老金，为全市22万名退休人员调整基本养老金，其中市本级企业退休职工人均增加150.3元/月，人均养老金达2281.35元/月。全年发放基本养老金52.18亿元、丧葬费抚恤金2.29亿元，其中市本级21.2亿元、丧葬费抚恤金8000多万元。市企业养老保险处实施双基数申报制度，并将基数申报和《社会保险登记证》年检工作结合，全年完成534家企业基数申报，办理新参保单位108家，新增参保人员6717人；加大养老金稽核力度，截至12月底，市本级共查处欺诈冒领养老金、丧葬费待遇事例30余起，追回冒领养老金20余万元；把全民参保登记工作纳入对各县区的绩效考核，全市未参保登记已录入123万余人，完成目标任务的109.73%；配合做好国企改制工作，办理符合享受养老保险费差额补贴的退养、协保、病养、工残等1128人，补贴金额207余万元，同时加大企业欠费追缴力度，确保养老保险费应收尽收。

【企业养老保险服务新举措】 2017年，邵阳市企业养老保险处开展旨在改善服务、方便群众的五项经办服务举措。一是自主选择银行领取养老金。企业离退休人员可自主选择距离近、态度好、办事快的银行领取基本养老金。二是灵活就业人员缴费实现银行代缴。市本级7月起全面实行个体工商户和灵活就业人员委托银行代缴企业养老保险费办法，以上人员凭身份证即可通过中国银行、农业银行、工商银行等11家各营点实现自主缴费。三是养老保险关系自主无障碍转移，做好军人退役后养老保险关系转移接续工作。省内转移完全实现系统内的电子化转移；跨省转移统一接入国家平台，业务由省与市县共同办理，转移资金由省局集中收付。四是养老金待遇领取地变更业务办理。坚持当月受理、次月发放原则，解决企业退休人员在省内异地居住领取养老金和养老金领取资格认证困难。五是巩固退休人员申领养老金面部识别认证工作成果。对超时限不认证或认证未通过的，经及时调查审核暂停发放养老金，实现反冒领工作由“被动追缴”到“主动预防”的转变。截至年底全市建模率已达95%以上。网上自主认证继“老来网”手机认证软件后，推出与中国邮政银行邵阳分行合力建设的自助服务一体机终端设备，在养老保险服务大厅和邮政银行24个网点同时启动。退休人员只需身份证或社会保障卡即可登录界面进行养老金资格免费认证，同时可为参保人员提供参保、缴费、养老金发放等信息查询，惠及参保群众50余万人。

【机关养老保险】 2017年，邵阳市下发《邵阳市市本级机关事业单位工作人员养老保险费和职业年金征缴办法》，对征缴范围、缴费率、缴费方式、缴费措施、缴费时间做出具体的规定，进一步规范基金征缴行为，确保应收尽收。全市养老保险基金征缴收入163059万元（市本级33266万元），职业年金收入62365万元（市本级14689万元）。截至年末，所有符合政策的机关事业单位及其工作人员均纳入新制度覆盖范围，新制度覆盖率达100%。在职参保人数148160人（市本级21308人）全部实现基本养老保险费和职业年金正常缴纳。离退休人数70335人（市本级9958人），全年发放基本养老金313438万元（市本级75241万元）。完成机关事业单位退休人员养老金待遇调整工作，为市本级10237名退休人员调增生活补贴，补发6440万元。实地稽核参保单位569个，核查享受待遇退休人数20789人，查出欺诈冒领人数60人，冒领金额35.52万元，冒领金额已全部追回。

【失业保险】 2017年，邵阳市失业保险参保总人数30.86万人，完成全年任务（下同）的100.21%，完成基金征缴1.37亿元，为全年任务的232.56%。其中，市本级参保总人数10.59万人，完成100.01%；基金征缴7007.42万元，完成257.63%。7月1日起，全市失业保险金发放标准由原来的875.5元/月提高至市本级（含3区）1088元/月，县级960.5元/月。按时足额发放各项待遇，保障失业职工及特殊人群基本生活。1～12月，为12.43万人次失业人员发放失业金1.1亿元，为5.38万人次失业人员缴纳医疗保险费2067.18万元。其中市本级为3.42万人次失业人员发放失业金3278.38万元，为2.44万人次失业人员缴纳医疗保险费1039.29万元，为1.29万人次工残、病养人员发放生活费879.28万元；为7名实现创业的失业人员发放创业扶持资金11.03万元。依法加大失业保险清欠力度，对邵阳市宝兴科肥等严重欠费单位启动法律程序，全年累积清欠2000万余元。

2017年，邵阳市按照全省从2017年1月1日起至2018年4月30日止失业保险总费率由1.5%降至1%（其中单位费率由

1%降至0.7%，个人费率由0.5%降至0.3%）的要求，清退各单位多缴纳的失业保险费1226.3万元，为企业减轻负担4015.72万元；落实失业保险参保职工技能提升补贴发放工作，为43名符合条件的参保职工凭职业资格证书按照每人1000～2000元标准发放职业技能补贴7万元；做好稳岗补贴的组织发放工作，发放稳岗补贴639.71万元，惠及65家企业，37284名职工受益；推进失业动态监测，监测样本企业总数从45家增加到105家，失业动态监测系统由2.0升级到3.0，使监测数据可靠性和时效性大为提高。

【城镇职工医疗保险】2017年，邵阳市共有城镇职工参保单位6113家，参保537935人，其中市本级参保1111家165658人。完成城镇职工医疗保险基金征缴143398万元，其中市本级完成47235万元。全年累计书面稽核正常缴费参保单位786家，稽核在职职工74719人、退休职工21860人，清理并追缴基本医疗欠费579.1万元、大病欠费13.2万元。每月电话催缴欠费单位100余家，对5家欠费单位执行行政执法追缴，3家交清欠费，追回欠费金额23.38万元。

【生育保险】2017年，邵阳市生育保险参保人数335777人，其中市本级70737人；完成生育保险基金征缴5847万元，其中市本级2221万元；清理并追缴生育保险欠费34.8万元。全年为2061人结算生育医疗费382万元，为1924人结算生育津贴3066万元。全年办理参保女职工生育保险申报登记1873人，完成与医院结算生育住院医疗费用350万元，比上年度增长41%；为产假期满后的1736人支付生育津贴待遇费用2773万元，分别比上年度增长84%和85%。办理188人异地生育申报工作，报销异地生育医疗费32万元，支付产假期满后的生育津贴293万元，比上年度增长98%。

【医保定点监管】2017年，邵阳市医保处先后到29家定点医院和126家协议药店现场监管262次，对违规医院拒付违规金额213774元；审批28天重复住院4052多人次，核实不符合标准543多人次；审核药品和诊疗项目匹配通过3万多条；特殊项目审批443人次；单病种审核2845人次；入院登记费用录入延期审核459人次。完成20起群众举报调查核实工作。和29家定点医院、126家定点协议药店签署年度定点协议。

【特殊门诊工作】2017年，邵阳市医保部门为新特殊门诊申报人员建立个人档案1126份，收集整理特殊门诊申报资料6256人次，组织4次特殊门诊人员体检，参检5125人，医保系统审批特殊门诊11725人次，肾排检查78人次，血透血液灌流253人次。批准享受普通特殊门诊5140人，大额特殊门诊380人，普通特殊门诊共发生40312人次，总费用1381.30万元，医保支出1204.73万元。

【意外伤害工作】2017年，邵阳市受理意外伤害1345例，外出调查1000多例，电话调查1200多例，查出非医保范围135例，防止医保基金流失80余万元；为1至6级伤残军人住院结算182人次，结算住院资金215万元。

【个人账户工作】2017年，邵阳市完成上年度公务员医疗补助铺底169家2.6万人，金额约1197万元。对673名公务员级别、公务员医疗补助险种进行维护，新增公务员单位2家。完成2017年度新中国成立之初退休老干部医保铺底人数核实和个人账户铺底工作，共193个单位245人的铺底。完成个人医保关系转移接续约3707人次，其中统筹区内转移3197人次，统筹区外转移约510人次，开出参保凭证309份，医保接收函201人次，办理个人账户清退人数101人，清退金额约35万元。查出个人账户透支人员约30余人次，通过单位追回。完成IC卡25947张，其中补办IC卡5090张，制作新卡20857张。按照政策受理计划生育特困家庭30人次，共计维护录入16人次。发放灵活就业退休人员参保审核表格600余份，实际办理540余人次。修改错误信息5000余人次。

【结算工作】2017年，邵阳市按时完成已签协议各医院及药店结算工作，结算门诊业务126040人次，费用3072.57万元，均次费用243.78元；住院业务45855人次，总费用45363.26万元（均次住院费用9892.76元），住院医保应支付费用31725.84万元（均次医保应支付费用为6918.73元）；购药业务860413人次费用11093.18万元，均次费用128.93元；特殊门诊41309人次费用1381.3万元(统筹1176.04万元)，均次费用334.38元（统筹284.69元）；采用监管平台对本市24家定点医院进行电子病历审核，已审核病历39939条，其中发现问题8073条，查处拒付金额约110万元；及时完成2016年度结算费用年末平衡任务，平衡超总额暂扣费用1916.51万元，经平衡后应返还718.97万元，转拒付1197.54万元。

【异地就医工作】2017年，邵阳市全面完成跨省异地就医直接结算“百日攻坚战”目标任务。城镇职工医保跨省异地联网结算成功结算123人次，住院总费用275.25万元，基金支付159.3万元。其中，转出人员105人次，住院总费用258.87万元，统筹基金支付121.51万元，大病补助支付25.84万元，公务员补助支出0.2万元；转入人员共计18人次，总费用16.38万元，统筹基金支付11.75万元。省内异地联网结算成功结算8077人次。其中，转出人员7948人次，总费用19841.6万元，统筹基金支付9730.69万元，大病补助支付1105.53万元，公务员补助支出190.21万元；转入人员129人次，总费用172.69万元，统筹基金支付108.21万元，大病补助支付6.16万元，公务员补助支出0.36万元。市内异地联网结算人员8690人次，总费用11621.03万元，统筹基金支付7512.19万元，大病补助支付310.27万元。职工医保跨省联网直接结算转入9人次，转出16人次，总费用共计45万余元。接听电话政策咨询和异地住院申报7920人次，其中异地就医申报为3437人次，审核异地就医人员申报资料符合政策2716人次，不符合政策的63人次，共拒付60多万元。电话审核大额异地住院256人次。中心报账3091人次、总金额5748.49万元，其中统筹基金支付2875.23万元、大病支付271.51万元、公务员113.21万元。办理、更改异地安置500多人次。截至年底，全市异地安置总人数为6809人，其中省外异地安置备案1961人。申报资料符合政策1358人次，不符合政策27人次，拒付36万余元。电话审核大额异地住院120人次。

【城乡居民医疗保险】2017年，邵阳市城乡居民参保6589699人，参保率97.50%，较上年城镇居民医保和新农合增加14786人，当年按政策应筹集资金395381.94万元，实际到位399740.6万元，其中各级财政补助资金到位297657.0万元，居民个人缴费、部门资助到位99605.5万元，利息及其他2478.1万元。

【落实城乡医保新政策】2017年，邵阳市下发《邵阳市城乡居民基本医疗保险实施细则》《关于做好2017年城乡居民基本医疗保险工作的通知》，各县市区相应制定具体实施方案，全面落实城乡医保新政策，确保城乡居民公平享受报销权益。一是统一城乡居民住院支付标准，并规范执行到位。全年城乡居民医保共补助住院参保患者933101人次，补助金额280054.3万元，住院实际报销比60.17%。二是调整医保“三大目录”。先后于2月底和10月底前将城乡医保“三大目录”和2017版国家基本药品目录调整到位，同时规范36种国家谈判药品的管理使用工作，邵阳市纳入报销范围的药品增加到3000种以上。三是扩大门诊补偿范围。各县市区均制定完善门诊补偿管理办法，全市共补助普通门诊6849172人次、补助金额52956.13万元，补助特慢病门诊385219人次、补助金额22980.7万元。

【实施健康扶贫工程】2017年，邵阳市人力资源与社会保障局发出《关于切实做好健康扶贫相关工作的通知》，市及全市各级城乡居民医保管理经办机构全面开展健康扶贫工作。年内对特困人员、低保对象、建档立卡贫困人口通过医疗救助或财政补助等渠道给予全额或部分资助参保，全市医疗救助资金和扶贫专项资金共资助贫困人口参保1259918人，基本实现贫困人口应保尽保目标；对贫困人口因病住院，政策范围内基本医疗费用报销比例统一提高10%，全市建档立卡贫困人口住院166849人次，基本医疗政策性补助

51080.7万元；对低保困难患者大病保险起付线统一降低50%，其中社会保障兜底脱贫对象在分段补偿比例基础上上浮15%；继续开展省定24种（组）重大疾病的参保居民重点救治救助，对其中罹患消化道肿瘤、终末期肾病、儿童白血病和儿童先心病4类9种大病的贫困参保患者在专项救治定点医院住院予以政策倾斜，基本医疗、大病保险、医疗救助、扶贫特惠保等形成保障“合力”，确保报销比例达90%以上。

【推进大病保险工作】2017年，邵阳市督促商业保险机构3月底前基本完成上年度符合大病保险条件患者的补偿工作，结案率达99%以上；4月，市人力资源与社会保障局组织相关人员，分市、县两级对承办商保机构开展大病保险年度工作考核，并依据考核结果开展基金年度结算工作。进一步完善合同管理，要求合理共享大病保险补偿所需提供的资料，减少老百姓报账时间和其他费用支出；大病保险筹资标准提高至30元/人/年，按时完成本年度基金筹集上解工作，依合同规定按期划拨资金。市三级医院开设大病保险窗口，开展大病保险即时结算服务试点。截至年底，全市已补偿符合大病保险条件参保患者14138人次、补偿金额11611.1万元，人平补助金额8212.7元，为发生高额医疗费用的大病患者提供深层次医疗保障。

【实现跨省异地就医直接结算】2017年8月，邵阳市城乡居民医保信息系统完成接口改造和模块开发，通过省级平台整体对接原城镇居民医保信息系统，实现与国家跨省异地就医结算系统联网对接；9月市直4家三级医院和10家县级医院成功通过部—省平台联网测试结算。全年全市摸排跨省异地常住居民逾5000人，结合异地转诊报备审批，已实际备案成功888人，成功实现城乡居民跨省异地就医直接结算14例。

【工伤保险】2017年，邵阳市有工伤保险参保职工53.34万人，完成年度目标任务的101%，其中市本级参保职工15.7万人，完成年度目标任务的100%。全市工伤保险基金征缴19799万元，完成年度目标任务的220%，其中市本级基金征缴8186万元，完成年度目标任务的280%。新开工建设项目工伤保险参保率100%。全市待遇支出10447万元，享受待遇4440人。根据《关于调整工伤保险费率的通知》，全年为企业减负约1500万元，为企业和经济社会发展营造良好的社会环境。

【推进“同舟计划”】2017年，邵阳市继续推进“同舟计划”，进一步做好建筑业工伤保险工作，做到应保尽保。市人社局联合交通运输局、水利局、安监局、总工会制定出台邵阳市《关于进一步做好交通运输和水利建设领域工伤保险工作的意见》，强化责任分工、明确适用范围和参保方式，简化手续，缩短认定、鉴定时间。针对省绩效考核要求2017年建筑项目100%参保问题，市人民政府先后召开专题会议及全市工伤保险座谈会，研究、部署落实该工作。截至年底，市本级大部分建筑企业的管理人员都参加工伤保险，东建、建华、东宝、湘盛等建筑公司所承建的项目均按要求参保，全市共有62家建筑企业78个建筑项目19025人参加工伤保险。

【工伤保险基金管理】2017年，邵阳市工伤保险处为确保基金安全平稳运行，通过“审批规范化、监管日常化、巡查常态化”工作举措，严把住院审批关，密切关注各协议医疗机构在院病人的实时情况。开展多次不定时突击性检查，查出协议医疗机构挂床30余起，挽回基金损失约150万元。全年共处理工伤保险基金要情1起，涉及3人，工伤保险重复领取金额共计14.6万元，所有涉及金额全部追回，基金安全平稳运行。

【工伤认定】2017年，邵阳市工伤保险部门对于参保单位发生的工伤事故，坚持在第一时间进行现场调查，核实、取证，最大限度还原事故真相。全年共作出101件不予认定工伤决定，其中申报工伤死亡案件14件。对于重大复杂和死亡工伤案件的工伤认定严格执行工伤保险重大案件集体讨论会制度，全年召开重大工伤案件集体讨论会议8次，共认定工伤2966件、工亡和视同工亡105件。应对工伤认定相关的行政复议案件25件，行政诉讼案件126件。联合市公安局交通警察大队制定《关于规范职工道路交通事故认定及工伤认定工作的通知》，明确道路交通事故处理程序和工伤认定处理程序，建立职工道路交通事故工伤认定联络机制，维护工伤职工合法权益。调整市劳动能力鉴定委员会人员，新增邵阳市珂信肿瘤医院作为市劳动能力鉴定定点医院，定点医院达到6家，全年组织进行劳动能力鉴定1414人次，其中工伤伤残等级鉴定916人次，病退鉴定498人次。

【城乡居民养老保险】 2017年，全市城乡居民养老保险参保人数超过421.17万人，参保人数居全省第一位。其中60岁以上待遇领取人数超过112.8万人。基础养老金实现四连调，最低标准从每人每月80元提高至85元。当年累计发放养老金12.4亿元，比上年增发1.9亿元。共征缴保费3.14亿元，完成省定任务136.5%；银行自主缴费率达99%，比上年提高7个百分点；人均缴费水平达114元，比上年提高5元。邵阳市配套财政补助资金0.72亿元，向中央、湖南省财政争取补助资金11亿元。

【经办服务优化升级】 2017年，邵阳市城乡居民养老保险处完成经办服务优化升级，实现城乡居保缴费模式从村干部代收到参保人员自主到银行缴纳保费的完全转变，保费直接进入参保人员账户，有效保障了基金安全，提高征缴工作效率。同时，拓展缴费渠道，5月始启用手机微信+支付宝、手机微信+银联缴费方式，参保人关注“邵阳人社”微信公众号即可随时随地进行网上缴费和网上代缴，并可使用参保查询、缴费查询、个人账户查询、养老待遇查询等功能。全市95%以上乡镇（街道办）启用城乡居保乡镇业务平台，做到省、市、县、乡四级经办实时联网。与银行合作在村级设置自助服务终端（POS机）达2780台，打造参保登记、缴纳保费、领取待遇、查询信息“四个不出村”，实现城乡居保经办服务零距离。

【落实被征地农民社会保障】 2017年，邵阳市人民政府2次召开会议，专题研究建立市区被征地农民社会保障工作常态机制，出台《邵阳市区2016及以后年度被征地农民社会保障工作方案》，对2015年之后的征地，按照用地资料清理和报送、保障对象确定、社保办理、补贴申领和保障资金核拨、养老保险补贴发放5个环节，规范工作程序，分解工作任务，拟定工作时间表，明确相关部门职责。共对37个用地项目累计收缴被征地农民社会保障费3.5亿元，清缴被征地农民社会保障费2.46亿元，计提村（社区）集体补助0.69亿元，2008～2015年底期间的市区被征地农民社会保障对象确定工作基本完成，已有60290名被征地农民被市辖3区人民政府确定为保障对象，如期在2017年发放养老保险补贴7.37亿元，并部署开展市区2016年1月至2017年5月征地涉及的被征地农民社会保障工作。此外，市城乡居民养老保险经办机构开展“查漏补正”工作，对2234名保障对象修改用地项目名称和征地年度，审核受理1352名未申报保障对象人员的补报申请。

【职业技能鉴定】 2017年，邵阳市组织职业技能鉴定人数17757人，取证人数16978人，其中五级8932人、取证8758人，四级7433人、取证7176人，三级747人、取证661人，二级367人、取证345人，一级38人、取证38人，高技能鉴定1924人，完成省厅下达的任务。

【组织职业技能竞赛】 2017年，邵阳市人力资源与社会保障局组织开展“行业状元”“技术能手”“邵阳工匠”等技能比武和职业技能竞赛表彰活动。6月组织10名选手参加在吉首举办的“2017年武陵味道特色烹调茶文化职业技能竞赛”，选手王志虎获特色烹调项目个人三等奖，其菜品“宝庆腊味”获“武陵山片区十大名菜”。8月会同市总工会、市卫计委联合举办“突发事件紧急医学救援”“突发中毒事件处置”“突发急性传染病防控”3个工种的邵阳市卫生应急技能竞赛。10月会同市总工会举办邵阳市“湘字号”传统技艺工匠湘酒技能竞赛（拌料、上甑、量质摘酒），各工种获第一名的选手授予“邵阳市技术能手”荣誉称号。11月组织企业职工和职业院校学生参加汽车技术、焊接、塑料模具工程、砌筑、时装技术、西式烹调、烘培、信息网络布线、电气装置共9个项目的第45届世界技能大赛湖南选拔赛。

【加强技工院校管理】2017年，邵阳市人力资源与社会保障局3月15日组织全市技工院校主要负责人及招生、教学等业务科室人员，参加学习《技工教育“十三五”规划》专题视频会议。会同市教育局多次召开全市中职学校阳光招生工作会议，联合下发《关于印发2017年邵阳市中等职业教育招生工作实施方案》的通知，进一步规范邵阳市中职学校招生秩序。开展“招工即招生，入企即入校，企校双师联合培养”企业新型学徒制技能人才培养试点工作，全市7所技工院校招收新生5363人。4月和11月会同市财政局开展技工院校学生资助工作全面核查，落实技工院校助学金和免学费、实训补贴政策，为3466人次发放助学金345.85万元，为5239人次免除学费576.29万元。指导技工院校申报职业能力建设项目，汽车技师学院、市高级技工学校、市交通技校向省厅申报2018年职业能力建设项目。探索建立学校、企业技能人才培养的长效合作机制，市技工院校分别与上海大众、邵阳纺织机械、万达海洋船舶、华拓金融公司等10多家企业开展校企合作模式，实现企业用工和毕业生就业无缝对接，逐步建立起政府引导、行业参与、社会支持、企业和技工院校双主体育人的技能人才培养体系。

【劳动监察日常巡查和举报投诉管理】2017年，邵阳市劳动监察局进一步强化日常巡查和举报投诉管理，全市劳动保障监察机构日常巡查各类用人单位1603家，涉及劳动者9.6万人。共接受日常举报投诉5130起，立案调查1056件，结案1040件，法定期限内结案率100%，追发劳动工资等待遇5258.3万元，督促缴纳社会保险费986.2万元。其中，市劳动监察局日常巡查各类用人单位220家，涉及劳动者2.89万人，接待来信来访9000余人次，接受日常举报投诉482起，其中提前介入调查383起，立案调查99件，结案88件，法定期限内结案率100%，为劳动者追讨工资1963.2万元，涉及劳动者9652人。全市共查处重大违法案件81起，立案81起，行政处罚25起，为劳动者追讨工资及经济补偿金2485.2万元。

【劳动监察网络建设】2017年，邵阳市劳动监察局把“两网化”建设与信息化建设、公共服务平台建设、劳动监察机构标准化、人员专业化、执法规范化建设结合起来推进，在全市全面建立“横向到边，纵向到底，责任明确，跟踪及时”的劳动监察网络，推动劳动监察执法由被动向主动、事后处置向事前预防转变。局“两网化”管理指挥中心按照“一企一档”要求，全面建立用人单位基本情况台账，并将相关信息即时录入劳动保障监察信息管理系统。同时对案件的立案、调查、处理、审批到结案的所有环节全部实行网上办理，做到案件信息实时录入。

【劳动监察专项行动】2017年，邵阳市开展农民工工资支付情况专项检查行动，共检查用人单位656户，涉及劳动者8.8万人，其中农民工8.25万人；责令201户用人单位补发劳动者工资及赔偿金3641.48万元，涉及劳动者13271人，其中农民工11271人，农民工工资3531.48万元。开展清理整顿人力资源市场秩序专项行动，全市共检查各类用人单位142户，其中职业中介机构27户、未经许可擅自从事职业中介活动的组织或个人5户，其他用人单位110户。开展用人单位遵守劳动用工和社会保险法律法规情况专项检查行动，全市共检查用人单位525家，涉及劳动者人数2.18万人。对未依法签订劳动合同、违反最低工资规定和拖欠工资、未按规定参加和缴纳各项社会保险费等情况的各用人单位依法下达限期改正指令书44份，督促缴纳各项社会保险费29万元，责令支付工资及经济补偿金18.6万元。

【劳动人事争议仲裁】2017年，邵阳市劳动人事争议仲裁院全面推进市县乡三级调解仲裁网络建设，基层调解组织建设基本实现“六统一”“五上墙”。将劳动人事争议调解工作纳入综治考核内容，并根据调解员调处案件的工作数量，凭调解文书和案卷，由各县市区财政给予每案1000元的个案奖励，充分调动基层调解员的工作积极性。全年全市劳动人事争议仲裁机构共处理案件1420件，其中案外调解589件，涉案金额1030.11万元，立案受理案件775件，调解结案355件，裁决结案328件，有92件案件结转下年；涉及劳动者816人，涉案金额5196.16万元，不予受理案56件。市本级共处理案件285件，其中案外调解5件，立案受理案件280件，涉及劳动者508人，受理案件中调解结案73件，裁决结案158件，涉案金额3675.32万元，有49件案件结转下年。全市未发生因劳动争议仲裁争议而引发的不稳定事件。

【劳动关系】2017年，邵阳市人力资源与社会保障局加强工资集体协商工作，联合市总工会、工商业联合会、企业家联合会开展工资集体春季要约行动，全市已有3990家企业开展工资集体协商。做好劳动用工备案工作。全市已进行劳动用工备案的企业达1936家，用工备案人数达71928人。其中市本级进行备案企业251家、备案人数44057人，用工规模较大的企业实现劳动用工备案全覆盖。及时调整最低工资标准，从7月1日开始执行，全市月最低工资标准（适用于全日制劳动者）1130元，小时最低工资标准（适用于非全日制劳动者）11.6元。依法规范行政许可，年内新批12家企业经营劳务派遣业务，并对7家劳务派遣单位进行延期许可，到期终止3家劳务派遣单位。牵头组织制定市管国有企业负责人薪酬制度改革实施方案，并由市委、市政府印发贯彻执行。组织审核宝庆水泥厂、林业工业公司、建设工程公司的职工分流安置方案和职工档案；平稳终止林业工业公司职工的劳动关系和做好安置费发放工作；完成已改制单位市建材总厂和制线厂职工的特殊工种认定工作；做好上轮改制企业职工办理分流安置手续、改制政策咨询、上访接待解答、遗留问题的处理等工作以及煤炭企业化解过剩产能的调查摸底工作和职工安置分流指导工作。

【公务员管理】2017年，邵阳市确定公务员考录计划为566名，共有11053名考生报名。4月22日组织11053名考生进行笔试；6月2~3日组织全市政府系列公务员主管部门对1186名考生进行资格审查，并对报考公安、人武等职位的考生进行体能测评；6月17~20日组织全市1116名考生进行面试；随后566名考生进入体检环节，录用566名进入公务员队伍。上半年对市经济和信息化委员会、市工商局、市机关事业单位社会保险管理处4个单位进行公开遴选工作，共遴选工作人员18名。完成2016年度公务员考核工作，市直政府系列公务员单位（参公）考核人数4937人，其中三等功128人、嘉奖756人、称职4023人、基本称职6人、不称职5人、不定等次19人。年内共办理政府人事任免文件15个，任免144人；办理行政嘉奖文件1个，涉及人员332名；办理提请人大审议任职的议案1个，任职33人。完成2016年度公务员和参照公务员管理事业单位人员统计工作，全市有公务员19576人、参照公务员法管理机关单位人员3933人。开展县以下机关公务员职务与职级并行工作，完成大部分单位的职位与职级并行审批工作。推荐市相关部门参加全国部门系统先进集体和先进工作者的表彰工作，共推荐参评先进集体5个、先进工作者10名、劳动模范8名。

【专业技术人员管理】2017年，邵阳市深化中小学教师职称制度改革，完成改革后首次评审工作。全市2016年度中小学正高级教师共计向省厅推荐申报22人，评审通过13人；高级教师3102人参加评审，通过1568人，通过率51%；一级教师1639人参加评审，通过1452人，通过率89%。已全部下文确认任职资格和颁发证书。完成全市首次基卫高职称评审工作。参评120人，其中县级医疗卫生单位80人，乡镇卫生院、社区卫生服务中心、村卫生室40人，评审通过66人，通过率55%。其中乡镇及以下医疗卫生单位通过18人，占乡镇及以下申报人数的45%。完成各类专业技术资格考试、职业资格考试资格审查工作，审查7921人，通过6681人，196人待审，1044人不通过。完成卫生计生中初级、土建工程中初级、会计初级资格考试考务工作任务。其中卫生系列中初级和护士资格证考试共设3个考点，7206人参考；会计初级全部实行人机对话考试，1800多人次参考；土建工程498人参考。全年审查“以考代评”各系列中级专业技术职务并下文确认任职资格638人。做好百千万人才工程国家级人选、湖南省政府特殊津贴专家和湘西特聘专家等高级人才选拔推荐工作。推荐湖南万源生物科技有限责任公司技术总监刘东波教授作为企业创新类人才推荐人选报省人社厅并成功入围省级候选人上报人社部；推荐市农业科学研究院欧小球作为2017年度享受湖南省政府特殊津贴专家选拔推荐直接候选人，湖南省祁剧传承保护中心一级演员刘登雄、邵东县第一中学高级教师肖海波作为参评候选人，报市人民政府领导批准后报省人社厅；推荐罗军武等9人作为2017年度湘西特聘专家推荐人选上报省委组织部和省人社厅。

【事业单位人事管理】2017年，邵阳市确定下达各县市区事业单位新进人员计划3005个，市直事业单位新进人员计划424个。共核准各县市区事业单位公开招聘方案64份，县市区共为2330名新进人员办理聘用手续。审核、发布市直事业单位包含61家单位的25个公开招聘公告并完成招聘的主要工作，为298名新进人员办理聘用手续。面向全国211工程大学应届毕业生公开招聘事业编制教师12名，其中研究生10名。隆回、绥宁、新邵、城步、邵阳5县到高校共招聘92名优秀应届毕业生，其中研究生22名。全年发布包含25家单位11个主管系统共149个岗位的人才引进公告；完成人才引进主要工作；为94名人才引进人员办理聘用手续。市本级原34家未完成岗位设置的纯事业单位完成岗位设置22家；原参加公务员管理事业单位60家已启动城乡居民养老保险处的岗位设置。县市区完成岗位设置328家。全年办理事业单位岗位异动617次3465人。2016年度市直事业单位考核共评定优秀等次1668人，合格等次12011人，基本合格1人，不合格7人，不定等次113人。

【军队转业干部安置】2017年，中共邵阳市委办公室、邵阳市人民政府办公室下发《邵阳市市直单位营职以下军队转业干部考核办法》，进一步完善考核考试评价体系，严格工作程序，强化监督检查，形成更加公开、公平、公正的“阳光安置”工作机制。全年全市共接收随调家属档案14名，转业干部档案118名，其中计划安置76名，自主择业42名。组织全部66名营以下转业干部参加省厅组织的军转安置考试及市局组织的岗前适应性培训。制定市直安置方案并将安置计划在网上进行公示，公示期满后组织军转干部按考核考试成绩排名，依次进行选岗，选岗结果在网上公示。全市军队转业干部、随调家属均在省规定时间内全部完成安置。年内妥善处理3名军转干部安置及4名家属的遗留问题，另安置1名随军家属工作。

【人事考试】2017年，邵阳市人力资源考试院制定下发《关于进一步加强人事考试工作的通知》，建立健全考试安全责任制，形成党委负总责、考试院具体负责、局系统相关部门主动参与、密切配合的风险防范责任体系和工作格局。同时进一步细化考试制度和流程，制定《邵阳市人事考试工作流程（试行）》《邵阳市人事考试突发事件应急预案》《邵阳市人力资源考试院岗位职责分工》《主考人员职责》《监考人员职责及责任状》《巡考人员职责及责任状》《考务工作人员职责及责任状》等系列制度，指导管理全市人事考试工作，促进考试工作规范化。年内共组织各类考试32000余人次，其中实施公务员考试11044人、经济专业技术考试504人次、二级建造师5339人次、一级建造师3830人次、执业药师7356人次、职称计算机等级考试4000余人次，各项考试均实现零差错、零事故、零投诉，完成年度任务。市人力资源考试院被省考试院表彰为“2017年度人事考试工作目标管理考核重大立功奖”，并奖励工作经费15万元。

【专家管理】2017年，邵阳市实行每月在邵外国专家登记制，并通过市外专工作QQ群及时了解外国专家在邵情况。协助市玉新药业、邵阳学院、市南瓜英语学校、市益友英语学校等单位有突出贡献的外国专家申报国家友谊奖；对专家服务工作中作出突出贡献的2个先进集体及18名先进个人予以表彰。年内成功申报国家级专家项目2个、引智成果示范项目1个，省级引智项目8个，争取省级项目经费24万元。截至年底，全市共建立示范基地（单位）11个，其中国家引智示范单位1个、省引智示范单位1个、省级专家服务示范基地3个、市级专家服务示范基地6个，具有聘请外国文教专家资格的单位18家。推荐城步苗族自治县、隆回县6人参加“第53期为贫困地区搭建科技平台”培训；推荐邵东县、新邵县6人参加“第54期为贫困地区搭建科技平台”培训；组织70多人在邵东县廉桥镇举办“第55期为贫困地区搭建科技平台中药材培训班”。

【**工资福利**】2017年，邵阳市完成机关事业单位工资统计工作并于3月初上报省厅。开展法官、检察官工资制度改革试点，6月底完成市本级法官、检察官和司法辅助人员共计212人的工资制度改革审批工作，同时指导县市区开展并完成此项工作。完成各项工资福利业务审批工作。其中，办理新进人员手续723人，其中公务员127人，应届毕业生205人，社会应聘人员156人，军转干部80人，随军家属24人，退伍安置86人，查阅各类档案685份，审批各项工资共计1857份；办理转正人员工资手续335人次，审批各项工资289份；办理各级晋升职务工资1721人，审批各项工资4156份；办理退休人员审批手续1025人次，查阅退休人员档案921份，审批退休工资3001份；组织发放2016年度市直机关特困职工补助373人计人民币29.6万元；审批机关事业单位一次性抚恤金285人次，按规定办理机关事业单位遗属困难补助127人，核算各类金额共计人民币957多万元。

【**社会保险基金监督**】2017年，邵阳市开展城乡居民基本养老保险经办机构内部控制专项检查。通过市本级及各县市区自查和对新宁县、邵阳县、绥宁县、洞口县、双清区、大祥区6个县区的抽查，发现问题49条，整改到位的25条，已在整改23条。及时处理及时上报武冈市城乡居民医疗保险基金要情，299.54万元城乡居民医疗保险资金全部归集到位，并上缴至城乡居民医疗保险基金专户。督促完成2016年企业职工退休审核审批专项检查整改工作。省厅于2016年11月对市本级、新宁县、武冈市的企业职工退休审核审批专项检查工作进行直查，指出问题47条。市县两级在规定时间内完成核实、处理及整改，整改到位5条，排除疑点29条，核实确有问题并处理13条。7月组织开展养老保险重点指标专项核查。部级筛选下发疑点信息16677条、省厅筛选下发疑点信息1094条。经核查，确认疑点属实4619条，停发待遇3863人、金额10.57万元，追回待遇569人、金额179.87万元，尚未追回基金57.25万元；确认属于数据问题11174条，已改正11174条；经核查尚未确认1910条；配合核查68条。通过核查发现违法违规欺诈案例1起，城步发现城镇职工死亡冒领1起，涉及1人、涉及金额3.10万元，已全额追回。

【**统计信息**】2017年，邵阳市人力资源与社会保障局门户网站发布各类信息447篇；回复市长信箱来信165件，处理其他网络舆情16件。年内市公务员考试报名人数17461人，职称计算机考试共9批3148人次。市局网站及时发布考试成绩以便考生查询。与市小康办和省统计信息中心保持联系，及时跟进邵阳市全面建成小康社会监测统计；主动配合统计局社会科测评，完成为民办实事统计指标相关工作；开展“12345”政府服务热线平台工单处理工作，处理工单64件，处理及时率100%，市民满意率100%；开展与湖南省信用信息共享交换平台（双公示系统）的信用信息共享共用工作，完成信用信息报送。

【**信息系统建设**】2017年，邵阳市人力资源与社会保障局各业务系统运行正常，省—市—县—乡镇网络畅通，没有发生任何事故。完善中心机房信息系统建设，指导部分区县人社局对机房进行改造升级；配合市绩效办等部门建设全市绩效考核管理信息系统；配合五险统一征缴办公室做好五险统一征缴系统采购与实施；对所有接入机房信息系统网络进行安全管理，保证网络数据安全；配合医保处等部门全面实现市属8县1市3区职工医保的异地就医跨省住院联网结算，全国的参保人员在邵联网医院、邵阳市的参保人员在全国范围内可联网医院，都能实现直接住院结算。

【社保卡建设】2017年，邵阳市人力资源与社会保障局制定《2017年邵阳市社会保障卡发行与应用工作方案》，明确年度工作目标、工作思路、工作内容、工作职责以及完成时限，并把社会保障卡发行与应用工作纳入各县市区的年度绩效考核；帮助隆回县推进社保卡在医保方面的应用，解决1万余医疗保险参保人没有卡的问题；借助12333全国统一宣传日活动，宣传社会保障卡在方便群众办事方面的作用，强化社会保障卡覆盖乡镇、保障民生和全国一卡通的服务理念，扩大社会保障卡的社会影响力；推进社会保障卡应用，完成大医保系统、工伤保险系统、失业保险系统对接省持卡库的改造，已开通的国家人社部要求的102项应用项目的94项，部分县市已在医疗生育就医领域、企保与机关社保待遇发放领域全面开通启用社保卡；跟踪落实湖南省人社厅制定的各项工作目标任务，采集数据488万，发放社会保障卡457万；协调机关社保处和工商银行推进机关事业单位退休人员通过社保卡进行待遇发放工作。

【绩效考核评估】2017年，邵阳市对在2016年绩效考核工作中表现突出的和在2016年省重点民生实事项目工作中成绩优秀的县市区、市直单位予以表彰，对成绩优秀的个人予以嘉奖。2016年邵阳市绩效考核工作获全省第五、湘中西片区第一、省重点民生实事项目全省第四，实现绩效考核工作五连冠。市绩效考核办公室将省绩效考核指标延伸到县市区，根据责任划分纳入对市直部门重点考核；将省绩效考核指标体系中的经济发展、脱贫攻坚、省重点项目工程、生态保护等重点领域指标作为考核重点，同时结合实际增加产业发展与重大产业项目招商引资、湘商产业园区建设、环保督查问题的整改落实、巩固创建国家卫生城市成果与创建国家文明城市、省绩效考核反馈情况整改落实等考核指标，将64项省定绩效指标、10项重点民生实事任务、18项市委市政府重点工作全部列入到全市考核指标体系中；将市委常委会议和市政府常务会议研究决定的事项及时纳入责任单位考核指标，实施重点考核与动态跟踪管理，结合年初市政府工作报告任务分解的内容，年终一并考核计分，强化决策的责任落实。对12个县市区和有关市直单位年内绩效工作和省重点民生实事落实情况进行全面核查调度，对省重点民生实事项目进展情况进行及时通报，整改落实。对2016年工作中存在的问题进行责任落实与任务分解，要求各责任单位制订整改措施与方案，按月报送整改进度，并在年终对整改落实情况进行综合考评与群众满意度调查，实现奖优罚劣。

【人力资源开发】2017年，邵阳市人力资源和社会保障局办理市直单位进人手续405人，办理调动（含县市区）手续251人。办理大中专毕业生转正手续129人。推进综合行政执法体制改革工作，完成市城市管理综合执法局等6家单位76名涉改人员移交3区的工作及市农业综合行政执法支队、市交通运输综合行政执法支队2家单位174名工作人员的核定工作，推进市卫生监督所涉改人员移交3区工作。公开招募大学生在毕业后到农村基层从事支农、支教、支医和扶贫工作的“三支一扶”工作人员27人，完成招考、体检、培训和信息上报工作，8月30日前所有三支一扶人员到岗。对2016年招募在岗的“三支一扶”人员进行为期5天的在岗培训，2017年13名期满“三支一扶”人员安置到岗并落实相关生活待遇。对人力资源服务机构进行年报统计，全市共计13家综合性公共就业和人才服务机构，11家公共就业服务机构，15家民营企业服务机构。

【人事档案管理】2017年，邵阳市人力资源管理服务中心采用微机管理形式对托管人员档案进行分类管理，托管在库档案111494份，其中大中专毕业生档案7531份、改制企业档案97574份、事业单位档案6165份、死亡档案167份、其他57份。全年接收大中专毕业生档案托管268人，开具商调函76人，联网调档4人，转出档案309人，接听业务电话2500余次，出具证明30人次，借阅档案813人次，整理添加各类材料计9000余份。2月21日，组织召开邵阳市流动人员人事档案管理一体化服务平台建设（系统联网培训）会，对业务人员进行操作培训，做到“标准化、网络化、数字化”。完成联网档案录入7303份，指导各县市区完成联网档案录入共30340份，基本实现流动人员的省内异动及档案信息异地查询，实现邵阳市流动人员人事档案的规范化和信息化管理。配合支持服务市政府重点工作，组织人员到邵阳市资江印刷厂、林业工业公司2家改制企业，逐一对档案进行审核登记，确保改制企业职工档案应收尽收。截至年底，改制企业档案室共有档案97574本，转出档案80份，查阅档案15600人次。

（刘坤平）

民政

【社会救助】2017年，邵阳市共筹措社会救助资金13.26亿元，保障城乡低保对象21.37万人，救助水平分别为278.35元、153.88元，同比提高10%、21%。全面落实特困人员救助供养制度，失能半失能特困人员得到有效照护，城乡特困人员供养标准分别达到6552元/年·人和3936元/年·人，集中供养率达30%。健全社会救助制度，进一步调整充实市、县社会救助体系建设领导小组（联席会议）职责和成员单位，实现工作协调机制市、县两级全覆盖。开展农村低保和社会保障兜底对象认定清理整顿，完成宣传发动、业务培训、督促检查、政策衔接、动态管理等“规定动作”，同时突出具有邵阳市特色的“六有”，即领导小组有规格、政府重视有特色、宣传工作有亮点、责任明确有特点、督促指导有个性、动态管理有成效。全市农村低保保障对象从清理整顿前的24.79万户36.3万人减少到7.33万户12.96万人，保障人数比清理整顿前减少60%。市民政局与市财政局、市扶贫办联合下发《关于做好全市农村低保标准与国家扶贫标准“两线合一”有关工作的通知》，农村最低生活保障标准提高到3026元/年，实现与国家扶贫标准“两线合一”。出台《邵阳市城乡居民家庭经济状况核对办法》，启动建设全市居民家庭经济状况核对信息平台，有效开展精准核对。

【村(社区)“两委”换届选举】2017年，邵阳市完成村（社区）“两委”换届选举工作。在选举过程中，坚持把强化党组织责任贯穿始终、坚持把强化党员身份意识贯穿始终、坚持把选优配强目标贯穿始终、坚持把严肃纪律和规矩贯穿始终。全市各级民政部门发挥在换届选举中的指导、协调、监督作用，抽调业务能力强的精干力量，参与各级督导组，每个月不少于20天在各乡镇（街道）、村（社区）进行督查指导，确保换届选举政策宣传到位、执行无偏差，为选优配强村级班子发挥重要作用；全市基层民主参选率达到98.4%。同时推进村务公开栏规范化建设，全市3177个建制村，其中需新建和提质改造村务公开栏的有3148个村，绝大部分县市区已制作完成并建立村务公开内容更新管理的长效机制。

【抗灾救灾】2017年，邵阳市遭遇特大洪涝灾害，全市民政系统全员动员，紧急调拨救灾款物，市县两级民政部门密集派出160余个工作组次，深入各重灾点勘核灾情，指导基层抗灾救灾；广大基层民政干部职工连续奋战10余个昼夜，紧急转移、妥善安置救助受灾群众，确保灾民有饭吃、有衣穿、有干净水喝、有临时安全住所，有病能够得到及时医治，得到湖南省减灾委和湖南省民政厅的充分肯定。同时，各级民政部门在灾情发布、正面宣传、倡导社会力量广泛参与抗灾救灾等方面进行宣传发动，营造全社会关注灾情、参与救灾的良好氛围；在市慈善总会倡议组织下，全市共募得各界捐款867.4551万元，捐物折款39.75万元。抓好灾后重建工作，全市因灾倒损住房纳入恢复重建对象的共5312户，困难重建对象按2万~6万元的标准实施救助，一般损房户按每户不少于2000元的标准实施救助，灾后重建工作全部完成。

【双拥工作】2017年，邵阳市强力推进双拥工作，中共邵阳市委、市人民政府、邵阳军分区联合出台《关于进一步加强和改进双拥工作的意见》，并多次召开会议，专题研究落实军队退役人员的各项相关待遇。组织中国人民解放军建军90周年纪念活动，在全市广泛开展“优秀退伍军人”“优秀军嫂”评选表彰宣传活动。全面落实优抚政策，创新开展重点优抚对象短期疗养，近几年开展短期疗养180批近1万人次，开展医疗巡诊80场5000余人次，发放药品价值440余万元。完成1979～2016年符合政府安排工作条件的退役士兵基本信息数据采集录入，建立完善的电子台账，退役士兵安置工作全面“清零”。2017年全市接收安置转业士官共393人，待安置期间生活费按标准及时足额发放到位。开展“双带双促”活动，全市建成26个“退役士兵军人之家”，对接全省退役无忧网、退役士兵就业创业综合服务平台，为退役士兵营造良好的就业创业服务环境。4月下旬，湖南省优抚工作现场会在邵阳市召开，来自全省14个市州的优抚安置业务系统人员对邵阳市创新实践服务功臣做法点赞。

【养老院服务】2017年，民政系统列入省市重点民生实事项目考核任务为新增养老服务床位1395张，实际完成1554张；市县两级均制定工作方案，成立重点民生实事项目建设领导小组，建立重点民生实事一把手亲自抓、分管领导具体落实、相关单位和部门承办的责任体系，养老床位建设任务数按时保质完成并全部投入使用。开展提升养老服务质量专项行动，印发《开展养老院服务质量建设专项行动实施方案》，明确养老服务质量建设的总体目标及年度具体目标任务、组织领导和各部门职责分工；成立专项整治领导小组，对全市234家养老机构进行大检查、大整治。举办养老护理员培训班，200名一线护理工作者经人社部门考核均获养老初级等级证书。截至年底，全市初步构建起了政府主导、属地管理、村（社区）运作，以居家养老为基础、社区养老为依托、机构养老为支撑的具有邵阳特色的社会化养老服务体系。有各类养老机构246家，社区居家养老服务机构1344个，总床位数近4万张；发放基本养老服务补贴3.57万人613.45万元，目标人群覆盖率达91.6%。

【困境儿童和残疾人保障】2017年，邵阳市抓好困境儿童保障和农村留守儿童关爱保护工作，出台《关于加强农村留守儿童关爱情况保护工作的实施意见》，严格把握孤儿认定条件和范围，做到应保尽保，争取湖南省民政厅资金380余万元，在全市建立80个农村留守儿童之家；采取购买服务方式，委托邵阳市家庭教育研究会在全市开展“合力监护　相伴成长”“文明创建　大爱邵阳”农村留守儿童关爱保护系列活动，共开展500余场儿童心理辅导、安全教育和救助帮扶关爱活动。督促做好残疾人两项补贴发放工作，按要求落实保障对象的认定、资料的审核、资金的保障及发放形式，全市共配套残疾人两项补贴资金1200余万元，按时足额发放到保障对象手中。

【社会公共服务】2017年，邵阳市深化改革，创新治理，进一步提升社会公共服务水平。全面推进人本化、法治化、标准化、信息化、社会化“五化”民政建设。各县市区制定创建方案，明确创建工作年度目标任务，创新工作方法，民政综合服务能力得到有效提升，武冈市推荐为全省第一批创建达标单位；推进美好社区建设全覆盖行动，进一步拓展基层综合服务平台功能，城乡社区综合服务设施覆盖率达100%；开展社会组织直接登记、简化办事程序、下放审批权限、降低准入门槛、党建工作、政社分开、社会组织评估、慈善组织的确认、税前扣除资格的确认等创新工作；推进行业协会商会与行政机关脱钩，全市279家行业协会商会完成脱钩，清理在社会组织兼职的领导干部90多人次；开展殡葬事业改革，全面规范殡葬管理，落实殡葬服务项目、收费标准、服务内容、服务程序、服务承诺、服务监督“六公开”制度。推进第二次全国地名普查，通过省级验收，共清理整治不规范地名信息560余条。编制2017年《邵阳市行政区划图》和各县市区行政区划图。完成1条市级界线、5条县级界线联检任务；开展“平安边界创建”活动，强化边界隐患排查和矛盾纠纷处置应急机制建设。

（赵先科）

民族宗教工作

【调查研究】2017年，邵阳市民族宗教事务委员会围绕少数民族特色村寨与民族文化、旅游产业融合发展、民族地区教育事业发展、城市民族工作、宗教活动场所与民间信仰活动场所管理、宗教团体建设、贯彻落实中央和中共湖南省委宗教工作重大决策部署、民族宗教领域和谐稳定等基础性工作开展调查研究，形成《领导重视、合力推动，从严从实做好民间信仰摸底工作》《维护全市民族宗教领域和谐稳定的情况调研报告》等有针对性的调研报告，提出做好新常态下民族宗教工作的意见和建议，推动调研成果转化。

【民族地区经济发展】2017年，邵阳市民族宗教事务委员会指导少数民族特色村寨建设工作。开展和配合上级少数民族特色村镇保护与发展工作调研；向湖南省民族宗教委员会申报第三届“十佳最美少数民族特色村寨”的预选名单及资料；配合省民宗委组织的湖南日报、湖南电视台、红网等主流媒体对邵阳市2个全省最美少数民族特色村城步蒋坊乡铺头村、洞口罗溪瑶族乡宝瑶村的采访活动，铺头村、宝瑶村在湖南省第三届“最美少数民族特色村镇”评比中被评为全省最美少数民族特色村镇，大团村被评为全省美丽少数民族特色村镇。向省民宗委申报省级散居少数民族专项资金项目696万元，省民宗委下达省级民族专项资金项目480万元。指导各县市学习落实少数民族发展资金管理办法，联合市审计局、市财政局分2个督查组深入城步、绥宁、洞口、隆回、新宁等县对2016年的财政扶贫少数民族发展资金项目进行检查，确保资金项目落实到位。完成“十二五”期间民贸民品企业的调研工作和2017年邵阳市民品企业的考察、申报工作。

【少数民族文化体育】2017年，邵阳市民族宗教事务委员会完成全市“两种考生”资格审核工作和民族成份更改手续工作。共审核享受民族优惠政策高考考生3247人，其中少数民族考生2625人，少数民族地区汉族考生622人，办理初中升高中少数民族优惠加分证明182人，办理民族成份更改手续19人，确保无差错、无遗漏、零举报。申报民族文化资金项目，争取到上级文化资金127万元。10月26日至28日，邵阳市第四届少数民族传统体育运动会在隆回县城举办，全市12个县市区组团，苗族、侗族、瑶族、回族、满族、土家族、壮族等8个少数民族参加，参会人数达700多人，共角逐出金牌47块银牌47块，铜牌34块。此届民族运动会是邵阳市规模最大、参赛人数最多的一次民族体育盛会。对绥宁县苗族“四·八姑娘节”、城步苗族自治县“六月六山歌节”的组织、宣传工作给予指导。

【民族团结进步创建】2017年，邵阳市民族宗教事务委员会召开民族团结进步示范点经验交流会，赴洞口、隆回、新宁等县指导民族团结进步创建工作，指导省级民族团结进步示范社区大祥区西湖社区推进民族团结进步创建工作。赴新宁县黄金、麻林2个瑶族乡指导2018年成立60周年乡庆前期筹备工作。组织22个市民委委员单位赴隆回县开展调研，推进民委委员工作迈上新台阶。向湖南省民宗委报送邵阳市民族团结进步创建经验材料，配合市人大开展民族团结进步行动。

【邵阳市宗教工作会议】2017年11月29日上午，邵阳市宗教工作会议召开。在邵的全体市委常委，市人大常委会党组书记、常务副主任，市政协主席，市人大、市政府、市政协分管领导出席会议，各县市区委书记，各县市区委常委、统战部长，县市区人民政府分管副县市区长，县市区民宗局局长，市直和部省属驻邵有关单位主要负责人共200余人参加会议。中共邵阳市委书记龚文密，市委副书记、市委统战部长张殿文讲话，湖南省民宗委领导分别讲话。

【宗教工作法治化建设】

2017年，邵阳市出台《中共邵阳市委邵阳市人民政府关于加强和改进新形势下宗教工作的实施意见》。在全市宗教继续开展以“规范”为主题的和谐寺观教堂创建活动，对该活动开展专项督导。对全市的宗教活动场所进行详细的调查摸底，建好台账，完成全市宗教基础信息数据库资料的填写和上报工作。指导市佛教协会首次实行对各县市佛协和教职人员进行年度综合考评，评选出先进团体和先进个人；指导市伊斯兰教协会加强教职人员队伍建设，举办专题培训班，开展新卧尔兹演讲比赛，开展“爱党爱国爱教”主题教育活动，将社会主义核心价值观做成宣传牌，悬挂在每个清真寺的显眼处；指导市道教协会加强人才队伍建设，聘请1名专职工作人员，加强信息宣传工作，提高服务能力。对宗教活动场所安全和维稳工作做到经常督查，警钟长鸣。

【妥善处理涉及民族宗教领域的矛盾纠纷】2017年，邵阳市加强对到邵少数民族人员的服务管理，坚持重大节日前走访慰问外来务工经商少数民族，为外来经商务工少数民族解决就医、子女入学等问题。落实维稳工作责任制、处理突发事件制度、突发事件新闻发布和舆论引导工作制度，排查民族宗教领域热点、难点问题和不稳定因素。妥善处置1起新疆维吾尔族教师在邵非正常死亡事件；查处1起“清真”概念泛化事件、1名原伊斯兰教教职人员违规利用微信进行公开募捐活动、1起拟利用藏族涉藏传佛教类用品创建文化摄影园区的事件；调查处理2起涉及宗教活动场所的矛盾纠纷、5名到邵新疆维吾尔族商贩与邵阳市城市管理部门发生的矛盾、多起涉及清真“三食”的矛盾纠纷、多起来自西北地区的人员到邵阳市多个清真寺非法传教事件等。

（兰从善）

旅游

【概况】2017年，中共邵阳市委十一届三次全体（扩大）会议明确将旅游产业作为支柱产业重点培育，要求全力打造全域旅游基地，建设全产业链的现代旅游业。全市重点旅游项目56个，完成年度投资34.92亿元。全年完工新建和改建厕所96座，超额完成既定77座目标。经湖南省旅发委评估认定，全市共接待国内外游客3805.18万人次、旅游创收332.17亿元，同比分别增长16.87%、33.06%，增幅分别居全省第九位、第八位。其中，接待国内游客3794.81万人次、旅游创收330.43亿元，同比分别增长16.81%、32.97%，增幅均居全省第八位；接待入境游客10.37万人次、旅游外汇创收2579.50万美元，同比分别增长40%、39.52%，增幅均居全省第一位。

【重点旅游项目建设】2017年，新邵县白水洞旅游区综合开发项目和绥宁县黄桑景区原生态旅游建设项目入选国家级优选旅游项目，其中白水洞景区年度计划投资3800万元，已投资1.92亿，完成占比505%；黄桑景区年度计划投资2.5亿元，已投资1.8461亿元，完成占比73.84%。武冈古王城项目入选为省级重点旅游项目，年度计划投资1.6亿元，已投资1.62亿元。武冈云山景区年度计划投资9800万元，已投资8078万元。湘窖生态文化酒城创4A景区全面完成年度计划投资7000万元。魏源故居等8个旅游景区获评国家AAA级旅游景区，年度3A级景区创建数居全省第一位。大湘西生态文化旅游精品线路工程、崀山南大门及环保车综合提质工程等省市重点旅游项目建设有序推进。

【市城区重点旅游景点建设“三年行动计划”项目】2017年，邵阳市城区重点旅游景点建设“三年行动计划”项目完成年度计划投资12.9亿元。其中，宝庆古八景恢复工程项目除莲池古香外7处原址立碑铭文项目将于2018年1月18日全部竣工；宝庆新八景建设工程项目的西苑公园一期工程完工并对外开放；蔡锷故里生态文化产业园核心景区建设完成工程量约80%；双龙紫薇博览园与碧桂园公司签订合作开发协议，共同开发双龙紫薇园景区；桃花体育公园项目的体育场、体育馆工程等主体完工；北塔公园项目完成项目选址、环评、用地报批和立项审批，及项目征地和房屋征收摸底；东塔公园项目完成《邵阳市东塔公园修建性详规》编制。市八大文化场馆建设的非遗展示馆、规划馆、博物馆、美术馆完工并对外开放；宝庆文化展示墙项目完成建设方案设计等前期工作；历史文化和民俗古街区项目完成项目概念性规划方案设计；工人文化宫项目完成大部分拆迁工作，建设北路延伸段（隧道工程）塔北路明洞土石方、抗滑桩、锚杆护坡全部完成，隧道开始施工；宝庆阁已经完成规划设计。资江八大桥梁景观工程的资江一桥、西湖桥、雪峰桥完成灯化美化升级工程。

【发展全域旅游】 2017年，新宁县推进全域旅游示范县创建，设立旅游专项经费3000万元，申请旅游项目贷款资金4.6亿元，促进旅游与农业、体育、工业等产业深度融合。崀山国际休闲度假区11月9日开工建设，项目占地面积约7000亩，预计总投资36亿元。城步苗族自治县推进全域旅游基地建设，制订出台系列政策文件支持鼓励旅游产业发展，加强全景建设、拓宽宣传营销、推动产业融合、打造服务平台。湖南南山国家公园管理局挂牌，完成总体规划，公园自然资源确权登记发证开始试点。西部生态旅游圈的绥宁、武冈、洞口分别以打造生态休闲康养基地、创建国家历史文化名城和国家生态旅游示范区为重点发展全域旅游。绥宁黄桑生态旅游区通过4A级景区景观质量专家评审，满师傅食品工业园、古楼茶文化园、白云洞、嗨花弄4个景区通过3A级旅游景区评审。洞口裕峰花园酒店被评为四星级旅游饭店，宝瑶村获评中国美丽休闲乡村，黄桥镇获批省美丽乡镇。绥宁田心村、陈家村、洞口山门镇、武冈浪石村4个村镇上榜省级历史文化名镇名村，城步铺头村、洞口宝瑶村、绥宁大团村、武冈浪石村获批第三届省最美少数民族特色村镇。中惠旅集团投资10亿元整体开发洞口罗溪国家森林公园项目签约。东部城镇群，邵东县纳入全国中医药旅游示范县创建名单，邵东廉桥镇、邵阳县下花桥镇成功创建国家特色小镇，新邵坪上镇入选2017湖湘文化风情旅游小镇名单，隆回老屋村获评省级历史文化名镇名村，隆回滩头镇、新邵坪上镇、邵阳县五峰铺镇获批省美丽乡镇，邵阳县天子湖国家湿地公园获选全国森林康养基地。全国规模最大的金丝楠木文化博物馆大希堂金丝楠木文化博物馆于北塔区湘商文化电商产业园正式开馆。魏源故居、蔡锷故里文化博览园、怡卉园、金江湖4景区通过3A级旅游景区评审。邵阳市古城文化旅游产业综合开发项目于9月28日签约，项目占地面积2300亩，计划总投资50亿元。重点培育新宁舜皇山国家级自然保护区、邵东青山村五金博览园等20个省级生态旅游示范区、旅游度假区、农业（工业）旅游示范点和五星级乡村旅游示范区点、旅游购物示范点。

【旅游扶贫】 2017年，中共邵阳市委、市人民政府下发《邵阳市推进旅游扶贫攻坚工作实施意见》，召开全市旅游扶贫现场推进会暨重点旅游扶贫村骨干培训班，举办首届文旅创客大奖赛，推荐优秀乡村旅游项目负责人参加全国乡村旅游“双创”人才培训班。4个省级旅游扶贫重点村中，新邵坪上镇重点打造“长寿”品牌，国庆节期间旅游收入达87万元；隆回岩口镇向家村围绕建设“生态旅游特色村”，村民年人均收入增加到5000多元，全村95户建档立卡贫困户218人已有93户215人实现脱贫；洞口岩山镇东田村获投资近百万元，修建垂钓中心，成立“肉鸽养殖专业合作社”“永昌渔业合作社”“洞口东田生态农业旅游开发有限公司”，特邀浙江城市规划设计院对该村进行整体规划设计，发展乡村旅游；绥宁县关峡苗族乡花园阁村与广东紫海印象公司签约，第一期投资1.2亿元，打造千亩花海、水上旅游等项目。市旅游外事港澳侨务局驻村帮扶扶贫点洞口县罗溪乡崇阳坪村，8月与湖南商学院旅游管理学院协商制定《洞口县崇阳坪村旅游扶贫整体规划》，指导贫困户栽种并帮助销售特色农副产品竹笋、蜂蜜等，全年脱贫25户87人，兜底保障4户9人；罗溪瑶族乡实施景区带村、观光农业、休闲度假三大工程，旅游扶贫工作走在全市前列，全年接待游客突破10万人次，实现乡村旅游收入4600万元，因旅游业脱贫人数超过200人。

【旅游宣传】 2017年，邵阳

市在《人民日报》、中央电视台、新华社、中国网等中央主流媒体发表旅游宣传稿200多篇，与央视合作拍摄“奇美邵阳”旅游宣传片；在《湖南日报》、湖南卫视、新湖南、红网等省级主流媒体发文近1000条，与湖南今日旅行文化传播有限公司开展微信营销合作，“邵阳旅游”微信公众号已发布政务微信323条，粉丝量达8947人，点击转发187487人次，阅读729292人次，阅读量处于湖南省旅游地市微信影响力前五名；与《邵阳日报》、邵阳电视台和邵阳新闻网联合定期开展旅游主题宣传。

在北京、郑州、长沙、张家界和老挝万象、泰国清迈、缅甸仰光等城市举办9场邵阳旅游宣传推介会，邀请境内外100多个已开通航线、高铁、高速的城市旅游管理部门和旅游企业到邵开展精品旅游线路踩线及旅游推介活动。市旅游外事港澳侨务局、市旅游协会分别与北京旅游行业协会、湖南省旅行社协会、海口市旅行社协会以及携程、劲旅、途牛等16个单位和企业签订旅游合作框架协议。6月28日至9月30日，《邵阳市开发旅游航线奖励暂行办法》审核可兑现奖金26.53万元。10月16～24日，市人民政府代表团赴东盟拓展经贸旅游，与老挝、泰国、缅甸的湖南商会签订《旅游合作与交流备忘录》。以5·19中国旅游日、绥宁四·八姑娘节、城步“六月六山歌节”和新宁崀山脐橙文化旅游节等地方特色活动开展宣传，启动“百万邵商游家乡”等特色精准促销。

先后组团赴香港和深圳参加2017年湖南（香港）投资贸易洽谈周、赴昆明参加沪昆高铁旅游促销活动、赴岳阳参加“2017中国湖南国际旅游节”、赴株洲参加“2017年湖南夏季乡村旅游节”等各类活动10场次。参加湘西州的2017中国湖南（第八届）旅游产业博览会，在2017中国湖南旅游商品大赛中获1金1银3铜和最佳展位奖、优秀组织奖。举办“对接邵商会、建设新邵阳”暨“百万邵商游家乡”推进会，向42个异地邵阳商会颁发旅游发展顾问和旅游联络员聘书，8家优秀地接旅行社和各异地邵阳商会签订旅游协议。

【规范旅游市场】2017年，邵阳市开展旅游市场秩序整治，在“不合理低价游”、旅游包车服务、景区最大承载量、高危险特种旅游服务等重点领域开展旅游执法83次，联合执法47次，出动执法人员509人次；共检查旅行社75次、景区36次、旅游饭店54次、旅游团队19个、旅游购物场所9个。下发《关于建立邵阳市旅游市场综合监管机制的意见》，建立多部门联合监管机制。组织2次旅游秩序和安全交叉执法检查，查处问题5起，立案处理2起，处理有效投诉11件。开展旅游安全宣传培训，组织2017年应急管理知识暨防灾减灾日集中宣传活动、“安全生产月”集中宣传咨询活动等，制作旅游安全宣传资料上万份。举办全市旅游安全监管培训和《湖南省实施〈中华人民共和国旅游法〉办法》知识培训班。指导各旅游企业自主开展安全生产培训2000人次，安全应急演练27次。

市旅游行业协会拓展新会员单位150多家，组建旅游饭店分会、旅游社分会、景区分会和旅游商品分会；协助各县市区全面调查核实旅游床位数92754个，协助新宁、城步、绥宁开展国内旅游抽样调查和游客满意度调查；组织引导协会成员单位投入旅游扶贫结对帮扶等爱心活动，开展商务交流、精准扶贫。开展文明旅游活动。制定实施《全市“与文明同行，为旅游添彩”文明旅游活动实施方案》，组织开展文明旅游志愿服务、宣传活动，组织开展创评“文明青年号”“最美导游”评选和“诚信经营”承诺服务、文明旅游督导检查等工作。

（谭　锦）

外事侨务

【概况】2017年，邵阳市审核办理因公出国46批80人次，因公出境人员13批次49人；审核办理全市各企事业单位邀请外国人到邵申请41批89人次。配合省办了解被俄罗斯海警抓扣的琼三亚渔71206号渔船上新邵籍船员何某的相关信息并敦促其尽快回国。全年共有18家重点侨港澳资企业挂牌；审批办理侨眷高考加分5人；慰问困难归侨侨眷 50 人次；组织约 100 余人参加湖南省外侨系统侨智扶贫技能培训班；向湖南省外侨办争取资金 11 万用于归侨侨眷灾后重建。

【内引外联】2017 年，邵阳市经国家商务部认证的境外投资企业总数 300 家，投资总额 15 亿美元，在东盟投资的民营企业总数和投资额均居全省第一位，已成立老挝、泰国、越南湖南工业园。10 月，市人民政府对接“一带一路”国际友好交流访问代表团赴老挝、泰国、缅甸开展友好交流和经贸活动，达成一系列合作成果。九兴集团执行主席蒋至刚先生在新宁县投资 8000 万美金建立湘商工业园，与麦斯集团董事长蒋至强达成在崀山景区修建高星级宾馆项目意向。组织参与 10 余场在全国各地举办的招商推介会和重大经贸活动，其中港洽周累计签约 32 个项目，引进外资金达 132.6 亿元。

（谭　锦）

信访工作

【概况】2017 年，邵阳市相继开展信访工作“责任落实年”活动及“信访问题源头治理”“信访积案清零”2 个专项行动，聚焦基层基础和突出信访问题，进一步落实、规范信访业务工作。坚持党政主要领导亲自抓、分管领导具体抓，层层抓落实。市委常委会议、市人民政府常务会议先后 10 余次专题听取信访工作情况汇报，专门研究解决信访工作中存在的困难和问题。一大批疑难复杂信访问题得到有效化解，信访秩序不断向好，信访形势总体平稳可控。市信访工作综合考核排全省第 9 名，较 2016 年上升 4 个名次，其中办信、网信等单项工作均排全省前列；在全省信访系统学习贯彻党的十九大精神主题征文活动中，市信访系统 1 人获一等奖，3 人获二等奖，2 人获入围奖，总成绩排全省第一；党的十九大特护期信访工作排名全省第二；湖南省“两会”、全国“两会”特护期均实现非访零登记，排名全省第一。

【源头预防治理】2017 年，邵阳市结合“信访问题源头治理”专项行动，在全市 6 个重点信访县区进行试点，探索建立“以村为主”的信访工作机制，不断提高基层化解矛盾纠纷和解决信访问题能力和水平，从源头上预防和减少越级上访的发生。洞口县、邵东县、大祥区等地试点建立“以村为主”信访工作机制后，大量信访矛盾问题在村一级得到有效化解，越级上访明显减少。

【积案化解】2017 年，邵阳市开展“信访积案清零”专项行动，成立由市委书记龚文密任组长的专项行动工作领导小组。龚文密亲自向中共邵阳市委、市人大常委会、市人民政府、市政协领导，市公安局局长、市中级人民法院院长、市人民检察院检察长，以及各县市区委书记交办信访积案，各县市区和市直部门深入细致开展积案化解工作，一大批疑难复杂信访积案得到有效化解。2017 年纳入市级领导包案的 31 件信访积案均成功息访息诉或依法办结，湖南省信访局交办的 163 件信访积案全部化解或办结。春节期间，邵阳市利用信访人在家团聚机会，开展信访突出问题“百案攻坚”行动，市县两级领导全部参与包案，主动上门做信访人的思想疏导工作，一大批重点信访案件得到有效化解处理。

【规范业务办理】2017 年，邵阳市信访局围绕提升信访工作网上录入率、及时受理率、按期办理率、群众参评率、群众满意率“五率”目标，规范各项信访业务工作，严格办理程序，提高办理质量，强化办理效果，并利用信访信息系统平台做好“互联网+信访”工作，所有信访事项都做到应录尽录、应交尽交、应转尽转、应办尽办，形成“信访网上投、事项网上办、结果网上评、问题网上督、形势网上判”的信息化、科学化、常态化工作新机制。到年底，全市信访“五率”指标完成情况进入全省第二方阵。

【非访整治】2017 年，邵阳市针对进京非访居高不下的严峻形势，开展“进京非访治理”专项行动，依法依规处置进京非正常上访。坚持疏导教育为主、打击处理为辅原则，引导群众走正常渠道依法理性反映信访诉求。同时，对重复越级上访、恶意缠访闹访、以访牟利、聚众滋事等违法信访行为坚决实行依法打击。全年共对 162 名违法上访人员实行依法处理，其中行政拘留

137 人，刑事拘留 21 人，判决 4 人。

【接访下访】2017 年，邵阳市全力构建市级领导联系督办信访工作机制，每个市级领导联系督办 1 个县区或市直单位的信访工作。市委书记龚文密，市长刘事青等市级领导主动带头，多次到联点的县区和单位接访下访，到各自联点县区实地调度信访工作，督促解决群众信访问题。各级党政领导严格落实联系督办信访工作制度，亲力亲为，下访接访。每位党政领导都有自己的接访日和联系点，市联席办不定期通过信访视频系统对各县市区领导干部接访处访情况进行督查、调度，层层压实各级领导干部信访工作责任，全面构建信访工作责任体系，形成齐抓共管的工作格局。全年市县乡三级领导共接待来访群众 2453 批 3136 人次。

【督查督办】2017 年初，邵阳市信访局结合实际，先后制定下发信访绩效考核、信访综治考核和信访目标管理考核细则，并按照省里要求，结合工作实际，研究制定《邵阳市信访工作责任制实施细则》《关于建立市级党政领导联系督办信访工作机制的通知》2 个文件，并以市委办公室、市人民政府办公室名义下发至各县市区和市直相关单位。同时，完善以市纪委、市委组织部、市委政法委、市委督查室、市政府督查室和信访局共同参与的督查问责工作机制，加大信访督查的强度和密度，对进京非访排名前三的县市区和排名前十的乡镇街道实施约谈，对信访工作责任落实不到位、不作为、慢作为、乱作为的干部实施问责。全年共对 45 名干部实施责任追究，其中 20 人被通报批评，14 人被诫勉谈话，组织调整或组织处理 4 人，党纪政纪处分 7 人。

（贺　军）

地方志工作

【概况】2017 年，邵阳市各级地方志工作机构学习贯彻落实《全国地方志事业发展规划纲要（2015—2020 年）》《湖南省人民政府办公厅关于进一步加强地方志工作的意见》《湖南省地方志事业发展规划纲要（2016—2020 年）》，地方志工作纳入国民经济和社会发展规划及各级政府工作任务，认识、领导、机构、编制、经费、设施、规划、工作“一纳入、八到位”的工作机制得到全面落实。市辖 3 区于 11 月先后成立地方志工作机构，解决了 10 多年来的遗留问题。市本级及 12 个县市区都将地方志工作纳入年度绩效考核范围，实行量化管理。制定和下发《邵阳市地方志事业发展规划纲要（2016—2020 年）》。

【方志建设】2017 年 8 月中旬，在邵东县召开《邵东县志（1978—2007）》稿市级评审会。继续开展乡镇街道简志编纂工作，12 县市区完成乡镇街道简志稿，年底对双清区乡镇街道简志稿进行市级评议。9 月，在邵阳县召开《清光绪·邵阳县志》点注评审会。年内新宁县对明·万历、清·道光、清·光绪等时期的 5 部旧志进行校注整理，完成校注 200 余万字；邵阳县、隆回县继续开展编纂乡镇部门志工作，坚持把乡镇部门志编纂工作纳入全县各单位年度绩效考核范围。邵阳县出版发行《广播电视志》，《人大志》、《宣传志》、《诸家亭乡志》完成初稿；隆回县出版《石门乡志》等 8 部志书，有 5 部部门志在修改完善之中，有 10 部正在编纂之中；洞口县完成《洞口县人大志》评议；绥宁县完成全国 100 个特色乡镇志之一《寨市镇志》的出版发行。

【年鉴编纂】2017 年，《邵阳年鉴》2017 年卷于年初启动编纂工作，12 月底完成初稿。各县市坚持严把政策、编辑、审稿关，从标点符号到每个字、到每一张表格，层层把关，紧扣质量标准，开展年鉴编纂工作。是年，新邵县、洞口县、隆回县编纂出版年度综合年鉴。

【地方志资源开发利用】2017 年，全市各级地方志机构继续加强地情网站建设，市本级网站更新资料 90 多万字，隆回县情网“隆回通”站搜集更新党史地方志资料 20 多万字，“邵阳县情网”站加大更新维护力度，对网页栏目进行重新规划，增添 2 个专题栏目。城步苗族自治县与政府信息中心合办了地情网站，开辟民族风情、历史名人、苗乡特产、文化遗产 4 个栏目；洞口县在县政府史志网页中，整理地情资料1.5万余字；北塔区在政府内网开辟专栏，介绍区内人文地理、经济文化、民风民俗。是年，全市各级地情网站网页更新内容、发布各类信息资料520多万字，充分发挥了地方志资源对全市经济社会发展的服务作用。

扩大地情书籍交流与宣传。市本级先后用《邵阳市志》《邵阳年鉴》与全国各地方志馆、图书馆等单位进行地情书籍的交换。邵阳县广泛利用新媒体，开设了“古县千秋”和“夫夷史苑”微信公众号，做到每天一期，宣传县域人文历史。洞口县协助县农业局完成雪峰蜜橘申报地理标志产品工作并获得成功。武冈市编纂出版《千年武冈》，邵阳县编纂《中小学生党史知识读本》；隆回县继续开展《隆回风情》季刊编辑工作，全年收集资料200余篇、图片150多幅。

推进方志馆建设。市本级制定了方志馆建设方案，继续加快方志馆建设前期筹备工作。邵阳县在县档案馆内建立方志资料库。城步苗族自治县加强方志文库建设，收集地情资料，建立管理制度，库存各类地情资料1540多册。

【方志理论研究】2017年，新邵县开展地方姓氏文化研究和名人故居、革命遗址征研工作；城步苗族自治县地方志办公室主任杨宗兴撰写的《志贵在用——读志用志路径创新探讨》一文入选2017年中国地方志学会方志学分会学科年会论文集，并获省“湘志杯”理论研究征文一等奖。隆回县专题撰写了《隆回县城建设纪实》《袁隆平与隆回超级稻》。市地方志办公室调研员周玉柳撰写的《继承古志优良传统，强化新志教化功能——从光绪版邵阳县志看新古志教化功能》和武冈市志办主任杨峰撰写的《论地方志工作的主动性》获2017年湖南省“湘志杯”理论研究征文二等奖。

（郭勇华）

安全生产监管

【概况】2017年，邵阳市逐级落实安全生产监督管理责任，开展安全生产专项整治，推动隐患整改，加大督查问责力度，重点行业和领域的安全生产状况进一步好转，实现安全生产形势的持续稳定。全年发生各类生产安全事故104起、死亡94人，同比分别下降59.5%、51.5%，发生较大事故1起，连续55个月没有发生重特大事故。邵阳市连续第三年被中共湖南省委、省政府评为全省安全生产工作优秀单位。

【隐患整治】2017年，邵阳市安全生产监管部门采取“一季度一行动”方式，持续开展安全生产排查整治。1月1日至4月15日部署开展安全生产“春雷2017”专项行动。针对事故多发的重点地区、长期未得到有效根治的重大安全隐患和突出问题开展全面检查，并在重点行业领域开展安全生产专项整治。其中春节前后，集中力量开展烟花爆竹“打非清剿”等专项行动，重点打击各类非法生产经营建设行为，为全市安全生产稳定形势打下坚实的基础。5月初部署开展突出问题集中整治行动，全面排查开展地毯式整治，同时突出重点集中开展煤矿关闭、废旧金属回收处置、尾矿库防汛、化工和金属非金属冶炼、城镇燃气、道路交通、电梯安全7大专项行动，确保汛期和高温季节高危行业的安全稳定。7月起，采取企业自查、部门检查、党委政府督查、安委会巡查方式，在全市所有县市区、所有行业领域、所有生产经营单位和人员密集场所开展地毯式、无死角的安全生产大检查及“回头看”行动。

【落实安全生产重大隐患“一单四制”】2017年，邵阳市严格落实安全生产重大隐患“一单四制”。形成横向到各安委会成员单位，纵向到市、县、乡的重大事故隐患登记、交办、治理长效机制。建立市级政府重大事故隐患治理清单并上报省安委办，同时将隐患清单建成电子台账，定期进行调度、更新，全面实行交办制、台账制、销号制、通报制“一单四制”管理。对上级交办的重大事故隐患都由市安委会按监管职责逐一交办至相关县市区和成员单位，并对整改情况进行复查复核，严格按照“一单四制”要求整改到位。

【落后小煤矿整顿关闭】2013年始，邵阳市持续推进落后小煤矿的整顿关闭，全市煤矿总数由107家减少至2016年底的8家。2017年初，中共邵阳市委、市人民政府做出决定，将8家煤矿在年内彻底关闭退出。到年底，4家煤矿按六条标准关闭到位，剩余4家已停止一切采掘修活动，落实驻矿盯守制度，并启动关闭程序。

【烟花爆竹秩序整顿】邵阳市于2016年在全省率先启动烟花爆竹秩序整顿，采取“领导高位推动、适当经济补偿、细致思想工作、严格监管执法”多管齐下的措施，市、县两级财政共投入9960万元，引导全市原有的52家烟花爆竹生产企业全部关闭退出，工作做法受到中共湖南省委书记杜家毫肯定，并亲自批示“邵阳的经验可以转发”。2017年，邵阳市又将烟花爆竹违规贮运违规经营列入重点整治范围，关闭5000余家不符合安全条件的零售店，验收合格后新开业的零售店全部达到规定的外部安全距离和场内安全条件，解决烟花爆竹零售店长期存在的“下店上宅、前店后宅”难题。

【煤矿领域专项整治】2017年，邵阳市对2017年前已关闭退出的99家煤矿，统一聘请专业技术机构进行安全“体检”，并组织县、乡监管人员加大巡查力度和频次，严防已关闭煤矿偷挖偷采或利用废弃井筒和设施从事非法生产经营行为。按照“驻点监管、严管重罚，吊照追责”要求，开展非煤矿山领域全覆盖的巡查检查，对重点矿山实行监管人员24小时驻矿盯守，共停产整顿存在重大安全隐患的矿山37家，关闭取缔4家。采取政府购买服务方式对全市所有尾矿库进行检查并出具检查报告，共排查治理安全隐患157处。

【道路交通领域专项整治】2017年，邵阳市交通、运管、交警等相关职能部门加大交通安全监管执法力度，突出农村、山区、风景旅游区等重点区域，打击和整治非法营运以及各类交通违法行为。全市交通违法行为下降32%，交通事故下降67.86%，“两客一危”车辆超速、疲劳驾驶下降到1个周期34次、108次，综合得分排名全省第二。

【危险化学品领域专项整治】2017年，邵阳市有序推进龙须塘片区等市城区化工企业搬迁改造，全市危险化学品企业（除加油站外）全部搬迁至郊外。开展醇基燃料专项整治和成品油市场秩序整顿，打击各种非法生产、经营、储存危险化学品行为，全市共查封、取缔甲醇经营储存场所12个，封停非法加油点11个，非法储油罐（点）5个，查处流动加油车12台。

【建筑施工领域专项整治】2017年，邵阳市安全生产监管部门组织开展建筑施工现场脚手架搭设、塔吊和施工电梯、施工机械、违规使用竹制脚手架等重点环节的专项整治，共排查建筑工地1360余个，发现安全隐患680处，下发整改通知165份，暂扣安全生产许可证3家，下发不良行为告知书139份，上报记录单位和个人不良行为记录75项，公开曝光13家企业，约谈企业负责人16人次。

【人员密集场所和消防领域专项整治】2017年，邵阳市安全生产监督部门相继开展夏季消防安全检查行动、今冬明春火灾防控、高层建筑消防安全专项治理、电气火灾综合治理等工作，共检查单位15059家，督改隐患10591处，责令临时查封170家，责令三停155家，罚款479万元。其他行业领域结合各自实际，按照“全覆盖、零容忍、严执法、重实效”要求，严格监管执法，全面整治隐患，打击各类非法违法生产经营行为，确保安全稳定。

【安全宣传教育】2017年，邵阳市安委办组织开展“安全生产月”、安全生产知识竞赛等活动，在全市范围内设置一批永久性的安全生产宣传牌和标语，制作一批安全生产公益广告在主流媒体滚动播放，同时利用“邵阳安监”微信公众号、邵阳手机报等新媒体，及时发布安全生产信息，宣传安全生产知识。

【基层能力建设】2017年，邵阳市加强基层安全能力建设，所有乡镇（街道）、经开区、工业园区均做到“四有”，即有安全生产监管机构，有不少于2名专职安监人员，有人均不少于2万元的工作经费，有专门的办公用房和必要的办公执法装备。全市所有村（社区）都设立村级安监员，一般由党支部书记兼任，财政每年安排不低于1000元的工作补助。各县市区均组织村（社区）安监员进行全员培训，制定《管理办法》，明确村（社区）安监员的任务、职责、考核措施和纪律要求。

【应急救援体系建设】2017年，邵阳市优化安全生产应急救援力量规划布局，整合地方、企业和社会组织等层面应急救援力量，建立完善区域化应急救援资源共享机制和事故应急救援补偿机制。重点加强对邵阳矿山救护支队这一国家级矿山排水基地的发展建设，将其打造为一支集矿山救援、水上交通救援、危险化学品救援为一体的综合性应急救援队伍。7月26～28日，全省矿山救援技术竞赛在邵阳市举办，邵阳市矿山救护支队获团体一等奖。8月26日，邵阳市矿山救护支队被表彰为“2017年全省抗洪救灾先进集体”。

（陈明鑫）

住房公积金管理

【概况】2017年，全省住房公积金“双贯标”工作推进会在邵阳召开。邵阳市通过住建部“双贯标”工作验收。市住房公积金管理中心获全国文明单位称号，获年度全省住房公积金管理工作先进单位、全市综治（平安建设）先进单位、扫黑除恶专项斗争先进集体、全市食品安全示范单位等多称号。先后获86项国家、省、市级荣誉。

【公积金规模】2017年，邵阳市共有4931个单位、27.40万人缴存住房公积金，全年归集住房公积金30.15亿元，同比增长18%。职工因购建房、对冲还贷等提取公积金14.54亿元，同比增长30%。发放住房公积金个人住房贷款24.57亿元，完成全年任务的96%。共计实现增值收益1.48亿元。个贷逾期率连续3年为0。全市累计归集住房公积金156.6亿元，累计办理住房公积金提取56.58亿元，归集余额100.02亿元；累计发放个人住房贷款133.8亿元，贷款余额85.86亿元。各项业务指标创历史新高。

【公积金管理】2017年，邵阳市住房公积金归集扩面增量和行政执法“两手抓”。归集覆盖率均达到85%。年内新增碧桂园、湘楚人力资源等非公企业76家，新增缴存人数1058人。将行政执法纳入年度绩效考核内容，出台《行政执法规范》。同时，严格超权限贷款审批工作，加强签约楼盘规范化管理，建立动态房地产信息反馈渠道，及时对楼盘进行风险评估。贷款市场占有率达36%，贷款发放平均增量达3亿元/月，成为个人住房贷款主力军。加强制度建设，出台《关于进一步规范异地购房提取和贷款业务办理的通知》《邵阳市住房公积金管理中心领导干部联点制度》《资金计划审批管理办法》等8个风险防控制度，编织起业务、岗位、人员相互牵制的内控安全网。利用“互联网+公积金”运行模式，通过住建部“双贯标”工作检查验收，成功接入全国住房公积金异地转移接续平台，实现“账随人走、钱随账走”。与市公安局联合下文，加大对住房公积金骗提骗贷打击力度。

【公积金服务】2017年，邵阳市住房公积金管理中心加强基础设施建设，通过政府采购程序，投资1160万元，完成双清管理部的采购装修，完成北塔管理部的购买和选址工作，启动隆回、新宁、邵东管理部搬迁前期工作。完善包括业务引导礼仪规范、窗口服务工作规范、值班领导制度规范、应急处置工作预案等系列制度，进一步优化12329手机短信推送服务。坚持“应建尽建、应缴尽缴、应贷尽贷、应提尽提”原则，加大资金投放力度，用好用足优惠政策，同时放宽租房提取限制，强化民生保障作用。截至年底，全市累计上交城市廉租住房建设补充资金4.65亿元；全年通过发放住房公积金贷款和各类提取使用住房公积金，共计投入39.13亿元到房地产消费市场。据测算，当年对拉动GDP的贡献达92.28亿元，拉动房地产市场消费108.57亿元，增加财税14.48亿元。

（马　军）

政务服务

【软硬件建设】2017年，邵阳市市本级政务中心新楼完成全面装修，大厅面积达3624平方米。推进设备设施采购安装调试、窗口部署，大厅内部设计和布局从功能划分、窗口需求、布局标线、办公设备布置、设施摆放等多因素着眼，结合行政许可项目的变化，对窗口进驻尤其是联合办税窗口进行具体优化，在全盘考虑基础上制订设计方案，做好电子化设备建设和硬件布局最佳搭配工作。新服务大厅将进驻单位52家窗口人员164名。同时，启动实施政务服务一体化平台建设，制定平台建设方案，加快政务服务平台向多重功能于一体的综合型政务服务平台发展。全面清理和优化办件要素，实现“三跑一不跑”（让快递跑，让干部跑，让数据跑，不让群众跑）目标。

【考评监督】2017年，邵阳市加强政务服务考评监督，召开全市推行行政许可标准化和规范公共服务事项会议，开展标准化及规范化清理及审核工作。优化首问责任制等12项服务制度，完善窗口单位、窗口工作人员考核办法，健全“日巡查、月讲评、双月考核、年度评比”考核制度，实行“量化考核、公开评分、民主评比”。建立电子评价系统、电话回访测评、第三方义务监督立体式监督体系。全年电子评价率100%，满意率100%，办件回访总量353人次，满意率98.71%，评选双月红旗窗口、雷锋窗口20个，服务明星、雷锋标兵、共产党员先锋岗30人次。

【政务审批】2017年，邵阳市推进政务审批改革。进一步简政放权，精简办事时限。抓好政务服务事项“标准化”清理。设计制订邵阳市36要素清理信息化表。对平台审批项目进行30余次调整，取消收费项目5项，及时关注、跟进中央、省市官方信息。62项行政许可事项压缩至3个环节，其中22项承诺事项做到即时办理。申报材料通过“三不提交”总体减少30%以上，基本建设并联审批申报材料从原来的84份减至41份，精简率达48.81%。优化招商环节，加大对工业类，特别是工业园区建设优惠力度，促进房地产平稳健康发展。实现自查自纠与专项督查相结合，借助阳光平台，推行网上审批，强化优质服务。完成行政权力清理、做好涉企收费规范、大力精简审批环节、压缩审批时限。重点开展基本建设立项、用地、规划、施工、验收5条并联审批流水线，实现“一门受理、转告相关、同步审批、限时办结”。基本建设项目审批时限从214个工作日缩减至28个工作日以下。落实招商引资，结合市政务服务中心扶贫村及新农村建设2个村的劳务输出，为湖南衣伊服饰有限公司、邵阳阳光发品有限公司招商提供精准服务，2厂均已开工生产，实现多赢局面。

【窗口建设】2017年，邵阳市政务服务中心组织窗口人员集中学习18次，分批次对窗口新进30名轮岗人员专门进行业务素质培训，开展审批文书大竞赛，网络应用大比武，熟悉应用电子审批平台。开展“品书香、提素质、促发展”读书活动，为全体人员发放《中国诗词大会》和读书笔记本。为企业和群众拓宽服务路径，延伸服务链接，推出主动服务、延时服务、电话预约和手机互联网办理等便民利民新举措。在政务服务窗口推进以“比综合素质，看谁最优秀；比政策法规，看谁融会贯通；比审批文书，看谁精益求精；比廉洁从政，看谁过得硬；比网络应用，看谁是能手；比优质服务，看谁是最满意公务员”为内容的“六比六看”活动、深入推进20句文明用语、“七个一”“五个不”的创新要求，优化服务态度，审批效率提速。全年累计办理业务1.9万件，办结率100%，满意度99.96%，收取税费13.78亿元。窗口服务社会满意度提高，收到群众赠送锦旗21面。

【热线服务】2017年，邵阳市12345政府热线坚持“解决群众诉求，净化政务风气”宗旨，修订《邵阳市12345政府服务热线工作责任追究办法》《邵阳市12345政府服务热线工作考评办法》以及话务员考评细则、工单交办制度、来电受理制度、工单督办制度、回访制度等系列规章制度，进一步规范12345热线工单受理、交办、督办、回访各个环节的工作流程。增强互联互通和服务联动动能，完成12345与市110报警服务平台数据对接，实现工单双向一键转接。实时清理和更新所有热线成员单位平台知识库。坚持12345热线话务员业务培训，“每周一学习、每月一总结、每两月一评比、每季度一考试”常态化。每周总结市民诉求政策热点，开展专题学习突破。建立重大工单联席会议机制，加大工单办理的督办力度。及时二次人工回访对逾期未办结工单进行跟进与催办，确保服务实效。全年热线平台受理群众呼入电话32397通，受理市民有效投诉事项11353件，办结10900件，满意率97.66%。

（张礼林）

移民安置工作

【概况】2017，邵阳市严格规范移民资金管理，加强民生民利建设，推进移民培训工作，做好新（在）建水库移民安置，切实维护库区稳定，做好移民抢险救灾工作。邵阳市移民工作获全省绩效考评工作第一名。编制完成600元内的年度计划，并已下达计划批复；编制上报编报2017年第一批大中型水库库区和移民安置区规划项目计划；编制完成2017年水库移民扶助金计划，下达计划批复，并报湖南省局备案。完善综合信息库建设，7月邵阳市移民局筹办综合信息库建设培训班，10月湖南省局组织相关人员培训。年底已完成综合信息库基本信息录入，进入无纸化办公阶段。

【规范资金管理】2017年，邵阳市坚持移民资金内部审计、后扶稽察、绩效评价、监测评估等“四位一体”监督体制，进一步规范移民资金的管理。2月，湖南省移民局对邵东县2016年度部局稽察指出问题的整改情况进行复核，对新邵县政府审计指出问题整改“回头看”进行专项检查。5月市移民局开展存量移民资金清理工作，6月配合省局完成绥宁县、隆回县、洞口县的水库移民后期扶持稽察工作，7月份完成绩效评价试点工作，9月配合省局完成城步苗族自治县、武冈市的内部审计工作。截至10月底，组织实施完成双清区、邵阳县、大祥区3个单位的后扶稽察工作，完成对新宁县、邵东县、新邵县、北塔区4个单位的移民资金内部审计工作。

【基础设施建设】2017年，邵阳市新建或改建移民库区通村公路194.6公里，桥4座，新建蓄水池520立方米，管网66.5千米，渠道41.8千米，堤坝6.3千米，维修山塘30座，改造学校700平方米，文化室（站）200平方米，新建污水处理站5所，改善库区生产和生活环境。

【移民产业开发及扶贫】2017年，邵阳市推进移民产业开发，新建或改建油茶基地2130亩、水果生产基地3922亩、中药材基地4320亩，楠竹1470亩、蔬菜基地1860亩，扶持移民养殖大牲畜633头、家禽6730羽、家畜122480头。2017年，湖南省移民局下达邵阳市贫困移民脱贫人数10761人。为完成贫困移民脱贫任务，邵阳市一方面抓整村推进促脱贫，投入资金2234.79万元，完成整村推进移民村21个。另一方面抓避险解困促脱贫。3月底组织全市移民系统分管领导及业务人员进行为期2天的避险解困工作培训；9月市移民局组织专门力量，对各县市的移民避险解困实施方案进行评审，并下达批复；全年完成移民避险解困4442人。同时采取产业发展、医疗救助、教育助学、保障兜底、避险解困、易地扶贫搬迁、危房改造等方式，因人施策，确保移民10761人全部实现脱贫。

【移民计生工作】2017年，邵阳市执行计划生育政策好的移民家庭、在享受后扶政策时予以优惠的户数516户，安排移民项目时对移民独生女子家庭（含两女家庭）给予优惠的16户，在第三批移民避险解困试点工作中对独生子女和两女户要优先安排并分别按增加1人和增加半人的标准发放建房补助的146户，对考上全日制大学的移民独生子女户和二女户困难家庭子女给予奖励的30人，对考上全日制普通高中的移民独生子女困难家庭和两女户困难家庭子女在高中三年的学习阶段予以扶助人数3人，移民独生子女户和计划生育二女户特殊困难家庭医疗补助户41户，计生特困家庭户数530户，总扶助金额达202万元。全部通过银行直接打卡方式发放到位。市移民局计划生育综治工作被评为全市优秀。

【移民培训】2017年，邵阳

市稳步推进移民培训工作。全年完成移民培训4675人，其中农业实用技术培训3836人次，转移就业技能培训839人次；获证率95%以上，就业率90%以上，并做好就业跟踪服务。同时，向湖南省移民局输送优秀移民56人，市本级定点院校组织就业技能培训，开班2个。完成湖南省水库移民转移就业技能培训定点机构认定工作。

【移民安置】2017年，邵阳市做好新（在）建水库移民安置工作，及时对隆回县元木山电站移民安置工作组织自验、初验工作；组织指导隆回县江子田电站移民实物调查工作；做好隆回县木瓜山水库移民安置规划编制工作，召开移民听证会，编制风险评估报告，并组织《规划报告》评审；督促中州电站做好移民安置扫尾工作。全年全市移民系统共接待来访1035批3174人，其中市移民局接待来访6批82人，处理来信3件，没有接到上级交办、转办的信访举报案件。库区和移民安置区大局稳定。

【抢险救灾】2017年6月24日至7月1日，邵阳市普降暴雨，造成严重洪涝灾害。境内数条交通要道堵塞，多个乡镇交通中断，电力、通信瘫痪，农作物大面积严重受损，多处出现山体滑坡，多个县城出现严重内涝，人民群众和水库移民遭受严重生命财产损失。全市受灾人口178.9万人，其中重灾移民人口10万余人，427间移民房屋倒塌。市移民局在第一时间组织工作人员分组投入抗灾救灾工作，深入库区和移民安置区帮助移民救灾，指导各移民村积极开展生产自救。7月4～6日，湖南省移民局党组成员、总工程师陈其新率队到邵阳库区和移民安置区察看灾情，慰问受灾移民，指导移民灾后重建，恢复生产。

（罗新宇）

无线电管理

【无线电监测】2017年，邵阳市3个无线电固定监测站完成日常监测9531小时，其中中心站2285小时、城南站2721小时、华天站4285小时、移动站240小时。工作日固定站开机监测时间不少于7小时，足额保证每个任务频段的监测时间。准时完成频谱分析月报12份。专项监测任务按时完成并及时总结上报。制定《邵阳市无线电管理处频谱使用评估专项活动实施方案》，明确专人负责制，以广播电视频率为重点，开展本地区频谱评估预监测，完成年度频谱评估任务。

【无线电干扰查处和安全保障】2017年，邵阳无线电管理处完成打击非法设台专项行动12次，共计监测1728小时，编写打击非法设台专项月报12份，排查各类干扰案件5起，包括卫星干扰案件1起、航空频段干扰1起、广电频段干扰1起、公众移动通信干扰案件2起。完成无线电安全保障任务15次，出动无线电监测车62次，出动保障人员252人次，设备120套次。

【无线电行政执法】2017年，邵阳无线电管理处办理行政处罚案件2起，即湖南广播电视台广播传媒中心FM104.9MHz案件1起、李俊擅自安装使用S300信号放大器案件1起。办理台站许可7起，共计新（换）发无线电台执照755个，即新发邵阳联通FDD无线电台执照440个、WCDMA无线电台执照258个、武冈机场建设有限责任公司对讲机无线电台执照30个、地空通信高频电台执照3个、甚高频电台执照1个、沃尔玛对讲机电台执照22个，换发气象局新一代多普勒雷达电台执照1个。办理频率许可2起，共计下发无线电频率4个，即指配武冈机场建设有限公司对讲机双频组网频率2个（组）、指配沃尔玛（湖南）商业零售有限公司对讲机频率2个。办理无线电管理行政监督检查4起，共计检查在用无线电台站10个，即邵阳移动基站4个、邵阳联通移动基站3个、邵阳电信移动基站2个、邵阳广播电视发射台1个，强化无线电监管职能。完成119台无线电设备的检测工作，即广播电视台站14台、邵阳移动通信基站51个、武冈机场地空通信电台基站1台、邵阳电信13台、邵阳联通40台，及时出具检测报告。办理行政征收12起，共计征缴的金额5.936万元，其中市县广电系统10个单位无线电频率占用费5.2万元、对讲机无线电频率占用费

0.736万元。

【服务国防建设】2017年2月8日，96313部队派员到邵阳无线电管理处了解无人机和其他飞行器相关情况，管理处在会议室听取部队有关情况通报，告知地方无人机管理情况，形成军地无人机管理通报机制，并提供监测服务。5月31日，96732部队来函协调邵阳地区频谱资源有关事宜，管理处听取部队有关情况，并按照部队有关要求，提供相关台站资料。

【无线电宣传】2017年，邵阳无线电管理处门户网站共发表无线电管理新闻稿件32篇，其中湖南省门户网站采用21篇。大规模开展无线电科普与法律法规专项宣传2次（世界无线电日和9月宣传月），发放无线电管理系列手册500多份、宣传文化衫250件、宣传保温杯40个、宣传环保纸杯500多个、传环保袋200多个，制作条幅6条，制作展板15块。市级主流媒体邵阳新闻综合频道跟踪报道2次，邵阳交通频道播放无线电法律法规宣传片1个月，《邵阳日报》2次报道无线电管理相关工作内容。同时，宣传贯彻新版《中华人民共和国无线电管理条例》，并结合实际工作就遇到的问题展开讨论。9月12日，专题召开全市深入贯彻无线电管理条例暨规范台站管理工作会议，并邀请湖南省无委办领导到会讲课。

【队伍建设】2017年6月22～25日，邵阳无线电管理处参加由湖南省无委办组织的“新型无线电技术设备应用推广会”，根据自身技术设备现状，通过综合竞争询价和评审，安排设备采购经费120万，购买压制设备及监测测向设备各1套。6月18～21日，邵阳市联合长沙、湘潭、娄底、岳阳、益阳市在长沙大围山开展无线电技术联合演练，提高技术人员快速排查无线电干扰和设备检查与检测能力。12月5～7日，邵阳市与衡阳、永州、郴州市无线电管理机构在永州道县老渡水库训练基地开展无线电技术演练集训，提高参训人员应对各种无线电突发情况和完成无线电安全保障工作能力。

（金军华）

政协邵阳市委员会

全体会议

【政协邵阳市十二届一次会议】2017年1月4日至1月8日，中国人民政治协商会议邵阳市第十二届委员会第一次会议在市区举行。会议听取并讨论中共邵阳市委书记龚文密讲话。听取并审议通过周吉平代表政协邵阳市第十一届委员会常务委员会所作的工作报告，肖益林代表政协邵阳市第十一届委员会常务委员会所作的关于提案工作情况的报告。全体委员列席市十六届人大一次会议，听取并协商讨论市政府工作报告、发展计划报告、财政工作报告、市中级人民法院工作报告和市人民检察院工作报告，对以上报告均表示赞同。会议协商市人大常委会、市人民政府领导班子和市中级人民法院院长、市人民检察院检察长人事安排。经过全体委员投票选举，鞠晓阳当选为政协邵阳市第十二届委员会主席，肖益林、蒋科荣、周晓红、李少华、郭好、邓联日、徐桂阳当选为政协邵阳市第十二届委员会副主席，伍备战当选为政协邵阳市第十二届委员会秘书长，王文蕊等68人当选为政协邵阳市第十二届委员会常务委员。

常务委员会会议

【十二届一次常委会议】2017年1月8日上午，政协邵阳市第十二届委员会主席鞠晓阳主持召开政协邵阳市第十二届委员会常务委员会第一次会议。会议审议决定政协邵阳市第十二届委员会工作机构和各专门委员会设置；决定任命政协邵阳市第十二届委员会副秘书长；决定任命政协邵阳市第十二届委员会工作机构和各专门委员会领导成员。

【十二届二次常委会议】2017年3月29日下午，邵阳市政协主席鞠晓阳主持召开市政协十二届二次常委会议。会议学习传达全国政协十二届五次会议精神和省委政协工作会议精神；审议通过政协邵阳市第十二届委员会第一次会议提案审查委员会关于提案审查情况的报告；审议通过政协邵阳市第十二届委员会各专门委员会兼职副主任、委员建议名单以及其他事项。

【十二届三次常委会议】2017年5月31日，邵阳市政协主席鞠晓阳主持召开市政协十二届三次常委会议。市人民政府副市长彭华松应邀列席会议。会议审议并通过2017年市政协常委会调研课题《关于促进邵阳经开区改革与创新发展的调研报告》；学习中共中央《关于加强和改进人民政协民主监督工作的意见》。

【十二届四次常委会议】2017年11月3日，邵阳市政协主席鞠晓阳主持召开市政协十二届四次常委会议。市委常委、市人民政府常务副市长蔡典维应邀列席。会议听取市委办公室、市人民政府办公室关于市政协十二届一次会议以来提案办理情况的汇报；民主评议2017年度市政协重点提案办理工作；审议2017年度市政协委员视察报告；协商决定有关人事事项以及其他事项。此次常委会，市政协首次以专题议政性常委会的形式对市政协2017年度9件重点提案办理进行民主评议，由承办单位汇报办理情况，提案人和市政协督办委室发言，市政协常委就此次评议提案办理工作作评议发言并进行测评。测评结果当场宣布并将形成民主评议报告送市委、市人民政府和相关部门，作为年底绩效考核的一项重要指标。

【十二届五次常委会议】 2017年12月15日，邵阳市政协主席鞠晓阳主持召开市政协十二届常务委员会第五次会议，审议并通过政协邵阳市第十二届委员会第二次会议有关决议等事项。会议传达湖南省政协主席李微微在邵调研时的讲话精神；审议并通过政协邵阳市第十二届委员会第二次会议有关程序性事项和组织秩序性事项；审议并原则通过政协邵阳市第十二届委员会常务委员会工作报告（草案）和政协邵阳市第十二届委员会关于十二届一次会议以来提案工作情况的报告。会议听取政协邵阳市第十二届委员会常委、委员增补、辞免有关情况的说明。

主要工作

【政治协商】 2017年，邵阳市政协发挥作为协商民主重要渠道和专门协商机构作用，联合市委办公室、市人民政府办公室下发年度协商计划。围绕重要人事安排、财政预决算、全市养老院建设等议题进行专题协商，围绕推进禁毒工作社会化、边界口子镇建设、西部生态圈建设等议题开展对口协商，围绕加强食品药品安全监管、推进垃圾分类、破解企业发展人才瓶颈开展界别协商。

【调研建言】 2017年，邵阳市政协常委会把“促进邵阳经济开发区改革与创新发展”作为2017年度重点调研课题。调研组坚持问题导向，走访调研26家单位、57家企业，召开17场座谈会，编制18套数据表格，从经开区发展目标、管理体制、机构性质、行政审批、机制创新、对外开放6个方面提出建言，17条建议涉及经开区改革与创新发展的方方面面。市委、市人民政府高度重视，整体吸纳调研成果，出台关于推进邵阳经开区体制机制改革的一系列文件，并安排市政协领导全程参与经开区改革。发挥界别联系广泛、人才汇集的优势，献良策、建诤言，形成《关于“一核一带多点”工业走廊建设的研究报告》《关于推进西部生态圈建设的调研报告》等一批调研成果，市委、市人民政府积极采纳并出台相关实施意见。发挥政协组织优势，分组、分批、分专题在全市政协系统开展贯彻发展新理念转型升级补短板——加快“二中心一枢纽”建设讨论活动，收集整理金点子200多个。

【提案工作】 2017年，邵阳市政协共征集提案314件，立案286件，其中《关于全面推动沪昆高速百公里工业走廊建设的建议》《关于加强古村落保护与开发，深入推进特色文化村建设的建议》等11件重点提案由主席会议成员领衔调研、协商督办。首次以议政性常委会形式民主评议重点提案办理，发挥抓重点、带全面、促提升的引领作用。

【民主监督】 2017年初，邵阳市政协联合市委办公室、市政府办公室下发《“优化经济发展环境，促进实体产业发展”专题民主监督工作实施意见》。组织委员围绕企业审批绿色通道是否开通、“一站式”服务是否到位等6种行为开展专项民主监督，在湘窖酒业、三一湖汽等32个企业（项目）设立优化经济发展环境监测点，向市公安局、市人社局等7个政府工作部门委派民主监督小组，印发《民主监督简报》、发出《民主监督函》，促进解决燃气开户贵、电力保障难、搭车收费多等一批涉及企业发展的实际问题。围绕市委、市政府降低实体企业成本21条、迎老乡回家乡创业发展15条贯彻落实情况开展监督性调研，走访国土、电力、燃气等相关部门和民主监督监测点，问卷调查136家企业，形成《优化经济发展环境监督性调研情况报告》，提出报批报建手续难办、涉企收费项目多、物流成本过高等6个方面20个问题。市政府常务会议听取政协民主监督意见，逐一部署整改，并邀请政协持续跟进、全程监督。年底，组织市政协常委、监测点企业代表等160多人，对56个单位进行优化经济发展环境专题民主监督测评，测评结果纳入全市绩效考核，对排名倒数的5个单位将派驻民主监督小组。

【委员视察】2017年，邵阳市政协组织市区的委员视察8县1市、县市的委员视察市辖3区，实现全员参与、全市覆盖。通过看现场、听汇报、座谈讨论的方式视察全市实体企业、重点工程、产业扶贫和易地搬迁等项目86个，从做强园区经济、全面脱贫攻坚和发展西部生态经济等3个方面提出11条建议，形成视察报告，报送市委、市政府。

【社情民意信息和文史工作】2017年，邵阳市政协征集社情民意信息567条，编发110期，向全国政协、省政协报送379条。市委、市政府领导高度重视政协委员反映的社情民意，市委书记、市人大常委会主任龚文密批示23期，推动城区部分公交线路调整、贫困地区农村学校布局调整、易地扶贫搬迁等一批民生问题的深入研究和逐步解决。加强政协文史工作，搜集整理文字资料计35万余字，编辑出版《邵阳文史》第43辑。

【助力实体经济发展】2017年，邵阳市政协在全市政协开展助推实体经济发展“四个一”主题活动，市、县两级政协共组建100个帮扶小组，聘请100名专家，挂点100个企业（项目）。全年帮助挂点企业解决项目拆迁、用水用电、厂房规划和配套设施建设等困难和问题300多个，帮助湘窖酒业申报4A级工业旅游区，解决步步高邵阳新天地征地拆迁和恭兵食品用水难题，为东峰电器公司搭建银企合作平台，为加快“产业兴邵”步伐汇集政协智慧。

【助力脱贫攻坚】2017年，邵阳市省、市、县三级政协委员3143人参与助力脱贫攻坚行动，结对帮扶1988户，其中帮助增收757户、资助读书376人、介绍就业175人。市政协班子成员按照市委、市政府的安排，联系指导32个贫困人口集中乡镇脱贫攻坚，带头抓好办点示范，推进扶贫政策落实，指导解决困难问题，为如期实现“人脱贫、村出列、县摘帽”目标倾心尽力。市政协机关带头助力脱贫攻坚，联点帮扶的邵阳县金峰村于2016年率先出列，仍坚持帮扶资金不减、帮扶力量不散、驻村队伍不撤。

自身建设

2017年，邵阳市政协加强委员履职培训，围绕社会主义协商民主、四个全面战略布局、五大发展理念等主题开展专题学习培训，增进委员政治意识，提升履职能力。发挥专委会基础性、专业性作用，为委员履职搭建知情平台、学习平台和联络平台。注重政协履职活动整体策划，完善协商会议、调研视察的服务保障，引导委员走进政协云、宣传政协云、善用政协云，激发委员履职活力。开展“五型”政协机关创建活动，开设图书阅览室、书画室，强化市县两级政协机关干部学习培训，全面提高机关工作效率和服务能力。落实中央、省委和市委部署，推进“两学一做”学习教育活动常态化，加强机关党的建设。加强与各级政协的协作互动，配合全国政协、省政协开展精准扶贫、优化非公经济发展环境等课题调研，指导县市区政协工作，形成上下联动、互促共进的良好格局。

重要活动

2017年3月30日，邵阳市政协主席鞠晓阳主持召开全市政协系统助推邵阳实体经济发展工作动员部署大会。

3月30～31日，邵阳市政协组织400多位市政协委员在市委党校开展集中培训。

4月11～16日，全国政协民族和宗教委员会副主任、国务院参事杜鹰率全国政协“实施精准扶贫中存在的问题和建议”监督性调研组到邵阳市，深入城步部分乡村和企业，调研精准扶贫、精准脱贫工作。湖南省政协副主席杨维刚、全国政协人口和资源环境委员会驻会副主任高波、全国政协经济委员会委员梅兴保、国务院扶贫办规划财务司副司长郭建军等参加调研。

5月12～14日，全国政协常委、民建中央常委李冬玉率全国政协调研组到邵阳市，先后深入隆回县、邵阳县就油茶产业扶贫工作开展监督性调研。全国政协委员黄国柱、马忠明，湖南省政协提案委和省林业厅领导骆伟、唐苗生等参加调研。

5 月 8 日，邵阳市政协召开全市“优化经济发展环境，促进实体产业发展”专题民主监督工作推进会议。会议为第一批 32 个监测点授牌。

6 月 13 ~ 14 日，湖南省政协主席李微微到邵阳县督查调研脱贫攻坚工作，看望和慰问帮扶对象以及贫困群众。

6 月 15 日下午，中共邵阳市委副书记、市长刘事青主持召开会议，专题听取市政协对于优化经济发展环境方面《关于降低实体经济企业成本的若干意见》和《关于迎老乡回家乡创业发展的若干支持意见》两个文件精神贯彻落实情况的监督性调研通报。

7 月 14 日上午，全市政协宣传工作会议召开，探索部署新形势下的政协宣传工作。市政协主席鞠晓阳，市委常委、宣传部部长周迎春，市政协党组副书记王若波，市政协副主席肖益林出席。市政协各委室负责人，省驻邵媒体及市直新闻单位负责人参加会议。

10 月 24 日，邵阳市政协主席鞠晓阳主持召开市政协十二届七次主席（扩大）会议，传达学习贯彻党的十九大精神。

11 月 29 日，邵阳市政协机关举行学习贯彻党的十九大精神宣讲报告会，专题学习宣传贯彻党的十九大精神。市委宣讲团成员、市委宣传部副部长林少林应邀作宣讲报告。

12 月 4 日，邵阳市政协召开座谈会，邀请部分政协委员就“贯彻发展新理念转型升级补短板——加快‘二中心一枢纽’建设”开展讨论，征求意见和建议。

12 月 12 ~ 14 日，湖南省政协主席李微微到邵阳，深入邵阳县督查指导调研脱贫攻坚工作，调研市政协关于开展“助力脱贫攻坚，建设小康社会”“助力新发展，建设新湖南”两项主题活动的落实情况，并征求对省政协工作的意见建议。

（蒋　吉）

中共邵阳市纪律检查委员会

【十一届纪委二次全会】2017年2月7日，邵阳市第十一届纪委第二次全会在市委礼堂召开。市委书记龚文密出席会议并作讲话，要求全市各级党员干部要紧密团结在以习近平同志为核心的党中央周围，把思想和行动统一到中央和省委对党风廉政建设和反腐败斗争形势的总体判断上来，坚持精准发力，注重标本兼治，推动从严治党向纵深发展，夺取反腐败斗争的压倒性胜利。市委副书记、市长刘事青主持会议，张殿文、鞠晓阳、陈华、杨德平、李万千、周迎春、侯文等全体在职在邵市级领导出席会议。市委常委、市纪委书记邓广雁代表市纪委常委会向大会作工作报告。

【惩治腐败】2017年，邵阳市坚持零容忍、无禁区、全覆盖，持续保持反腐败高压态势，为“两中心一枢纽”建设提供纪律保障。全市纪检监察机关共受理信访举报6416件，立案2020件，结案1910件，给予党纪处分1347人，给予政纪处分580人，移送司法机关63人。其中严肃查处市统计局原党组书记唐红艳，邵东县人大常委会原主任刘细云，邵阳市城建投公司原总经理罗少林，武冈市原正处级干部邓吉文，绥宁县住房和城乡建设局原党组书记、局长申和平，邵阳县供销社原党委书记、主任莫海军，邵东县人社局原党委书记、局长、县委组织部副部长（兼）尹贵陶等一批领导干部严重违纪案。纪检监察机关在处理违法违纪案件时，运用第一种形态5040次、第二种形态1505次、第三种形态329次、第四种形态83次，“四种形态”占比结构合理。同时，推进办案场所建设，5月9日启动，7月1日全面开工，12月主体封顶，创造前所未有的“邵阳速度”，较好解决执纪审查办案场所容量不够、办案安全压力大等问题。

【三项改革】2017年，邵阳市推进派驻监督全覆盖改革、巡察机构改革和监察体制改革三项改革工作。市直共设置26家市纪委派驻纪检组，覆盖市直党和国家机关83家，发挥“派”的权威和“驻”的优势，实现派驻监督全覆盖。落实巡察制度，市本级成立5个巡察组，12个县市区全面完成巡察机构设置，依规开展巡察工作。市委召开常委会专题研究监察体制改革工作，市委书记龚文密主持召开5次深化监察体制改革试点工作小组会议，稳步推进监察体制改革工作。

【服务保障】2017年，邵阳市围绕中央环保督察组和湖南省突出环境问题整改工作领导小组的环保督察，严肃查处失职渎职行为。全市共问责党政干部282人，其中给予党政纪处分57人，诫勉谈话47人，警示约谈157人，批评教育23人，移送司法机关5人。其中查处邵阳县合山养猪场环境污染问题，对33名责任人进行追责问责。出台《邵阳市公职人员不作为、慢作为、乱作为责任追究办法（试行）》，明确规定对25种为官不为、为官乱为情形启动责任追究。围绕扶贫突出问题推动惩治微腐败工作常态化。市委、市政府下发《关于进一步严明脱贫攻坚工作纪律的通知》，市纪委制定下发

《关于严明扶贫领域监督执纪问责工作纪律的通知》《关于印发〈邵阳市加强扶贫领域监督执纪问责工作方案〉的通知》。市纪委班子成员带队组成11个督查组，分赴县市区开展扶贫领域突出问题监督检查。全市共问责党政干部1194人，给予党政纪处分353人，诫勉谈话120人，约谈366人，批评教育308人，组织处理27人，移送司法机关20人。在村级组织换届中组织专项巡察，全市共受理违反村（居）“两委”换届选举纪律问题举报666件，立案129件，结案129件，给予党政纪处分111人，组织处理63人，取消候选人资格71人，移送司法机关9人。

【专项整治】2017年，邵阳市开展专项整治，解决发生在群众身边的腐败问题。“雁过拔毛”式微腐败专项整治，发现问题线索712个，立案621件，处理719人，给予党纪政纪处分650人，移送司法机关50人，追缴资金3501.36万元，退还群众资金1544.51万元。纠“四风”专项整治，发现违反中央八项规定精神和“四风”问题线索593个，受理举报274件，立案321件，给予党政纪处分343人，追缴违纪资金1046.44万元。违规征订教辅材料专项整治，组织各级教育行政部门和1578所中小学进行自查自纠，全市立案191件，处理95人。涉砂涉矿专项整治，全市459名清理对象主动报告参与涉矿等经营性活动，涉及投资金额8135.43万元，其中已退出452人。领导干部亲属“吃空饷”专项整治，在全市范围内开展领导干部亲属“吃空饷”专项清理活动，逐个排查，做到底子清、台账实。国家公职人员“禁赌限牌”专项整治，共查处党员干部涉赌涉毒和违规打牌问题109个，处理159人，其中给予党政纪处分112人。“四治四提”专项整治，共立案386件，处理2491人，其中给予党政纪处分335人，诫勉谈话300人，通报批评1311人，批评教育327人，组织处理202人，移送司法机关16人。

（戴其军）

民主党派与工商联

民革邵阳市委员会

【概况】2017 年，民革邵阳市委会发展新党员 18 人，全部为本科以上学历，其中硕士 4 人、博士 1 人。党员李坚、魏姬苗分别获“民革全国参政议政工作先进个人”“民革全国组织工作先进个人”称号。在全市民革党员中深入开展学习习近平总书记系列重要讲话和中共十九大精神、助力邵阳经济社会发展的“两学一助”活动。3 月组织“两学一助”主题教育演讲比赛，8 月举办“不忘合作初心，继续携手前进”知识抢答赛。

【参政议政】2017 年，民革邵阳市委会完成并向市政协报送调研报告 4 篇，其中《发掘舜帝文化品牌价值，做强新宁全域旅游产业》《提升市民素质是创建国家文明城市的核心》分获市政协调研报告二、三等奖。5 月，组织民革党员中的政协委员参与针对《关于降低实体经济企业成本的若干意见》和《关于迎老乡回家乡创业发展的若干支持意见》两个文件落实情况的监督性调研，促进优化经济发展环境。联合市政协港澳台侨委就企业人才瓶颈问题进行调研，并与市级有关职能部门举行协商座谈，提出意见和建议。全年向省、市政协、市人大提交提案、议案 24 件。其中，提案《关于设置城市交通旅游图示牌的建议》被采纳落实，集体提案《关于加强全市老龄工作的建议》和个人提案《在我市“四边五年”绿化造林工作中重视白茅草生物灾害防治的建议》获评市政协 2017 年度优秀提案。向市政协报送采用社情民意信息 4 条，理论文章 2 篇，其中社情民意信息《关于倡导文明送老客的建议》获市领导批示并被相关部门采纳落实。在政协系统表彰大会上，民革市委会被评为社情民意工作先进单位，理论文章《对推进人民政协民主监督机制建设的思考》被评为三等奖。在市政协十二届二次全会上，市委会调研报告《提升市民素质是创建国家文明城市的核心》作重点发言，3 人作联组讨论发言。

【社会服务】2017 年，民革邵阳市委会春节前组织部分党员与志愿者一起对 9 县 3 区的 150 多位健在抗战老兵进行实地走访慰问，同时坚持在传统节日对部分老兵的走访慰问；做好市财政与龙越慈善基金的资助金支付协调工作，让抗战老兵及时领到固定的资助金。参与新宁县清江村扶贫，每年捐助该村扶贫资金 3.5 万元；组织民革各级政协委员参与“三个一”扶贫活动，以直接投入或联系筹集的方式发放扶助资金和物资 300 多万元（其中，党员何顺京个人社会扶贫捐助 10 万元），帮助 150 多名贫困学生完成学业，帮助 40 多个贫困家庭增产增收，累计增收 80 多万元，为 36 户贫困家庭解决就业 43 人。组织在市北塔区开展为期 1 个半月的现场急救知识培训进校园活动，提高学校师生自护急救水平。多次组织民革党员医生开展义诊和免费送药扶贫活动。通过招商引资引进央企中湘农垦集团，第一期计划投入 10 亿元建设循环生态农业示范园。

（魏姬苗）

民盟邵阳市委员会

【概况】2017 年，民盟邵阳市委下辖民盟武冈市委、邵阳学院总支、市二中总支及 26 个支部，共有盟员 780 人，其中高级职称 242 人，特级教师 3 人。担任县处级以上领导职务 17 人，其中市人大常委会副主任 1 人、市政协副主席 1 人，湖南省人大代表 3 人、常委会委员 1 人；市级人大代表 3 人、常委会委员 3 人，市级政协委员 25 人、常委 4 人；县级人大表 3 人、常委会委员 2 人，政协委员 31 人、常委 6 人。

【思想建设】2017 年，民盟邵阳市委组队参加全市党外代表人士“两学一助”学习教育演讲比赛。组织盟员赴重庆考察学习，重温民盟历史，缅怀民盟先贤。集中参观市区“五馆一中心”。印发《民盟邵阳市委学习贯彻党的十九大精神方案》，学懂弄通做实中共十九大精神。选派盟员参加中共邵阳市委党校青干班、妇干班和市委统战部举办的充电续航培训。市委新进班子成员受派到省社会主义学院进行民主党派市级领导班子成员专题培训。举行新盟员培训会，进行盟章盟史教育，开展写作知识讲座。

【宣传工作】2017 年，民盟邵阳市委修订《社情民意、宣传信息、理论研究、综合调研工作奖励办法》，通报表彰 3 名优秀通讯员、6 名宣传工作先进个人。全年共收到宣传信息稿件 120 余篇。巩固扩大“邵盟”“民盟邵阳市委群”“邵阳民盟主委会”微信群，创建“邵盟省代表群”“民盟政协委员群”微信群。举办“古城春色”交流笔会，邀请全省盟内书画名家到邵现场创作，讴歌古城宝庆新景致。协助湖南民盟书画名家南山采风和送文化下乡活动，举行“宝庆秋韵”笔会，市政协主要领导、市政府相关领导到场助兴。盟员刘海辉捐赠价值 2 万元相机用于宣传工作；孙清良、张治求受市人民政府奖励，记三等功；李英等 5 位盟员在市委经济工作暨产业发展大会获专项表彰；唐文林肖像和宝庆竹烙刻作品登上中国邮票；王馨参加中央电视台春节特别节目“美丽中国唱起来”栏目录制，演唱《拜新年》；张建国获第 12 届武林大会武术推手冠军奖；王超群被评为“湖南省优秀志愿者”；周安福获第三届邵商大会奖励；杨志龙获邵阳专利奖特别奖；佘焕晟的美术作品入选各类全国性展览。

【组织建设】2017 年，民盟邵阳市委坚持高标准推进“盟员之家”建设，印发《关于创建“盟员之家”的通知》，隆重举行“盟员之家”授牌仪式，使之成为思想教育的窗口、联谊交流的平台、参政履职的学校、人才培养的基地；参加民盟湖南省委优秀“盟员之家”评选活动，新科技支部、市四中支部分别获评全省“盟员之家”一等奖、三等奖。坚持按照“保持特色，突出重点，优化结构，严格标准，规范程序”的要求推进组织发展工作。武冈市委举行第五次盟员大会，完成换届选举工作。成立邵阳市特殊教育学校支部、武冈蓝深职业技术学校支部。年内发展新盟员 38 人，其中研究生学历 4 人，中级职称 15 人，副高以上 5 人，40 岁以下 24 人。推动基层创新活动方式，完善和落实主委联系基层组织制度，加强对基层组织活动的指导。邵东支部以扶贫促活力，主动联系贫困户，实行精准项目扶贫；武冈市委协助盟省委召开全省盟务工作会议、法律工作委员会工作会议，举办教师节知识抢答赛；市一中支部举行成立 60 周年庆典。

【参政议政】2017 年，民盟邵阳市委在政协十二届一次全会上，1 人作《关于推进合并村后续工作的建议》大会议政发言，3 人分别作《坚持“五个做活”实行精准施策　努力实现湘商产业园大发展》《开发“两江两岸”打造秀美邵阳》《关于整合公益系统资源　让儿童安全“五防”课程进校园的建议》议政发言。民盟界别委员共递交建议提案 25 件，立案 25 件。其中《关于加强古村落保护与开发　深入推进特色文化村建设的建议》《严厉打击医闹　创建平安医院》，被列为市政协领导领衔督办的重点提案，并和《加大绩效考核权重进一步增强提案办理实效》《精准扶贫要莫忘移风易俗》获评 2017 年度市政协优秀提案。

参加市政协牵头的文化与旅游融合发展调研，担纲起草的《推动文化旅游融合发展的建议》被多部门引用采纳。承担市政协邵阳传统文化保护与利用问题对策研究课题，形成《邵阳市非物质文化遗产保护利用问题与对策研究》调研报告，获评2017年度市政协优秀调研报告三等奖，《关于加强全市非物质文化遗产保护利用的建议》被定为市政协第十二届第二次会议联组会发言材料。应邀参加市政协古村落保护利用提案督办协商和考察学习活动，考察活动报告《增强紧迫感·压实管理责任·加快推进古村落保护与开发利用工作》获好评。中标民盟省委2017年统战理论研究招标课题，《民主党派政协委员履职情况问题与对策》获评全省三等奖。全面发动盟员撰写社情民意信息，共收集19件，其中《关于进一步发展湖南特色高效农业的建议》等18篇被盟省委采纳，《建议将市政亮化工程从火车北站延伸至市十一中路段》获常务副市长批示，并得到落实。

【民主监督】2017年，民盟邵阳市委参与市政协“优化经济发展环境，促进实体产业发展”民主监督，何忠、张三平、张治求、邹建山、李娜5位盟员委员被委任为民主监督员，进驻市规划局、市国土资源局。多次参加规划评审现场民主监督和黏土砖厂拆除验收民主监督，推动国土部门依规办理好精工玻璃用地证书。支持配合政府部门对口联系民盟工作，应邀参加部门相关会议和专项整治行动，阅读有关文件，进一步知情明政。对口城步苗族自治县、北塔区扶贫脱贫民主监督工作。协助民盟湖南省委开展湘江流域民主监督，重点监督一级支流蒸水、涟水、紫溪河河长制落实情况。

【社会服务】2017年，民盟邵阳市委开展春风行动，春节前看望耄耋之年老盟员，慰问特困盟员，送去过年物资或慰问金。与大邵公益联合开展“益杯暖心”关爱环卫工公益行动。推动民盟爱心基金形成品牌，慰问2位患重病盟员，吊唁3位去世盟员。联系邵阳志愿者协会为民盟扶贫点20个贫困家庭儿童捐赠学习包。帮助吉林长春盟员卢暖阳寻找失去联系60余年的亲姐姐和其他亲人。集结盟内邵阳籍演艺界知名人士张映龙、王馨等，牵头主办“美丽中国　文明邵阳”大型义演公益活动，助力创建国家文明城市。与省杂技艺术剧团对接，主办“演艺惠民进校园”暨《青春如歌》大型杂技主题晚会。盟市委领导多次深入扶贫点城步苗族自治县汀坪乡金童山村，调度扶贫脱贫工作、察看扶贫开发项目、走访慰问贫困户、召开座谈会和工作推进会，现场拍板解决问题，推动依托南山国家公园和金童山品牌做好乡村旅游、高山养鱼产业发展工作；主动衔接协商，落实60千瓦光伏扶贫电站项目资金、500米村道项目资金。开展“三个一”助力脱贫和防灾救灾活动，举行大型义诊，免费发放药品。登门入户给困难群众送生活物资送慰问金，发动盟员为村民农副产品找市场、找销路。在“三述三评三公开”活动会上，民盟扶贫工作被评议为优秀。接续开展“一家一”助学就业·同心温暖工程建设，筹措资金20万元，开设2个“民盟·同心班”，资助贫困学子100人。

（何　忠　邹建山）

民建邵阳市委员会

【概况】2017年底，民建邵阳市委会有1个县级市委会、3个总支、30个支部，共有会员635人，其中男性458人，女性154人，平均年龄53.1岁。会员中高级职称56人，中级职称297人；湖南省人大代表1人、省政协委员2人，邵阳市人大代表4人（其中常委2人）、市政协委员22人（其中常委6人），县（市、区）人大代表8人（其中副主任2人、常委2人）、县（市、区）政协委员55人（其中副主席3人、常委9人）；政府机关任副处以上干部20人，中共交叉党员18人，享受国务院特殊津贴3人，邵阳市人民政府特殊津贴1人。民建市委委员19人。

【思想建设】2017年，民建邵阳市委会组织开展“不忘合作初心、继续携手前进”专题教育，制定具体方案，举办动员会、宣讲会、座谈会、演讲比赛和个别交谈等系列活动，特别在“不忘合作初心　继续携手前进”“两学一助”活动演讲比赛中，涌现出一大批如肖坤后、肖海波、谢纯辉等优秀会员。围绕“喜迎十九大”主线，为会员开出学习菜单，明确学习重点，组织会员学习贯彻习近平总书记7·26重要讲话、中共十八届六次全会和十九大会议精神，组织观看大型纪录片《将改革进行到底》并进行座谈。3月份在大祥区云溪谷生态公园开展的“栽种同心林，喜迎十九大”植树活动中，种植300多株香樟木。9月份组队参加湖南民建第二届运动会，夺得拔河冠军，并获精神文明奖。在民建中央组织的“非公经济论坛”活动中，由专职副主委卿晖、武冈会员陈建平撰写的《民营企业成本高位的成因及对策》获优胜奖。10月10日市委主办“与党同心·墨韵宝庆”民建会员书画展，并对书画展中的作品进行认购，认购款项全部用于民建扶贫攻坚项目。中共十九大召开后，要求各总支、支部的主题活动围绕学习中共十九大精神开展，通过收看习近平总书记在十九大所作的报告、邀请市委党校教授宣讲、组织会员座谈交流以及通过会刊、会内网站、微信群、QQ群的广泛宣传，使广大会员全面理解党的十九大精神。

【组织建设】2017年，民建邵阳市委会组织会员加强自我学习，提高“五种能力”、增强“四个自信”，提高自身素质。在坚持“三个为主”，注重质量、保证数量、保持特色前提下，发展会员26名。注重后备干部队伍建设，把新社会阶层和公务员队伍作为后备干部培养重点，先后选送10多名骨干会员到民建中央、中共湖南省委、湖南省社会主义学院、中共邵阳市委党校组织的各种培训班学习，市委会组织新会员和骨干会员集中培训。加强制度建设，对班子成员进行明确分工，确定每个班子成员的工作任务；注重制度落实，印制支部活动手册，并对支部活动进行经常性督查；加强对基层支部的指导，基层支部会务活动每次都安排1名市委班子成员到会指导。加强支部建设，市委会立足支部，工作重心在支部，财力支持在支部，人才培养在支部，履职服务在支部，发挥支部主体作用，激发会员参与会务工作的积极性。重视老会员的服务工作，逢年过节召开茶话会、座谈会；重阳节组织50多名老会员畅谈中共十九大精神；经常走访老年会员，并定期通报会务动态，听取老会员意见建议。加强机关建设，市委机关再次在全市绩效考核中获优秀。

【参政议政】2017年，邵阳民建界别各级人大代表、政协委员，围绕全市工作重点和人民普遍关注的热点、难点问题，撰写批评建议和提案124篇，其中《我市城区禁放烟花炮竹刻不容缓》《加速推进我市众创空间特色化发展的建议》《提升我市中心城区污水处理能力的建议》3篇提案被市政协评为优秀提案。在市政协十二届二次全会上有5位会员做大会或联组发言。有6名民建界别的政协委员被市政协选派为民主监督员，积极参与行风评议、政府专项工作评议。市委会对邵阳县、大祥区的扶贫攻坚工作进行民主监督。针对邵阳市城区交通拥堵、美丽乡村建设、现代服务业发展中存在的突出问题，市委会先后成立3个课题小组，向中共邵阳市委提交《大力发展公共交通　破解我市城区交通难题》《关于推进我市美丽乡村建设的建议》《关于加快我市现代服务业发展的建议》等调研报告，其中对《大力发展公共交通　破解我市城区交通难题》获中共邵阳市委副书记张殿文批示。各基层支部围绕当地党委、政府的中心工作，选择社会关注热点和民生问题进行调研，为当地发展出主意，献良策，对打造北塔文化产业示范园、武冈旅游发展、邵东特色镇建设、破解民营企业融资难、大祥区的美丽乡村建设等提出具有前瞻性的意见和建议。

【社会服务】2017年，民建邵阳市委会完善班子成员、市委委员、支部主任联系会员企业制度，支持会员企业做大做强，并引导会员参与“扶贫攻坚”“思源工程”“邵阳统一战线凝心聚力十三五行动”等活动。会员企业湖南花仙子花卉有限公司投资1500万支持邵阳县霞塘云乡真如庵村建设苗木基地，基地面积已达到1000多亩；北塔支部副主委罗卫星投资2000多万元在大祥区面铺乡创办邵阳市九丰现代农业发展有限公司并初具规模；北塔支部委员王懿俊投资3000多万元创办邵阳恒远混凝土有限公司，年产值达8000多万元，上交税收200多万元，解决返乡农民工和下岗职工100多人就业。民建市委继续做好新宁思源移民扶贫班开办工作，有59名民建会员参与资助思源班学生；多次组织会员为贫困学生送去慰问金、新校服和日用品等，并专门为2名贫困学生捐助医疗费近3万元。大祥总支组织会员开展“一对一”助学活动获中共大祥区委肯定。女工部副部长谢纯辉一次性向邵阳学院贫困学生捐款8万元，并长期资助社区贫困居民。会员李梅利用康复技能长期免费为社区瘫痪居民服务。市委会定期组织会员在新宁县清江桥乡清江村开展“一进两访”活动，发动会员为贫困村民销售农副产品20多吨。市委会巩固“四同创建”成果，协助解决樟树垅社区存在的问题，组织会员在春节、重阳节等传统节日期间对社区贫困家庭、残疾家庭进行帮困助残；利用科技、法律、文化艺术等领域会员优势，整合资源，开展送科普、送法律、送温暖等主题活动；邵阳民建法律援助中心全年接待来信来访100余人次；组织30多期“同心创业”培训班，培训学员900多名；市委会在市特殊教育学校建立宝庆竹刻创业基地，有2位学员获全国奖项。市委会继续关注自然生态和非物质文化遗产保护，依托环保支部和邵阳环保志愿者联盟，开展城市污染调研、城区禁炮、候鸟迁徙保护、资江、邵水母亲河保护等一系列的活动，举办大型活动12次，拍摄微电影5部，其中《情定宝庆》获全市首届志愿者服务项目铜奖。

（刘成生）

民进邵阳市委员会

【概况】2017年，民进邵阳市委会有1个县级市委会，1个总支，17个支部，共有会员430名。其中，296人具有中、高级职称，占会员总数的68.8%；有副厅级干部2人、正处级干部3人、副处级干部6人。有70人次兼任社会职务，其中全国人大代表1人，湖南省政协委员2人；邵阳市人大代表3人，市政协委员17人（包括市政协副主席1人、政协常委4人），县（市、区）人大代表4人，县（市、区）政协委员43人。

【思想建设】2017年，民进邵阳市委会采用多种形式组织会员学习中共十九大精神。10月13日组织部分骨干会员和老会员共50余人开展“共话新邵阳、喜迎十九大”视察活动；10月31日召开市委扩大会议传达学习中共十九大精神；建立通报制度，将各支部学习中共十九大情况进行一周一通报。全面贯彻实施民进中央十二大、民进湖南省八大精神。选出一批政治觉悟高、代表性强的代表参加省八大，会后在全市各级民进组织广泛开展学习贯彻省八大精神活动；民进中央十二大召开之前和会议期间，会市委每天在微信群转发会务动态，大会闭幕后组织骨干会员开展学习讨论。持续开展“两学一助”学习教育活动。组织参加“不忘合作初心、继续携手前进”的演讲比赛；组织参加全市统战系统“两学一助”演讲比赛决赛，会员李波获三等奖。推进宣传信息工作，建立专委会制度、培训制度、奖励制度。

【组织工作】2017年，民进邵阳市委会规范会员发展，组织发展工作严把界别关、学历关、程序关。全年发展新会员18人，其中博士2人、硕士2人，中高级以上职称9人。注重培养推荐后备干部，经多次推荐，2名会员被安排到正科级实职岗位，4月民进武冈市委和民进双清区总支分别实施换届工作，选出一批年富力强的会员担任民进武冈市委委员和双清总支领导班子成员。

【参政议政】2017年，民进邵阳市委会组织会员围绕产业兴邵建言献策，组织开展“我为产业兴邵‘建一言，献一策’”活动，全年收到建议50余条。在12月4日市政协召开的助推“二中心一枢纽”座谈会上，副主委刘承智作《发展邵阳金融业助推两中心》的发言。开展“建设湘中湘西南经济圈，推进二中心一枢纽建设”的专题调研；民进中央对口湖南省开展脱贫攻坚专题民主监督，民进市委会结合工作实际开展《建立精准扶贫与脱贫后返贫的预警机制研究》调研，撰写《建立脱贫预警机制、巩固脱贫攻坚成果》的调研报告。市政协副主席、市委会主委徐桂阳带领会内专家及部分市政协委员调研邵阳经开区的改革和发展情况。开展助推实体经济发展“四个一”行动，由主委徐桂阳担任挂点领导，结对帮扶邵阳市力才不锈钢金属制品有限公司，并促成该企业与邵阳学院机械工程学院达成产学研初步协议。9月20日，市委会专题开展特色文化乡镇建设，提出《挖掘召伯文化，将邵阳历史往前推进五百年》的建议，被确定为政协联组发言。与市政协文史委、市旅游局、市文体广新局联合调研，撰写《加强旅游与文化融合，助推邵阳旅游文化产业大发展的建议》，代表民进作协商发言。

【民主监督】2017年，民进邵阳市委会配合民进中央开展扶贫监督，和扶贫办进行有效对接，为民进中央和民进湖南省委民主监督工作提供依据。根据民进湖南省委要求，将新宁县清江桥乡清江村和新邵县巨口铺镇洪家冲村定为脱贫攻坚民主监督定点观察窗口，中共邵阳市委安排民进邵阳市委会对口新宁县和新邵县开展脱贫监督，11月底市委会对这3个县及市内3区进行监督性调研。利用人大、政协平台开展民主监督。民进邵阳市委会主委、市政协副主席徐桂阳带队驻市规划局开展为期一年的“优化经济发展环境，促进实体产业发展”专题民主监督；专职副主委杨喜国参加市人大组织的对重点环保问题整改督查活动。

【社会服务】2017年，民进邵阳市委会抽调1名机关干部长年驻新宁县清江桥乡清江村从事扶贫工作，其他机关干部每人联系3户困难户；春节期间组织会内书法家为村民义务书写春联；11月市委机关干部两次赴对口扶贫点看望慰问贫困户。助力教育事业发展，4月联合民进长沙市委在隆回县教师进修学校联合主办“名师同心讲坛”小学校长培训班。

（陈文佳）

农工党邵阳市委员会

【概况】2017年，农工党邵阳市委会共有19个基层组织，其中总支2个、支部14个、小组3个；党员总数540人，其中市区503人、县（市）37人，具有副高以上职称242人、占44.81%；医药卫生界313人、占57.96%，平均年龄51.26岁。年内发展新党员26人，减员2人。在农工党中央开展坚持和发展中国特色社会主义学习实践活动总结表彰大会上获“先进集体”称号，杨石清获“先进个人”称号。被农工党中央授予“2017年度《前进论坛》发行工作先进单位”，被农工党省委评为“2017年度宣传工作先进单位”。

【思想建设】2017年，农工党邵阳市委会把学习宣传贯彻中共十九大精神作为首要政治任务。部署各基层组织和机关干部做好中共十九大开幕式的收听、收看工作，组织市委会班子成员、市委会委员、基层组织负责人和机关干部，专题学习中共十九大精神，组织有关领导、骨干参加农工党湖南省委、中共市委和省社会主义学院、中共市委党校举办的十九大精神传达、学习等专题培训。开展坚持和发展中国特色社会主义学习实践活动，全年组织市委会有关领导、骨干和机关干部参加“不忘合作初心，重温光荣历史”主题宣讲活动4人次、“不忘合作初心，重走先辈道路”主题教育活动5人次、“不忘合作初心，继续携手前进”主题培训活动4人次。8月组织各基层组织负责人和市委会委员在城步苗族自治县老山界开展“不忘合作初心·重走先辈道路”主题教育活动，纪念红军长征翻越老山界83周年。

【政治协商】2017年，农工党邵阳市委会围绕全市经济社会发展和中共市委、市政府中心工作，发挥界别特色，通过中共邵阳市委、市人民政府、市政协和其他有关部门召开的政党协商、政治协商和各类座谈会、协商会、情况通报会、专题成果汇报会和征求意见会等，针对全市“十三五”规划、“二中心一枢纽”战略等重大决策和重要人事安排等提出意见和建议，并进入党委政府决策视野。和市政协人口资源环境委共同召开界别协商会，就“推行垃圾分类处理”展开界别协商。党员发挥专业优势，就《邵阳市城市公园广场管理条例》等的修订、立法提出意见建议，有效促进依法行政。

【参政议政】2017年，农工党邵阳市委会、各基层组织和党员在省、市、县（区）三级人大、政协会议上共提交建议、提案54件。其中，3位湖南省“两会”代表、委员提交9件；两件提案在市政协十二届一次全会上作大会发言、提交集体提案2件、委员个人提案26件。《关于增强建设合力，统筹环境治理，推进我市美丽乡村建设的建议》集体提案、《关于大力宣传推进中医药文化旅游产业发展的几点建议》个人提案被市政协评为2017年度优秀提案，《关于邵阳市推行城市生活垃圾分类处理的调研报告》被评为全市政协系统优秀调研报告三等奖。

【专题调研】2017年，农工党邵阳市委会围绕全市脱贫攻坚工作组成调研组，分别赴邵东、隆回、洞口、武冈、大祥等县市区的37个乡（镇）92个自然村进行实地考察调研，部分成员到长沙市、永州市等地考察学习，对比邵阳市“精准扶贫、脱贫攻坚”工作的现状和存在的问题进行分析和梳理，撰写出《完善机制、精准识别、把准原因、精确管理，切实打赢“精准扶贫、脱贫攻坚”战——关于我市开展“精准扶贫、脱贫攻坚”情况的调查报告》。围绕垃圾分类处理课题，分别对市区垃圾转运站、居民生活小区、饮食行业、街道道路、集贸市场等垃圾分类、运输、处理设施进行调查，撰写出《关于推行城市生活垃圾分类处理的调研报告》，通过界别协商形式反映到中共邵阳市委、市人民政府及有关部门，受到高度重视。围绕“艾滋病流行情况及防治工作”课题，成立以疾病预防控制方面专家为主的调研组，深入市疾控中心、市中心医院、市妇幼保健院、大祥区妇幼保健站、市脑科医院，以及5个县（市）区疾控中心、4个县人民医院，调查艾滋病的筛查、防控、治疗和流行情况，走访调研4个乡镇卫生院（社区服务中心）和4个村卫生室，以及市区5所大中小学校，并对邵阳学院部分学生进行问卷调查，全面了解艾滋病预防知识宣传、教育和防控情况。撰写出《邵阳市艾滋病流行情况及防治工作调查报告》，受到相关部门重视，一些重点内容被纳入部门工作重点。

【宣传信息】2017年，农工党邵阳市委会共向农工党湖南省委、邵阳市政协和中共邵阳市委统战部报送社情民意信息50余件；通过中央、省、市各级报刊、网站和省委统战部要情快报等各类新闻媒体，刊发稿件42篇次，其中中国政协网、湖南红网、湖南农工等主流网站和《邵阳日报》宣传报道22篇次。7月份，市委会组织召开社情民意信息工作座谈会，社情民意信息联络员和机关干部20余人参会。编辑出版《邵阳农工》内部刊物1期。

【脱贫攻坚民主监督】2017年，农工党邵阳市委会对口隆回县、洞口县开展脱贫攻坚民主监督工作。协助农工党湖南省委会对口邵阳市开展脱贫攻坚民主监督工作，派专人协助省委会完成对洞口县104户农户的实地走访、问卷调查等，摸清脱贫攻坚相关政策落实情况和农户的实情；先后3次协助省委会召开与邵阳市、洞口县等相关部门的座谈会，使省委会对口邵阳市的脱贫攻坚民主监督工作顺利推进。协助省委会落实帮扶项目建设。启动“脱贫攻坚民主监督·助力健康邵阳能力提升工程”，培训市、县（市）区、乡村级医护人员550多人次；在邵阳市中心医院成立快速康复病房，填补邵阳市在该学科领域的空白；为市、县（市）区、乡医疗机构捐赠231万元的医疗设备和药品；为隆回县北山镇新建3个村卫生室；先后邀请北京、长沙等医学专家来邵阳义诊、巡诊4次，为650多人次群众诊治疾病。与搜农电子商务有限公司开展多次“橙意满满托希望，爱心助学圆梦想——新宁橙农子弟爱心助学公益行动”，销售脐橙超过80万公斤。通过各种渠道和途径，争取资金128万元，分别支持武冈市、隆回县、新宁县等9个贫困村的产业帮扶、基础设施建设和灾后重建。

【社会服务】2017年10月28～30日，农工党邵阳市委会组织党员中的医疗专家，在城步苗族自治县举行“情系苗乡·助力脱贫攻坚”送医送药大型系列义诊活动，中医内科、针灸推拿科等专业科室的10多名中医专家进行免费诊疗、《神奇的中医经络催眠术》讲座、科室查房辅导和疑难病历指导。6月和11月，分别在大祥区樟树陇社区和城步苗族自治县儒林镇开展“中国环境与健康宣传周”“国际科学与和平周”活动，来自市各大医院涉及眼科、内科、妇科、骨伤科、中医科等近20名党员医疗专家共免费诊疗群众300余人次，答疑解惑200余人次，发放环境保护宣传资料200余份。结合市政协系统开展的“四个一”主题帮扶活动，市委会联合九三学社市委会组织界别市政协委员中的医疗专家，在新宁县清江桥乡开展“健康扶贫”送医送药义诊活动，让近200名村民享受三甲级医院专家的诊治。

【“三先三优”创建活动】 2017年，农工党邵阳市委会在全市各基层组织和广大党员中开展以争创党务工作先进集体、社会服务先进集体、参政议政先进集体，争做优秀党务工作者、优秀社情民意信息员、优秀农工党党员为主要内容的“三先三优”创建活动，把政治思想建设、组织建设、参政议政和社会服务等各项工作融入创建工作之中。活动共收到调研报告和理论文章12篇，经综合评审，对《关于威溪水库开展饮用水水源保护调研报告》等7篇调研报告、《强化民主监督，尽责助力“四个全面”》等3篇理论文章进行表彰，并对评选出的3个“三先”集体和11名“三优”党员予以表彰。年内5名党员参与的4项研究成果分别获邵阳市科技进步奖一等奖、二等奖、三等奖。

【湖南邵阳北京市西城区共建友好市区委会】 2017年5月24日，农工党北京市西城区委会与邵阳市委会在邵阳举行友好区（市）委会签约仪式，正式缔结友好区（市）委会，两地将本着“增进友谊、加强交流、共谋发展、合作共赢”的原则，加强在参政议政、民主监督、社会服务、自身建设等方面的学习交流，为两地农工党员搭建在医疗、文化、科技和经济等领域的沟通合作平台，在合作共赢中促进两地社会和经济发展。北京市西城区政协副主席、农工党西城区委主委、肿瘤专家张培彤等医疗专家一行8人于22日到邵阳市开展医疗帮扶活动，全国人大代表、农工党湖南省委专职副主委蒋秋桃，邵阳市人大常委会副主任、中共新宁县委书记秦立军，农工党邵阳市委主委毛学雄等以及新宁县相关领导出席活动。涉及肿瘤科、放射科、肝肠科、新生儿科、麻醉科、心血管内科的专家们在新宁县金石镇卫生院，为当地老百姓开展义诊，免费诊疗群众300余人次。23日，张培彤主委在邵阳市中医医院为110名医护人员就《恶性肿瘤中西医结合治疗方式和方法的解读》进行讲学；北京朝阳医院急诊科主任、心血管内科主任医生曾红到中医院急诊科开展急救医技交流，并与科室人员对疑难病例进行分析探讨；何悦明等3名专家到邵阳市中心医院指导巡查病房，并与相关科室就学科建设进行座谈。

（赵忠明）

九三学社邵阳市委员会

【概况】 2017年，九三学社邵阳市委员会有基层委员会1个、支社20个，社员359人，其中具有副高以上职称137人、占38.16%，平均年龄48岁。全年发展新社员14人，其中高级职称10人、中级职称4人，平均年龄36.3岁。在市政协十二届一次会议上，1件提案作为重点提案获市人民政府市长刘事青批示，3件提案作大会发言。《关于我市大众创业万众创新的调研报告》《试论人民政协在我国协商民主中的地位和作用》分别获全市政协系统优秀调研报告三等奖和优秀理论文章三等奖。

【思想建设和宣传工作】 2017年，九三学社邵阳市委会根据社中央、社省委和中共邵阳市委统战部的要求，组织开展“不忘合作初心、继续携手前进”专题教育活动，市委会制定具体方案，举办动员会、宣讲会、座谈会、上交心得体会等系列活动，在“不忘合作初心　继续携手前进”心得体会评比中，社员们抓住“不忘初心”主题，写出自己或身边的社员对党和国家的忠诚、对事业的执着追求。市委会组织动员各支社及支社社员通过各种方式、途径，收听、收看中共十九大开幕式直播活动。直播结束后，要求社员结合自身工作情况，对中共十九大的召开、对习近平总书记所重要报告撰写心得体会。10月22日，市委会召开市委扩大会专题学习中共十九大精神。12月22日，市委会举行学习九三学社第十一次全国代表大会精神暨“学习十九大精神，发挥参政党作用”演讲比赛。全年市委会上报宣传信息稿件50余篇，其中中央级媒体采用2篇、省级媒体采用20篇、市级媒体采用26篇。

【组织建设】2017年，九三学社邵阳市委会发展新社员14人，除发展有代表性的科技界高中级知识分子外，加强对社会科学、经济界、法律界代表性人士的发展，使社员专业更趋合理。建立健全政治理论学习制度，加强后备干部培养。组织参加市里的中心组学习会、座谈会、情况通报会、报告会、党外干部专题学习会、各种理论培训班等集中学习活动，并利用市委主委会、市委扩大会、新社员培训班、各支社组织生活会等形式，开展学习讨论，交流沟通思想、通报情况、知情明政。全年选送骨干社员和后备干部10余人次，参加九三学社中央、省委会和中共湖南省委、市委统战部组织的各类培训班学习。

【参政议政】2017年，九三学社邵阳市委会的各级人大代表和政协委员共向“两会”提交提案建议60多件，其中湖南省政协提案10余件，市政协集体提案4件、个人提案26件。《关于加快推进创建国家森林城市步伐的建议》作为重点提案，并获刘事青市长的批示；《关于加强我市文化建设的建议》《大力推进我市大众创业万众创新的建议》《关于加快推进创建国家森林城市步伐的建议》作为大会发言，其中《关于加强我市文化建设的建议》获市委常委、宣传部部长周迎春批示。

【民主监督】2017年，九三学社邵阳市委会主要领导和各级政协委员、人大代表参加中共邵阳市委、市政府及有关职能部门召开的征求意见会、座谈会等活动30多人次，参加各级人大、政协组织的调研评议、行风考评、优化经济发展环境测评和视察等活动40多人次，提出有价值的意见和建议100多条。13名担任各级各类民主监督员、特约人员的社员，就城市建设、优化经济发展环境、招商引资、商贸流通、社区建设、依法行政、公正执法、廉政勤政、检务公开等开展民主监督，向有关单位和部门提出意见建议30多件次。

【社会服务】2017年，九三学社邵阳市委会在三八妇女节当天组织女性社员和部分支社成员到阳光家园残疾人托养中心看望残障人士，送去衣物、糖果并组织医务人员开展义诊和发放药品等活动。4月23日第22个世界读书日，社市委、大祥支社联合市少儿图书馆及市文化志愿者们走进大祥区面铺乡苏家民族小学，开展“送一缕书香 献一份爱心”捐书活动。7月，邵阳境内出现严重城市内涝，市委会慰问看望邵水西路受灾社员和群众，送去灾后清理的消毒药品和生活必需品。10月18日市委会联合九三学社湖南建工支社赴隆回县七江镇十里山开展深入开展“两学一助”普法教育暨建华少儿活动中心捐赠活动，现场捐赠现金2万元和近500册价值1万元的书籍，以及音响、舞蹈鞋及地毯等。12月6日组织界别的市政协委员及医疗专家赴新宁县清江桥乡卫生院开展健康帮扶活动，为近200名村民进行义诊，并免费发放价值2000元的常用药物及《安全用药手册》等科普宣传册。

（解　美）

邵阳市工商业联合会

【组织建设】2017年，邵阳市工商业联合会做好“五好”县级工商联申报工作，全市12个县（市）区工商联有5个被评为全国“五好”县级工商联，7个被评为全省“五好”县级工商联。加强学习型机关建设，持续开展“读5套书、记5万字笔记、写3000字心得”的学习活动，集中学习中共十九大、市委经济工作会议、“两学一做”重要文件和领导讲话，新增《资治通鉴与家国兴衰》《庄子哲学讲记》等14本必读书目。配合做好湖南省工商联（总商会）第十二次会员代表大会代表推荐工作，共推荐代表30人，推荐担任省工商联常执委14人，常执委中非公经济人士11人；集中完成非公经济人士中省人大代表、省政协委员候选人的综合评价和推荐工作，共推荐担任省人大代表3人、担任省政协委员5人。

【教育培训】2017年，邵阳市工商业联合会重点在非公经济人士中开展以“守法诚信、坚定信心”为主题的理想信念教育实践活动。组织干部和会员参加湖南省工商联组织的法律培训，进一步巩固守法诚信理念；发挥法律顾问团作用，为企业提供有效的法律服务。5月举办“创新与发展提升”第4期培训班，组织120余名民营企业家和市工商联机关干部赴上海复旦大学培训，集中学习“国学智慧与现代企业干部管理境界”“企业家阳光心态与礼仪修养”“民营经济与中小企业的发展途径”“2017年中国经济形势财政金融政策与企业应对”“供给侧结构改革下的补短板效应与新常态下的宏观经济发展与企业运行”“企业困境与转型发展”“一带一路与国际商贸”“中小企业建立现代企业制度”等课程，促进非公企业家提振信心、增长知识、转型创新。

【建言献策】2017年，邵阳市工商业联合会在邵阳市“两会”期间，组织非公人士中的人大代表、政协委员围绕民生热点议政建言，提交一批提案和建议案，其中“关于提升邵阳城市品位”和“破解城区电网瓶颈”获中共邵阳市委书记龚文密、市长刘事青批示。撰写《突出三个重点，打造一支优秀的非公经济人士队伍》《2016年度邵阳非公有制经济发展报告》，开展民营企业监测、上规模民企调研、第三方评估和企业调查工作。与市委统战部、市经信委、市经开区共同开展“摸实情、办实事、帮实体”民企大走访大调研活动，与市政协共同开展降低实体经济企业成本和“迎老乡回故乡建家乡”政策落实情况调研，开展市政协系统助推实体经济发展“四个一”主题活动，配合省市政协开展“优化非公经济发展法治环境”调研协商监督工作。

【招商引资】2017年，邵阳市工商业联合会与20余家异地邵商保持稳定的工作联系，坚持主动“走出去、引进来”，参加湖南西藏商会成立、湖南工业地产招商推介会等活动，筹备参加第八届湘商大会，积极“引老乡、回故乡、建家乡”。推进“十百千工程”，按照省联新入库企业必须符合国家产业政策的要求，调整一批省级工商联“十百千工程”重点培育企业，特别是协调协助抓好邵阳友阿商业步行街项目，确保12月顺利开业。

【服务会员】2017年，邵阳市工商业联合会扶持行业商会发展，指导新成立二手车商会，举办“2017年市直属行业商会新春茶话会”，对创业商会、汽车商会、日恒商会、浙江商会4家优秀商会进行表彰奖励，定期走访商会会员和组织非公经济人士调研座谈，并依托“三方四家”机制、民营企业招聘周以及企业厂务公开、安全生产、自治组织建设等系列举措，直接或间接帮助企业解决用地、用工、培训、管理等问题。新成立市直属行业商会综合党委；指导和帮助所有符合条件的直属行业商会组建党组织，新成立党支部4家，年内实现直属商会党组织全覆盖；国庆期间开展“重走长征路”主题活动，推进“两学一做”常态化。

【光彩事业】2017年，邵阳市工商业联合会累计为驻村扶贫的邵阳县五峰铺镇楠木村（原六甲村）投入500余万元用于村级基础设施建设，引进兴隆粮油产业扶贫项目，该村被评为“全省扶贫攻坚示范村”，年底实现整村脱贫。推进“万企帮万村”精准扶贫，引导全市204家非公企业结对帮扶572个村，实施项目612个，投入帮扶资金10.4亿元，惠及群众9.4万人。市工商联副主席向长江获评2017年全国脱贫攻坚奖奋进奖和湖南省“扶贫攻坚最美100人”称号。6月底邵阳洪灾发生后，共为抗洪抢险提供临时安置场所1.2万余平方米，筹得捐款13笔共计人民币113万元，被评为全市抗洪救灾先进集体。累计为“三联二访一帮”联系点肖家排社区投入和争取资金23.8万元，用于社区基础设施建设、困难群众慰问和抗洪救灾，并走访慰问市标准件厂、肖家排社区、曹婆井社区困难职工群众和原工商业者，为困难职工解决实际问题。

（李　英　任雅琼）

群众团体

邵阳市总工会

【邵阳市总工会十五届六次全体扩大会议】2017年7月26日，邵阳市总工会召开第十五届六次全会。会议学习贯彻习近平总书记系列重要讲话精神，落实市委和省总工会的系列部署要求，总结上年度工作，部署下一阶段工作任务。市人大常委会副主任蒋耀华满票当选为市总工会第十五届委员会主席。党组书记、副主席刘文贤代表市总工会常委会作题为《凝心聚力促发展，撸起袖子加油干　团结带领职工为加快推进“产业兴邵”建功立业》的工作报告。

【劳模评选】2017年，邵阳市总工会对重点工程和工业企业劳动竞赛表彰一批“邵阳市工人先锋号”，授予李仁兴等15人“邵阳市五一先锋”称号。评选邵阳市中心医院血液肿瘤科主任张辉、湖南银山竹业有限公司烘烤班副班长龙开立2人为“全国五一劳动奖章”获得者；评选中建隧道建设有限公司中建五局怀邵衡项目经理部、邵东县人民医院神经外科等2个班组为“湖南省工人先锋号”；评选湖南德沃普电气股份有限公司技术研发组、湖南汽车制造有限责任公司上装工作中心装配二班2个班组为“全国工人先锋号”。

【关心劳模生活】2017年春节期间，邵阳市总工会共慰问全国省市三级劳模710人，发放慰问金289万元；7～11月，组织部分全国劳模、全国五一劳动奖章获得者分批赴北京、青岛、哈尔滨、厦门等地进行疗休养。春节前市总工会主席王长忠在市总党组成员陪同下到大祥区看望慰问劳动模范，送去慰问金和新春祝福。

【开展“工人阶级宣传月”活动】2017年，中共邵阳市委宣传部和邵阳市总工会从4月20日到5月20日，联合组织开展全市“工人阶级宣传月”活动。活动主题是“撸起袖子加油干，建功立业勇争先”。在省市媒体对2个2017年全国五一劳动奖章获得者、2个2017年全国工人先锋号、1个2016年湖南省重点项目劳动竞赛先进单位和5个2016年“邵阳工匠”进行重点宣传报道。在市内主流媒体开辟“劳动最美丽”“邵阳工匠”等专栏，全市工会系统在省级以上各类媒体上稿420篇宣传劳模事迹和劳模精神。

【推进“邵阳工匠”活动】2017年，邵阳市总工会于2月25～26日举办手工制茶技能竞赛；7月7日在市博物馆举行“湘字号”传统技艺工匠竞赛——“湘竹”技能竞赛；11月14～16日在湘窖酒业举行“湘字号”传统技艺工匠竞赛——“湘酒”技能竞赛。11月10日组织召开表彰大会，对在2016年“邵阳工匠”竞赛活动中取得优异成绩的选手进行表彰，授予肖志丹等10人“邵阳状元”称号，各奖励1万元；授予张定等30人“邵阳工匠”称号，各奖励3000元；授予湖南省汽车技师学院等10个单位“优秀组织奖”。

【职工文体活动】2017年，邵阳市总工会组织开展“送欢笑”下基层活动。组织市花鼓戏保护传承中心的老艺术家们到湘窖酒业等12家企业开展以弘扬优秀传统文化、助推全国文明创建为主题的“文艺进企业”演出活动。开展职工专场文艺汇演，对绥宁县总工会选送的舞蹈《坝那哦吙》等6个节目进行表彰。3月17日在湘窖酒业公司举行“精彩女校·点亮绚丽人生”女职工素质教育优秀成果展。5月25～27日举办“中国梦·劳动美”全市职工乒乓球比赛，各县市区44支代表队、300余名职工参加比赛。

【推进“一户培养一名产业工人”解困脱困工程】2017年7月21日，邵阳市召开全市困难职工解困脱困工作领导小组成员单位负责人会议，审议通过《市解困脱困工作领导小组成员单位工作职责》。10月23日，市委、市政府下发《关于做好全市困难职工解困脱困和“一户一产业工人”培养工作的实施意见》，制定《困难职工解困脱困工作绩效考核实施细则》，规定帮扶资金和参联率。11月10日，全市召开困难职工解困脱困和“一户一产业工人”培养工作推进暨“邵阳工匠”表彰会议。

【为民办实事】2017年，邵阳市总工会共办好5项民生实事。全年共组织156008名职工参加职工医疗互助活动；62980名女职工参加女职工特殊保障项目；为865名大病致困职工和农民工提供医疗救助；对1415名困难职工和农民工子女提供助学生活救助；对1343名困难职工和农民工实施免费就业培训，其中市区组织49名下岗女职工进行母婴育儿培训、80名下岗职工参加汽车修理技能培训。

【推动维权帮扶】2017年，邵阳市总工会推进企事业单位民主管理，全市4934家企事业单位建立职代会、厂务公开制度，其中国有企、事业单位厂务公开、职代会推行面达100%全覆盖，100人以上已建工会的非公有制企业厂务公开、职代会推行面动态保持在85%左右。全市建立300人左右的职工维权律师志愿者队伍，建立1000人左右的劳动争议调解员、兼职仲裁员和法律监督员队伍，职工人数300人以上的企业普遍建立劳动争议调解组织。9月份先后在湖南湘窖酒业有限公司、南方水泥有限公司、湘中制药有限公司等企业以及洞口、新宁、城步、绥宁等县市区的相关企业开展法律宣传活动，发放法律宣传资料5000余册。

【“送清凉”活动】2017年7～9月，邵阳市各级工会开展高温期间劳动保护检查和送清凉活动，深入125家企业，筹措资金170万元，慰问职工近2万人。市总工会筹措资金16万元，由市总党组成员带队深入工业园区、规模企业、重点建设项目工地，送去人丹、藿香正气水、风油精等药品。7月25日湖南省总工会党组成员、副主席李铁华一行先后来到怀邵衡铁路辅轨基地和市污水处理厂污泥集中处置工程施工现场看望慰问一线职工。

（朱羽翼）

共青团邵阳市委

【概况】2017年，共青团邵阳市委获全国敬老文明号，全省共青团先进单位、第八届湖南省少儿才艺大赛最佳组织奖、湖南省第二届少先队活动课精品课程竞赛活动最佳组织奖，邵阳市绩效考核优秀单位、邵阳市社会管理综合治理先进单位、邵阳市人口和计划生育工作先进单位、邵阳市驻村帮扶工作先进单位、邵阳市学习型党组织建设先进单位、全市“双联”和困难职工帮扶工作、全市创建国家卫生城市工作先进集体等20余项部、省、市级荣誉。

【青少年教育引导】2017年，共青团邵阳市委在重要节点、重要纪念日和党的十九大召开等时间段，组织开展党史国情、革命传统、形势政策等宣传教育活动1000余次；以“与人生对话”为主题在全市各中学开展唱响青春梦想、演讲比赛等活动3000余次；在全市各高、中职学校开展以“彩虹人生”为主题的团日活动354次。开展“学习总书记讲话，做合格共青团员”教育实践活动，成立专题学习领导小组，下发活动实施方案，引导督促各基层团组织开展入团仪式、朗诵比赛、生命安全教育、美德少年评选等主题实践活动。在全市高校、中学团组织和各少先队组织中广泛开展“我的中国梦”“奋斗的青春最美丽”等主题宣传教育活动共280余场次，覆盖青少年10万多人次。组建2800人的团中央直属网宣队伍，其中12个县市区各200人、市直单位400人，有核心网评员30人，网络文明志愿者29734人；出台《邵阳市共青团网络宣传员队伍工作及管理办法》，通过建立微信群、QQ群的方式，对市、县、乡青年网宣员队伍实行层级化管理；通过共青团官方微信公众号、官方微博、“青年之声”青年互动平台、网站、QQ群等新媒体，传播网络正能量。开展寻找“最美团干部”“最美青年志愿者”“邵阳市杰出青年卫士”等评选表彰活动，表彰40家五四红旗团委、36家五四红旗团支部、67名优秀共青团干部、81名优秀共青团员、30名邵阳市杰出（优秀）青年卫士、46个邵阳市优秀青少年维权岗。

【服务党政中心工作】2017年，共青团邵阳市委开展大学生暑期“喜迎十九大　青春建新功”三下乡主题实践活动，组织近百支队伍深入全市各扶贫村开展免费医疗、爱心助学、义务支教、校外辅导、敬老助残等扶贫志愿服务活动。组织团市委机关全体干部赴城步苗族自治县塔溪村多次开展走访活动，每名干部结对联点2户以上贫困户，帮助解决生产生活、就业创业等难题。在邵东县承办“湖南希望工程助力脱贫攻坚大型公益行动”，发动各类爱心组织和个人捐资捐物，累计价值656万余元。响应市委、市政府部署安排，在第一时间直接组织市直单位、青年社会组织参与抗洪救灾行动；督促指导12个县市区团委，组织抗洪救灾志愿服务队、青年突击队，在辖区内开展抗洪抢险、灾后重建等志愿服务活动；做好宣传动员工作，引导全市团员青年踊跃投入灾后重建工作。

【服务青年成长】2017年，共青团邵阳市委组织开展“芙蓉学子”“华融湘江银行”“国酒茅台”“一元捐”“共享蓝天”等系列贫困学生资助项目，筹资200余万元，资助贫困学生1000余人次；完成“微益中国”推广项目45个；“大爱无疆·情暖邵阳”助学活动结对资助贫困学生80余人；援建3所希望小学，建立7所快乐亲情屋。联合开展青年创业电商培训，通过“青春故事会”、“青农大讲堂”等活动提供政策、技术、销售等方面的培训服务；联合市内金融机构，开展农业金融服务月活动，发行青年创业“贷”金融产品，缓解青年贷款难题；组织湖南锐科机器人公司、湖南万脉医疗等企业，在中国青创板、湖南青创板挂牌，拓宽融资渠道；成功申报湖南省大学生创新创业项目13个，累计获扶持资金83万元。邀请清华大学、北京大学邵阳籍优秀学子返乡开展10余场讲学报告会，覆盖青年学子1万多人；联合共青团广州市委、广铁集团等相关单位和爱心企业，举办“冬日暖阳，大爱邵阳”春运直通车活动，免费搭载1500余名邵阳籍在粤务工青年返乡过年；联合驻邵某部、市直单位青年开展“相约宝庆，爱在军营”军地联谊活动，19名官兵与地方女青年成功牵手；联合市人社局、市公用事业局开展2017年供水行业青工技能比武大赛。

【维护青少年合法权益】开展法治、禁毒、心理健康大型巡讲报告会30余场；联合市关工委向绥宁、城步等县市区发放法制禁毒图书5000余册；组织500名志愿者参加湖南省禁毒之声唱享健康——毅行禁毒宣传活动邵阳站启动仪式。组织邵阳市心理学会10余名老师，到邵阳市二中开展团体心理素质拓展和面对面心理疏导活动，让学生放松减压；举办农村留守儿童关爱保护工作启动仪式暨高级家庭教育指导师培训班；与邵阳市家庭教育研究学会签订协议，购买其关爱边远地区农村留守儿童社会服务。在13所留守儿童示范学校建立功能区完善的心理咨询室，开展个体心理咨询、建立学生心理档案和开展心理健康常识宣传等活动。

【从严治团】2017年邵阳市出台《共青团邵阳市委改革实施方案》，改革团市委组织机构、干部队伍、管理模式和工作方式，打造有影响的青年工作品牌；落实团干协管制度，配齐配强县级团委领导班子；落实“三会两制一课”制度，团市委机关常态性组织机关干部集中学习，不断改进文风、会风；市、县两级均成立青年咨询团，让广大青年参与共青团工作设计、开展、督导、考核全过程。联合市委组织部、市民政局下发《开展村级团组织集中换届选举工作的通知》，全市3618个村、443个社区均完成团组织换届。开展村级团建示范点创建工作，安排4名机关年轻干部驻点，在市辖3区、城步苗族自治县分别建立市级团建示范点，同时指导县级团委下派干部创建示范点。开展“1+100”团干部联系青年工作，市、县两级团干部共205名团干绑定手机，联系24115名青年，开展线下活动165次，线上活动149次，分享文章125篇，发表基层感悟文章23篇，回复英雄帖193个，3730名青年参与评论点赞。督促各级团组织在年底将初中阶段毕业班团青比例控制在30%以内，严肃纪律，畅通团员出口，及时处置不合格团员。做好年度团费收缴工作。持续开展“走进青年、转变作风、改进工作”大宣传大调研工作，让团干部走进基层、走进青年，让青年走进团的机关，了解团的工作，参与团的活动。

（石欧苏）

邵阳市妇女联合会

【组织活动】2017年，邵阳市妇女联合会到社区、学校、社会等基层一线和妇女儿童群众中宣传宣讲开展党的十九大精神“百千万巾帼大宣讲”活动146场次，受众达30余万人次。开展“寻找最美”活动，评选表彰邵阳市“最美家庭”43户、“最美儿童”60名、“邵阳市最美湘女”14名，4户家庭获评湖南省“最美家庭”，2户家庭获评全国“最美家庭”。与中国青年政治学院社会工作学院合作，组织专业团队开展家庭教育指导、优秀家庭家风家教巡讲、“防性侵、防拐骗、自护应急”等知识讲座、农村留守儿童心理辅导活动400余场，惠及10万余名农村留守儿童及家庭。组织开展“书香飘万家”亲子阅读和“宝贝去哪儿”亲子户外活动，推报省级书香家庭23户，弘扬良好家风。

【脱贫攻坚】2017年，邵阳市妇女联合会配合湖南省妇联在隆回县开展“巾帼脱贫行动”现场交流会。创评全国、省“巾帼农业脱贫示范基地”4个、省“巾帼巧手创业就业孵化基地”3个，杨淑亭等3名女性获评2017年“百名最美扶贫人物”。由市妇联党组成员带队，派出3名工作人员开展驻村帮扶，向省、市争取到位扶贫专项资金70多万元，完成水、路、电、房、业、医、学等多项民生工程；借助社会合力解决贫困户“三保障”目标。87户337人建档立卡贫困户已脱贫80户318人。举办春风行动巾帼专场洽谈会，帮助1800余人达成就业意向。开展巾帼家政服务、@她创业计划—沃尔玛女性小微企业创业等培训。发放妇女创业担保贷款912笔，金额9032万元，扶持自主创业912人，带动就业2678人；举行巾帼脱贫行动政银企联谊会，发放创业贷款220万元。对接邵商大会承办“巾帼邵商回娘家”座谈会。注重示范引领，创评全国巾帼文明岗、巾帼建功先进集体4个、全国巾帼建功标兵3人。做好农村适龄妇女“两癌”免费检查重点民生实事项目。举办关爱女性生殖健康知识“三进”公益活动，争取到中国妇女发展基金会、安莉芳集团价值100万元的物资。完成检查167511人，完成省定任务的101.8%；争取到位“两癌”救助金196.8万元，164名贫困“两癌”妇女获每人1.2万元的救助金。

【维权维稳】2017年，邵阳市妇女联合会开展“建设法治邵阳·巾帼在行动”活动，举办普法讲座60场，参与群众7.15万人次，发放宣传资料20万余份。召开第六次邵阳市妇女儿童工作会议，颁布实施新一轮妇女儿童规划，分解目标责任，健全科学评估体系；指导县市区颁布当地的妇女儿童发展规划。加强信访接待工作，共受理群众来信来电来访568件。完善婚姻家庭纠纷多元化解机制，实现县市区婚调委全覆盖，6个县市区获财政经费支持，接受咨询1649起，调解906起，和好311起。注重源头维权，关注热点难点问题，分别就妇联工作纳入政府购买、落实基层妇联干部待遇等问题开展专题调研。

【关爱帮扶】2017年，邵阳市妇女联合会开展“文明创建·大爱邵阳”农村留守儿童关爱保护工作。争取市政府安排专项工作经费 50 万元，推动市家庭教育研究会以政府购买服务的形式承接全市农村留守儿童关爱保护工作。选取邵阳县黄荆乡青山村等 10 个村作为试点村，发挥基层妇联改革后乡村妇联执委的作用，开展家庭教育、留守儿童心理健康辅导等工作，争取到新东方教育科技（集团）有限公司连续三年为项目负责人解决 500 元每月的活动经费。推进妇女儿童关爱服务项目，做好妇女关爱帮扶贫困妇女儿童群体。争取到“音乐之声”“知心屋”“小候鸟读书”“水印计划”等项目，总计投资约 120 余万元；“邵阳市贫困妇女儿童帮扶救助专项行动”帮扶救助 396 人次 41.6 万元。组织开展防汛救灾，筹措 26.55 万元帮助灾后恢复重建，第一时间向省妇联申报追授在抗洪救灾中牺牲的李粤玲为“湖南省三八红旗手”。

【组织建设】2017 年，邵阳市妇女联合会改革取得实质性发展，全市 203 个乡镇（街道）全部完成改革，3612 个村（社区）全部完成会改联，12 个县市区有专职主席 12 人、专职副主席 14 人、执委 345 人；乡镇（街道）专职主席 187 人、兼职副主席 626 人、执委 4875 人；村（社区）专职主席 3021 人、兼职副主席 6092 人、执委 45721 人。新成立市妇联离退休老干部、市女企业家协会和市家庭教育研究会 3 个党支部；在市委党校举办全市基层妇联主席培训班，270 人参加培训，组织 26 名妇女干部到福建古田干部学院参加主题为“巾帼心向党 · 扬帆新征程”党性教育培训。

（唐小慧）

邵阳市文学艺术界联合会

【概况】2017 年，邵阳市文学艺术界联合会有直属一级协会 12 个，有国家级会员 301 人、省级会员 1425 人、市级会员 4118 人，会员数比第四次文代会时别增长 151%、84.5%、66.6%。其中，中国摄影家协会会员、中国作家协会会员数量在全省市州（省会长沙除外）均列第一方阵，并出现一次 5 人加入中国作家协会、一次 4 人加入中国美术家协会的可喜局面。3 ~4 月，市文联和各协会组织开展专题培训 28 场，参训文艺家和文艺工作者达 2300 多人次。

【邵阳市文联第五次代表大会召开】2017 年 8 月，邵阳市文学艺术界联合会第五次代表大会召开。来自市文联 23 个团体会员单位和各部门、各领域、各民族的 199 名代表和特邀领导、专家欢聚一堂，共同回顾邵阳市第四次文代会以来的难忘历程，共商文学艺术发展大计。湖南省政协副主席、省文联主席欧阳斌，中共邵阳市委书记、市人大常委会主任龚文密及在邵的市委常委和有关市级领导出席大会开幕式。欧阳斌主席、龚文密书记分别在开幕式上讲话。市委常委、市委宣传部部长周迎春在闭幕式上讲话。

【打造“文艺进六区”文艺活动品牌】2017 年，邵阳市文学艺术界联合会启动并广泛开展以园区行、山区行、社区行、校区行、营区行、景区行为内容的“邵阳文艺家六区行”主题实践活动，在“深入生活、扎根人民”方面迈出新步伐。到年底已开展市级活动 40 场次，县市区级活动 126 场次，参与活动的文艺家达 3600 多人次，受益群众达 10 多万人次。

【作品展览展示】2017 年，邵阳市文学艺术界联合会在市区先后举行“乡之韵”美术作品展、“鸡年大吉”新年雅集、“情润元宵”高雅艺术走进大汉步行街、“移动视界、看最美邵阳”现场展演、“文明邵阳 · 与爱同行”主题文艺活动进中河街等社区行活动 19 场，“名家春联山乡行”走进高崇山等山区行活动 5 场，举行“二胡艺术下基层走进湘窖酒业”“爱我邵阳——何斌阳国画作品展走进宝庆号”等园区行活动 3 场，举行文学名家进崀山、美术名家进花瑶、邵阳摄影家走花瑶、音乐名家走进蔡锷故居、音乐名家采风武冈古城、文艺名家采风南山、诗联百家云山行等景区行活动 7 场，举行书法与古琴艺术走进邵阳市第五中学，文艺名家讲座走进邵阳学院、走进邵阳职业技术学院、走进邵阳市湘郡铭志学校等校区行活动 4 场，举行诗歌名家讲座走进邵东法院、书画家走进邵东公安等营区行活动2场。刘大为、吴长江、唐勇力、宋飞、王界山、于丹、李少君等全国名家，姜贻斌、马笑泉、张音悦、刘年等众多湖湘文艺名人，以及大批本土文艺骨干和新锐参与活动。

【组织文艺家活动】2017年，邵阳市文学艺术界联合会组织并支持隆回作家龙会吟、周玮创作以全省唯一的文艺界道德模范刘启后（老后）为典型的长篇报告文学《跟着老后走花瑶》，湖南省政协副主席、省文联主席欧阳斌作序，已由湖南人民出版社出版发行。与市新华书店联合打造2017“书里书外”邵阳文艺家沙龙，举办专场活动5场。7月上旬，组织号召市文艺界的文艺家志愿者们为抗洪救灾义捐。6日近百名文艺家到市文联捐款捐书画作品，9日、10日，文艺名家到灾区城步、绥宁组织专场赈灾书画笔会。12日，在市区举行抗洪救灾义捐书画作品专场拍卖会，成交额达12万元。1周之内，已有500多名文艺界人士参与义捐，募集善款30余万元，捐赠书画作品136幅，创作完成《大爱的人》《我们不怕》《保卫家园》等歌曲搬上荧屏、舞台，报刊、网站发表抗洪救灾主题文艺作品100多件（篇）。

【指导文艺工作】2017年，邵阳市文学艺术界联合会与中国二胡学会联合主办二胡名家邵阳行大型演奏会及系列活动，与佛山市文联联合主办“军歌嘹亮”庆祝中国人民解放军建军90周年邵阳佛山书法作品联展。在市内主办“潇湘灵韵”湖南省政协书画室名家作品邵阳书画展，“砚边闲趣”吴志宪刘一平书法作品展，“旅粤墨痕”军旅书法家邹敏德回乡展，刘谦强、罗炳森纪念毛泽东诞辰120周年邵阳书法作品展，谭仁、田绍登、陈明大、袁绍明、刘铁臂、周玲子、陈丽芳、夏碧波、孙太平、李砺等湖湘书画名家作品邵阳展。指导完成市舞蹈家协会、市戏剧家协会换届工作，指导成立邵阳市中国画艺术委员会，以及邵阳市京剧票友协会。全年全市新增市级文艺家协会会员96人，发展省级以上会员21人，其中加入中国书法家协会的李炯峰才28岁，创全省书法界之最。

【扶持文艺新人】2017年，邵阳市文学艺术界联合会组织推荐汤岚、龙章辉2位少数民族作家分别参加鲁迅文学院第12期、第15期少数民族作家班学习，推荐熊烨、袁姣素、周伟参加毛泽东文学院第13届中青年作家班学习，支持鼓励周冰、王铭祥、肖笑波等36位书法、美术、戏剧家参加在北京、长沙、上海、邵阳等地举办的各类高研班学习。邵阳市已培养出产生全国性影响的肖笑波、李炯峰等一批成长于本土的80后文艺家，以及王馨、周世杰、唐陈鹏等一批前景看好的90后文艺新人。

【组织创作采风】2017年，邵阳市文学艺术界联合会相继组织青年美术家崀山写生活动，邵阳作家高沙古镇采风活动，油画家绥宁现场写生活动，以及美术界、书法界、诗词界、楹联界、文艺媒体界联合在大希堂举办的“邵阳文艺家迎国庆诗联书画笔会”等采风活动。

【举办作品展览】2017年，邵阳市文学艺术界联合会在魏源文化市场墨曦画廊开幕邓星奇回乡作品展；与市书协、市青年书法家协会联合主办、在邵阳市城南公园和江北广场举行免费书赠春联活动，40多位书法家现场免费向群众书赠春联3000多副；先后在宝庆艺术馆举办邵阳市油画艺委会首届油画展，《魅力花瑶》刘铁臂中国画作品回乡展，悠游·周少剑书法作品巡回展，袁绍明书画作品展，“张建国师生花瑶写生作品展”，“康移风作品展”；在市美术馆开展“突破·创新”青年艺术家作品展，“墨韵邵阳——邵阳市首届中国画作品展”；在墨曦画廊开展舒湘汉人物作品展；参与承办城步南山六月六山歌节；在邵阳玉清宫举行“倚石问道，观景品书”邵阳市首届奇石、盆景、书法联展；在宝庆山庄举行邵阳市首届艺术品保真拍卖会，210件作品参拍，成交率达到80%；在宝庆书画院开展“张佩山水画精品展”；与市委宣传部、市摄影家协会联合主办邵阳“移动4G和我们在一起”摄影大赛；12月27日邵阳历史上最大规模的“大美邵阳·邵阳市首届美术节”开幕，美术节分10个场馆展出作品1000余件，由《美术报》等大型专业媒体全面推介，其规模档次走在全省乃至全国地州市前列。

【参加公益活动】 2017年，邵阳市文学艺术界联合会探索文艺公益服务的新途径、新模式，于4月1日成立全市第一家文艺界公益文化协会——邵阳市资江潮文化公益协会，该协会已启动在全市各县区设立公益性连锁式“君子书屋”，为社会提供公益性的传统文化讲习课堂，并筹备设立面向全国的永久性魏源文艺奖。在全国第一个文艺家志愿者服务日，组织诗、联、书、画、摄影家来到兰天汽车公司开展“走进爱心企业、走近模范志愿者”的义务创作笔会。

【发展标志性文化区域】 2017年，邵阳市文学艺术界联合会根据各县市区资源条件、特色优势，寻求文艺与旅游产业的深度融合，谋划和打造标志性文艺活动品牌，发展标志性文化产业，形成标志性的文化区域。办好邵阳市第二届美术节；以滩头年画为根基与依托，打造中国新生代版画之乡；以邵阳有影响的儿童文学作家众多的优势，打造儿童文学之乡；以邵阳祁剧、花鼓戏、木偶戏、布袋戏、阳戏、傩戏等戏曲类非物质文化遗产众多的优势，打造戏曲文化之乡；以二胡艺术爱好者众多、氛围浓厚的优势，打造二胡艺术之乡等。同时保护与扶持传统文化村落。

【文艺创作成果】 2017年，邵阳市文学艺术创作成果丰硕。

文学方面，肖仁福长篇小说《平台》由人民文学出版社出版，舒中民长篇小说《非常突围》在大刊《啄木鸟》分2期连载推出，陶青林中篇小说《如影随行》被《小说月报》转载，网络文学作家李晓敏作品由省作协和中南大学集中组织研讨，肖世群中篇小说被《湖南文学》头条推出，《散文百家》推出“洞口散文作家群”作品专辑，著名盲人作家、中国作家协会会员曾令超散文选集《梅柳春光》由中国盲人出版社出版。

戏剧方面，花鼓戏《草根村官》获湖南省第十二届精神文明建设“五个一工程”奖，戏剧家刘桂梅创作的小戏《闹春》在湖南省以“中国梦”为主题的戏剧创作活动中获小戏小品“优秀剧本奖”。

音乐方面，歌曲《向着太阳唱山歌》获湖南省第十二届精神文明建设“五个一工程”奖，扬琴演奏家邓双喜在“2014建国杯”中凭借乐曲《节日的天山》的出色演奏获青年专业组乐手扬琴独奏银奖，邵阳市青年词作家邓永旺创作的歌曲《祖国，我深深地爱着你》在第十五届“家国之春”中国民族歌曲演创大奖赛中获“中国民歌十大金曲”金奖。

美术方面，刘金铎的瓷刻作品《泳坛之花》在第十五届中国工艺美术大师暨国际手工艺品精品展获金奖并入围艾琳—国际精品奖，《乐开怀》在“2014中国原创·百花杯”中国工艺美术精品奖评比活动中获银奖。孙广祥、吴人豪等作品分别获金奖和银奖。在“塞上明珠·美丽宁夏”第八届中国西部大地情中国画、油画作品展中，佘焕晟的国画作品《农民工兄弟之工地》获优秀奖（最高奖），是湖南省2个国画优秀奖获得者之一，胡建国的国画《圣城》和马文新的国画《绿染苗家》同时入选。马文新的纸本重彩《醉美苗乡》、胡建国和葛鹰合作的工笔画《苗岭闹春》、周冰和袁小辉合作的工笔画《红艳凝香》入选“金陵文脉”·2014年全国中国画展。青年女画家周冰的2幅工笔画《故乡情》《华芳缀碧枝》入选由中国美术家协会、现代工笔画院联合主办的“精致立场·全国第二届现代工笔画大展”。

书法方面，邵阳书法家谢岸炀获第二届湖南省公务员书法大赛二等奖，李斌、彭端祥、周利获三等奖，孟飞获优秀奖。市残疾人书法家刘嵩琛的书法《毛泽东诗词九首》获“梦桥杯”湖南首届百强残疾人艺术精英选拔大赛二等奖。

摄影方面，分别有刘奕、龙鼎中、贺文胜等的作品获国际、国内金奖、银奖。

【文艺活动】 2017年，邵阳市文学艺术界联合会出版4期《新花》文艺内刊；组织出版新邵作品专辑和洞口散文作家群专辑；《邵阳文艺网》正常运行；加强《邵阳市文艺评论》博客和微博的建设，已刊发理论评论文章近600篇，链接邵阳籍文艺家及全国文艺家文艺机构网站博客500多家，上传邵阳籍文艺家图片资料315份，点击量近5万人次；建立邵阳大希堂、邵东佘田桥镇文艺中心2个省级文艺惠民基地，培育绥宁宝鼎文化发展中心作为新的省级惠民基地。召开文艺家志愿者模范表彰会，授予摄影家、民间文艺专家老后（刘启后）、文艺评论家何俊良邵阳市首届文艺家志愿者模范称号。刘启后作为湖南省唯一的候选人参加由中华文化促进会举行的“世界华人2014中华文化人物”评选并当选，推评邹宗德荣获中国楹联界最高奖——梁章钜奖，并获“中国楹联十秀”称号；组织指导洞口散文作家群的研讨和培训、邵东散文现象的研讨和培训；组织对全市各县市美协美术创作的巡回现场指导和培训；召集各协会主席、秘书长和文艺家代表对习近平总书记关于文艺工作讲话精神进行集中学习；开展“中国梦”文艺作品征文组织工作和“潇湘杯”网络文学大赛邵阳赛区的发动组织工作，一批作品入选入围，刘桂梅等人的作品获奖。

（艾永权）

邵阳市科学技术协会

【概况】2017年，邵阳市科学技术协会有委员74人，其中常委32人，常委中有正副主席13名（含兼职副主席）；市科协机关人员编制11名，下辖正科级事业单位邵阳市科技馆1个、人员编制12名；有市级学会（协会、研究会）25个，高校科协3个，企业科协8个，县（市、区）科协12个。

【院士专家工作站建设】2017年，邵阳市科学技术协会已成立院士专家工作站9家，其中武冈天佑农业有限公司、湖南南山牧业发展公司、邵阳市农业科学研究院、湖南宝东农牧发展有限公司4家为省级院士专家工作站，正大邵阳骨伤科医院、隆回盛世丰花生物科技有限公司、邵阳市南方草业科学研究所、邵阳学院、城步新鼎盛电子科技有限公司5家为市级院士专家工作站。组织召开邵阳市院士专家工作站建设联席会议，推动院士专家工作站建设工作和邵阳市人才工作深度对接，尤其是争取邵阳市人才领导小组加大对院士专家工作站建设的领导、指导力度和经费支持力度，并制定定期对进站院士定期回访制度。4月组织专家对8家院士专家工作站开展绩效考核工作，评选湖南宝东农牧院士专家工作站为优秀院士专家工作站。7月邵阳市科协按照市委关于高端人才有关文件精神落实院士专家工作站建设经费，促进邵阳市的院士专家工作站培育人才、科技攻关和项目建设等工作。

【引进高端科技教育精英】2017年，邵阳市科学技术协会按照市委、市政府要为产业兴邵提供人才支撑的要求，3月初派员到湖南省内外各地走访了解邵阳籍专家学者情况，邀请专家学者回家乡献智献策献力，帮助家乡发展产业。先后到湖南省人社厅、湖南省科技厅、湖南省科协、长沙理工大学、湖南师大、湖南农大、湖南大学、中南大学、苏州工业园洛加大先进技术研究院等单位和高校，并电话联系上海专家顾问组，掌握愿意为家乡建设服务的邵阳籍专家学者180多人，从中优选出12名院士专家聘任为邵阳市人民政府科技经济顾问。同时为确保产学研对接顺利，走访调查市内30多家企业，走访考察邵阳智能制造先进技术研究院。

【全民科学素质工作】2017年，邵阳市科学技术协会根据国家和湖南省有关全民科学素质工作管理机构的发展方向，及时调整成立新的全民科学素质工作管理机构，改原来的领导小组为“邵阳市全民科学素质纲要实施工作办公室”，并把原来的21个组成成员单位扩编为31个成员单位。各成员单位设立联络组，安排1名相关科室的科长或副科长为联络员。结合邵阳市实际，制定并以市政府办公室的名义下发《邵阳市全民科学素质行动计划纲要实施方案（2016—2020年）》。把全民科学素质工作的几个关键指标纳入全市的绩效文明考核体系，考核分值占5分，加强对各县市区人民政府和市直成员单位开展全民科学素质工作的督导。

【创新科普活动】2017年，邵阳市科学技术协会先后在绥宁县、城步苗族自治县、新宁县举办中国流动科技馆基层巡展活动，让科技与广大民众，特别是中小学生零距离接触。结合精准扶贫工作，3次组织专家和科普志愿者到武冈市湾头桥镇芭蕉庚家桥村、邵阳县小溪市乡贫困村、武冈市辕门口街道，开展送科技入贫困村入社区活动，为村民和社区居民送去慰问资金3000元、药品2万余元，科技书籍3000册，请专家开展科普讲座3期，听众近400人次，开展义诊义治200余人次。根据中国科协、湖南省科协关于科技助力精准扶贫工作考核办法，分别制定贯彻落实省目标任务的通知和邵阳市科技助力精准扶贫目标任务建议表，建立邵阳市科技助力精准扶贫工作领导小组和实施方案，与市农委、市扶贫办、市农科院3家单位合作，指导县市开展科技助力精准扶贫工作。同时，协助湖南省科协，抓好对省派驻村帮扶工作队的科技助力精准扶贫工作指导，争取科技助力精准扶贫资金200多万元。围绕中共邵阳市委、邵阳市人民政府创建全国文明城市行动，4月、8月2次在市区城南公园、人民广场、江北广场、魏源广场等场所开展科普志愿者活动，组织市直学会和市辖3区科协科技工作者和科普志愿者100人次，开展科技咨询和科普宣传活动。10月13日国际减灾日期间，联合大祥区科协邀请专家在大祥区桂花社区为社区居民开展安全卫生知识讲座，并为社区居民送去价值7000余元药品。

【组织青少年系列科技竞赛活动】2017年3月，邵阳市举办第三十八届青少年科技创新大赛，收到作品700项，通过专家评选，评出一等奖118项、二等奖244项、三等奖398项；推荐70项作品参加全省第三十八届青少年科技创新大赛，获一等奖20个、二等奖33个、三等奖16个；在全国青少年科技创新大赛中，获一等奖1个、二等奖3个、三等奖1个。4月，举办邵阳市第二届中小学机器人大赛，428支代表队，501名选手参加竞赛，通过技术测试、现场竞级、综合评定等程序，共决出A类一等奖39个、二等奖56个、三等奖73个，B类一等奖379个、二等奖52个、三等奖68个，推荐的66支代表队参加全省青少年机器人竞赛，获一等奖22个、二等奖19个、三等奖21个。5月中旬，由邵阳市承办的湖南省青少年机器人大赛在邵阳市一中举办，全省14个市州的598支参赛队伍1184名选手、476名教练、老师及裁判员等共计1900余人参加，是湖南省开展机器人竞赛活动项目数量最全、参赛规模最大的一届赛事。11月，举办第二届邵阳市科学技能竞赛，343名学生参加竞赛，决出一等奖71个、二等奖104个、三等奖136个。

【举荐宣传表彰优秀科技工作者】2017年，邵阳市科学技术协会3月召开的市科协全委会上，对全市科协工作先进集体进行表彰奖励。5月，联合市委组织部、市人社局下发文件，推荐评选第三届邵阳市青年科技奖，表彰奖励在科技创新、经济发展和社会进步中取得突出成就的青年科技人才。在年底召开的邵阳市青少年科技教育工作会上，联合市人社局通报表彰一批青少年科技活动优秀辅导员、青少年科技教育工作先进集体和先进个人。同时利用电视、报刊、网站、科普微信等媒体资源，宣传在创新科学技术和普及科学技术方面做出突出贡献的优秀科技工作者。

【指导学会党建工作】截至2017年9月，邵阳市科协系统实现学会党组织全覆盖。各级科协指导示范性学会支部委员会建设，加强软弱涣散学会组织建设，成立党的基层组织。争取市“两新”工委3万元的社会组织党建经费，40%的经费用于培训学会支部书记和党员，60%的经费用于补助学会党建。市科协安排1万多元经费、市自然科学学会研究会从会费中安排2万元经费用于加强学会党建工作。市科协25个学会成立24个支部，其中邵阳市电教学会、邵阳市数理化生地学会成立联合支部，邵阳市农学会因学会换届未落实，已书面请示成立支部，注销邵阳市畜牧水产学会等5个学会。在24个支部中，成立11个学会支部，3个到换届期限的支部进行换届，加强对8个学会支部的建设。

【精准扶贫脱贫】2017年，邵阳市科学技术协会在常驻精准扶贫点武冈市湾头桥镇芭蕉村全面完成三年规划的全部工作目标。先后完成420亩荒山的植树造林、1500米标准水渠建设、11口水塘的硬化整修、村主干道亮化和绿化工程、村卫生所建设、自来水工程、垃圾分类管理、文体广场建设、电网改造、新修道路1480米和机耕道路500米、村响广播工程、11千伏光伏电站建设、危桥改建、芭蕉桥修建、危房改造、农产品交易、土地整治项目等任务。开展糯玉米、甜玉米种植，果木经济，依靠山林资源发展养殖业等产业发展项目。争取到政府投资400多万元，将对全村的主水渠道和机耕道进行整治。

（邓小勇）

邵阳市归国华侨联合会

【概况】邵阳市是湖南省侨务资源大市，海外侨商数量居全省第一。据统计，截至2017年底，全市有海（境）外邵阳籍侨胞30151人，归侨侨眷75585人，其中归侨55人、侨眷75530人（不含长年在东盟10国创业、经商、务工人员及其眷属10万余人），有侨资企业38家。邵阳籍海（境）外侨胞主要分布在美国、加拿大、法国、英国、新加坡、马来西亚、老挝、越南、缅甸等49个国家和地区，多在居住国有地位、有实力、有影响。

邵阳市在国外所办企业有3000家以上，其中东盟10国有1300余家，境外注册资金连续四年位居全省第一，遍及亚、非、美洲等14个国家和地区，其中老挝102家、泰国34家、香港28家、印尼18家。以邵东籍人士为主，成立老挝、泰国、印尼、菲律宾等东盟各国湖南商会，在意大利、南非、尼日利亚、巴基斯坦、埃塞俄比亚等国成立以邵东籍人士为骨干力量的湖南商会，巴西、尼泊尔、加拿大、土耳其、厄瓜多尔等国的湖南商会已在筹建中。

【为侨服务】2017年，邵阳市归国华侨联合会春节期间走访慰问100余户重点侨务对象、困难归侨，送去80多万元慰问金和慰问品。建立“邵阳侨联”“邵阳侨胞情”“邵阳归国留学生联络群”等微信群，利用“互联网+”，搭建全球无障碍联络平台。全年接待来自美国、加拿大、英国、法国等国和中国香港回乡探亲、访友的海外人士300余人次，缔结良好的海外网络关系系统。全面开展侨情摸底，年初即对全市范围内邵籍在港人员、海外邵籍或以邵籍人员为主要力量的侨团侨社及专业协会的基本情况进行重新摸底；3月份对全市范围内家庭困难的归侨侨眷进行全面摸底排查，并分别就政府建档立卡户和未建档立卡户实行分级建档，实行大范围摸底、小众式扶持，在实地考察的基础上，最终确定58名重点扶持对象，向省联争取到扶助资金4万元；11月份在全市范围内开展新侨摸底工作，确保数据的准确性和时效性。

【招引侨资】2017年2月，邵东县侨联参与接待老挝人民革命党中央委员、乌多姆赛省省委书记、省长佩沙孔·龙阿派一行在邵阳的考察活动，推动双方的交流合作。3月和6月，邵阳市侨联接待香港铜锣湾集团高层到隆回县进行城市基础设施建设的投资考察。5月，新邵县侨联接待加拿大商务考察团赴新邵考察、商讨“北美枫情特色小镇”项目。9月，邵阳市侨联接待泰国第五警区代表团披塔雅·期里拉一行到邵东参观访问；逐步落实麦斯集团董事长蒋至强先生投资3亿元人民币的崀山北大门五星级生态酒店项目和七星级农家乐项目；11月，湖南省侨联党组成员、副主席孙民生，老挝中国总商会副会长宋杰锋陪同香港铜锣湾集团湖南区域总裁叶惊涛一行到邵东考察城市综合体建设，双方达成初步合作意向。

【海(境)外侨捐活动】2017年，邵阳市归国华侨联合会落实福建新华教育基金会为邵阳市2所中学的“珍珠班”捐赠75万元助学金；北美新宁夷江教育基金会捐资15.4万元资助新宁教育事业，蒋周淑琴基金会提供120万元资金，用于奖励优秀学生、优秀教师及优秀的贫困师生；香港应善良基金会为新邵县严塘镇川岩村村道等4个项目捐赠45.36万元；中国华侨公益基金会向城步苗族自治县人民医院捐赠价值约为96万元人民币的SM10C等离子双极电切电凝系统1台；香港吴星可慈善基金会为隆回县虎形山中学一次性捐赠20

台教学联想品牌台式电脑；深圳狮子会宝庆服务队为隆回一中109名贫困学生捐款现金22万元，资助7所小学智能广播器材各1套，折合人民币11万元；澳大利亚华侨魏基成夫妇为洞口县贫困学生捐赠棉衣628件，折合人民币7万元，为城步苗族自治县贫困学生捐赠166套爱心棉衣，折合人民币2万余元等项目，初步合计金额为399.76万元。在2017年邵阳市抗洪救灾中，侨胞新宁蒋氏兄弟捐款人民币200万元、大米2万斤，香港湖南邵阳联谊会捐款102.86万港币（折合人民币87.41万元），争取到湖南省华侨公益基金会救灾资金17.28万元。

【维护侨胞合法权益】2017年，邵阳市归国华侨联合会逢年过节上门慰问，定期进行全面摸底，了解对归侨侨眷生活生产情况，并有针对性地开展服务。全年处理了邵籍港胞孙最能要求收回其1950年土地改革祖籍房产、侨眷廖黎明加拿大寻亲、美籍华人段荣书亲属的交通事故、涉外婚姻等信访诉求53件，调解2起涉侨家庭纠纷、2起邻里宅基地纠纷、1起侨眷赡养老人纠纷。

【精准扶贫】2017年2月初，邵阳市归国华侨联合会组织全市贫困归侨侨眷家庭情况摸底，为侨界贫困户建册立档。9月为扶贫村新宁县清江桥乡清江村解决扶贫资金3万元，用于灾后重建。新宁县侨联协助村“两委”与贫困户逐户确定脱贫措施，发展脐橙、双季稻、中药材、珍稀苗木、养殖业等产业，年内完成易地搬迁20户，解决20多万资金实施村内路灯改造项目。城步苗族自治县侨联采取贫困户精准识别、人安饮水、移动信号塔建设、发展产业笋竹林开发、青钱柳茶叶种植等方式开展扶贫工作，争取湘商公益基金捐款10万元和湖南省侨联下拨的侨胞侨属捐款8800元，修建群旺村斜头山片的水毁桥梁1座，修通因7月强降雨引起的水毁道路，方便群众出行，7户贫困户全部达到“两不愁、三保障”标准，顺利脱贫。

（尹　青）

邵阳市社会科学界联合会

【理论学习】2017年，邵阳市社会科学界联合会组织召开全市社科理论界、文艺界和新闻界学习宣传贯彻党的十九大精神座谈会，邀请社科理论界、文艺界、新闻界代表和市领导30多人参会，市委常委、市委宣传部部长周迎春到会讲话。组织市社科专家撰写理论文章，解读党的十九大精神，并将部分优秀文章刊登在《邵阳日报》、邵阳新闻网和邵阳市社科联网站上。组织开展宣讲活动，市社科联主席肖治国作为市宣讲团成员进机关宣讲10余次，并组织市社科专家开展党的十九大精神微宣讲活动。

【成果评奖】2017年，邵阳市以习近平总书记在哲学社会科学座谈会上的重要讲话精神为指导，坚持理论联系实际，坚持理论创新与知识创新，取得一大批新的研究成果。经邵阳市社会科学成果评审委员会评定，评出邵阳市第十四届社会科学优秀成果一等奖10项、二等奖19项、三等奖30项（以上奖项均为市级奖）。

【课题研究】2017年，邵阳市社会科学界联合会完成组织邵阳市2016—2017年市级补充课题立项27项，遵循习近平总书记关于加快构建中国特色哲学社会科学的要求，课题内容均围绕邵阳市当前改革开放和经济社会建设中的重大理论和实践问题，或立足地方高校学科建设或传统文化研究。为加快文化强市建设，设市级委托课题《小学低年级国学经典诵读的实践研究》1项；报市委宣传部思想工作调研选题1项。由蔡典维副市长主持的《经济新常态下破解县域经济发展难题研究》被确立为湖南省社科成果评审委员会重大课题。

【学术活动】2017年，邵阳市社会科学界联合会组织县市区社科联骨干参加市委宣传部组织的党的十九大精神学习培训，主席肖治国在培训班上进行授课辅导。组织县市区社科联及市级类学会前往广西柳州参加2017年全国大中城市社科联第28次会议，邵阳市社科联、邵阳市税收学会、新宁县社科联获2017年度“全国社科组织先进单位”称号，3人名被评为先进个人。市社科联联合魏源文化艺术研究院组织纪念魏源逝世160周年学术研讨会，邀请省市级专家和领导50多人参会，从魏源经世思想与湖湘文化、魏源思想与中国改革开放和实现中华民族伟大复兴的中国梦等方面开展交流与讨论。

【社科普及】 2017年5月，由湖南省社会科学界联合会副巡视员丁宇带队，就“如何适应旅游新业态，强力推进洞口县全域旅游发展”主题，两次带社科专家团到邵，为洞口县旅游发展献计献策。市社科联2016—2017年重大委托课题——社会主义核心价值观读本《守望我们共同的精神家园》公开出版。市社科专家贺湖的《校园安全　警钟长鸣——突发事件应急管理经典案例解读与警示》获评第八届湖南省优秀社科普及读物。市社科联协助市委宣传部举办3期“宝庆大讲坛”，中央党校陈述教授就全面从严治党、省台办主任冯波就当前两岸关系形势和湖南对台工作、湖南农大刘新春教授就社会主义核心价值观分别作专题阐释。

【科普活动周】 2017年，邵阳市社会科学界联合会开展以“践行社会主义核心价值观　传承中华优秀传统文化”为主题的科普活动周。创新活动新形式，组织市级社科类学会、县市区社科联与省社科联同步启动科普活动周。其中，市社科联组织市演讲学会、市君之道国学馆在思源实验学校以一场主题“做一个中华美德少年”的演讲开启传统文化进校园的启动仪式，并委托该校开展市级课题“小学低年级国学经典诵读的实践研究”；武冈市社科联联合市防范办、妇联、禁毒办、总工会、司法局、公安局、法院等单位举办“深化反邪教社会警示教育活动，增强社会反邪意识”“建设法治武冈，巾帼在行动”“守护好家园，不让毒品进家门”等为主题的社科普及宣传活动。

（肖艳丹）

邵阳市残疾人联合会

【概况】 2017年，邵阳市残疾人联合会先后获年度湖南省残疾人工作目标管理考核先进单位、湖南省康复工作先进单位、全省特教中专招生工作先进单位、湖南省教就工作先进单位、邵阳市重点民生实事项目先进单位、邵阳市综合治理（平安建设）先进单位、邵阳市四年五边绿色行动合格单位、邵阳市招商引资合格单位、邵阳市社会管理综合治理、维护稳定、防范处理邪教工作和打黑除恶专项斗争先进集体、邵阳市信访工作先进单位、邵阳市“双联”和困难职工帮扶工作先进单位、邵阳市档案工作先进单位等荣誉称号。

【残疾人康复托养服务中心项目建设】 2017年，邵阳市残疾人康复托养服务中心列入全市重点项目前期工作，该项目建设规模1万平方米，总计划投资5000万元。到年底前期工作全部完成，湖南省人民政府和省林业厅下达农用地转用、土地征收审批单和林地审核同意书，与邵阳市城市建设投资经营集团有限公司签订《邵阳市残疾人康复托养中心划拨用地供地协议》。通过公开招投标，确定邵阳市南方建设工程有限公司为土石方工程及围墙工程施工单位。2018年元月将按期进入施工阶段。

【残疾人康复】 2017年“0-6岁残疾儿童抢救性康复”工作被列入邵阳市人民政府重点民生实事工作，任务数400名。截至年底，全市共完成“0-6岁残疾儿童抢救性康复”505名，超额完成市下达任务数105名，共投入资金1135.97万元。其中，完成人工耳蜗项目56名，智力残疾儿童康复210名，肢体残疾儿童康复训练和矫形器适配120名，孤独症儿童康复100名，助听器适配19名。

【残疾人宣传文艺体育】 2017年，邵阳市残疾人联合会组织参加“残健融合、共促发展”的全国残疾人优秀艺术作品展获全国二等奖1个；参加全国首届肢残人轮椅马拉松健身赛获优秀奖；参加全国残疾人田径锦标赛获2枚金牌；参加全国残疾人游泳锦标赛上获2枚金牌4枚银牌；参加全国残疾人飞镖锦标赛获1金1银；参加第九届全国残疾人文艺汇演，《旧时光》《祝酒歌》分别获得一等奖和二等奖；组织参加第五届全省残疾人文化周活动，报送书法、绘画、手工艺品及征文作品37件

（篇）；组织参加全省第二届“活力、健康、自强、快乐”主题文体活动评比，报送各类节目14个。

【残疾人教育】2017年，邵阳市有特殊教育学校10所，在校学生1243人，全部享受“二免一补”，落实低保。全年有161名残疾人学生及贫困残疾人子女大学生被各类普通高等院校录取，争取省残联资助72.4万元；有331名残疾人高中生以及残疾人子女高中生申请补助资金为41.3万元；向省特教中专输送新生38名，超额完成省下达任务12名。

【残疾人就业】2017年，湖南省残联下达邵阳市1000名残疾人职业技能实用技术培训任务，全年实际培训各类残疾人2704人，完成任务的270.4%，85%的残疾人实现自主创业、个体从业、上岗就业。其中，新增加残疾人就业1100人，征收残疾人就业保障金4673.55万元。扶持210名残疾人创业，争取省残联创业扶持补助资金300万元，争取“百万残疾人就业工程”补助资金59.5万元，带动全市残疾人就业工作的开展。

【残疾人扶贫】2017年，邵阳市通过开展“联千村，帮万户”扶贫工作，建立13个联系村，帮扶残疾人家庭133户，投入帮扶资金292.35万元，争取专项扶贫资金400万元，扶持2000户贫困残疾家庭从事种养业；通过争取国家、省级资助和市县配套以及社会支持等途径，筹措资金400万元，帮助300户农村贫困残疾人家庭完成危房改造；截至年底，全市共有省级扶贫示范基地9家、市级扶贫示范基地15家、县级扶贫示范基地7家，发挥模范带动和示范作用；争取小额创业贷款498万元，向湖南省残联争取贷款贴息资金34.86万元，通过各种扶贫措施，为农村贫困残疾人扶贫解困。

【贫困残疾人家庭无障碍改造】2017年，湖南省下达邵阳市贫困残疾人家庭无障碍改造任务280户，邵阳市自筹资金改造62户。截至年底，全市共完成贫困残疾人家庭无障碍改造342户，并创建2个无障碍社区（村），帮助残疾人消除生活障碍，提高生活质量。

【精准扶贫】2017年，邵阳市残疾人联合会扶贫工作队在邵阳县五丰铺东阳村进行帮扶。新修300平方米的村活动中心和文体广场；新修2公里村道，硬化通组通户公路9公里；整修山塘10余口，整修渠道近2公里；安装47盏太阳能路灯；兴建60千伏村级光伏电站，为村集体增加收入5万元；铺设自来水管道10余公里；每个院落安装广播；电网实现升级改造。开展2次精准识别，清出不符合条件的13户贫困户对象，同时纳入9户特别困难对象；对原来没有纳入的家庭成员实行整户纳入。在精准识别的基础上，因户施策精准帮扶。鼓励毛铺组贫困户新造油茶200亩；扶持贫困户养羊40多只，养猪20多头；推荐贫困户到镇制衣厂务工等。全面贯彻落实对贫困户的惠农补贴、教育帮助、危房改建和易地搬迁补助、医疗保障支助、低保兜底救助等各项扶贫政策，帮助全村116户462人贫困户中的108户434人顺利脱贫，脱贫率达到94%。

（曾海燕）

邵阳市贸易促进委员会

【参加北京科博会】2017年6月8～10日，邵阳市组织12家高新技术企业共26人分团参加新湖南·中关村协同创新发展论坛、高新技术成果对接会（B2B）等省政府在北京举办的第二十届科博会系列活动，发布寻求合作招商项目84个。在北京邵阳商会召开60多人参加的座谈会，进行项目推介和邵阳市《关于迎老乡回家乡创业发展的若干支持意见》等政策宣传，发放招商及宣传资料500多份。

【参与阿斯塔纳世博会】2017年7月18～27日，邵阳市代表团出色地完成参与2017年阿斯塔纳世博会中国馆湖南活动周及邵阳自办系列经贸活动各项任务，举办5场中国邵阳推介暨市场对接洽谈会或市场对接会，中国国际商会邵阳商会与塔吉克斯坦华人华侨联合会成功签订友好商协会的协议书，湖南奥龙时代乳胶有限公司和哈萨克斯坦阿拉木图一级代理商达成年销售2000万双乳胶手套、4000多万元的销售合同，在塔吉克斯坦达成500

万元的销售意向，在乌鲁木齐达成边贸年代理出口500万双乳胶手套、1000多万元的销售订单。

【参加广州食品展】 2017年6月14～17日，邵阳市组织11家企业参加广州国际食品食材展，共发送宣传资料、招商信息资料等3046份，接待咨询了解的客户2100人，展出的70多种产品获各方客商关注，采购商、专业观众纷纷与企业洽谈合作。

【参加湘商大会】 2017年11月21～24日，邵阳市组织参加在郴州举行的第八届湘商大会暨第五届中国湘南国际承接产业转移投资贸易洽谈会。在省贸促会主办的郴州五金展上，邵阳市制作专题推介视频2部，组织18家企业参展，其中10家企业特装，8家企业标展；展区前后跨度达280余米，布展面积达1380平方米，精心设计40米邵阳产业推介长廊，结合3天展期滚动播放LED电子屏，集中推介邵阳市情、湘商产业园、邵阳五金及旅游产业发展情况，宣传邵阳优惠政策，得到湖南省委副书记、省长许达哲的频频赞许。展会期间，百锐工具等10家参展企业收获直接订单1200多万元。

【参与省市贸促重点活动】 2017年，邵阳市贸促会组织7家邵阳企业及4家东盟采购商参与2017第二届武陵山（怀化）国际健康产业博览会，接触意向客商121家，达成合作或销售意向4个，金额2000多万元。组织7家邵阳企业参加娄底“湖南省第八届农业机械、矿山机械、电子陶瓷产品博览会”，发送产品资料2800份，结识潜在客户400多家，达成意向协议1800多万元。

【驻外代表处】 2017年，邵阳国际商会驻越南联络处协助湖南省农机商务代表团在越南河内工商会举行中国湖南——越南农机推介会，并成功签订合同20余份，金额近3000万美元；协助湖南东盟投资发展有限公司与越南升龙股份公司合作建设越南（东盟）湖南商贸物流加工集中区，并已就集中区建设项目的相关事项与越南相关部门进行对接。

【国际联络】 2017年，邵阳市贸促会对已建立友好关系的法国法中企业家协会（ASSOGES）、埃及华人企业家协会（ECEDA）、东盟邵阳商会及塔吉克斯坦华人华侨联合会等境外商协会，安排专人与他们保持经常联系和工作联络，确保联系渠道畅通。3月31日至4月1日，利用境外邵商清明回乡祭祖的机会，组织20多名邵商召开“迎老乡建家乡招商引资座谈会”，向客商介绍邵阳经济发展环境，宣传招商引资优惠政策，发放招商及宣传资料200多份。

【精准扶贫】 2017年，邵阳市贸促会在定点扶贫的邵阳县金称市镇大塘村切实精准识贫，开展全覆盖摸排甄别，做到应退尽退、应纳尽纳，及时进行信息录入和数据更新，做实建档立卡数据系统。筹集各项基础设施建设和产业扶贫资金380多万元，为扶贫村改善生产生活环境，修路、装灯、修水渠等，配套文体设施、赠送音响器材，推进村文化、体育、健康等活动。结合省贸促会在邵阳的扶贫工作，6月10日利用参加北京科博会的机会，实地考察邵阳籍企业家创办的北京鑫泽园生态农庄有限公司，对接考察原生态综合种养精准扶贫项目形成合作协议。

（马代安）

军　事

邵阳军分区

【思想政治建设】2017年，邵阳军分区党委扭住迎接党的十九大这条主线，第一时间聆听习近平总书记报告，第一时间召开常委会专题讨论，研究制定军分区十条学习宣贯措施，把学习向解决问题、推动工作、促进发展上聚焦，助力军分区全面建设，10条学习措施被湖南省军区要讯刊发。贯彻落实湖南省军区“常德会议”精神，择点武冈市推开试点工作，为军分区部队抓好民兵学习宣讲习近平新时代中国特色社会主义思想活动树立样板。全面彻底肃清郭伯雄、徐才厚流毒影响，组织对“七个专项清理整治”进行回头看，自上而下指导召开党委民主生活会。紧贴改革进程和部队实际，组织全体党员干部表决心，激发官兵拥护改革、支持改革、投身改革的政治热情。按政策规定完成83名干部、14名战士重新落编定位。调整健全各类党组织，开展“坚决服从改革、正确对待去留”“合编合心合力”专题教育及新交流干部“非转专”培训。

【战备训练】2017年，邵阳军分区有效履行“应急应战指挥部”职能，狠抓战备训练工作。落实党委议训和军事训练“一票否决”制度，将军事训练问责纳入人武部绩效考评、个人奖惩范畴，年底有7人因军事训练考评不合格被取消评先评优资格。围绕武装工作“两个转变”和理论学习“五步法”，扎实开展研究作业，2名人武部主官参加湖南省军区抽考，成绩均为良好。10月围绕民兵整组、兵役工作等5个内容，组织1期民兵营长集训，全年按时完成96批次3613人民兵分队训练任务，训练任务完成率100%。会同火箭军63基地进行《对口保障火箭军民兵专业训练大纲》和民兵参加火箭军阵地（库所）保障行动试训论证。研究制定《要讯工作考评实施细则》，将要讯工作与单位绩效挂钩，先后向省军区投稿82篇，上刊28篇。指导人武部完成4次火箭残骸回收工作，疏散14个乡镇的人员，全过程无人员伤亡，高标准完成回收任务。

【后备力量建设】2017年，邵阳军分区坚持以任务为牵引，突出抓改革、抓重点、抓质量，国防后备力量建设创新发展。按照市委常委议军会决定，落实“一综七专”8个办公室每年各6万元经费。指导市本级及各县市区国动委专业办公室开展动员潜力调查，统计汇总上报2017年退役士兵服预备役情况和地方与军事专业对口人员数据。推进民兵整组工作落实，坚持民兵整组与基层建设、兵役登记同步部署，同步展开。利用全国征兵网乡镇一级用户管理端，对全市年满18岁的男性公民进行全面登记。突出“编为用、编为战”要求，与所担负的使命任务以及作战问题研究、战备方案完善结合起来，调整理顺各类民兵队伍的力量编成。采取拉动演练与数据核实相结合、现地检查与网上比对相结合的方式，对民兵整组情况和民兵应急连应急出动能力进行检查验收，达到促进工作的目的。

【兵役征集】2017年，邵阳军分区兵役征集工作围绕大学生这个征集重点，组织到市内2所高校进行国防教育和征兵宣传工作，现场发放宣传资料，接受政策咨询，激发大学生参军入伍热情。与市教育局联合下发《关于做好大学生征兵工作的通知》，首次对辖区2所高校的大学生征集任务进行单列明确。2017年邵阳市网上报名人数达到任务数的7.6倍，大学生预征对象上站率为100%，顺利完成新兵征集任务2606名（男兵2580名、女兵26名）、录取定向培养士官283名、直接招收士官25名，大学生征集比例达到44.4%，较2016年大学生征集提高近20个百分点，超过湖南省军区42%的指导比例。加大廉洁征兵监督力度，开展廉洁征兵“六个一”活动（即开展一次警示教育，落实一次性分拨指标，公开一组举报渠道，悬挂一副廉洁征兵栏，公示一套征兵相关信息，制定一套查处措施），兵员质量明显提升，没有发生一起征兵违规违纪问题，没有接到一起举报电话和举报信。

【国防教育】2017年，邵阳军分区紧贴时代主题和邵阳实际推进全民国防教育工作开展。军分区领导先后在市委党校、市内2所高校和多个单位进行国防教育宣讲授课，反响热烈。组织开展全国第17个全民国防教育日活动，市国教办印制散发国防教育宣传手册5万册，协调群发国防教育公益短信500万条，在《邵阳日报》开辟专版进行国防教育宣传，并在邵阳电视台黄金时段播放爱国主义电影；在市区人流密集区5面电子屏进行国防教育公益广告密集式插播，打造贴前沿、接地气、出实效的国防教育立体宣传网络。加强国防教育阵地建设，在市交通广播频道开辟国防教育专栏，进行国防教育暨征兵广告宣传。协调市委宣传部，搭建好“宝庆军号”微信公众号平台。精心组织筹划“爱我国防”全国大学生演讲比赛活动，指导人武部和市内2所高校做好选手选拔工作，选派参加湖南省比赛的2名选手均获优胜奖，军分区政治工作处被湖南省国教委评为“优秀组织单位”。

【双拥共建】2017年，邵阳军分区按照中共邵阳市委统一部署，做好扶贫帮困工作。会同市运管处、人防办先后2次深入城步苗族自治县长安营镇大寨村和德胜村实地调研、座谈协调、结对帮扶、指导脱贫；分区领导先后3次前往绥宁县关峡乡大园村上党课、访民情、搞慰问、督扶贫。组织军分区机关干部战士注册“中国社会扶贫网”，实现与大寨村点对点扶贫。军分区挂点的大寨村、德胜村、大园村脱贫工作实现整体脱贫。协调安置5名随军家属，妥善安排军分区本级19名干部军转安置工作。春节、八一等重大节日，参与“春风行动”活动，坚持对贫困老兵、老党员、伤残军人等困难群体进行走访慰问。坚持“六联”做法，做好军地联防联治工作，全年共发现处置网络不利舆情2起、共处理维权信（函）13封，接待来访60余人次，为20余名现役军人的亲属妥善处理民事纠纷，维护国防利益和军人军属的合法权益，促进军地和谐稳定。

【综合保障】2017年，邵阳军分区严格对照新政新规，组织财务自查自审自改，共清退不合理开支42.67万元，清退虚假报销民兵训练经费43.8万元。推进历史遗留问题解决，将民兵综合训练基地土地整体移交市政府，收回前期垫支经费1353万元。落实上级全面停止对外有偿服务工作有关指示要求，对全区需关停的57个项目，关停55个，并推动暂维持运行2个项目的整改关停工作。加强武器装备管理，开展军分区系统枪弹专项清理整治活动，共清查武器26229（挺、具、支）、弹药9571799发（枚）。加强基础设施建设，投入38万元修建机关防晒车棚和公寓楼晾衣场、改造供水加压系统。投入40万元，对民兵武器装备仓库库房屋面进行防水改造施工，解决库房漏雨和湿度不达标等问题。结合仓库周边的市政道路建设，对仓库水电气进行综合整治，确保官兵和执勤民兵能用上安全可靠的水电气。

【安全稳定工作】2017年，邵阳军分区制定《军分区领导机关安全管理责任分工方案及措施》，层层签订安全工作责任状，建立“党委统揽、主官负责、逐级落实”的领导机制。坚持做到“把安全稳定工作贯穿到每一项工作当中，把安全稳定工作贯穿到每一项工作的始终”，实行同步筹划、同步实施、同步检查、同步总结，每周安全形势分析汇报、每月安全工作检查讲评、每季度保密及车辆检查通报等制度得到常态化落实。加强安全检查，利用重要时间节点和节假日、采取“四不两直”办法，对各人武部及民兵武器仓库进行安全工作检查。围绕“人车枪弹密，水火电钱网，油酒黄赌毒，涉外涉地方”17个方面，开展改革期间安全保密工作、迎接全军安全大检查工作和“百日安全活动”，并常态化开展“五项整治”活动，实现安全无事故的年度目标。

【军民融合】2017年，邵阳军分区按照湖南省军区统一部署，以推进军民生态融合建设为平台，研究制定《邵阳市生态建设军民融合重点项目建设总体方案》。协调邵阳市直相关单位和驻邵部队召开生态建设军民融合调研座谈会，从“纳入建设规划、建设生态林业、共建美丽家园和发展生态农业”4个方面，明确军民生态融合发展方向。协调相关单位，组织开展全市重要军事设施周边环境安全保密隐患排查。组成联合工作组对邵东空军机场周边安全隐患问题进行专项整治，推进“两区两范围”划定工作，得到湖南省军区军事设施保护督察组肯定。坚持节假日走访慰问老干部，定期巡诊，先后4次组织对老干点基础设施进行维修，帮助解决实际困难。

【召开军分区命令调整大会】2017年6月22日上午，湖南省军区副司令员郭辑山少将到邵阳军分区宣布军分区政治部主任戚向前退休命令，宣布军分区司令员王如兵、政治委员陈华、副司令员宋德瑞、战备建设处处长刘光明、动员处处长曾贤辉、政治工作处主任向军华、保障处处长余其胜任职命令，邵阳军分区正式按照改革后的新编制运行。中共邵阳市委书记、市人大常委会主任、军分区党委第一书记龚文密出席会议。

【组织参加抗洪抢险】2017年6月30日至7月4日，邵阳市发生特大洪汛灾害，邵阳军分区迅速组织广大现役官兵和民兵预备役人员参加抗洪抢险，先后组织官兵和民兵预备役人员6000余人次，成功解救和转移群众1.8万余人，抢运物资500余吨，排除险情50处。

【组织民兵试训论证】2017年7月中旬，邵阳军分区联合火箭军63基地，共组织5支分队183人，进行《对口保障火箭军民兵专业训练大纲》和民兵参加火箭军阵地（库所）保障行动试训论证，共编写教案52份，采集试训论证数据623条，通过每天一检查、一跟踪、一汇报、一讲评，抓好训练“四落实”，确保较好的训练效果，研究梳理的试训论证成果受到湖南省军区机关好评。

【召开邵阳市征兵工作会议】2017年7月21日，邵阳市征兵工作会议在军分区七楼会议室召开，市委常委、军分区政委陈华主持会议。副司令员宋德瑞宣读2016年度征兵工作先进单位通报，司令员王如兵总结2016年度征兵工作情况、部署2017年度征兵工作任务，市委常委、市人民政府常务副市长蔡典维出席会议并就如何抓好年度征兵工作提出要求。

【湖南省军区常委、办公室主任胡代松指导邵阳军分区民主生活会】2017年8月8～9日，湖南省军区党委常委、办公室主任胡代松大校率工作组到邵阳，指导军分区党委常委民主生活会。胡代松指出，邵阳军分区党委班子“执行指示坚决彻底，主业主抓积极作为，军地关系融洽和谐，问题整改卓有成效，新风正气得到回归，发展势头强劲有力”，是省军区党委和首长放心的一个班子。

【召开军分区党委全体会议】2017年8月29日上午，邵阳军分区召开党委全体会议，专题研究讨论军分区“八一”小区问题。会议由政委陈华主持，12个人武部党委向军分区党委班子和党委常委面对面提出意见建议，司令员王如兵作指示发言。

【组织民兵营长和专武干部集训】2017年10月下旬，邵阳军分区组织以战备训练、民兵整组、兵员征集、基层建设等为主要内容的民兵营（连）长集训，提高民兵骨干业务素质和履职能力。11月上旬，组织1期专武干部集训，固强补弱，解决部分专武干部不懂武、不精武问题。

【湖南省军区政委冯毅到邵调研】2017年11月8~9日，湖南省军区政委冯毅一行到邵阳，对“近7年来省军区建设发展取得的显著成效以及思想举措、制度机制和成功经验”“以党的十九大精神为指导，推动省军区未来建设发展的意见建议”等5个方面情况进行调研，邵阳军分区党委常委和部分人武部领导参加调研活动。

（伍凌波）

中国人民武装警察部队湖南省邵阳支队

【思想政治建设】2017年，中国人民武装警察部队湖南省邵阳支队坚持把学习贯彻党的十九大精神特别是习近平新时代中国特色社会主义思想作为政治责任和长期任务，利用中心组学习、教育日、党日活动等时机，采取领导宣讲、体会交流、理论测试等方式，推动学习。11月4日，《人民武警报》以《邵阳支队创新形式务求真学》为题，头版头条报道邵阳支队学习贯彻党的十九大精神做法。深化“提振精气神、聚力迎大考”教育活动成果，采取“1+3+X”的方式，开展“维护核心、听从指挥”主题教育，组织读书征文、“卫士风采”“践行强军目标标兵评选”等群众性配合活动，依托4个革命传统教育基地，开展实践感悟活动。原新邵县中队战士杨峥获评武警湖南总队践行强军目标执勤安保标兵，原一大队二中队指导员郭修辉被总队表彰为十佳“优秀四会政治教员”。推进“四心工程”，帮助4名官兵解决家庭涉法问题，为12名生活困难党员干部发放慰问金8.9万元。运用“三互”“双四一”等载体，抓好一人一事的随机教育，落实经常性思想工作分析汇报等制度，确保官兵思想总体稳定。重视加强新闻宣传工作，支队被总队评为新闻报道先进单位。

【能力建设】2017年，中国人民武装警察部队湖南省邵阳支队聚焦“任务大考”强能力，履行使命任务圆满出色。落实党委议中心制度，坚持日检查、周通报、月分析，正规执勤秩序；推进涉恐隐患排查、执勤安全教育整顿和“两清六查”勤务专项治理整顿活动，提高执勤目标安全系数。4月12日，新邵县中队成功处置1起可疑人员向监区内投掷物品事件。落实党委抓训责任，组织2批教练员集训、3批勤训轮换、预提指挥士官培训、应急班集训、冲锋舟训练，高标准承办总队第四季度湘西片区“魔鬼周”极限训练并取得片区第一的好成绩。利用干部集中参会、参训和司务长集体办公组织军事考核，大抓实战化军事训练。树立“练兵备战”理念，按照“两个不经、一个保持”标准规范编携配装，落实以车代库和AB队值班，投入经费29万元建设防暴巡逻车车库车棚17个，组织3场维稳战役，常态组织成建制“考比拉”和特勤排、应急班、应急小组网上抽查，5次组织检验性紧急出动演练，全面提高战备水平。全年动用兵力7000余人次，车辆300余台次，完成春运执勤、邵阳市“两会”、城步“六月六山歌节”安保、联勤武装巡逻、武装设卡、武装押解、扑灭森林山火、抓捕公安部督办“2017-90”专案毒贩、抗洪抢险等各类临时勤务360余起。特别是成功抓捕洞口“4·18”“5·03”案件犯罪嫌疑人、抓获绥宁“10·3”持刀拒捕犯罪嫌疑人，受到总部司令员王宁和湖南总队主要首长批示表扬。

【调整改革】2017年，中国人民武装警察部队湖南省邵阳支队工作打好思想发动、理论宣讲、政策解读“组合拳”，及时回应官兵期盼关切，营造拥护改革、支持改革、投身改革的良好环境。与总队协调对接，闻令而动召开任务部署会，党委集体审慎把关改革实施方案，有序推进改革，把“6项纪律”“15个绝不允许”贯穿始终，跟进开展“三转三学三规范”教育整顿，按时完成支队规模结构和力量编成改革，实现格局一新、面貌一新的目标。贯彻党中央调整武警部队领导指挥体制决定，落实部署和兵力调动批准权限、兵力需求军地对接工作、行动组织指挥关系等规定，组织值勤业务培训和指挥模拟演练，及时明确各级职权、理顺内外关系，确保指挥不断链、工作不断线，调整改革工作平稳落地。

【基础建设】2017年，中国人民武装警察部队湖南省邵阳支队研究制定支队《党委机关挂钩帮建工作实施细则》《精准帮建实施方案》《“双争”评比实施办法》，建立《蹲点调研帮建及检查考核情况登记本》，落实政工例会、季度讲评、双向讲评、按纲建队形势分析等制度，定期组织经常性基础性工作突击检查，安排7批154人次常委和机关营以上干部下基层蹲点帮建，提高精准帮建质量，2个单位实现“脱贫”；依据新《正规化管理规定》，制定一队一案，强化部队正规化基础；落实安全工作“八个规范”，开展“学法规用法规守法规”“事故案件警示月”“百日安全竞赛”等活动，刚性落实军委总部“禁酒令”及总队“十防”措施，常态组织“拉网式”安全检查，集中排查消除安全隐患40处，支队被总部表彰为安全工作先进单位，被总队表彰为“五无”单位；探索“后勤变前勤”方法路子，修订完善后勤保障预案，及时与地方大型超市和医院签订保障协议，建立完善社会化保障体系，拓宽后勤战备力量生成渠道。坚持把有限经费向基层倾斜，投入经费300多万元，完成基层单位配套设施建设、15个基层单位“三化”建设，投入258万元完成机关公寓楼建设。原一大队被武警湖南总队评为基层建设先进大队；原二大队武冈市中队被武警湖南总队评为基层建设标兵中队；原一大队二中队、三中队，原新邵、城步、勤务中队被武警湖南总队评为基层建设先进中队。8月11～20日，邵阳支队在全支队范围内组织开展军械装备普查工作，进一步摸清军械装备底数，了解掌握军械装备管理现状。12月25日，召开退役报废武器装备清查工作动员部署会，对退役报废武器装备清查工作进行具体部署，明确时间、内容和方法程序。

【全面从严治党】2017年，中国人民武装警察部队湖南省邵阳支队推动“两学一做”学习教育常态化制度化，制定下发《支队推进“两学一做”学习教育常态化制度化的措施》《经常性党性党风党纪教育实施方案》，贯彻总队《严肃党内政治生活全面推进部队党的建设的实施意见》，支队主要首长带头上党课，带头承诺践诺，带头落实组织生活制度，组织召开专题民主生活会。研究制定《支队加强政治能力训练实施方案》。压紧压实“两个责任”，全面彻底肃清郭徐流毒影响，及时传达学习上级下发违纪违法案件通报，开展官兵身边的“微腐败”和不正之风问题整治活动。落实党风廉政建设规定，在热点敏感问题上坚持“阳光操作”，全年选送战士技术学兵30名，选送优秀大学生士兵提干4名、推荐优秀士兵保送入学1名，发展党员56名，选晋士官93名，选拔任用司务长8名，调整任用干部37人，做到公平公正公开，官兵满意。

【安全保卫】2017年，中国人民武装警察部队湖南省邵阳支队2月6日出动22名兵力，担负邵阳市经济工作会议现场安全保卫任务。2月7日出动9名兵力，担负邵阳市纪委全会现场安全保卫任务。3月27～29日出动5名兵力，担负邵阳市邵阳县十七届人大二次会议现场安全保卫任务。7月28～29日出动130名兵力，担负城步苗族自治县“六月六山歌节”现场安保任务。9月30日出动48名兵力，担负邵阳市烈士纪念馆举行烈士公祭活动现场安保任务。

【武装设卡】2017年，中国人民武装警察部队湖南省邵阳支队3月2日出动33名兵力，协助公安机关担负邵阳市中心城区武装设卡任务，主要做好“两会”期间维护社会安全稳定，做好反恐怖工作。5月14日出动20名兵力，协助公安机关担负邵阳市中心城区武装设卡任务，主要做好“一带一路”高峰论坛期间维护社会安全稳定。6月12日出动33名兵力，协助公安机关担负邵阳市中心城区武装设卡任务。8月17日出动33名兵力，协助公安机关担负邵阳市中心城区武装设卡任务，做好党的十九大期间维护社会安全稳定，做好反恐工作。

【武装抓捕】2017年，中国人民武装警察部队湖南省邵阳支队5月3日出动11名兵力，协助洞口县公安局担负抓捕任务，抓捕犯罪嫌疑人1人、缴获双管猎枪1支、子弹2发。8月31日出动20名兵力，协助公安机关抓获犯罪嫌疑人5名，缴获冰毒

60公斤、涉案车辆2台。

【后勤保障】2017年5月2日，由中共绥宁县委、县人民政府主办的“四八姑娘节”活动开幕式在绥宁县体育馆举行。应绥宁县委、县人民政府和县公安局请求，经总队批准，中国人民武装警察部队湖南省邵阳支队出动兵力担负活动开幕式警卫安保任务，后勤保障处根据上级要求圆满完成此次安保任务的后勤保障工作。6月30日，为落实上级关于做好抗洪抢险后勤保障工作的有关指示要求，邵阳支队后勤保障处采取有效措施完成抗洪抢险各项后勤保障工作。7月29日，中国邵阳城步2017“六月六山歌节”开幕式大型文艺演出在城步苗族自治县民族体育场举行，后勤处科学谋划、周密部署完成“六月六山歌节”安保勤务后勤保障任务。

【抢险救灾】2017年4月3日，邵阳县中队出动11名兵力赴邵阳县白仓镇扑救山火，经过8小时连续奋战，开辟防火隔离带550余米，清理死灰区16余亩。6月30日，邵阳支队出动100名兵力担负双清区资江一桥抗洪抢险救援任务，经过14个小时连续奋战，转移受灾群众150余名，抢运各类物资300余件，价值1000多万元，灌装搬运砂石200多吨，修筑子堰210余米。7月2日，邵阳支队出动100名兵力担负大祥区邵水西路资江沿岸抗洪抢险救援任务，经过8个小时连续奋战，转移受灾群众400余名，抢运各类物资2000余件，价值1000多万元，灌装搬运砂石300多吨，修筑子堰500余米。

【党委二届十次全体（扩大）会议】2017年3月8日上午，中国人民武装警察部队湖南省邵阳支队召开党委二届十次全体（扩大）会议，传达学习武警党委二届十次全会、武警湖南总队党委三届十六次全会精神，回顾2016年度部队建设形势，总结基本经验，查找突出问题和薄弱环节，研究部署新年度工作任务。支队党委书记邓向平、副书记王友明代表支队党委分别作题为《勠力同心聚合力，稳中求进开新局，以优异成绩迎接党的十九大胜利召开》《凝神聚气奋力抓，撸起袖子加油干，以强烈的使命担当迎大考保盛会》的讲话，党委常委陈今辉代表纪委向全会报告工作。下午，机关司政后部门对口部署年度工作。支队党委常委、党委委员出席会议，机关股长、司令部政治协理员、后勤处战勤参谋以及基层大（中）队主官参加会议。

【司务长考核及司务长之家活动】2017年8月7日，中国人民武装警察部队湖南省邵阳支队为做好拟任司务长选拔工作，组织现（拟）任司务长进行体能、技能科目考核，通过考核，掌握现（拟）任司务长队伍的能力底数，树立“靠素质立身，凭实绩进步”的选人、用人、育人导向，为下一步竞争上岗提供重要依据。11月8～10日，支队组织“司务长之家”活动，主要采取“互查互纠、体能考核、业务培训、以老带新、现场办公”的方法，对基层经费开支进行细致检查。

【“健康警营行”活动】2017年10月29～31日，中国人民武装警察部队湖南省邵阳支队协调定点共建医院——邵阳学院附属第一医院，开展“健康警营行”为主题的一系列活动，内容涵盖卫生常识授课、心肺复苏急救、秋季医疗巡诊等等，竭诚为官兵健康保驾护航。

【“魔鬼周”极限训练】2017年11月8～14日，中国人民武装警察部队湖南省邵阳支队负责承训湘西片区第四季度“魔鬼周”极限训练，支队特勤排与怀化支队特勤排、湘西支队特勤排共93人参加。训练采用“考、拉、比、评、学”模式，行程约300公里，设置武装越野、摩托行军、居民房反劫持、斩首行动和泥塘摔擒等35个课目。

【议军工作会议】2017年12月13日上午，邵阳市人民政府召开议军工作会议，就深入贯彻习近平总书记“努力建成一支听党指挥、能打胜仗、作风优良的现代化武装警察部队”战略思想、认真落实《人民武装警察法》和加强邵阳支队现代化建设进行研究部署。支队长李奇代表支队党委向市人民政府常务会作工作汇报，市人民政府市长刘事青作指示，支队政委贺国华代表支队党委和全体官兵作表态发言。

（陈胤余）

邵阳市公安消防支队

【概况】2017年，邵阳市共发生火灾476起，死亡4人，受伤1人，直接经济损失487.6万元。同比2016年，火灾起数下降52.21%，死亡人数下降33.33%，受伤人数下降88.89%，直接财产损失下降71.37%。邵阳市公安消防支队被湖南省总队评为“十九大消防安保先进支队”，被中共邵阳市委市人民政府评为“抗洪抢险先进集体”。

【执勤备战】2017年，邵阳市公安消防支队持续推进“月考核+对抗赛+大比武”组训模式，分级分岗制定方案，开展全员普训普考，深入开展实战化岗位练兵；组建高层建筑灭火救援专业队，持续深化“高、低、大、化”实战训练课题攻坚，修订完善灭火预案，开展各类跨区域演练；联勤联动政府和政府企业专职消防队、微型消防站，探索公安现役和专职消防队互派教员跟班驻勤模式，开展联合演练，全市灭火作战能力大幅提升。全年全市共接警出动3079次，出动车辆4480台（次），出动官兵28960人（次），营救被困群众241人，抢救财产价值8939.3万元。

【队伍建设】2017年，邵阳市人民政府将政府专职消防员的经费标准提升至6.2万元/每人/每年。通过事业编建队等建队形式建成政府乡镇专职消防队47支，征召乡镇政府专职消防队员347人，隆回、邵阳县、邵东、新邵、武冈、洞口等县市区共购置消防车47台，并配备手抬机动泵、水带水枪等常规器材装备，实现乡镇专职消防队有队伍、有队站、有经费、有车辆、有器材、有制度。此外，借助“一村一辅警”战略，每个行政村建立义务消防队，基本实现“小火不出村”。

【消防监督】2017年，邵阳市公安消防支队发挥主力军作用，在冬防、夏防基础上有针对性地开展高层建筑、人员密集场所、电气火灾、大型市场、易燃易爆单位、社会福利机构、文物古建筑、消防基础设施、生产经营门店等九类隐患清查，共排查高层建筑890栋、人员密集场所2145家，大型室内市场25处，易燃易爆单位210家，社会福利机构239家，文物古建筑57家。创新开展生产经营门店专项整治，全市始终以“零容忍”的态度，综合运用“关、停、改、搬、防”等有效措施，高压整治“下店上宅”“前店后宅”“以店为宅”违法行为。共排查生产经营门店5.5万家，发现并整改火灾隐患4.6万余处，生产经营门店火灾同比2016年下降42.1%，整治工作经验得到部消防局的肯定。全年全市共检查单位2.6万家，整改隐患5.6万处，临时查封568家，三停311家，罚款1070.58万元，拘留98人，执法6项指标同比2016年增幅均超100%，社会消防安全环境得到有效改善。

【消防宣传】2017年，邵阳市公安消防支队充分用好各类电视、广播、网络平面媒体和微博微信、手机等平台，利用各大媒体消防专栏、专版加大隐患曝光、整治行动宣传力度；开展暑期消防宣传教育专项行动，12万余名高中、高校新生参加“消防进军训”，31万余名中小学生参与“校园消防安全网络知识答题”；启动“关注消防、平安你我”119宣传月活动，提升全民消防安全意识；全面推广政府购买消防宣传“外包”服务工作模式，在9个县市区投入100余万元，组织机关团体、社会单位、社区居民开展疏散逃生演练200余次，培训20余万人次；开展重点人员培训，举办派出所专兼职民警、消防安全重点单位责任人、管理人培训班6期。

【后勤保障】2017年，邵阳市公安消防系统利用“公安消防大建设三年行动”契机争取地方专项经费1.63325亿万元，为部队建设和发展提供有力保障。投入6298万元购置远程供水、城市主战等各类消防车27台和防护装备1.2263万件（套），抢险救援器材298件（套），签订70米举高车采购合同。规划19个营房建设及改造“重点项目”，完成邵阳县、隆回、新宁、绥宁、新邵、城步大队、武冈二站、特勤中队提质改造，江北消防站、洞口大队公寓房、隆回大队公寓房投入使用，邵东二站完成室内装修，宝庆工业园消防站完成二次装修，支队培训基地及体能训练馆工程主体工程完工。

（冷海龙）

邵阳市人民防空办公室

【重点项目建设】2017年10月13日，邵阳市人防疏散基地正式动工建设。该基地是市重点建设项目，市委书记龚文密、市人民政府市长刘事青等多次现场办公，年内完成征地拆迁、手续报批、招投标等前期工作。1213人防工程扫尾工作进展有序。加强地面、地下基本设施防护和安保、保洁工作，对安全隐患进行整改，并对项目审计加大力度。市本级基本指挥所信息化建设正式动工。组织优化信息化集成及风水电配套工程设计方案，完成施工图设计和集成设计，进行防渗防漏处理。县级指挥中心建设全面铺开。新宁县、邵东县已启用，洞口县、武冈市完成主体，隆回县动工建设，新邵县、邵阳县完成前期工作，绥宁县、城步苗族自治县、北塔区开展前期准备工作。同时，洞口县启动指挥报信息系统建设。

【工程建设与管理】2017年，邵阳市稳步推进结建工作。不断规范人防工程结建审批，并在邵阳经济开发区新设人防窗口。全市全年共新增结建面积××万平方米，验收防空地下室面积×万平方米。全市征缴易地建设费×余万元，市本级易地建设费征缴比2016年增长5.7个百分点。邵东县、隆回县、新邵县、武冈市、洞口县易地建设费征缴数额较大。加强人防工程维护与管理。市本级投入维修资金300多万元，对7851工程等多处早期人防工程进行维护。规范人防质量监督。严把防护防化设备、人防监理、施工图审查“管理关”，将结建工程档案进行全面清理。同时加强工程统计报表、档案管理、安全生产等基础性工作。

【指挥通信建设】2017年，邵阳市推进人防信息化建设。市本级投入近百万元，对人防短波进行自主选频改造、新增一批警报器和拉通军线光缆，为第二视频会议系统建设做好准备。成功组织“11·1”警报试鸣活动。全市各县（市、区）结合警报试鸣对开展人防教学的城区中学进行疏散演练，并组织人防志愿者向市民宣传人防法规，普及人防知识，有30余家新闻媒体报道和转载，点击转发量达5万余次。开展县级人防专业队训练。市人民防空办公室在大祥区展开试点工作，其余11个县（市、区）按照统一要求，同步开展人防专业队整组点验和训练，确保训练时间、内容、效果到位。开展市带县年度拉练。11月下旬市人民防空办公室组织开展“邵防2017—11”市带县机动指挥通信系统拉练暨实兵演练，演练紧急疏散、医疗救护、消防灭火等科目。

【法制建设】2017年，邵阳市人民防空系统严格落实“一令一文件”。由市人民防空办公室分管法规的领导带队对各县（市、区）人防行政执法进行监督检查，重点检查执法案卷，督促各县（市、区）对督查发现的问题及时进行纠正。协助湖南省人民防空办公室对邵东县、隆回县、新邵县、洞口县、武冈市等县市进了人防行政执法稽查，督促各县市按时整改到位，确保“一令一文件”的全面贯彻落实。加强交流学习和法规宣传。市人民防空办公室组织各县（市、区）人民防空办公室分管行政执法人员到株洲云龙示范区、永州市新田县人防办进行学习交流；组织全办人员在线进行普法学习并进行理论考试，考试通过率100%；结合重大节日开展人防法制宣传普及活动。加大稽查征缴力度。全市对征缴人防易地建设费做到应征尽征，无减、免、缓建人防工程和减、免、缓交人防易地建设费的现象，无行政复议和行政诉讼，无举报和投诉。

【宣传教育】2017年，邵阳市人民防空系统突出抓好人防宣传教育进机关、进学校、进企业、进社区、进媒体“五进”工作。结合“5·12”“11·1”市县两级同步开展大型人防宣传教育活动，发放人防宣传资料6万余册，隆回县将人防教育等指标列入县直机关年度绩效考核指标；市直24所学校和各县市城区大部分学校均开展人防知识教育，市、县两级均在党校开设人防教育课；各县（市、区）社区人防宣传教育不断增点扩面提质，按照省、市办要求逐年增加；市人民防空办公室在《湖南日报》刊发《砥砺前行铸天盾》专版，在《邵阳日报》设立人防专栏，与邵阳电视台手机台、邵阳头条建立合作关系，同时办好邵阳人防网站，刊发人防新闻动态近200条，全市人防系统全年在市级以上媒体发表信息稿件556篇。强化开放式宣教场所建设。市本级在办公楼前建成1处全长82米的高标准开放式人防宣传教育长廊，各县（市、区）结合实际建设1处开放式宣教场所。举办人防文化活动。市人防办与邵阳日报、市文联、市摄影家协会等举办“人防杯”征文摄影大赛，评出征文获奖作品16篇、摄影获奖作品26幅，全方位展示邵阳人防发展的成就和社会各界关注、支持人防工作的真挚情感。

【文明创建】2017年，邵阳市人民防空办公室结合全市创建国家卫生城市、创建文明城市和省级园林城市等工作，开展全国文明单位创建活动。编印申报资料、宣传册、图片集、制度手册，强化文化氛围，完善各种设施。成功举办“退伍不褪色、转岗不转志”主题演讲赛、“在党旗下成长”主题写作赛、“庆八一”主题歌咏赛和现场命题写作比赛等一系列活动，11月通过考核验收，被中央文明委评为第五届全国文明单位。

（张东吾　赵水琴）

公安·司法

公　安

【公安机关内部机构设置】2017年，邵阳市机构编制委员会核定市公安局武冈机场分局政法专项编制15名，用于充实加强武冈机场公安分局反恐安保等执法一线力量。撤销邵阳市公安局警令部反恐怖科（邵阳市反恐怖领导协调小组办公室），核销科长、副科长各1名，析出其职能，设立邵阳市公安局反恐怖工作支队，加挂邵阳市反恐怖领导协调小组办公室牌子，正科级；核定政法专项编制15名，其中支队长、政委各1名（正科级），副支队长2名（副科级）。设立市公安局刑事侦查支队视频侦查大队，副科级，核定大队长、教导员各1名（副科级），人员编制在市公安局刑侦支队内部调剂。设立警务辅助人员管理办公室（加挂邵阳市公安局“一村一辅警”管理办公室牌子），为市公安局正科级内设机构，归口市公安局政治部管理，核定科长（主任）1名，副科长（主任）2名，人员编制内部调剂。同意设立市公安局双清分局昭阳派出所，副科级，核定政法专项编制10名，核定所长、教导员各1名。同意市公安局大祥分局面铺派出所更名为市公安局大祥分局罗市派出所，人员编制、职数不变。市纪委派驻纪检组监督和综合监督单位原设置的纪检监察机构予以撤销，纪检派驻监督改革共计划转市公安局政法编制11名，核销市公安局纪委书记职数1名、纪委副书记（监察室主任）3名、纪委下设3个科室正科级领导职数3名、副科级领导职数2名；设立市纪委驻市公安局纪检组，共核定行政编制11名，其中组长1名（副处级领导职数），副组长3名（正科级领导职数），科长2名（副科级领导职数）。大祥分局面铺派出所更名罗市派出所；武冈市公安局龙田派出所更名水西门派出所、安乐派出所更名为法相岩派出所；撤销武冈市公安局头堂派出所，编制人员并入迎春亭派出所。设立邵阳市公安局武冈机场分局。

【巡逻防控】2017年，邵阳市公安系统推进市区巡逻处警模式改革，争取市财政前期投入3300多万元，按照“重点部位1分钟、中心城区3分钟、其他城区5分钟到达现场处置”的要求，规范10个重点备勤区域“1分钟核心处置点”，购置10个移动警务平台，每个平台配备一辆“平台”车、2辆警车、4台摩托车、30名警力，值班民警、辅警吃住在“平台”，实施24小时“有警出警、无警巡逻”模式，全面提高见警率和管控力，做实“屯警街面、动中备勤”工作，全面打造邵阳“治安航母”。同时，利用专职治安巡逻队、行业专业巡逻队、社区和农村义务巡逻队，推行夜间保安巡逻市场化运作，实施定点定位、警灯闪烁和流动闪灯巡逻。以城区治安岗亭为根据点，坚持推行市区三级巡防、闹市待警、车停步巡、动态处警、分段包警、公安武警武装联勤巡逻等举措，最大限度囤警街面。继续强化巡防工作督导，加强社会治安防控体系建设，全力挤压各类违法犯罪空间，社会治安巡逻防控能力明显增强。党的十九大安保期间，市局20个局属部门、各县市区局、夜间保安巡逻全部参与巡逻防控工作，实现巡逻力量的全方位、多元化、巡逻区域的全覆盖、无缝隙。全市每天投入街面巡逻警力达3000多人次，巡逻警力约占全市总警力25%。

【清理整治】2017年，邵阳市公安系统开展“三电”、护校安园、扫黄禁赌专项行动，开展娱乐场所专项清理整治，对城乡接合部、治安复杂的地区、行业进行全面排查整治，全市治安重点地区和治安突出问题得到有效整治。全市共出动警力7282人次，检查烟花爆竹批发企业59家、零售单位7900余家，发现无证无照经营单位275家、超量储存单位90家，发现整改安全隐患221起，其中限期整改15起。配合相关职能部门开展安全保卫人员培训，市级内部治安保卫重点单位判定，“平安校园”，“平安医院”，寄递、物流安全管理等多项行政执法活动。

【打击违法犯罪】2017年，邵阳市公安系统共破案8089起，刑事拘留5786人，逮捕2984人、治安拘留16346人，决定起诉盗窃、抢夺、诈骗和掩饰、隐瞒犯罪所得、犯罪所得收益等四类多发性侵财犯罪1268人；发生命案60起，破60起，是改革开放40年来命案首次全破，侦破“9·06”特大非法制造、买卖、运输、邮寄、储存爆炸物品枪支弹药案和“9·29”特大非法制造买卖储存爆炸物品案，公安部专门发贺电，并将2起案件列为部督案件；打掉黑恶团伙81个，一审判决黑恶犯罪嫌疑人542人，起诉涉毒犯罪嫌疑人795人，收缴毒品1384.83千克，行政拘留“涉黄涉赌”人员4519人，查处酒驾4140人次，判决经济犯罪嫌疑人161人，为群众挽回经济损失5.92亿元，各项数据均较2016年大幅上升，并在全省排名前列。为村（居）“两委”换届选举保驾护航，共排查各类不安定因素711起，化解矛盾纠纷697起。

【优化行政管理】2017年，邵阳市公安系统全面建成新旅馆业应用系统，全市1830家旅馆上传旅客数356.8639万条，抓获各类网上逃犯52人。加强肇事肇祸精神病人排查、管控，全市累计排查精神病人16759人次，1862名肇事肇祸精神病人录入公安管理系统。组织全市治安部门对全市保安服务市场进行调查摸底和清理整治，检查保安公司38家，培训单位2家，自行招用保安员单位180余家，督促其主动备案考证。网监部门强化虚拟社会安全管理，全市网吧备案率、实名在线率、数据采集率均达100%。人口和出入境部门共办理出生登记82762人，死亡注销36392人，迁入手续191016人，迁出手续48917人，变更更正手续727581人，区划调整111213人，恢复记录5109人，补录信息33272人；身份证业务本地受理716314人、本地审签794999人、省内异地受理3544人、省内异地审签61147人、跨省异地受理998人、跨省异地审签15536人、办理临时身份证13100人，外国人签注176人、临时住宿1988人、台湾加签31人。交警部门不断加强道路交通秩序管理，进一步提升便民利民服务水平，全市道路交通安全形势总体平稳。

【践行民生举措】2017年，邵阳市公安系统“三实”（实有人口、实有房屋、实有单位）信息采集录入、维护总数436704条，其中常口数118745条、流口数44520条、寄口数26455条、境外人口数61条、从业人员数116605条、单位数11752个、实体数15111条、房屋数119491条。落实便民利民惠民服务，全市范围内实行交通违法处理可在银行或网上办理，车主通过银行或互联网可自助办理200元罚款以下（含）的非现场交通违法处理，200元罚款以上的交通违法可在银行或互联网缴纳罚款。实现机动车异地检验，除校车、大型客车外，凡在湖南省登记的机动车，全面实现省内可异地检验和核发检验合格标志。落实居住证优惠政策，把保障流动人口的合法权益作为首要责任落到实处。

【规范执法行为】2017年，邵阳市公安系统推进执法监管工作全程标准化、规范化、信息化建设，邵阳市公安执法监管工作数字化、信息化、智能化模式跃居全省先列，并申报全国先进。同时，利用网上办案系统、网上语音督察系统和日常执法监督等手段，加大对执法不作为问题的发现、查处和整改力度。全年共抽查全市公安机关15100余起接处警案件信息，网上适时考评个案36279件，下发检查情况通知27期，整改问题363个，追责39人次。严格案件审核，严把事实关、证据关、定性关、程序关和法律手续关，对案件进行全方位审核。开展全市公安机关执法质量网上巡查2次，全市公安机关执法质量集中评议3次，考评行政、刑事案件980起，所有巡查考评结果均下发通报，要求县级公安机关对不合格项目限期整改，市局法制支队对整改情况进行复查。

【派出所建设】2017年，邵阳市公安局根据部、省厅有关派出所建设标准，督促指导县市区公安机关开展标准化派出所建设，确保每年新建成1个标准化派出所。指导双清、大祥分别建成的标准化广场派出所、鸡笼派出所、东湖寺派出所，已成为全市的标准样板派出所。同时，根据省厅城区城关派出所100%建成24小时运行的综合警务指挥室，每个县市建成1个治安复杂地区农村派出所综合警务指挥室的要求，在全市建设派出所综合警务指挥室23个。

【社区警务】2017年，邵阳市公安局制定下发《邵阳市公安局2017年社区民警工作考核办法》，明确2017年全市社区警务工作重点。同时为杜绝警务室（区）扩大化、空心化的倾向，按照省厅要求，部署开展全市92个实有人口5000人以上的城区（城关）社区单独设置警务室，每个社区警务室配备社区民警和警务辅助人员。针对部分乡镇未设立派出所，导致治安管控削弱、群众办事不便的现实状况，对全市13个未设立派出所的乡镇，部署、指导其建立具有实战和综合服务功能的警务室，确保配备2名以上正式民警和驻村辅警，能开展执法管理和相关服务工作，方便群众办事。为强化社区民警履职，依托社区警务信息平台，对社区民警工作定期进行通报，督促社区民警开展基础信息采集和履职工作。

【“一村一辅警”工作】2017年，邵阳市进一步完善“一村一辅警”各项工作，全市3299个行政村配备的辅警按每年4万元的经费标准全部招聘到位。通过农村警务工作的扎实开展，真正做到“警务工作前移、信息触角延伸、服务距离贴近、专群工作深入、缓解警力不足”，从而最终实现农村“治安秩序好、安全防范好、法制宣传好、服务群众好、警民关系好”的“五好”工作目标。中央电视1台新闻联播、《人民公安报》《法制日报》《湖南日报》《湖南卫视》等多家新闻媒体对此项工作进行深度报道推介。

【思想教育】2017年，邵阳市公安局组织部署“迎接十九大、忠诚保平安”主题教育实践活动，举行“迎接十九大、忠诚保平安”青年歌唱比赛，各县市区局组织开展重温入警誓词活动，组织全体民警学习讨论习近平总书记“崇尚实干、狠抓落实”系列讲话精神；部署开展“干部成长感恩谁”大讨论活动，建立彰显正义正气的文化走廊和全市公安思想政治工作微信群，制作并展示2016年全市公安工作成果图板灯箱；落实“半月谈”制度，全市共发放谈心谈话记录本1036本，对民警、职工和辅警开展谈心谈话和走访家访活动约5200场次。开展基层党建工作，制定下发3个常态化制度化文件，推行支部主题党日活动，落实党支部“三会一课”制度，组织开展“双述双评”工作，逐步推广“四个一”党建工作法，进一步规范“四个一”党员学习教育制度，做到政治理论每周一学、党纪条规每月一讲、党员教育每季一课、党建知识每年一考；在全市公安机关以“我是邵阳公安人、我为邵警添光彩”为口号，唤醒民警的责任意识，激发民警的担当精神。

【公安改革】2017年，邵阳市公安局结合全面深化公安改革，引入先进理念，探索符合公安工作规律的公安民警绩效考评体系，建立以民警岗位职责为基础、全面体现民警能力业绩导向的“一网考”工作机制。按照“谁管理、谁考核”的原则，对民警的德、能、勤、绩、廉等方面实行网上考核，做到自动抽取、自动计算、每天更新，最大限度保证考核的客观公平，考核结果与公务员年度考核、民警晋职晋级、立功受奖、加班补贴、岗位人才评定挂钩，使“一网考”成为强管理、促工作的有力抓手，改变长期传统粗放式、模糊式警务工作模式和队伍管理方式，实现民警干与不干、干多干少、干好干坏不一样的目标。推进“4+X”中心建设，市本级和各县级公安机关分别在1月、4月建成并投入实体化运转。推进人才库建设，已有“专家型”人才4名、“骨干型”人才167名、“能手型”人才564名。

【队伍培训】2017年，邵阳市公安局坚持以需求为导向开展各类培训活动。印制60套2680本各警种训练大纲，分发到各县级公安机关和局属各部门，做到课程规范、精准到岗、按纲施训。全年市局轮训17期共培训958人，县级公安机关自主开班轮训29期共培训613人，全市90个随岗训练点共培训696人。各级“警察夜校”采取分期分批轮训的方式，坚持每月开办1期，民警由专（兼）职教官授课，辅警由各所队领导讲课，已培训民警1282人、辅警3673人，培养出一批守规矩、精业务、熟法律、懂科技的复合型人才。

【典型宣传】2017年，邵阳市公安局开办“金盾之光”“警员风采”“邵阳警视”等市级媒体报刊专栏，开展正面宣传，在市级以上新闻媒体发稿2200余篇，其中中央级217篇、省级516篇，“双微”平台发布信息2105条，其中官方微信1350条，在全省市州公安微信公众号综合影响力排名稳居全省第一方阵；1月25日举行“十佳人民警察、十佳优秀警嫂”颁奖典礼；高标准开展“一村一辅警”工作宣传，中央电视台新闻联播、《人民日报》、新华社、《光明日报》、《经济日报》、《法制日报》、《人民公安报》、《湖南日报》等主流媒体进行大篇幅宣传报道；全年全市公安机关共举行公开颁奖仪式56场次，开展警营开放日和警民恳谈会活动79场次，召开新闻发布会9场次，建立12个县级公安机关“警察书屋”、公安文化示范点。1月，完成新闻舆情中心建设并全面投入运行，成功处置涉警舆情69起，未发生因引导处置失当造成舆情升级的事件；4月1日，邵阳市舆情处置工作在全省“4+X”警务机制改革工作例会上做典型发言，其中洞口县马安中学教师强奸、猥亵学生案舆论引导案例被新浪政务新媒体学院评为当周全国公安政务微博琅琊榜十佳案例。

【惠警活动】2017年，邵阳市公安局春节前组织开展“双百”慰问活动，对全市100名特困民警进行帮扶救助。全年帮扶救助全市公安机关烈士、因公牺牲民警家属和因公负伤、特困民警以及机关困难党员、离退休老同志共626人，发放救助慰问金361.23万元。为全市公安民警职工在加入工伤保险、团体意外伤害保险、女职工特殊病保险和职工医疗互助活动的同时，出资109万元增购“因病住院”附加险，增强民警归属感。投资80多万元建立“邵阳市公安局民警心理服务中心”和警营文化活动中心，设立咨询室、档案室、放松室、宣泄室，建立警营文化活动中心、羽毛球场、乒乓球室、警体馆等惠警场所，在市郊选地筹建后勤服务基地，让民警吃上绿色环保食品，食堂开设早中晚自助餐，改善民警工作、生活环境，使广大民警安心、安身、安业。

【纪律管理】2017年，邵阳市公安局建立常态化督察机制，狠抓队伍作风纪律，约束民警规范执法。通过实地暗访和网上督察共发现各类问题362个次，编发督察通报33期，对涉及的5起23名民警进行追责，其中立案7起9人，通过强有力的监督措施，教育引导全警讲规矩、守纪律、知敬畏、存戒惧。探索辅警队伍“建、管、用”工作机制，建立辅警层级化管理制度。按“谁用警、谁管理、谁考核”的原则，市局和各县级公安机关成立辅警管理办公室，负责对人员、编制、经费、业务工作的指导和直接管理；基层所队对管区民警和村级辅警实行“分片管理、双重考核”，坚持“一月一考核，一周一集中，一天一报告”制度，具体负责片区内辅警的日常工作指导、日常管理和考核，促成管区民警和辅警加速磨合，迅速形成合力。

【破获部督贩毒案件】2017年4月28日，邵阳市公安局获悉一个外号叫“锋牙子”的男子手中有大剂量冰毒的情况后，立即组织专案组立案侦查。经过一个月的侦查工作，查明以“锋牙子”等人为首的贩毒团伙有15人以上，每隔10余天会从广东揭阳购买10公斤冰毒回邵阳贩卖，由“锋牙子”跟广东联系好毒品，商定价格，然后与李某某、黄某某共同出资，再安排马仔伍某某到广东将毒品运回邵阳。“锋牙子”和李某某的毒品由付某卖往长沙，黄某某和曾某某的毒品则卖给罗某某等人。6月19日，经过公安部禁毒局确立为部督目标案件2017-285号。7月19日晚，专案组获悉“锋牙子”准备到广东拿货情况后，立即前往广东，与广东警方于20日晚8时，将运毒的马仔伍某某抓获，从其驾驶的观致车后排座位上搜出10大包冰毒（净重10025克）。同时，对该贩毒团伙进行收网，先后抓获贩毒人员肖某某、黄某某、曾某某等7人，抓获吸毒人员李某某等15人，在邵阳收缴冰毒1公斤，枪支1把，涉案车辆3辆。后又在长沙、湘潭警方的协助下，抓获下线19人，其中湘潭11人，长沙8人。

该案共抓获贩毒嫌疑人30人，吸毒人员15名，缴获冰毒11公斤、人民币11万元，收缴枪支2把、子弹20余发、管制刀具4把，扣押涉案车辆4辆。案件待进一步审理。

（办公室）

检　察

【概况】2017年，邵阳市检察机关批准逮捕各类刑事犯罪嫌疑人3219人，提起公诉4999人，对认为确有错误的刑事裁判向市中级法院提出抗诉31件、提请省检察院抗诉8件；立案侦查贪污贿赂案件72件89人，渎职侵权案件14件25人，其中大案53件；审查民事行政申诉案件215件，对认为确有错误的民事行政生效裁判提请抗诉或再审建议7件，督促履职66件；监督纠正减刑、假释、暂予监外执行不当52人，纠正刑罚执行和监管活动违法45人。市人民检察院保持“全国文明单位”“全国文明接待示范窗口”称号，党建、扶贫、综治、绩效考核、新农村建设等工作继续居于全市先进行列。

【侦查监督】2017年，邵阳市检察机关围绕社会和谐稳定大局，依法惩治影响人民群众安全感的严重刑事犯罪，全年批准逮捕故意杀人、强奸、放火等严重暴力犯罪517人，批准逮捕涉枪涉爆犯罪83人，批准逮捕毒品犯罪741人，批准逮捕抢劫、抢夺、盗窃等多发性侵财犯罪1068人，受理涉及侵害未成年人案件130件160人。严惩阻碍经济发展的各类犯罪，推行“除虫护花”“依法容错”“双查双建”三项机制，妥善办理涉企职务犯罪案件，严厉打击强揽工程、强迫交易、非法阻工、非法吸收公众存款、侵犯知识产权等破坏市场经济秩序犯罪，批准逮捕上述犯罪嫌疑人45人。坚决惩治发生在群众身边的腐败问题，依法严办惠农资金、征地拆迁、社会保障、医疗卫生等民生领域“雁过拔毛”的职务犯罪，依法突出查办国家工作人员在招商引资、市场准入、项目审批、招标投标、专项资金管理等重点领域、重点环节的腐败案件和不作为、乱作为等渎职案件。探索开展检察联络室工作，市检察院在市食药监局、环保局、经开区、城建投、扶贫办5个事关邵阳经济社会发展的重点部门设立检察联络室，组织各县市区检察院在辖区相应部门设立检察联络室28个。

全面落实逮捕工作机制，坚守防止冤假错案底线。严格把握逮捕条件，坚决防止错捕案件的发生；转变证据审查方式，加强对证据合法性的审查；贯彻宽严相济刑事政策，积极化解社会矛盾纠纷。全年全市无捕后绝对不诉、撤案、判无罪情况，未发现重大冤假错案。

强化监督质量和效果，维护司法公平正义。强化监督意识，把监督放在核心位置，督促各基层院侦监部门转变执法观念，多视角开展监督活动；主动拓展线索来源渠道，创新监督方式，充分利用各种方式获取监督线索。加强日常侦查监督。坚持惩治犯罪与保障人权并重、实体公正与程序公正并重，强化法律监督与自身监督并重，做公平正义的守护者。全市共监督立案198件226人，监督撤案106件；依法纠正漏捕182人，向侦查机关（部门）发出书面纠正违法137件次，已纠正108件次。推动两法衔接机制运行。通过联席会议、双向咨询、案件移送、信息通报等一系列常态性工作制度，不断加大对行政执法机关依法移送查处案件的监督力度。全市两级行政执法机关在“两法衔接”工作信息共享平台上共录入案件3469件（含行政处罚案件3391件），向公安机关移送涉嫌犯罪案件34件，两级检察机关通过信息共享平台发现立案监督线索16件19人。开展2个专项立案监督活动，依法加大对危害食品药品安全和破坏环境资源犯罪的打击力度，全市破坏环境资源犯罪案件立案监督9件9人（包含建议行政机关移送后立案案件），危害食品药品安全犯罪案件立案监督3件18人。

【公诉工作】2017年，邵阳市检察机关依法严惩“涉黑”“涉毒”等严重刑事犯罪，共审查起诉故意杀人、故意伤害、抢劫、强奸等严重暴力犯罪案件644件741人。惩治经济领域新型犯罪，优化经济发展环境，邵东县检察院办理的公安部督办的郭某某、张某某、王某等11人组织领导传销活动案，有力震慑了传销组织的犯罪活动，收到良好社会效果。惩治侵害民生民利犯罪，开展环境安全、食品药品安全等护航活动，提升人民群众生活质量。严格办理职务犯罪案件，受理职务犯罪案件121件155人，其中起诉78件113人。稳步推进未检工作，全年共受理未成年案件215件327人，起诉144件213人，不起诉47人，附条件不起诉34人（不包括），全面落实未成年人刑事案件诉讼程序。同时，强化诉讼监督。全市两级院对部分法院判决命案、毒品类、职务犯罪等案件量刑畸轻现象坚决依法提出抗诉，共提出、提请抗诉39件，其中提出抗诉31件，提请抗诉8件；收到抗诉裁判结果25份，重审、改判21件，法院采纳抗诉意见率高达84%。

【反贪污贿赂反渎职侵权】2017年，邵阳市检察机关突出查办大案要案，立案侦查贪污贿赂案件72件89人，渎职侵权案件14件25人，其中大案53件，处级以上干部要案4人，已向法院提起公诉64件91人。查办罗某某受贿案、唐某某受贿案、刘某某受贿案、邓某某受贿案等一批在本地有震动、有影响的大案要案。强化追逃工作，潜逃24年涉嫌贪污罪的曾某某、潜逃14年涉嫌贪污罪的李某某等7名重大职务犯罪嫌疑人相继落入法网。惩治发生在群众身边的腐败问题，立案查办惠农资金、征地拆迁、社会保障、医疗卫生等民生领域“雁过拔毛”的职务犯罪16人。其中，新宁县移民局原局长罗某某等人贪污移民生产开发专项资金案，城步苗族自治县民政局原党委委员、副局长杨某某等人贪污残疾军人抚恤金案，洞口县石柱乡丝塘村原村干部阳某某等人贪污移民补助款案等。查办市检察院对车某某故意杀人、抢劫案背后涉嫌渎职的双清区公安分局干警彭某某、双清区检察院干警熊某、大祥区蔡锷乡司法所所长王某某进行立案侦查等一批公安司法领域的渎职侵权犯罪案件。查办新宁县检察院查办的新宁县财政局唐某某滥用职权、受贿案等一批行政执法领域的渎职失职案件。

【监所检察】2017年，邵阳市监所检察部门共立案羁押必要性审查案件106件（人），提出变更强制措施建议87人次，办案部门采纳建议78人次。开展清理判处实刑罪犯未执行刑罚专项活动，对判处实刑未执行刑罚的41名罪犯予以清理纠正。开展财产刑执行专项检察“回头看”活动，市检察院对市中级人民法院财产刑执行存在的问题发出检察建议书，并将党的十八大以来职务犯罪案件涉及财产刑执行的相关信息及检察监督信息录入办案系统。开展减刑、假释、暂予监外执行同步监督，对564名罪犯提请减刑、假释进行审查，对其中52名不符合法定条件的罪犯建议执行机关暂缓或取消呈报减刑、假释。开展派驻监管场所检察室规范化建设，全市11个派驻检察室中有8个被评定为“二级规范化检察室”，2个被评定为“三级规范化检察室”。

【控告申诉】2017年，邵阳市两级检察院控告申诉检察部门共受理来信522件，接待来访

1803件2253人，其中受理涉检来信52件，接待涉检上访211件243人。对受理的涉检信访，办结74件，息诉56件。其中排查处理的10件涉检信访积案均予息诉。贯彻落实首办责任制和责任倒查制度，将控告、申诉、信访问题解决在首次办理环节，将问题解决在基层，初步形成“大信访”格局。加强文明窗口建设，市检察院接待窗口被最高人民检察院评为全国文明接待示范窗口，大祥区人民检察院、新宁县人民检察院、绥宁县人民检察院、武冈市人民检察院接待室被评为全国文明接待室。加强民事监督案件的审查受理，切实保证受理质量，全年共受理民事行政申诉案件153件。进一步加大推进律师代理申诉、律师参与重大疑难案件化解等工作力度，律师代理刑事申诉、国家赔偿案件6件。积极办理刑事申诉和刑事赔偿案件，全年共受理各类刑事申诉案件26件，办结15件，受理赔偿申请11件，其中立案8件，决定予以赔偿3件。

【民事行政检察】2017年，邵阳市检察机关着力构建民事行政检察监督的多元化格局、稳步推进公益诉讼工作。全年共办理各类申请监督案件215件，其中生效裁判监督案件结案143件、提请省院抗诉7件；民事审判程序监督案件5件；民事执行监督案件29件。市检察院为主导办理生效民事行政判决、裁定类监督案件，全年办案无超期现象，并基本实现案结事了息访。调整工作重心，基本实现由过往以抗诉工作为中心的局面向以“执行监督、督促起诉、支持起诉、法官渎职行为调查”为重点的多元化监督格局转变。开展执行监督、督促履职、审判活动违法行为监督，发出检察建议36件，被采纳28件。加强与工商、城建、卫计、物价、供水等行政机关的沟通联系，开展督促行政机关依法履行职责工作，共办理此类案件66件。开展审判活动违法行为监督工作，立案2件。推进公益诉讼工作，以生态环境和资源保护、食品药品安全、国有财产保护、国有土地使用权出让等领域为重点，依托2017年环保部对湖南省的环保专项督察、县级以上饮用水源保护、专项调查校园食品卫生安全专项活动，摸排适宜提起公益诉讼的案件线索14件，报请省院公益诉讼立案14件，发出检察建议11件。

【预防职务犯罪】2017年，邵阳市检察机关全面推进职务犯罪预防工作，建立职务犯罪预防长效机制。3月市检察院在全市城镇职工医疗保险领域开展预防调查，对基本医疗保险基金的缴纳、管理、使用、给付及监督情况开展深入调查，排查漏洞隐患，提出具有实效性和针对性的预防建议，有效遏制和减少城镇职工医疗保险领域职务犯罪发生。创新预防职务犯罪形式，市检察院和中国邮政集团公司邵阳市分公司联合开展“预防职务犯罪邮路”，建立联席会议、信息互通制度，并利用新闻媒体，打造形式多样的预防宣传线上线下平台，10月18日联合开展首届预防职务犯罪知识竞赛活动。加强犯罪分析，市检察院对2013～2016年立案查处的18件26名公安人员职务犯罪案件开展犯罪分析，对该类案件发案原因、作案手段、特点、规律及在教育、制度、监督、管理等方面存在的问题进行分析研究，针对存在的问题提出遏制、减少公安人员职务犯罪发生的有效措施。及时提出检察建议，2月21日市检察院就全市扶贫发展资金管理使用预防调查过程中发现的问题向市扶贫领导小组办公室和市财政局提出建议书，市扶贫办和财政局全面部署落实市检察院提出的预防建议，并于3月20日予以书面回复。及时高效开展行贿犯罪档案查询，全市预防部门共向社会提供查询服务3927次，涉及国土整理项目、工程建设招投标，政府采购项目、医疗设备采购等方面。

【检察技术工作】2017年，邵阳市检察机关加强检察技术协作机制创新。整合全市检察技术资源，推进检察技术工作一体化，突出抓好检察技术人员协同办案、统一办案平台建设以及案件集中管理等机制和制度，基本实现全市检察机关工作重心以检验鉴定为主的办案形式向技术性证据审查为主的办案形式的转变。设立全市检察技术中心，负责全市检察技术的规划发展、统一管理、力量调整、资源整合等。加强全市检察技术司法鉴定中心建设，以法医、文检、司法会计、电子数据等门类建设为重点，打造司法鉴定的品牌。推动检察信息化建设。利用服务器虚拟化技术，提供全市两级检察机关13个外网网站的基础运行平台；建设多媒体会议室，实现检委会议事无纸化；运用电话咨询、QQ群、微信群等多渠道对统一业务软件运行答疑1000余次，并完成司改版业务系统配置、升级工作及网上信息系统、执检子系统、检委会子系统的上线及权限配置工作。全年受理检验鉴定、技术性证据审查、技术协助等各类案件156件，其中检验鉴定案件10件，技术性证据审查案件99件，技术协助案件46件，勘验检查案件1件。

【司法警察工作】2017年，邵阳市检察院司法警察依法全面履行拘传、传唤、看管、押解、协助追逃等9项职责，发挥司法警察协助检察办案、保障办案安全的职能作用。严格落实《人民检察院司法警察暂行条例》和《人民检察院司法警察执行职务规则》的规定要求，全年共派警执行职务1256次，出警3436人次。

【案件管理、检务督查工作】2017年，邵阳市案件管理及检务督察部门利用统一业务应用系统平台，加强案件质量监督和指导，探索案件质量网上评查，提高评查工作效率。全年组织案件专项评查3次，评查案件320件，同时分三批共报送各类案件30余件参加全省案件质量评查。强化流程监控，规范案件网上办理。利用统一业务应用系统，对办案部门遵守办案程序情况，遵守办案期限情况，法律文书使用情况，涉案财物处置情况，当事人、辩护人、诉讼代理人的权利保障情况，统一业务应用系统使用情况和案件信息公开情况进行全面、全程跟踪、预警和监控，及时发现和纠正违法违规办案情形。深化案件信息公开工作，强化外部监督。利用案件管理部门信息资源优势，实现业务部门与案管部门相互协调，做到信息互通，全市检察机关公开案件程序性信息6631件，法律文书公开2302份，辩护与代理网上预约91次，法律文书公开比例和文书、案件信息公开的质量迈上新台阶。加强统计工作，充分发挥决策服务职能；严格落实五项制度措施，规范涉案款物管理。

【司法体制改革】2017年，邵阳市检察机关各项改革稳步推进。员额制改革到位见效。全市共有519名检察人员报名参加员额检察官遴选，经业绩考核、专业考试、民主推荐等程序并报省遴选委员会严格审核，确定首批员额检察官357名，并落实到位员额检察官和其他人员的工资套改及绩效奖励。司法责任制模式基本形成。出台落实司法责任制实施意见，列出员额检察官权力清单，明确责任主体和权力边界，厘清检察长、检察委员会、员额检察官、办案辅助人员的权责，强化以员额检察官为主体的办案责任制；根据办案实际需要，按1名员额检察官配1名助理或者配1名书记员组建办案组织；首批员额检察官全部到一线办案，检察长人均办案5件，副检察长人均办案11件，其他员额检察官人均办案同比上升20%，办案期限平均缩短11%，办案质量和效率明显提升。协调配合做好监察体制改革及人员转隶工作。根据监察体制改革方案，反贪污贿赂局、反渎职侵权局、职务犯罪预防科转隶至监察委，纪检部门编制转至纪委，由纪委派驻至检察院，至12月底，全市检察机关转隶人员242人，其中邵阳市检察院转隶42人（包括纪检人员6人），县（市）区检察院转隶200人。

【队伍建设】2017年，邵阳市检察机关推进“两学一做”常态化制度化，加强支部标准化建设，规范党内政治生活，结合扶贫、综治、创文、双联等中心工作，教育引导全体检察人员牢固树立“四个意识”，强化司法为民的理念。开展岗位练兵、岗位技能培训和业务竞赛活动，专题培训和普通轮训相结合，全年共有68个集体、60名干警受到市级以上表彰，12人被省检察院评为业务能手。开展“禁赌限牌”、“四治四提”专项整治活动。责成4个基层院检察长就履行主体责任不到位问题作出检查，对3名干警开展廉政诫勉谈话，严肃查处违纪违法检察人员14人。加强指导帮扶，协调县区党委政府帮助基层检察院解决一些实际困难和问题。安排2名优秀青年干警到基层院挂职副检察长，统筹基层院招录大学生、研究生24人，招聘办案辅助人员30人，全部充实到执法一线。实施科技强检战略，推进电子检务工程，司法办案、检务公开等信息化水平不断提高。

（付罗芬）

审　判

【概况】2017年，邵阳市人民法院共受理案件64353件，审执结54217件，同比分别上升8.63%、12.37%。其中，市中级人民法院受理5602件，审执结4936件。全市法院33个集体、78名个人获市级以上表彰，市中级人民法院成功创建为“全国文明单位”。

【刑事审判】2017年，邵阳市人民法院审结一审刑事案件3853件，判处罪犯5090人。其中，市中级人民法院审结一审刑事案件115件，判处罪犯216人，审结二审刑事案件424件。惩处危害国家安全和公共安全、侵犯公民人身权利的严重犯罪，审结放火、故意杀人、故意伤害、强奸、绑架等犯罪案件605件674人。依法惩处毒品犯罪，审结制造、贩卖、运输毒品等涉毒品案件794件885人。从严打击多发性侵财型犯罪，审结“两抢一盗”、诈骗等案件1057件1384人。严惩贪污贿赂、渎职犯罪，审结职务犯罪案件72件98人，审结行贿犯罪案件8件12人。打击危害食品药品安全、污染环境、交通安全犯罪，审结生产销售假冒伪劣产品、污染环境、交通肇事等案件340件。市中级人民法院一审判处无期徒刑以上刑罚68人，占一审罪犯人数的31.48%；一审对肖化勇等5人特大制造毒品犯罪案件中的2名罪犯判处死刑。注重人权保障，做到严有度、宽有据，力求最佳的刑罚效果，依法宣告2名被告人无罪，对1312人适用拘役、缓刑、免刑，占生效判决总犯罪人数的30.24%。依法裁定对970名罪犯减刑假释，占提请减刑假释的93.45%。

【民商事审判】2017年，邵阳市人民法院审结商事纠纷案件13849件、标的额180.41亿元，同比分别上升20.85%、97.29%。其中，市中级人民法院审结1120件、标的额17.60亿元，同比分别上升9.38%、78.15%。切实审理好涉群众切身利益的案件，审结环境保护、产品质量、教育医疗等案件139件。开展家事审判试点工作，加大调解力度，依法制裁家暴、虐待、婚外同居等违背家庭伦理道德行为，审结离婚、继承、抚养、赡养等家事案件8456件。妥善审理发生在企业生产、经营、销售等环节的纠纷案件2884件，依法维护公平、诚信、有序的市场秩序。开展对新型经济体特别是小微企业的法律服务活动，妥善审结知识产权案件134件，鼓励企业创新发展。规范企业改制重组、破产案件审理，尝试将执行程序中的“僵尸企业”转入破产程序，审结涉企业破产改制的案件16件。贯彻房地产宏观调控政策，灵活把握违约责任认定、违约金调整等法律适用，有效防止处理不当诱发不稳定风险，审结土地使用权转让、房地产合作开发、商品房买卖等纠纷案件244件。着力服务金融生态建设，促进经济和金融的健康发展，审结金融借款、融资租赁、民间借贷等案件6961件，标的额146.87亿元。加强涉军案件审判工作力度，依法维护军人军属合法权益。

【行政审判】2017年，邵阳市人民法院审结行政诉讼案件1021件、同比下降16.92%，其中市中级人民法院院审结一审行政诉讼案件164件，二审行政诉讼案件284件。加大涉工业园区建设、重大基础设施项目和重点产业项目建设服务力度，为邵阳桃花体育新城等重大基础设施建设、小米电饭煲等智能制造项目建设提供强有力的司法保障。重在监督行政机关依法行政、维护相对人的合法权益，审结直接关系群众权益的征地拆迁、治安管理、劳动和社会保障等案件200件；对113件行政行为违法、显失公平的案件判决撤销或确认违法，占一审行政诉讼案件的15.42%。注重诉中调解和案外协调，促成行政争议实质化解，原告撤诉125件，占一审行政诉讼案件的17.05%。市中级人民法院审结国家赔偿案件10件，决定赔偿2件、27.63万元。加强司法建议工作，市中级人民法院向行政机关发送司法建议4件。与市政府联合出台规范应诉的文件，市人民政府副市长出庭应诉，推动行政机关负责人应诉工作。

【执行工作】2017年，邵阳市人民法院受理执行案件18754件，执结14842件，执行到位24.92亿元。其中市中级人民法院受理323件，执结263件，执行到位4.59亿元，同比上升24.86%。围绕“用两到三年基本解决执行难”工作目标，发挥联动机制作用，构建执行威慑机制，规范执行行为，加强执行工作力量，全方位做强执行工作。开展行政机关为被执行人案件、重点民生项目和小标的执行积案等专项执行活动，增强人民群众的获得感和认同度。加快执行联动协作机制建设，加大对失信被执行人制裁和信用惩戒力度，通过报纸、网站、微信、布告等多种形式发布失信被执行人信息6544人次，限制高消费6544人次，拘留、罚款200人次。推进网络司法拍卖，有效杜绝暗箱操作，确保公正透明，共计拍卖成交9637.19万元，溢价率为32.58%，为当事人节省佣金240.93万元。

【司法为民】2017年，邵阳市人民法院发挥人民法庭植根农村、贴近群众的优势，强化巡回审判等便民措施，方便群众诉讼；与市保险行业协会联合出台涉保案诉调对接实施方案，在市区基层法院设立“交通事故赔偿纠纷诉调中心”，快捷解处纠纷。深化“诉访分离”改革，到省进京访人数同比下降44.6%，经验在全省法院立案信访工作会议上被推介。开展司法救助工作，市中级人民法院对符合救助条件的18个当事人发放司法救助金71万元。开展精准扶贫、“三联二访一帮”、社会主义新农村援建等主题活动，帮助92户贫困户中的88户成功脱贫。落实“谁执法谁普法”要求，开展主题宣传、送法进社区和校园等活动，普及法律知识。继续完善审判流程公开、庭审活动公开、裁判文书公开、执行信息公开四大信息平台，加强微博、微信和官方网站的运行维护，及时全面准确发布司法信息。依法公布裁判文书49123件，开展庭审网络视频直播74场次，播出法庭内外10期，举行新闻发布会11场。

【司法改革】2017年，邵阳市人民法院经严格考试和考核，完成首批员额法官的选任工作，全市法院首批入额法官505人，其中市中级人民法院76人，占中央政法专项编制的35.68%。落实“入额必办案”要求，院、庭长带头办理重大、疑难、复杂、新类型和在法律适用方面具有普遍指导意义的案件，自7月始，院、庭长共结案1394件，占诉讼案件结案数的25.84%。推进司法人员工资套改、法官单独职务序列管理等配套改革，法官等级与行政职级脱钩，完成首批505名员额法官的定级转任，将85%以上的司法人力资源配置到办案一线。制定审判委员会和法官专业委员会工作规则、司法人员职责和权限清单，明确审判委员会、合议庭的工作职责及员额法官、法官助理、书记员的权责。坚持法官主体地位，成立法官权益保障委员会，院、庭长不再审核签发未直接参加审理案件的裁判文书，实现“让审理者裁判，由裁判者负责”。在已有人员、机构框架内，市中级人民法院按条块设置21个相对固定的审判团队，初步完成审判组织、司法责任的重新架构。制定员额法官办理案件意见、绩效考核和奖金分配办法等规范性文件，突出工作实绩，改革后人均办案数提升22.85%。推进以审判为中心的刑事诉讼制度改革，进一步规范公诉案件受理、开庭审理、案卷移送等衔接工作，构建新型诉审关系。改进人民陪审员参审方式，扩大人民陪审员的参审范围，注重发挥人民陪审员熟悉社情民意的优势，引导人民陪审员由“法律、事实全面审”向“侧重事实审和专业审”的改革方向转变，人民陪审员参审案件10671件，较上年提升10.71%。

【智慧法院建设】2017年，邵阳市中级人民法院建成湖南省内一流的诉讼服务中心，推进现代科技与诉讼服务的深度融合，聚集立案、诉前调解、案件查询、文书送达、材料流转、联络法官、诉讼热线、法律咨询八大功能，配备银行自助服务机、自助诉讼服务终端一体机、打印机、复印机等便民设施，设置自助查询台、法律图书报刊阅览区，实现立案登记、诉讼费交退、案件信息查询、约见法官、诉讼材料转寄、律师咨询的集约化服务，极大地方便当事人诉讼。市中级人民法院新建成包括家事审判法庭、未成年人案件审判法庭等特殊功能法庭在内的科技法庭19个，实现庭审的在线巡查监控、庭审过程同步录音录像、庭审记录同步显示和归档，并可通过网络以视频直播、点播、下载等多种视频应用展现庭审全过程。全市法院深化执行指挥中心实体化建设，优化执行单兵系统、执法记录系统、执行管理平台和远程监控系统等集成应用，实现被执行人财产网络查控、执行远程指挥协作、失信联合惩戒等多种功能。运用好裁判文书制作、文书纠错、量刑规范化等智能办案辅助系统，促进类案同判和量刑均衡，减轻法官事务性负担。依托数字法院系统自动分案排期，加强对审判执行流转节点的监控和运行态势的分析研判、预警、通报，促进审判管理的科学化、精细化。

【队伍建设】2017年，邵阳市人民法院推进“两学一做”学习教育常态化制度化，采取多种形式、分层次抓好党的十九大精神的学习贯彻。组织重温入党誓词、员额法官宣誓、宪法日宣誓、升国旗等活动，开展党员的信仰、法官的尊严、法官的使命等专题研讨。注重对基层一线法官的培训，着力提升干警的司法专业能力、群众工作能力、科技应用能力、社会沟通能力，培训法官和其他工作人员510人次，组织47批210人次参加最高法院、省高院和市委党校培训。市中级人民法院新建电子图书馆、阅览室、法官之家等基础设施，开办“法官讲坛”、道德讲堂，开展全员读书竞赛，加强学术研讨，有3篇调研论文在全国性的理论研讨会上获奖。持续整治“四风”，加大明查暗访、专项督查力度，开展重点督查6次，防止“四风”回潮反弹。开展“四治四提”“禁赌限牌”“涉矿经营清理”等专项整治活动。聚焦合议庭权力行使及院庭长监督管理等热点难点，开展廉政风险点排查，完善廉政风险防控机制，确保审判全流程监管。用好监督执纪“四种形态”，加大执纪问责力度，共查处违法违纪案件7件，给予党纪政纪处分15人。

【接受监督】2017年，邵阳市人民法院强化接受监督意识，自觉接受市人大及其常委会的监督，主动向市人大常委会报告法院的重要工作、重大案件审判执行情况，不折不扣执行人大及其常委会的决议；坚持向人大代表寄送资料和院领导对口联络制度，主动向人大代表通报工作、听取意见。落实人大常委会交办事项，配合市人大常委会开展《著作权法》贯彻落实、化解金融风险、服务重点项目等专题调研。自觉接受政协民主监督，认真听取采纳意见建议，用心办理政协委员提案2件；选任政协委员担任人民陪审员和邀请政协委员旁听庭审，拓宽政协委员监督途径。依法接受检察机关的法律监督，办理检察建议事项，审结检察机关抗诉案件21件，其中改判11件，维持5件，撤诉3件，发回重审2件。自觉接受舆论和社会各界监督，举办“法院开放日”活动，邀请社会各界代表200余人参观法院、旁听庭审。

（刘喜亮）

司法行政

【概况】2017年，邵阳市司法行政系统紧扣队伍建设主题，突出司法行政改革、公共法律服务体系建设、维护稳定、法治创建“四项重点”，加强人民调解组织、公共法律服务平台、社区矫正中心、市民法制学校、基层基础“五项建设”。中共邵阳市法律服务行业委员会正式成立，实现法律服务机构党的组织建设全覆盖。人民调解队伍实现“四个统一”，规范化水平明显提升。市司法局在全省司法行政系统综治考核中排名第3位，被评为全省司法行政系统专项重要工作表现突出的集体，在全市综治、人口和计划生育、防范处理邪教工作等评比中获评先进单位，持续保持“省级文明单位”“市级平安单位”称号。洞口县黄桥司法所所长谢扬标入选司法部“新时代最美法律服务人”，北塔区茶元头司法所所长刘双富被评为“全国司法行政系统先进个人”。在全省司法行政系统业务技能比武中，人民调解、社区矫正、安置帮教、公证管理等项目取得优异名次，4 人获评岗位标兵和能手。

【法治建设】2017 年，邵阳市推动落实党政主要负责人履行推进法治建设第一责任人职责规定，全面实行“谁执法谁普法”责任制，加强市（村）民法治学校规范化建设，普法依法治理成效明显增强。推进“法律七进”“法治宣传进企业、服务产业大发展”等活动，市、县媒体将公益法治栏目纳入宣传内容，全市 14 万人参加网上学法考法。健全法制副校长管理机制，精心培育农村“法律明白人”，全市 10 人入榜“全省百名优秀农村法律明白人”。选聘法制副校长 900 余名，开展法治宣传教育，增强青少年法治意识。推进法治文化建设，市本级投入 30 余万元在西苑公园建成首个法治文化公园，全市共建成法治公园（广场）10 个。持续推进市（村）民法制学校建设，创新普法平台管理改革成果进一步扩大，获全市改革创新奖。

【人民调解】2017 年，邵阳市开展“三调联动解纠纷、防控风险促发展”专项调解活动，出台《关于驻村辅警协助履行部分司法行政工作职能的通知》，建立驻村辅警协助参与所在村矛盾纠纷调处、法治宣传工作的长效机制，基层工作力量进一步增强。建立市县乡村四级共 6000 多个调解组织，在医疗、环保、工伤、婚姻家庭、交通事故、民间融资等领域建立专业行业性调解组织，累计排查化解矛盾纠纷 3 万余件，其中有效化解疑难复杂纠纷 2600 余件，防止引发自杀、民转刑、群体性械斗、集体上访等 400 余件，有效促进全市刑事和民转刑命案下降，减少进京赴省非访量。首批 89 名市检察院人民监督员正式履职，监督评议案件 40 余件，参加检察长会议、检察公开日等活动 5 场次，有力监督检察权。

【教育矫治】2017 年，邵阳市司法行政系统全面践行治本安全观，开展“百日安全竞赛”“三教一训”等活动，教育转化吸毒人员 300 余人，推进戒毒场所基础设施建设，投资 55 万元建成“一个中心、四个系统”，智能报警、电子围栏、远程教育等普遍运用，场所职能监管水平提升，戒毒场所保持安全稳定，连续 17 年实现“六无”。200 余个司法所统一外观标识和内部设置，社区矫正中心完成标准化建设，实现规范化管理。全面铺开社区服刑人员行为规范教育，实施教育矫正 4.2 万人次，撤销缓刑假释及收监执行 30 余人。社区矫正运用手机定位、电子腕带监控覆盖面达 95% 以上。武冈市在全省社区矫正会议上就信息化建设主题作经验发言。邵阳市刑满释放人员衔接率达 98% 以上，核实率达 100% 。不断健全“情暖高强　关爱孩子”联合帮扶机制，服刑戒毒人员未成年子女帮扶率达 70% 以上。

【司法行政改革】2017 年，邵阳市推动公共法律服务实体平台建设，中心、站、点建成率分别达到 100% 、97% 、92% ，邵东、北塔等县（区）公共法律服务工作站、点建成率达 100% ，居全省前列。逐步规范“如法网”运用和“12348”法律服务热线管理，为群众提供更加便捷的法律咨询和法律服务。9 家县（市）公证机构改革为事业体制，全年公证办案量达 1.4 万余件。突出开展“法律扶贫”，全市 500 余名律师服务 3628 个村（社区）。组织 40 余名政治素质良好、业务能力较强的律师参与涉法涉诉信访值班、案件评析和申诉代理，办案 170 余件，提出意见和建议 160 余个，息访息诉率达 50% 。开展“一村一顾问”“万名律师乡村行”“中小微企业免费法律体检”“一带一路”法律服务活动，提供免费法律咨询和服务 1.5 万余人次。出台政府购买法律援助服务实施方案，提高法律援助案件办案补贴标准。全市法律援助办案 4000 余件，其中农民工案件 500 余件、免费讨薪 900 万元。

（周辉华）

经济综合管理

发展和改革工作

【决策参谋】2017 年，邵阳市发展和改革委员会紧扣“十三五”规划落地，统筹编制《邵阳市“十三五”重点流域水污染防治规划》《邵阳市采煤沉陷区规划》等重点专项规划。编制和组织实施年度计划，坚持月分析、季研判、半年大调研，完成经济社会发展形势分析报告 10 多篇，提出有针对性、操作性的工作建议 50 多条。起草《关于加快推进产业发展的实施意见》《产业发展工作考核和责任追究办法》《贯彻落实湘办发〔2017〕29 号文件精神的实施意见》《关于加快推进易地扶贫搬迁工作和后续产业发展的实施意见》等政策意见，编制《2017—2020 年全市第一批重点产业项目表》，修订完善《公共资源交易监督管理暂行办法》《公共资源交易运行规则》。同时，围绕市委常委会议、市政府常务会议、政府工作报告责任分工等，协调落实 100 多项重点工作。办理人大、政协建议提案 37 件，满意率达到 100%。

【产业发展】2017 年，邵阳市发展和改革委员会履行市产业发展工作领导小组办公室职能，实施重点产业项目建设“1125”工程，全市第一批 396 个重点产业项目完成投资 350 亿元。加快工业转型升级步伐。将城西老工业区一并纳入小江湖国家老工业区搬迁改造支持范围；申报国家增强制造业核心竞争力重点领域关键技术产业化、中国民营 500 强盈利企业管理团队奖励等资金项目。对 36 家申报省重点上市后备企业资源库企业进行审查。全市 110 个重点工业项目完成投资 106.5 亿元，为年计划的 105%。小米智能电饭煲、亚洲富士电梯、发制品产业园、邵东智能研究院、锐科机器人、隆回湖南京能等一批新兴产业项目建成投产。提升服务业支撑能力。出台《关于大力培植发展规模服务业和加强服务业统计工作的意见》，培植发展规模服务业。争取到国家和省服务业发展支持项目 6 个、专项资金近 500 万元。全年第三产业完成增加值 763 亿元，同比增长 11.3%。规模以上服务业企业 373 家，营业收入总量 89 亿元，同比增长 18.1%；营利性规模服务业企业 107 家，营业收入总量 10.2 亿元，同比增长 48.5%。加强农业基础设施建设。推进第二水源工程报批工作，完成农村安全饮水全覆盖暨巩固提升工程 1074 处，新增粮食产能工程、岩溶地区石漠化综合治理、“四水治理”、大中型病险水库（水闸）除险加固等一批重大农林水项目实施进展顺利。全年农林水畜牧 4 大块项目获中央、省预算内投资 6.7 亿元。

【项目建设】2017 年，邵阳市 287 个重点建设项目完成投资 568 亿元，为年计划的 103.4%，150 个项目实现全部投产或单项投产；48 个省重点建设项目（含打捆项目）完成投资 428.8 亿元，为年计划的 112.8%。武冈机场建成通航。怀邵衡铁路加快推进。投资 40 亿元的邵阳站综合交通枢纽工程开工建设。武靖高速建成通车。洞兴高速全线贯通，邵阳市又增加一条出省大通道。出台《2017年重点项目管理考核办法》，全年通过在线审批监管平台共审批、核准、备案项目2049个，基本实现网上受理、办理、监管“一条龙服务”。全年稽察抽查和督查督办项目318个，涉及总投资217.6亿元，对发现的132个问题全部建档立卡、限时整改。

【争取国家和湖南省支持】 2017年，邵阳市发展和改革委员会抢抓发展机遇，下大力气争取国家和湖南省支持。邵阳县获批全国种养结合整县推进试点县，并作为中国农产品特优区上报国家。新宁县纳入石漠化综合治理改革试点。大祥区成功入选首批国家农村产业融合发展示范园创建名单。全年争取到中央和省预算内资金30亿元。重大项目武冈通用航空基地、新宁崀山、邵阳县通用航空机场列入湖南省“十三五”建设规划，邵东、新邵、洞口、隆回、绥宁、城步通用航空机场列入《湖南省通用机场布局规划（2016—2030）》。市区、隆回、邵东、武冈等生活垃圾焚烧发电项目纳入《湖南省“十三五”生物质能源发展规划》。

【推动改革落地】 2017年，邵阳市加快推进供给侧结构性改革，完善振兴实体经济体制机制，推动“三去一降一补”取得实质性进展。完善国有资产管理体制，加快农村集体产权制度改革。继续推进“放管服”改革，清理规范87项市政府部门行政审批中介服务事项，完成全市279家行业协会商会脱钩。公共资源交易平台正式运行。社会信用体系建设取得重大突破，公共信用信息数据归集总量位居全省前列。全面完成党政机关公务用车改革。涉改的市直党政机关和参公单位共145家，涉改车辆990辆，各县市区均建立公务用车服务平台。开展党政机关黄标车排查清理工作。加快推进价格体制改革。全面落实各项价格体制改革措施。市本级、武冈市、邵东县、新邵县、隆回县已实施居民阶梯水价制度。协同推进市级公立医院改革，32家市级公立医院全部实行药品“零差率”销售和药品购销“两票制”。改革医疗服务定价方式，制定市区二级以上公立医院106个病种的收费标准。

【增进人民福祉】 2017年，邵阳市发展和改革委员会推进精准扶贫。把易地扶贫搬迁作为一项核心工作强力推进，基本完成“投资22.65亿元、建设住房10024套、搬迁37757人”的年度目标任务。做好大湘西开发工作，邵阳市在大湘西地区文化生态旅游精品线路、重大产业项目奖补、茶叶公共品牌、非物质文化遗产生产性保护项目、后续产业扶持等方面共争取资金1.2亿元。实施千村万户光伏扶贫工程，建成光伏扶贫项目281个。支持教育卫生文化等社会事业领域基础设施项目建设。邵阳市一中搬迁项目正式开工建设，湘中幼师高等专科学校招生入学；市博物馆、文化馆、图书馆、美术馆、规划馆相继开馆，市体育中心主体封顶；邵阳学院附属二院儿科综合大楼建成投入使用，市中医医院岐黄综合楼、市第一人民医院医疗综合大楼等项目加快推进。全年争取社会事业领域中央预算内投资3.72亿元。推进棚户区改造项目建设，全年争取中央预算内棚改配套资金6.3亿元。推进能源基础设施项目建设。110千伏城西变扩建工程和市区雷家岭变电站扩建工程竣工投产，六岭变输变电工程正式开工建设；“气化邵阳”一期工程全线竣工；新宁寨子背、绥宁宝鼎山二期等风电项目进展顺利。加强价格工作。深化涉企收费清单制度，整顿治理乱收费等价格违法行为；核定机动车排气污染物监测收费标准，调整机动车安全技术检验服务收费标准；完成市区出租车价格调整，并实现平稳过渡；提高价格监测预警和分析能力，进一步规范电价、水价、燃气价格等与百姓生活息息相关的商品价格。完成邵阳市燃气公司配气成本调查、市客运出租车运营定价成本测算、崀山旅游观光车客运定价成本测算等6个项目的成本调查测算，核减成本总额近1亿元。市价格成本调查队作为2015—2017年度先进集体，被省发改委审定上报国家发改委。

【固定资产投资】 2017年，邵阳市完成固定资产投资1840.1亿元，增长13.1%，其中房地产投资169.3亿元，增长16.1%。在全部投资中，国有投资533.47

亿元，增长52.1%，非国有投资1306.63亿元，增长2.3%，非国有投资占全部投资比重71.0%，下降7.45个百分点。第一产业完成投资额203.20亿元，增长7.9%；第二产业完成投资额602.34亿元，下降0.1%；第三产业完成投资额1034.56亿元，增长23.7%。全市完成基础设施投资408.73亿元，增长27.0%。其中，能源投资83.99亿元，增长8.9%；交通投资217.43亿元，增长65.9%；水利投资16.66亿元，增长6.5%；环保投资5.95亿元，增长62.8%；教育投资64.89亿元，增长48.8%；卫生投资23.98亿元，增长26.9%。完成工业投资591.92亿元，下降0.8%。其中，采掘业26.30亿元，下降18.4%；制造业481.63亿元，下降1.2%；电力、燃气及水的生产和供应业83.99亿元，增长8.9%；高新技术产业完成投资51.62亿元，增长32.8%。全市组织实施重点项目287个，计划总投资2750.1亿元，年度计划投资549.7亿元，实际完成投资568.4亿元，完成计划任务103.4%。

【工业经济与高新技术产业】2017年，邵阳市根据项目资金投向组织彩虹电子特种玻璃、拓浦精工智能厨电等企业编报中央预算内技术改造专项投资补助资金、增强制造业核心竞争力专项资金、共享经济示范平台项目等资金，为宣传产业发展和组织申报中央预算内资金积累经验。组织相关企业编报湖南省2017年新进中国企业500强和中国民营500强盈利企业管理团队奖励资金、产业链创新项目资金、中小企业技术改造项目资金和省双创基地、省工程研究中心、省企业技术中心等平台建设项目。全年共争取工业和高新技术产业中央和湖南省预算内资金1200万元。全年编制2018年实施的重大工业项目187个，总投资1062亿元，2018年计划投资265亿元。其中工业项目105个，计划投资157.6亿元。同时，向湖南省发展和改革委员会争取将邵阳市5~7个项目纳入全省2018年度实施的100个重大产业项目。加快推进湘商产业园区建设，年内新建标准厂房63.05万平方米、竣工125.13万平方米、投产131.31万平方米，新增签约企业185家、投产211家，实现产值155.8亿元、税收6.9亿元，在全省“135”工程三年综合评价考核中名列第一。

【农业经济】2017年，邵阳市向国家和湖南省争取资金和政策支持。全年农业口项目累计获中央、省预算内投资66892万元。向国家推荐湖南省创建特色鲜明、优势集聚、产业融合、市场竞争力强的中国农产品特优区，邵阳县以全省第一名上报国家，继而以油茶产业优势成功评选为中国农产品特优区；大祥区成功列入首批国家农村产业融合发展示范园创建名单，成为湖南省5个创建单位之一。推进重大项目建设。截至年底，第二水源工程木瓜山水库扩建工程项目获长江水利委员会审核批复并完成25个专题报告资料，东风水库项目总体形象进度98%，管网工程可行性研究报告完成初稿并编制《水资源论证》等专题报告。犬木塘灌区神滩水源工程项目确定下坝址田江坝、中坝址神滩渡坝、上坝址梅子井坝3个坝址位置，编制完成《犬木塘灌区神滩渡水源工程田江坝址方案简要分析材料》。农村饮水安全全覆盖暨巩固提升工程共筹措资金16.7亿元，开工工程1007处，完工624处，其中千吨万人以上工程开工31处，解决22.57万贫困人口饮水安全问题。新增1000亿斤粮食产能工程，2016年争取中央投资11250万元，拟在新邵、邵阳、隆回、洞口、武冈、新宁6县市建设高产稳产田7.5万亩，2017年完成投资8350万元。

【铁路建设】2017年，怀邵衡铁路邵阳市境内完成投资37亿元，累计完成投资153亿元。重大控制性工程及红线内的征地、房屋拆迁工作全部完成，“三改”“四电”用地征地工作基本完成。邵阳至衡阳段完成铺轨，邵阳至怀化段铺轨已到怀化境内。沿线洞口站、隆回站、邵阳西站站房主体工程全部完工，邵东书院站完成基础施工，邵阳东货场列入怀邵衡铁路工程同步实施。呼南高铁邵永段、兴永郴赣铁路、怀桂铁路、城市轨道交通线网规划等铁路项目前期工作继续推进。火车站综合客运枢纽工程项目于11月28日开工，年内完成投资5.378亿元，完成征地582.66亩，完成一期金山路建设房屋拆迁29栋30户3683.82平方米，广场建设项目房屋拆迁工作全面启动。

【机场建设】2017年，邵阳武冈机场于6月28日正式通航，开通北京—郑州—武冈、长沙—武冈—海口、重庆—武冈—长沙、昆明—武冈—杭州、长沙—武冈5条航线。邵东军民合用机场再次纳入《全国民用运输机场布局规划（2030）》，获湖南省发展和改革委员会、湖南省机场集团和南部战区空军司令部支持。邵阳市9个县市均规划布局通用航空机场，其中武冈通用机场已批复立项并完成可行性研究，新宁通用航空基地报湖南省发展和改革委员会立项。

【能源建设】2017年邵阳市农网改造完成总投资79172.3万元，建成新宁220千伏变电站、金紫山、五团、十里平坦风电场110千伏送出工程，完成全部中心村、290个贫困村和76万户集抄改造工作。

城网建设完成总投资21498.9万元。新宁变和新宁—邵阳县扶夷220千伏线路建成并投产；完成邵阳资洲变、市区雷家岭变电站扩建，城区新建10千伏线路和配电变压器，完成体育新城配套项目建设；启动六岭变输变电工程，完成项目前期工作实现开工建设；全面启动城区电力配套管网建设。

“气化邵阳”工程市区—邵东、市区—邵阳县输气管线全线贯通，“邵阳—隆回—洞口—武冈—新宁”管线完成前期工作，通过可研编制和路由审查，进入立项核准阶段。

风电建设建成风电项目装机容量共计60万千瓦，占全省总装机的1/3；城步金紫山、十里平坦一期、城步乌鸡岭、城步五团风电场、绥宁宝鼎山二三期等在建的7个风电项目装机容量共计35万千瓦，已开展前期工作的风电项目16个共计80万千瓦。

光伏扶贫全年申报村级扶贫电站908个、电站建设规模249464.8千瓦，估算总投资176044.3万元，项目都已通过项目招标；建成村级光伏电站308个，总装机规模为38016千瓦。

充电基础设施建设组织编制邵阳市充电基础设施专项规划，县市区逐步完善充电基础设施建设，市本级新购入新能源公交车400台。北塔区万桥街区新能源充电站完成项目立项前期工作，市交通学校和邵阳经开区开展充电站前期工作。

继续推进能源消耗总量和强度双控工作，万元GDP能耗下降5.59%，能源消耗总量787.84万吨，能源消耗总量增量为15.54万吨标煤，超额完成目标任务。

【资源节约和环境保护】2017年，邵阳市发展和改革委员会争取资源节约和环境保护中央和省预算内资金支持。新邵县城乡生活垃圾收集转运系统建设项目、邵阳县第二污水处理厂及其配套管网工程、绥宁天冠宏泰有限公司年产20万吨生物质能成型燃料建设3个项目共争取到生态文明建设专项中央补助资金1265万元。

【法规工作】2017年，邵阳市发展和改革委员会推进行政许可和公共服务事项管理规范、流程规范、服务规范。实施清单管理和编码管理，按照单一审批流程和共同审批流程类别，梳理和优化行政许可受理、审查和决定各环节的工作流程，编制行政许可事项流程图。通过标准化管理模式对行政许可的审查方式、审查环节、时限节点、审查要点等进行规范和量化，合法规范审查，提高审查效率。建立健全信息公开、一次性告知、首问责任、顶岗补位、服务承诺、责任追究、文明服务等制度规范，按照标准化要求编制服务指南，推进网上审批和在线办事服务，促进阳光审批和服务水平提升。对本单位权力清单进行更新调整，清理规范本单位涉及的证明（盖章）材料，完成2017年行政执法案卷评查工作，推进公平竞争审查制度；加强行政复议应诉工作，全年发改系统未出现任何因违规审批而引发的行政复议应诉；行政许可行为规范，重大行政决策程序规范，法治政府建设日常工作落到实处。

【公共资源交易管理】2017年，邵阳市发展和改革委员会规范公共资源交易管理。修订完善《邵阳市公共资源交易监督管理暂行办法》《邵阳市公共资源交易运行服务规则》，拟起草出台《邵阳市公共资源交易保证金管理办法》《邵阳市公共资源交易项目评审劳务报酬发放标准》。就市公共资源交易中心运行以来产生的问题进行调研，加强对公共资源交易活动的指导、监督、协调。开展违规招投标问题整治专项行动。组织督促各县市区和市直部门对2014年以来依法必须公开招标项目（包括政府投资项目和国有及国有控股企业投资项目）招投标的实施情况进行清查整改，重点是就招标事项审批、规避招标、不依法进行招标的实施情况开展全面自查自纠。对邵阳县、隆回县违规招投标问题进行核查，并协助纪检监察机关对2县违规招投标问题进行处理追责。严格按照法律法规进行招投标事项核准，共计核准招标项目47个，涉及投资预算144亿元，无违规核准行为，未出现违规行为和不良影响。职权范围内招投标工作监管到位，全年未发生一起违法事件。

【**代建制**】2017年，邵阳市发展和改革委员会严格项目审批，全年批复邵阳市第一人民医院医疗综合楼（含儿童医疗服务体系）建设项目、邵阳市第六中学扩建建设项目、邵阳市第十七中学异地新建项目、邵阳市食品药品检验检测中心建设项目等代建项目。加快推进代建项目建设，督促邵阳市第一人民医院、邵阳市食品药品检验所开展代建制招标代理机构比选和代建制单位招标，协调处理邵阳县妇幼保健院代建项目问题。

【**社会事业**】2017年，邵阳市发展和改革委员会推进社会事业领域重大产业项目和重点项目建设。邵阳市中心医院东院、湘中幼儿师范高等专科学校、邵阳市体育中心、邵阳学院附属医院儿科大楼等建设项目主体封顶，文化艺术中心部分场馆投入使用。邵阳市一中易地新建、邵阳市中医医院岐黄综合楼、邵阳市第一人民医院外科大楼等建设项目前期工作加快推进。鼓励社会资本参与健康养老，宜善健康城、檀香园老年公寓、森林氧吧老年公园等养老项目启动。开展社会事业领域中央预算内投资项目计划的申报与执行。2017年湖南省转发下达邵阳市中央预算内投资项目共51个项目，中央预算内投资37199万元。其中教育领域34个、卫生领域4个、公共体育5个、社会服务兜底2个、文化旅游6个，中央投资分别为13429万元、15500万元、1060万元、、1640万元、5570万元。推进社会事业领域中央预算内投资项目。2017年社会领域中央预算内投资项目51个，总投资75989万元。其中，教育领域34个项目，卫生领域4个项目，公共体育5个项目，社会服务兜底2个项目，文化旅游6个项目。协调推进湖南南山国家公园体制试点工作，配合筹委会迎接国家发展和改革委员会、建设部和湖南省领导对湖南南山国家公园体制试点工作的调度和检查，10月15日湖南南山国家公园管理局正式挂牌成立。

【**湘西地区开发**】2017年，邵阳市争取湘西地区开发资金12244万元。其中26个湘西地区重大产业项目投资补助资金2660万元，大湘西地区文化生态旅游精品线路建设专项资金3790万元，大湘西地区茶叶公共品牌建设专项资金751万元，湘西地区非物质文化遗产生产性保护项目资金500万元。获以工代赈专项资金3563万元。获2016年易地扶贫搬迁后续产业扶持资金980万元。加大对国家、省武陵山片区政策的研究力度，全年全市武陵山片区在财政转移支付、税收、金融投资、产业政策、土地政策、生态补偿、教育、基础设施建设等方面享受优惠40多亿元。

【**湘商产业园建设**】2017年，邵阳市发展和改革委员会坚持把湘商产业园建设作为加快发展的“一号工程”来抓，年内湘商产业园新建标准厂房63.05万平方米、竣工125.13万平方米、投产131.31万平方米，新增签约企业185家、投产211家，实现产值155.8亿元、税收6.9亿元，在全省“135”工程三年综合评价考核中名列第一。围绕“新增签约企业150家、厂房使用率超过70%”目标，进一步落实招商主体责任，利用惠商政策，开展全方位跟踪服务，确保签约项目快速落地投产。发挥异地商会、本地商会的“以商招商”作用，引导外地邵商资本、技术和人才回流。争取奖补资金，研究出台园区产业发展基金、降低企业成本等政策措施，争取园区建设奖补资金4.5亿元。

【易地扶贫搬迁】2017年，邵阳市精准识别搬迁对象、合理确定安置方式、加快推进项目建设、统筹配套后扶措施，起草编制《关于加快推进易地扶贫搬迁工作和后续产业发展的实施意见》，编制整理《易地扶贫搬迁有关政策资料汇编》。实行“联点包片”制度，每个市联席会议主要成员单位对口一个县市区。实行易地扶贫搬迁项目责任制，各县市区常务副县市区长为责任领导，发改局长为责任人。各县市区建立“一个项目、一名领导、一套班子、一套措施、一抓到底”的工作机制，实行一个县级领导联系一个集中安置项目，任职期间内对所联系的项目建设管理全程负责，对项目质量安全终身负责。强化项目调度，及时掌握项目建设动态，主动解决项目推进中的困难和问题，督促项目单位按期保质完成项目建设。加强督导检查，重点检查工程质量、进度情况、资金到位及管理使用情况，了解存在的困难和问题，及时纠正违规问题。市联席办对各县市区项目进展情况实行“一月一调度、一月一督查、一月一通报”，对项目开工率、竣工率、入住率、资金到位率等重要考核指标进行排名。完成“投资22.65亿元、建设住房10024套、搬迁37757人”的年度目标任务。

【现代物流业】2017年，邵阳市发展和改革委员会推动湘西南农产品物流中心、金锣湾国际商贸城、湘瓷竹木建材城、邵东国际商贸城、武冈市商都物流园区等已开工项目建设；推进邵东星沙物流中心、廉桥药都医药仓储物流交易中心、洞口报木物流中心等拟开工项目开工建设，重大物流项目2017年争取完成投资25亿元。争取现代物流、冷链物流、粮食仓储、粮食现代物流项目中央或省预算内投资。

【企业债券融资】2017年，邵阳市进一步引导企业发行债券，逐步转变在债券发行中的工作职能，将工作重心从事前审查转变为事中事后监管，加强对已发行债券投资项目的建设进度和已发债企业偿债能力的监管。争取国外政府贷款融资，加快推进市城管局关于邵阳市餐厨废弃物资源化利用和无害化处理利用法开署贷款项目相关工作，挖掘邵阳市符合国外政府贷款政策的项目并组织申报工作。

（市发展改革委）

优化经济发展环境

【推进简政放权】2017年，邵阳市市本级行政审批项目由原来的301项精简到153项，非行政审批项目从150项精减到43项。特别是9月，将232项市级经济管理权限全面下放到邵阳经开区。督促工商部门实施“多证合一”改革，探索推行简易注销改革，推广企业集群注册。

【推行阳光行政】2017年，邵阳市优化部门督促市政务服务中心推行“两集中两到位”工作模式，强化政务服务管理。推行企业全程电子化登记改革，推进“互联网+政务服务”，全年通过在线审批监管平台审批、核准、备案项目2049个，做到网上受理、办理、监管“一条龙服务”。

【开展专项督查】2017年，邵阳市以解决项目建设环境突出问题为重点，下发《邵阳市开展优化重点项目建设环境专项督查实施方案》，重点打击11类行为，对邵阳发制品产业园、飞力格产业项目、洞口妇幼保健院、双清区老年康复院、新宁县中医院5个重点项目建设进展滞后情况进行督查督办，对相关责任单位和责任人进行处理。开展涉企收费和降低实体经济企业成本“21条”专项督查，贯彻执行《关于降低实体经济企业成本的若干意见》《关于迎老乡回家乡创业发展的若干支持意见》，确保涉企收费目录清单制度落实到位、整改到位，确保各项政策落实落地。

【督办通报典型案例】2017年，邵阳市采取直接查办一批、重点督办一批、转办交办一批的方式，及时曝光损害经济发展环境的典型案例，市县两级优化部门共通报打击损害环境事件典型案件50起，对武靖高速公路项目阻工、邵东县大通电力设备制造公司反映生产环境不优等20

余起投诉事件进行交办和督办。

【落实社会诚信制度建设】 2017年，邵阳市建立完善的社会信用体系建设工作机制、资金保障机制、考核督导机制；启动社会信用体系相关基础性法规制度建设，逐步构建守信联合激励和失信联合惩戒协同机制，公共信用信息数据归集总量位居全省前列。市优化部门对在市场体系建设中建立公平竞争审查制度文件落实情况开展督查。对政府招商引资违约失信问题进行集中清理、集中督办、集中整改和集中规范。建立完善市场主体信用档案和信用信息数据库，推进守信联合激励和失信联合惩戒。市社会信用信息交换平台共归集“双公示”数据310万条，基础信用信息数据660万条，共计970万条，名列全省前茅。规范执法检查，全面推行“双随机一公开”。

【经济环境监测】 2017年，邵阳市建立经济环境动态监测网络，确定17家企业及相关负责人作为省优化经济发展环境监督测评点和监督测评员，市本级确定32家企业及相关负责人作为市级层面优化经济发展环境监督测评点和监督测评员，各县市区也分别确定监督测评点和监督测评员，重点监测各机关单位和窗口单位是否存在服务欠佳、办事拖拉、从政不廉等问题。

【严格考核奖惩】 2017年，邵阳市出台优化经济发展环境工作考评办法和优化经济发展环境测评操作办法，对12个县市区、邵阳经开区以及107个市直部门进行绩效考核评分。对12个县市区和邵阳经开区以及67个与实体经济联系紧密的部门和单位，从市级领导、市人大代表和政协委员、重点企业和重点项目业主3个层面进行测评。

（市发展改革委）

价格管理

【服务价格管理】 2017年，邵阳市发展和改革委员会健全涉企收费清单制度，动态修订2017年版政府定价行政审批前置服务收费目录清单和涉企经营服务收费目录清单，加强政府行政审批前置服务收费和涉企服务收费清理、规范，整顿治理乱收费等价格违法行为，减轻企业负担。深化医疗价格改革，推进按病种收费工作。优化公立医院医疗服务项目价格，根据试行价格运行情况重新测算评估，对不合理的价格进行调整完善；改革医疗服务收费方式，遴选临床路径明确、技术成熟、质量可控且费用稳定的病种实行按病种定额包干制，不在病种费用外另行收费，多不退少不补。制定市区二级以上公立医院106个病种收费标准。

核定机动车排气污染物检测临时收费标准，促进全面淘汰黄标车工作，改善空气质量。同时调整机动车安全技术检验服务收费标准，规范机动车检测收费管理。另外，督促落实国家和湖南省关于取消、降标和放开部分经营服务性收费标准的要求，加大价格监督力度，对落实不到位的及时责令整改。

【商品价格管理】 2017年，邵阳市按照省统一部署，从1月1日起下调邵阳市省电网大工业和一般工商业用电目录电价每千瓦时1.57分；从4月1日起下调邵阳市省电网一般工商业及其他用电价格每千瓦时0.7分；从7月1日起，降低农村一般工商业用电价格，实行城乡一般工商业用电价格同价。重新公布和规范邵阳市低压零散业扩改工程安装和电力延伸服务价格，放开非居用电工程安装和电力延伸服务价格管制；废止《关于邵阳市新建住宅供电设施建设维护费有关问题的通知》。从9月1日起，降低市区非居民用天然气价格每立方米0.13元；规范和降低洞口县、邵东县管道燃气价销售价格和居民庭院管网安装费标准；出台绥宁县、城步苗族自治县管道燃气庭院管网安装费标准。规范市区城市供水设施建设、维护、服务等有关价费管理。从1月1日起，全面停止城市供水管网配套建设费及接水立户工本费、蓝图费、测量费等费用收取；开展对县市城市供水价格管理调研和督查工作；督促各县市落实好上级有关供水价格改革的各项措施，承接好供水价格管理职权下放后的工作。从1月1日起放开食盐价格政府定价管理方式，实行市场调节价。与水利等部门联系，做好市农村业水综合改革工作。

【价格调控】 2017年，邵阳

市发展和改革委员会做好价格监测工作，密切跟踪CPI指数变化情况，及时提出应对措施，该指标全年控制在2%以内，处于全省中等水平，达到控制在3%以内的预期目标；推动市委市人民政府出台《关于推进价格机制改革的实施意见》；完成市城区传统巡游出租车价格调整工作。

【价格业务工作】2017年，邵阳市发展和改革委员会加强成本调查和成本监审工作。完成早、晚籼稻、烤烟、露地茄子、露地大白菜、生猪、奶牛7个品种常规调查及农户种植意向、农户存售粮、农资购买3个专项调查工作和十大常用消费品成本调查及稻谷、生猪价格发布平台信息采集工作，全面及时准确反映农业生产经营效益变化情况。完成邵阳市燃气公司配气成本调查、泰华油汽公司运营成本调查、邵阳市客运出租汽车运营定价成本测算、邵阳医专附属医院临床教学儿科综合楼床位费成本测算、崀山旅游观光车客运定价成本测算、省发展和改革委员会委托崀山旅游门票定价成本测算6个项目的成本调查测算工作，出具成本报告6份，核减成本总额近1亿元。提升价格监测水平。做好粮、油、肉、蛋、菜及能源、建材、药品、汽车等重要商品的日常监测工作，关注房地产、医疗、教育等民生商品和服务价格的变化情况，做好节假日市场监测值班，实现制度化、常规化。全年市本级共报送价格监测数据3.1万多笔，常规分析材料20来篇，专题调查分析材料3篇，市场巡视调查50多篇。监测报告制度执行率和数据报送准确率100%。

（市发展改革委）

经济体制改革

【供给侧结构性改革】2017年，邵阳市出台《邵阳市推进供给侧结构性改革总体方案》《邵阳市银行业支持供给侧结构性改革实施意见》《邵阳市人民政府关于降低实体经济企业成本的若干意见》等一系列文件，做好去产能、去库存、去杠杆、降成本、补短板五大重点任务。深化减税清费改革，扩大小微企业享受减半征收所得税优惠的范围，全面清理规范政府性基金，取消城市公用事业附加等基金，收费项目再减少一半以上。涉企行政事业性收费共取消10项，停征16项收费，预计将为企业减负725.12万元。

【产业园区管理体制改革】2017年，邵阳市以邵阳经开区为试点，深化园区体制改革，出台《关于下放一批经济管理权限的通知》《关于推进邵阳经济开发区体制机制建设千亿园区的实施意见》等文件，将232项市级经济管理权限下放到邵阳经开区，开创全省市州一次性下放权限之最。“政园合一”的管理体制实现人权、事权、财权的相统一，对优化产业发展环境、加快推进产业发展和项目落地具有重要意义。出台《关于加快推进产业发展的实施意见》；下发《关于认真做好2017—2020年全市重点产业项目（第一批）的通知》等文件。推进新型城镇化试点改革工作，在洞口县高沙镇、邵阳县下花桥镇开展推进农村危房改造试点、城镇化试点等工作。落实创新引领体制机制改革，出台《关于贯彻落实创新驱动发展战略加快我市科技创新的实施意见》。

【商事制度改革】2017年，邵阳市继续推进“五证合一”“先照后证”和简易注销登记改革，新登记各类市场主体34777户，同比增长18.5%。与全省同步实行“多证合一”、企业名称登记改革和企业登记无纸全程电子化。召开全市涉企信息统一归集公示工作会议，印发《邵阳市涉企信息统一归集公示工作实施方案》，推广应用部门协同监管平台，落实涉企信息归集公示工作，全面实施“双随机、一公开”监管，加强事中事后监管。

【财税体制改革】2017年，邵阳市国家税务局、地方税务局、财政局联合推进一体化办税，完善多方联席会议机制、第三方信息采集机制、社会综合治税机制，“一个平台”联合管税，实现政府、国税、地税、财政等各方无缝衔接。市城区综合治税平台成效明显，税务部门通过综合治税平台等第三方涉税信息，增加税收收入约8000万元。

【社会信用体系改革】2017年，邵阳市进一步推进社会信用信息体系建设，到年底，市级共享交换平台归集公共信用信息数据总量达800余万条，累计归集行政许可和行政处罚信息300余万条。下发《关于印发2017年邵阳市县市区社会信用体系建设相关文件的通知》《邵阳市社会信用体系建设工作考核办法》，加快推动区县社会信用体系建设工作，指导做好机制建立、数据归集工作。建立健全考核督导机制，开展引入第三方评估机构参与信用建设工作考核评价。根据国家、省出台的相关信用建设方面的制度，出台《邵阳市在行政管理事项中使用信用记录和信用报告等信用产品的实施方案》。

【投融资体制改革】2017年，邵阳市深化投融资体制改革，完善推广政府和社会资本合作模式。到年底，市本级入库PPP项目43个，项目总投资411.48亿元。成功申报示范项目16个，包括部级示范项目2个，省级示范项目14个。建立计划、责任、奖惩“三位一体”的考核机制、清晰透明的市场准入机制和社会资本提前介入机制，全面促进PPP项目落地。

【价格体制改革】2017年，邵阳市出台《关于推进价格机制改革的实施意见》，抓好价格机制改革各项任务落实，全面推进天然气、电力、医疗服务、交通运输和资源环境等领域价格改革，完善政府定价规定，严格按照省相关价格政策和收费目录清单执行。

（市发展改革委）

统　计

【概况】2017年，邵阳市完成固定资产投资、规模工业、农林牧渔业、批发零售业、住宿餐饮业、房地产与建筑业、服务业等30多项常规调查、120多种报表任务，均一次性通过湖南省统计局数据审核验收；新增“四上”（即规模以上工业企业、资质等级建筑业企业、限额以上批零住餐企业、规模以上服务业企业4类规模以上企业）单位726家、总量名列全省第2位，其中工业194家、列全省第3位，批发零售174家、列全省第2位，餐饮住宿53家、列全省第2位，服务业149家、列全省第3位，建筑与房地产58家、列全省第4位，5000万元以上投资法人单位98家、列全省第4位。市统计局被评为全省统计工作优秀单位。定点扶贫村武冈市迎春亭白竹村于2016年12月成功退出贫困村序列，市统计局被评为“全市扶贫工作先进单位”。

【统计调查监测】2017年，邵阳市第三次全国农业普查完成166.57万农户、0.95万户规模户和0.5万个农业单位的PDA数据采集录入、数据审核及事后质量抽查，市统计局被评为全国先进集体。创新举措全力推进全面小康统计监测，邵阳市连续第四年被中共湖南省委省人民政府授予全面小康建设“经济发展奖”。全面完成重点民生实事考核监测，市联合市绩效办下发《2017年重点民生实事项目数据报送与节点管理要求》，实施“不定期督查、每月报告”制度；坚持依法评估、严格标准、规范程序、结果公开的原则，确保考核数据公平公正公开。完成社会管理综合治理、全市绩效考核公众评价调查等10余项次社情民意调查。全面完成重点民生实事、新型工业化考核、节能减排考核、县域经济考核等专项统计监测考核工作任务。

【统计改革创新】2017年，邵阳市统计局跟进国家统一核算地区生产总值改革、探索新产业、新业态、新商业“三新”统计经验方法。推进投资统计改革，完成财务支出法投资统计改革试点投资项目200个。报请市人民政府出台《邵阳市人民政府关于大力培植发展规模服务业和加强服务业统计工作的意见》《邵阳市2017—2020年服务业发展行动计划》等系列文件，有效改进服务业统计。

【优化统计分析服务】2017年，邵阳市统计局按月召开局专业科室负责人经济形势分析座谈会，按季则召开市直部门、重点企业、县市区及局内专业科室4个层面的经济形势分析座谈会，注重从各个角度解读经济运行态势，提高统计分析精度。每月至少向市委市政府报送6条重点工作信息，并于每月中旬对全市经济运行情况进行预警预测，20日将预警预测情况编成短信发送给市长。全年编发《邵阳市统计》

分析文章60多期，其中12篇获市领导亲笔批示，33篇被国家和湖南省统计局网站刊用，《邵阳市养老路径探究》《“一带一路”战略背景下邵阳服务业发展的对策研究》2篇被国家统计局内网采用。向市委市政府报送经济工作信息46条，为社会公众电话咨询或直接上门提供数据咨询服务350余次；整理编印《邵阳统计月报》《邵阳统计年鉴》《领导干部统计手册》等各类统计资料产品。

【统计执法监督】2017年，邵阳市统计局制定《2017年邵阳市统计局“双随机”抽查方案》《邵阳市统计局2017年统计巡查方案》，对全市200个、其中市本级31个基本单位开展统计执法检查，市本级对邵东、新邵、邵阳县进行统计巡查、“双随机”抽查，查办华湘米业、宝庆肉联、市中心医院等单位未建立统计台账、多报、瞒报数据等统计违法行为。

【统计基层基础建设】2017年，邵阳市辖大祥、双清、北塔3区均成立独立的区统计局，并确定为政府工作部门；退出不符合要求的“四上”单位218家，其中工业72家、批发零售业74家、住宿餐饮12家、服务业11家、建筑与房地产15家、5000万元以上投资项目34个；加大基本单位名录库的日常更新、日常维护及向乡镇延伸力度，把好数据质量的源头、关口；面向县、乡、企业举办各类统计业务培训22个班（次），培训基层统计人员520人次，选送86人次分别参加国家和湖南省统计局主办的统计业务培训班，联合清华大学继续教育学院举办50人参加的“全市统计系统综合素能提升研修班”，组织全市各级各类统计人员692人参加统计从业继续教育网络培训学习。推进信息化建设，5月完成联网直报指挥中心、社情民意调查中心建设验收并投入使用。

（赵　琦）

工商行政管理

【商事制度改革】2017年，邵阳市工商系统围绕商事登记便利化，在简政放权中形成新的改革亮点。推进“多证合一”改革，全市新发“多证合一”营业执照3700份，累计发放“一照一码”企业营业执照1.8万份、个体户“两证整合”执照5.8万份，换照率在全省排名第二。试点探索个体户简易注销登记改革，简易注销企业459家、个体工商户1.29万户，为湖南省工商行政管理局全面推开个体工商户简易注销积累有益经验。推广企业集群注册，全市已注册各类商务托管企业32家，800余家小微企业主通过集群注册实现创业梦。深化工商登记便利化改革，推进全程电子化登记改革，全面开放企业名称库，实现企业名称自主申报。在多重改革创新叠加效应之下，邵阳市改革红利继续释放，全年全市各类市场主体总数达到248849户，同比增长24.45%，新登记市场主体48897户，同比增长11.9%。

【事中事后监管】2017年，邵阳市工商系统依托企业信用信息公示系统（湖南）平台，构建事中事后监管新体系。开展年报信息公示工作，2016年度全市企业、个体工商户和农民专业合作社的年报率分别为95.19%、96.27%、94.77%，在全省系统排名第二。推进涉企信息归集公示，在全省市州层面率先出台《邵阳市涉企信息统一归集公示工作实施方案》等规范性文件，邵阳市直机关共55个部门纳入企业信用信息归集单位，全市共归集行政许可信息9035条，行政处罚信息523条，小微扶植企业信息104条，实现各部门信息互联共享，证照监管无缝对接。落实“双随机一公开”监管，整合工商各业务条线抽查事项，全面实行工商各业务部门的联合抽查，全年通过协同监管平台随机抽取检查人员对6737户市场主体进行核查，抽查事项、抽查计划和抽查结果公示100%完成。实施失信联合惩戒，企业诚信守法意识逐步增强。全市1237户市场主体列入经营异常名录或标记为经营异常状态并向社会公示，474户被吊销营业执照的企业被自动列入全国黑榜企业，209户企业主动改正错误并申请移出经营异常名录。

【重点领域执法】2017年，邵阳市工商系统查处公用企业限制性竞争、假冒伪劣、虚假广告、传销、商标侵权等案件1886件，案值3600余万元。市工商行政管理局和各县市区分局把监管重点放在人民群众反映强烈、影响市场公平竞争秩序的突出问题上来，突出查办大案要案、提升社会效果、规范执法行为、防范履职风险四个方面。发挥市局、分局和基层工商所三级联动的整体优势，城区工商系统共联合办案53件，占案件总数的18.9%。与纪委、检察院等部门沟通协作，联合查办7起案件，在查办商业贿赂案件等方面探索部门联动的有益经验。

【消费维权】2017年，邵阳市工商系统利用宣传片、宣传牌、微电影、微漫画等多种形式开展宣传，有效提升12315热线知名度。制作的“致富路上车抛锚　工商维权解忧愁”主题微电影获全国12315消费维权微视频大赛二等奖，为全省唯一获奖作品。修改制定12315指挥中心投诉举报案件考核办法，做到举报投诉件件有着落、事事有结果，提升群众信任度。市局12315指挥中心共受理各类咨询举报35632件，及时办结率和满意率均为100%，为消费者挽回经济损失1025.8万元。完善电话、网站、微博、微信等平台建设，实现线上维权与线下维权的有机融合，拓宽维权渠道。进一步扩大12315“五进”覆盖面，方便群众投诉举报，全市12315消费维权站总数达到449个。在全市范围内开展“诚信经营　幸福邵阳”放心消费创建活动，通过文明诚信市场、平安市场和守重企业创建活动，督促经营者落实主体责任。加大经营者首问和先行赔付制度推行力度，在53个大型建材批发店和21个汽车4S店推行“两项制度”，先行赔付400多万元。市工商行政管理局获全国消协组织先进集体称号。

【职能帮扶】2017年，邵阳市工商行政管理局实施商标品牌战略。帮助湖南湘中制药有限公司“湘中及图”成功申请中国驰名商标，争取国家总局在邵阳市设立商标注册窗口。全市新申请商标注册量2850件，有效商标总量20725件，位居全省第二；中国驰名商标总量达17件；新申请马德里国际注册商标15件，马德里商标国际注册申请量位居湘西南片区首位。支持非公企业抓好党建工作，全市工商系统共组建非公党组织449个，其中非公企业党委14个，党总支15个，党支部420个，管理直管党员1051名、流动党员3018名，工商部门非公党建工作受到省市领导好评。帮助小微企业破解融资难题。通过动产抵押、股权质押等方式引导中小微企业融资贷款17.9亿元，全力支持中小微企业发展壮大。支持广告企业集聚发展，开展全市广告产业专题调研，加快推进广告园区建设，动员22家龙头广告企业入驻邵阳湘商产业园，打造广告企业“园中园”。

【自身建设】2017年，邵阳市工商行政管理局坚持创建“学习型机关、学习型支部、学习型党员”，学习宣传贯彻党的十九大精神；深入开展精准扶贫、文明创建、走访慰问、结对帮扶等活动；创新开展微党课、演讲比赛等系列主题活动，打造工商特色党建工作品牌激发党建活力。开展“禁赌限牌”“吃空饷”“四治四提”“涉矿经营清理”“雁过拔毛”式腐败问题和“纠四风、治陋习”等专项整治工作，城区系统无违法违纪行为。加强法治工商建设，完善《关于规范市区工商系统行政处罚的若干规定》，严肃办案纪律，市局连续第七年被评为“邵阳市依法行政先进集体”。组织开展专题学习、加大人才引进力度、分条线开展各类培训，加强干部队伍建设。

（郭敏欣）

审　计

【审计成果】2017年，邵阳市审计机关完成审计项目432个，查出主要问题金额2027272万元，其中违规金额827537万元，损失浪费金额2263万元，管理不规范金额1197460万元；损益（收支）不实59039万元；审计处理处罚金额1337153万元，其中应上缴财政67201万元、应减少财政拨款或补贴38630万元、应归还原渠道资金756362万元、应调账处理金额465183万元；审计发现非金额计量问题612个；审计促进整改落实有关问题资金75823万元，其中增收节支236792万元、已调账处理金额195609万元、审计后挽回（避免）损失109528万元；提交报告和专项审计调查报告530篇，被批示、采用1篇；移送司法机关、纪检监察机关和有关部门处理事项35件；提出审计建议1039条，提交审计信息765篇，被批示、采用521篇；向社会公告审计结果58篇。

【各项审计】2017年，邵阳市财政审计完成预算执行、财政决算审计175个，查出主要问题金额1795084万元。其中，违规变更调整预算22548万元，未按规定纳入预算管理103096万元，未按规定征收缴纳收入141613万元，违规改变项目计划和资金用途58529万元，资金滞留闲置18343万元。行政事业审计完成4个单位的审计和审计调查，查出主要问题金额133018万元。其中，违规改变项目计划和资金用途6832万元，乱收费乱摊派乱罚款3615万元，扩大开支范围或提高开支标准列支3364万元。固定资产投资审计完成6个国家建设项目工程造价审计，核减投资额50348万元，查出主要问题金额53859万元，其中多计工程结算款50160万元。社会保障审计完成3个单位的审计和审计调查，查出主要问题金额7340万元。企业审计完成对7个单位的审计和审计调查，查出主要问题金额35327万元，其中虚报或隐瞒转移收入790万元。经济责任审计完成117个单位的121名领导干部的经济责任审计，查出主要问题金额173686万元，其中违规金额107011万元，管理不规范金额64398万元。专项资金审计完成5个单位的审计和审计调查，查出主要问题金额2642万元，其中资金滞留闲置89万元。

（王佑梅）

质量技术监督

【概况】2017年，邵阳市推进质量强市建设，初步建立质量诚信体系和质量基础保障体系，基本形成社会共治局面。形成湘窖酒业、三一湖汽、湘中制药、阳光发制品等一批品牌形象突出、质量水平一流、具有邵阳特色的现代企业和产业集群。主要产品国家和省级监督抽查合格率稳定在93%以上。质量安全风险整体可控，万台电梯死亡率、特种设备事故率等各项安全事故指标持续下降，没有发生系统性、区域性质量安全风险。主动对接邵阳产业发展、区域发展、开放发展、生态发展战略，全面取消行政事业性收费，推动产业提质增效。质监工作综合实力保持全省第一方阵、湘西片区前列。分级管理体制运行有序，检验检测机构改革全面完成，业务工作新机制基本完善。质量工作考核和质量治理标准化体系初步确立，质量指标纳入政府考核和综合统计范畴。市质监局获全省特种设备安全监督管理工作先进单位，全市法制政府建设先进单位，全市政府网站工作先进单位，“双联”和困难职工帮扶工作先进单位，全市食品安全工作优秀单位等称号。

【效能管理】2017年，邵阳市质量技术监督局确立“从基础做起、从制度抓起”的工作思路，改变工作作风，做到履职尽责；开展工作转型，实现从“监管型”至“服务型”的职能转变。组织专门班子历时4个多月，制定《行政效能和风险防控责任制度》。该制度是一项十分庞大的“行政治理标准化”系统工程，范围涵盖全系统每个单位、每个人、每个工作环节，详细包括工作项目、工作目标、工作要求及考评内容、考核量化分值以及风险防控点和责任人，标志着市质监局成为全市第一个实施行政效能与风险防控“标准化考核”的行政机关。

【质量管理】2017年，邵阳市质量技术监督局推动质量强市建设，启动市长质量奖评选。严格生产许可证后监管，融监管于服务之中，将获证企业全部建档造册，进行分级分类监管，并与生产许可证日常巡查工作结合在一起，制定《2017年度发证企业巡查计划》，全年巡查企业62家次，巡查到位率100%。推进质量诚信体系建设，全市共有15家企业申请质量信用等级评价并通过现场评审，有6家企业递交质量信用报告。开展企业质量帮扶，组织有关科室多次到帮扶企业邵阳二纺机进行座谈走访，沟通衔接，了解企业困难，帮助解决集资房用地办证、厂区电杆迁移等问题。帮助企业加强质量管理，推动企业引进卓越绩效管理模式，引导企业采用国际先进标准，指导企业开展QC小组活动，湖南李文食品有限公司等13家单位和企业的QC小组被命名为2017年度湖南省优秀质量管理小组。制定企业品牌培育创建工作计划，确定32家企业为2017年度湖南名牌培育对象并有针对性地开展创建帮扶服务，全市有16家企业申报湖南名牌并通过现场评审。

【执法监管】2017年，邵阳市质量技术监督局开展“两节两会”专项整治、“质监利剑”春季农资执法打假专项行动、特种设备使用单位和电梯维保企业专项整治、电线电缆专项监督检查、液化石油气充装行业专项整治、民生计量专项整治、加油机专项整治、学校纤维制品专项整治、公共服务领域用电梯等特种设备行业专项整治行动等一系列专项执法打假和整治行动。制定市级重点工业产品监督抽查计划，全年确定500批次，协助国抽、省抽工作人员到邵阳市6家企业完成抽样任务，对市区5家机动车安检机构进行4次监管巡查，全部签订安全承诺书。查处案件28起，处罚到位64多万元。开展缺陷产品召回，年内首次召回2个批次不合格课业簿册105000册、1个批次不合格儿童服装600套。受理举报投诉案件85起，其中依法处理汽车产品质量投诉案件4起，为消费者积极维权，挽回经济损失3000多元。受理及时率100%，办结率100%，回访量100%，市民满意率90%。

【计量监管】2017年，邵阳市质量技术监督局对各区域在用加油（气）机做到100%建档、100%检定、100%合格使用、100%统一铅封管理；全面实施水、电、气三表的计量监管制度，依法提高环境监测计量器具的受检率对不配合强检管理的机构和个人向相关部门提供“不诚信”记录信息，维护计量秩序。强化环境计量监管，各县（市）区完成建立好本区域省属、市属、县自建的公共环境自动监测点的计量器具信息档案（空气质量自动监测站、水质自动监测站使用单位、安装地点、设备信息、运营单位及联系人等）；配合环保监测站及相关运营单位做好中央环保督查迎检工作。突出商品量监管，配合省局完成以与老百姓生活密切相关的食用品为抽查重点，生产企业抽查合格率要求达到95%以上，严格抽查不合格后处理工作，督促企业切实整改到位。

【安全监管】2017年，邵阳市质量技术监督局在开展日常监管的同时，开展一系列的特种设备安全专项整治。全年组织企业自查263家，发现安全隐患238起，落实整改220起，新发现问题电梯531部，完成整改383部，大型游乐设施共排查34台（套），占总量的94%。开展现场监督检查使用单位809家，检查设备1909台（套），发现安全隐患627起，完成整改417起。完成电梯定期检验4144台，电梯安装监督检验1228台；起重机械定期检验215台，监督检验51台；厂内机动车辆检验43台；锅炉定期检验403台，锅炉安装监督检验39台；压力容器定期检验320台，压力容器安装监督检验43台；压力管道定期检验28公里，压力管道安装监督检验6公里；液化石油气瓶定期检验76500只，产品制造监检锅炉78台，压力容器197台，汽车常压罐定期检验114台。建立“一单四制”制度。建立隐患清单，实行隐患整治交办制、台账制、销号制、通报制。下放告知管理职能。从5月8日开始，将市局受理的特种设备安装、改造、修理施工告知委托下放至各县（市），将市局办理的特种设备使用登记直接下放给各县（市）局。创造邵阳市连续15年没有发生重特大质量安全事故和特种设备安全责任事故记录。

【能力建设】2017年，邵阳市质量技术监督局抓简政降费，在上年度已取消市本级所有行政收费、机关服务性收费和产品质量定期监督检验收费的基础上，取消产品质量监督检验和计量收费。使质监部门的所有行政事业性收费已基本取消，全系统每年直接为企业减少生产性成本负担达4000多万元，间接减负上亿元。抓标准服务，主动全面对接中共邵阳市委市人民政府“产业兴邵”战略部署，进一步推动标准化战略。农业方面培育新增农业标准化项目试点5家；工业方面培育新增企业产品标准升级和采用国际先进标准10项；服务业方面新增旅游等公共服务综合标准化试点2家。抓计量基础，计量测试全年新建标5个以上，完善市量值传递溯源体系。为大中型企业提供校准、测试服务，实施能效领跑者制度，完善能源计量数据监测，扩大监测范围。抓检测平台，把申报筹建“湖南省发制品及皮制品质量检验中心”当作基础工作来抓。6月15～16日湖南省质量技术监督局组织专家组对邵阳市申报筹建的“湖南省发制品及皮制品质量检验中心”进行现场审查和论证。7月获省质监局正式批复。抓窗口平台，争取年内在经开区设立“计量——标准——认证——检验检测”一站式服务窗口，就地受理企业需求。抓质量分析，以市级重点工业产品市场监督抽查为基础，综合日常质量监测情况，形成工业产品质量状况分析报告，为各级政府、相关部门的宏观决策提供参考。

（王　伟）

国土资源管理

【用地保障】2017年，邵阳市建立重点项目用地报批快速通道，与省国土资源厅衔接沟通开通“绿色通道”，破解用地调规、用地指标、耕保指标三大难题。年内批回项目用地178个，面积2.2万亩，其中市本级批回用地项目48个，面积1.12万亩，同比增长110%，为全市重点产业项目、重大基础设施和民生工程用地提供强力保障。分享通信集团、智能制造产业小镇、通用航空、盖板玻璃、锂离电子等重点产业项目用地在3个月内完成土地报批任务。东城快线、三环线、邵九公路等重大基础设施项目用地均按市人民政府要求的时间节点批回。市本级全年收储存量土地102亩，新增建设用地储备1195亩，供应国有土地5880亩，实现出让价款17.1亿元；清理处置闲置土地23宗，面积1457亩。

【耕地保护】2017年，邵阳市土地整治规划修编工作基本完成。永久基本农田划定工作全面完成，划定永久基本农田516.67万亩，永久基本农田划定工作获国土资源部、农业部通报表彰。完善补充耕地项目验收程序，规范补充耕地项目备案制度，新增耕地1.6万亩，可用于全市占补平衡指标1.17万亩。中央4号文件下发后，特别是9月11日国土资源部新的耕地占补平衡动态监管系统启用后，全市仍上报59宗用地，完成补充耕地2648亩。同时启动耕作层土壤剥离再利用试点，提高耕地质量。

【矿政管理】2017年，邵阳市编制第三轮矿产资源规划，对过期矿山进行全面整顿清理，督察省级发证矿山，加强特定矿种开采企业的监管，严控开采总量，致力矿业权市场建设，依法出让矿权，收取矿业权价款2576万元。开展自然保护区内矿业权清理工作，查明4个矿山在自然保护区中，为下一步矿权处置打下基础。

【地质环境管理】2017年6至7月，邵阳市遭受持续强降雨，市地质灾害防治领导小组及时响应、精心组织、严密部署、狠抓落实，实行领导带班值守、双人双岗24小时值班、一线督查督办、失职渎职追责等制度，采取现场督查、零点调度等多种方式，全员投入、全力以赴，2600多名干部职工日夜战斗在第一线。地质灾害应急值班室迅速传达各级领导重要指示，及时发布短时预警预报信息，为地质灾害防治工作提供有力支持。全市共排查出地质灾害隐患点3150个，成功避让地质灾害489起，避免人员伤亡4740人，避免经济损失2.14亿元，地灾避险转移19253人，实现地质灾害“不死1人”的目标。市国土资源局获全市抗洪救灾先进单位称号。

【测绘地理信息管理】2017年，邵阳市推进市县一体化数字县域建设，启动数字县域地理信息基础工程6个，新增“数字邵阳”推广与应用项目3个，实施“两违用地”的地理国情监测项目，全面启动邵阳市地理国情地图集编制工作，为城市发展提供精准地理信息服务。

【执法监察】2017年，邵阳市开展卫片执法检查，核实立案查处违法图斑206宗，核查疑似矿产违法图斑60处，立案查处43个，非立案处理9个，履职率、结案率、查处整改率均达到要求，通过湖南省国土资源厅验收。开展黏土砖厂整治，全市325家黏土砖厂全部关闭取缔，关闭取缔到位率100%，通过湖南省人民政府验收。整治过程中形成的“三个同步”“四个到位”“五项机制”“六条标准”经验，得到省专项督查组肯定。强力推进农村违法占地建房集中整治，中共邵阳市委、市人民政府出台《邵阳市农村违法占地建房专项整治工作实施方案》《邵阳市农村违法用地查处办法》《邵阳市农村村民住宅建设用地管理办法》。各县市创新执法监察工作，绥宁县集中开展“雷霆行动”，重拳整治非法采（洗）砂，构建全民参与的采（洗）砂长效监管机制。

【去存量土地专项工作】2017年，邵阳市引入智能制造企业，建设邵阳智能制造（工业4.0）产业小镇项目，有效盘活平板玻璃项目土地370亩。开展闲置土地清理处置工作，市本级清理闲置土地101宗、面积6155亩，其中处置到位23宗、土地面积1457亩。

【脱贫攻坚】2017年，邵阳市落实增减挂钩政策，支持易地扶贫搬迁，获湖南省批复的复垦拆旧区面积6927亩，竣工验收城乡建设用地增减挂钩项目1226亩。新邵县在全省首个探索城乡建设用地增减挂钩节余指标有偿转让。全市有偿转让增减挂钩节余指标获得脱贫资金4.5亿元。全市贫困县通过省耕地占补平衡指标网上交易平台，交易耕地指标5880亩，筹措资金7.24亿元。市国土资源局扶贫联系点隆回县山界乡老屋村57户234人脱贫，2017年人均收入突破4250元，相比2014年帮扶前增长143%。

【全面深化改革】2017年，邵阳市巩固不动产登记改革成果，提升服务质量。截至年底，全市累计核发不动产权属证书7.5万本，不动产登记证明8.6万本，市不动产登记中心、隆回县不动产登记中心均被推荐为“全国百佳不动产登记便民利民示范窗口”创建单位，隆回县在全市率先实行乡镇国土资源所直接颁发不动产权证书。同时推进自然资源确权登记发证工作，探索湖南南山国家公园自然资源确权登记发证试点工作，初步形成可复制、可推广的自然资源确权登记成果。

【国土资源宣传】2017年，邵阳市国土资源局在邵阳电视台新闻综合频道、政法民生频道、《中国矿业报》、《邵阳日报》、《邵阳晚报》、《邵阳城市报》、邵阳电台交通频道及《邵阳手机报》等新闻媒体发表宣传报道共计72篇（次）。在《邵阳日报》开设以“国土资源工作巡礼”为主题的“纪念第27个全国土地日”专版，连续采用9个整版对邵阳市区及各县市区国土资源工作进行专题报道，在社会各界引起热烈反响；土地日当天，在机关举行升旗宣誓仪式，举办以“土地与生态文明建设”为主题的纪念全国土地日设立27周年座谈会、“情系国土资源”书画摄影展等系列文化活动。

【维护权益】2017年，邵阳市在集体土地上房屋征收工作中，严格执行“三榜公示、两级审核”阳光征拆制度，提高工作效率，体现公开、公平、公正，维护被征拆户合法权益。市本级征地5014亩，拆迁集体土地上房屋36万平方米。市国土资源局接待群众咨询600余人次，办理行政复议案件5起，办理行政诉讼案件29起，办理群众来信来访496件，主动公开政务信息90余条，依申请公开政务信息26条。武冈市湾头桥国土资源所、隆回县不动产登记中心被评为全省依法办事示范窗口单位。

【队伍建设】2017年，邵阳市市县两级局领导班子消超任务全部完成，全系统提拔重用处级干部3名，科级干部43名，横向交流干部10名。绥宁县以增编方式解决多年来“人员混岗”的历史遗留问题。全面推行干部分级培训、全员轮训，共培训干部4525人次，其中市本级培训420多人次。市国土资源局党组专题研究党风廉政建设和反腐败工作4次，办理违纪案件6件。开展津补贴发放情况的专项清查，6个县局违规发放津补贴191万元全部清退。配合纪检监察机关对江口镇农贸市场及灾民安置建设用地项目中失职失责相关人员进行追责。

（陈智宇）

国有资产管理

【产权交易与资产处置】截至2017年12月底，邵阳市对市大圳水利水电公司废旧设备、市燃气公司所持邵阳泰华油汽有限公司国有股权、原市百货公司总部办公楼资产、市神风动力制造有限公司所持湖南赛孚汽车科技股份有限公司国有股权、市集管会清真1餐厅及2餐厅、市五交公司东风路202综合楼、红旗路147号门面及红旗路大兴大厦104号门面、百货站百文公司茶山坳仓库、市百货公司邵陵商店门面及三眼井76号门面、原资农四处资产13处资产或产权进行第一次或第二次公开进场挂牌竞价转让，合计评估值7494万元，成交价8556万元，比评估值增长14.2%。经过监督把关，全市资产处置和产权交易更加规范。

【产权登记】2017年，邵阳市对市交通枢纽公司、市航空产业发展有限公司、新邵宝庆旅游有限公司、邵阳魏源投资发展有限公司、邵阳雪峰投资发展有限公司5个国家出资企业，新办国有产权登记手续，颁发产权登记证。对市建设工程公司、市宝庆新城建设集团公司、新邵县经济开发有限公司、邵阳泰华油汽公司、市龙昇新城镇建设有限公司、湖南创晟嘉康医疗投资有限公司6家企业办理国有产权变更登记。对湖南建筑装修机具总厂、市染料厂、市欧亚轴承有限公司、湖南汽车制造厂4家企业办理国有产权注销登记。同时贯彻落实《国家出资企业产权登记管理暂行办法》，对全市以往登记的国家出资企业开展一次国有产权登记由单机版向网络版过渡的补登工作，并全面重登换发新证。截至年底，共登记全市国家出资企业单位204家，其中市本级34家、县（市、区）级170家；共登记全市企业实收资本290780万元，其中国家资本272180万元、国有法人资本7609.8万元、其他资本10990.2万元；登记市本级企业实收资本179831.10万元，其中国家资本161231.10万元、国有法人资本7609.80万元、其他资本10990.20万元。

【资产评估监管】2017年，邵阳市国资委对各县（市、区）下发《关于开展2016年度国有资产评估汇总分析工作的通知》，采用资产评估软件，对全市2016年度资产评估核准或备案项目进行微机汇总，及时上报湖南省国资委《邵阳市2016年国有资产评估汇总分析报告》。2016年全市共有国有资产核准备案项目15个，其中9个单位经国资部门下文核准，6个单位报国资部门备案。同时，对市五金交电有限公司、邵阳雪峰种业公司、邵阳百货公司总部、原资江农药厂4宗剩余资产，市机冶供销公司、市神风动力制造有限公司参股的湖南赛孚汽车科技股份有限公司、市燃气公司参股的邵阳泰华油汽有限公司、百货公司、市集管会、邵阳百货站、邵阳百文公司等企业的整体或部分资产共11个项目进行清产核资与资产评估，开展现场跟踪调查、审核、把关，并办理5个评估项目的核准批复和6个评估项目的备案手续。

【对接合作】2017年，邵阳市开展央企省企对接合作项目包装遴选，主动引资，年初收集3个招商及转让项目向上申报。扩大对外合作窗口，对接央企及省属国有企业，向社会各界推介邵阳市“十三五”重大招商项目，先后接待华润双鹤药业，国药控股集团、湖南建工集团、中冶建工等10余家企业。推动项目成果落地。实现华润药业股份有限公司与湖南湘中制药有限公司的股权合作，华润双鹤拟以2.67倍价格收购湘中制药85.65%股权，国资委所持股份增值5786万元，华润药业进驻邵阳，将逐步注入和研发新产品，进一步将湘中制药打造成国际中枢神经系统药物生产基地；国药控股湖南公司项目与邵阳市拟订战略合作协议，即将在邵阳开工建设，合作项目包括湖南邵阳大健康产业园区项目、邵阳医药配送主干网络体系项目、邵阳区域医疗共享项目；协调湖南建工集团参与邵阳县污水处理项目建设，已完成项目设计招标。

【管理考核】2017年，邵阳市国有资产监督管理委员会加强日常监管。突出国有资产监管、动态管理国有产权，突出企业财务监管、建立快报年报制度，突出经营业绩考核、强化企业经营责任，促进国有资产保值增值和监管企业发展。所监管的3家企业资产总额由2013年的242亿元增加到560亿元，增长了1倍多。4月26日如期完成全市国有资产统计报表工作，连续第7年被评为湖南省先进单位。同时严格业绩考核。监管企业实行“提质增效稳增长”的帮扶工作，加强与社会公共管理部门、委托监管部门和监管企业的相互联系与配合，形成监督合力，提高监管效率，促进监管企业的生产发展。截至2月底，各监管企业营业收入达10.7亿元、增长10.6%，实现利润总额2.8亿元、增长3.7%，已交税费1.2亿元。国有资产总额达560亿元。扩大监管范围。推进实施全市直属行政和财政全额拨款事业单位经营性资产统一监管工作。起草《关于推进市属经营性国有资产统一监管的实施意见》并报市人民政府获审批同意。

（彭代强）

国企改革

【央企省企分离移交】2017年，列入湖南省人民政府对邵阳市年底绩效考核范围需协助完成的驻邵央企省企办社会职能分离移交工作任务共10家企业，涉及13718户供水、9145户供电和18552户物业管理。其中省属企业3家，中央企业5家，中央下放企业2家。另外，按照湖南省人民政府要求，广铁、邮政、烟草等其他中央部门管理企业办社会职能分离移交工作，均由邵阳市负责指导协调。为及时完成任务，邵阳市强化工作措施和责任，按照“稳健推进、规范操作、分步实施”原则，全力推进分离移交工作。截至年底，10家企业完成供水、供电和物业管理分离移交分别为13677户（完成12439户+已签订协议或正在施工1238户）、9145户（完成8262户+已签订协议或正在施工883户）和1916户，分别占总任务的99.7%、100%和10.33%，完成情况在全省名列前茅。其中省属企业3家完成供水、供电和物业管理分离移交分别为1442户、471户，分别占总任务的97.23%和100%；中央企业5家，完成供水、供电和物业管理分离移交分别为7108户（完成5870户+已签订协议或正在施工1238户）、5999户（完成5116户+已签订协议或正在施工883户）和1916户，分别占总任务的100%、100%和25.34%；中央下放企业2家，完成供水、供电和物业管理分离移交分别为5127户、2675户，均占总任务的100%。其中物业管理分离移交的国网邵阳供电公司，10月23日与省属企业湖南湘诚物业公司签订分离移交协议，11月即开始施工改造，成为全省为推进物业管理分离移交最快的企业之一。

【改制企业扫尾】2017年前，邵阳市市属企业改革处于“启动程序快、扫尾验收慢”的尴尬状况。截至上年底，市本级共启动改制企业72家（其中国有64家，集体8家），但全面终结验收的只有3家。这一局面严重滞后企业改革工作扫尾，市人民政府也为此付出高额的改制成本。为改变这一状况，2017年邵阳市将已铺开改制的企业扫尾验收作为工作重中之重来抓。化解存在的共性问题和突出个案。加大对各改制企业存在的共性问题和突出个案的及时处置，确保国企改革不留后患。所有改制企业退养（协保、病养）人员2017年养老保险接续、所有改制企业债权追收和移交、煤炭企业职工老工伤、以及湘运公司改水改电、宋家塘煤矿周边工农矛盾等问题，均得到妥善解决。市企改办先后化解处置各类大的共性问题和突出个案50个，为一批企业的审计验收扫清障碍。解决改制经费缺口难题。市国有资产投资经营有限公司于2月和7月2次共筹集4243.09万资金用于弥补肖家冲、九公桥等10多家企业改制经费缺口；加大对企业特别是商业企业的资产处置力度，通过公开拍卖先后处置市百货、五交化、百文等公司5宗资产，实现拍卖收入7516.2万元。全年筹集资金11759.29万元，超额完成融资任务，有效缓解各企业所需扫尾资金压力。加快进审企业的终结合格验收。按市属破产（改制）企业验收合格的“八条”标准，抓紧进审企业矛盾问题的处理，已有邵阳化工总厂、市染料厂等企业正式下达终结合格验收。

【新启动改制企业工作】2017年，邵阳市完成2016年来市本级先后新启动改革改制程序的市天姿公司、市包装技术实验厂、市包装物资公司、市建筑工程公司、市林业工业公司5家企业拖欠缴养老保险费和预留养老保险基金挂账手续审批。完成对这些企业职工档案和所需经费审核等工作，通过各种渠道筹集2700万元，于10月底前将5家企业职工安置费全部发放到位，共安置职工563人。同时按照市政府的安排部署，涉及北塔公园重点工程建设需征地的市航运公司已开展启动改制程序的各种前期准备工作。

【改制企业信访维稳】2017年，邵阳市企改办针对改制企业不同信访群体和职工不同利益诉求，坚持“问题发现在萌芽状态，矛盾化解在基层”的工作方针和“企改不扰全市稳定”的工作要求，把改制企业职工信访作为维护和谐稳定的大事来抓。对来访者不论老幼病残，不论身份，认真接待，热情回复，及时与有关部门联系，力求解决。对重要事项专门登记，积极汇报，争取市政府的政策关心。答复过程中，耐心解释政府关于企业改制基本政策和工作程序，讲解企业面临的实际困难，寻求来访者的理解。特别是党的十九大召开期间，和各企业主管部门、清算组共同妥善做好市属改制企业的维稳工作。据统计，全年仅市企改办登记接访就达3000余人次，各企业主管部门处理各类矛盾和遗留问题100余起。通过政策宣讲，耐心疏导，使绝大多数来访者增进对政府在企业改制政策方面的理解和支持，促进企业改制的平稳推进。

【职教幼教相关工作】2017年，邵阳市及时准确完成职教幼教相关工作。组织市人力资源与社会保障局、教育局、财政局、国有资产管理局4部门对年内新增退休国有企业职教幼教人员进行审核，并及时上报。联合市人力资源与社会保障、财政部门按相关文件要求，于4月和9月分2次对已办理审批手续职教幼教人员生活补贴进行调整，及时落实有关待遇。并向中央和湖南省争取到位资金392.8万元。

（彭代强）

财政·税务

财政工作

【概况】2017年，邵阳市财政收入增速平稳，全年总收入153.36亿元，比上年（下同）增长8.66%，占全市生产总值的9.07%。其中市本级完成财政总收入42.16亿元，增长4.76%。全市一般预算收入97.55亿元，同比下降0.06%，其中税收收入48.94亿元、增长12.54%，非税收入48.61亿元、下降10.18%。全市上划中央收入46.08亿元，增长32.34%，上划省级收入9.72亿元，增长11.67%。税收收入占财政总收入的比重为68.30%，与上年相比提高6.7个百分点；地方财政收入中税占比为50.17%。全市一般预算支出523.46亿元，增长9.64%。

2017年，邵阳市财政局加强机关财务管理。“三公”经费比上年同期下降16.57%，其中公务招待费同比上年下降7.38%，公车运行经费同比上年下降18.38%，没有发生出国（境）费用。加强支付及结算管理，国库直接支付达到支出总额的97%。局机关带头推进行政事业单位个税代扣代缴工作，代扣代缴个税71.87万元。在全市率先启动资产“一物一条码”信息管理。提高财政信息化水平。国库综合业务电子化和非税收入收缴电子化上线运行，提高财政管理效率，保障财政数据安全。完成内网综合办公系统建设，实现无纸化办公。财政业务数据异地容灾建设得到省财政厅肯定，邵阳成为全省财政数据集中地。

【支持企业提高创新能力】2017年，邵阳市财政系统发挥财政资金“四两拨千斤”的杠杆作用，拨付新型工业化资金2000万元、应用技术研究与开发资金1000万元，引导全市101家企业实施自主创新、科研开发，促进产业转型。做好全市5家省财政厅重点联系企业的对接工作，争取上级财政资金支持。落实市重点企业“真情结对、精准服务”专项行动，通过支持技术改造和设备更新，帮助鑫鹏科技有限公司扭亏为盈，利润大幅增长。

【完善金融支持体系】2017年，邵阳市财政系统健全中小微企业融资担保服务体系，在前期注资1亿元基础上，新增注册资本1亿元，通过增资扩股等方式，将注册资本扩大至3亿元，可为中小企业担保30个亿贷款。投入资金5000万元，支持设立2亿元的过桥专项资金，化解因资金短期困难给企业带来的生存困境和资金风险。加强农村金融基层服务体系建设，鼓励金融企业向农村发展。推进农业信贷担保，对新型农业经营主体进行融资担保。加大创业贷款发放力度，全市新增发放创业贷款2.21亿元。

【推进重点项目建设】2017年，邵阳市财政系统争取上级标准厂房入驻企业租赁补贴2650万元，市本级投入奖补资金660万元，支持湘商产业园建设。争取中央预算内基本建设资金4.85亿元，重点支持保障性安居工程配套基础设施、易地扶贫搬迁、老工业基地调整等项目建设。争取上级资金7.52亿元，市本级配套资金5.13亿元，用于保障性安居工程建设。支持上报城市棚户区改造三年规划，争取上级支持。推进政府与社会资本合作（PPP），引导社会资本投入重点项目建设。全市PPP项目库入库项目40个，概算总投资411.48亿元。全年全市落地项目14个，总投资112亿元。大祥区农村安全饮水安全巩固提升及环境综合整治项目成功入选财政部第四批PPP示范项目；市三环线地下综合管廊PPP项目、武冈市赧水武冈城区航运建设工程PPP项目、新宁县中医医院整体搬迁建设PPP项目3个项目成功申报省第四批PPP示范项目。

【优化经济发展环境】2017年，邵阳市财政深化供给侧结构性改革，加快淘汰落后产能。争取小煤矿关闭退出补助资金1.37亿元，市本级投入6000万元，关闭9家煤矿，全面完成小煤矿关闭退出工作。争取奖补资金4477万元，完成52家烟花爆竹生产企业全部整体退出生产。整合资金完成企业改制扫尾工作。拨付安全生产资金220万，支持企业安全生产建设，防范事故发生。抓好节能减排工作，加强排污费征收，全年完成排污费收入496万元，排污权有偿使用收入367万元。市本级筹集城市维护费2.63亿元，加强城市建设维护。安排专项资金1.29亿元，重点用于“三百行动”、旱厕改造、道路和路灯提质改造等项目建设，巩固城市管理综合整治和创国家卫生城市工作成果。优化人才队伍，每年筹集专项资金1000万元用于人才引进。

【支持农业产业化发展】2017年，邵阳市财政投入资金1850万元，以畜牧、蔬菜、果品为重点，推进特色农产品产业化、规模化、品牌化发展。重点支持南山种畜牧草良种繁殖场等40家农民专业合作社建设，扶持粮食、油茶、柑橘、蔬菜、生猪、楠竹6大支柱产业发展。采取贴息、补助等方式，重点支持10家龙头企业发展，受益农户2000户。落实农业产业化龙头企业扶持政策，重点支持10家具有辐射带动能力的龙头企业发展，支持邵阳国家现代农业科技园建设。

【加强社会保障投入】2017年，邵阳市财政加强社会保障投入，医疗补助标准从420元/人年提高到450元/人年。投入补助资金1500万元，市属9家公立医院取消药品加成，药品价格下降20%。基本公共卫生补助标准从45元/人提高到50元/人。争取就业专项资金2.64亿元，推动创业就业。全市城乡低保基本实现应保尽保，补助水平逐年提高。落实被征地农民社会保障。筹措救灾应急资金8450万元，支持受灾群众的生活救助和灾后恢复重建工作。市级财政投入资金3100万元，创建62个“美好社区”，完善社区治理体系。

【支持文化事业发展】2017年，邵阳市本级教育事业费预算安排4.75亿元，比上年增长21%；科技事业费预算安排2113.2万元，比上年增长30%；文体广播电视事业费预算安排7024.5万元，增长20%。切实保障义务教育经费，支持农村义务教育薄弱学校改造。投入资金3210万元，支持城市义务教育扩容改造。补助资金200万元，保障“三馆”免费开放运行。

【增加农业农村投入】2017年，邵阳市财政加强新农村建设，全市完成“一事一议”财政奖补项目2539个，完成“五小水利”建设项目806个。3个县、区成功申报全省集中连片建设项目试点，完成30个集中连村建设项目。6个县、区纳入美丽乡村建设试点县，完成32个美丽乡村建设项目。4个县、区纳入农村公共服务运行维护机制建设试点县。投入资金2640万元，支持全市104个国有农林场税费改革。保障村级组织运转经费，全年村平均运转经费达15.49万元。加强涉农贷款补贴，申请奖补资金900.8万元，支持86.98亿元涉农贷款发放。完成31个农险品种承保，全市政策性农业保险保费规模近2.6亿元。农业综合开发投入力度连续五年持续增长，2017年投入资金3.01亿元，比上年增长18.6%。扶贫攻坚深入推进，市本级投入8060万元，同比增长369%。

【支持生态环境保护】2017年，邵阳市财政按照建设“绿色邵阳”和“四边五年绿色行动”的要求，市本级投入造林资金2169万元，支持造林和楠竹低改。除上级油补资金外，市本级安排资金4865万元，做好城市公交资金保障。发放补贴4061万元，做好成品油价格改革补贴，支持公共交通发展。争取上级专项资金2026万元，用于农村环境整治、土污染防治工作。安排农村环境整治专项资金300万元，改善农村生产生活条件。

【加强财政资金监督检查】 2017年，邵阳市财政开展政府和社会资本合作（PPP）项目自查、财政扶贫资金专项检查，配合省财政厅开展湘江保护和治理“一号重点工程”专项检查，对发现的问题责令整改到位。开展资金安全检查，强化市直单位财政资金管理。对部门决算进行重点抽查，规范预算执行。加强国土资金监管，确保土地出让资金安全。开展“雁过拔毛”式腐败问题专项整治活动，对财政系统查处的“雁过拔毛”案件进行上报。开展非税收入收缴情况、财政专项资金支出进度等专项检查。加强行政事业单位国有资产管理，市直290个单位均完成国有资产信息化建设。完成市本级政府性债务投资项目资产清查工作。推进财政内部控制制度建设，制定完成内部控制基本制度和所有11个风险防控办法。建立财政业务监督平台，纳入国库集中支付的254家单位全部实行动态监控，单位直接支付比例达到92.8%。推进乡镇国库集中支付改革，支持星级乡镇财政所建设，增强乡镇财务支出监督。抓好非税收入专项稽查、票据年检，推进非税收入电子化缴库和票据电子化改革，强化非税收入管理。

【强化预算管理和绩效评价】 2017年，邵阳市财政健全预算管理体系，健全非税收入执收成本核定机制，启动2018年非税收入预算编制工作。强化政府采购预算管理，结合政府采购管理内部控制制度，督促预算单位科学编制政府采购预算。将政府购买服务项目资金纳入年度预算。强化预算执行分析和决算核查，完成市本级2016年政府综合财务报告试编工作。绩效目标管理全面实施，绩效评价覆盖2017年预算安排的所有财政专项资金以及部分项目资金。做好预决算公开工作。

（江　志）

国家税务

【概况】 2017年，邵阳市国税系统下辖12个县（市）区局、26个税务分局，有干部职工2378人，其中在职人员1678人。管辖纳税人62997户，其中增值税一般纳税人2288户，小规模纳税人56237户，所得税企业纳税人12422户。全市国税收入呈现出市区税收集聚度高、增值税占比高、所得税收入占比逐年递增的特点，主体支柱税源集中在机械、电力、烟草批发、白酒、建材等行业，年纳税1000万元以上的企业82家。

【提升税收质量】 2017年，邵阳市国税系统坚持依法征税，依靠打击违法、堵塞漏洞、强化分析、科学管理组织税收收入。贯彻“四个坚决”，严守组织收入底线，落实“遏制增量、消化存量”的要求，全市历史收入包袱基本消化，税收规模和质量为历年最好水平。全年全市入库各项国税收入72.7亿元，其中入库车辆购置税7.86亿元，实现市本级收入20.7亿元，完成湖南省局和中共邵阳市委、市人民政府下达的年度税收目标。

【释放税收红利】 2017年，邵阳市国税系统做好营改增后续管理，开展营改增政策效应分析，全面落实营改增各项减税政策。全面营改增试点以来，共为7877家新试点四大行业营改增纳税人减税8.04亿元，切实减轻纳税人负担，激发市场主体活力。推进《深化国税、地税征管体制改革方案》落实，邵阳市国家税务局被税务总局评为财产行为税重点工作成绩突出集体。在全省创新推行“一体化办税服务厅”模式，国地税合作深度融合，实现纳税人“进一家门，办两家事”，邵阳市被评为全省国地税合作市级示范区，一体化办税服务厅建设做法在全省“一窗一人”联合办税工作会议上作经验介绍，洞口县国家税务局被评为全省“一窗一人”联合办税先进单位。落实“放管服”改革，落实国家结构性减税政策及国务院“6项减税政策”，全年共减免税收10.78亿元，办理出口退（免）税12.8亿元，支持邵阳市经济结构转型升级和外向型经济发展。

【优化税收环境】2017 年，邵阳市在全市国税系统系统推进“法治文化”建设，弘扬“崇法尚学、公平正义”的法治核心理念。统筹开展公职律师和法律顾问工作，全市系统统一聘请常年法律顾问，推进法治示范基地和普法示范基地创建，邵阳市国家税务局机关获全市法治政府建设先进单位和全市“六五”普法依法治理先进单位，大祥区国家税务局、新邵县国家税务局被确定为全省国税系统法治基地。试点行政执法“三项制度”改革，获湖南省局肯定，新宁县国家税务局试点效果突出。夯实税收征管，强化风险管理，风险应对共入库税款、滞纳金 2.05 亿元。严厉打击涉税违法犯罪活动，成功查处 27 户虚开虚抵和骗税案件，纳入“黑名单”企业 15 家，羁押批捕拘留 37 人，联合公安捣毁发票制假窝点 1 个、发票售假犯罪团伙 3 个、虚开团伙 6 个，“打虚打骗”工作成效明显，邵阳市国家税务局被评为全省打击发票违法犯罪活动工作先进单位。

【纳税服务】2017 年，邵阳市国税系统开展“便民办税春风行动”“纳税服务提质年”活动，落实 6 大类 35 项便民服务举措，全面推开实名办税，提高纳税服务综合效益。编印《支持实体产业发展相关税收政策宣传册》，引导企业更好地运用税收政策，增强企业发展信心和动力。印发《“走出去”企业税收指引》，服务全市“走出去”企业经营和发展。上下联动开展税收政策大辅导，全年共举办各类纳税人集中培训 70 场 13000 余人次，促进税法遵从度提升。推进“互联网+政务服务”工作，推广应用电子税务局，创新打造“互联网+智慧税务”项目，有效拓展方便快捷的办税服务平台。

地方税务

【概况】2017 年，邵阳市地税系统累计入库税费收入 44.89 亿元，同比增长（剔除营改增因素，下同）27.56%。其中，入库中央级税收 9.38 亿元，同比增长 37.5%；入库省级税收 2.59 亿元，同比增长 42.1%；入库市县级税收 31.23 亿元，同比增长 20.9%。此外，组织入库其他费金收入（含教育费附加）4.56 亿元，同比增长 21%。

2017 年，邵阳市地方税务局代表队代表湖南在全国税法知识竞赛中获团体冠军和个人赛 6 人进入前十的好成绩，创历史佳绩。国家税务总局局长王军、省地税局局长周巧艺亲笔批示，推介该局“抓学习强业务促改革”的成功经验；在全省地税系统纳税服务类业务大比武中实现“十佳”零的突破，2 人获评第六届“省级优秀办税员”，双清区局局长殷鹏获“全国百佳县市区局局长”称号。市局绩效管理信息系统经总局、省局 4 轮抽查，全部过关，绩效考核指标作为全省唯一代表入选国家税务总局绩效考核指标模板库；市局在省局年度绩效考评中名列第四，局科室工作近 80% 被省局处室推荐为优秀。近年市局机关先后获“全国精神文明建设工作先进单位”“全国模范职工之家”“全国文明单位”“全国五一劳动奖状”荣誉，所属 12 个县市区局获“省级文明单位”和“省级青年文明号”称号。

【征收管理】2017 年，邵阳市地税系统精细税费管理。开展房产税、城镇土地使用税税源清查，跟进契税、耕地占用税、烟叶税等立法调研，深化资源税从价计征改革，全面做好环保税开征准备工作，提高两个所得税管理水平，推进国税税收工作，创新残疾人就业保障金征收管理模式。推进风险管理。针对重点行业和高风险纳税人进行风险识别和风险复核，创建风险管理模型，提升风险应对能力，全年推送并处理风险 17456 条，完成风险管理流程 15352 户次，查补税费 2.13 亿元，风险识别率 93.26%，高于全省平均水平。推进“放管服”改革。市县两级审批项目分别压缩 60% 和 70% 以上，审批事项办理实现“零超时”；“多证合一、一照一码”全面推行；金三系统、网厅二期、“智慧税务”全面铺开，全年网厅缴税 16.74 亿元，占总收入的 38%；市城区综合治税信息平台功能发挥强劲，相关经验做法被省政府办公厅推荐；市局创新公职律师综合管理工作获总局副局长孙瑞标肯定性批示。

【依法治税】2017年，邵阳市地税系统全面加强减免税规范管理，落实稳增长促改革调结构惠民生税收减免8.86亿元；落实支持民间投资、推动绿色发展、促进现代服务业和新兴产业发展等各项税收减免2.63亿元。推进信用体系建设。联合国税完成全市4900家企业纳税人信用等级评定，对A级纳税人实施联合激励，对D级纳税人采取联合惩戒；加强与银行之间的“征信互认”和“银税互动”，降低纳税人贷款门槛，简化贷款手续，全年为17家守信纳税人办理信用贷款1.5亿元；核实“两代表一委员”414人次，一票否决5人，逐步构建“一处失信、处处受限”的联动机制，有效提高纳税人税法遵从度。加大税务稽查力度，持续推进一案双查、异地稽查、大要案查办，全系统共检查纳税户113家，查补入库地方各项收入1.57亿元，查办100万元以上案件19起，其中500万元以上案件6起（1000万元以上案件2起）。

【纳税服务】2017年，邵阳市地税系统持续推进“便民办税春风行动”，以公开行政权力清单等“六个”方面为切入点，以“六提速、三减负、一首问”为主要工作目标，深化落实简政放权、提质减负。以“金税三期”为根本，以服务规范为准则，对照规范涉及地税的9类66项156个服务事项916个服务规范，从制度办法、业务流程、表证单书、软件支撑等方面进行梳理，确保全面落实纳税服务基本规范。创新国地合作方式、优化合作流程、破解合作难题，全面推行“政府主导、财政出资、国地主责”一体化办税模式，全市12个县市区全部实现一体化办税，国地税征收比对率达95%以上，办税服务整体提速达60%以上，开创国税、地税、纳税人等多方共赢局面。邵阳市被评为“湖南省国税地税合作市级示范区”，相关工作获国家税务总局和省国税局、省地税局推介。做好纳税人满意度调查，开展“问需求、做辅导、优服务”活动，确保办税服务工作优质高效。

（孙国俊　刘艳秋）

城建·环保

城市规划

【概况】2017年，邵阳市规划局打造“科学规划”“创新规划”“智慧规划”“高效规划”和“廉洁规划”，被评为全市社会管理综合治理工作先进集体、全市重点项目建设工作先进单位、市派帮扶单位驻村帮扶工作先进单位、全市驻村帮扶工作先进单位、全市农业农村工作先进单位、驻村帮扶人口和计划生育工作先进单位、全市社会管理综合治理（平安建设）先进单位，荣获“十三五”规划编制工作优秀成果奖等荣誉。

【完善编制体系】2017年，邵阳市规划局基本完成市本级总规与东部城镇群的报批审批工作，邵阳市作为湘中湘西南中心城市、区域交通枢纽城市，规划到2030年聚集115万人的“双百”Ⅱ型城市，已批控规20个，覆盖率达100%；按照新版总规，加大控规编制审批力度，有效梳理编制控制性详细规划、专项规划、专题研究项目15个，并完成成果报批，为规划审批提供法定依据。按照“美丽乡村”建设要求，推动村庄规划“全覆盖”，各县（市）全部制定《村庄规划编制“全覆盖”工作方案》，并逐步加以完成。其中邵东县完成5个，新邵县完成24个，隆回县完成7个，洞口县完成10个，绥宁县完成17个，城步苗族自治县完成6个，武冈市完成22个，新宁县完成11个，邵阳县完成8个。针对停车难问题，合理规划市区公共停车场，全市第一批初步拟选新建或改造停车设施项目共26个，总用地面积约200多亩，规划新建立体停车库，可以解决公共停车位6000多个。

【推动重点项目建设】2017年，邵阳市规划局协助引进彩虹玻璃、海关商检等项目落地邵阳；推动邵阳南综合交通枢纽、市三环线等项目建设；按照中央环保督察组要求，落实环境治理任务，推动邵阳经开区污水、废水处理厂建设，做到“三废”处理同步规划、同步建设，完成学院路街区污水截流、第二水源的水厂选址等；完成体育新城、幼师高专等民生工程项目规划；推动城区旅游景点建设三年行动计划；牵头实施工程投资约6.5亿元的东城快线（邵阳段）顺利开工。

【规划管理】2017年，邵阳市规划局不断推动规划领域“放管服”改革，优化行政审批流程。实施项目分级审查制度，重大、重点、重要地段建设项目报市规委会研究，坚持规划统筹，发挥规划引领作用；创新采用“行政许可与技术审查相对分离”方法，行政审批简化为4个环节，压缩审批时限50%以上；推行阳光规划，构建社会全面监督体系，坚持所有规划编制、所有项目审批规划方案，面向社会公开，主动邀请18位规划监督员参与重要规划设计招投标、重要建筑方案选优、重大规划或重要项目的规划评审；完成行政执法权下移，将原二级机构市规划执法监察大队18名干部职工划转到市辖三区；通过公务员招考，招录一批专业技术人才；全面推进“智慧规划”工程，已完成招投标等各项前期工程，约完成总工程量的60%。

【脱贫攻坚】2017年，邵阳市规划局助力市双清区莲荷村脱贫攻坚。建设30亩中秋酥脆枣基地和79千瓦光伏发电项目。投入资金50万元，成功打造帮扶项目1个，预计脱贫4户12人。采取“土地流转+贫困户增收”模式，帮助村民成功流转土地200亩；采取“用工+贫困户薪金收入”模式，保证人均年收入达5000元以上；采取“发展精品旅游+产业增收”模式，助推莲荷村打造邵阳市高品质的“城郊生态旅游第一村”。到年底，该村成功退出贫困村序列。

【邵阳市城市规划展示馆建成开馆】2017年9月28日，邵阳市城市规划展示馆正式开馆。该馆是经中共邵阳市委、市人民政府批准修建，用于展示和宣传邵阳城市形象、规划宣传邵阳历史文化、推动公众参与城市规划建设的平台，布展工作于2015年5月启动，布展面积达4800平方米。展馆分两层共四大展示单元，即印象之境、传奇之地、活力之城、梦想之翼。以“规划筑就历史文化山水名城”为展示主题，在现代高科技手段的支撑下，将全息成像、电子翻书、幻影成像、历史场景复原、总规激光模型、动感单车、3D影院等现代声光电技术融入各项展示环节，以服务民众与科学规划相结合、知识性与趣味性相结合、虚拟空间和现实空间相结合、体验式互动项目与生态意境营造相结合的方式，翔实展示邵阳的过去、现在和未来。截至年底，展馆已接待游客10万余人次，单日游客量最高峰达5000人次。

（佘文军）

住房和城乡建设

【概况】2017年，邵阳市城镇化率达45.99%，比上年末提高2个百分点，增长幅度居全省前列。市本级完成城镇基础设施投资80亿元，同比增长20%。全市商品房销售面积487.58万平方米，同比增长11.5%，商品房去化周期由24.9个月缩短到15.2个月。全市建筑业完成总产值383亿元，同比增长17.5%，产值规模居全省第五位。

2017年，邵阳市住房和城乡建设系统完成机构改革，住建局和原建工局人、财、物实现合并，原建设市场执法监察支队人员平稳下放，原建筑企业劳保统筹基金管理站人员妥善安置，安监站人员调配到位。

2017年，邵阳市住房和城乡建设系统做好因灾受损倒房重建工作，1481户纳入农村危房改造范畴，全部完成任务；1852户纳入易地扶贫搬迁等其他重建范围，已完成1540户的重建。规范施工许可证发放，取消5项施工许可搭车收费。将房地产开发项目应缴纳的报建规费、监控资本金延期至办理商品房预售许可时缴交，缩减审批时限，减轻企业负担。

2017年，邵阳市住建局获全国住房城乡建设系统先进集体，全省农村危房改造先进单位、全省住房城乡建设系统计划生育工作优秀单位，全市综治稳定、安全生产、计划生育、重点项目建设、建议提案办理先进单位等荣誉称号；局政务服务窗口连续10年被评为示范窗口。

【新型城镇化建设】2017年，邵阳市推进城市基础设施建设三年行动计划，中心城区辐射带动功能进一步增强。南城快线即将建成，东城快线启动建设，气化邵阳一期建成投产，东部城镇群建设步伐加快。南山国家公园体制试点工作有序推进，西部生态圈战略稳步实施。继续开展重点镇、特色镇、示范镇、传统村落建设，邵东县廉桥镇、邵阳县下花桥镇入选全国特色小镇，洞口县黄桥镇等4个镇被评为全省第三批美丽乡镇示范，邵东县堡面前乡大羊村入选全国改善农村人居环境示范村，9个村落被列入中国传统村落名录，26个村落申报第五批中国传统村落。农村生活垃圾治理完成970个村整治任务，居全省第一位；农村危房改造完成21518户，被评为全省先进。

【重点项目建设】2017年，邵阳市共有4个城镇基础设施项目列入省重点项目，65个项目列入市重点项目，到年底100%完成年度目标。开展“奋战五个月、喜迎十九大、建设新邵阳”项目攻坚活动，促成一批城镇基础设施重点项目开工和竣工。市住建局承担20个项目建设任务，完成投资20亿元，是近年来项目最多、任务最重的一年。其中雪峰桥、桂花桥竣工通车，三环线虎形山路正式开工，南城快线（学院路二期）进展加快；城区3万株树木进城增绿工程全面完成；邵水西路茅坪段全面提速；魏源西路、宝庆西路延伸段改造及大祥北路、北塔公园、北塔沿江大道相继开工；城市地下管线普查全面完成，逐步建立全市地下综合管线信息系统。

【行业管理】2017年，邵阳市出台《关于进一步加强建筑行业管理的通知》等规范性文件，形成建设领域全环节闭合性的管理机制。加大守信奖励、失信惩戒力度，下调一批企业诚信等级，将其中1家围标串标企业的诚信等级直接从AAA级降为B级。市委常委会在全省率先宣传贯彻建设工程招投标“打招呼”登记报告制度。8月份开始全市房屋建筑和市政基础设施建设招标项目100%进入公共资源交易中心交易，应公开招标项目100%公开招标。开展4轮建筑市场执法检查，上报责任单位和责任人不良行为记录116次。启动工程质量安全提升行动，开展5轮建筑施工安全生产大检查大督查大排查。举办建筑施工安全生产应急救援演练现场观摩活动。建立重大事故隐患治理“一单四制”，发现并整改安全隐患960余处。全市2个项目获“芙蓉奖”，10个项目获省优质工程，创建市级安全生产标准化优良工地65个、优质主体工程45项、优质工程15个。按照“八个一律”要求，建立农民工合同制实名制、银行代发工资制和农民工工资保证金制。

【产业发展】2017年，邵阳市出台《关于化解房地产库存促进房地产市场健康发展的意见》，同步拟订契税减免、购房补贴等配套措施，邵阳市房地产去库存与监管工作获住建部督查组肯定。贯彻国务院《关于促进建筑业持续健康发展的意见》，深化建筑业“放管服”改革，全面取消对二级以上资质企业的人员考核，实现企业资质动态考核常态化，鼓励企业开拓外埠市场和转型升级。严格落实勘察设计公开招投标制度，建立完善施工图管理信息系统。

（曾拓锦）

城市管理

【概况】2017年，邵阳市城市管理和综合执法局被评为住建部“强基础、转作风、树形象”先进集体，省政协“提案办理先进单位”，全市“建议提案办理先进单位”、“创建国家卫生城市工作先进单位”、“城市管理工作先进单位”、“推进新型城镇化建设工作先进单位”、“社会管理综合治理先进单位”、“平安单位”、“抗洪救灾工作先进单位”、“信访工作先进单位”、“食品安全工作先进单位”等。

【城管综合执法体制改革完成】2017年，邵阳市本级的城管综合执法体制改革全面完成。集中行使市级住房和城乡建设领域全部行政处罚权和环保、工商、公安、水利、食药等领域部分行政处罚权；行使殡葬行政处罚权。按照“执法重心下移”原则，市本级保留城市燃气、供水、路灯、渣土、大型户外广告5项行政处罚权及跨区域、重大复杂的城管执法案件的查处，其他11项行政处罚权下放到3区城管执法局。隆回、武冈、绥宁、城步、邵阳等县市均已正式出台城管执法体制改革方案。由于邵阳市城市管理综合执法体制改革工作力度大、进展快、成效明显，先后在全国城管系统处级干部培训班、中西部7省市城管执法体制改革座谈会议上做经验介绍，部、省多次到邵调研。

【市容秩序管理】2017年，邵阳市进一步规范市容秩序管理。持续开展“管罚结合”。加强巡查执法力度，每天对市城区主次干道的出店经营、流动摊担、乱堆乱放等进行整治，实行严管重罚，劝阻、纠正违章行为2.7万余起，处罚3200余起。隆回县从严治理“十乱”行为，成效明显。狠抓“门前三包”落实。市辖3区确定双拥路、东风路、魏源西路等作为“门前三包”示范路，逐步向其他道路扩展，全年纠正违反“门前三包”的行为1.2万余起。市城区部分路段试行摇铃定时收垃圾举措，实现“垃圾不落地”，避免生活垃圾的二次污染。继续实行“堵疏结合”。规范设立各类便民市场，春节前夕设立18个农产品临时市场，瓜果上市旺季设立24个西瓜便民销售点，方便农民销售和市民购买，有效维护城区市容市貌。整治户外广告。强力拆除市城区各类违章和破损广告设施，先后拆除违章设置大型立柱广告牌2座、落地式广告牌52座、清理条幅布幔广告380条，市城区破损广告和条幅布幔广告基本消除。市城区全年清除“牛皮癣”广告4.7万余处；累计追呼小广告电话1.1万余起，使近700名当事人接受处罚并自行清理张贴的小广告。

【环境卫生管理】 2017年，邵阳市狠抓环境卫生精细作业和检查考核。市城区持续开展“洗城运动”，所有扫地车、洒水车、高压冲洗车实施“人歇车不停”的连续作业模式，同时改进环卫作业方式，变冲洗为扫洗，彻底消除路面积尘；城区河道保洁实现资江邵水水清岸洁。城市管理和综合执法局每天组织对城区机械化作业、清扫保洁、环卫设施清洁、果皮箱清掏等作业情况进行检查，对问题较严重的环卫专业公司进行处罚并实行不良记录，全年共处罚专业清扫公司23次。加强环卫基础设施建设，市、县两级均新购置一批环卫作业车辆和垃圾斗、垃圾桶、果皮箱等环卫设施，其中市本级更新6台大型垃圾运输车辆，启动市生活垃圾转运站1、2号库压缩设备更新改造、3号库建设安装工作。

【全面开展城区禁放工作】 2017年，邵阳市城市管理和综合执法局与市安监、公安等部门开展多次联合执法，在春节、清明等重点时段开展“源头清剿”行动，先后收缴违法违规销售的烟花爆竹29皮卡车，进行集中销毁。从6月5日起，市城区范围内全面禁止燃放烟花爆竹。截至年底，共查处违规燃放烟花爆竹行为113余起，数次对有关个人实施顶格处罚；劝阻制止燃放行为290余起，市中心城区燃放烟花爆竹现象基本消除。

【渣土运输整治】 2017年，邵阳市城管系统加大渣土运输巡查整治力度，每天不间断开展路面和工地巡查，对重点工地实行专人蹲守。规定限时运输，市城区渣土只能在每天晚7点至次日凌晨2点间运输，其余时间渣土一律不得外运。对不按规定时段运输、车轮带泥上路、沿途抛撒漏的渣土及流散体运输车辆，实行严格处罚。全年市本级共处罚131起。推进新型智能环保型渣土车置换，市城区先后完成两批60辆环保渣土车置换，并推进第三批环保渣土车置换和扩大环保渣土车运营范围工作。规范道路占用挖掘，严格道路占用挖掘审批，对经审批的占用挖掘施工，实施跟踪管理，督促恢复质量。市城区全年共办理占用挖掘手续422起，取缔违章占道300余起，违章破道90余起。

【完善城市管理长效机制】 2017年，邵阳市建立城市管理联席会议制度，出台《城市管理长效机制建设的意见》，修改完善《城市管理工作考核办法》等系列制度，为实现城市管理长效管理提供制度保障。市城区每个社区每年安排15万元经费（市级10万元，区级5万元），专款专用，严格考核，实行“以奖代投”，实现地有人扫、垃圾有人运，保障各社区环境卫生工作的经费需要。建设城市综合执法服务站，推动管理执法力量全面下沉一线，分别在资江南路和江北广场建成投入使用2座，实行“7315工作制”，即每班7个人（两名正式队员带5名协管员），每天分3班上岗，每天管理15个小时，实行蹲守和巡查相结合，提高城市管理问题发现率和及时处置率。

【加强督查考评力度】 2017年，邵阳市城管系统构建“全覆盖、立体式”的督查考评网络。市考评处、市局专业科室和数字城管中心根据各自分工，每天对城区市容环境卫生情况、“门前三包”落实情况、环卫市场化公司人员到位情况、作业频率和效果等进行检查，暗检随机抽取道路、办事处和社区，增加农贸市场、公厕和垃圾中转站暗检内容。发现问题随时交办，实行问题扣分并书面通报，定期回查，确保整改落实到位。加强考核结果的运用，12月，双清区和经开区2个办事处连续2个月考核排名末位，要求区政府和管委会主要领导对2个办事处党政一把手和分管负责人进行约谈，做到严督严考、真督真考。同时加强对各县（市）城市管理综合执法体制改革、生活垃圾无害化处理等工作的检查、指导和考核，促进县（市）相关工作的开展。

【配合中央环保督察工作】 2017年，邵阳市城管系统配合中央第六环境保护督察组工作，开展系列突出问题整治工作。整治蓬莱岛环境问题；开展江北、小江湖垃圾填埋场问题整治前期工作；推动大祥区红星夜市一条街问题整改，狠抓夜间秩序管理，推动建立退市机制，到年底共有24家门店自主选择退市，余下9家烧烤（夜宵）门店将于次年全部实行转行或搬迁；推进市生活垃圾填埋场问题整改，启动700米卫生防护距离搬迁。

【开展蓝天保卫战】 2017年，邵阳市城管系统配合全市蓝天保卫战工作，根据职责，进一步抓好城区禁放烟花爆竹、渣土运输管理；牵头开展"三车"运输扬尘污染整治。12月26日起，与交通、交警等部门组建"三车"（渣土运输车、流散体运输车、混凝土搅拌车，后增加农用车，为"四车"）联合执法队伍，通过不定时、不定点地昼夜巡查整治，共查处污染城市道路车辆92台次，责令整改车身带泥车辆352台次。

（刘少阳）

公用事业

【概况】 2017年，邵阳市发展燃气用户29122户，市本级完成天然气供应3800万立方米，同比增加10.5%；市区完成供水量1.1亿立方米，销售水量6000万立方米，完成收入2.2亿元，出厂水质综合合格率100%；市城镇污水排放总量17202.46万吨，污水处理总量为15589.7万吨，市本级污水处理率为91.2%；所辖城市主干道路车行道完好率97%以上，人行道完好率95%以上，下水道通畅，没有发生城市内涝安全事故。

2017年，邵阳市公用事业局获邵阳市社会管理综合治理工作先进集体、邵阳市社会管理综合治理平安单位、全市安全生产工作考核合格单位、全市社会管理综合治理工作（平安建设）先进单位称号；在全市环境保护、"两供两治"、城市管理、重点民生实事项目、创国卫等多各方面获市级先进单位称号。局机关党支部被评为市"先进基层党组织"。

【污水处理设施建设】 2017年，邵阳市完成邵水河、红旗河、枫江溪3条黑臭水体整治工作，黑臭水体消除比例达到60%，完成省定考核指标；龙须沟黑臭水体整治项目与洋溪沟黑臭水体整治工作有序推进。完成国家环保部重点督查项目之一的梅子井、珑琲排污口截污处理工程；仅用时1个月，完成湖南省环保督查项目资江二桥污水截流任务；完成洋溪桥污水处理二厂的可研及PPP招商前期工作；完成环保督查项目西湖桥雨水污水处理系统工程，该工程于5月中旬开工，7月底全面完工；洄水头泵站工程开工建设；完成三里桥污水泵站的扩建；完成邵水两岸截污干管扩改；完成资江北岸污水干管3公里建设，资江北岸建城区污水实现全截流。启动桃花新城污水处理厂、湘中幼儿师范高等专科学校污水处理工程及茶元头乡（公安四所、邵阳监狱、二炮基地）污水提升泵站及管网建设工程项目；开展白田污水处理厂选址工作。

【项目建设】 2017年，邵阳市完成邵水桥老桥加固工程，工程总投资约1500万元，4月底动工，12月底完工；对市公用事业局管理的5座市政桥梁进行定期检测。完成市污泥集中处置中心工程主体构筑物，开始设备调试安装工作，将解决污水处理厂污泥处置的问题；启动规模为10万吨/日的桂花渡水厂扩建工程，解决高峰季节用水问题；完成蔡锷加气站、邵阳师专天然气瓶组站建设；完成供水、排水、燃气以及海绵城市4个专项规划招投标工作；完成市第二水源工程水资源论证和可研报告。

【燃气管理】 2017年，邵阳市加大对燃气行业的安全生产检查，全面落实"煤改气"优惠政策，累计优惠开户费5260万元；在邵阳经济开发区新设燃气政务服务窗口，在市辖3区内新增社区邮政售气服务网点15个，方便用户办理业务和缴费；助力实体经济，对邵阳市经济开发区、湘商产业园内所有企业以及市区规模企业燃气设施建设补偿费予以优惠70%，对燃气管网带气开口费和带气作业费予以全免；压缩开户申报到送气的时间，由原来的30个工作日压缩到10个工作日。

【供水管理】2017年，邵阳市加大管网漏点探查和维修力度，严肃查处偷盗水案件；合理调配峰谷水压，完善网上信息发布制度，开通微信交费平台，让用户放心用水、明白消费、轻松缴费；开通绿色通道，进一步简化产业园区企业以及市区规模企业涉水项目审批程序，压缩审批时限、加快勘察设计安装速度；取消配套管网建设费、设计费、测量费、水表强检费等相关费用，只收取工程费用；派专人进驻湘商产业园政务窗口受理办水申请，建立企业用水服务档案，推行大客户经理制度，组织相关人员主动上门服务、跟踪回访。

【市政管理】2017年，邵阳市创新市政管理办法，变季度循环修复为月度经常性拉网维修，突击抢险排涝22次，改造污水管(d500)35米，新增雨水口11座、检查井5座。9月份开始全面实行桥梁巡查智能化，大幅提高桥梁巡查效率，有效维护桥梁安全。

【污水处理及节水用水】2017年，邵阳市随着市区3大污水处理厂的相继投入使用，排污口截流工程加快推进，市城区实现日污水处理总规模20万吨，城区生活污水处理率达到91%，连续3年高出省定指标。据最新的《邵阳市水资源质量状况通报》披露，邵水水质已提升至Ⅱ类标准。同时，实行最严格的水资源管理制度，开展节水用水活动，促进源头减排，实现节约用水量2300万立方米。通过邵阳电视台、市新闻媒体加强节水用水的宣传工作，向市民发放宣传资料2万份。对高层建筑无负压供水设备进行全面调查摸底，对新进楼盘全面实现备案制。10月，省住建厅组织对我市10家二次供水单位水质进行抽检，反映良好。

【安全生产】2017年，邵阳市公用事业局安全生产工作坚持“党政同责、一岗双责”原则，落实重大事故隐患治理“一单四制”制度，台账清晰，全年实现无重大特大安全事故，无责任亡人事故和非生产性亡人事故，无火警火灾事故。抗洪救灾期间，局党委班子带领局系统2000名干部职工始终战斗在抗洪救灾第一线，确保正常供水、供气，确保防汛救灾期间未出现任何安全事故及人员伤亡。在冬季中石油每天缺供10多万立方米天然气情况下，筹集资金找气源，确保全市天然气正常供应，气荒局面未造成重大损失和社会安全事件。开展应急知识集中宣传、桂花渡水厂氯气泄漏应急演练、佳利、腾星气站液化气泄漏应急演练等活动，制定并落实日常值班制度。

（郑　芹）

房地产

【概况】2017年，邵阳市房地产局成立住房保障服务中心，定编26人全部到位。局属建设公司平稳改制，改制工作基本完成，没有发生因改制上访等不稳定现象。全年接访2000多人次，处理各类信访案件60余件，及时处理上级信访交办案32件，及时办理率100%；全年承办市12345政府热线交办件43件，全部在规定的时间内办结；社会管理综合治理和平安建设被评为全市先进单位。加强隐患排查和日常安全监管，全局系统全年没有发生一起安全事故。投入资金150多万元，对洪灾水毁房屋分类进行抢修、改造或者重建；投入新农村建设资金30万元。全年完成白蚁预防150多万平方米；协调白蚁预防费取消后，将白蚁防治所纳入财政预算。

【棚户区改造】2017年，邵阳市共实施城市棚户区改造项目93个、47748户，拆迁面积473.5万平方米，货币化安置率超过60%，开工率100%，完成省定目标任务。

【项目建设】2017年，邵阳市阳光馨苑公租房项目各项配套设施全部完成，全面投入使用；和谐公租房小区项目完成投资近5亿元，土建部分年底前全面竣工；立新、欣月城、锦绣时代、德润兴和等廉租房项目完成土建主体工程；和园、江北二期、鑫园、金星佳苑等廉租房已竣工投入分配。

【公共租赁住房分配及租赁补贴发放】2017年，邵阳市分配公共租赁住房8658套，完成年度任务的126.8%。其中市本级1290套。共发放年度租赁补贴33133户、3366.42万元，其中市本级1.29万户、1062.42万元。

【申请国开行贷款】2017年，邵阳市按照打捆申报、分期实施的原则，争取国家开发银行103亿元棚改贷款资金。到年底，贷款资金已全部通过评审程序并与国开行湖南省分行签订贷款协议。

【房地产市场监管】2017年9月4～6日，住建部督查组对邵阳市整顿规范房地产市场秩序进行督查。邵阳市认真做好迎接督查准备工作，同时就住建部督察组对整顿规范房地产市场秩序提出的意见及时进行整改；结合实际情况，制定方案，落实工作责任，推进房地产市场、住房保障、国有土地上房屋征收、房屋租赁市场等8个方面的风险隐患排查；制定《邵阳市国有土地上房屋征收评估操作规程》和《邵阳市国有土地上房屋征收分户评估报告规范文本》等示范文本，规范房地产市场评估行为。

【物业管理】截至2017年底，邵阳市物业管理从业人员发展到近2万人，管理服务项目300余个，服务面积2000余万平方米，年服务经营额约2.5亿元。全市房产系统开展物业维修资金归集管理，累计归集资金达11.5亿元。其中市本级累计归集资金5.07亿元，2017年归集1.16亿元，完成年度计划的331%。实施政府采购，推进后续管理，阳光馨苑等保障房小区通过政府采购，引进物业企业实施专业化管理。

【依法开展国有土地上的房屋征收工作】2017年，邵阳市本级启动国有土地上房屋征收项目10个，计283户，总建筑面积6.52万平方米。全年完成房屋征收整体项目7个共158户，3.2万平方米；实施项目7个，共887户，13.82万平方米；完成签约657户，建筑面积6.42万平方米。同时，加强规范直管公房征收，出台《邵阳市国有土地征收直管公房和单位直管房对承租人补偿安置的规定》。

【直管公房管理】2017年，邵阳市推进国家直管公房综合整治，全年改造回栏街、九井湾、鼓楼亭、资江桥头等直管公房80多栋，370多户、2.7万多平方米；加强公房产权产籍管理，规范直管公房产权产籍管理，防止国有资产流失，处理直管公房发证中的遗留问题，进一步完成老档案信息化检索管理，确保房地产档案做到无丢失，无损坏；抓租金收缴，全年收缴租金1922万元，超额完成年度目标任务。

（伍　炳）

环境保护

【概况】2017年，邵阳市区域环境质量整体趋稳向好。全年空气质量优良天数为280天，优良率为76.7%；市区区域环境噪声质量评价较好，城市功能区噪声100%达标，城市道路交通噪声基本符合国家标准要求；省控及以上断面水质全部达标，河流型地表水水质总体为优，市区集中式饮用水水源水质100%达标。全年没有发生较大及以上环境污染事故及群体性事件。全市环保系统配合中央环保督察工作，抓好督察问题整改落实；加强大气、水、土壤污染防治，持续推进龙须塘区域环境综合治理，全面加强饮用水水源地保护工作；坚持“双随机、全覆盖、严执法、零容忍”的要求，强化环境监管执法，严厉打击环境违法行为；加强农村环境综合整治与生态建设，整县推进项目和国家公园试点工作有序开展。全年共选派50余人次参加上级组织的各类培训。

【大气环境质量】2017年，邵阳市环境空气中二氧化硫的浓度均值范围17～41 μg/m^3，年均值29 μg/m^3；二氧化氮的浓度均值范围15～45 μg/m^3，年均值25 μg/m^3；可吸入颗粒物的浓度均值范围42～128 μg/m^3，年均值78 μg/m^3；一氧化碳的浓度均值范围0.8～1.7 mg/m^3，年均值1.6 mg/m^3；臭氧的浓度均值范围103～176 μg/m^3，年均值138 μg/m^3；细颗粒物的浓度均值范围28～107 μg/m^3，年均值56 μg/m^3。全年城区空气优良天数为280天，比例为76.7%。全年共采集降水样品181个，其中酸雨样品121个，酸雨频率66.8%，酸雨量占总雨量的66.6%，降水离子组分中，阴离子主要以硫酸根离子为主，阳离子主要以钙离子为主，所形成的酸雨属于硫酸型酸雨。

【声环境质量】2017年，邵阳市区区域环境噪声监测按照800m×800m的网格尺寸布点，共设置100个监测点。环境噪声主要来源于社会生活噪声（占比71.0%），其次是工业噪声（占比12.0%）、交通噪声（占比11.0%），城市区域环境噪声昼间平均等效声级为52.0 dB（A），总体水平等级为二级，声环境质量评价为较好。城市各功能区噪声的昼间、夜间达标率均为100%，平均等效声级均达到国家标准。城市道路交通噪声市区监测总路长123.6公里，共43个有效路段，设置50个监测点，道路交通噪声昼间平均等效声级为66.8dB（A），平均等效声级低于70dB（A）的路段长109.6公里，占被测干线总长的88.7%，平均等效声级高于70dB（A）的路段14公里，占被测干线总长的11.3%，平均等效声级超过70 dB（A）的测点7个，占被测点数的11.3%，昼间交通噪声强度等级为一级，基本符合国家标准要求。

【水环境质量】2017年，邵阳市地表水水质资江、沅江水系共设水环境监测断面41个，市辖区范围内国控断面6个、其他断面35个，水质评价标准为《地表水环境质量标准》（GB3838-2002）表1Ⅲ类标准。河流型地表水水质总体为优，全部达到或优于Ⅲ类考核目标，监测指标无年均值超标现象，其中资江水系27个断面中，达到Ⅱ类水质标准的断面25个，占92.6%；沅江水系6个断面全部达到Ⅱ类水质标准。湖库型地表水城南公园人工湖断面年均值达到Ⅳ类水质标准，超过Ⅲ类水质标准，营养指数年均值为63.36，为中度富营养状态（此断面为趋势科研断面，未纳入地表水考核排名）。“水十条”考核断面联江村（位于衡阳市，考核邵阳市出境断面）、渡头村、桂花渡水厂、球溪（位于娄底市，考核邵阳市出境断面）、塘渡口、邵水入河口、绥宁河口镇7个断面年均值全部达到2017年水质考核目标。饮用水水源地水质按照湖南省《“十三五”湖南省水质环境质量监测网设置方案》，市区桂花渡水厂、城西水厂、工业街水厂取水口上游100米处各设1个采样断面，每个断面设1个采样点，按照规定频次进行常规和全分析监测。市区饮用水水源地水质达标率为100%。

【农村环境质量】2017年，邵阳市按照湖南省环境监测中心站《2017年湖南省农村环境质量试点监测方案》，选取绥宁县长铺子苗族乡小水村（静态村）、李熙桥镇陈家村、河口苗族侗族乡竹舟江村作为试点村进行农村环境质量监测。空气环境质量长铺子苗族乡小水村（静态村）、李熙桥镇陈家村、河口苗族侗族乡竹舟江村环境空气中二氧化硫、二氧化氮、PM_{10}均符合《环境空气质量标准》（GB3095-2012）二级标准，空气质量良好。水环境质量农村饮用水源地（地下水）水质总体良好，除总大肠菌群均出现超标，小水村一季度铁超标0.13倍，陈家村二季度pH值超标外，其余指标均符合GB/T14848—93《地下水质量标准》Ⅲ类标准。县域地表水水质良好，所有指标均符合GB3838—2002《地表水环境质量标准》Ⅲ类标准，出境水绥宁县河口镇断面水质达到Ⅱ类水质。土壤环境质量小水村（静态村）、陈家村、竹舟江村的土壤环境共布设15个监测点位，7个监测项目，pH和阳离子交换量无评价标准，其余5个重金属监测项目中，竹舟江村、陈家村汞均超标，其余监测项目均符合《土壤环境质量标准》（GB15618—1995）二级标准。

【“三废”排放及处理】2017年，邵阳市工业用水总量为2455.189万吨，废水排放总量为1125.917万吨，工业废水中化学需氧量排放量1651.267吨、氨氮排放量110.462吨；全市生活污水排放总量为15288.704万吨，生活污水中化学需氧量排放量60908.809吨、氨氮排放量8190.551吨。全市建有12个污水处理厂。全市工业废气排放量400.581亿标立方米。其中，工业废气中二氧化硫排放量10181.449吨；NOX排放量8994.277吨；生活用燃料燃烧产生的二氧化硫排放量4195.558吨，烟尘排放量610.032吨，氮氧化物排放量2454.036吨。工业固体废物产生量166.380万吨，贮存量37.298万吨，全年处置量12.244万吨，综合利用量118.050万吨，综合利用率70.95%。

【配合落实中央环保督察】2017年，中共邵阳市委、市人民政府政府把配合落实中央环保督察作为压倒性的政治任务来抓，主要领导多次强调布置，全市各级层层动员部署。先后成立市环保督察工作领导小组、市突出环境问题整改工作领导小组和市配合中央环保督察工作协调联络组，印发《邵阳市配合中央环境保护督察总体工作方案》《环境保护督察资料汇编》，建立信访件签转交办、定期调度、工作简报等制度。同时在全市范围内开展环境监管执法大督查、环境隐患整治大清理、环境信访回头看、环境监管档案资料大整理、环保机制大融合“五大环保专项行动”，做到排查在前、整改在前。市委、市政府多次就配合落实督察工作进行专题研究部署。市委书记龚文密、市人民政府市长刘事青带头现场办公，督办环保督察交办件，市委、市政府班子成员分别赴联系的县市区进行督察、督办，市人大常委会和市环保督察工作领导小组派出3个暗访组对全市落实中央环保督察交办事项情况进行为期1个月的集中督查，市政协通过开展民主监督、专题调研等形式推动环保督察整改任务的完成，全市各级各部门以超常的措施、高效的机制和严格的纪律抓工作落实。一大批环境污染问题得到妥善解决，部分重点难点环境问题的整改有序推进。中央环保督察组向邵阳市交办的222件信访件，有221件整改到位，未完成的1件按进度整改。在办理信访交办件的过程中，共责令整改企业235家，立案处罚48家，罚款237.7161万元，立案侦查19家，行政拘留9人，刑事拘留14人；对履职不到位的公职人员约谈92人，问责112人。湖南省领导督办邵阳市的10个突出环境问题，有8个整改到位，其余2个按进度推进。中央环保督察组向很湖南省反馈意见中涉及邵阳市的10个问题，有8个完成整改，其余2个按进度落实。

【环境污染防治】2017年，邵阳市推进环评审批制度改革、放管服改革，加强环评机构管理，严把环评审批质量关、程序关、廉政关，确保环评审批经得起法律检验、经得起公众拷问、经得起廉政检查。市本级共审批项目49个，其中报告书35份，报告表14份，出具预审意见9份，出具流域水电规划审查意见6份。审批的项目均为国家鼓励发展类，项目选址合理，符合区域规划，环境污染和风险可控。

【大气污染防治】2017年，邵阳市开展燃煤锅炉治理和淘汰，推动市区建成区所有10蒸吨以下燃煤锅炉的全面淘汰。市区共完成33台、85蒸吨燃煤小锅炉改造任务，分别超省定计划10%、6.3%。督导宝庆电厂完成2号机组超低排放改造工程。从源头上控制燃煤污染，集中开展散煤专项整治行动，取缔城区散煤运输、蜂窝煤加工销售行为，城区内11家蜂窝煤加工点全部关停。按照“6个100%”的要求加强扬尘管控，建筑工地和道路扬尘得到初步控制。加大有机废气治理，完成全市300余个加油站的油气回收改造工作，3个挥发性有机物整治项目全部完成，超额完成年初确定目标。发展城市绿色交通，市区新增200辆新能源公交车，淘汰黄标车13152辆。加快机动车尾气检测站建设步伐，全市有19家建成并投入运营，满足全市机动车尾气检测的需要。

【水污染防治】2017年，邵阳市开展饮用水水源地保护，根据技术规范要求在市区内设置70多块保护标牌，保护区内20余家洗砂场全部强制断电、关停；完成邵水河西岸截污管网改造工程、资江樟树垅截污管网工程、城南片区（梅子井、珑瑚）截污工程；在资江一桥、二桥等5座跨越饮用水保护区的桥梁安装防撞栏杆，建设事故应急收集系统。推动邵水污染防治工作，编制《邵水流域水污染防治总体实施方案（2017—2019）》，该项目纳入中央资金项目库，其中4个子项目已列入A类项目有序推进。推进黑臭水体整治工作，完成枫江溪、邵水（市区段）、红旗河3条黑臭水体治理，达到省定目标要求。

【土壤污染防治】2017年，邵阳市加强固体废物管理，完成全市农用地、水源地周边、重点行业企业用地等土壤污染状况调查工作，编制印发《邵阳市土壤污染防治工作方案》，开展土壤污染防治项目储备库及省级土壤污染防治储备库建设工作。加强重金属污染防治工作，推动在建的7个项目加快整治进度，5个项目已完工并通过验收。促进固体废物规范化管理，全市共完成危险废物网上申报609家，其中工业企业338家，医废单位271家。查处危险废物非法转移、处置案件6起，危险废物超期贮存问题12起，超期贮存量2656.08吨。其中9起危险废物超期贮存问题整改完毕，共依法处置危险废物2101.08吨，另有3起超期贮存的危险废物共555吨已制定整改方案，按技术规范要求开始处理。

【龙须塘区域环境综合整治】 2017年，邵阳市完成3个点源治理项目，龙须沟、洋溪沟“两沟”治理项目中底泥干化场和稳定化场、底泥堆放场、防渗漏处理场地和环场道路、排水设施建设施工工程。洋溪沟治理工程已完成导流管、部分砌石工工程的建设，清除80%的淤泥。龙须沟治理项目基本完成主体工程建设。开展龙须塘片区古塘路、化工厂等土壤污染治理及生态修复工程，共争取专项治理资金3800万元，促进区域环境质量有效改善。

【环境监管】 2017年，邵阳市开展关停矿山问题、饮用水水源地突出问题、纳污坑塘环境问题排查、砖瓦行业集中整治执法等环保专项行动，出动执法人员9000余人次，检查企业2625家次，立案查处企业360家，行政处罚企业327家，处罚金额830多万元，行政拘留46起，刑事拘留5起，实施查封扣压3起，停产整治28起，共排查关停矿山、冶炼、企业79家，关闭淘汰砖瓦企业312家（其中黏土砖厂292家），严厉打击各类环境违法行为。全年共受理环境信访案件3100余起（包括中央环保督察组交办的信访件122件），其中市本级受理案件558起，问题解决率、群众满意度两项指标均达到99%以上，没有发生进京赴省非正常上访和群体性上访事件；承办建议提案共13件，人大建议4件（其中3件为会办件）、政协提案9件（其中2件为会办件），均在规定时限内办理完毕，满意率达100%。

【农村环保和生态创建】 2017年，邵阳市环境保护局不断强化农村环境综合整治与生态建设，统筹抓好整县推进项目建设，指导督促双清、大祥、武冈、新宁等7个县市区按要求完成250个目标任务村的整治任务。加强畜禽养殖污染监管，全市共关闭不能达标排放且治理无望的规模化养殖场150家、专业养殖户444家，下达责令整改通知25家，且全部整改到位。根据全省的生态保护红线划定建议方案的要求，出台《邵阳市生态保护红线划定方案（送审稿）》，经市政府常务会审议通过并按时上报。配合省、市、县开展南山国家公园筹备工作，安排专人进驻城步苗族自治县，先后完成《湖南南山国家公园环境保护专项规划（初稿）》《湖南南山国家公园生态环境保护管理办法》的编制工作。2017年10月13日，湖南南山国家公园管理局正式挂牌成立。

【环境信息宣教】 2017年，邵阳市在中央环保督察期间，在湖南日报、新湖南、湖南卫视、湖南经视、新华网、中国网、华声在线等多家省内外媒体发表有关稿件100余篇，在邵阳日报、邵阳电视台、邵阳新闻网以及市政府网站、市环保局网站环保督察专栏等发布有关信息1000余条；“6·5”环境宣传期间，共设立现场宣传点23个，制作宣传展板180余块，悬挂标语横幅150余条，散发环保宣传资料3万余册；开展“净化空气，从我做起”主题宣传教育月活动，全市中小学校共安排环境保护公开课800余次，召开主题班会1500余次，举办主题校园活动600余次，组织“小手拉大手”社会宣传活动300余次；组织“环保宣传进万家”活动，出动环保工作人员和志愿者3000多人次，对市区7个社区、6所学校、5家企业开展覆盖式环保宣传。全市环保、教育、团委部门各级组织都安排专人指导环境宣传教育基地创建活动，参加全省环境教育基地创建工作培训，有计划、有步骤建设一批有特色、有社会影响的环境教育基地。

（黄　维）

交通·邮电

交通运输

【概况】2017年，邵阳市完成交通基础设施建设投资54.17亿元，其中高速公路完成投资16.4亿元，普通国省干线公路、农村公路、客运站场、水运等完成投资37.77亿元，同比增长32.16%，高于全市固定资产投资增速19个百分点，交通建设投资保持高位增长。交通运输系统安全生产连续6年蝉联全市先进，信访维稳、政务信息工作、推进新型城镇化建设和城市管理工作获评全市先进。

【重大交通项目建设】2017年，邵阳市扩大交通基础设施投资规模，加快推进重大交通项目建设。12月31日，武靖高速提前一年建成通车，城步、绥宁2县结束县城30分钟内不能上高速的历史，全市进入“县县零距离上高速”的“新高速时代”。随着12月29日广西资兴高速公路通车，洞新高速新宁崀山省际收费站同步通车，湖南省西南地区再添出省通道。邵坪高速完成扫尾。崀山高速工可前期工作全部完成。建成通车G320洞口县城至江口等8条干线200公里。完成1536公里农村公路建设，其中农村公路提质改造1060公里，完成65座危桥改造、11座渡改桥，1253公里安保工程。新邵坪上客运综合枢纽主体完工，邵东星沙物流园完成主体工程的60%，邵阳南站综合客运枢纽PPP建设前期工作加快推进。因从严管控政府负债，城郊公路改造重新调整市本级建设项目为5个、86.74公里，其中重点项目S232前期工作进展顺利，邵阳港完成水运网、流域航运建设规划和选址技术论证。

【交通扶贫攻坚】2017年，邵阳市交通运输局推进省市签订加快贫困地区交通运输发展共建协议，强化资金倾斜，强化技术帮扶，全市3389公里25户100人以上自然村通水泥（沥青）路建设纳入省规划笼子。完成建设重要县乡道271公里，其中资源产业路220公里，旅游通景路51公里，发展“交通+特色产业”“交通+旅游”扶贫。深入督查督办，完成25个交通扶贫领域突出问题整治。对接建制村合并工作，实现全市通客车建制村达3182个，建制村通客车率为99.22%。做好洞口县小麻溪村的包保帮扶工作，因人因户精准施策，推进公路、水利、文化等基础设施建设，罗汉果、紫薯种植等产业项目落地见效。

【行业服务转型升级】2017年，邵阳市交通运输系统持续抓好普通公路管养，国省干线年末优良率为87.54%，路面使用性能指数PQI值87.98，建成普通公路服务区1个，停车区休息观光区2个，创建“四好农村路”示范路447公里。在全省首届“最美干线公路”“最美农村公路”评选活动中，邵阳市G207新邵段和城步边南公路上榜。全市道路运输全年完成客运量1.19亿人次，客运周转量49亿人公里，完成货运量2.37亿吨，货运周转量483亿吨公里。推动出台《邵阳市人民政府关于邵阳市加快促进物流业降本增效的意见》，从2017年第三季度开始，全市公路货运周转量增速逐月提升。完成重大节假日、重点时段运输保障任务。面对历史罕见洪灾，在最短时间内恢复144条各类因灾中断道路，保障全市公路水路畅通，获省市领导肯定和社会各界一致好评。对34个汽车站进行改造和软件升级，全面完成长途客运实名制工作。开展规范公交服务年活动，推进交通一卡通，市城区公交移动扫码支付成为市民出行新常态，中心城区公交分担率大幅提高。推进城乡客运一体化，开展宝庆车站至高崇山线试点。加快港口码头整治，关停非法作业砂石码头57个，整治率为60.6%，超额完成省定任务。11月6日，全面启动僵尸船整治并初见成效，切割处置329艘，其中新邵、武冈、北塔、双清全面完成处置任务。

【深化交通改革】2017年，邵阳市加强法治交通建设，研究制定法治建设考核办法等制度，细化分解32项工作任务65项具体措施，开展“七五”普法宣传教育，基层执法“三基三化”建设和行业信用体系建设深入推进。开展执法改革试点，完善市交通运输综合行政执法支队工作经费和设备保障，整合执法力量，开展公交车、出租车、非法营运车等专项整治，市区城市客运市场秩序明显好转。推行出租车改革，完善出租车新业态3个规范性文件，统一实行以服务质量信誉考核为主导的“有条件续牌”和招投标经营权配置，将新一轮经营权从8年降为6年，健全运价调整机制，10月正式执行新的出租车运价标准。发展智慧交通，信息中心组建到位，12328热线建成投入使用，推动智慧交通智能化管理养护管理应用、综合交通服务大数据平台2个省市共建项目的申报，交通运输专网、数据中心建设前期工作全面加快。加强绿色交通建设，完成省、市交办的船舶污染应对能力较弱、港口码头污染防治能力较低、桥梁穿越水源保护区、公交车尾气污染4大交通重点环保整治任务。编制出台《邵阳市城市电动汽车充电基础设施专项规划（2017—2030）》，市城区分2批再投入400台纯电动公交车，新能源公交车占比在线运行公交车的75%。继续推进交通运输企业改革改制，湘运改制有序进行，江北“三厂”改制遗留问题妥善解决，改制进入验收阶段。

【打造平安交通】2017年，邵阳市以“平安交通”创建活动为主线，以“隐患清零”专项行动为抓手，压实责任，全市交通运输系统无重大及以上事故，安全生产形势总体稳定。开展百日整治，推进“一单四制”，隐患整改39386个，清零率100%。完善路政、交警联勤联动机制，推进不停车预检系统运用，有效遏制超限超载行为。建立健全工程质量监管模式，工程质量控制指标合格率均高于上级要求，交通工程实体质量创历史最高水平。严格落实车船24小时动态监控，及时制止和纠正超载、违章操作等违法违章行为，“两客一危”车辆超速、疲劳驾驶分别从4月初的一个周期27173次、1973次分别下降到12月第二周的2次、21次，获湖南省交通运输厅肯定。坚持属地管理、“一岗双责”、以民为本，依法处理信访问题，有效化解一批信访积案，集访缠访显著减少。邵东县“8·22”320国道界岭段大修改造工地水泥罐倾倒事故发生后，迅速开展交通建设工程安全专项整治行动，对全市在建工程项目全面进行安全隐患排查整治，夯实在建工程安全基础。

【全面从严治党】2017年，邵阳市交通运输局党委坚持以上率下、系统联动，在全行业掀起党的十九大精神学习宣传贯彻热潮。推进“两学一做”学习教育常态化制度化，落实“三会一课”制度，开展支部主题党日活动，严格程序新选举成立5个基层党组织和2个社会组织行业党组织。开展“四治四提”“禁赌限牌”等5个专项整治，组织参加“爱廉说”主题演讲，营造廉洁文化氛围。按照“四种形态”，约谈提醒129人次，发现并核查问题线索6起，其中立案3起，给予党政纪处分3人，诫免谈话2人。坚持正确选人用人导向，调整任用51名干部，优化干部队伍。开展“文明公交服务年”活动，与市创文办联合举办“做文明乘客、树文明形象”主题演讲，开展常态化志愿服务，强化公益宣传、抓好站场管理、突出打非治违。全年办理建议提案37件，见面率、办结率、满意率

100%，通过市人大常委会和市政协常委会测评。

【民用航空】2017年，邵阳市民航运输实现突破。邵阳武冈机场于6月28日正式通航，开通北京—郑州—武冈、长沙—武冈—海口、重庆—武冈—长沙、昆明—武冈—杭州、长沙—武冈5条航线。推进机场前期工作。积极协调争取，获省发展改革委、省机场集团和南部战区空军司令部支持，邵东军民合用机场再次纳入《全国民用运输机场布局规划（2030年）》；市辖9个县市均规划布局通用航空机场，其中武冈通用机场已批复立项，并完成可行性研究；新宁通用航空基地向省发改委申报立项。

【怀邵衡铁路建设】2017年，怀邵衡铁路邵阳市境内计划投资35亿元，实际完成投资37亿元，为计划的106%，累计完成投资153亿元，为总投资的84%。境内桥梁、隧道等重大控制性工程全部完成，红线内的征地及房屋拆迁工作全部完成，“三改”“四电”用地征地工作基本完成，开始红线外房屋征拆工作。邵阳至衡阳段完成铺轨，邵阳至怀化段铺轨邵阳境内已全部铺完。沿线的洞口站、隆回站、邵阳西站站房主体工程全部完工，进行内外装修，站场配套的路网、广场建设开始施工；邵东书院站完成基础施工，配套的路网、广场等已完成土地平整；邵阳东货运站、邵东货运站站房在建。洞口、隆回、市本级共提供1742亩城区土地用于怀邵衡铁路公司综合开发。

【火车站综合客运枢纽工程启动建设】2017年11月28日，邵阳火车站综合客运枢纽工程正式开工，年内完成投资5.378亿元。邵阳站综合交通枢纽项目是洛湛、怀邵衡和规划的呼南、长邵城际、邵冷5条铁路的交汇中心。邵阳市围绕邵阳火车站扩改建设现代化的综合交通枢纽工程，项目控规面积1477亩，建设用地630亩，包含5.2万平方米的现代化高铁站站房、长途客运站、火车站南北广场、公交和出租车系统、路网配套工程、商业配套设施、停车场系统、站前南广场景观系统、动车存车（检修）场等9个子项目，估算投资40亿元。中铁上海设计院完成设计方案并通过市规委会审定。项目需征地608.66亩，已完成征地582.66亩；需拆迁房屋121栋48748.98平方米，已完成一期金山路建设房屋拆迁29栋30户3683.82平方米；广场建设项目房屋拆迁工作全面启动；需迁坟559棺，已迁移回族坟墓508棺。年底到位资金6.2亿元，办理好火车站站房建设的银行保函6亿元，完成贷款授信13.1亿元。动车存车（检修）场将按照Ⅰ类变更纳入怀邵衡铁路同步建设；授权市交通运输局对长途汽车客运站建设按PPP项目组织实施；金山路下穿怀邵衡铁路的框架桥开始施工建设；对原有的3000平方米临时站房进行修缮维护，第二个1300平方米临时候车室已投入使用。

【邵阳东货场建设】2017年，邵阳东货场列入怀邵衡铁路工程同步实施，且货场建设1000亩用地投资全部由湖南省解决。到年底，货场建设计划征地1091亩已全部完成，拆迁工作全部完成。土石方设计578万方，完成526万方，铺轨完成7单线公里。对18家专有铁路线企业进行调查摸底，研究制定搬迁方案，并与广铁集团就我市提供的250亩土地的开发建设进行对接沟通，规划部门就邵阳东物流基地建设进行规划。

【铁路项目前期工作】呼南高铁邵永段：2017年，中共邵阳市委书记龚文密、湖南省人民政府省长许达哲先后专程赴中国铁路总公司，请求将邵永高铁列入2018年开工计划。7月13日，湖南常德、益阳、娄底、邵阳、永州以及广东清远、广州7市在永州召开加快推进呼南通道湖南段和向南延伸建设永清广高铁，构建京广高铁辅助通道的联席会议。呼南高铁湖南境内5市共同向中共湖南省委、省人民政府争取邵永高铁、益娄高铁早日开工建设。

兴永郴赣铁路：2017年，湖南省发展改革委委托中铁第四勘察设计院开展兴永郴赣铁路预可研等前期工作，全线预计1176公里，总投资1286亿元。兴永郴赣铁路邵阳市境内约100公里，绥宁、城步、武冈、新宁4县（市）强烈要求分别设车站。

怀桂铁路：怀化至桂林铁路是邵阳市早期提出的张got桂海铁

路的重要一段，国家在中长期铁路网规划图中将怀化至桂林铁路列为规划研究项目。邵阳市力争经洞口、武冈、新宁至广西资源、桂林的东线走向方案，2017年已与桂林市人民政府签订加快推进怀桂铁路前期工作备忘录，并联合委托中铁四院对新建怀化经邵阳市至桂林铁路开展预可研。

城市轨道交通线网规划：即在规划建设城区轨道交通的基础上，进一步连接至邵阳北站和武冈机场，形成东部融合、东西互通的轨道交通网络。截至2017年底，中铁四院已制定《邵阳市城市轨道交通线网规划初步方案》，提出3条连通市内及邵东县城的城轨线路，2条连接邵阳北高铁站和隆回、武冈的市域铁路，远景规划1条连接武冈至崀山的支线铁路。规划建设总里程303.2公里，其中城市轨道86.8公里，市域铁路216.4公里，估算总投资524.5亿元。

（石文斌）

邮　政

【概况】2017年，邵阳邮政行业业务总量累计完成11.43亿元，同比增长32.12%；邮政行业业务收入（不含邮政储蓄银行营业收入）累计完成9.42亿元，同比增长19.31%。其中，快递业务量完成2273.46万件，同比增长32.13%；业务收入完成2.19亿元，同比增长23.59%。

【推进电商发展】2017年，邵阳市协调推进快递园区建设，邵阳市湘中亚一国际物流园项目纳入市重大（重点）项目，并申报2018年全省综合交通重大项目实施计划，土地已报批。项目建成后，将吸引大部分市级邮递企业入驻，进一步推动快递企业集约发展，推进本土电商发展。推进农村电商发展，助力精准扶贫。邵阳市邮政企业承接电子商务进农村示范县项目2个，获资金182.8万元，获其他政策3项。邮政、顺丰、“通达系”快递公司承接新宁脐橙、洞口雪峰蜜橘、隆回金银花、武冈卤菜等农特产品进城示范项目12个，进城配送量达2290吨，100万件，交易额达1.65亿元。邮政、顺丰、“通达系”快递公司承接邵东的箱包、服饰、红包3个制造业示范项目，累计销售380万件，销售额1.43亿元。通过“快递+电商+扶贫”模式，打通工业品下乡和农产品进城的双向流通渠道。同时，指导洞口、新邵、隆回等县（市）快递公司探索试点共同配送、末端整合的模式，通过建立企业联盟的模式将多家快递企业的派送进行整合，有效降低成本、保障派件时效，同时提高派件员收入，稳定一线派件员队伍。

【推进邮政公共服务均等化】2017年，邵阳市邮政管理系统培训邮政从业人员695人，发放各类学习资料8000余份，强化新《邮政普遍服务》的宣传贯彻。进行全市范围内的寄递测试，寄递信件、包裹1475件，覆盖市、县、乡、村四级，全面了解邮件时限达标与党报党刊见报情况。督促邮政企业改善邮政末端服务，推动建制村直接通邮，空白乡镇网点综合平台叠加率达100%，全市3203个行政村建成便民服务站达4301个，数量、进度均居全省第一位。督促邮政企业优化邮运线路、作业组织和服务流程，确保所有县市党报党刊都能在当日15点前到达。推进邮政普遍服务网点服务质量监督检查工作，对全市148个邮政营业场所进行法定业务开办、邮政基础设施、服务质量等检查。在《丁酉年》《红山文化玉器》《香港回归祖国二十周年》《中国人民解放军建军90周年》等5个主题的纪特邮票发行日开展监督检查，并向企业通报相关情况。开展寄递渠道“扫黄打非”专项行动，与各邮政、快递企业签订《邵阳邮政行业扫黄打非工作责任书》79份，出动执法人员138人次，检查邮政营业网点65处。调动社会监督力量全年监督网点141个，反馈报告148份，走访消费者455人，反映问题26个，提出建议及意见28条，在国家邮政局监督信息等刊物上发表专业文章14篇。特邀监督员郑东平被国家邮政局评为“监督信息一等奖”和“主题征文二等奖”，被省局评为“突出贡献奖”。肖丁勤被省局评为“优秀监督员”，市邮政局获评“全省邮政社会监督工作先进单位”。

【规范快递市场发展秩序】

2017年，邵阳市邮政管理局推进城市社区综合服务平台建设，强化智能信报箱建设推广，截至年底全市共设置智能快件投递箱60个，已建乡镇快递网点477个，乡镇快递网点覆盖率达90%。推进“三个100%”制度落实，检查快递企业（营业网点）127个次，组织召开安全生产培训会6次共510余人次，与寄递企业签署承诺书，有效保障寄递渠道安全平稳畅通。每日通报寄递企业实名收寄情况，对排名落后的寄递企业进行警告整改。快递企业每天实名量超过9万件，快递企业系统实名率达90%以上。推进辖区快递企业X光机配置，每个县（市）配置2台以上安检机，培训安检机操作人员66名。全年立案查处存在违法违规行为的企业32家，罚款3.6万元。坚持安全生产“每周一宣传、每月一检查、每季一活动”制度化、经常化管理。组织全市邮政行业5000余人参加“2017邵阳市邮政业安全知识答题活动”。加强与公安部门的协作配合，完成行业监管合成作战制度构建，全年接收公安机关移交涉邮政管理案件25起，立案处罚25起，协同公安部门开展3次联合检查，累计下达责令改正通知书10份。推进“放管服”改革工作落实，受理快递业务经营许可、许可变更申请等事项92件，实地核查快递企业（营业网点）92个次，审核通过47件、不通过45件。开展消费者申诉受理工作，协调解决申诉中涉及的社会反响强烈的快件延误、丢失、损毁、赔偿难等问题，全年受理消费者有效申诉328起，为用户挽回经济损失27532.8元，消费者满意度达到100%。

（石文斌）

邵阳电信

【概况】2017年，中国电信邵阳分公司获全国“2017年通信行业用户满意企业”、集团公司“双领先地市公司”、中国电信集团工会“模范职工之家”等称号，获省公司“2017年度业绩考核达标奖”和“2016—2017年岁末年初装维支撑保障竞赛活动”一等奖、“全省人力资源管理先进单位”等称号。年内完成省公司党委特派员巡察整改工作并通过整改验收，

【市场经营】2017年，邵阳电信累计完成主营收入78727万元（税后），累计同比增幅12.54%。移动出账用户突破100万，其中129融合用户占比为32.49%，79以上单产品用户占比为17.16%。年内发展移动用户53.97万，发展宽带用户13.05万，发展ITV用户15.24万。期末收入市场份额达25.55%，其中增量收入市场份额31.7%，收入市场份额较2016年提升0.94%，本市同行业领先。

【机制创新】2017年，中国电信邵阳分公司管控部门通过管控支撑的重点指标落实、小CEO的逆向测评、倒三角支撑工单的完成情况评价管控部门的倒三角支撑工作，直接关联薪酬，树立倒三角支撑是管理者唯一职责的工作理念，提升管控部门倒三角支撑的意识，提优倒三角支撑的工作质效，提高小CEO的满意率，有效促进企业各项工作任务的顺利完成。建立前端划小承包以单位与个人认购双控为主、后端以计件为基础、管控以逆向评价为中心的划小体系，激发企业活力，促进企业发展。

【财务管理】2017年，中国电信邵阳分公司搭建财务质量管理体系，开展报账质量考评，退单率由全省第6名降至第12名，财务报账质量大幅提升；规范报账“开前门”政策，支撑业务发展、服务生产经营，获省公司肯定和推广；建立风险级别体系、风险防范体系和风险考核体系，开展业财稽核、应收账款管控、财务检查、风险排查等风险防范工作，提升企业风险防范能力。分公司全年实现利润8591万元。

【客户服务】2017年，中国电信邵阳分公司开展实施农村装维服务振兴计划，推行农村六项服务承诺，通过服务规范监督、技能强化培训、三级检查、装维人员等级评定等措施，有效提升装维人员服务技能和工作能动性。开展“星级客户权益行权服务提升”活动，从星级经理、渠道和支撑部门等多渠道全面开展

星级服务明星的评选活动，全面调动各服务触点积极性，将星级行权工作的开展与星级服务和客户经营有效结合，助力经营发展，提升差异化服务能力。客户感知提升明显，工信部发生量申诉率较2016年四季度下降48.27%；全网万用户申诉率28.98%，远低于全省平均水平；星级客户收入保有率为98.75%，全省排名第三位。

【运维建设】2017年，中国电信邵阳分公司推进网络互联网化改造，网络建设持续推进。新增LTE移动网4G基站631个，完成率110.7%，实现城市光网全覆盖，完成1283个行政村光网建设，顺利通过省、市人民政府普遍服务验收。实施农村六项服务承诺和农村装维振兴计划，通过优化体系、整编队伍、提升技能、强化装备、改善待遇，农村装维服务能力和水平得到持续提升，农村24小时装机及时率从71.62%提升到96.25%，农村24小时修障及时率从73.48%提升到95.53%；实施完成大客户网管建设和省级大客户电路纳管工作，为主动发现大客户故障，提升客户感知打下基础。

【工会工作】2017年，中国电信邵阳分公司开展建家工作，丰富建家内涵。以天翼员工俱乐部建设为主线，组建7个员工兴趣小组；严格工会经费管理，财务经审规范化；做实女员工工作；利用工会网站，建立交流平台。持续推进劳动竞赛和岗位创新，融入中心促发展取得新成效。承接各项劳动竞赛，调动员工参赛热情。发展创新有机结合，推进岗位创新，全年共收集32条创新创意，分公司“倒三角支撑部门划小承包方案”获2017年度创新成果集约创新类三等奖，“提升员工技能竞赛积极性，鼓励员工岗位成才”和“统一光交门钥匙”获2017年创意创新三等奖。评出市分公司级天翼先锋号15个单位，市分公司级天翼先锋30名，并予以表彰。承接落实省公司员工幸福工程2.0版。确定落实2017年“员工幸福工程”八大项目，提升员工待遇。承接省公司“四小建设”向上延伸青春行动项目，盘活资源，多方筹措资金。

（沈　璐）

邵阳移动

【市场经营】2017年，中国移动邵阳分公司持续推进“大连接”战略落实，深化转型升级发展，持续改进服务品质，着力提升公司运营能力。公司收入规模持续增长，全年累计完成通信服务收入同比增幅5.27%；收入结构持续优，无线上网收入占收比52.74%，无线上网收入成为拉动收入增长的主要驱动力；客户服务持续领先，客户满意度综合评估排名全省第4位，客户满意度领先强势竞争伙伴7.41。

【网络建设和维护】2017年，中国移动邵阳分公司打造精品网络，提升客户使用感知，开通和新建移动4G基站3000多个，实现主要乡镇、行政村4G网络连续覆盖。持续推进宽带中国战略，全年完成杆路及管道建设830公里，完成光缆建设3000皮长公里。全市各级网络部门做好网络维护和通信保障工作，“抗洪抢险保通信”出动人员1400余人次、车辆400余台次、油机1200余台次，抢修线路220余公里。从周边区域调拨支援人手近60人、车辆近20台、油机近100台，未发生一起安全事故，基站恢复迅速。完成党的十九大、第三届邵商大会、人大政协两会、友阿国际商场开业等重大活动通信保障任务，强化公司品牌价值。

【内部管理】2017年，中国移动邵阳分公司深化企业依法合规意识，加大普法宣传力度，培养全体员工法律法规意识。发挥纪检监察职能，落实监督责任，实现主体责任和监督责任约谈全覆盖。组织对通信工程设计、施工、监理合作方开展效能监察，促进企业规范运营。加强公司内部审计监管，强化SOX内控固化，开展公司生产经营各领域内专项审计，有效防范经营风险。持续加强采购集中管理，招投标管理日益规范，采购效率明显提升，仓储管理更加规范精细。适应公司战略转型要求，以网格责任制的原则对县公司内设机构进行调整，打造高效的县公司组织机构体系。加强安全检查和隐患整治，杜绝重大事故的发生。

（办公室）

邵阳联通

【概况】2017 年，中国联通邵阳分公司完善职工之家建设，开展冬季长跑、青春嘉年华、免费晚餐、免费送春联等活动。获省级职工职业道德先进单位称号，在湖南联通青春嘉年华活动中获团体二等奖，武冈分公司成功申请省级模范职工小家。全面推进党风廉政建设，党支部由 13 个扩展到 17 个，成立“通信抢险党员先锋队”“业务攻坚党员先锋队”“党员志愿者服务队”，分公司获“湖南省文明单位”“湖南省五一劳动奖状”“湖南省五四红旗团委”等称号。

【市场发展】2017 年，中国联通邵阳分公司创新营销模式，落实推进产业互联网体系建设，提升业务规模发展，较好地实现四大市场稳、特、活、准的市场定位目标。优化产品体系，聚焦冰激凌、腾讯王卡等产品宣传；创新“互联网+”，利用“码上购、闪电购、线上购”优化开户流程。做好 2I2C 线上线下协同、强化地推，结合邵阳实际，重点布局综治、扶贫、教育等领域，创新利用平安校园、十户联防、雨露计划、钉钉、E 信通等行业应用带动集团业务规模发展。

【客户服务】2017 年，中国联通邵阳分公司围绕渠道服务质量、固移网投诉满意度、NPS 指标“三个”提升，收获客户点赞。年内新建 LTE 基站 778 个、WCDMA 无线网基站 92 个，实现重点乡镇 4G 网络全覆盖。通过精准聚焦，口碑场景三网对比测试平均良好覆盖率达到 99.3%，平均下载速率 63Mbps，远高于友商。提前进行宽带扩容，全市出口带宽由年初的 80G 扩容至 200G，流量利用率由 71% 下降到 36%。完成 360 个行政村光纤网络覆盖，推进扶贫村光纤网络建设，合建端口数比例稳步提升。

（办公室）

工 业

概 述

2017年，邵阳市实现规模工业增加值535.06亿元，同比增长7.3%，较上半年提高1.1个百分点，达到全省平均水平，增速全省排名第六，较上半年前进5位。湖南汽制等骨干企业实现100%以上的增长，趋势性新产业发展速度远远超过邵阳市工业平均水平，工业企业用电35.08亿千瓦时，同比增长4.2%。工业企业纳税持续增加，全年工业实缴税收21.04亿元，同比增长18.64%。

2017年，邵阳市扶持优势产业、培育规模企业、完善产业链条，工业产业结构不断优化。优势产业主导带动作用不断增强，机械、轻工、建材、食品四大产业完成总产值1849亿元，占全市规模工业总产值的78.1%。皮具箱包、工程机械、小五金、打火机、发制品、食品加工、金属门窗等优势产业链不断完善做强。全年完成新入规企业194家，净增122家，规模数量进入全省前三，是邵阳市历史上新增规模企业最多的一年。全年关停黏土砖企业312家、煤炭企业8家，烟花爆竹企业全部关停，淘汰落后钢铁产能30万吨。

2017年，邵阳市争取上级项目、引进优质项目、加快推动在建项目，培植出一批新的工业增长点。全年完成招商签约工业项目135个，签约资金208.6亿元，智能制造产业小镇等一批技术含量高、发展前景好的大企业和大项目相继落户邵阳。全年新开工项目129个，实际完成投资金额25亿元。竣工投产项目103个，实际完成投资28.6亿元，完成率达121%。全年争取工业重点项目94个，累计争取资金6319万元，争取资金同比增长64.5%。

2017年，邵阳市夯实信息化基础，提升信息化应用水平，加强信息企业与工业企业对接继续，两化融合走向深入。全年通信基础设施建设完成投资9.13亿元，行政村光纤通达率97.8%、4G覆盖率99.8%，固定家庭宽带普及率39.9%，移动宽带普及率50.3%。引导工业企业加强互联网、云计算、大数据和物联网等信息技术在企业广泛运用，促进工业企业向网络制造、绿色制造、智能制造大方向转型升级。全市拓展使用信息化应用目标企业2000余家，湖南汽制、亿利金属、湘窖酒业等一批企业在生产流程环节及组织管理领域基本普及信息技术应用。

2017年，邵阳市加强军工企业的引进和培育，推进军民融合园区建设，军民融合多项工作取得零的突破。引进彩虹集团，使邵阳市有了真正意义上的大型军工企业。湖南威远电机企业获军工资质，实现邵阳市军工资质企业零的突破。成功申报军民融合项目3个，项目资金270万元。其中帮扶新邵广信公司获湖南省经信委军民融合产业发展专项资金150万元，实现邵阳市历史上军民融合项目资金零的突破。以彩虹集团为龙头，布局建设一期占地200多亩的军民融合产业园。

2017年，邵阳市出台《关

于落实创新驱动发展战略加快我市科技创新的实施意见》，加大对工业企业研发的投入，工业创新能力明显提升。全年新认定国家高新技术企业39家，总数达72家。新认定省级技术中心1家，总数达13家。邵阳市研发的人造刚石等3项新产品被认定为湖南省新材料，市本级近年实施工业科技成果转移转化项目达180余项。全市符合认定条件的高新企业达538家，同比增长23.2%，高新产业产值增速稳居全省第一方阵。

2017年，邵阳市成立由市委主要领导任组长的帮扶工作领导小组，组建26个帮扶工作组，全市参与企业帮扶干部职工1023名，帮扶企业解决困难和问题370多个，争取各类资金2.2亿元，帮扶规模和帮扶成效达历史最高水平。在企业帮扶中创新定期调度机制，对26个服务工作组定期开展工作调度；创新联席会商机制，市本级通过联席会商解决重点难点问题53项；创新社会评价机制，从市人大代表、政协委员、工商联代表中邀请评议代表，对企业帮扶工作进行第三方评价。

（赵　荣）

电　力

【安全生产】2017年，截至12月31日国网邵阳供电公司实现连续安全生产4280天。公司全面推行专业协同大兵团联合检修模式，高质量完成220千伏檀江变整站改造和13座35千伏站、128条配电线路协作集中检修。抗击特大暴雨和罕见洪灾，以最快的速度、最短的时间完成恢复供电任务，被评为湖南省抗洪救灾先进单位。全面抓好季节性安全大检查，整治各类缺陷1820项。开展安全生产问题清单专项梳理，抓好线路“三跨”隐患排查治理，在湖南省公司系统率先完成26台美式箱变隔离防护措施，全面清理整治外人触电隐患1006项，“两排查一整治”工作获国网华中分部专项督查好评。被评为湖南省公司安全生产先进单位、湖南省劳动竞赛先进单位，获省公司2017年生产管理先进单位、技术监督先进单位、继电保护专项奖。

【营销服务】2017年，国网邵阳供电公司稳步推进营销现代化建设，构建“市级集约监控、县所分级督导”指挥和考核体系，实现集抄全覆盖、费控全集约，自动化抄表率99.96%、费控应用率98.3%。加快推进“全能型”供电所建设，完善机构设置，全市建设877个网格。建立大客户常态沟通联系机制，成立市经开区供电中心，“一周一调度”服务城区重点项目。加强行风问题整治和服务投诉管控，开展投诉督查和反思分析，快速响应，严厉追责，落实整改。对县公司实行“红黄牌”预警和考核，重拳打击八类“零容忍”人为责任性投诉，形成治理投诉的高压态势。全面开展客户档案信息一致性清理，营配调贯通管理成效98.55%。

【电网发展】2017年，国网邵阳供电公司结合邵阳电网的难点和弱点，滚动修编“十三五”电网规划，高质量完成2018年度电网项目优选排序。推进城区电网建设，争取国网、省公司“绿色通道”，城网核心项目110千伏六岭变取得全面突破，“六路一城”和其他省运会保电配套项目按计划加快实施。全面完成2017年11.16亿元的建设任务，主网新开及续建项目18个，竣工投产13个，邵阳首座220千伏智能GIS变电站元宝变顺利投产。全面完成482个村网改造、72万户集抄改造和348个重过载台区整治。被评为国网公司基建信息化应用先进单位、农网升级改造“两年攻坚战”先进集体，获评省公司流动红旗1面、示范业主项目部1个，获省公司2017年线路设计竞赛一等奖。

【经营管理】2017年，国网邵阳供电公司推行57条提质增效措施，层层传递经营压力，全年累计完成售电量66.67亿千瓦时，同比增长4.40%，固定资产原值103.61亿元，同比增加10.16亿元，较目标减亏9561万元。强化综合计划和预算管控，从严从紧管控成本，争取政策支持，实现政策增效3811万元。扩大有效资产，完成电网基建项目决算转资6.26亿元，接收用户资产1.56亿元。强化内部人力资源市场应用，坚持劳务用工只减不增，提高人力资本效率。

开展“物资供应基础管理年”活动，累计处理利库物资1768万元。推广电能替代，实施带电作业和协作检修，增售电量3.61亿千瓦时。全面开展电价清理整治，完成电价普查134万户，取消综合电价台区158个，取消定比定量用户9441户，同比增加收入1532万元。开展“台区降损大比拼”活动，累计完成台区线损6.71%，同比下降0.99个百分点。

（连文生）

农　业

概　述

2017年，邵阳市实现农业总产值502.43亿元，增长4.1%，实现农业增加值337.70亿元，增长4.0%，增速在全省排第二。全市农村居民人均可支配收入首次突破万元大关，达到10756元，增长10.6%，增速排全省第四位。

2017年，邵阳市推进农业供给侧结构性改革，优化农业产业结构和产品结构，主动压减粮食播种面积，发展粮油、柑橘、中药材等优势特色产业。全市粮食播种面积910万亩，总产量355.26万吨，其中高档优质稻面积发展到116.5万亩，比上年增加36.5万亩。适度控制玉米供求平衡，主动压减籽粒玉米，增加青贮饲用玉米5万亩，全市玉米播种面积达140.35万亩（其中青贮饲用玉米10万亩）、总产量57.3万吨，居湖南省之首，面积和产量占全省的1/4。油料（油菜、花生）播种面积164.9万亩，总产油料21.2万吨。经济作物总播种面积438.47万亩，其中蔬菜播种面积196万亩、产量421.5万吨，水果栽培面积116.6万亩、产量61.51万吨（柑橘种植面积102.25万亩，产量50.76万吨），中药材生产面积72万亩、排全省第一，茶叶面积11万亩。脐橙种植面积35万亩。柑橘年加工量12万吨，排全省第一。油茶生产面积165万亩，年产茶油3.5万余吨，产值35亿元。出栏生猪1060万头、肉牛59.2万头、山羊89.4万只、家禽5051万羽。发展奶牛1.2万头。水产品总产量10.1万吨。

2017年，邵阳市做大农产品加工业，农产品加工企业发展到5623家，其中规模以上企业425家，年销售收入1043亿元，较上年增长12.5%。培育休闲农业典型项目28个，休闲农庄发展到158家，农家乐发展到2654家。耕地流转总面积172万亩，占承包耕地总面积的28.9%。流转耕地30亩以上的种粮大户达11782户，其中1500亩以上大户达38户，新增10户。家庭农场发展到3450家。邵阳市获评湖南省十大农业品牌，实现零的突破，武冈铜鹅获2017年湖南省十大农业区域公用品牌，绥宁贵太太获2017年湖南省十大农业企业品牌。全年新增省级现代农业特色产业园12家，总数达到41家。

2017年，邵阳市抓实“五小水利”，改造干支渠道285公里、田间渠道528公里，整治塘坝3350口，改造泵站125处，新建水池（窖）90处。完成造林37.6万亩，完成无林地疏林地封山育林34.8万亩，完成森林抚育68万亩，完成油茶造林15.75万亩。全市使用部省农机购置补贴资金4642万元，推广补贴农机具40690台套，受益户数37986户。全年完成机耕面积601万亩、机插秧面积150.7万亩、机收面积501万亩，水稻生产耕、种、收综合机械化水平达到67%。完成户用沼气1527口，竣工大型沼气工程12处。绿肥翻压面积达到120万亩。开展各项农业科研课题70项。推广测土配方施肥技术面积910万亩。

开展现场农业技术培训 268 场次，完成 7570 人新型职业农民技能培训任务。

2017 年，邵阳市全面完成 28 个省级美丽乡村示范创建村建设，稳步推进市级第四轮 24 个美丽乡村办点示范村第三年（最后一年）建设工作。11 月在邵东县召开全市美丽乡村建设暨环境卫生整治工作现场推进会。推进农村环境卫生综合整治，县市投入农村环境卫生综合整治资金达 3.79 亿元，新建垃圾中转站 65 座，配备垃圾清运专用车 1452 台，修建垃圾池 3525 个，发放垃圾桶 24 万个。

2017 年，邵阳市按照“五个一批”要求，全面推进脱贫攻坚行动，全年减少贫困人口 21 万人，441 个贫困村实现脱贫出列。实施农村饮水安全全覆盖暨巩固提升工程，开工工程 1007 处，完工 624 处，其中 67 处千吨万人以上工程开工 31 处，解决 22.57 万贫困人口饮水安全问题。完成 930 个村级供销综合服务社建设。邵东、城步、洞口、新邵、邵阳县获批全国电子商务进农村综合示范县。

2017 年，邵阳市完成农业综合行政执法体制改革试点，为全国农业行政执法改革提供经验。完成市农科院种业科研体制改革试点，《邵阳市农业科学研究院关于推进种业人才发展和科研成果权益改革的实施方案》于 8 月获中共湖南省委农村改革专项小组批复批准实施。基本完成土地确权颁证任务，全市 12 个县市区和非行政区划单位确权登记颁证成果全部通过市级核查验收，完成确权登记颁证村（居）3292 个，占应确权村（居）的 100%。推进农垦改革，全市 7 家国有农场改革全部完成，部分农场改革成为赋予乡镇职能并加挂农场牌子的正科级行政单位或副科级事业单位。完成洞口县茶铺茶场管理区 200 户垦区危旧房改造任务。

【全市农业农村工作会议】 2017 年 3 月 29 日，邵阳市农业农村工作会议与住建、审计工作会议合并在市委礼堂召开。市委副书记、市委政法委书记张殿文主持会议并讲话。市人民政府副市长肖拥军作主题报告。参加会议的有市直及部省属驻邵单位负责人，各县市区党委和政府分管农业农村工作的负责同志，以及各县市区农业局局长、林业局局长、水利局局长、畜牧水产局局长、农机局局长等。会议总结全市 2016 年的农业农村工作，研究部署 2017 年和今后一段时期农业农村工作。洞口、城步、隆回、邵东、武冈 5 个县市在会议上作典型经验发言。各县市区向市委市政府提交 2017 年度农业农村工作目标管理责任状。

【粮油生产】 2017 年，邵阳市粮油播种面积 1074.9 万亩。其中粮食播种面积 910 万亩，比 2016 年减少 0.11 万亩；总产粮食 355.26 万吨，比 2016 年增加 0.4 万吨。油料播种面积 164.9 万亩，比 2016 年增加 6.39 万亩，总产油料 21.2 万吨，比 2016 年增加 1.52 万吨。高档优质稻标准化生产示范基地面积 116.5 万亩，建立标准化双低油菜基地 55 万亩，创建种养结合生产基地 22.6 万亩。新增 923 个种粮大户，流转耕地 30 亩以上的种粮大户达到 11782 户，其中 1500 亩以上大户达 38 户，新增 10 户，规模种粮大户流转耕地面积 111.5 万亩，较 2016 年增加 9.5 万亩，占全市水田总面积的 22%。早稻专业化集中育秧主体 1227 个，较 2016 年增加 114 个。建成水稻育秧智能化育秧密室 10 个，育秧大棚 9000 平方米，为种植户提供 2.3 万亩优质秧苗。

【经济作物生产】 2017 年，邵阳市经济作物播种面积 438.47 万亩，比 2016 年同期增加 36.02 万亩，比前三年平均数增加 41.41 万亩，增长 10.43%；产值 131.66 亿元，比 2016 年增加 1.8 亿元。柑橘完成新扩橘园 2.6 万亩，其中脐橙新扩 1.5 万亩，宽皮橘新扩 1 万亩，蜜柚新扩 0.1 万亩，柑橘栽培面积达 102.25 万亩，总产 50.76 万吨左右，比 2016 年增产 3 万吨。种植中药材栽培面积 72 万亩。蔬菜播种面积发展到 155 万亩，总产量 336.2 万吨，总产值 65.2 亿元，其中城镇蔬菜专业基地面积 5.3 万亩，高山蔬菜 15 万亩，大棚蔬菜 4 万亩。

【美丽乡村建设】 2017 年，邵阳市实行“领导办点、部门援建、干部驻村、社会参与”的美丽乡村建设工作机制。开展创建村建设，完成28个省级美丽乡村示范创建村建设。开展第四轮市级美丽乡村建设办点示范工作，2015~2017年共抽调192名干部组成24个工作组，进驻24个村开展办点示范指导。24个示范村共整合项目资金1.06亿元，实施项目247个，涉及交通道路、安全饮水、农业基础设施、环境卫生、农村能源、产业发展、社会事业建设、农村公用设施建设等各个领域。新邵县坪上镇清水村、邵东县火厂坪镇木林村等5个村被评为2017年度湖南省美丽乡村建设示范村，邵东县被评为2017年度全省美丽乡村建设先进县市区。

【农村环境卫生综合整治】 2017年，邵阳市县市投入农村环境卫生综合整治资金达6.8亿元。各县市共新建各种无害化垃圾焚烧炉30座，新建垃圾中转站65座，配备垃圾清运专用车1452台，修建垃圾池3525个，发放垃圾桶24万个，新硬化道路1144公里。2014年至2017年底，县市共建垃圾中转站627座，配备垃圾清运专用车2174台，修建垃圾池5.34万个，发放垃圾桶122.8万个，硬化道路2.14万公里，建成各种无害化垃圾焚烧炉236座，已投用210座，有无害化垃圾填埋场121个，县市农村生活垃圾70%已实行集中处理。各县市乡镇、村共聘请垃圾专业清扫人员2.75万人，其中村组保洁员有2.46万人。

【农村能源建设】 2017年，邵阳市农村清洁能源应用更加广泛，竣工大型沼气工程12处，开工15处，推广太阳能路灯11822盏、太阳能热水器6465台、两省灶具8285万具、节能灯具39800万个。建设光伏电站268个，装机11755千瓦。全年培训各类人员380人次，完成各类示范建设65个。

【农业产业化】 2017年，邵阳市有农产品加工企业5623家，规模以上企业425家，年销售产值达1100亿元，市级以上龙头企业286家，其中国家级2家，省级46家，市级238家。有中国驰名商标9个，国家地理标志11个，省著名商标41个，省名牌产品54个，“三品”认证数累计252个，其中无公害农产品认证125个，绿色食品认证118个，有机食品认证9个。全市共启动农业产业化重点建设项目52个。组织湖南省邵阳市隆回县军杰蔬菜（辣椒）示范产业园、湖南省邵阳市隆回县小沙江金银花特色产业园、湖南省邵阳市洞口经济开发区、湖南省邵阳市武冈市青钱柳现代农业产业园、湖南省邵阳市邵阳县塘代村红薯粉加工厂基地、湖南省邵阳市邵阳县弄子“三农”投资管理有限公司基地申报全国农村创业创新园区（基地）目录，经农业部专家组评定，6个园区（基地）全部进入首批全国农村创业创新园区（基地）目录。城步苗族自治县桑威特色农业发展有限公司、湖南恒农生态农业发展有限公司、湖南省天香生物科技有限责任公司在长沙举办的湖南股权交易所“农业专版”挂牌仪式上成功挂牌。

【休闲农业】 2017年，邵阳市休闲农业经营主体发展到2812个，其中休闲农庄158个，农家乐2654家。休闲农业共接待游客2104万人次，经营收入达25.27亿元。休闲农业从业人员4.01万人，其中农民3.86万人，占96.3%。

【农产品质量安全】 2017年，邵阳市对所辖12个县市区农产品生产基地和主要农产品开展监督监测，重点加强对各类农产品农残超标以及对农药、化肥、种子开展例行监测和日常抽检。截至年底，市本级开展蔬菜、水果、茶叶、稻谷例行监测，定量检测数量450批次，开展监督抽查和风险排查数量750批次，本地样品蔬菜、水果、茶叶合格率为100%。配合农业部开展风险评估抽样等工作。邵阳市在省级例行监测抽样中本地产蔬菜、水果、茶叶农药残留没有超标，合格率均为100%。省绿办分配50个认证任务，邵阳市已完成新认证产品92个（无公害65个、绿色25个、有机2个）。

【农机购置补贴】 2017年，邵阳市使用部省农机购置补贴资金4642万元，推广补贴农机具40690台套，受益户数37986户。推进农机“三减量”工作，推广无人植保机65架，精量施肥机19台，全市批准符合资质的农机报废企业3家，报废更新补贴机具184台，使用补贴资金133万元。

【农机管理】2017 年，邵阳市完成水稻机耕面积 601 万亩，机插面积 150.7 万亩，机收面积 501 万亩（其中跨区作业面积 50 多万亩），投入农业机械 21.57 万余台，水稻生产耕、种、收综合机械化水平达到 67%。兴办机插秧技术培训班 37 次，培训插秧机手及技术员 2367 人，推广插秧机 81 台，其中高速乘坐式插秧机 60 台，完成水稻机插秧面积 144 万亩。部分县组建农机作业信息服务平台，为机手与农户牵线搭桥，签订代耕、代插、代收合同，共与农户签订农机作业合同 15532 余份，合作面积达 100 万余亩。

【农机安全监理】2017 年，邵阳市落实农机安全生产责任制和“一岗双责”制，办理入户登记 760 台，其中拖拉机入户 318 台、收割机入户 337 台，履带式拖拉机（旋耕机）105 台；考试核发农机驾驶证 604 本，其中核发拖拉机驾驶证 485 本、收割机驾驶证 94 本，工程机械操作证 25 本。拖拉机年检 8639 台，收割机年检 316 台。驾驶证换证 368 本，注销公告报废灭失拖拉机 5923 台。创建“平安农机”示范县 1 个，示范乡镇 8 个，示范村 122 个。开展农机安全检查 554 次，其中联合公安交警、安监部门执法 166 次，排查安全隐患 950 处，收缴假牌、套牌 6 副，查处无牌无证车辆 33 台、无证驾驶 61 人。全年共发生一般农机事故 16 起，没有发生一起较大以上农机事故和农机安全责任事故，农机安全生产保持良好态势。

【邵阳茶文化节】2017 年 8 月 2 日，由邵阳市农业委员会主办，邵阳市农业科学研究院承办，邵阳市茶业协会、邵阳市茶叶学会协办的 2017 邵阳茶文化节暨邵阳茶产业发展高峰论坛在市城南公园举行，茶文化节现场，来自洞口、新宁、隆回等地的 38 家茶企业摆设展位，为慕名而来的“茶客”们泡制各自招牌茶，并采取特色茶歌、茶舞、茶表演的形式，展示邵阳市独特的茶文化内涵，带给观众视、听、闻、尝一系列茶文化体验。邵阳市茶产业发展高峰论坛邀请相关专家作题为《邵阳茶叶现状与基本定位》《功夫红茶加工技术》《茶叶深加工与综合利用》等讲座。

【农业科学研究】2017 年，邵阳市农业科学研究院推进种业人才发展和科研成果权益改革，制定改革实施方案并获得省深化改革领导小组办公室批准。全年派出 18 名具有种业知识的人才到企业、农村宣传、推广种业知识和一线服务，营造加速建设邵阳市种业工作的大氛围；以三方协议的方式派驻 3 名高职称种业人才到育繁推一体化企业进行育种，开创新的科技服务方式。开展雪峰山区国家农作物品种区域试验站建设，该项目资金 770 万元，采用 1+N 模式进行运作，其中 1 是指主站即邵阳市农业科学究院；N 是指怀化市农业科学研究所会同县种子管理站、武冈市农作物良种繁育推广中心、湖南省瓜类研究所 4 个分站。筹建曾桥试验示范基地，在大祥区曾家桥村征地 700 亩（含 100 亩左右建设用地），流转土地 700 亩，推动 1400 亩的现代农业综合基地建设。承担国家作物种质资源数据中心、国家土壤质量数据中心、国家农业环境数据中心、国家植物保护数据中心、国家农产品质量与安全数据中心的部分基础性长期性科技观测监测工作，市农科院依托 4 个国家级科研综合平台，开展各项科研课题及试验 70 项，比 2016 年增加 35%。2017 年市农科院获新疆维吾尔自治区科技进步一等奖 1 项，湖南省科技进步二等奖 1 项，邵阳市科技进步一等奖 1 项、三等奖 1 项，申请国家专利 1 项，在各类省级以上刊物发表论文 10 多篇，制定各类农业技术规程 6 项。

【农业技术管理】2017 年，邵阳市市县级两级共发出病虫情报 153 期，印发超过 40 万份，发放病虫防治通知单 110 万份，发送手机短信 44.3 万多条。全市病虫信息与植保技术进村率达 93%，入户率达 88%。开展农药、化肥使用量零增长行动，全市农药使用量 4377 万吨，比 2016 年减少 5%；化肥使用量 20.06 万吨，比 2016 年减少 0.46 万吨。市专业化统防统治全程承包服务面积 105.7 万亩，上万亩的服务组织达到 16 家，新增大中型高效植保机械 40 台。全市推广测土配方施肥技术面积 910 万亩，推广配方肥 14.21 万吨，建立标准化配方肥服务网点187个。

【农业综合行政执法】2017年，邵阳市按照农业综合行政执法体制改革试点要求，做好人员划转工作。分别从市畜牧水产局、市粮食局、市农委划转53人，组建立邵阳农业综合行政执法支队，支队下设办公室、人事教育科、计划财务科、案件审理与处罚中心、种植业与农业资源环境保护执法大队、农产品质量安全执法大队（粮食执法大队）、兽医药政执法大队、畜牧水产执法大队、农机执法大队9个科室，统一集中行使种植业、农业资源环境保护、农产品质量安全、粮食、农机、兽药饲料、畜牧水产等执法职能。支队成立后通过“组合执法”“连贯执法”“递进执法”等方式，开展各类专项执法行动20余次，检查单位900余家次，立案42起，办结39起，处理市政府热线12345工单162份，回复率100%，满意率99%以上，有效解决屠宰点扰民、非法电鱼猖獗、制假售假等群众关注的热点难点问题。

【农村经营服务】2017年，邵阳市共完成1个家庭农场示范县、9个省级示范家庭农场、18个农民合作社省级示范社创建项目等申报。全市农民专业合作社发展到3283家，拥有成员18.9万户，带动农户42万户，基本实现每个村有1至2个农业专业合作社分社，全市年产值过3000万元的合作社有15家，过亿元的有4家。家庭农场发展到3450家，经营土地50万亩，全市30亩以上的种粮大户达到1.08万户，比2016年增加890户。全市耕地流转总面积170万亩，占承包耕地总面积的27%。

【农村土地确权登记颁证】2017年，邵阳市完成农村集体产权改革试点村试点任务，开展“三权”分置及农村产权制度改革面上的调研探索。全年完成确权登记颁证村（居）3292个，占应确权村（居）的100%。确权面积554.24万亩，占二调应确权面积593万亩的93.5%，占二轮承包面积的120.5%。颁证农户173.2万户，占应确权农户总数176万户的98.4%。确权登记农户建档率达100%，颁证率将达100%。同时初步建立确权登记颁证县级数据库，基本实现村级档案入柜、乡级档案入室、县级档案入馆。

【种子管理】2017年，邵阳市种子生产经营备案者达到990家，其中委托生产者58家、委托代销者10家、经营不分装者929家，备案单达到6958个。种子生产经营备案者数量排名全省第一。全年查处违法经营种子案件44起，其中未审先推品种14个，没收种子1390公斤，超区域品种43个，共挽回经济损失10万余元。

【农民素质教育】2017年，邵阳市市本级及各县市区积极创办农民田间学校，以培育青年农场主、农业经营带头人为重点开展新型职业农民培育及其他各类培训。完成农民实用技术培训76000人次。

（颜文彬　陈　俊）

林　业

【概况】2017年，邵阳市林地保有量面积1983.37万亩，排名全省第四；有林地面积1736.66万亩，排名全省第四；森林覆盖率达到60.51%，排名全省第七；活立木蓄积7469.12万亩，排名全省第二。楠竹252.73万亩、5.07亿根，排全省双第一。林业总产值366亿元。

【绿化行动】2017年，邵阳市完成造林36.43万亩（含裸露山地造林5.73万亩）；完成无林地疏林地封山育林34.8万亩；完成森林抚育68万亩。持续推进“四边五年”绿色行动邵阳特色工作，完成新造林14.6万亩，完成近三年新造林补植补造管护26.14万亩；完成封山育林23.47万亩；实施绿色县城及7个特色产业园、13个森林公园、5个专业花卉（植物）园建设。

【义务植树】2017年，邵阳市开展绿色城镇、秀美村庄建设，完成义务植树1530万株，尽责率为80.5%，超省任务10.5个百分点，新建义务植树基地133个、面积21600亩。完成绿色通道绿化957.5公里，河渠绿化121公里，创建花园式单位55个，建设绿色村庄297个。

【资源管理】2017年，邵阳市继续贯彻落实湖南省森林禁伐减伐三年行动，发放林木采伐证

7066份，采伐蓄积量32.9万立方米，占全年计划采伐量的23.7%，比2016年减少9.5万立方米，降幅22.36%。年度纳入重点生态功能区的5县采伐量为20.6万立方米，只占年采伐约束性指标的62.3%。全面开展专项督促检查，全市没有发生一起违反禁伐、减伐行为，重要生态区域和重点部位的林相明显改观，林分质量显著提高。全市新增湿地保护面积3557.8公顷，湿地保护率达到72.1%，年增长8.5%。开展森林公园质量管理，良好率达到100%。

【有害生物防治】2017年，邵阳市主要林业有害生物共计发生面积63.68万亩，成灾面积3.12万亩，占全市林地面积1983万亩的1.57‰，低于3.5‰的目标要求。全市防治面积43.01万亩，其中绥宁、新宁、武冈、邵阳等县市飞机防治29.03万亩，其他县地面防治6.57万亩。全市无公害防治面积42.24万亩，无公害防治率98.2%，高于85%的目标要求。加强松材线虫病普查和控制，调查松林面积491.75万亩，普查率达100%，调查枯死松树12449株，取样365株，发现松材线虫感病枯死松木29株，发生乡镇7个，比上年增加2个。

【候鸟过境】2017年，邵阳市加强候鸟等野生动物保护，开展“清网”行动，全市共出动宣传车300余辆，悬挂标语600余幅，发放宣传资料6万余份，订立宣传牌120块，没收打鸟工具200余件，清理捕鸟网180余张，抓捕捕鸟7人。全市没有发生非法猎捕野生动物重大案件，候鸟迁徙畅通无阻。

【森林防火】2017年，邵阳市共发生森林火灾26起，每10万公顷林地1.97次，为省控制指标的9.8%，受害森林面积196.72公顷，受害率为0.18‰，为省控制指标的18%。全年无重特大森林火灾、无人员伤亡。出台《关于严格生产、祭祀野外用火规定》，对烧田埂土圹、烧灰烧荒、清明节祭、平时葬坟、上坟祭祖等野外用火做出详细规定，明确用火的操作流程。对邵阳县白仓镇、城步苗族自治县茅坪镇、隆回县滩头镇、新邵县坪上镇、邵东县火厂坪镇、新宁县巡田乡、大祥区雨溪街道办事处7个乡镇进行重点管理挂牌整治。严厉打击违规用火行为，全年共破获森林火灾刑事案件41起，治安拘留53人、治安警告罚款14人，林业行政处罚53起。对19起森林火灾追责处分85人，其中追责乡镇领导32人、村干部31人、其他工作人员22人。

【林业执法】2017年，邵阳市开展林业“狂飙行动”“利剑行动”，打击各类涉林犯罪行为。全市共接、处警1812起，出动车辆5045台次，出动警力14041人次，办理各类涉林案件267起，其中立刑事案件67起，破获刑事案件51起，抓获犯罪嫌疑人83人，逮捕5人，移送起诉21起24人；查处治安案件32起，治安拘留36人；查处林业行政案件178起，处罚255人，罚没收入220.61万元，为国家、集体和个人挽回直接经济损失229万元。全市林业执法机关办理的各类涉林行政案件，无一起申请行政复议或向人民法院提起行政诉讼。办理的各类涉林刑事案件，无一起被检察院作出绝对不诉或者被人民法院判决无罪，林业依法行政合格率达100%。

【林业产业】2017年，邵阳市按照“调优一产业、扶强二产业、壮大三产业”目标，打造油茶、楠竹、家具、花木、林药、经济林、森林旅游、林下经济八大林业产业集群。全市林下经济产值达48.3亿元，森林旅游产值达40.8亿元，全市林业总产值达366亿元，同比增长12%。

【林业投入】2017年，邵阳市探索林业投入多元化机制，初步形成项目资金、财政资金、单位联村建绿资金、大户资金、企业资金大投入格局，全年各级财政投入林业建设资金39531.3万元，同比增长32.3%。森林抚育、油茶产业建设、石漠化综合治理、巩固退耕还林成果后续工程等一批大项目落户邵阳市。同时，实施森林城市创建、“四边五年”造林绿化、油茶产业发展，各级政府及部门不断加大财政投入力度。

【生态补偿脱贫】2017年，邵阳市贯彻落实中央生态补偿脱贫一批政策，2997名（国、省级2247名，市级750名）建档立卡的贫困人口担任生态护林员，生态护林资金管理实行“一卡通”，及时拨付到位，实现村村有生态护林员的目标。

（刘　巍）

水　利

【防汛抗灾】2017年，邵阳市经历“5·3”“5·23”“5·31”“6·10”“6·24”“7·9”6次强降雨过程，遭遇20年一遇的严重洪涝灾害。全市各级各部门做好山洪地质灾害防御，水库、河流、矿山及尾矿库防守，城市内涝防范等“三防”工作，备汛做到动员部署、责任落实、预案修订、隐患排查、物质准备、督查督办“六个全面覆盖”。尤其对山洪地质灾害易发村做到一村一预案、一村一演练，并专门出台加强防汛薄弱环节建设工作方案和考核办法，确保人员、物资、责任、预案、管控、追责到位，汛前对防范预案不到位的7名干部进行问责。

全面推行“三个第一时间”。强降雨出现后，做到预警预报第一时间传达到村、到户、到人；各级领导第一时间赶到灾区现场，深入一线，靠前指挥，组织力量抢救人民群众生命财产；并第一时间掌握情况、上报信息。市防指坚持24小时不间断统筹协调、指挥调度、科学决策，及时发出调度命令586条。

突出“三个险情重点”。对雪峰山、白马山等4个暴雨中心，平溪江、西洋江、蓼水河等15条易发洪水小流域，绥宁全境、洞口北部、隆回北部、新邵北部、城步西南部、新宁南部等重点县域，特别是对299个山洪灾害村、2988个地质灾害隐患点，加密监测预警，做到一小时一预报、一小时一预警；对易受山洪地质灾害的群众特别是老弱病残等重点人群，落实“人盯人”战术，确保不落一人安全转移；对病险水库和未经高水位检验的水库、城乡低洼易涝点、江河地势低洼处、城市防洪排渍口、在建涉水工程等重点部位，实行24小时巡查值守，发现险情立即排除。

落实市长刘事青提出的“六个一律”防汛举措。汛情发生后，所有学校特别是农村义务制教育学校，一律停课；所有涉矿企业，一律停产，做到升井、走人、落锁、断路；所有山洪地质灾害、尾矿库、病险水库下游等重点防范区域的隐患点，一律落实值守观测制度，视情况启动应急预案，组织有效的避灾转移；所有在建工地，一律停止施工，人员撤离，现场落锁；所有船舶包括客渡船、采砂船、运输船、渔船、乡镇自用船等一律停航封渡固锚，归点管理；坚持24小时值班备勤制度，人员一律到岗到位，做到及时发现、分析、调度、处置各类紧急情况。

利用“三支抢险队伍”。利用以村组党员干部为主体的预警队伍，日夜巡查值守，及时向群众传达灾害预警信息，做好人员转移疏散、安置救助工作；组织2300多支以部队、民兵预备役、武警、消防官兵、公安干警、乡村干部为主体的应急抢险队伍，冲锋在前，把隐患排除在萌芽状态；组织以气象、水文、水利、国土、城建、安监等方面技术专家为主体的专业技术队伍，及时会诊会商重大险情，提出科学处置方案。

【农村饮水安全】2017年，中共邵阳市委、市人民政府提出实施农村饮水安全全覆盖暨巩固提升工程两年计划。2017年目标任务是确保解决21万贫困人口的饮水问题，力争解决25万人。同时，所有开工的单村、联村工程要100%完成，千吨万人以上的规模水厂要全部完成设计招标，年内开工。为此，邵阳市将农村饮水安全工作纳入市“四重工作”，纳入对乡镇、相关部门的小康考核、绩效考核、文明建设和党政“一把手”实绩考核范围，齐抓共管。全市以67处千吨万人以上工程（新建42处，管网延伸25处）为点，以乡镇集中供水工程为线，以单村工程和院落打水池、水井为面，实现全市农村人口饮水全覆盖，扩大自来水普及率。各级各部门严把设计关、管材关，落实项目法人制、招投标制和工程监理制，全市200多名基层水利技术人员日夜蹲守工地，实时跟进，确保工程质量和安全。各县市建立农村供水工程水质检测中心，场地、人员、设备全部到位。各地根据水厂规模采取传统构筑物处理、一体化设备处理、膜过滤处理等不同水处理方式，加强从水处理到水质监督的力度。各级加大调度和督查力度，市委、市政府主要领导亲自调度人饮工作10余次，市人饮工程建设指挥部11月上旬组织3个组用时7天对各地工程建设督查，11月中旬邀请市委督查室组织4个组对人安饮水工作进行督查。截至年底，全市累计筹资16.7亿（不含PPP项目和市级投资），占计划数的47.4%；开工工程1007处，占工程总数的62.3%；完工624处，其中67处千吨万人以上工程开工31处，解决22.57万贫困人口饮水安全问题，为省定民生实事项目任务的116%。

【部署落实河长制】2017年3月10日，邵阳市召开全面推行河长制工作会议，随后，中共邵阳市委、市人民政府主要领导先后专题调度河长制工作10余次，基本完成机构到位、人员到位、办公场所到位、工作经费到位、工作方案到位、制度建设到位和公示牌等7个到位。制定下发《邵阳市关于全面推行河长制的实施意见》《邵阳市实施河长制行动方案（2017—2020年）》，配套出台《邵阳市河道管理暂行办法》，对河道管理职责、目标任务、整治与建设、管理与保护、巡查和执法、养护和经费、责任追究及各级河长、河长办、委员会、成员单位工作职责和主要任务进行细化和明确。建立“四级体系”，实现河长制责任纵向到底、横向到边。全市共13名市级河长，155名县级河长，721名乡级河长，3861名村级河长。同时，通过开展巡河大行动、“僵尸船”清理整治行动、洗砂专项整治行动等专项行动，把河长制工作落到实处。

【水利建设】2017年，邵阳市重点水利工程犬木塘蓄能提灌工程确定取消崀山水库坝址方案，坝址调整为市区方案，并对上中下三个坝址位置进行论证，省水电勘测设计总院编制完成《犬木塘灌区工程水源方案简介》；第二水源工程中的东风水库新建工程总体形象进度98%、木瓜山水库扩建工程报省发改委立项、第二水源管网工程管网项目编制《水资源论证》等专题报告。“五小水利”工程建设全市共筹集资金财政资金2.6亿元（含贷款资金），完成干支渠道改造285千米、田间渠道528千米，塘坝3350口，泵站125处，新建水池（窖）90处。高效节水灌溉、“四水治理”项目、中小河流域治理、大中型病险水库（闸）除险加固、小型病险水库除险加固等水利工程稳步推进。

【依法治水】2017年，邵阳市水利局制定出台《邵阳市水利局关于全面推进水利综合执法的暂行办法》，重新修编了《邵阳市水利工程建设飞行检查实施办法》，推行第三方质量评估，对全市水利工程项目的建设和管理中的各个环节实行“四不两直”的飞行检查，一季度进行8次飞行检查，二季度进行2次飞行检查，分别下发飞行检查通报，对湖南省金科建设有限公司进行立案查处，对常德市天恒建设开发有限公司、娄底市水利水电工程建设有限责任公司、邵阳市开拓水利水电工程建设监理有限公司、湖南省江川工程项目管理有限公司等进行约谈；采取联合执法，加强工程建设的质量、安全和诚信监管，严厉查处水利市场的违法行为，查处双清区云水铺水闸除险加固施工招标串标、武冈市资水梯云桥段堤防续建工程质量问题等案件；对2015年、2016年、2017年批复的水土保持方案进行全面清理，监督检查采用新的监督管理模式进行责任分工。由市水土保持科研所、监测分站，负责对9县3区118个建设项目逐一督查，市水保科采取抽查并对安全隐患较大的7个砂矿石材场、风电场项目进行全面督查，就检查中发现的主要问题全部下发整改通知，实现水生态监管进行全覆盖；强化水利安全检查，实行安全隐患“一月一排名”和“一单四制”。截至年底，全市累计检查443次，发现各类安全隐患97处，完成整改36处。

（办公室）

畜牧水产

【概况】2017年，邵阳市出栏生猪1060万头、肉牛59.2万头、山羊89.4万只、家禽5051万羽，同比分别增长0.19%、-0.97%、1.11%、9.1%；发展奶牛1.2万头。水产品总产量10.1万吨，同比增加0.1%。生猪、肉牛出栏和奶牛发展数居全省第一位，山羊出栏居全省第二位。

【现代农业特色产业园建设】邵阳市成功申报“洞口县邵阳天然生态农业发展有限公司”“新邵县邵阳隆源农牧科技股份有限公司”“邵东县邵阳市太阳农业发展有限公司”“绥宁县江口塘电站库区养鱼专业合作社”为2017年度现代农业特色产业园省级示范园项目，申请项目资金共计400万元。

【草食动物发展】2017年，邵阳市共计引进饲草品种近90个，筛选出适应土壤气候条件种植的优质饲草品种20余个，使近年引进筛选出可推广的各类优质饲草品种达近100个，为全市优质饲草基地建植提供丰富的优质饲草品种资源，饲用甜高粱、青贮玉米、燕麦等优质饲草逐渐成为人工种草的主要品种，大幅提高饲草产量和品质。邵阳市畜牧企业、合作社逐步实现规模化标准化养殖，养殖技术水平明显提升，并以规模化标准化带动全市草牧业发展。到年底，全市共建成年出栏50～99头肉牛规模场2200多家，年出栏100头以上肉牛规模场61家；年出栏100～500只肉羊规模场3100多家，年出栏500只以上肉羊规模场19家。并全力打造邵阳市现代草食畜牧业“百亿产业”

【奶山羊发展】2017年，湖南省首个奶山羊养殖基地在邵阳市城步苗族自治县建成投用，养殖萨能奶山羊近2000只。城步彝牧集团计划3年内在城步实施“北羊南养”工程，建成“五百头级”“千头级”“万头级”奶山羊养殖场25家，标准化挤奶站25个，种植牧草10万亩，完善配套设施的建设，将城步县建设成中国南方奶山羊基地标杆县和中国南方奶山羊繁殖育种中心。并将进一步完善已有辐射全国的营销服务网络，将公司打造成集养殖、加工、销售、科研为一体的产业集团。

【发展休闲渔业】2017年，邵阳市充分发挥各县市区地理优势，结合当地产业文化实际，做好休闲渔业产业发展。新邵县通过资源优化配置，调整产业结构，把旅游观光与现代渔业有机结合起来，实现渔业养殖、旅游业、观赏业、餐饮业等一二三产业互动，从而创造出较高经济和社会效益的新型产业。到年底，全市有上规模休闲渔业养殖场20多家，其中严塘镇知鱼水产养殖专业合作社已初步形成一个综合性、立体化的农业生态休闲观光园，2011年被农业部定为“健康养殖示范场”，2016年被评为省级健康养殖产业示范园。

【鱼类增殖放流】2017年，邵阳市为保护江河鱼类资源，维护生态平衡，大力开展江河鱼类人工增殖放流活动，全市人工增殖放流鱼种2800万尾，投入资金250多万元。

【动物防疫会议】2017年，邵阳市市、县、乡三级共召开防控会议249场次，发放禽流感等重大动物疫病防控宣传资料21万余份。1月13日中共邵阳市委市人民政府紧急召开全市人感染H7N9流感防控工作会议，市防治重大动物疫病指挥部办公室多次召开重大动物疫病防控工作紧急会议，调度和安排H7N9流感防控工作，先后多次派出专家组督促指导相关县市区开展防控工作，并及时将疫情及防控情况向上级主管部门报告。2月14日召开全市防治重大动物疫病防控工作会议，对全市H7N9流感等疫病的防控工作进行进一步部署。2月21日，市人民政府召开全市H7N9流感防控工作联系会议，3月6日召开卫计委、畜牧局、工商局、食药局等部门和双清区政府联合会议，研究部署H7N9流感等重大动物疫病防控工作。8月29日市防治重大动物疫病指挥部召开全市秋冬季重大动物疫病防控工作会议，部署秋冬季重大动物疫病防控工作。

【免疫接种】2017年，邵阳市防治重大动物疫病指挥部办公室从湖南省调回口蹄疫疫苗742.45万毫升，禽流感疫苗1073万毫升，小反刍兽疫疫苗28.3万头份。全市牲畜口蹄疫、猪瘟、高致病性猪蓝耳病、高致病性禽流感、鸡新城疫的免疫密度达到100%。规模养殖场（小区）和专业户饲养的畜禽重点病免疫密度均为100%。全市统一规范规模养殖场免疫档案，各乡镇站公示乡、村动物免疫申报责任人和监督人员的名单及联系电话，建立申报免疫专人登记、限时上门服务和定期回访等一系列制度，确保免疫工作到位。其中，洞口县、邵阳县、新邵县乡镇实行行政领导和防疫技术双重负责制，行政领导包宣传发动工作，技术人员防疫员包注射、挂标、填写免疫证。同时加强疫苗管理，强化动物疫苗层级负责制，健全完善动物疫苗计划编制与审核、入库与发放、盘存与账务、报废报损管理及冷链设施日巡查与维护制度。

【流调监测】2017 年，邵阳市各县市区对规模养禽场、活禽交易市场、候鸟栖息地等重点场所进行拉网式排查，市动物疫病预防控制中心对隆回县、邵阳县、新邵县、新宁县的患者及邻居家进行紧急流行病学调查工作，并开展采样检测。市兽医局强化对中南家禽批发市场的采样监测工作，每月定期采样 30 份送省检测。全年全市共采家禽血清 26575 份、禽拭子样品 22582 份、环境拭子样品 4785 份。

【屠宰管理】2017 年，邵阳市严格屠宰检疫，强化生猪屠宰专项整治，持续开展生猪屠宰监管“扫雷行动”，加大对乡镇小型屠宰场点“代宰”行为和屠宰废弃物无害化处理的整治力度。年内关闭不符合环保或者动物防疫条件要求的屠宰场 8 家。同时，为解决市城区定点屠宰场整改难问题，市人民政府将城区屠宰场整改列为全市重点项目工作，分管副市长多次主持召开由 3 区政府、畜牧、环保等部门参加的专题会议，研究部署城区屠宰场整改工作，3 区由 4 家屠宰场整合为 2 家，年底已基本新建或改建到位，手工屠宰场全部关闭，机械化屠宰场正式启用。

【推进无害化机制建设】2017 年，邵阳市人民政府将病死畜禽无害化处理体系建设列入重点工程项目，明确责任领导、责任单位和责任人。同时将病死畜禽无害化处理体系建设纳入对县委县人民政府绩效考核内容。武冈市、新邵县无害化处理中心和隆回县、洞口县、邵东县的病死畜禽收集中心加紧建设，其余各县市区的病死畜禽收集中心也与企业签订合作意向书。

【防疫工作督查】2017 年 1 月 18 日至 23 日，由邵阳市畜牧水产局和市兽医局领导带队的 4 个督查组分别到各县市区督查，主要对基础免疫、疫情监测、应急值守、物资储备、哨卡设置、检疫监管、防护宣传和资金投入等方面进行检查；24 ~ 25 日市畜牧局、市卫生和计划生育委员会联合派出督察组到发生人感染病例的几个县进行督查。3 月 6 日，市畜牧水产局派出 4 个督查组到各县市区进行督查，促进 H7N9 各项防控措施的落实；14 ~ 19 日市屠宰办派出 2 个暗访小组对各县市区的屠宰场管理情况进行督查；23 ~ 24 日市畜牧水产局、市卫生和计划生育委员会、市食品药品监督管理局派出联合督查组对各县市区市场关闭情况、哨卡值守等重大动物防控工作进行督查。5 月 25 ~ 30 日市委督查室、市政府督查室、市畜牧水产局派出联合督查小组对全市上半年重大动物防疫防控工作进行督查。8 月 17 ~ 25 日市畜牧水产局派出督查组对全市动物防疫工作进行暗访。10 月 16 ~ 22 日由市兽医局领导带队的 4 个督查组分别到各县市区督查，主要对基础免疫、应急值守、物资储备、检疫监管、无害化处理等方面进行暗访检查。

【畜禽水产品质量安全监管】2017 年，邵阳市各县市区人民政府一把手向市人民政府市长刘事青递交年度重大动物疫病防控和畜禽水产品质量安全工作目标管理责任状，层层落实工作责任，实现“防风险、保安全、促发展”目标任务。强化检疫监管，在各规模养殖场按照不准宰杀、不准食用、不准出售、不准转运、不准抛弃，必须进行无害化处理原则严格处置各规模场病死猪；派专人驻活畜禽交易市场监管，实行每周定点监测制度，严格执行定期休市和消毒制度。强化生鲜乳监管，对生鲜乳质量安全工作进行统一部署，同时畜牧主管部门和收购站、运输车、规模养殖户的法人代表签署责任状。全年抽检生鲜乳样品 35 批次，全部符合国家有关标准。强化水产品检疫，检测甲鱼 3.7 吨左右、牛蛙 1.1 吨左右、黄鳝 1.8 吨左右、海鲜 0.8 吨左右、四大家鱼 200 吨左右，重点检测孔雀石绿、氯霉素、硝基呋喃及其代谢物等违禁药物残留以及甲醛等限量使用的渔药残留，检测表明无违禁药物残留现象，全市未发现 1 例感染人重大事故；对水产品市场进行定期、不定期检查，做好督查记录并启动水产苗种检疫工作，全市共检测500批次，总数达3亿尾。特别对人工增殖放流投放的鱼种重点进行产地检疫。加大无公害食品、绿色食品、有机食品、农产品地理标志认证力度，年内认证9家，全市获农业部“三品一标”认证企业达22家。部省对邵阳市畜禽水产品质量安全例行监测，共抽检畜禽产品样品262个，合格率100%；农业部水产品检测中心（长沙）抽检邵阳市水产品样品32个，合格率100%。此外，全市各级畜牧水产部门开展“瘦肉精”快速检测法排查生猪尿样4万余份，合格率99.99%。上市动物及其产品检疫合格率100%、药残和“瘦肉精”等违禁药品抽检达标，没有发生一起因动物产品中毒事件。

【畜禽水产品专项整治】2017年，邵阳市围绕畜禽水产品质量安全监管重点开展畜产品“瘦肉精”专项整治、兽用抗菌药物专项整治、生鲜乳违禁物品专项整治、生猪屠宰“扫雷”专项整治、水产品违法添加禁用物质专项整治、养殖业农资打假专项治理以及邵阳市兽药（抗菌药）综合治理五年行动等专项整治。全市各级畜牧水产部门共出动执法人员和技术人员17729人次，检查生产经营企业11479家次，查处问题102起，涉及金额20.48万元，责令整改91起。发放宣传资料159109余份，媒体宣传224次，指导培训92场次，培训人次9758人次。各县市区畜牧水产局加大案件查办力度，全年行政执法立案30件，办结30件，移送司法机关案件1起，涉案金额0.8万元。

【养殖业环境保护】2017年，邵阳市人民政府办公室下发《邵阳市畜禽养殖管理办法》规范性文件，市畜牧水产局制定《畜禽禁养区突出问题整改实施方案》《关于加强养殖粪污处理配套设施建设整改工作方案》《城区生猪定点屠宰场整改设置方案》和《关于加强规模畜禽养殖场（小区）配套建设废弃物处理利用设施工作方案》，明确养殖环保工作目标、工作措施和具体工作要求。全年召开70多次会议，专题安排部署养殖业环境保护工作。利用电台、电视、报纸、网络等媒体，对养殖污染的危害、相关法律法规进行宣传教育。全市共出动宣传人员4200多人次，检查各类养殖场共计3000余家，其中规模养殖场2100余家，印发养殖环保宣传资料3.2万余份。开展养殖环境保护督查，层层抓好落实重点督查各县市区的禁养区退养工作开展情况，督促各县市区加快推进禁养区退养工作进度。同时对各县市区的养殖业突出环境问题和养殖业环境信访问题进行集中清理整治，全市共有养殖业突出环境问题168件，养殖业环境信访问题40件，全部办理整改到位。截至年底，全市禁养区需退养的规模养殖场共223个，已全部完成退养任务。各考核验收组现场实地抽查退养规模养殖场118个，少部分实行彻底拆除，大部分实行功能性设施拆除，符合退养要求；全市畜禽规模养殖场共1492个，完成废弃物资源化利用设施配套建设的1246个，完成率83.5%。

【安全生产】2017年6月，邵阳市畜牧水产局在城南公园举行主题为“强化安全发展观念，提升全民安全素质”的安全生产活动，宣传渔业船舶、畜禽水产品、疫病防控等安全生产相关知识。对安全生产企业负责人、质量安全检验员、动物防疫员等进行安全生产培训，全市共举办培训92场次，培训相关人员1.12万多人。针对违规网具使用现象开展2次专项整治行动，共出动执法人员1000人（次），参加检查船数120艘（次），查获非法捕捞船数64艘（次），查获电捕鱼案件205起，炸鱼案件8起，毒鱼案件5起，收缴电捕鱼器具962台（套），取缔迷魂阵81部1.5万多米，其他违禁渔具60件（副），没收鱼获物1275公斤，查处“三无”渔船3艘，罚款5万元，治安或刑事拘留6人。市畜牧水产局先后印发《关于开展全市养殖业安全生产“春雷2017”专项整治行动的通知》《关于开展全市养殖业安全生产突出问题集中整治行动的通知》，要求各县市区认真抓好养殖业安全生产工作，防止重大事故的发生。年内全市养殖业无一例重大安全事故发生。

【渔船检验】2017年，邵阳市共检验机动渔船1053艘，其中现场资料检验473艘、现场检验渔船580艘，检验率达100%。按照农业部《渔业船舶登记证》《渔业船舶检验证》《捕捞许可证》合并为《内陆渔业船舶证书》的“三证合一”换发标准，经市、县、乡三级严格审查和船主主动申请取消渔船登记，原登记在册的1053艘渔业船舶仅有205艘达到渔船登记标准，核发《内陆渔业船舶证书》；所有没有达到渔业船舶登记标准的和船主自愿申请退出渔业船舶登记的船只完成向相关管理部门书面移交的工作。

【湖南最大奶山羊养殖基地开建】2017年5月31日，湖南省最大的奶山羊养殖基地——城步苗族自治县西岩镇联合三合牧业基地开工建设。基地总投资1.2亿元，占地450亩，预计2018年12月建成投用，奶山羊存栏可达3万只，年产鲜奶1.2万吨以上，种植牧草5000亩以上，能让1000名贫困群众在家门口成功就业。基地建成后，将引进全球最优秀的奶山羊品种——瑞士萨能奶山羊，安装全球最先进的自动化挤奶设备和智慧牧场管理系统，致力打造全省集鲜奶生产、良种繁育、技术推广、观光旅游等于一体的最大现代化奶山羊养殖基地，实现“养殖规模化、饲草优质化、生产标准化、产品绿色化、营销品牌化”的全产业链发展。

【9家养殖企业通过农业部“三品一标”认证】2017年，邵阳市加大养殖业无公害食品、绿色食品、有机食品、农产品地理标志“三品一标”认证力度，强化工作措施，开展品牌创建活动，有9家养殖企业通过农业部“三品一标”认证，使全市认证养殖企业达到22家。

【邵阳市首家池塘循环流水养鱼基地建成】2017年，邵东县九贝生态农场引进美国大度协会池塘循环流水养殖技术，投资160多万元，修建成14个养鱼水槽，面积1540平方米。4月竣工养鱼，标志着邵阳市首家池塘循环流水养鱼基地建成。到年底，已养殖草鱼、鲤鱼等品种，每个水槽年可产商品鱼2万~2.5万公斤，每年可向社会提供优质水产品30万~35万公斤。

（*唐永华　石悦之*）

大圳灌区管理

【概况】2017年，邵阳市大圳灌区管理局统筹推进“现代大圳、平安大圳、和谐大圳”建设，灌区保安全、护稳定、促发展的能力和水平进一步提高，抗洪抢险救灾、社会管理综合治理、新农村建设3项工作被中共邵阳市委、市人民政府评为先进单位。

【灌区抗洪抢险救灾】2017年，邵阳市大圳灌区管理局直管的5座中小型水库产水共计3.79亿立方米，较上年增加近0.7亿立方米。主汛期间，邵阳市防汛抗旱指挥部曾连续不断地启动防汛Ⅳ级、Ⅲ级、Ⅱ级应急响应，特别是6月22日至7月2日发生的持续超强降雨过程，持续时间之长、降雨强度之大、洪峰水位之高、灾害损失之大、恢复难度之艰，均为历史罕见。局党委带领全局广大干部职工，严防死守，攻坚克难，最大限度保障灌区人民群众生命财产安全，把灾害损失降到最低程度，实现标准洪水内直管水库不垮一库一坝的防汛抗灾目标，取得抗洪抢险救灾的决定性胜利。灌区管理局因此被中共邵阳市委、市人民政府评为抗洪抢险救灾先进单位。

【灌区抗旱】2017年，邵阳市大圳灌区范围内在经历了6月22日至7月2日期间的强降雨过程后，随即进入连续1个多月的35度以上的高温天气过程，高温天气使灌区的汛情转旱情，加上大圳总干渠桩号2+200处因山洪引发的特大山体滑坡地质灾害，造成总干渠从7月1日开始中断通水24天，两大灾害因素叠加，使灌区的旱情日逐趋严重。灌区管理局树立“以灌溉为主、以服务灌区群众生产生活需要为主、努力打造节水型灌区”的新时代管水理念，统筹抓好灌区防汛、抗旱供水、水利发电的协调工作。截至8月4日，管理局以最好的服务态度、最快的送水速度、科学的调度方案在灌区农业生产用水关键时刻把大圳灌区的水源送到灌区范围内的田间地头，有效控制旱情蔓延趋势，全面缓解灌区范围内的旱情。

【水利工程建设】邵阳市大圳灌区2016年度续建配套与节水改造工程项目年度投资计划为

8411 万元，实际到位中央资金6359 万元、省级财政资金 1640 万元。项目于 2016 年 8 月开工，至 2017 年 4 月底项目建设任务全部完成，并于 5 月进行完工验收。施工期间，大圳灌区管理局严抓工程质量、进度、安全和档案管理，实现工程质量合格、工程建设安全生产零事故的管理目标。

【工程管护】2017 年，邵阳市大圳灌区管理局结合灌区工程管护工作实际，出台并践行工程管护新举措，先后制定并印发《关于局直管中型水库工程管理达标建设考核奖励办法》《关于全力开展水毁工程修复工作切实提高工程防汛抗旱救灾能力的通知》等文件，为灌区水利工程管护的规范化、科学化提供指引。同时，筹措资金 300 余万元开展工程重大隐患集中排查整治工作，主要包括 2017 年 3 月重点处理的大圳总干渠雷公岭特大溶洞抢险加固工程、云里坳渠段的三面砼防渗加固工程、总干磨石岭知青农场外堤挡土墙加固工程、总干雷打石隧洞清淤清障工程、总干红星渡槽的防渗及沉陷加固处理工程、万塘支圳险工险段加固处理以及 7 月完成的总干渠 2+200 特大外堤滑坡抢险工程等 10 多处险工险段。通过对系列重大隐患的集中整治，确保灌区水利工程安全运行，为灌区 100 万群众的生产生活送去“及时水”“安全水”。

【水力发电】2017 年，邵阳市大圳灌区管理局局属水利水电有限公司在开展抗洪抢险救灾和抗旱工作的同时，加强水电生产管理，公司发电生产指标在总干渠停水 1 个月和服从抗旱用水前提下，截至 12 月 31 日仍完成上网电量 7384.96 万千瓦时，实现发电收入 2426.92 万元。

【安全生产】2017 年，邵阳市大圳灌区管理局安全生产工作以“严防一般事故、杜绝较大以上事故发生”为目标，打出管理“组合拳”。全面集中开展“春雷 2017”专项整治行动；在全局开展“落实企业主体责任年”活动；开展“安全生产月”活动；推进安全生产大检查“回头看”活动。全年安全生产工作实现零事故。

【社会管理综合治理】2017 年，邵阳市大圳灌区管理局建立健全各类管理机构，并层层签订综治管理责任状，构建“党政同责、一岗双责、齐抓共管、人人有责”格局。利用“综治宣传月”和“6·26 国际禁毒日”平台，向全局干部职工和灌区群众宣传社会治安综合治理的基本知识，组织干部职工参加年度学法普法考试，参考率和合格率均达 100%。开展“平安创建”活动，推进“平安大圳”成效明显。开展“三联二访一帮”活动。更新单位综治民调数据库，集中开展干部大走访活动，入户走访率达 100%，积极回应民众诉求，受到社区群众的点赞。该局被评为全市社会综合治理工作先进单位。

【驻村精准扶贫】邵阳市大圳灌区管理局负责驻村帮扶武冈市荆竹铺镇桐木村。3 年间，该局以贫困人口脱贫为目标，以基础设施、产业发展、民生改善、公共服务、生态环境、能力建设六大工程为着力点，通过驻村帮扶、结对帮扶、产业帮扶、政策帮扶等工作形式，落实“网上痕迹管理”制度和后盾单位领导到驻点村“三走访、三签字”等系列工作，推进脱贫攻坚。截至 2017 年，累计整合各类扶贫资金 495 万元，后盾单位投入资金累计达到 48 万元。该村建档立卡贫困户由 102 户 373 人减少到 14 户 37 人。水、电、路、房等基础设施逐步完善，基本公共服务得到有效保障，村支“两委”建设有效加强，经省、市、县有关部门组织验收，确认该局完成贫困村退出、贫困户脱贫的脱贫攻坚任务。

（覃显国）

气　象

【概况】2017 年，邵阳市气象局被评为全国文明单位，2 人分别获得中共湖南省委、省人民政府防汛抗灾和中国气象局重大气象服务先进个人表彰；3 个集体和 3 名个人分别获得中共邵阳市委、市人民政府防汛抗灾先进表彰；1 个集体获省局重大气象服务先进表彰；1 个集体、2 名个人获全省人工影响天气先进表彰；1 名个人获市春运优质服务先进表彰。

【气象防灾减灾】2017 年，邵阳市气象局应对全年16次灾害性天气过程，全力迎战11次暴雨或连续性暴雨天气过程，特别是“5·23”暴雨过程，隆回县虎形山、小沙江等乡镇紧急转移、疏散群众4400余人，无人员伤亡，被湖南省防指和中共邵阳市委常委扩大会誉为成功服务典范。“6·24 7·2”特大持续暴雨洪涝过程，全市平均雨量276.4毫米，较历年同期偏多440%，造成邵阳出现全域性、仅次于1996年的洪涝灾害。全市气象部门全力做好监测预报预警服务，为各级党委政府及有关部门部署防灾抗灾救灾工作发挥前哨和参谋作用，最大限度减少气象灾害损失，市县党政主要领导给予高度肯定。

【气象服务】2017年，邵阳市气象局与环保部门签署合作协议，共同开展重污染天气防治和空气质量预报工作，实现平台共建、资源共享。完成全市人影作业装备年检、人员培训，紧急储备三七高炮弹1540发、火箭弹120枚，组织开展人工防雹作业14次，发射炮弹280发；抗旱人工增雨作业6次，效益显著。同时倡导建立冬季森林防火和重污染天气应对人工影响天气干预机制，为中共邵阳市委、市政府打响蓝天保卫战献计献策。将智慧气象服务深入到特色农业生产、村域经济发展、农产品品牌气候论证等领域，新增“三农”服务专项实施县7个，实现全市9个县（市）全覆盖。

【气象现代化工程建设】2017年，邵阳市加快全市气象突发事件预警信息发布系统建设，市级平台已经市人民政府常务会议审定，确定在市人民政府“电子政务云”前先行启动建设，新宁、邵阳县在全市率先完成。完成村村响对接方案编制、市观测站进站道路建设；东大门建设已完成90%；邵东完成搬迁选址、绥宁完成迁站土地征用和规划评审、新邵新址正式开展对比观测，业务用房建设同时启动。邵阳县局建成全市第二套移动雷达应急指挥系统。全市“道安监管云”交通气象监测预警项目建设取得进展。湖南省气象局委托第三方机构省统计局连续3年组织开展市州级气象现代化进展评估，邵阳位列第七，提前2年基本实现气象现代化阶段目标。

【气象预报预测】2017年，邵阳市气象局制定《积分制业务质量考评奖励办法》，编制《汛期气象服务保障工作手册》，与市防办联合制定《防汛日常会商机制和决策服务流程》，利用网络新媒体建立各类QQ、微信群，强化市县纵向联动和防指成员单位横向沟通，加快推进Micaps 4.0应用培训，完善网格预报技术流程、业务规范、业务平台和区域数值模式产品释用，力促气象预报预测能力提升。1人获全省气象行业天气预报职业技能竞赛个人全能二等奖。预报质量综合评分较上年提高1.1分。

【气象综合观测】2017年，邵阳市气象局完成全市18个骨干站升级改造、降水天气现象仪安装调试、1/3区域站升级改造和雷达资料传输软件升级。市级移动校准维修系统和雷达大修项目获批。全市国家站数据可用性99.96%；区域站数据传输及时率99.0%、可用性96.19%；雷达数据传输及时率98.0%、可用性95.0%，气象观测自动化程度和数据质量明显改善。全市无探测环境破坏事件，完成避免危害探测环境审批2项。

【气象信息化基础建设】2017年，邵阳市气象宽带网络继续升级，市县级出口带宽分别由20M扩容到100M、6M扩容到30M；完成全市区域站网资料切割；优化传输流程，实现区域站数据传输时效达到分钟级，气象数据综合共享与应用能力明显提升。

【推进人才科技创新发展】2017年，邵阳市气象局加强高层次和业务骨干人才培养，鼓励干部职工提升在职学历，15人在职本科毕业，6人就读在职硕士，全市气象系统本科及以上学历占比达到79%。19人通过中级、4人通过高级职称评定，全市工程师及以上职称占比达到66%，武冈局高工人数达4人，列全省县局之首。年内招录应届本科毕业生5人、硕士研究生1人，择优进编1人，为县级气象部门补充急需人才。修订《邵阳市气象局科研项目资金管理办法（试行）》等规范性文件，成立市气象科技评审委员会，为科技人员落实上级政策红利，激励科技创新，支撑业务发展。年内确立省市科研课题15项，发表或参与交流论文16篇，1项成果获评邵阳市科技进步奖，1人被推荐为邵阳市十佳青年科技工作者。

【气象改革和法治建设】2017年，邵阳市防雷减灾体制改革取得重要进展。市气象局支持推动市人民政府出台《关于整合优化建设工程防雷许可的实施意见》，实现与住建、公路、水利、电力、通信等部门的无缝交接和平稳过渡。印发《关于进一步规范防雷行政许可工作的通知》《邵阳市行政防雷许可实施细则》，实现行政审批政事企分开。完成防雷机构改革和9名临聘人员解聘，完成14家公司施放气球资质延续申请并进行“企业主体责任”培训。开展行政执法人员清理，保留行政执法人员9名，执法监督人员4名。建立单位常年法律顾问机制。

【安全管理】2017年，邵阳市防雷安全工作连续2年列入对县（市区）政府绩效考核，强化气象相关安全生产工作，全面构建气象安全监管体系。市气象局分别与市安委办、市教育局联合下发《关于做好防雷安全生产工作的通知》《关于加强全市学校防雷安全工作的通知》。落实“一单四制”安全生产检查要求，对全市26家危化及危爆防雷重点单位进行检查，下发整改通知书7份。推进审计全覆盖，完成审计项目5个。

【气象文化建设】2017年，邵阳市气象局多渠道加强气象宣传科普工作，年内累计在湖南气象网发文70篇、中国气象报（网）36篇、中国气象频道视频新闻2篇，其他各类地市级媒体15篇，全方位报道气象工作新动态，及时回应社会关切。“3·23”（世界气象日）、“5·12”（全国防灾减灾日）广泛开展气象防灾减灾科普宣传。弘扬社会主义核心价值观，开展学雷锋、志愿服务、文体和业务竞赛、道德讲堂、公益宣传等系列活动。档案管理“省特级”通过复检。

（杨　科）

水　文

【概况】2017年，邵阳水文水资源勘测局获“全省水文系统2017年度绩效考核先进单位”称号，局机关获邵阳市“社会管理综合治理先进单位”称号，新宁县水文局获评“新宁县脱贫攻坚工作先进单位”。市局周良雄获评“湖南省人民满意的公务员（记一等功）”，杨锋获评“湖南省防汛救灾先进个人”，蒋佑华、陈敏分别获评省水文系统“优秀党务工作者”“优秀共产党员”。

【水情预警预报服务】2017年，邵阳市发布洪水预警35次，预报45站次，洪水预报合格率95%以上，优良率达85%以上；发布防汛抗旱分析简报73期；在2017年6月底7月初的超历史暴雨洪水期间，市水文局对新宁、罗家庙、邵阳市城区河段分别提前6小时、12小时、23小时做出精准洪水预报，为各级防汛指挥部门抢险救灾提供科学的决策依据；市局和3个县局获当地政府部门颁发的抗洪救灾先进单位称号，7人获先进个人称号。

【水资源水环境监测服务】2017年，邵阳市水文水资源勘测完成2016年度市县水资源公报编制，全年水质分析达1350个，基本实现省市水功能区、重要水源地、省市分界断面、排污口等监测全覆盖，同时全面服务农安饮水；发布简、通、快报40余期，修改报批14个邵阳市重要水源地达标建设方案。参与水资源管理考核、河道采砂规划、河长制的“一河一策”编制及其他专项服务工作；有效应对新邵、邵东2次突发性水污染事件调查监测。

【基础业务及研究】2017年，邵阳市水文水资源勘测局完成年度基础水文资料收集整编工作，重修测站任务书和高洪方案，全年累计开展应急监测21站次；加快测验方式改革，各项比测率定分析工作全面推进；组织开展《水情预警预报发布细则》学习培训，完善基本站点预报方案修订，率定中小河流站点预报方案参数并开展预报；实验室能力验证及复查换证顺利通过，完成年度产汇流分析工作。开展“7·02”暴雨洪水调查分析、白云水库异重流调查监测分析及资水、巫水流域考察探源工作，撰写分析报告10余篇，发表科研论文3篇；联合湖南省水情处、娄底市水文局开展资水流域考察，调查收集资江流域自然地理、水文特性、重要水利工程运行调度、河道堤岸工程及水文站网设施情况。

【“四化”应用建设】2017年，邵阳市水文水资源勘测局围绕“水信息采集现代化、水信息传输网络化、水信息处理智能化、水信息服务产品化”的“四化”建设目标，对各基层单位开展防汛抗旱云平台“一对一”指导培训工作；成功全面搭建并高效利用省、市、县三级视频会商会议监控系统；通过各类水信息智能处理平台成功应对2017年特殊水情，实现可视化处理，预报精度、预见期全面提升；水文监测综合管理系统资料网上互审全面应用；通过水文网、微信公众号、防汛云平台、湘汛通等多举并措，打造服务工作新格局。

【安全生产】2017年，邵阳市水文局开展安全生产教育培训和各项专题活动，加大安全教育宣传工作力度；完善管理制度，建立责任体系，将安全生产与业务工作同部署、同检查、同考核，层层签订安全生产责任状；建立风险防控责任体系，全面加强隐患排查，全年开展安全生产督查4次，未发生安全生产事故。

【项目建设】2017年，邵阳市水文局改造新建13个墒情站，完成62个县级山洪站升级改造，完成洞口县交办的11个水库水位站建设，完成3个地下水监测站建设以及绥宁县、邵东县6个山洪水位雨量站点筹建工作；完成国控项目二期工程年度建设任务；全面加强设施设备运维工作，全局126个自动测报站、189个县级山洪站故障率较2016年下降20%；完成机关院内水电分离改造。

【机构改革和队伍建设】2017年，邵阳水文水资源勘测局调整机关内设机构和人员；加大县级水文机构的建设，完成邵东县局挂牌成立、新宁县局办公场地搬迁工作；突破性完成7个县（区）局事业单位法人证登记及地方账户清理登记工作，进一步理顺基层水文管理体制机制。采取委以重任、定向培养、集体培训、以考促学相结合等方式加强队伍建设，全局挂职锻炼1人，跟班学习3人，选拔3人参加勘测技能大赛重点培训，制定基层单位职工业务技能学习培训方案并组织考试，共组织职工参加各类培训累计200多人次。7、8月分别接受湖南省局巡察和市局负责人个人任期经济责任审计，根据反馈意见，针对薄弱环节全面加强整改。

（岳　榕）

脱贫攻坚

【概况】2017年，邵阳市各级各部门全面贯彻落实中央和中共湖南省委、省人民政府精准扶贫、精准脱贫决策部署，做好“五个一批”“六个精准”等工作，脱贫攻坚取得阶段性进展。市委、市政府研究出台产业扶贫、就业扶贫、生态扶贫、易地搬迁扶贫、社会兜底保障、危房改造等一系列政策性文件。并立足邵阳实际，坚持集中力量办大事，每年整合各项扶贫资金重点解决一两件扶贫难点问题，探索出一条符合实际的精准脱贫路径。坚持以上率下、高位推进，落实“四级书记”抓扶贫，深入开展“三走访三签字”活动。成立脱贫攻坚指挥部和“五个一批”工作推进小组。推行“市级领导包县、县级领导包乡镇、乡镇干部包村、党员干部包贫困户”的“四包责任制”，加强齐抓脱贫攻坚力量。全市建档立卡贫困人口从2014年的1193228人减少至2017年底的414232人，1074个贫困村（合村后数字）减少至614个贫困村，农村居民人均可支配收入每年保持2位数增长，从2014年的7786元增长至2017年底的10756元，年均增幅高于全省平均水平。

【产业扶贫】2017年，邵阳市围绕“一县一特”“一村一品”，发展一批重点扶贫产业项目，发展重点扶贫产业项目22个，参与产业扶贫的市级以上龙头企业275家。隆回县的金银花、洞口县的油茶、新邵县的常春藤等产业项目为全省20个贫困县特色产业扶贫创新试点之一。成功举办中国·邵阳油茶产业精准扶贫暨油茶互联网博览会。建成278个电商扶贫站和80个服务网点，成功举办绥宁“湘西南土货节”、城步“大木山杨梅节”、邵东“黄花菜集中营销”、洞口“雪峰蜜橘节”、新邵“邮乐919节”5个专场电商活动。隆回县、新邵县、洞口县、绥宁县列入湖南省乡村旅游扶贫项目县；城步苗族自治县列入湖南省旅游扶贫示范县；新邵坪上清水村、隆回岩口向家村、洞口岩山镇东田村、绥宁关峡乡花园阁村列入省级旅游扶贫示范旅游村。建成光伏项目281个，装机容量达17635千瓦。新增扶贫小额贷款10.8396亿元，超额完成省定指导性贷款量投放任务，为24096户贫困户发展产业提供金融支持。财政出资5821.5504万元为30多万户贫困户购买量身定制的“扶贫特惠保”。开展教育扶贫、健康扶贫、易地搬迁扶贫、生态扶贫、社会保障等，较好解决贫困群众就学、就医、住房、生活环境等方面问题。

【行业扶贫】2017年，邵阳市逐步推行“先诊疗后付费”和“一站式”结算制度，实现建档立卡贫困人口参加医疗保险和大病保险全覆盖。全市建档立卡贫困户家庭学生121193人，基本实现贫困学生应进尽进；“两免一补”和教育资助政策全面落实到位。完成新增农村贫困劳动力转移就业1.98万人。完成建设易地扶贫搬迁37757人。完成危房改造21515户。2997名建档立卡贫困人口实现生态补偿岗位再就业。

【基础设施建设】2017年，邵阳市完成人安饮水工程1074处，解决22.57万贫困人口饮水安全。完成482个村级农网改造任务。完成农村公路建设提质改造1553公里，新增通客车建制村70个。完成新建和改建村级卫生室2968个，在建185个，实现全市所有贫困村标准化卫生室全覆盖。完成新建和改建村级综合服务平台1954个，在建553个，实现全市农村综合服务平台全覆盖。

【凝聚扶贫合力】2017年，武冈市驻村扶贫“一述职两评议”工作经验在全省推介。全市成功组织255家非公企业、商协会结对帮扶714个贫困村，实施项目806个，投入帮扶资金12.1243亿元，惠及贫困村群众101448人，获评全国“万企帮万村”台账管理工作先进市州。“扶贫日”公益品牌影响力不断提升，市本级募集危房改造资金279.24万元、教育助学资金40万元，惠及699户贫困户、168名贫困学子。“中国社会扶贫网”上线推广工作全面铺开，注册总量占全省第二位，获国务院扶贫办、湖南省扶贫办肯定。

【市扶贫领导小组第一次会议】2017年3月6日上午，邵阳市扶贫领导小组召开第一次会议，专题学习贯彻习近平总书记关于脱贫攻坚重要讲话以及全省扶贫开发工作会议、全省扶贫办主任会议精神，听取全市精准扶贫工作情况汇报，研究部署2017年扶贫脱贫工作。2016年邵阳市整合投入脱贫攻坚资金49.38亿元，减少贫困人口204866人，超额完成省下达计划，贫困村出列19个，贫困地区人均收入增幅高于全市平均水平，脱贫攻坚实现首战告捷。邵阳市获评湖南省2016年度脱贫攻坚先进市州，城步苗族自治县、北塔区、双清区获评湖南省2016年度脱贫攻坚先进县区。邵阳市的危房改造、队伍建设、扶贫宣传等工作在全省扶贫办主任会议上获得肯定。2017年邵阳市围绕“全市确保减少贫困人口21万人（争取25万人），538个贫困村脱贫出列，并进一步巩固扶贫成果，确保贫困地区农民人均纯收入增幅保持在全市平均水平以上”的脱贫目标，补齐安全饮水工程、农村公共服务平台、村级集体经济三块主要短板，抓实驻村帮扶、“五个一批”、培训宣传、督查考评四项重要工作，全面推进脱贫攻坚。

【“10·17”扶贫日活动】2017年10月17日，邵阳市在全国第四个扶贫日举行“10·17邀您一起，让爱在阳光下连接”为主题的扶贫日公益活动，动员各级各部门和社会各界投身扶贫事业，合力推进精准扶贫精准脱贫。市委副书记、市长刘事青等市领导出席活动，湖南省扶贫办部分领导应邀出席活动，市扶贫领导小组成员单位、市派驻村工作队队长以及爱心企业、人士共700多人参加活动。市长刘事青发表主题讲话。活动现场表彰22名“2017年邵阳市最美扶贫人物”，展示“互联网+社会扶贫”邵阳成果，22家单位和个人通过“中国社会扶贫网”线上线下捐助，为邵阳市“我想有个家”安居工程募集爱心资金117万元。活动通过邵阳手机台全程微直播，8万余名网友围观现场直播。

【易地扶贫搬迁工作约谈会】2017年5月10日下午，市委书记、市人大常委会主任龚文密，市委副书记、市长刘事青就易地扶贫搬迁工作滞后问题召开约谈会，集中约谈在全省易地扶贫搬迁现场推进会、省审计厅专项审计及省第三方机构巡查中被通报批评的武冈市、邵阳县、绥宁县、洞口县、城步苗族自治县、大祥区6个县市区党政主要负责人。会议通报相关县市区在易地扶贫搬迁工作中所存在的5个方面的主要问题。一是对象识别不精准，普遍存在搬迁户相关信息与实际情况或扶贫开发信息系统不符的问题，尤其是存在“拆户”现象。二是标准执行不到位，没有落实人均25平方米建筑面积的标准，存在超出和不足面积的现象。三是工程质量不达标，主要是房屋设计不合理，质量较差，存在安全隐患，没达到入住条件。四是资金支付不及时，普遍存在没有根据项目建设进度及时支付专项资金和贷款的问题。五是建设进度不平衡，截至5月上旬，全市易地扶贫搬迁项目开工率仅为28.8%。龚文密、刘事青分别就做好易地扶贫搬迁工作提出具体要求，6县市区党委主要负责人对存在的问题进行解释说明，并就抓好问题整改作表态发言。

【全市农村低保和社会保障兜底脱贫对象认定清理整顿工作会议】2017年5月10日，邵阳市召开农村低保和社会保障兜底脱贫对象认定清理整顿工作会议。会议要求，清理整顿工作从5月开始持续至8月底，历经4个月，将集中力量对现有农村低保和社会保障兜底脱贫对象进行全面认定清理整顿。通过核查不按标准施保、“拆户保”“违规保”和有劳动能力只是暂时生活困难而纳入社会保障兜底、未以户为单位纳入社会保障兜底脱贫等问题，将符合条件的农村困难家庭以户为单位纳入农村低保，对不符合条件的及时停止保障，对违规享受农村低保的对象一律清退。同时，抓好农村低保制度与扶贫开发政策有效衔接，实现农村低保标准和国家扶贫标准“两线合一”。并对做好该项工作提出具体要求。

【业务培训】2017年5月12日，邵阳市召开农村低保和社会保障兜底脱贫对象认定清理整顿工作业务培训会，对市脱贫攻坚指挥部兜底保障组全体成员、市民政局救助科、低收入家庭认定指导中心全体成员、各县市区民政局分管救助工作的副局长、救助股股长、低收入认定中心主任，就如何做好农村低保和社会保障兜底脱贫对象认定清理整顿工作进行业务培训，对重点问题、难点问题进行详细讲解。5月12～13日，市脱贫攻坚指挥部驻村帮扶组和市驻村办在宝庆山庄联合举办全市驻村帮扶工作培训班，对各县市区驻村办主任和市派100个工作队队长进行专题培训，就如何全面开展精准帮扶专项清理行动进行全面部署。

（邱海华）

经 开 区

概 述

2017年，邵阳经开区委托管理1镇10村，总面积60平方公里。截至年底，全区总人口5.56万人，其中农业人口4.85万人。入园企业263家，规模以上工业企业104家，高新技术企业23家。已聚集形成三大产业群：先进装备制造产业群，代表企业有全球五大工程机械制造商之一的三一重工，产值过50亿元，亚洲富士电梯、恒天九五等企业建成投产；电子信息及新材料产业群，代表企业有中国电子彩虹集团、分享通信、讯源电子、海一新能源、方进电子、恒优能科技等；传统加工制造业群，代表企业有湘窖酒业、九兴控股、统一企业、合隆国际、口味王集团、李文食品等。发制品产业园、品牌服饰城等特色产业园初具规模。

2017年，邵阳经开区完成技工贸收入561.2亿元，比上年（下同）增长28.98%；实现工业总产值355.3亿元，增长32.57%；实现工业增加值85.8亿元，其中规模工业增加值81.8亿元，增长26.6%；实现高新技术产业主营业务收入165.6亿元，增长36.95%；完成固定资产投资100.9亿元，增长24.93%。全年签订产业项目69个，增长46.8%，引进合同资金213.9亿元，增长500%。实现税收24.8亿元，增长30%，完成本级财政收入1.83亿元，融资到位资金39.2亿元。各项经济指标增幅均超过20%以上。

2017年，邵阳经开区在经开区体制机制改革领导小组指导下，依据《中共邵阳市委邵阳市人民政府关于推进邵阳经济开发区体制机制改革建设千亿园区的实施意见》，在权限下放、政园一体、人事编制、创新发展等方面先试先行。承接232项市级经济社会管理权限，归口行政审批局审批，基本实现“园区事项、园区办结”。9月1日起托管双清区“一镇十村”，实现政园一体。编制机构设置到位，新增城管、安监、公安派出所3个驻区机构，引进各类专长人才18人。

2017年，邵阳经开区贯彻市委引老乡回家乡建故乡15条优惠政策、市人民政府降低实体经济成本21条政策和对接“500强”的决策部署，创新产业基金招商、政策优惠引商、产业链招商、亲情乡情招商、重奖中介人鼓励招商等举措抓招商引资。全年完成特种玻璃、桑德环保、智能制造、富电能源等69个产业项目合同的签订和6个框架协议的签订。其中500强企业3家，项目总投资超过210亿元，总供地面积超过3000亩。全年招商引资额与历年招商引资总额基本持平，创造年度招商引资新高。

2017年，邵阳经开区17个市重点项目，15个超额完成投资任务。智能制造项目完成冲压组装车间建设，标杆示范车间2016年10月成功试产；特种玻璃项目正式开工，9月实现点火生产；富士电梯项目建成投产，华南及中西部排名第一的电梯试验高塔建设中；通达汽零顺利投产，生产气弹簧300万支；讯源电子LED驱动电源项目完成厂房主体建设和外墙装修，开始设备安装，2018年上半年可投产。品牌服饰城项目已建成12栋标准厂房，首批招商的8家鞋业生产企业陆续入驻；发制品产业园中阳光发品完成老厂搬迁投产。合隆国际、飞力格等一批项目抓紧建设，2018年内均可实现投产。基础项目设施云峰西路、宝东南路、宝东路延伸段、高新路等10个项目按进度建设。全年征地1785亩，签订房屋征拆协议350份，倒房510栋，迁坟1508棺。重点工程项目建设和湘商产业园建设均被评为市先进单位。

2017年，邵阳经开区承接负责托管后的社会救助、福利事业、救灾救济、城乡居民社保医保等工作，实现托管后民生不受影响。完成辖区脱贫攻坚任务，5个省级贫困村实现退出、533名贫困群众成功摆脱贫困。全年集中或分散安置易地扶贫搬迁户37户，新建、改造村级卫生室18个，新建安全饮水工程1个，农村安全饮水工程实现100%覆盖。安居工程建设集仙安居小区已具备交付条件，大元安居小区完成部分验收，5个安置小区进行主体施工。完成美丽乡村省级示范点马杨村考核验收。320国道沿线路面“白改黑”全面完成，乡村保洁员和垃圾集中清运村村覆盖，乡村卫生更加整洁干净。综治工作由全市第175名上升至全市第15名，全年调解各类信访矛盾100余起，党的十九大信访特护期间无一人进京上访。经开区被评为市社会治安综合治理先进单位。

2017年，邵阳经开区城管、环保、工商、安监、公安、消防全面入驻，打出服务经济发展组合拳，营造良好的经济发展环境。指导湘中制药成功注册国家驰名商标。落实“三去一降一补”要求，降低实体企业成本，实施标准厂房代建，降低企业前期投入成本，审批手续落实全程代办，减免、代缴项目报建费用560万元，企业员工招聘、交通、子女入学等实际困难得到有效解决。贯穿全年组织实施“四治四提暨不作为慢作为乱作为”专项整治活动，20人次受到处理，明令禁止村干部插手工程项目，部署扫黑除恶工作，经济发展环境进一步优化。

2017年，邵阳经开区加强基层党建，推进四个覆盖。集仙村、浏阳村村级平台建设成为全市亮点品牌，村级运转经费达到每村18.5万元，社区工作经费达到24.88万元，分别超过规定标准2.2万元、5.8万元；村党组织书记基本报酬标准全部达到上年农民人均纯收入的2倍以上。成立企业党委和26家企业党支部，覆盖191家企业，非公企业党组织实现“六个100%”覆盖，筹资近100万元建成党群综合服务活动中心，企业党建工作被《湖南日报》等多家媒体报道。

【中共湖南省委副书记乌兰调研考察邵阳经开区】2017年2月9～10日，中共湖南省委副书记乌兰到邵阳经开区，调研市农业科学研究院，该院通过组建研发平台，形成“前沿基础研究——核心与关键技术研究——产业应用”链条，并将特色蔬菜的研究成果转化纳入特色产业扶贫范畴，实现产业发展与贫困群众致富的有机结合。乌兰还考察了九兴控股邵阳产业园、三一湖汽和湘窖酒业，对邵阳经开区的经济社会发展给予肯定。

【邵阳经开区“港洽周”现场签约76亿元】2017年4月23～29日，邵阳经开区管委会主任陈秋良一行6人赴深圳、香港等地参加2017年湖南（香港）投资贸易洽谈周，“港洽周”期间，经开区共现场签约邵阳智能制造（工业4.0）产业小镇项目、中民筑友（邵阳）装配式节能建筑科技园项目、广电银通项目、威武钻髢发制品项目、鸿福铼发制品项目、新源发制品项目等6个项目，现场签约合同资金76亿元。

【邵阳市首家智能制造项目正式开工】2017年4月27日，邵阳市首个智能制造项目——邵阳智能制造（工业4.0）产业小镇项目在邵阳经开区开工建设，标志着邵阳市智能制造产业开启新篇章。湖南省人民政府副省长张剑飞宣布项目开工，湖南省人民政府副秘书长向曙光，市领导龚文密、张殿文、王昌义、陈华等出席。

【中共湖南省委书记、省人大常委会主任杜家毫调研考察邵阳经开区】2017年7月10日，中共湖南省委书记、省人大常委会主任杜家毫一行莅临邵阳经开区调研考察桑德循环经济产业园，省委常委、省委秘书长、省人民政府副省长谢建辉，省委副秘书长、省委政研室主任陈质颖，省经信委主任谢超英，省国土资源厅党组书记、厅长方先知，省财政厅党组书记石建辉，省旅发委主任陈献春等参与调研，中共邵阳市委书记龚文密等陪同调研。启迪桑德董事长文一波对园区进行全面介绍和汇报。

【邵阳经开区“蜂巢创客”建成】2017年7月17日，邵阳经开区建成“蜂巢创客”，实现“蜂巢创客”（众创空间）、中小企业孵化器、创新创业园（加速器）3个创业创新平台同时运行，运营面积超过40万平方米，能为100家以上中小微企业提供创新创业服务。在5000平方米的“蜂巢创客”空间内，创新创业企业能获得“拎包入驻”的一站式创业服务。经“蜂巢创客”培育“毕业”后的初创企业，可迅速获得邵阳经开区提供的深度孵化及加速服务。对于孵化成功的企业，邵阳经开区将提供集约化、规模化生产经营的加速场所，助力企业转型升级和提速发展。

【邵阳经开区举办湖南省2017年“精准服务进园区”活动】2017年7月20日，湖南省2017年“精准服务进园区”活动（邵阳经开区专场）在邵阳经济开发区管委会成功举办。来自省、市共21家服务机构代表和120多家中小微企业共计200多人参加会议。上午的专题培训和服务需求对接场内，湖南拾牛网络科技有限公司等6家服务机构的专家授课，与企业代表分享互联网营销、企业战略突围与升级、企业内部风险控制、中小企业专利实务、企业应收账款管理与变现实务等热点议题。下午，来自财税、股权辅导、知识产权代理、法律、互联网营销、管理咨询、创新创业七大服务领域的21家省、市优秀中小企业服务机构为企业提供对接服务。据统计，本次活动共有50多家企业与服务机构达成合作意向。

【邵阳经济开发区托管“一镇十村”】2017年9月1日上午，邵阳经济开发区举行揭牌暨乡镇（办）托管仪式，新挂牌的开发区整合原湖南邵阳经济开发区和宝庆工业集中区2个园区。邵阳经开区将通过改革创新，推进“园政合一”，力争在“十三五”期间跻身千亿园区梯队，并建成国家级经济技术开发区。邵阳市按照“园区事园区办结”原则，整合行政审批职能，采取直接下放、委托下放方式，结合授权窗口、见章换文机制，8月16日将232项市级经济管理权限全部下放到邵阳经济开发区，提高行政效能，全面实现“园区事项、园区办结”。为经开区营造体制最顺、审批最少、流程最优、效率最高、服务最好的政务环境奠定坚实基础。为进一步理顺经开区管理体制和运行机制，形成“权责相符”的政园管理机制，从9月1日起，经开区委托管理双清区高崇山镇，火车站乡世纪新村、栗山村、集仙村、红旗社区，渡头桥镇东城村、新群村、鸡笼村，爱莲办事处砂塘村、云十村，兴隆办事处财桥村。托管“1镇10村”后，经开区基本实现“园政一体”，对推进项目落地提速具有重要作用。

【500强企业——彩虹集团（邵阳）特种玻璃项目正式开工】2017年9月9日上午，彩虹集团邵阳特种玻璃项目开工仪式在邵阳经开区举行。中共湖南省委副书记、省人民政府省长许达哲出席并宣布开工，标志着又一500强企业落户邵阳。湖南省人民政府副省长张剑飞发表讲话，中共邵阳市委书记、市人大常委会主任龚文密致辞，中国电子集团董事长、党组书记芮晓武讲话，开工仪式由邵阳市委副书记、市长刘事青主持。彩虹集团（邵阳）特种玻璃项目是中电彩虹集团与邵阳市共同投资，总部设在邵阳的一家专业从事盖板玻璃及其相关产品研发、生产和销售的高新技术项目，于6月13日在湖南省军民深度融合发展推进会上正式签约。项目总投资约20亿元，占地300余亩，分2期建设4条盖板玻璃生产线。项目建成后，上游可带动关键装备材料和关键装备智能制造的发展，形成包括盖板玻璃加工、3D玻璃、触控模组和触控移动终端产品在内的超100亿元产业链，并且将推动整个高端光电显示玻璃行业的自主创新发展。

【邵阳经开区拓浦精工工业4.0标杆工厂投产运营】2017年10月13日，邵阳经开区拓浦精工工业4.0标杆工厂投产运营，邵阳产第一台智能电饭煲成品正式下线。该项目开工后，将陆续启动注塑厂房、总装厂房、成品立体仓库、研发楼、配套厂房等以及12条智能家电生产线建设。智能冲压线每12秒就能制造出1个电饭煲的内锅，无需人工操作，全部由信息化驱动、自动化设备生产完成，已完成3万个内锅订单。智能总装线每30秒能生产出1个电饭煲的成品，已完成4000个成品的组装生产。每60秒钟能生产1个电饭煲，经过后期调试将达到30秒一个，当前生产线每天能生产2000个电饭煲。

【邵阳经开区供电中心正式运营】2017年10月31日，邵阳经开区供电中心正式运营，园区企业从此可享受到“一站式”供电服务，成为湖南省首个在工业园区设立的供电服务机构。供电中心主要负责邵阳市经开区配售电市场开拓，客户工程跟踪服务，协调做好过程管控和服务，配合开展电网前期规划、扩容建设等工作，全力保障园区入驻企业用电需求。邵阳供电公司探索构建工业园区供电服务新模式，试点建立工业园区供电服务机构，强化供电服务保障。经湖南省电力公司审核、批复，邵阳供电公司迅速完成机构组建、人员调配、资产划拨和业务移交工作，经开区供电中心正式运营。下阶段，该公司将完善工业园区供电服务班组常态化服务机制，开通扩报装“绿色通道”，超前服务重点项目建设，全面做好园区供电服务工作。

【邵阳经开区参加第八届湘商大会】2017年11月22日，2017湖南经济合作洽谈暨第八届湘商大会、第五届中国湘南国际承接产业转移投资贸易洽谈会开幕式在郴州市国际会展中心举行。中共湖南省委副书记、省人民政府省长许达哲出席开幕式并到邵阳展区指导工作。富电邵阳产业园项目、桑德（邵阳）产业园项目2个重大项目正式签约。富电邵阳产业园项目位于邵阳经开区，占地面积约400亩，项目包括充电桩和动力电池正极材料建设，总投资不低于31亿元，其中固定资产投资16亿元，研发测试生产和其他投资15亿元。桑德（邵阳）产业园项目计划在邵阳经开区投资设立环保装备、新环卫设备生产制造基地及环保产业园，总投资约10亿元，项目建成后将为邵阳提供环保领域全方位、多层次综合处理服务解决方案，助力国家环保模范城市和低碳城市的创建。

（李　侦）

商贸·服务

商　务

【概况】2017年，邵阳市商务主要经济指标保持平稳较快增长，增幅均高于全省平均水平和全市GDP增速，利用外资、内联引资、社会消费品零售总额3项指标增幅居全省前列，开放崛起政策推动体系逐步完善，发展质量和效益迈上新台阶。

市商务局开展“春雷2017”等专项行动，全年全系统总体安全稳定。筹措资金，有序推进30家国有或集体企业改制扫尾工作，各类矛盾问题得到有效解决，市外贸土产公司、市外贸轻工进出口公司3家外贸企业启动改制前期准备工作。先后召开“砥砺奋进的五年”“迎老乡回乡创业发展”“第三届邵商大会”3场新闻发布会，集中开展“开放崛起从头越”“对接邵商会建设新邵阳”系列宣传活动，央媒、省级媒体涉及邵阳市商务工作的新闻报道有50多篇。

市商务局连续三届（每届六年）获评湖南省文明单位，获全省商务工作先进单位，综合治理、安全生产、国企改革、人大建议政协提案办理、新农村援建、招商引资等10多项工作被评为全市先进单位。

【招商引资】2017年，邵阳市实施“邵商回归工程”。先后出台《关于迎老乡回家乡创业发展的若干支持意见》《对接邵商会建设新家乡行动方案》。年内组团参加“港洽周”、湘商大会、湘南投洽会等省级重大活动，市本级成功举办香港工商界知名人士恳谈会、深圳招商推介会、北京及张家界招商旅游推介会等10余场招商推介活动。12月17～19日成功举办第三届邵商大会，26名院士专家学者以及境内外600多名客商参会，签订合作项目61个，总投资369.85亿元。其中，合同项目52个，引进合同资金299.34亿元；协议项目9个，引进协议资金70.51亿元。珠海横琴恒生源环保设备制造基地、年产40万吨生物蛋白生产基地、红星美凯龙商贸城等一批重大项目将落户邵阳。一批战略性新兴产业项目如小米电饭煲系列智能家电制造、中电彩虹特种玻璃、汉能移动能源产业园、湘电集团电器设备生产、桑德集团环保设备生产等一批重大项目入驻湘商产业园，邵阳智能制造（工业4.0）产业小镇内的拓浦精工工业4.0标杆工厂投产运营。全年累计开发包装重大招商项目122个，开展经贸招商、小分队招商活动150多次、对接客商4500多人次，接待客商562批、2000多人次，引进亿元以上重大项目119个，签约金额704.33亿元。全市外资到位2.66亿美元，完成全年任务的107.3%，同比增长18%，高出全省6个百分点，居全省第4位。利用市外境内资金1399.67亿元，同比增长20.2%，完成年计划104.4%。其中，利用省外境内资金315亿元，完成年计划100.2%，同比增长17%，高出全省0.5个百分点，居全省第3位。

【对外贸易】2017年，邵阳市打火机、发制品、箱包、鞋类四大传统产业平稳增长，其中皮草皮革产业新增企业62家达到

100家，皮草产业进出口总额达3.36亿美元，增长2.72倍，成为全市第一大外贸产业。组织银企对接，落实“订单融资”政策，为中小微型外贸企业提供融资贷款1.6亿元，担保企业总数、总放款笔数、总放款金额均居全省第一位，有效破解中小外经贸企业融资贵融资难问题。协调帮助老挝橡胶产业园担保融资贷款。市县两级推进拥有资质的外贸企业开展自营出口业务，进出口实绩企业达277家、净增56家，92家企业实现业绩“破零”，144家企业实现业绩同比上年“倍增”，进出口额过1000万美元企业达39家，过4000万美元企业达10家。全市全年完成外贸进出口114.72亿元，同比增长33.1%，居全省第10位。

【市场建设】2017年，邵阳市编制完成《邵阳市城市商业网点规划》，44个现代商贸和物流产业项目建设有序推进，友谊国际广场、金罗湾国际商贸城汽配市场、湘西南农产品物流中心等一批大型商业综合体和商品市场建成运营，沃尔玛、红星美凯龙等一批商业巨头入驻，新建和改造农贸市场24个。全市全年新增限额以上商贸流通企业227家，总数达到1344家。发展会展经济，先后组团参加广交会、食餐会等6个大型展销展会，先后举办邵东首届国际五金机电博览会、邵阳油茶博览会等15个大型会展活动。

【促进消费】2017年，邵阳市贯彻国家促进消费政策措施，加大市场监测、调控和供应力度，促进消费增长。加强商务诚信体系建设，推进商务综合行政执法，加强典当、拍卖、报废汽车和再生资源回收行业管理，加大成品油等行业监管力度，查处非法加油站点11个、流动加油车12台、非法储油罐5个，全市国五标准车用汽柴油全部升级，黄标车淘汰率100%，三大油库和加油站油气回收治理完成率100%，地下油罐更新改造完成81%。全年实现社会消费品零售总额926.24亿元，同比增长11%，高出全省0.4个百分点，居全省第1位。

【精准扶贫】2017年，邵阳市开展商务扶贫，洞口、邵阳、新邵3县获批2017年全国电子商务进农村综合示范县，全市总数达5个县，各获2000万元专项补贴。全年电子商务交易额突破150亿元、增长21%，其中农村网络零售额64亿元、增长50%。开展电商扶贫，组织开展各类电商扶贫培训班30多场次，开展“一县一品”电商扶贫促农系列助销活动。配合国家商务部和湖南省商务厅，市商务局安排工作队对口扶贫城步苗族自治县汀坪乡金童山村，荣获全市先进单位称号，队长颜翩翩被评为全市先进个人和最美扶贫人。

（林尹俊）

供销合作

【概况】2017年，邵阳市供销系统有县级社12个，基层社169个，农民专业合作社123个，农村综合服务社5527个，农村电子商务网点460余个，农业产业化龙头企业20家，庄稼医院463家，村级综合服务社930个。营业总收入34.28亿元，同比增长13.39%；实现利润总额3507万元，同比增长12.33%。

【综合改革】2017年，中共邵阳市委书记龚文密召开市委常委会和市深化改革领导小组会，专题研究全市供销社综合改革工作，确定全市供销基层社建设三年行动计划，安排市财政3000万元支持基层供销社建设。市委、市政府召开全市全面深化供销合作社综合改革工作会议，对全市综合改革工作进行全面的部署和安排。制定全市综合改革的工作计划和重点改革任务清单，明确基层组织建设、农村电商、优质农产品流通、社有企业改革转型等重点改革事项的目标任务和完成时限。10月30日，湖南省供销总社理事会主任曾震亚到邵阳调研督查，对邵阳市综合改革工作给予高度赞扬。各县市区均成立以党委副书记挂帅的综合改革领导小组并出台综合改革的《实施意见》《实施方案》。洞口县、邵阳县被评为全省深化供销合作社综合改革惠农综合服务工程示范县，邵东、双清获批全省惠农综合服务示范县项目，全市高标准完成930个村级综合服务社建设，有5个基层组织被全国总社评为农民合作社示范社、基层社标杆社。洞口县温塘村综合服务社获湖南省人民政府省长许达哲，省委常委、省纪委书记傅奎，省委统战部部长黄兰香，中共邵阳市委书记龚文密、市长刘事青的充分肯定。邵阳市供销总社“党建+社建”经验在全省推广。

【供销服务】2017年，邵阳市供销系统大化肥淡季储备3万吨，全额完成淡储计划，农资销售市场份额稳中有升，农资供应主渠道作用凸显。优化农产品流通服务，抓紧与广州铁路公司对接，共同建设邵阳供销物流城，打造邵阳铁路口岸；新宁县投资800多万元建设供销电商扶贫产业园。以洞口“农家好伙计”、隆回“老百姓易购网”、新宁“供销e家”为样板探索与有实力、有基础、有前景的电商企业开展战略合作，搭建全市供销农村电商综合服务平台。

【项目建设与企业转型】2017年，邵阳市供销合作总社组织系统企业领导学习培训，调整3个公司的班子，出台社有企业管理制度，推进整体转型升级。各县市区社积极申报项目，打造“一乡一品、一村一品”发展战略。新邵猕猴桃基地、绥宁杨梅基地、武冈大田托管、邵东黄花基地等形成“建一个基地、富一批群众”局面。同时争取洞口、邵阳县、邵东入选国家农开项目。

（刘激扬）

粮　油

【概况】2017年，全市粮食行业围绕粮食安全，进一步完善粮食调控，强化储备管理；推进产业发展，促进粮农增收；加强队伍建设，依法开展监管。全市粮食经济运行质量不断提升，继续保持稳中向好势头。市粮食局被评为全省军粮供应工作先进单位、全省粮油流通统计工作先进单位、全省粮食行业安全生产先进单位、邵阳市社会管理综合治理先进单位、食品药品安全工作先进单位、全市计划生育先进单位、全市双联和困难职工帮扶工作先进单位、全市行政事业单位部门决算工作先进单位、全市行政事业单位国有资产管理工作先进单位。

【粮食安全责任制】2017年，邵阳市全面落实粮食安全责任制。市人民政府把粮食安全责任制纳入对各县市区政府绩效考核范围，下发《2017年度邵阳市落实粮食安全责任制考核工作实施方案》《邵阳市落实粮食安全责任制考核指标及评分表》。市粮食局安排专人负责，并建立联络员机制，加强沟通协调。同时督促各成员单位针对考核指标收集资料、查漏补缺。邵阳市在湖南省组织的粮食安全责任制首考中被评为优秀。

【执行最低价粮食收购政策】2017年，邵阳市粮食系统在粮食收购中开展人性化服务活动。坚持敞开收购，应收尽收，依质论价、优质优价，不收“人情粮”“关系粮”，杜绝陈粮入库，日结日清，不打“白条”。截至年底，全市共收购粮食65万吨，为全市农民增收近亿元，获政府、企业、粮农三满意。

【储备粮油管理】2017年，邵阳市进一步规范储备粮油管理，做好收购、保管、监督、检查和轮换工作，做到账账、账实相符、数量真实、质量良好、储存安全。9月底，全市已按期完成省级储备粮×万吨，市县（市、区）级储备粮×万吨的轮换任务。

【粮油市场监测】2017年，邵阳市粮食系统组织专门力量，共走访484户农户、143户城镇居民、160家非国有粮食经营企业、15家国有粮食经营企业、10家粮食转化企业，对全市粮食生产、销售、供应和新粮收购仓容准备等情况进行调研，摸清全市粮食和油脂供需情况。

【粮食收储】2017年，邵阳市粮食局按“一市一中心，一县一骨干及若干收纳库”和“县市区全覆盖”原则，与市发改委共同筛选3个粮食仓储项目，项目总投资1.8亿元，新建仓容10万吨。推进湘西南粮食仓储中心项目建设，完成“三通一平”和主体工程招标，完成投资6000万元。

【粮食产业发展】2017年，邵阳市稳步推进粮食产业发展。为粮油加工企业争取多项政策扶持，争取中央和省财政预算资金支持2540万元，进一步促进企业转方式、调结构，提升粮食产业整体实力和核心竞争力。全年粮油加工及物流总产值达128亿元，比2016年增加12亿，同比增长10.34%。

【依法管粮】2017年，邵阳市按照“有仓必到、有粮必查、有账必核、查必彻底”原则，对全市辖区内所有储存的粮食进行全面清查，为保障国家粮食安全提供真实可靠的依据。市、县共开展检查157次，检查收购主体265个，查出违规案件20例，其中责令改正15例，警告5例，确保全市粮食市场秩序。

【军粮供应】2017年，邵阳市执行国家军粮供应政策，开展“双拥”创建工作，实行军粮供应规范化管理和军粮质量“一批一检一报告”制度，坚持为部队提供优质粮油和优质服务，质量满意率、应急保障率、保密安全合格率均达到100%，受到部队官兵一致好评。

【粮油质检】2017年，邵阳市进一步提高粮油质检能力。举办全市收获粮食质量与卫生安全监测采样培训班，提高采样人员业务水平。开展市级收获粮食质量监测，完成市级收获粮食的真菌毒素、重金属、农药残留项目监测样品450个，库存抽样检测155个。

【驻村扶贫】2017年，邵阳市粮食局完善对口帮扶贫困村基础信息资料，调整结对帮扶方案，实现结对帮扶全覆盖。同时，突出重点，抓好扶贫项目建设。帮助筹措资金48.13万元。开通农户自来水入户近200户，帮助15户贫困户51名贫困人口脱贫，整村脱贫整村脱贫退出，并通过国家、省、市验收。

【安全生产与综治维稳】2017年，邵阳市粮食局完善安全生产监督管理机制。先后6次深入全市粮食企业、下属单位等进行督查，发现安全隐患101处，投入整改资金112万元，逐一整改落实。全系统没有发生任何安全事故。组织全体干部职工开展“三联二访一帮”活动，走访群众70户，入户率达100%，为群众排忧解难。在年度综治民调中，取得全市市直单位第一名的好成绩。

（阳静晔）

烟草专卖

【概况】2017年，邵阳市烟草专卖局（公司）全年调拨烟叶10.96万担，销售卷烟22.04万箱；销售收入总额55.21亿元，同比增长5.64%；实现税利总额15.48亿元，同比增长3.29%，其中税金11.78亿元，同比增长15.71%。

创新推行“三转变三改进”货源投放模式，改革客户经理考核方式，协同推进零售户自律互助小组建设和品牌培育等工作，引导营销人员把工作重心转向市场，增强市场调控和服务水平。改革专卖工作考核方式，完善联合执法的机制，建立“寄递渠道涉烟违法打击协作机制”，开展“春雷7号”行动。全年查处案件2657起，同比增长176%。推动育苗方式改革、烟基管护方式改革、绩效和成本控制改革，保障烟叶生产大灾之年质量不减。全年收购烟叶8.83万担，质量合格率80.4%，获湖南省烟草专卖局通报表扬。烟农亩均收入和户均收入同比分别增长11.93%、7.62%。

通过安全生产二级达标复评，全年无一起安全生产事故；绩效改革、卷烟经营、资产管理、老干服务等工作做法与经验在全省系统有关会议上进行交流；成功应对3起网络舆情，妥善处理信访事件2起；开展科普和学术交流活动9次；完成省级卷烟营销平台和新专卖系统的调试上线；完成职工住宅小区供水供电分离移交工作；协调落实扶贫资金1161万元，实施并建成扶贫项目48个，帮助371户贫困户实现脱贫。市局被评为省级文明标兵单位，1人被评为“湖南省最美扶贫人物”。

【绩效改革】2017年，邵阳市烟草专卖局（公司）彻底改革绩效管理体系，构建起以税利为核心的“1+2+5+N”金字塔式考核模型，制定年度工作业绩、绩效考核、员工评价、线点奖励、质量管控五项考核办法，出台税利、专卖、内管、烟叶、薪酬分配、督办交办等多个配套制度。创新运行调控方式，推行“运行状态周期通报”和督办交办制度，坚持每月召开1次重点工作推进会，按季度对重点工作进行交办督办。全年分解落实重点工作65项，召开重点工作推进会12次，印发“运行状态周期通报”32期，发督办交办单44份，解决工作配合不紧密、重点不突出、整体执行效率不高等问题，提升整体工作质量，税利总额实现预期目标。

【卷烟经营模式改革】2017年，邵阳市烟草专卖局（公司）以营销方式转型为主线，以提升客户满意度和盈利能力为目标，推进“三转变三改进”货源投放模式改革、零售户互助小组建设、品牌培育工作，增强市场调控和服务水平。全面取消补贴和货源投放追加制度，取消县级局卷烟销量直接考核，大幅降低市本级考核中卷烟销量评价权重，加大对规范经营的考核力度，重点对零售客户拆零上柜率、明码标价情况，串货及真品卷烟条码通报情况等进行考评，引导营销人员把工作重心转移到市场服务。建成价格自律互助小组535个，客户覆盖面19.71%。年度销量止住下滑势头，日均销量日趋平稳，销售重点品牌19.89万箱，占比同比上升0.88个百分点，成功培育“精品三代白沙、黄金叶乐途”等潜力品牌，二类烟、细支短支烟增量明显，实现单箱均价2.77万元，同比提升5.41%，客户满意度排名跃居全省第二，同比上升6位。

【打假打私】2017年，邵阳市烟草专卖局（公司）明确“打真与打假同等重要、打出与打进同等重要”的指导思想，完善专卖经费管理办法，拿出专项考核资金，提升办案能力。落实“放管服”改革和“双随机、一公开”要求，完善与相关职能部门联合执法的机制，建立“寄递渠道涉烟违法打击协作机制”，加大对“假、私、非”卷烟的打击力度和对涉烟捕诉和追刑的跟进力度。开展“春雷7号”行动，对重点市场、重点部位开展为期6个月的集中清整，取缔市区内最大的违法卷烟集散市场。全年查处案件2657起，同比增长176%，其中国标网络案7起、省标网络案2起、5万元以上案件71起；查获卷烟4257万支，同比增长66%；刑拘34人，逮捕24人，判刑31人；查办全省首例由工商部门处罚涉烟违法物流快递企业的案件，获湖南省烟草专卖局领导高度肯定。

【大户治理】2017年，邵阳市烟草专卖局（公司）成立专项工作领导小组，制定《规范经营工作管理办法》和真烟非法治理工作专项方案，出台内控和大户治理制度11项。从转变思想观念入手，细化具体落实举措，建立部门联合治理机制，分季分月划定“红线”，真烟外流按1∶100扣减工挂税利，与工作业绩、与绩效工资直接挂钩，把“双50”以上案件列为班子考核否决项，激发全员活力。持续开展大户治理专项行动和规范经营自查整改，取缔违规大户，规范订单配送。全年召开全市系统性专项工作部署会2次、调协推进会6次，约谈问责4人次，口头警告2人次，通报批评11人次，经济处罚53人次。取缔大户117家，消灭5家以上同一机器码订货现象，4家及以下同码订货现象降幅88%，疑似代订户降为零，真烟外流全省年度排名第10位。

【“三项改革”】2017年，邵阳市烟草专卖局（公司）推进育苗方式、烟基管护方式、绩效和成本控制“三项改革”，加强绿色防控、技能培训、技术推广。面向烟农开展培训近100场次，覆盖面100%，完成产前投入2400万元，担均生产经营费用控制在省局要求范围之内。面对特大洪灾，组织出动抗灾抢险500余人次，协调烟叶保险理赔款782万元，落实救灾资金660万元，对受灾烟农进行救济帮扶。按照湖南省烟草专卖局划定的收购红线，全年落实合同种植面积4.04万亩、约定烟叶收购量11.3万担，受洪灾减产影响，实际收购8.83万担。坚持收购质量标准，省局收购检查合格率80.4%，工商交接检查合格率72.28%，分别超0.4和7.28个百分点。在国家局组织的工业备货质量检查中，邵阳市为浙江中烟工业有限责任公司备货C2F等级合格率达58%，列全省第一位。

【精益管理】2017年，邵阳市烟草专卖局（公司）强化以“四大挖潜”为核心的精益管理。出台三年行动方案，分线明确目标措施，充分发挥财务预算、审计监督和规范管理的把关作用，深挖减员增效、严控投资、费用控制和对标增效潜力。对业务外包行为进行清理，对2015年会计凭证进行“回头看”，开展全面的“三项工作”自查整改，深入开展课题攻关。全市系统减员26人，外包用工减少17.67%，外包费用下降15.61%，五项重点费用下降18.91%；三项费用率6.68%，同比下降0.65个百分点；实现降本增效1406万元，为湖南省烟草专卖局下达目标任务的4.68倍；项目采购公开招标数量和金额占比分别达到87.3%和97.6%；2个课题获评"全省精益十佳"。

【队伍建设】2017年，邵阳市烟草专卖局（公司）开展选人用人专题整改，对照省局下发清单，聚焦6个方面、10类问题、21项整改任务开展自查整改，修订选人用人制度10项，对全市系统职务名称不规范和超职数配备的4名干部职工进行组织调整，完成干部人事档案专项审核，整改具体问题31个，受到省局通报表扬。开展人力资源调研，制定"十三五"人才发展规划，修订《全员考核评价管理办法》和《表彰奖励管理办法》，全面开展日常岗位培训，自主开发培训课件100余个，举办培训活动37场次，培训面达100%，人均学时达75学时，新增技师2人，四线持证上岗率上升4.1个百分点，高技能人才比例上升4.6个百分点，14人入选全省"双百人才"培养计划。开展社会主义核心价值观和"八个更加懂得"教育，举办"崇德守法知行合一"法律知识抢答赛、"牢记使命、追梦前行"职工文艺展演、读书沙龙、青年博文诵读会、职工趣味运动会、"好家风家教家规"及家教故事征集活动，开展青年志愿者服务、"青帮老、老带青"及走访慰问等系列活动。加强干部管理和监督，先后对4名县级局负责人进行任中（离任）经济责任审计，12月中旬对县级班子及班子成员纪律状态、能力作风、履职履责等情况进行综合考评。

【党风廉政建设】2017年，邵阳市烟草专卖局（公司）首次将党建工作列入业绩考核，将党建及党风廉政建设工作权重设为30%。细化党风廉政建设主体责任和监督责任实施任务66项，全市系统签订《落实党建和党风廉政建设主体责任书》189份。开展党组中心组专题学习4次，召开"四治四提"专题民主生活会。党组书记全年下基层调研41次、接待群众来信来访20余人次，班子成员人均基层调研22次，解决一批群众反映强烈的热点难点问题。改进文风会风，会议数量同比下降10%，发文数量同比减少15%。推进"两学一做"学习教育常态化制度化，5月底召开专题推进会，分月度铺排工作重点。10月下旬开始重点学习贯彻党的十九大精神，开展辅导讲座、集中学习等活动50余场次，人均学习笔记1万字以上。通过专题培训班、"三会一课"等形式举办集中学习教育活动近500场次。自查并整改党组及支部班子共性问题37个，党员个性问题826个。深入基层站点、深入扶贫联系点开展结对帮扶、志愿服务等集中主题实践活动上1000人次，党员参与率100%。全面落实整改国家局巡视发现问题，自查发现并整改5大类共计17个方面的突出问题，至9月5日全部整改到位并销号。开展执行力检查20次，作风督察40余次，做法与成效被《湖南日报》、邵阳电视台专题报道。全面梳理廉政风险防控制度体系，新增、变更廉洁风险点13个，新建制度18项。对违规发放津补贴、违规操办婚丧喜庆事宜、违规收送礼品礼金等情况进行自查和"回头看"，对烟基建设、物资采购、工程投资、资金监管等进行专项督查。无一起领导干部违纪事件发生。

（办公室）

石油经营

【概况】2017年，中国石化销售有限公司湖南邵阳石油分公司（简称中国石化邵阳石油分公司）履行国有成品油销售企业的政治、经济和社会责任，加大资源调运力度，开展油气回收、油罐防渗等环保改造和"碧水蓝天"工程、"优质服务月"主题活动和跨界营销、经营转型、深化改革、扶贫帮困等各项工作。在几十座加油站同时开展环保改造、危险化学品车辆实行交通管制、非法经营异常猖獗等情况下，实现经营总量与2016年基本持平，上缴税收近3000万元，实现全年安全无事故，邵阳地区成品油市场安全平稳供应。公司获全省HSE管理先进单位、邵阳市安全生产先进单位、邵阳市反恐和消防安全管理先进单位等称号，邵阳油库被市人民政府评为消防安全管理先进单位，并被选定为全市安全管理示范单位，在全市安全生产知识竞赛中夺得三等奖和优秀组织奖。

【经营】2017年，中国石化邵阳石油分公司通过开展IC卡“五进”活动、优质服务月、站级配送、“加油站定制化”管理、“星级达标站”“综合性标杆示范站”等主题活动，提高优质服务水平，完成邵阳地区成品油市场安全平稳保供的任务，成品油资源市场配送量相较2016年稍有增加。全年零售量完成率排名全省第五、零售机出全省排名第五、零售汽油机出排名全省第二。年初，为确保春节前后成品油市场资源供应，公司提前部署抢调资源，1~2月份调进资源7万多吨，其中1月份公司成品油市场保供量创历史新高。6~7月份，特大暴雨导致分公司近20座加油站受灾，公司立即启动应急预案，以最快速度恢复加油站营业，及时保障地方抗灾抢险油品供应。在市政府下发《关于对我市主城区运输危险化学品车辆实行交通管制的通告》后，为确保邵阳市区加油站资源不出现断档、脱销，以确保市区成品油市场供应平稳，公司增加运费50多万元，有效保障市区成品油市场供应。全年开展加油卡进单位活动137场，并在移动营业大厅设立网点，将发卡充值、兑换和包电子券以及加油卡进便利店业务相融合，为广大客户提供更加优质便捷的服务。在非油业务上，以抓实非油门店零售经营为基础，通过提前谋划各类专项营销活动，提升营销活动开展延续性，实现1.23亿元年营业额的历史新突破。推进“邵品出邵”计划实施和落地，举办“邵品出邵”启动仪式，实现与新宁崀山脐橙营销中心合作并签下20万斤首批订单，同时新宁崀山脐橙被列入公司全省年货目录。新业务开展取得新突破，汽服业务、体育彩票销售、手机销售在易捷便利店全面铺开，与梦洁家纺、国美电器的跨界营销顺利开展。

【管理】2017年，中国石化邵阳石油分公司通过在加油站实行安全文化上墙、组织全员进行HSE知识竞赛考试、组织参加全市安全知识竞赛、观看安全事故警示教育片、召开事故案例研讨会、作业现场安全标准化启动会等形式，开展“安全生产月”“安全生产万里行”等安全质量主题活动，加大库站液位仪深化应用。投入4000多万元对辖区内120多座加油站和油库进行油气回收、双层油罐改造、油罐防渗工作，在库站开展7S标准化管理。制定并印发《邵阳石油分公司承包商施工作业安全管理实施细则》《邵阳石油分公司承包商安全施工作业指导书》，开展项目建设管理“三反三比”活动，并与辖区内正在开工建设项目的工程项目经理、工程项目现场管理负责人签订《工程项目管理责任书》。对存在问题的项目建设施工单位及监理、施工人员采取约谈、现场处罚、黄牌警告、取消项目施工作业资格、列入黑名单、清退等逐级加重的考核方式。全年共清退现场监理3人，2家承包商被列入黑名单、取消安全许可并清退，1名施工人员列入黑名单，对3个施工单位挂牌警告，对施工单位、加油站现场监护人和县公司项目经理罚款达10300元。

【网建】2017年，中国石化邵阳石油分公司加大网建沟通协调力度，在项目推进上统筹规划、全力推进，全年取得建设用地2宗，新建整体改造项目开工在建6宗，完成油气回收改造项目32座，双层罐更换等综合改造项目12座，综合改造在建6座。在稳步推进油气回收、油罐防渗等繁重环保改造项目的同时，完成短租、“他有我营”、企地合作等多种网络发展模式的尝试。

【改革】2017年，中国石化邵阳石油分公司推进“三项制度”改革工作，在召开“三项制度”改革动员大会的基础上加大宣讲和调查摸底，县公司改革特别是定编定员定岗“三定”工作已基本完成，人员基本到位，实现减员42人。公司调整优化6个县公司（片区）领导班子，优化调整中层干部32人次，考察聘任17名科长或县公司经理助理，对助理以上中层管理干部进行民主测评。对辖区内22座加油站、42个岗位以及全市后备站长的储备实行公开竞聘、选拔，108名人员参加竞聘。

（谢　银）

盐 业

【概况】2017年，邵阳市共调入各类盐29186吨，销售各类盐27259吨，其中销售原包盐5079吨，小包盐销售22180吨。实现非盐商品销售额1447.53万元。实现利润总额-697.7万元。

【规范外省盐入邵经营】2017年，国务院《盐业体制改革方案》实施后，外省盐打着"跨区经营"的幌子以各种方式进入邵阳经营，市场竞争日益加剧。面对这一局面，湖南盐业股份有限公司邵阳市分公司调整经营思路，改变经营策略，以市场化竞争的手段抢占市场份额，同时在工商、公安等部门的配合支持下，规范外省盐入邵的经营行为。全年依法查处23起涉盐违法行为，封存、扣押盐产品210余吨，没收盐产品48吨，工商部门立案查处11起，公安机关立案侦查1起，判刑2人。

【重拳打击涉盐违法犯罪】2017年，随着盐业体制改革方案的出台，一些不法商贩趁机在食盐市场兴风作浪。市区配送中心发现有人私自销售加碘精制盐，湖南盐业股份有限公司邵阳市分公司立即对嫌疑人和嫌疑窝点进行24小时轮流布控监视。通过与公安部门联合执法，现场查获以彭某为主的制售假冒加碘食盐案，查获假冒加碘精制盐39.5吨、工业盐包装袋900多个及封口机1台。经公安部门侦查后，于3月13日经邵阳市双清区人民法院审理，以生产、销售有毒有害食品罪，依法判处彭某有期徒刑一年，并处罚金4万元；判处何某有期徒刑一年六个月，并处罚金4万元。

【宣传"雪天"品牌】2017年，随着盐改方案的实施，行政区划取消，品牌竞争加剧，湖南盐业股份有限公司邵阳市分公司为占领市场，相继开展系列宣传活动，树立"雪天"品牌形象。在"3·15""5·15"两个主题宣传日，编印发放《告全市人民书》《怎样辨别真假盐》《碘缺乏危害》《雪天盐放心盐》《购买合格盐，抵制脚臭盐》等宣传册和传单。"3·15""5·15"及7月"食品安全宣传周"市县两级与当地疾控中心、食药局在各地组织宣传活动，通过设立咨询台，摆放宣传展板，悬挂横幅，组织宣传车，印发宣传资料等形式进行广泛宣传。向群众发放宣传资料10万余份，悬挂横幅300余幅，接受群众咨询数万人次。分公司办公楼顶装上"湖南盐业、雪天品牌、全国领先"的大型发光广告，公司门口醒目处制作雪天盐的大型灯箱广告牌。提升盐业公司负责任的国有企业形象，使"雪天"品牌更加家喻户晓。

【调运和配送工作】2017年，邵阳盐行业一季度经受调入困难，基础盐供不应求的考验，二季度面临市场饱和销售淡季的挑战及外省盐的围困。湖南盐业股份有限公司邵阳市分公司抢调运保销售，同时抓住配送环节，抢占市场，确保食盐供应主渠道地位。1月邵阳盐业小包盐调运紧张，库存为零。分公司兵分三组相互配合。一组人马赴2盐矿守盐调盐，不分白天黑夜守盐、调车运盐，1个月内抢到1000多吨盐。市县两级公司不惜额外支付分装费、加班费启动3条生产线日夜不停地加班生产，11天时间抢运2500吨小包盐，满足春节期间小包盐的应急供应。各县公司分头派车运盐保销售。一组人马抓紧访销配送，把调回的小包盐尽可能分散送店，让大家都有盐卖，减少矛盾。一组人马跑市场挨家挨户做宣传，宣讲盐改政策，稳住客户。同时抓住配送环节，从1月开始，营销一线取消"双休日"，全员跑市场，把"雪天"盐及时送到各网点，确保需求。

【开展宣传促销"两个活动"】2017年，湖南盐业股份有限公司邵阳市分公司控制终端消费市场。3月底印发《邵阳盐业系统开展"两进"和"走村入户"宣传促销活动方案》（简称"两个活动"）。所有配送车上安装市公司统一购置高音喇叭播放盐改政策，车身统一粘贴"雪天盐·放心盐""雪天品牌·全国领先"红色横幅，发放统一印刷的宣传资料。4月6日开始全市各公司陆续行动开展"两进"（进街道、进小区）现场宣传促销活动，现场销售中高档盐产品和非盐产品，现场接受消费咨询。同步开展"走村入户"宣传促销活动，挨家挨户直面农家，把宣传资料及雪天放心盐送到农村每家农户。6月将已开展的“两进”和“走村入户”宣传促销活动升华为“双百三下乡”“走村入户”宣传促销活动。宣传促销活动中，全市共开展进街道、进小区“两进”现场宣传促销活动202场，开展“走村入户”（“双百三下乡”）宣传促销活动616场，走访1000多个村庄。全年“两进”活动销售小包盐4979件、“走村入户”活动销售小包盐3919件、“双百三下乡”活动销售小包盐7360件，共计销售小包盐423吨，其中销售非基础盐21吨；共劝退销售外省盐的商店网点26家（户），劝退盐产品50多吨。

【网点建设】2017年，湖南盐业股份有限公司邵阳市分公司面对盐改新形势，抓好网点建设完善基础工作。为方便与客户联系，及时了解市场信息、宣传有关政策，全市10个经营单位均建立客户微信群，年底已有30个片区客户微信群1260个客户入群。同时，重视大卖场的引领作用，利用集团（股份）公司安排的50万元宣传费用，制作陈列柜、广告宣传牌，并针对盐产品宣传的重要窗口，对大卖场（超市）采取“包专店、包专场”的措施签订协议，以协议形式确定盐产品销量，明确只销“雪天”盐产品的责任和义务，共签订包专店、包专场的主要卖场（超市）65家，并在卖场（超市）内强推出各式各样的“雪天”盐的宣传广告。

【尝试突破传统非盐经营模式】2017年，湖南盐业股份有限公司邵阳市分公司在盐改实施前已做了八九年的非盐经营，主要经营商品酒、味精、酱油等，通过员工肩背手提，走村镇、进网点等经营方式，有销售无利润。盐改后为抢占市场已无暇顾及销售酒和油，传统的商品经营方式受到严重制约，非盐经营唯有紧跟集团改革、转型、发展步伐，尝试突破传统非盐经营模式。8月分公司接触集团控股企业——中雅阳光医疗器械有限公司，了解到医疗器械、药品的采购供应市场巨大、利润丰厚；9月与中雅阳光医疗器械有限公司签订战略合作协议；10月试运作成功，拿下洞口、武冈2家民营医院（杏林医院）的器材、药品的供应权，11月8日正式签订年供应量1500万元的供应合同，并由中雅阳光直接送货3批，实现中雅阳光在邵阳的医疗器械供应链零的突破，年底有武冈、绥宁2家医院的供应链对接启动，集团控股企业——中雅阳光医疗器械有限公司邵阳分公司挂牌成立。

【安全生产】2017年，湖南盐业股份有限公司邵阳市分公司与各单位（部门）签订安全生产目标责任状，把安全生产任务结合企业实际进行层层分解，将安全生产责任落实到具体责任人。通过加强“安全生产特护期”安全工作，深化安全生产大检查的“三大行动”，对检查发现的隐患和问题立即整改，做到责任、措施、资金、时限和预案“五落实”。对全系统进行多次安全生产自查、自纠活动，特别是对本部的出租场地、办公场所、配电设施、仓库等进行重点检查，各县公司对各自管辖区域进行检查，有效提高员工“安全生产红线”意识和自觉遵守企业安全生产制度的责任感。全年全系统无重大安全生产事故。

（办公室）

服务业经济

【概况】2017年，邵阳市第三产业完成增加值762.90亿元，同比增长11.3%。三次产业结构由上年的21.5∶35.2∶43.3调整为19.7∶35.2∶45.1，第三产业比重提升1.8个百分点。

【房地产市场】2017年，邵阳市商品房施工面积1758.2万平方米，比上年增长3.6%，竣工面积207.3万平方米，增长2.5%，销售面积448.8万平方米，增长2.6%，其中现房销售面积141.1万平方米，下降15.5%，住宅销售面积377.4万平方米，下降1.1%，住宅每平方米均价3471元，增长17.5%。

【消费品市场】2017年，邵阳市完成社会消费品零售总额926.24亿元，比上年增长11.0%，其中限额以上零售额441.91亿元，增长19.2%。在限额以上零售额中，城镇实现零售额427.83亿元，增长18.7%，城区170.10亿元，增长13.1%，乡村实现零售额14.08亿元，增长36.4%。

年末全市限额以上批发零售单位达1038家，比上年增加102家，实现零售额413.3亿元，增长19.2%。其中，食品饮料和烟酒类零售额80.32亿元，增长18.2%；服装和针纺织品类零售额15.68亿元，增长28.2%；家用电器和音像器材类零售额24.14亿元，增长20.8%；金银珠宝类零售额8.02亿元，增长29.8%；汽车类零售额69.89亿元，增长12.3%。限额以上住宿餐饮业单位达306家，比上年增加38家，实现零售额28.6亿元，增长19.8%。

【旅游市场】2017年，邵阳市实现旅游总收入332.17亿元，比上年增长33.1%。接待国内旅游者3794.81万人次,增长16.8%，实现国内旅游收入330.43亿元，增长33.0%。接待外国及港澳台旅游者10.37万人次,增长40.0%。其中，外国游客1.29万人次、增长111.5%，旅游外汇收入2579.5万美元、增长39.5%。

【交通运输】2017年，邵阳市拥有民用车辆91.03万辆，比上年增长20.6%。其中，汽车46.91万辆，增长13.5%；轿车20.99万辆，增长18.7%。公路水路完成货运量2.40亿吨，比上年增长4.7%，货物周转量483.83亿吨公里，增长5.1%；客运量1.20亿人，下降6.4%，旅客周转量49.05亿人公里，下降8.1%。

【邮电业务】2017年，邵阳市完成邮电业务总量71.95亿元，比上年增长34.1%。其中，邮政业务量7.24亿元，增长25.6%；电信业务量64.71亿元，增长35.2%。年末局用交换机总容量834.65万门，增长0.4%。年末固定电话用户达到46.02万户，比上年年末减少4.6万户，移动电话用户491.98万户，增加38.47万户，电话普及率达到每100人72.95部。

【金融业务】2017年末，邵阳市金融机构本外币各项存款余额2795.05亿元，比年初增加347.92亿元，增长14.2%。其中，非金融企业存款502.58亿元，增长29.2%；住户存款余额1867.95亿元，增长12.8%；广义政府存款419.16亿元，增长5.8%。年末全市金融机构本外币各项贷款余额1269.59亿元，比年初增加216.59亿元，增长20.6%。其中，住户贷款561.72亿元，增长19.4%；非金融企业及机关团体贷款707.87亿元，增长21.5%。人民币消费贷款260.87亿元，增长41.3%；个人住房贷款163.79亿元，增长36.1%；房地产开发贷款60.69亿元，增长38.4%；中小企业贷款490.56亿元，增长25.8%。

【证券市场】2017年，邵阳市在邵证券营业部新开户数26402个，比上年增长12.0%；股民保证金7.42亿元，下降26.6%；年内交易量1587.26亿元，增长0.2%；股票买入量727.64亿元，下降1.4%；卖出量970.23亿元，增长1.3%。

【保险业务】2017年末，邵阳市共有29家保险公司，比上年增加1家，其中财险11家，寿险18家。全市保费收入72.58亿元，比上年增长24.1%。其中财产险保费收入20.30亿元，增长15.2%；人身险保费收入52.28亿元，增长26.7%。保险密度984元/人，比上年上升185.94元/人；保险深度4.3%，比上年上升0.45个百分点。全年完成各项保险赔付金额达27.00亿元，增长9.8%。其中财产险赔付10.67亿元，增长20.4%；人身险赔付额16.33亿元，增长3.8%。

【教育事业】2017年，邵阳市3所普通高等学校招生1.26万人，比上年增长44.7%，在校生3.63万人，毕业生0.93万人。各类中等职业教育招生2.8万人，下降2.1%，在校生7.24万人，毕业生2.18万人。普通高中招生4.43万人，下降2.8%，在校生13.14万人，毕业生3.89万人。初中和小学共招生20.27万人，下降4.1%，在校生91.87万人，毕业生19.85万人。特殊教育招生0.09万人，在校生0.45万人。幼儿园在园幼儿21.32万人，增长0.1%。各类民办学校95所，在校学生9.53万人。小学适龄儿童入学率和毕业生升学率均达到100%。

【文化事业】2017年末，邵阳市共有文化馆13个，公共图书馆14个，博物馆2个，纪念馆9个，市级艺术表演团体4个。有线电视用户101万户，电视综合人口覆盖率97.88%。文化产业实现增加值81.53亿元，占GDP的4.82%。全年完成“演艺惠民、送戏下乡”演出844场，“宝庆大戏台”周末剧场演出96场，放映城市广场公益电影945场，农村公益电影6.8万场。开展全民阅读进机关、进校园、进企业、进村组、进社区、进家庭、进军营“七进”系列活动和图书漂流、讲座等各类阅读活动，获得良好的社会反映。

【体育运动】2017年，邵阳市举办全市（县、区）性各类群众体育活动200次，参与活动的人数达255万人次，建成体育健身工程450套。获批中央资金支持县级全民健身中心1个、乡镇项目2个，中央预算投资建设项目5个，省级社区多功能运动场10个。参加省级以上全民健身群众体育活动6次，举办全市全民健身活动10次。参加湖南省第八届全民健身节暨湖南省“龙果江杯”健身气功站点联赛获八段锦集体赛、五禽戏集体赛一等奖；参加湖南省体育行业职业技能游泳救助项目比赛，获团队赛三等奖和优秀组织奖；参加第六届国际演武大会，获43枚金牌、4枚银牌、3枚铜牌。

（市发展改革委）

金融·保险

中国人民银行邵阳市中心支行

【概况】2017年，中国人民银行邵阳市中心支行首次实现全辖“零信访”。获全省人行系统金融稳定业务知识竞赛团体二等奖、反假货币知识与技能竞赛团体二等奖，支付结算科获总行“女职工文明示范岗”称号，国库科被继续认定为总行“青年文明号”，2人被评为总行专业先进工作者。承办破获“11·30地下钱庄交易对手案”作为全国最大的地下钱庄案件之一获上级行高度肯定，外汇科被湖南省外汇局推荐为2014—2016年度全国打击非法买卖外汇先进集体；国库“一机多库，异地经理”模式和非税收入缴库电子化改革2项工作均属全省首创，二维码整袋交接系统上线工作、智慧公交项目、金融宣传等工作走在全省前列，反洗钱知识进校园宣传活动被中国网推介，3幅宣传作品被长沙中心支行推荐参加欧亚反洗钱组织第27届全会“打击国际恐怖主义”画展评选。

【金融发展】2017年，中国人民银行邵阳市中心支行综合运用窗口指导、信贷政策导向效果评估、宏观审慎评估等措施，引导金融机构精准服务支持实体经济。截至12月末，全市各项存款2795.05亿元，新增347.92亿元，同比增长14.22%，存款增量、增速分别排名全省第三和第四；各项贷款余额1269.59亿元，新增贷款216.59亿元，同比增长20.57%，贷款增量、增速分别排名全省第八和第六；全市金融业纳税12.12亿元，同比增收2.07亿元，增长20.59%，同比多增14.92%，金融业税收占比达12.19%。

【金融扶贫】2017年，中国人民银行邵阳市中心支行牵头制定邵阳市金融扶贫领导小组工作机制、考核办法和精准扶贫示范区创建细则，推进金融扶贫机制化、长效化建设。围绕政策辅导、措施督导、产品主导、经验引导4个方面，汇编4项金融精准扶贫工作材料，全面推进金融扶贫工作。推动各县市区整合扶贫资金1.96亿元，构建融资担保、贷款贴息、风险补偿、融资奖励、工作奖补等系列机制，专项用于支持金融与扶贫产业对接。建成1074家金融扶贫服务站，实现贫困村全覆盖；建成362个“三站”融合示范点，推广新宁县“金融精准扶贫示范村”创建经验，打造32家市扶贫再贷款示范点、推荐上报3家省级示范点。金融精准扶贫宣传推进月活动实现县市区金融机构城乡网点和金融扶贫服务站全覆盖。6月、10月联合市扶贫办、市银监局开展2次督查，推动全市12个县市区和13家市级银行机构金融扶贫工作提质进档。截至12月末，共发放扶贫再贷款12.6亿元，支农再贷款3.5亿元，支持建档立卡贫困农户1.63万户，支持新型农业经营组织287家，带动建档立卡贫困户7414人。截至3季度末，全市金融精准扶贫贷款余额113.21亿元，年内新增30.65亿元，同比增长44%，高出全部贷款增速20.91个百分点；截至12月末，新增建档立卡贫困农户扶贫小额信贷 10.87 亿元，累计发放 16.07 亿元；新型农业经营主体贷款余额 7.75 亿元，以入股分红、产品包销、务工等方式带动周边205个贫困村约16.31万贫困农户实现可持续增收。全市启动易地扶贫搬迁贷款项目55个，共安排易地扶贫搬迁贷款5.87亿元，安排专项基金2.48亿元。人行隆回县支行获2016年度湖南省金融扶贫专项竞赛先进单位称号。做好高校毕业生、农村转移劳动力、城镇困难人员、农村创业妇女等群体创业就业的信贷支持和配套金融服务，全市新增创业担保贷款2382笔2.42亿元。

【金融监管】2017年，中国人民银行邵阳市中心支行做好存款保险评级及风险差别费率管理，针对洞口、邵阳农商2家关注类投保机构，采取持续监测、综合分析、实地调研、约见谈话、工作提示、现场核查等措施，2家机构存贷业务稳步发展，不良贷款占比逐渐下降。开展县域存款用于当地贷款情况核查、农商行资金业务核查、金融精准扶贫贷款数据核查和金融统计执法检查，协助长沙中心支行开展房地产金融监测分析系统数据调试工作，提高统计数据质量，督促相关金融机构加大服务实体经济和支农力度。县域法人金融机构新增存款用于当地贷款考核达标率80%，比上年提高40个百分点。强化法人机构监管，督促落实《金融机构大额交易和可疑交易报告管理办法》；加强与公检法、纪委等部门情报会商，完成对辖内144家义务机构的考核评级，并以评级结果为基础对义务机构实施分类监管和现场检查。开展“两管理、两综合、一保护”工作。完成9家新设银行机构开业管理服务；建立综合评价问题库，按季反馈问题，按年通报评价结果，对评价为C类的机构重点质询相关负责人；开展电信诈骗、互联网金融等专项整治，营造良好支付结算环境；抽调外汇、反洗钱、科技、法律事务等专业骨干全力支持，做好11·30非法买卖外汇案件行政处罚工作。外汇中心支局同贵州铜仁中心支局建立跨区域协作监管机制，有效防止企业通过异地收支逃避监管的行为；加强跨境资金流动监测和管理，深化重点领域改革，强化服务职能，促进辖内涉外经济平稳健康发展。

【金融创新】2017年，中国人民银行邵阳市中心支行试点创建普惠金融示范区，选择隆回县开展普惠金融示范试点工作并取得初步成效，新宁县支行作为湖南唯一代表在中国金融教育基金会举办的2017年“金惠工程”志愿者跨地区经验交流会上作经验发言。推进“两权”抵押贷款试点，牵头开发农村产权信息化管理系统和农村产权交易云平台，洞口县土地承包经营权抵押贷款余额1.23亿元，位居全省前列，支持190个农户、83个新型农村经济组织，获《湖南金融简讯》2017第5期肯定，在全省“两权”抵押贷款试点现场推进会上获副省长陈向群的肯定。推进金融扶贫服务站、助农取款服务点和农村电商服务站三站融合共建，邵东支行和洞口支行的做法分别得到《金融时报》肯定推介，“洞口模式”在2017年全省支付结算工作座谈会上受到表扬。在全省第一个上线二维码整袋交接暨冠字号码同步流转系统，武冈支库、邵东支库2个县支库成为全省第一批上线单位。选择以邵阳县代理支库为突破口，创新推出“一机多库，异地经理”模式，提高人民银行服务县域经济的能力。在全省率先完成非税收入缴库电子化改革，深化国库会计标准化管理，夯实会计核算工作基础，国库队伍建设经验在全省国库工作会议上作介绍。在全省率先上线“智慧公交”项目，全市近600台公交车支持金融IC卡“刷卡支付”方式，多家银行出台1分钱刷卡乘车等营销推广活动，邵阳市公共交通领域金融IC卡交易笔数突破140万笔/月，稳居全省公共交通领域移动支付第一名。

【信用建设】截至2017年12月末，邵阳市全辖共建立信用村637个，贫困农户信用建档入库达30.3万户，获信用评级贫困农户29.6万户，贫困农户建档立卡信息入库率达100%，信用评级率达97.7%；隆回县工业园区企业信息入库率达98%。对247名湖南省人大代表和77名湖南省政协委员开展个人信用报告查询、审查，评议，否决1名人大代表和3名政协委员的代表资格，邵阳市诚信文化教育基地铁砂岭小学的原创微信作品“诚信之源”在全省竞赛中获优秀作品第一名、最佳人气作品奖和参赛奖3个奖项。“三湘征信”推广宣传工作获长沙中心支行通报表彰，应收账款融资服务平台成交金额居省内各市州前列。

【金惠工程】2017年，中国人民银行邵阳市中心支行举办邵阳市普惠金融知识竞赛，引导银行、证券、保险金融机构、金融员工贯彻落实党的十九大精神，宣传学习普惠金融知识，推进普惠金融发展，提高金融服务实体经济的能力和水平。《邵阳日报》、邵阳电视台给予报道，在湖南省普惠金融工作会议上做经验发言。推进支付宣传，在湖南省支付清算工作会议上被点名表扬，绥宁县支行特色宣传做法被总行《支付清算》肯定推介。深化“互联网+普惠金融”模式，“邵阳外汇”微信公众号成为企业“口袋里的柜台”“掌上资料库”“随行讲解员”。强化反假知识宣传、培训，推进反假货币管理，获湖南省人行系统反假货币知识与技能竞赛团体二等奖和2个个人奖项。

【内部管理】2017年，中国人民银行邵阳市中心支行组织开展党办工作集中讨论、培训，获“党办工作大讨论主题征文”二等奖1个、三等奖2个；督查理论征文和妥善处置1起涉军信访事项的做法得到长沙中心支行肯定并上报总行；长沙中心支行通报的人民银行机构形象标识整改率在全省地市中心支行排名第二；中心支行被评为全市“十三五”规划编制先进单位和档案工作先进单位；被长沙中心支行推荐作为湖南省人民银行系统唯一代表参加湖南省信访基础工作“双百”评选；中心支行工会课题获长沙中心支行评比二等奖。创新同级监督，针对同级监督“不敢审、不好审、不愿审”问题，采取调研先行、实践探索、总结提高和成果固化的新思路，达成内审共识，邵阳经验做法被武汉分行与长沙中心支行内审处推介。夯实会计管理，开展“问答支行”和“会计基础综合治理”活动，6项工作被长沙中心支行《会计信息交流》推荐。成立预算管理委员会，举办财经纪律培训班和会计管理培训班，初步实现预算编制与执行的矩阵式管理。开设支行网络实验课堂，提升科技保障能力，有关做法2次被长沙中心支行科技处在内网平台推介；建设完善虚拟化平台，推广使用桌面云服务，建立机房、网络和重要应用系统的运行维护、风险控制、安全审计“三道防线”，提升科技规范化水平。建立完善责任管理、应急反应、支持保障、预防预控4项机制，推进发行库区、守卫值班室标准化建设，保卫科负责人获总行安全保卫工作先进个人称号。加强后勤保障，开展以“节能有我，绿色共享”为主题的宣传周活动，实现人均综合能耗降幅目标。参加全省人民银行系统职工食堂厨艺技能比武，获优秀厨艺奖。

（罗　宏）

中国银行业监督管理委员会邵阳监管分局

【概况】2017年，中国银行业监督管理委员会邵阳监管分局通过持续有效的监管，辖内银行业市场乱象得到有效遏制，服务实体经济质效明显提升，经营稳健、整体风险可控。截至年末，全市银行业各项存款余额2766.56亿元，比年初增加392.13亿元，增长16.51%，高于全省平均水平1.95个百分点，增量、增幅均排在全省第四位；各项贷款余额1269.58亿元，比年初增加216.58亿元，同增幅20.57%，同比提高2.45个百分点，增量、增幅均排在全省第六位。全年各银行业金融机构实现税后利润29.55亿元，同比增加5.41亿元，增长22.44%。

【全面从严治党】2017年，中国银行业监督管理委员会邵阳监管分局党委按照“学懂、弄通、做实”要求开展党的十九大精神学习宣传，统筹推进“两学一做”学习教育常态化制度化、“做守严”专题教育，抓实中心组、支部和个人三个层面的学习，组织中心组学习12次，专题研讨4次，编发《学习纪要》12期、《学习参考》22期；各支部开展学习121次，专题研讨52次。全面压紧压实“两个责任”。制定《党委“三重一大”事项规定》，规范“三重一大”决策程序。落实《党支部推进全面从严治党实施意见》，调整规范支部设置，建立支部纪检委员向纪委报告工作制度，开展支部建设达标活动和“主题党日+”活动，实现“学做同步”，推动全面从严治党向支部延伸。优化干部队伍建设，提拔任用12名干部。持续加强廉政教育，编发《邵阳分局廉政手册》、通报反面典型案例；对2个监管科室开展执法效能行政监察。

【服务实体】2017年，中国银行业监督管理委员会邵阳监管分局坚持将国家金融方针政策与邵阳实际有机结合，支持、引导银行业机构在有效防范风险基础上，加大资金投入，为地方经济“输血”。加大信贷投放力度，至年末，全市银行业机构各项贷款余额1269.59亿元，比年初增加216.59亿元，增幅20.57%，增量和增幅均排在全省第6位。改善薄弱领域金融服务，12月末全市涉农贷款余额676.08亿元，较年初增加68.29亿元，同比增长15.37%；小微企业贷款余额458.6亿元，较年初增加69.32亿元，同比增长17.81%，贷款户数36939户，同比增加3708户，申贷获得率94.02%，同比提高1.15个百分点；贫困地区各项贷款余额382.03亿元，同比增长8.1%，贫困户贷款余额21.51亿元，同比增长6.48%，实现“两个不低于”目标。完善县域金融服务功能，深化银行业改革取得实效，“一县两行”格局基本成型，年内6家村镇银行挂牌开业，“一县两行”已覆盖辖内7个县（市）。全年新增分支机构10家，新增社区支行4家，县域和社区金融服务更趋专业、便捷。

【风险防控】2017年，中国银行业监督管理委员会邵阳监管分局进一步压实风险防控责任，将银行业机构及其主要负责人推到风险防控第一线。有效防控信用风险，开展信用风险排查，核实分类不准确贷款4011笔、14.39亿元，均督促机构及时调整真实反映，并督促机构处置不良贷款27.31亿元，压降表外不良贷款2.98亿元。加强声誉风险管理，全面落实负面舆情监测制度，全年上报舆情监测报告66份，监测负面舆情264条，稳妥处置辖内负面舆情2起。严防流动性风险，督促村镇银行与主发起行签订流动性风险承诺协议，辖内机构流动性风险可控。强化外部转移风险防控，先后开展P2P、“校园贷”“现金贷”清理整治，协助地方政府开展打击电信网络诈骗、非法集资等工作。防范案件风险，持续构建案防长效机制，全年没有发生经济案件。

【乱象整治】2017年，中国银行业监督管理委员会邵阳监管分局落实银监会“三三四十”专项治理部署，先后派出61个督查（检查）组，累计对辖内481个机构（网点）开展现场督查（检查），涉及金额838.42亿元，共发现各类违纪违规问题269个，提出监管意见194条。

【消费者权益保护】2017年，中国银行业监督管理委员会邵阳监管分局督促银行业机构落实信访“三专”要求，畅通信访投诉渠道，全年妥善处理信访113件（人次），未发生1起信访复议（复查）。普及金融知识，组织辖内13家市级银行业机构开展防范和打击非法集资、送金融知识和金融服务进校园集中宣传活动，开展专题讲座5次，累计发放宣传资料1.2万余份，接受咨询1000余人次。

【监管效能】2017年，中国银行业监督管理委员会邵阳监管分局依法依规做好行政许可工作，全年办理机构准入事项25项，核准高管任职资格34人，备案33人。加强对机构数据质量的培训和检查，提高一次、二次审核效率，及时进行数据异动提示，全年数据差错通报率明显减少。提升现场检查发现和解决问题的能力，全年开展各类现场检查项目8个，累计派出检查组30个，检查金额680.89亿元，发现各类问题320个，金额199.62亿元，下发检查意见书17份，提出整改意见207条，跟踪机构对监管意见的整改落实到位190条，整改率达91.79%。全面推广EAST系统应用，在全局范围内初步实现“应知尽知”“能用尽用”，参加省局竞赛再创佳绩，荣获团体三等奖和优秀建模奖2个奖项。严格行政处罚，针对12家机构的违法违规问题罚款244万，处罚责任人员29人，处罚力度为历年之最。

【内部管理】2017 年，中国银行业监督管理委员会邵阳监管分局规范制度建设，重新修订和完善分局《内设科室办事规则》等25 项规章制度并组织系统学习，进一步规范办事程序。加强督办力度持续，下发重点工作、日常性工作、落实上级文件等各类督办单 30 份，各项重点工作有效落实。加强信息调研和新闻网评工作，政务信息名列全省第六，1 人获评省局“信息工作先进个人”，网评工作排名全省第一，并获评银监会“舆情工作先进单位”，4 人获省局“优秀网评员”称号，推选出的 2 篇论文均在省局青年论坛征文中获奖。开展丰富多彩的文体活动，分局职工之家被省局授予“先进职工之家”。

（严　琨）

中国工商银行邵阳分行

【概况】2017 年，中国工商银行邵阳分行信贷投放实现超历史增长；两项存款日均余额创增长新高；信贷资产质量完成管控任务；中间业务收入回归正常水平；拨备前利润超额完成锁口计划；党风廉政建设和内控案防工作不断加强。继续获评全省安全保卫工作先进单位；继续蝉联“全市金融宣传工作先进集体”一等奖。参加湖南省工行系统气排球比赛，获第六名；参加邵阳市银行业气排球比赛，获亚军。

【信贷业务】2017 年，中国工商银行邵阳分行坚持“抓大抓小抓优抓新”营销，不惟大小、不惟行业、不惟期限、不惟品种、只惟优劣。公司信贷客户拓展迅速，竞争力提高。医疗、教育、旅游及基础设施领域有新突破。成功为市交通枢纽建设有限责任公司办理一笔金额 3 亿元、期限 5 年的履约保函业务，实现保函业务的重大突破。全年累计投放 75.05 亿元（不含银行卡透支），其中公司贷款投放 46.50 亿元，个人贷款累计发放 12.56 亿元，票据融资总额累计完成 15.99 亿元。年末各项贷款比年初增加 29.68 亿元，增幅 28.80%，高出全省平均增幅 16.23 个百分点，增量和增幅双双排名全省第二，创历史新高。增量同业占比 39.8%，继续保持同业第一。

【存款业务】2017 年，中国工商银行邵阳分行开展旺季营销竞赛和“大战五月、六月，比比看”增存竞赛活动。充实个人客户经理队伍，组建远程维护团队，落实存量客户分层维护，实施代发工资“1111”拓户工程。在公司、机构存款业务市场上取得重大进展；存贷一体化推动公存、机构业务市场的拓展和存量客户潜力提升。年末各项存款较年初增加 12.35 亿元，其中储蓄存款增加 7.92 亿元，居全省第五位；对公存款增加 4.04 亿元。两项存款日均余额比上年增加 16.18 亿元，创增长新高。

【银行卡业务】2017 年，中国工商银行邵阳分行开展为期 100 天的“从严治卡、杜绝虚假业务”主题活动；开展信用卡分期业务风险排查。以信用卡不良压降为手段，推动信用卡业务量质并举发展。全年新增有效客户 1031 户，净增二维码商户 1217 户，均列全省第七位。个人信用消费贷款余额增长 2986 万元，计划完成率全省第五位。信用卡分期付款交易额 52240 万元，全省第二位；任务完成率 80.37%，全省第五位。

【网络金融业务】2017 年，中国工商银行邵阳分行通过强化线上布局、线下体验等活动的开展，做好“融e行”“融e联”“融e购”平台的获客活客工作，提升客户黏合度。通过营业网点智能设备的组合应用，扩大客户群体，推动客户交易结算由网点柜面向自助、自主服务型转型，持续提升客户动户规模，抢挖客户资源，提升同业市场竞争力，促进网络金额业务发展。12 月末融e联新增实名客户与新增总量客户的占比为 64.38%，居全省第二位；八大客户群融e联渗透率六项排名第一；个人客户经理五星级以上管户客户注册率全省排名第三。12 月 12 日融e购“邵阳馆”开馆，当天实现交易金额 49597 元，交易笔数 798 笔。

【结算与现金管理业务】2017 年，中国工商银行邵阳分行加大拓户力度，新增有效现金管理客户 68 户，净增日均金融资产 5 万元以上客户 42 户，分别完成任务的 340% 和 113.5%；营销财智账户卡 1098 张，完成工银e

缴费项目14个，分别完成任务的168.9%和140%。抢抓旺季贵金属市场，开展熊猫金币、工银贺岁大吉年红包、幸福小苹果、天使之眼、史努比产品及激情奥运币套装等销售活动，营销效果受到湖南省分行的肯定。

【国际业务】2017年，中国工商银行邵阳分行围绕结售汇、国际结算、贸易融资、拓户等核心业务开展工作，国际业务实现健康发展。国际结算、结售汇业务实现增长，国际结算、贸易融资业务量、拓户超额完成进度任务，贸易融资资产质量良好，无不良。截至12月末，国际结算业务量完成33932万美元，比上年同期增加229万美元，完成全年考核任务的106%；结售汇完成27428万美元，比上年同期增加7394万美元；贸易融资发生额完成5693万美元，完成全年考核任务的142.3%；完成跨境人民币结算实收实付11265万元，同业占比第二；新客户拓展14户，完成全年考核任务的140%。

【资产风险管理】2017年，中国工商银行邵阳分行围绕改善资产质量，抓实存量贷款风险排查，严守劣变底线；强化信用卡不良处置，加强信用风险量化管理；完善不良资产专业化清收处置机制，加快特殊资产清收处置进程。全年累计清收处置不良贷款37655万元，其中常规处置31183万元，完成省分行任务的122.29%。年末不良贷款额、率均控制在省分行目标内。法人客户、小企业客户不良暴露基本探底。逾期贷款与不良贷款“剪刀差”较年初减少2.07亿元，完成逾期贷款和“剪刀差”控制目标任务。

【运营风险管制】2017年，中国工商银行邵阳分行狠抓“三零”目标管理，提高运营风险管控能力。8月30日湖南省工行以《工银湘办发〔2017〕383号》文件专题推介“邵阳隆回支行连续20个月保持业务运营零风险事件的做法”经验。强化网点现场控制，抓好运营风险分级管理。11月23日湖南省分行以《工银湘办发〔2017〕484号》文件将隆回支行网点运营风险分级管理先进经验，即该行“抓好网点运营风险分级管理工作实践与体会”印发给全省各二级分行，供参考借鉴和学习。有序进行实物营运各项工作，年末库存现金比年初减少813万元；日均库存现金比省分行年度日均计划结余2412万元。全辖现金综合利用率53.4%，为历年最好水平。

【渠道管理建设】2017年，中国工商银行邵阳分行有序推进网点优化改造工作，完成火车北站、隆回城中、邵阳县和西湖支行的装修改造，完成邵东支行本部大院供水系统维修及新宁大兴路支行重建改造各项工作。有序推进智能化网点改造，全辖智能化网点达到28家。有效推进自助银行建设和低效设备调整，完成洞口96321部队自助银行建设和新宁崀山大道自助银行优化搬迁；组织实施对绥宁、隆回、洞口、西湖等支行低效ATM机具的优化调整。开展网点靓化整治，提升网点对外形象和综合竞争力。

【文明优质服务】2017年，中国工商银行邵阳分行继续开展服务明星柜员和服务优秀网点评选活动，全年评选服务明星柜员236人次，评选服务优秀网点8个。客户体验指数满意度提升较快，客户满意度发起率从上年同期的50%上升到90%以上；超时等候客户占比指标低于全省平均水平，排名上升到全省第七；平均办理业务时间提速，上升到全省第二；下半年客户抱怨率为零，服务管理工作有较大提升。

【内控案防和安全生产】2017年，中国工商银行邵阳分行推进内控合规“执行强化年”主题活动，开展合规文化学习宣讲；开展《员工违规行为处理规定》知识竞赛；举办机关员工“学十九大精神，强化合规意识，为全面完成全年经营目标而奋斗”主题活动晚会。深化“十大重点领域和关键环节”治理。开展“以案释法”专题警示教育，以及“微党课大家讲”和“一问一改”活动。坚持三不放过和一案双查原则，严格违规行为追究。形成“明底线、知敬畏”的廉政案防文化氛围。在全省安全保卫工作综合考评中排名第五；连续三年被评为“省分行安全保卫工作先进单位”。

【党建、工会和人才队伍建设】2017年，中国工商银行邵阳分行推进“两学一做”学习教育常态化制度化。落实“两个从严”要求，加强党风廉政建设和作风建设；加强基层党建工作，提高党支部战斗力。改革城区二级支行管理模式；组织一级支行“N+1”选拔；完成非管理类员工一般性晋升工作。多层面开展劳动竞赛，开展“三八”妇女节座谈联欢晚会，举办第二届员工气排球比赛和趣味运动会等一系列有益员工身心健康的文娱活动。开展“最美家庭”评选表彰，组织女员工参加省、市总工会举办的女性健康知识、职业女性的成长历程等讲座。在7月初的抗洪救灾、恢复生产战斗中，涌现出邵阳县支行、红旗路支行、技术支持中心等一批先进单位和个人。

（黄柏湘）

中国农业银行邵阳分行

【概况】2017年，中国农业银行邵阳分行各项存款余额378亿元，较年初净增40亿元，在高基数上取得新突破，各项存款余额和增量跃居四行领先地位，其中个人储蓄存款时点净增23亿元，日均净增24亿元，继续保持四行“双第一”；对公存款净增17亿元，增量市场份额跃居第一。各项贷款稳中有增，全年类信用净投放26亿元，其中贷款净增16亿元，中票发行10亿元，贷款中非农个贷净增6.5亿元，增量市场份额排名四行第二。综合绩效考核排名全省第四，获全省农行经营管理先进单位。个人储蓄存款余额排名全省第四，增量的时点和日均任务完成率均排名全省第三；对公存款完成省行年度任务的102%，余额和增量均排名全省第四，对公存款持续以年净增15亿元左右的速度增长，进入“百亿俱乐部”。小微企业贷款、农银汇理基金和境内外联动业务等指标任务完成率分别达到262%、118%和148%，在全省名列前茅。农户贷款较年初净增近1.5亿元，在全省排名第一。

【经营转型】2017年，中国农业银行邵阳分行客户结构方面，对公账户比年初净增1401户，成功获得市本级及城区2个国库集中支付代理资格，开立12个市本级事业单位账户和8个职业年金账户，成功营销市本级公共资源交易中心账户和城步南山国家公园管理局基本账户，与双清区、北塔区和洞口县签订财政惠农补贴代理协议，系统性和源头性的客户营销取得有效突破；全行个人贵宾客户8.65万户，比年初增加12191户，个人贵宾客户占有效客户的3.73%，比年初提升0.46%，产品交叉销售率351%，比年初提升42个百分点，全省排名第三。渠道转型方面，全行减少高柜数量38个，压缩高柜人员48人，增加低柜人员14人，营销人员占比7个百分点，管户人员增加208人，网点转型工作通过总行检查验收，并获检查组领导肯定；总分行两次“神秘人”网点服务检查和省分行网点转型验收，邵阳分行得分均排名全省第一。

【业务创新】2017年，中国农业银行邵阳分行有效突破新兴业务，成功中标城建投40亿元中票主承销业务并实现首期10亿元成功发行；成功营销雪峰投资发展有限公司3亿元专项债券募集资金监管业务及农商行等同业理财4亿元。全行国际业务实现有效发展，累计营销国际结算客户59户，同比增加14户，累计投放“湘汇贷”4473万元。支持贫困户精准脱贫，率先推出“富农贷”和“光富贷”，为3500户建档立卡贫困户发放1.5亿元精准扶贫贷款；支持新型农业经营主体规模经营，创新推出“油茶贷”和“粮食贷”，累计发放农户贷款3.5亿元。推进“惠农通”工程，累计布放“惠农通”机具3600台，行政村覆盖率112%，月均交易量达到61笔，两星级服务点增加675个，累计办理金融性交易56万笔，金额3.7亿元，代收电费和参保直缴业务在全省排名第三。

【内部控制】2017年，中国农业银行邵阳分行实现安全稳定无事故案件发生。全行制定《重大风险事件管理实施细则》，有序开展“五个回头看”，实施信贷基础管理“五个一”工程、个人信贷客户经理穿透式停复牌管理、公职人员不良信用专项清收和不良贷款清收“百日会战”，前瞻性地消化和处置一批风险隐患。全行不良贷款余额2.17亿元，比年初下降1.91亿元，不良率1.92%，比年初下降2.33个百分点，不良余额和不良率实现“双降”，并提前完成总行“净表计划”目标任务。抓好省分行巡视反馈意见的整改，推进“三线一网格”管理模式推广实施，开展员工行为管理“八个一”，主动与邵阳中级人民法院召开双方“一把手”参加的金融维权联席会，加快诉讼案件的审结、执行进度，有效解决一批长期遗留问题。

（薛 蓉 姚 红）

中国建设银行邵阳市分行

【概况】2017年，中国建设银行邵阳市分行下辖11个部门、23个支行、38个网点，覆盖全市9县3区，共有员工617人。全年一般性存款新增35.5亿元，四行占比32.7%；余额达375亿元，四行占比34.5%。其中对公存款新增16.3亿元，余额达134.8亿元，四行保持第一；日均新增16.9亿元，四行排名第一。个人存款新增19.3亿元，余额达240亿元。个人客户金融资产总量日均余额285.2亿元，较年初新增29.7亿元，系统排名第四。各项贷款新增25亿元，余额达168亿元（含信用卡），四行占比36.3%，四行排名保持第一，其中对公贷款余额97.9亿元，全年累计投放贷款32.6亿元；个人贷款新增28.8亿元，四行占比70.3%，余额达71.4亿元，四行占比41.4%，余额及新增均保持四行第一。剔除信用卡后，个人贷款较年初新增11.3亿元（剔除资产证券化减少的1.2亿元，实际新增12.5亿元）。以绝对优势领先第二名，余额达56.9亿元，余额及新增均保持四行第一。中间业务收入2.2亿元，四行占比39.5%，较上年增长1个百分点，四行排名保持第一。账面利润6.9亿元，四行占比71.4%，较上年增长2个百分点（3140万），四行排名保持第一。逾期贷款1.48亿元（不含信用卡），逾期率0.98%，均较年初低，完成省行控制计划。不良贷款率（含信用卡）2.4%，较同业平均水平低1.3个百分点。

2017年，建设银行邵阳市分行连续三年获市绩效考核优秀单位，连续三年获人行金融机构综合考评A类行，连续五年获人行反洗钱工作先进单位，在全市普惠金融知识竞赛中获亚军等多项奖项；1人获市最美扶贫人物称号，1人获全国金融服务明星称号；城步支行成功创建总行级文明单位，分行本部成功复检全国文明单位；打造大安街营业部5星级、邵东营业部4星级、邵东红岭路和洞口营业部3星级4个省行星级服务网点。

【支持重点项目建设】2017年，建设银行邵阳市分行抓住“二中心一枢纽”战略机遇，第一时间为邵阳火车南站扩改项目投放贷款5.2亿元，全力以赴为省重点项目彩虹集团盖板玻璃项目授信审批4.8亿元。抓住政府购买服务贷款窗口机遇，审批通过4笔并成功投放13.5亿元；抓住PPP业务发展机遇，中电建新邵资江防洪风光带PPP项目上报审批，五矿二十三冶邵东昭阳大道提质改造及地下综合管廊项目资本金审批到位。抓住资管投行业务发展机遇，在上年为邵阳城投承销10亿元中期票据的基础上，再为其承销超短期融资券10亿元。抓住银政企合作新机遇，与市工商行政管理局、市工商联等3个单位签订《战略合作协议》，与市公共资源交易中心、邵阳学院、中心医院微信平台等11个单位签订全面合作协议或三方协议。

【服务社会民生工程】2017年，建设银行邵阳市分行住房信贷超常规发展，新营销合作楼盘30个，总数达444个，全年累计投放个人住房贷款5496户15.8亿元，新增9.2亿元；签约合作二手房中介近50家，累计投放二手房贷款594户1.7亿元，新增1.6亿元。个贷余额四行占比较上年增长2.2个百分点，系统排名前进2位到第6。“蓝海”项目率先上线，在湖南省内率先上线首个政府公共住房租赁管理平台，并于近期再次率先上线企业租赁服务管理平台和住房租赁监管服务平台，打响“要租房，到建行”的住房租赁业务新品牌。巩固卫生教育行业，继续支持邵阳市中心医院、医专附属医院等二甲以上医院贷款，新拓邵东人民医院、邵阳学院、邵阳职业技术学院等卫生教育行业。助力中小企业发展，新增普惠金融贷款2.8亿元，余额超过10亿元；支持400多家小企业做大做强，完成“三个不低于”目标，助力地方特色行业、特色经济、优势企业发展。

【满足个人消费信贷需求】2017年，建设银行邵阳市分行批量化经营快贷，导入快贷白名单单位近100个近4万户，系统内率先导入公积金客户白名单；快贷较年初新增2亿元，余额达2.7亿元；发放个人消费经营类贷款（含快贷）6.8万户11.8亿元，发放户数、金额在全省地市行名列前茅。分期信贷市场领先，信用卡客户发卡净新增2万户，分期消费达11亿元，刷卡消费交易额达77亿元。获省行分期、商户、发卡、网络金融营销能手、优秀个人15人次，优秀单位4个。

【金融生态圈建设】2017年，建设银行邵阳市分行成立领导小组，制定推进方案，并纳入KPI考核，明确51个上线项目，其中做深做透项目15个。市本级非税电子化项目位列省行5个优秀生态圈项目之一，市本级财政国库电子化项目作为标杆项目在全省进行视频宣讲。加强科技应用服务中心工作。报送新一代典型案例143篇，系统排名第3；完成新一代对私业务、“蓝海”项目3大系统、会计营运条线等多个功能、模块、系统上线，技术支持向市场前沿进一步延伸。

【渠道转型】2017年，建设银行邵阳市分行网点装修建设提速增效，完成邵水桥、建设路等7个网点装修建设及整改开业，完成城南支行、城北支行等5个网点设计及造价申报。智慧柜员机综合服务效能提升，智慧柜员机迁移率达到89.9%，较年初提升29个百分点；自助设备全功能开机率、缺钞率和低效设备率均排名系统前五。互联网金融发展保持领先，在省行“第二届网络金融大比武”活动中荣获第2名，在省行“手机银行过1500万”竞赛活动中荣获地市行第3名；个人网银新增11.7万户，活跃客户达4.6万户，均排名地市行第5；手机银行新增14.4万户，微信银行新增8.1万户，均排名地市行第2；个人短信新增11.6万户，排名地市行第3。善融商务B2C交易量突破1亿元，排名地市行第1。移动金融柜面替代率达到85.3%，较年初提升11个百分点。

【重点产品与业务营销】2017年，建设银行邵阳市分行制定个人及对公客户维护考核方案，丰富维护方式，注重系统运用，全年开展“两走”活动200余场，举办专场客户主题活动300余场，举办第三届个人客户维护大赛。至年底，个人加权有效客户折算前新增4.4万户（折算后新增20.2万户），均超额完成省行计划任务；金融总量100万（含）客户新增系统排名第1，财富级客户新增系统排名第3，私行客户新增系统排名第2，私行团队获省行2017年度私行业务转型发展二等奖；代发工资客户（1000元以上）新增6.9万户。单位人民币结算账户新增1500户，四行占比50%排名第一，总量达1.1万户。新增职业年金归集户、城乡居民医保基金专户等重点机构客户10户，签订市本级医保唯一合作银行协议。支付结算产品稳步提升，新增金融IC卡22.7万张，龙支付20.8万户，龙支付钱包余额和交易笔数系统排名第1，龙商户1万户，电话POS 2324户；新增POS商户1053户，慧兜圈商户1913户，商户收单交易额83.19亿元，均系统排名第5。新增对公商户515户，对公商户客户208户，其日均存款余额达14.2亿元较上年增长3.4亿元。金湘通入镇落村，与中国人寿、国家电网等多家三方机构建立“金湘通+”合作平台，新增1143户，超额完成计划任务；开展金湘通集中发卡活动10余场，累计发卡2000余张。

【全面风险管控】2017年，建设银行邵阳市分行制定9个信用风险管控方案，建立健全“315工程”“521工程”管理要求。落实“风险管理职责进党委”要求，专题研究资产质量8次。实地走访全覆盖，按季对正常类客户现场走访、按每两月对关注及不良客户现场走访（或召开座谈会等）共60余次；党委委员下基层支行调研覆盖面达到100%，现场走访40余次，形成预授信方案70余份、问题贷款诊断方案15份、不良贷款处置方案8份，信贷检查月度（季度）走访记录表50余份。处置不良资产8106万元，其中公司类2674万元、个贷类3146万元、信用卡类2286万元；实现已核销呆账贷款现金回收387万元；完成年度信贷退出计划，“审慎关注类客户”压缩回收42260万元。推进合规文化建设，内控合规和两防以18%的权重（高于省行1.3个百分点）纳入KPI考核，制定10个合规履职文件。组建全行内控合规团队，初步搭建起“横向到边、纵向到底”全面覆盖的内控合规管理平台。落实“三会一查一考”的内控工作机制，召开操作风险例会、法务反洗钱例会、案防联席会议各12场，“两防”联席会议、内控合规反洗钱普法专题学习、全覆盖大检查、风险内控专题汇报各3场。组织开展抓党建促合规“合规建行　知行合一”系列竞赛活动和“合规人人讲”活动。推进信贷文化建设，开讲“信贷文化大讲堂”2场，开展押品检查、授权检查、信贷大检查、信贷领域专项治理、监管综合治理检查，信贷经济资本占用额和占用率实现“双降”。

【党建工作】2017年，建设银行邵阳市分行党委与各机构签订《全面从严治党责任书》，层层传导压力，促使各基层支部推进党建工作“四个融合”。健全考核评价，将党建党廉和工作作风作为硬指标以9%～12%的权重纳入中层干部业绩评价体系，从19个方面进行量化考核。规范组织建设，在全行实现基层党组织全覆盖，建好18个“党员之家”。组织全行党员收看党的十九大开幕大会电视直播，全行撰写党的十九大心得体会近200篇。推进“两学一做”学习教育。开展党委中心组学习30次，组织60余名党员领导干部重走长征路（老山界）、重温入党誓词，并到扶贫点开展党委书记上党课；省行部门到党建帮扶联系行讲党课2次，开展“纪委书记上讲堂”4次，聘请外部专家讲授主题党课1次。开通党建微信群，开辟学习宣传贯彻党的十九大精神专栏、党建工作提示及学习参考专栏和“四风”问题专项整治专栏，下发《基层组织建设工作提示》28期，《纪检监察学习参考》32期，“党风廉洁学习记录”12期，“指尖上的教育”微信学习226期。组织观看中纪委电视专题片7场次。开展“四个重点领域”专项整治、“四风”问题专项整治、“三清查”专项排查工作。党委班子对分管部门和联系行负责人开展提醒谈话18人次；各党支部开展提醒谈话36人次；党内除名1人，行政开除1人。纪委书记、副书记开展任职廉洁谈话17人次；每逢传统节假日、重要时间节点，均通过多种方式向全行进行廉洁提示。

（黄东阳）

中国农业发展银行邵阳市分行

【概况】2017年，中国农业发展银行邵阳市分行开辟扶贫贷款审批绿色通道，对贫困县上报的项目一律“快准入、快论证、快评估、快上报”，确保扶贫贷款早审批、早投放、早见效，年末精准扶贫贷款余额69.67亿元，较年初净增8.45亿元，增长13.8%；全力保障粮油收储，及时足额供应收购资金，全年累放各类粮油收储贷款9.04亿元，发挥收储资金供应主渠道作用；合规支持农业农村基础设施建设，组织市、县两级行主管信贷副行长参加国家发展改革委6月在长沙举办的“融资平台市场化转型”培训班，调整发展思路，将营销重点放在政策支持且地方需求旺盛的棚户区改造项目上，全年累计营销棚户区改造贷款项目8个、申贷金额28.45亿元，获批项目7个、金额20.65亿元，年内共计投放棚改贷款7.94亿元；推进业务创新转型发展，理清扶贫过桥贷款营销要点和难点，推行“政府主导、资金整合、实体承贷、风险可控、封闭运行、到账即收”的贷款模式，成功获批扶贫过桥项目3个、金额5.09亿元，实现投放1.79亿元；高效做好救灾应急信贷服务，在不足两星期内完成6笔共计5.1亿元救灾应急专项贷款的受理、调查、报批、投放工作，为全市抗洪救灾提供充足的资金保障。

【风险防控】2017 年，中国农业发展银行邵阳市分行把自营性客户风险防控作为全面风险管理的重点，有计划、有步骤地缓释风险、处理风险、化解风险。开展“风险管控攻坚年”活动，年初对全行 47 家自营性信贷客户、20.96 亿元贷款进行 1 次全面风险排查，彻底澄清风险底数，在此基础上将 13 家客户、56194 万元贷款确立为风险攻坚对象，“一企一策”制定维护方案；综合施策做好不良贷款清收处置，建立市、县两级行不良清收联动机制，将不良贷款客户区分为现金清收退出类、部分现金清收与续贷支持盘活类、协商处置抵押物或股权转让清收类、诉讼清收类四种情形，逐企确定实施管控措施的目标、要求和时间表、路径图，将清收化解责任压实到人，全年实现现金清收不良贷款及垫款 980 万元；强化押品管理，在全市系统组织开展“全覆盖”式的押品管理检查，涉及押品抵押价值 132.75 亿元，对检查发现的问题建立整改台账，对 6 名相关责任人进行严肃问责。

【基础管理】2017 年，中国农业发展银行邵阳市分行坚持把基础管理摆在重要位置，提高精细化、合规化管理水平，引导全行上下形成按规矩、依程序办事的行动自觉。开展“信贷队伍建设年”活动，结合实际制定活动实施方案、信贷业务年度培训方案和跟班学习计划，选拔爱岗敬业、品德高尚、业务精通、操作熟练的信贷骨干进入全市系统师资库人才名单，面向信贷岗位员工定期开展业务培训，同时搞好“传、帮、带”结对培训，按季对培训效果进行考核，以此完善信贷全流程标准化管理和内部约束。在总行 10 月末组织的信贷全流程标准化网络知识竞赛中，邵阳市分行参考率达 100%，平均成绩 98.92 分，在全省系统位居榜首。加强财务核算管理，进一步完善经营绩效考评办法，将考评结果与各县级支行年度绩效奖金总额挂钩，与各县级支行评先评优、领导班子的考核与使用挂钩，进一步调动各行有效发展业务的积极性和增收节支的自觉性。同时开展财务费用自查自纠和财会基础工作检查，试点推行固定资产内部计价管理。提升合规管理水平，开展“三套利”“三违反”“四不当”和市场乱象专项治理，并建立员工合规管理档案和异常行为举报、查处机制，提高依法合规办行水平。做好内控评价和案防工作，保证内控评价系统的顺利上线和平稳运行，客观公正完成全行内控状况的分析与评估，实现全年无案防风险。

【党建工作】2017 年，中国农业发展银行邵阳市分行开展“党建工作基础建设年”和作风纪律教育整顿活动，推进党建工作真管真严、敢管敢严、长管长严。组织全行员工全程收看党的十九大开幕会，并要求各县级支行党支部书记于当天报送观后感，在市分行内部简报上登载并发至全行进行交流。先后 5 次组织全体党员专题学习研讨党的十九大报告。加强基层党组织建设，按照省分行《党支部党员活动室规范化建设指导意见》，完成全辖 11 个党支部党员活动室的规范化建设。落实基层党组织量化考核，推行党员积分管理，进一步完善党建工作述职评议制度和市、县两级行党建工作联系制度。邵阳县支行党支部被授予“全省系统十佳党支部”称号。创新主题党日活动，先后举办“跟党走、颂党恩”朗诵比赛、“做合格党员，喜迎十九大”党建知识竞赛和参观“五馆两桥”等主题党日活动，开展 2 期党建党务工作培训班，集中培训支行党支部委员 43 人次。狠抓作风纪律教育整顿，瞄准六大重点整治问题深入查摆整改，修订《邵阳市分行机关劳动纪律管理办法》《邵阳市分行办公秩序管理实施细则》，对劳动考勤、会议纪律、员工仪表、办公着装等均明确标准。坚持从严正规肃纪，对辖内 4 个县级支行、26 名相关责任人员违规违纪情况问责并进行通报，经济处罚额度达到 4.3 万元。

（刘妙然）

中国银行邵阳分行

【概况】2017 年，中国银行邵阳分行实现绩效争先进位与平安稳健经营。截至年末，全行本外币各项存款余额115.76亿元，较年初新增21.2亿元；本外币各项贷款余额51.06亿元，较年初新增5.85亿元；不良授信余额为1.86亿元，较年初下降3382万元，不良率为3.64%，下降1.46个百分点，不良资产实现“双降”；实现业务净收入3.06亿元，拨备前利润1.83亿元，净利润1.01亿元，同比增幅明显。

【授信业务】2017年，中国银行邵阳分行支持实体经济转型发展，加强授信项目储备及报批，多次召开项目储备调度会议，分管行领导带领基层支行走市场、拓客户、抓项目。辖内各机构以重点基础设施建设、医院、学校、园区建设、民生项目、中小微企业为重点开展工作，全年新上报公司授信项目28个，获批授信22.8亿元。怀邵衡铁路、省高速、友阿商业广场、邵东创新学校、邵东中医院、邵阳市中医医院、邵阳市中西医结合医院、武冈市职业学校等一批重点项目实现投放；“外贸企业出口无抵押融资”实现投放16户，累计发放156笔，金额2.02亿元，客户数、发放笔数及金额均位列全省第一；新邵中电建PPP项目、新邵正骨医院、邵东县人民医院、邵东生态产业园棚改项目、邵阳首创水务等重点项目加快推进。同时针对个人授信业务发展，积极转型，尤其做好中心城区优质楼盘按揭项目，全辖24个机构全年获批29个楼盘按揭项目17.3亿元额度，碧桂园、恒大等一批大型楼盘项目获批并逐步实现投放。

【负债业务】2017年，中国银行邵阳分行坚持存款的基础地位不动摇，多渠道增存拓户。营销行政事业专户，加强产品和服务创新，在行政事业专项营销上取得较大突破，公司业务发展基础不断夯实，得到省行领导和职能部门的肯定；加强与国开行、农发行等政策性银行合作，拓宽客户来源；加强社保卡的推广，拓宽服务渠道，夯实个人基础客户群；推广代发薪、大额存单、商贸通卡、福农卡、商圈通、中银步步高等战略产品，全辖24家网点“百花齐放”。至年末，全行各项存款余额达115.76亿元，新增21.2亿元。其中，公司存款46.35亿元，时点新增14.98亿元，日均新增8.9亿元；储蓄存款67.82亿元，时点新增6.26亿元，日均新增7.72亿元。

【内控管理】2017年，中国银行邵阳分行抓实会计基础达标工作，通过抓实基础、完善制度、强化执行等系列措施与方法，营造条线牵头、上下联动、条块结合、纵横推进的良好氛围，进一步规范管理，顺利通过总行会计基础达标验收，并获总行验收组高度肯定。抓实零违规网点创建与“风控50条”落地，通过上下联动，培育一支讲合规重合规的优秀员工队伍，构建一种对违规“零容忍”的合规文化。开展“内控案防专项治理”“两个加强、两个遏制”回头看、“银行业乱象整治”等一系列专项排查整治活动，同时结合实际组织开展“出纳业务专项整治”“尾箱操作整治百日攻坚”“OCR专项整治”活动，进一步强化相互提醒、相互纠错、相互评价的内控合规氛围。通过邀请省行条线部门现场帮扶与送教上门、组织到省行及兄弟行观摩学习、条线部门组织集中培训、深入基层机构帮扶指导、基层机构组织自主学习等方式，开展常态化的学习教育与培训，强化服务指导；每月组织内控讲评会议，通报、分析、总结；定期组织碰头会，围绕重点业务、重点环节、重点人员的管控开展专题讨论；督促各基层支行严格落实“三会制度”，营造“内控合规日日抓”的良好氛围；强化重点关注人员的管理，开展有针对性的督、帮、促；开展反洗钱、制裁合规管理的宣传、培训、检查、辅导，被市人行评为反洗钱工作先进单位；加强视频查看、内外审检查等各类问题的整改督办，问题整改率达100%。

【资产质量管控】2017年，中国银行邵阳分行围绕不良资产清收化解开展一系列工作。分行管理层分片帮扶，深入基层网点指导、督促，帮助基层机构推进一户一策清收化解进度；传导贯彻省分行2017年度的不良管控目标及专项激励约束方案，调动全行员工积极性；运用现金清收、资产重组、法律诉讼、呆账核销等清收手段，引入公安、外包等社会力量强力催收，分行每月开展名单式梳理，一户一策拟定催收方案及时间进度计划，逐户落实清收责任人，按部推进；针对不良授信大户、难户，行领导、条线部门与基层机构三级联动，一齐开展上门催收，取得较好效果。

【文明优质服务】2017年，中国银行邵阳分行开展“优质高效网点”和“星级网点”创建工作。上下联动推进邵阳县支行、敏州西路支行、敏州东路支行等8个星级网点创建工作，顺利通过市银行业协会现场验收，进一步提升网点服务效能。同时，狠抓技能训练，引导员工塑造良好的职业风貌。在湖南省中行2017年度业务技能比武中获团体第2名，获6个单项奖。在年度技能测试中，110人参加技能测评，共产生能手106人162人次，其中一级能手12人15人次、二级能手35人46人次、三级能手59人102人次，参测合格率100%、综合能手率96.36%，均超额完成省行规定的目标率，综合考核在全省中行系统内排名第一。此外，通过开展“服务明星”评比、“巾帼建功”及“青年岗位能手创建评比”等活动，各支行狠抓厅堂服务，组织员工走入机关、走入社区，宣讲金融知识，推介金融产品。

（邓连文）

中国邮政储蓄银行股份有限公司邵阳市分行

【概况】截至2017年末，中国邮政储蓄银行邵阳市分行资产规模495.49亿元，同比增长15.9%。各项存款余额481.79亿元，年新增64.49亿元，同比增长15.34%；各项贷款余额61.52亿元，年新增13.25亿元，同比增长27.45%。全行实现收入4亿元，完成利润总额1.82亿元，同比增长28.88%，获“2017年度邮政储蓄银行湖南省优胜二级分行”称号和2017年度“业务发展综合奖二等奖”。

截至年末，全分行个人储蓄存款余额436.71亿元，较年初增加59.42亿元，增长15.75%，位居全市同业第二位。对公存款余额45.08亿元，年新增5.03亿元。零售贷款余额达58.59亿元，年新增11.81亿元，增幅20.15%，公司贷款余额2.93亿元，年新增1.2亿元。信用卡总量7.19万张，年发卡量2.85万张，电子银行交易替代率83%，线上交易量2279万笔，自助设备交易量862万笔。

【风险管理】2017年，中国邮政储蓄银行邵阳市分行以全面风险管理体系建设为主线，以风险意识树立和合规文化塑造为重点，构建“大风管”模式，在全辖开展诉讼清收攻坚活动和信贷资产质量提升活动，资产质量管控有效，贷款不良率1.59%，较年初下降了0.49个百分点，整体资产质量基本可控。强化内控职能，通过开展“管理标准化提升年”“内控优化年”活动，严格落实问责机制，不断提升内控水平。实施理财“双录”落地，确保合规经营。着力于营业场所安全管理标准化达标创建和消防安全专项治理，安全保卫各项指标良好。全年未发生资金案件、安全事故。

【渠道建设】2017年，中国邮政储蓄银行邵阳市分行纵深推进网点转型，优化发展效能。整合功能单一、效率较低的网点，向轻型化、智能化方向转型，全年改造网点6个，投放更新自助设备106台。深化营业网点标准化建设，其中总行级“示范网点”3家、省行级“示范网点”15家。构建新型互联网金融服务体系，运用互联网等技术手段开展远程客户授权，推出“邮薪贷”“邮享贷”等线上产品，实现线上申请、审批和支用，为居民日常生活提多方位便捷的金融服务。与邵阳县人民医院合作开展“银医一卡通”项目，成为全省邮储银行系统内第一个医院类银企合作民生项目。截至年底，电子银行交易替代率达92.23%，较2016年提升9.23个百分点位，线上交易量2279万笔，自助设备交易量862万笔。

【服务地方经济发展】2017年，中国邮政储蓄银行邵阳市分行代发社保、医保、粮食等资金达57亿元，服务近100万群众。加大扶贫贷款投放力度，截至年末，“惠农易贷”扶贫小额贷款累计为建档立卡贫困户发放贷款1017笔，金额4987万元。联合市邮政公司开展金融扶贫服务站点建设工作，建成扶贫金融服务站149个。年内向对口帮扶的10

个贫困村累计提供对口扶贫资金约50万元。开展信用村建设，年内建立信用村2个，下辖的隆回县支行被评为湖南省扶贫先进单位。创新小微企业流动资金贷款服务模式，为10家符合要求的小微企业执行“无还本续贷”政策，为企业减少倒贷资金成本85万元；年内发放小微企业贷款4033家，金额达13.71亿元，小微企业贷款余额25.65亿元，小微企业申贷获得率93.68%，较2016年提升2.63个百分点；为返乡农民工、回家创业人员发放个人创业贷款2171笔，2.17亿元。涉农贷款余额43.07亿元，占比达70%，涉农贷款增速32.58%，高于全部贷款增速2.22个百分点；成立专门的“三农”金融事业部，将农业发展、农村建设和农民致富作为首要任务，实行独立核算、专业化运营，成为服务三农的新利器；开展人员团队进、产品综合进、服务专业进的“三进一联”活动进单位、进社区、进乡镇，联合代理机构，共挂牌服务重点单位412个，小区118个，走访乡镇108个，平台87个，服务消费贷客户5000多户、信用卡客户1.6户。

（袁玉芬）

邵阳市农村商业银行

【概况】2017年，邵阳市辖10家农村商业银行（农商银行），其中市级农商银行1家，县级农商银行9家，共有营业网点360个，从业人员3586人，是全市资产规模最大、从业人员最多、营业范围最广的银行业金融机构。至年末，全市农商银行存、贷款余额分别达746.64亿元、358.77亿元，增幅分别达17.85%、15.4%，完成目标任务的144.97%、99.77%；经营效益稳步提升，实现经营利润22.24亿元，同比多增4.3亿元；支农支小作用突出，涉农贷款余额稳居全市金融同业第一，小微企业贷款投放实现小微企业贷款“三个不低于”目标。

从2011年至2016年10月末，全市农商银行共计缴纳各类税款17.1094亿万元，各县农商银行已成为当地纳税的龙头企业之一。近年市农商行纳税总额占全市银行金融机构年均纳税总额的60%以上。

【业务拓展】2017年，邵阳市农村商业银行推进评级授信工作，将基础客户评级授信与“两扫五进”工作协调推进，着力将其打造成全市信贷业务发展的增长点和支撑点；推进集团客户营销工作，邵阳农商行、邵东农商行、隆回农商行等将基础客户拓展与财政资金组织有效融合，做大做强负债业务。

【企业文化建设】2017年，邵阳市农村商业银行在湖南省联社组织开展的“最美农信人”服务礼仪、合规经营知识竞赛和人民银行邵阳市中心支行组织开展的“金融精准扶贫、讲出你的故事”活动中，分别获三等奖、三等奖、二等奖，在人民银行邵阳市中心支行组织开展的“普惠金融知识竞赛”活动中，新宁、新邵、隆回农商银行代表队分别荣获二等奖、三等奖、三等奖，涌现出伍沫丽、李慧欣、邹琛、唐鹏等一批先进个人。

（夏毅泉）

华融湘江银行邵阳分行

【概况】2017年，华融湘江银行邵阳分行截至年末，一般性存款日均余额185.89亿元，较基数增加26.98亿元，完成全年任务的137%；信用总量168.9亿元，信存比达95.36%，其中各项贷款余额132.82亿元，存贷比75%，贷款余额较年初增加26.07亿元，净投放额在全市金融机构排名第二，全年实现净利润3.93亿元，创利能力排名全行15家分行第二；成本收入比23.56%，排名A类行最低，在总行年度综合考评中位居A类行第三。全年缴纳各类税费9883万元，连续七年获湖南省A级纳税企业称号；被邵阳市委授予绩效考核优秀单位和社会管理综合治理先进集体，在邵阳市安全评估中获银行业第一名；获邵阳市人民银行综合考核A类单位、A类外汇指定银行以及金融宣传工作二等奖，组织参加银行业金融扶贫故事宣讲比赛获第二名；获银监局监管统计工作先进单位；参加总行第七届运营技能比武大赛，获团体第三名，运营流程设计大赛4个参赛作品全部获奖，在全行微课竞赛中获团体第二名；新宁县支行获“中国银行业文明规范服务四星级营业网点”、洞口县支行通过“中国银行业文明规范服务三星级营业网点”复检。年末不良贷款率0.68%，较年初下降0.4个百分点，低于全市平均水平3.11个百分点。

【业务发展】2017年，华融湘江银行邵阳分行公司存款日均余额127.19亿元，完成全年任务的139.56%；成功营销5家法院“一案一账户”执行专户，以及大祥区、北塔区、双清区人民法院零余额账户，大祥区、双清区检察院零余额账户；获市本级公共资源交易中心、武冈二手房交易资金监管、邵东国库集中支付、宝庆工业集中区非税收入收缴业务代理4个代理资质；落地全行首笔平滑基金业务，签订宝庆工业园非公开债唯一监管行协议；落地全行首单中小微外贸企业无抵押式担保出口融资业务；国际业务收入完成全年任务的163.68%，在全行排名第二。零售存款日均余额58.7亿元，完成全年任务104%，排名A组第三名；信用卡新增发卡1.72万张，存量转化1.48万张，发卡量和存量转化均排名A类行第一；悦心存1号时点余额1.29亿元，排名全行第二名，销售客户数1589名，排名全行第一；个人消费贷款新增4.4亿元，排名A类行第二，消费贷款户数完成全年任务的215%，排名A类行第一。小微条线全面完成3个不低于目标任务，贷款余额较年初新增8.73亿元，完成全年任务的143%，贷款收益率6.89%，排名全行第一，其中市中小担保贷款52笔、金额2.86亿元，省农信担保贷款36笔、金额1.29亿元，创业贷款68笔、金额722万元；办理新产品税联贷1笔、金额145万元，油茶贷1笔、金额150万元；分行营业部湘瓷建材、邵东五金批发、东城豪泽商会3个模式化项目向总行报批并顺利过会；小微客户总数1185户，继续位居全行第一。

【风险管理】2017年，华融湘江银行邵阳分行加强贷款精细化管理，各项经营风险得到有效防控。截至年末，逾期贷款余额4.51亿元，不良贷款余额9047万元，不良贷款率为0.68%，较年初下降0.42个百分点，低于全市平均水平3.11个百分点。分行加强新增风险防控，在提高审查效率的同时严格把控风险关口和贷款投向，持续前移风险防线，形成业务发展和风险管理两手并重的良好局面。成立资产清收中心，对不良和重点隐患客户进行专人管理，跟进贷款清收和诉讼执行，针对肖正红集团、钟金莲集团、许迪杰集团、雪峰建材、武冈大酒店、凯浩环保等重点客户制定有效可行的化解方案，明确化解时间进度表，确保执行到位。加强与市人大、市中级人民法院及基层人民法院沟通协调，邀请市中院对诉讼案件进行指导，为案件推动打下基础；组织召开诉前论证会议，对拟诉讼案件的整体情况进行摸底和解剖；组织对审结案件进行评估，并开展挂网拍卖，加快推动案件执结。全年审结38笔，执结4户，金额9333.80万元。完成银监局、人民银行等监管部门的全方面检查，并及时与监管部门沟通，加快完成检查发现问题的整改。先后组织2批员工到邵阳监狱开展警示教育活动，组织观看《高速路上的腐败陷阱》等警示教育片；持续开展家访、超标准烟酒以及员工行为动态排查，发现问题及时进行疏导和解决，违反规章制度坚决进行处罚。全年累计对53人次违规违纪行为进行问责处罚，其中亮黄牌1人次、蓝牌15人次、通报批评38人次、警告处分1人次。

【金融服务】2017年，华融湘江银行邵阳分行强化服务意识，持续为客户提供细致、优良的金融服务。服务智能化水平提高，全年安装轻型低柜25台、轻型高柜6台，优化业务流程，提高业务办理效率和智能化水平。邵阳分行获总行组织的业务分流竞赛综合奖，金星支行获“支行非现金业务分流奖”，宝庆东路支行获“支行现金业务分流奖”。加强主动服务意识，以支行为单位，通过客户座谈会、上门访谈等方式开展“华融听您言”活动，广泛收集客户在产品、流程、服务等方面的意见和建议39条，多次组织员工到学校、医院以及重要活动场所开展代收代缴、开卡、金融知识宣传等服务。提高网点形象，统一对所有脏污的网点招牌进行清洗，并对东城、宝东、武冈、分行营业部4家支行受损的门楣进行及时更换。通过冠名邵阳市直机关长跑比赛，在佘湖桥投入高炮广告、火车南站出口投入灯箱广告，在15个社区投入社区广告，批量定制品牌宣传保温杯等系列举措加大宣传力度；同时加大与媒体合作，累计向外媒发布稿件232篇，并通过“产业兴邵”专访、阳津访谈等栏目对该行品牌形象进行宣传，提升社会影响力。

【夯实基础】2017年，华融湘江银行邵阳分行开展“基础夯实年”活动。组织对各类领导小组和委员会以及三重一大决策、会议管理、公务用车、招待费用、财审、小额采购、物品领用、物业维修等方面的制度进行清理和完善，管理流程得到进一步优化。市银监局的全面检查，市人民银行、总行的巡察、稽核检查，“三违反”“三套利、四不当”“两加强、两遏制”“风险管理与内部控制自我发现与评估”等检查，全面规范了内部管理和风险管控，夯实了经营管理基础。提升人力资源结构和效能，压缩机关编制至90人，提升一线人员数至127人，营销人员占比达33.6%；完成行员等级和薪酬套改工作，持续开展“打造服务型学习团队”培训，累计举办12期；与总行沟通和协调，为10名劳务派遣员工争取转正机会；开展“优化组合、择优上岗”，通过双向选择整合现有人员配置，提高员工积极性、主动性、创造性。组织开展对18家支行（含社区支行）的费用专项检查，要求进一步落实财务公开制度，规范费用支出审批流程；强化FTP推广应用，加强对支行贷款定价指导，新发放贷款利率呈上升趋势；完善绩效考核办法，将支行分全功能、专业性两类考核，并进一步提高风险管理类及合规经营类考核权重；提高零售贷款及符合资本节约型的小微企业贷款费用计价标准，指导支行向“轻资产、轻资本、轻成本、重效益”类业务以及大零售业务倾斜。

【党建工作】2017年，华融湘江银行邵阳分行累计召开党委中心组学习8次，党建专题研讨会3次以及专题民主生活会4次，支部委员会80余次、支部党员大会30余次、专题组织生活会20余次，深入学习党的十九大报告、习近平总书记系列重要讲话以及违反党规党纪典型案例等重要内容。完善党的组织结构，将党支部重新调整为9个，对各党支部名称进行规范，并组织开展换届选举、“支部建设达标”活动。执行党务公开，在分行范围内公示党费使用、支部换届改选及党员发展情况等重大事项，并听取党员不同意见。严格培养和发展新党员，3人通过培养考察转为预备党员，5人递交入党申请书。每个季度评选“党员模范先锋岗”，“七一”期间表彰2个先进基层党组织、4名优秀党务工作者和16名优秀共产党员。创新开展“五个一”金融服务活动，成立“萤火虫”义工服务队，累计开展扶贫活动20余次、抗洪救灾志愿活动12次，捐赠物资和款项50余万元。坚持党建带团建、带工建，完成工会和团委换届改选；持续开展节假日“送温暖”活动，累计慰问困难党员、群众30余人，发放慰问金及物资2.6万元。

（办公室）

邵阳市保险业协会

【概况】2017年，邵阳市有保险公司29家，其中财险11家、寿险18家（含健康险1家），保险就业人员29805余名，保险机构遍布城乡，保险服务网络进一步健全。全年市保险业共创保费收入72.58亿元，同比增加14.11亿元，增长24.14%。其中，11家财产险公司收保费20.30亿元，同比增加3.10亿元，增长15.24%；18家寿险公司收保费52.29亿元，同比增加11.02亿元，增长26.71%。全年累计承担风险责任9400亿元，同比增加1400亿元。各项保险赔款和给付支出27.00亿元，同比增加2.41亿元。其中，财产险公司赔款金额10.67亿元，同比增加1.81亿元，简单综合赔付率为52.59%；寿险公司赔付金额16.33亿元，同比增加6009.29万元，简单综合给付率31.24%。

2017年，邵阳市保险业协会

与市金融办共同成立领导小组和工作小组，指导会员公司按阶段在全市城乡开展保险走进机关、走进企业、走进社区“三进入”活动，为社会公众宣讲保险基本常识。调查核实保险高管人员的从业经历、工作表现等情况，办理出具高管人员拟任人从业表现证明58人次，并对拟任负责人进行任前谈话；全年按时完成4个机构迁址验收工作。全面加强协会建设，做好人员、资产、党建等脱钩工作，于9月通过脱钩验收。10月、11月对会员公司办公室主任及人民调解员分别进行为期3天的技能培训学习。加强“双快”中心建设，全年城区快速快赔点共定损事故车辆3974台次；做好消费维权工作，全年直接受理消费者投诉54件，立案调解消费者保险纠纷25件，涉及金额达226.27万元。

【自律检查】2017年，邵阳市保险业协会以政府重点关注、群众高度关切的内容为重点开展自律检查，维护保险市场秩序。通过《湖南省寿险营销员流动自律公约》学习、自查自纠和自律检查活动，对个别寿险公司违规增员和恶意挖角行为进行调查处理，增强履行《自律公约》的自觉性；组织召开3次由财险会员公司总经理和副总经理参加的会议，就如何落实《湖南省保险行业车险承保服务规范》《湖南省保险行业机动车辆保险理赔服务规范》进行学习讨论，并根据邵阳实际形成落实“两个规范”会议纪要。成立以协会秘书长为组长的检查组，对全市产险机构各营业网点的合规情况进行巡回检查，发现问题及时纠正。5月3日，协会对中华联合财产保险股份有限公司新宁县支公司违规标书作出《解除违规标书的通知函》。同时针对邵阳车险市场实际情况，专门在《邵阳日报》刊登《敬告广大车险用户》，提示全体市民依法购买车险，严禁财产保险公司及其从业人员从事车险销售活动中的赠礼行为。

【诉调对接】2017年，邵阳市保险业协会贯彻落实最高人民法院和中国保险监督管理委员会《关于在全国部分地区开展建立保险纠纷诉讼与调解对接机制试点工作的通知》，与邵阳市中级人民法院商讨制定《关于建立涉保案诉调对接机制的实施方案》修订版，并于8月5日联合成立诉调对接工作领导小组，分别在邵阳市大祥区法院和北塔区法院挂牌成立2个“诉调中心”。截至年底，2个中心为会员公司共调处各类案件45件，成功调处16件，成功调处金额95.66万元，为涉案公司及涉案客户节省大量诉讼成本及时间。

【扶贫、救灾】2017年，邵阳保险业全面推进保险扶贫，8家会员公司直接用于扶贫资金达138.36万元，其中人保财险85万元，国寿33.4万元，平安财险10.56万元，国寿财险5.4万元，太平洋财险4万元。“扶贫特惠保”为62.6万余名贫困人员承担风险。同时探索脱贫攻坚新路子，人保财险在洞口开展“健康精准扶贫医疗补充保险”，为2.228万名建档立卡贫困人员提供补充医疗保险风险保；中华财险通过“扶贫财银保”业务发入贷款3000万元，可带动9000余户贫困户开展产业脱贫；平安财险由员工自发捐款4万元完成村道扩宽项目。6月下旬至7月上旬，邵阳市遭遇近年历时长、范围广、雨量大的强降雨，部分地区受灾严重。邵阳保险业在第一时间奔赴抗洪前线，主动参与抗洪救灾，启动快速理赔，帮助灾后重建。据统计，全市保险机构赔付理赔金额达3500万元。灾后，各公司及协会踊跃捐款救灾。

（许毓忠）

教育·科技

教 育

【概况】2017年，邵阳市有各级各类学校（含幼儿园）3143所，其中普通高校2所、成人高校1所、教育学院1所、初中390所、高中69所、中等职业学校59所（含普通中专4所）、特殊学校10所、小学1178所、幼儿园1496所。在校学生1367471人，其中普通高校29210人、成人高校4227人（不含电大生）、初中292995人、普通高中126424人、小学625824人、中等职业技术学校（含普通中专）72644人、特殊学校3099人、学前教育213048人。教职工73462人，其中普通高校2156人、初级中学14113人、九年一贯制学校4957人、完全中学2571人、高级中学4830人、十二年一贯制学校3045人、小学23738人、幼儿园14736人、中等职业技术学校3066人、特殊学校250人。

全市教育系统实施第二期学前教育三年行动计划，学前三年毛入园率81.1%。小学辍学率0.11%，义务教育巩固率98.81%。质量稳步提升，2017年高考全市文科一本上线率从上年3.39%上升至4.49%；理科一本上线率从13.5%上升至14.29%，创历年新高；13人考上清华大学，5人考上北京大学，1人考上北京大学医学部，共19人，居全省前列。职业教育加强校企合作。民办学校规范发展，9所民办学校和幼儿园被评为省级民办骨干学校，15所民办幼儿园获省教育厅民办教育规范办学奖励。

【素质教育】2017年，邵阳市教育系统开展社会主义核心价值体系和中华优秀传统文化教育，组织“传承雷锋精神创建文明校园”“中华经典诵读”等主题活动。成功筹办湖南省第十届青少年机器人竞赛，参加省级体育赛事、科技创新大赛等所获奖项位居全省前列，全年获全国青少年科技创新大赛一等奖2个、全国青少年机器人大赛一等奖1个、全国中小学电脑制作比赛一等奖3个，获省青少年科技创新大赛一等奖15个、省青少年机器人大赛一等奖15个、省青少年电脑制作大赛一等奖21个。

【项目建设】2017年，邵阳市规划建设公办乡镇中心幼儿园16所，实施134所标准化教学点建设。推进“全面改薄”项目建设，竣工学校1287所，新增生活设施购置52091台（件套）、图书1295748册、课桌凳125666套。加快教育信息化，实现62.34%乡镇以下学校及教学点的班级利用互联网、多媒体开展教学，实现72.17%教师利用互联网络开展研修活动，全市共有29230名中小学教师参加“一师一优课”网上晒课活动，晒课数达37527堂。推进涵盖本科、高职、中职的职教新城建设，湘中幼儿师范高等专科学校投入使用。启动实施新一轮缓解市城区大班额问题攻坚计划，市一中搬迁项目正式开工。双清区通过教育部国家县域义务教育均衡发展督导评估认定。

【教育扶贫】2017年，邵阳市出台《邵阳市实施“一提高两降低”促进教育扶贫六条措施》《邵阳市随迁子女入学办法》等一系列政策，帮助困难学生32.97万人，发放资助金3.8529亿元，没有一名学生因贫失学。1697所学校纳入营养改善计划，52.1万学生享受营养改善补助。实施特殊教育提升计划，保障适龄残疾儿童少年入读。城区接纳5万多名进城务工随迁子女入学就读。实施职业技能培训，巩固提升脱贫成果。加大控辍保学力度，关爱留守儿童，建成乡村少年宫110所。从市区选派75名教师到隆回县支教。开展“雨露计划”，培训市直驻村扶贫队员300人次、村干部500人次、县级工作队员1000人次。

【教师队伍建设】2017年，邵阳市近2万名教师参加市级以上培训，247人被评为市级骨干教师，校长教师专业水平明显提高。落实乡村教师支持计划，招录公费定向师范生1318名，特岗教师925人，发放乡村教师补贴、武陵山片区教师人才津贴6966万元。12人通过正高教师评审，16人被评为省特级教师，9人被评为省优秀教育工作者或省优秀教师，100人被评为市优秀教师，19人被评为市优秀教育工作者，20人被评为“市最可爱乡村教师”。市直教师队伍得到充实，学校通过考试、人才引进等方式招聘教师85人，教师“退一补一”的良性机制正在形成。

【内部管理】2017年，邵阳市坚持推进“阳光招生”政策，首次实施初中毕业生网上自主填报志愿和普通高中学校（中职学校）网上录取政策。开展违规征订教辅材料问题专项整治行动，教辅征订数量直线下降，秋季征订品种较春季减少673种，减少征订费用7689万元，追缴教辅违规资金约768.47万元，清退教辅违规资金约164.62万元。推进依法治教，严格落实“一岗双责”“党政同责”和“管业务必须管安全”要求，定期开展学校安全排查，强化内部安全监管，全市110万学生安全就餐、1400余台校车运行平稳，教育大局和谐稳定。教育阳光服务中心受理信访4228件，办结率100%，满意率99%。

【党的建设】2017年，邵阳市教育系统全面开展习近平新时代中国特色社会主义思想、习近平教育思想、党的十九大精神的宣传教育，推进“两学一做”学习教育常态化制度化。对直属单位党组织书记履行基层党建职责情况进行集中述职考评。成立中共邵阳市民办教育委员会，实现24所市直民办学校党组织全覆盖。从严治党，落实“两个责任”，践行监督执纪“四种形态”，支持派驻纪检组工作。查处一批违纪违规问题，其中立案查处问题191起，党纪政纪处分93人，移送司法机关2人。

（陈孝华）

邵阳学院

【概况】2017年，邵阳学院有李子园、七里坪、西湖、江北4个校区，校园占地面积2376亩，校舍面积76.21万平方米。固定资产10.95亿元，馆藏图书180万册。有教育部特色专业建设点、综合改革试点专业5个，全国职业院校健康服务类示范专业点1个，国家级大学生校外实践教学基地1个，国家级精品视频公开课1门，有省级重点建设学科、省级综合改革试点专业、省级重点实验室等省级教学科研平台50多个。有22个二级学院，食品工程、机械工程2个硕士点，56个本科专业，专业涉及十大学科门类。有全日制在校研究生、本科生、专科生25906人；有教职员工3627人，其中附属医院职工2179人；专任教师1305人，其中正高职称164人、副高职称633人，博士131人、硕士919人。

【政治思想建设】2017年，邵阳学院开展“党支部主题党日+学习贯彻十九大”活动。召开全校思想政治工作会议，创新高校思想政治工作。获省级思想政治课题2项，校级思想政治课题立项28项。获省高校好新闻奖34项，其中一等奖5项；获2016年度湖南省高校优秀广播电视节目奖5项，其中一等奖1项；学校微信公众号被评为“2016年度最具影响力自办媒体”。全年召开党外人士、离退休老同志、教师、学生等代表6次座谈会。暑假期间召开高质量的党委领导班子专题民主生活会。坚持党管干部原则，完成

180名中层干部换届调整工作，使一批优秀的中青年干部走上领导岗位。完善基层组织设置，落实基层党建责任，完成29个二级党组织和107个党支部的换届工作，将党支部书记的培训纳入干部培训计划，培训基层党务干部300余人，发展党员579人，党员活动室实现全覆盖。与大祥区合作，开展“校地协同、党建联盟”活动，联合创建可视化、互动化、智慧化党建品牌。

【开展专业综合评价】2017年，邵阳学院出台专业动态调整的指导意见，将原有的61个本科专业调整为56个。成立师范学院，争取免费师范生教育项目。整合办学资源，构建与国家、地方产业对接、特色鲜明的文化创意、教师教育、国际商务、互联网+信息技术、智能先进制造装备、健康医疗专业群。商务英语专业、市场营销专业、物联网专业通过省教育厅学士学位授予权评估。启动本科专业综合评价工作，英语、计算机科学与技术、会计学3个专业参与试点评价工作并通过评估。

【人才培养】2017年，邵阳学院探索建立产教融合、校企合作协同育人的新机制。获省级教改项目17项，立项校级教改项目46项。主办全国“十三五”食品专业应用型本科规划教材编写工作会议暨专业综合改革研讨会议。坚持创新引领创业，获省级校企合作创新创业教育基地4个，获第三届湖南省“互联网+”大学生创新创业大赛优秀组织奖。在第三届中国“互联网+”大学生创新创业大赛中获铜奖。推进与北方民族大学等兄弟院校的战略合作，与中科曙光公司签订500万元的助学金捐赠协议。新增校企合作人才培养基地15个，挂牌基地12个。

【教学管理与质量工程建设】2017年，邵阳学院加强教学管理、质量监控，基本建成多元化评教制度；规范教学常规管理，教学运行平稳有序。推进实践教学，构建以能力培养为主线、课内课外相结合的实践教学体系。投入实验仪器设备经费2500余万元用于实验室建设，对5个医卫类实验室进行优化重组。学校被评为全国计算机等级考试、全国高等学校英语应用能力考试优秀考点。通过7个类别共41项省级本科教学工程项目的绩效评价。获国家级大学生创新训练项目14项、省级大学生创新训练项目38项。其中2017中国机器人技能大赛获“机器人高尔夫球”项目决赛冠军，第九届全国大学生广告艺术大赛、全国体育教育专业基本功大赛分获二等奖。

【开展国际学术交流】2017年，邵阳学院依托海外名师项目邀请澳大利亚科技大学知名教授到信息工程学院开展为期1个月的讲学，6名骨干教师赴英国、德国等高校进行3个月以上的访学。暑假期间，组织16名中层以上骨干赴合作院校英国安格利亚鲁斯金大学，开展高等教育与人力资源研修项目。与美国罗文大学、澳大利亚西悉尼大学新签订合作备忘录。申报与美国罗文大学合作的机械设计制造及其自动化专业、与美国菲其堡州立大学合作的能源与动力工程专业、与韩国京东大学合作的旅游管理专业等办学项目。由省教育厅选拔6名学生将赴泰国从事对外汉语教学。

【学生管理】2017年，邵阳学院修订《邵阳学院学生管理规定》《邵阳学院学生申诉处理办法》等9项管理制度，进一步完善学生教育与管理制度体系。以易班平台建设为起点，打造学生网络思想政治教育的新平台，《邵阳学院“易班”建设项目》获准立项，成为湖南省首批易班建设高校。探索辅导员队伍职业化与专业化建设，辅导员职称实现单列指标、单设标准、单独评审。学校获湖南省大学生思想政治教育改革创新项目、湖南省特色成长辅导室建设项目各1项。被评为“湖南省高校学生思想政治教育研究与实践先进单位”“湖南省百佳资助单位”“湖南省高等学校征兵工作先进单位”。学校获国家级奖励34项、省级奖励147项，被评为全国大中专学生志愿者暑期“三下乡”优秀单位，2个团支部获全国“示范团支部”称号。在第十五届“挑战杯”全国大学生课外学术科技作品竞赛中，获全国三等奖2项，省级9项。在湖南省第五届大学生艺术展演活动中，获一等奖9项，5项作品被推荐参加全国大学生艺术展演。在全省高校“心无旁骛求知问学”主题教育活动中，获征文比赛一等奖2项、二等奖3项、三等奖1项，演讲比赛一、二、三等奖各1项，学校获优秀组织奖。

【招生就业】2017年，邵阳学院坚持以质量为标准，实施招生“阳光工程”，录取本专科新生7955人，在湖南的文科、理科本科录取分数线分别高出省最低录取控制线9分、11分，生源质量、结构进一步优化。实施“就业导师制”和“预就业”模式，举办3次大型招聘会和149次专场招聘会，邀请800多家用人单位为6681名毕业生提供就业岗位16248个。为662名家庭经济困难学生争取政府求职补贴529600元，为134位家庭经济困难学生发放求职补贴40200元。学校初次就业率为91.12%，年终就业率达96.54%。加强成人教育培训工作，完成“国培”“省培”等各级各类培训项目16个，进校培训经费270余万元。创办邵阳市卫生学校，招收新生500人，学生资助纳入湖南省财政。

【学科建设】2017年，邵阳学院申报建设项士授权单位，分解落实指标任务，形成共识。通过教育部组织的“服务国家特殊需求硕士人才培养”项目验收，为建设硕士授权单位准备重要条件。制定学科建设规划，部署新一轮应用特色学科建设任务。按照“分层次建设、滚动式管理、特色式发展”原则，出台加强学科建设的系列制度。对学校重点学科进行年度考核，新立项建设11个应用特色学科。开展研究生教育，招收研究生61人，完善“校企双项目承载、校企双导师联合培养”的人才培养新模式，遴选20位硕士研究生导师。

【科研】2017年，邵阳学院出台系列科研激励政策措施，教师申报国家项目数量大大增加。湘西南农村信息化湖南重点实验室通过验收，多电源地区电网运行与控制湖南省重点实验室召开首届学术委员会第一次会议。顺利申报医学类省级科普基地。获科研立项228项，其中厅级及以上项目105项，较往年最好成绩增长32%。获国家级项目2项，教育部人文社科项目2项；获湖南省自然科学基金项目7项，湖南省社会科学基金项目16项，湖南省社科联项目8项（含重大项目1项），湖南省教育厅科研项目62项，湖南省教育科学规划项目8项。全年发表论文768篇，其中CSSCI核心收录22篇，CSCD核心收录26篇，SCI、EI、CPCI等收录52篇；出版专著42部；获批专利86项，其中发明专利13项。

【学报创核工作】2017年，《邵阳学院学报》（社会科学版）进入RCCSE（武大版）中国核心学术期刊核心库。《邵阳学院学报》（自科版）获“中国高校优秀科技期刊”和第七届湖南省“双十佳期刊”称号，全国影响力排名第346名。

【内部治理】2017年，邵阳学院健全以《邵阳学院章程》为统领、以专项配套制度为支撑的校内规章制度体系，通过废改立清查梳理制度383个，新修订制度146个，废止制度27个。完善目标管理实施方案和考核指标体系，优化考核程序，提高学校管理的科学化、精细化水平。公务接待，严格执行接待制度和标准，公务接待经费较上年减少38%，公务用车经费比上年减少28%。完成5978.1万元的采购任务，节约预算资金474.7万元。调整优化学校内部机构，改系为学院，设立22个二级学院，修订完善33个二级单位工作职责。完成原邵阳医专及两所附属医院共2115名编制内人员的编制和人事关系异动手续。引进博士31人，博士数量总数131人。

【教育服务】2017年，邵阳学院阳光服务网上服务大厅共受理事项946件，其中上级平台转交15件，满意率、回复率均为100%，其中本级平台931件，投诉事项“非常满意”率为98%以上。采购纸质图书70855册，电子图书80万种，征订报刊1400余种。订购和引进各类文献资源数据库29个。数字资源点击检索量2000余万人次，文献下载量37万余次，移动图书馆的使用频率达914万人次。收集、整理归档各类综合纸质档案2180卷、收集实物档案212件、音像档案561件，归档人事档案材料8002份，完成原医专教职工以及新转入人员人事档案共521卷整理工作。完成档案馆的整体搬迁。筹建泛珠三角校友企业家联盟、邵阳学院园林校友分会等，有效探索校友行业协会创建。

【基础建设】2017年，邵阳学院调整完善七里坪、李子园校区修建性详细规划，基本完成校园规划。投资7263万元完成多功能报告厅改造、学生公寓、工程实训楼、人工湖治理与改造等32个工程项目。落实由邵阳市解决含临学院路6栋房屋在内的征地拆迁款，解决困扰学校多年的难题。投入维修资金1185多万元，完成800多个点位零星维修，完成江北校区、ICT实验教学中心、供电增容和博士租住房等26项维修改造项目。完成由建行投资的5个数字化校园建设项目，信息化建设进展顺利。

【财源建设】2017年，邵阳学院财政挂网总收入5.26亿元，超额完成年初计划确定的4.1亿元。其中财政拨款2.89亿元，非税收入2.37亿元，较年初预算增加5486.46万元，同比增幅11.4%。全年送审项目审计金额6045.79万元，复审核减金额524.97万元，核减率8.68%。2所直属型附属医院纳入省属事业单位管理，新增拨款3200多万元。为1430名在职教职工调整基础性绩效工资，职工年人均增长1.02万元，较上年增长8.7%。离退休人员生活费人均月增长近200元。为1442名教工办理职工医疗互助，全年获医疗互助补助约6.5万元。

【校园管理】2017年，邵阳学院整个校园视频监控摄像头达559个，配置4台巡逻车，21台对讲机。加大2校区围墙合拢力度，提高校园应急管理与服务水平。加强校园环境专项治理，对校内乱种、乱养、乱放现象进行多次整治。“平安校园”创建工作通过验收，学校被省综治委评为综治工作先进单位。加强附属医院管理，出台文件加大附属医院发展支持力度。附属第一医院通过“三甲”评审，业务收入5.22亿元，同比增长6.5%。附属第二医院临床教学儿科综合大楼投入使用，新增床位近900张，总收入2.63亿元。全年校医院创收172万元。

（刘运喜）

邵阳职业技术学院

【概况】2017年，邵阳职业技术学院有在职教职工390人，在籍在校学生7468人。学院设电梯工程学院、汽车与智能制造学院、信息技术与创意系、财会工商系、生物工程系、建筑工程系、五年制大专部、公共课部、思想政治教育部、继续教育与培训学院4系3院3部。全年总收入12600.03万元，其中财政拨款收入5192.85万元、收缴学费（包含住宿费）3126.7万元。推进数字校园建设，投入经费400万元，新增网络设备，实现有线无线全覆盖；投入30万元，完善平安校园建设。

2017年，邵阳职业技术学院有湖南省先进装备制造示范性特色专业群建设项目1个、中央财政支持的提升专业服务产业发展能力重点建设专业2个、中央财政支持的职业教育实习实训基地2个、湖南省校企合作生产性实习实训基地1个。获评“湖南省新型职业农民培训示范基地”，有省级教改试点专业2个、省级精品专业1个、省级特色专业1个、院级特色专业7个、省经信委专项资金支持建设专业1个。学院内建有实训楼、汽车实训中心、建筑实训中心、电梯实训中心、机器人实训中心、移动互联应用开发实训室，与企业共建校外实训实习基地68个。开展高新计算机、普通话、英语、电工、钳工、车工、制图员等技能鉴定考试，承办邵阳市大学生科技创新创业大赛和青少年科技技能大赛。

【教学】2017年，邵阳职业技术学院建立专业动态调整机制，在已有专业群内申报4个新专业，稳步推进先进装备制造业省级示范性特色专业群项目建设。重新制定或修订学院重点建设专业的核心课程标准，推广省级技能抽查标准和测试题库，对接职业标准、行业标准、技能抽查标准。以项目推进公共课和专业课理实一体化教学改革，立项6门院级精品开发开放课程。加强教师队伍建设，引进人才1人，招聘专业教师及政治辅导员16人，专业教师赴企业锻炼60人次，选送教师参加包括国培、省培等37人次，院级培训200人次；转岗到教师岗位10人，新增副教授3名，副教授以上职称教师增加到67人，完善兼职教师聘用与管理，兼职教师比例达24%；教师参加各类比赛获得团体、个人国家级奖5项，省级奖26项，市级奖4项，2名教师的学习空间被评为教育部中央电化教育馆特色空间，2项教学成果分别获得湖南省职业教育省级教学成果二、三等奖，2项成果获得全国机械行业教学成果二等奖。创新对外合作形式，与大祥区人民政府、武冈市人民政府、邵阳经开区、城步苗绣、锦程驾校、邵阳市演讲与口才学会、邵阳市文化礼仪协会等签订框架协议，新增合作企业8家。学生参加技能竞赛获国家级三等奖1个，省级二等奖9个、三等奖12个。

【科研】2017年，邵阳职业技术学院学院科研项目立项获省级课题7项、市级6项、院级15项；完成省级项目结题8项，市级4项，院级10项。完善科研制定管理，制定学术预防与查处学术不端行为实施办法，修订科研项目管理与学术成果奖励办法。

【社会服务】2017年，邵阳职业技术学院扩大继续教育培训规模，开展骑警辅警、银行从业人员、养老护理员、农民培育和移民培训等14期，培训学员1660人，培训收费实际到账资金194万元，比上年增长50%。多名教师参加邵阳市经信委、科技局和教育局组织的项目鉴定和评审工作，12名教师被市教育局聘请为邵阳市信息化教学大赛评委。

【文化传承】2017年，邵阳职业技术学院每月开展特色主题活动，服务青年学生成长成才，利用新生入学、学生毕业、重大节日或纪念日等时间节点和党团活动日，组织开展习近平总书记系列重要讲话、党的十九大精神、社会主义价值观等学生思想政治教育与养成教育活动。举办校运会、暑假“情牵脱贫攻坚”社会调研、元旦晚会、升国旗仪式和各类技能竞赛，承办“演艺惠民进校园”暨大型杂技《青春如画》主题晚会、“做文明乘客树文明形象”演讲活动等，通过摄影、朗诵、征文、艺术表演等形式，丰富学生第二课堂。全年开展学生运动项目30余项，学生参与度达到80%以上。

【管理改革】2017年，邵阳职业技术学院调整机构，撤并、调增形成37个职能部门，重新进行定编定岗定责，构建科学规范、运行高效的机构职能体系。优化专业结构布局，将原有的系（部）调整为3院4系3部。创新校企合作，初步形成三大模式：以迅达共建电梯工程学院为代表，引入企业管理理念共建二级学院，构建现代学徒制人才培养模式；以广东睿昌投入1000万元设备共建机器人技术应用中心为代表，引入企业设备，共建新兴产业对应专业；通过向社会购买服务，引入优质教育资源，与武汉百捷合作创建百度学院。将学生宿舍管理、卫生托管给湖南理雍物业公司。

（曾广喜）

科学技术

【概况】2017年，全市科技管理服务系统多项工作取得历史性突破。争取部省科技项目立项资金超过6000万元，省级和国家级“星创天地”总数排名全省第一，全市39家企业获高新技术企业认定，隆回工业集中区获批邵阳市首家省级高新技术园区。全市全年完成技术合同交易额登记3.2亿元，专利行政执法立案379件，专利申请3194件，专利授权1766件，发明专利申请量474件，有效发明专利拥有量335件，增速均高于全省平均值。

【邵阳市推进创新引领开放崛起暨科技奖励大会】2017年6月1日，邵阳市推进创新引领开放崛起暨科技奖励大会召开。会上，市委书记龚文密讲话，市长刘事青为李国杰院士等12位专家教授颁发邵阳市科技经济顾问聘书。大会对10项改革创新奖、5项扩大开放奖、10项创新创业奖进行表彰。会议印发《中共邵阳市委邵阳市人民政府关于贯彻落实创新驱动发展战略加快我市科技创新的实施意见》，出台28个具体措施，为邵阳市科技创新提供政策、财政保障。为落实会议精神，市政府常务会议专题研究科技工作，决定将邵阳市财政科技投入从2016年的650万元增加到1000万元，共支持82个市级科技项目。

【争取部省科技项目】2017年，邵阳市科技管理服务系统争取部省各类科技项目立项85项，项目资金超过6000万元，实现新的突破，实现一批重大科技项目立项。其中，邵东德沃普电气“10MW级液流电池储能技术”项目获国家科技部重大科技专项立项，项目资金3505万元，单项资金数创历史新高；城步南山牧业申报的“基于南方草山奶业功能性发酵乳制品关键技术研究及产业化”、天香生物申报的“紫薯花青素的高效提取及新产品工业化关键技术研究”、湘中制药申报的“布南色林原料药及其片剂开发”项目获湖南省战略性新兴产业项目和创新技术投资项目立项，立项资金达880万元。

【高新技术产业】2017年，邵阳市纳入统计范围的企业539家，比2016年增长35%，实现高新技术产业增加值318.5亿元，同比增长17.69%。高新技术企业认定取得重大进展，市本级组织3期高新技术企业认定培训。共组织2批43家企业申报高新技术企业，39家获得认定，全市高新技术企业达到72家，为历史新高。搭建科技创新服务平台和载体，隆回工业集中区获省级高新区认定，实现邵阳市高新园区零的突破。推荐邵东印刷文化产业园申报省级科技企业孵化器认定，协调市经开区中小企业服务中心申报省级众创空间。

【创新创业活动】2017年，邵阳市组织26家企业和6个团队参加湖南省创新创业大赛，获优胜奖4项，获奖数为历年之最。德沃普电气参赛项目“高效节能有载调容调压电力变压器及核心配件研发制造项目”代表湖南省参加全国双创大赛，获企业成长组优胜奖，实现邵阳市国家双创大赛获奖零的突破。

【农村和社发科技】2017年，邵阳市科技管理服务系统组织农村和社发科技项目申报，共有62个项目在部省立项，立项资金1500多万元，立项数量为历年新高。其中湖南省重点研发项目——邵阳市中药解毒研究所自主研制的纯中草药戒毒新药“南宝戒毒清胶囊”填补了国内外新型毒品戒毒药物的空白。邵阳市实现“三区”人才和12396平台高效运转。争取省厅选派邵阳市“三区”人才141人，实现农业科技特派员和“三区”科技人才省立项项目24个。加强科技平台和园区建设。全年新认定省级“星创天地”4家、国家级2家，全市省级“星创天地”总数达14家，国家级达5家，总数继续排名全省第一。邵阳市中心医院成功申报湖南省临床医疗技术创新引导项目出资单位，邵阳市第一人民医院申报“湖南省妇科微创临床医疗技术示范基地”获立项，邵阳国家级农业科技园区和双清区省级农业科技园建设有序推进，新邵、洞口、邵阳3县申报2017年省级农业科技园区，通过专家组现场考察，获省厅立项创建。

【科技成果转化】2017年，邵阳市人民政府印发《邵阳市促进高等院校科研院所成果转化的若干措施》，推动科技成果转化。开展科技成果奖励工作，组织申报湖南省科学技术奖，获二等奖项目1个。完成市级科学技术奖励各项工作，其中21个项目获科学技术进步奖、5个项目获科技创新团队奖。实施成果转移转化项目，指导新邵县实施省科技成果转移转化示范县工作，实施中药材特色产业，通过省厅组织的中期评估，并获增加100万元专项经费。市本级在医药、化工、机电、环保、新材料、食品加工等领域实施科技成果转移转化项目13项。加强技术合同认定登记工作，开展技术交易奖励补助试点，强化对县市区考核，全年完成技术合同交易额登记3.2亿元，超额完成省厅下达的任务。

【知识产权保护】2017年，邵阳市分别开展以“创新创造改变生活、知识产权竞争未来”为主题的知识产权宣传周活动和以“科技强国、创新圆梦”为主题的科技活动周活动。全市4个项目获得省厅科普活动项目立项，4个单位参加省科普基地评审答辩。开展专利行政执法和“双打”工作，全年专利行政执法共立案379件，列全省第四。其中电商专利侵权案件64件，列全省第二。大祥区被评为全省专利行政执法工作先进集体。组织实施专利奖评比，13个项目获邵阳专利奖。天香生物的发明专利——“一种从大蒜中提取大蒜素油的生产方法”获湖南专利奖三等奖。全年申报省知识产权项目10个，申报金额340万元。知识产权试点89家企事业单位受益。引导企业和个人专利申报，全年专利申请3194件，专利授权1766件，发明专利申请量466件，有效发明专利拥有量335件，分别比2016年增长29.21%、12.48%、51.3%、32%。邵东、城步获评全省知识产权工作先进单位，隆回确定为“湖南省知识产权强县工程县”，隆回县金石桥镇中学确定为“湖南省首批知识产权试点学校”。专利质押融资2600万元，其中绥宁签订邵阳市第一份专利贷款合同。

【防震减灾】 2017年，邵阳市地震局加强地震监测台站管理，对全市75个地震群测群防工作站进行重新审定和挂牌，完成新宁县清江动水位观测台的环境改造。加强建设工程抗震设防监管，完成市城区一般建设工程抗震设防要求确认审批55项，新邵县陈家坊镇富阳村被列为省级农村民居地震安全工程建设示范点。开展防震减灾知识宣传教育，新增武冈市邓元泰镇中学、大祥区新渡小学2所省级科普示范学校和邵东县宋家塘街道办事处广场社区1个省级地震安全示范社区。提高地震应急能力，积极应对10月31日邵东牛马司2.5级地震，及时印发《地震简报》。稳步推进农村民居地震安全工程示范点建设工作，全市建立34个农居地震安全工程示范点。到年底，全市有国家级地震安全示范社区1个、省级4个、市级5个，省级防震减灾科普示范学校16所、市级21所。在2017年度全省综合考核中，市地震局连续第12年获全省年度考核先进，新邵县地震局、武冈市地震办分获县市区级先进单位和优秀单位称号。

（易自然）

附一：2017年邵阳市科学技术进步奖名单

一等奖

1. 项目名称：M7206系列型高温气液染色机
   完成单位：邵阳纺织机械有限责任公司
   完成人员：肖坤后、蒋家云、黄坤民、唐太平、乐森林、孙钰、刘志宏、周青、吴建湘、曾耿锋
2. 项目名称：常压连续低温精炼再生橡胶新工艺
   完成单位：邵阳市黑宝石再生资源有限公司
   完成人员：姚宇航、姚志成、张洪海、姚小明、夏云英、范金球、屈文典、张效纲
3. 项目名称：替代原火法冶炼矿浆电解新工艺制备精锑
   完成单位：新邵辰州锑业有限责任公司
   完成人员：陈晓春、康钦科、王成彦、陈永强
4. 项目名称：雪龙一号西瓜新品种选育及推广
   完成单位：邵阳市农业科学研究院、湖南雪峰种业有限责任公司
   完成人员：莫小平、邓大成、欧小球、陈维纲、庞兆良、严钦平、张琼、肖峰、杨仁喜、谭秋英
5. 项目名称：呼出气一氧化氮在哮喘—慢阻肺重叠综合征中的研究
   完成单位：邵阳学院附属第一医院
   完成人员：邓玎玎、双庆翠、周红勤、陈平、周爱媛、蒋爱云、朱丹、刘丽君
6. 项目名称：LncRNA SNHG7在肺癌发生发展中的作用与机制研究
   完成单位：邵阳市中心医院
   完成人员：佘科霖、严辉、张国华、李飞鸿、陈勇、刘晓飞、黄俊、王磊

二等奖

1. 项目名称：HQC3250ZZX1E 自卸汽车
   完成单位：湖南汽车制造有限责任公司
   完成人员：张克军、钟荣华、王波涛、史雪玲、储成火、谢能平、罗小军、黄庆谷
2. 项目名称：纳米抗菌自洁墙面水漆
   完成单位：湖南漆雕氏制造股份有限公司
   完成人员：毛小文、郑方荣、毛菊花、付佐喜、毛祖元、欧德力
3. 项目名称：瓜实蝇发生规律及诱控技术研究与推广
   完成单位：邵东县植保植检站、邵东福翔现代农业专业合作社
   完成人员：周颖、曾汉阳、刘长义、尹阳明、曾样平、彭晴晖、石伟胜、吴明志
4. 项目名称：邵阳烟叶结构优化的群体质量及其关键调控技术研究
   完成单位：湖南省烟草公司邵阳市公司、湖南农业大学
   完成人员：邹凯、张光利、邓小华、于庆涛、曾钰、刘聪聪、刘昭伟、肖志翔
5. 项目名称：肉猪用微生物发酵无抗生素饲料的研发与产业化
   完成单位：湖南宝东农牧发展有限公司
   完成人员：周爱华、曾昭英、谢明来、刘刚、李飞鸽、岳响亮
6. 项目名称：改良宫颈环扎术在孕期宫颈机能不全中的应用
   完成单位：邵阳学院附属第一医院
   完成人员：袁巧、程华、李明月、谢凤娇、谢莎莉、付慧、申黎明、罗叶辉
7. 项目名称：个案管理模式对农村腹膜透析患者生活质量的影响研究
   完成单位：邵阳市中心医院
   完成人员：张亚慧、郑淑萍、周六产、方艳春、戴爱明、覃婷、莫雄、黄雅莲

三等奖

1. 项目名称：一种用于汽车快速修配的专用集成工具
   完成单位：邵东和谐五金机电有限公司
   完成人员：鞠延、王再德、王胜得、王恒、王琼
2. 项目名称：崀山铁皮石斛在石漠化地区仿原生态栽培技术应用与推广
   完成单位：湖南崀霞湘斛生物科技有限公司
   完成人员：刘桂平、罗毅波、孙武、王燕、郑和能
3. 项目名称：紫淮山高产高效栽培技术研究与推广应用
   完成单位：邵阳市农业科学研究院、湖南紫玉农业有限公司
   完成人员：曾文伟、刘孙长、孙小武、谢水源、刘中阳、杨红
4. 项目名称：邵阳市人工增雨预防和扑灭区域山火技术研究
   完成单位：邵阳市气象局
   完成人员：严光荣、罗龙友、廖仁国、刘序林、杨志军、李斌
5. 项目名称：新邵县高家坳金矿废弃地植被快速恢复技术
   完成单位：邵阳市水土保持科学技术推站
   完成人员：王曙光、刘桂平、李坤军、张明、李均

6. 项目名称：雪峰辣菜纯种发酵生产技术及产业化
   完成单位：洞口尚君生态农业科技有限公司
   完成人员：谢杰芳、黄小波、谢尚军、田宽、罗海艳、周艳华
7. 项目名称：活血通络汤治疗乳腺癌术后上肢水肿的临床研究
   完成单位：邵阳市中医医院
   完成人员：金庆满、王华中、李清明、吴光磊、杨勃、艾晓辉
8. 项目名称：多种微创方式治疗跟骨骨折
   完成单位：武冈展辉医院
   完成人员：刘波峰、银敏、李锡银、匡亚华、钟柏平、张淑敏

附二：2017 年度邵阳专利奖

2017 年度邵阳专利奖特别奖获奖项目

序号	专利名称及专利号	申报单位	专利权人	发明人
1	一种变速器润滑系统及变速器 ZL201110166951. 2	湖南汽车制造有限责任公司	湖南汽车制造有限责任公司	冯继承、刘磊

2017 年度邵阳专利奖一等奖获奖项目

序号	专利名称及专利号	申报单位	专利权人	发明人
1	一种 3-羰基-4 氮杂-雄甾-17β-羧酸的制备方法 ZL201410539288. X	湖南科瑞生物制药股份有限公司	湖南科瑞生物制药股份有限公司	左前进、甘红星、谢来宾
2	柑橘保叶剂及使用方法 ZL201310669925. 0	邵阳柳创农化有限公司	邵阳柳创农化有限公司	柳福炎、杨桂香、曾文伟、廖丹
3	启辉器式电源、灯管支架和 LED 灯管 ZL201310387387. 6	邵阳市亮美思照明新科技有限公司	邵阳市亮美思照明新科技有限公司	徐慧

2017 年度邵阳专利奖二等奖获奖项目

序号	专利名称及专利号	申报单位	专利权人	发明人
1	三头四工位钳子刃口错位加工铣床 ZL201510659403. 1	邵东和谐五金机电有限公司	邵东和谐五金机电有限公司	王再德、王胜德、王恒、王琼
2	车辆及车速信号处理系统 CN201210024326. 9	湖南汽车制造有限责任公司	湖南汽车制造有限责任公司	王波涛、张克军、徐大伟

续上表

序号	专利名称及专利号	申报单位	专利权人	发明人
3	一种纸及纸板的干燥工艺 ZL201510362256.1	湖南广信科技股份有限公司	湖南广信科技股份有限公司	魏冬云、唐跃平、朱新国、申加喜、尹华治
4	用木片培养密环菌及天麻快速高产栽培的方法 ZL201610277607.3	绥宁县博世康天麻科技开发有限责任公司	绥宁县博世康天麻科技开发有限责任公司	陶继全

2017 年度邵阳专利奖三等奖获奖项目

序号	专利名称及专利号	申报单位	专利权人	发明人
1	一种高稳定性可调节式钢筋冷轧装置 ZL201620465294.X	邵阳高华工贸实业有限公司	邵阳高华工贸实业有限公司	王高华、王文浩、黄曙光、曹春梅、王文韬
2	水铝钙石合成方法及其水铝钙石基 PVC 复合热稳定剂 ZL201410381332.9	邵阳天堂助剂化工有限公司	邵阳天堂助剂化工有限公司	彭召林、周喜、邱政友、邓联平、金慧珠
3	一种治疗麻痹性肠梗阻、促进腹部术后胃肠功能恢复的药物及制备方法 ZL201410158645.8	邵阳市中医医院	邵阳市中医医院	艾晓辉、雷庆良、谢钢、申小平、罗博、曾泽民、朱文硕、周群香、王海、付江涛、宁海涛、黄小青
4	一种条纹彩色运动滑板及生产方法 ZL201210385169.4	湖南省丰源体育科技有限公司	湖南省丰源体育科技有限公司	王虹力
5	一种基于废弃竹材的炭雕产品的生产办法 ZL201410652276.8	邵阳天元木业有限公司	邵阳天元木业有限公司	肖布闻

文化·体育·新闻

文 化

【概况】2017 年邵阳市文体广电新闻出版局获全省文化工作先进单位、全省新闻出版广电（版权）工作目标管理考核优秀单位、全省文化系统宣传信息工作先进单位、全市社会管理综合治理和反邪教先进单位称号。邵阳市文化市场综合执法局被评为“邵阳市创建国家卫生城市工作先进单位”“全市关心下一代工作先进集体”“湖南省扫黄打非先进集体”。

【文艺精品创作】2017 年，邵阳市围绕党的十九大、建军 90 周年、纪念香港回归 20 周年等主题，举办邵阳首届“新春戏曲晚会”“欢庆七一·喜迎十九大”全市新人新歌大赛、“庆建军、庆国庆、喜迎党的十九大”全市铜管乐（民乐）比赛等重大主题艺术活动；组织参加全省新人新歌大赛，获银奖 1 个，铜奖 3 个，邵阳市文体广电新闻出版局获全省优秀组织奖。

开展“光辉岁月·砥砺前行”喜迎党的十九大书法美术摄影作品展、“书香邵阳　红星闪闪耀童心”全市少年儿童庆祝中国人民解放军建军 90 周年主题书画展等艺术活动。组织洞口罗溪大麻溪木偶戏剧团、邵东县清云祁剧团成功申报全国优秀基层戏曲院团，各获奖金 30 万元。

戏曲保护传承实现新突破。实施优秀剧本政府采购计划，备战省、市艺术节；推进市花鼓戏传承保护中心和湖南艺术职业学校联合办学，培养新鲜血液；邵阳祁剧《目连救母》全国巡演 20 场，反响强烈；全年完成送戏下乡演出 844 场和周末剧场演出 48 场。

【公共文化服务体系建设】2017 年，邵阳市文化艺术中心于 9 月全部竣工并投入使用，市体育中心各场馆建设完成 80%。全省现代公共文化服务体系现场推进会和文化局长座谈会在邵召开，邵阳市在会上做典型经验发言，形成邵阳模式。正式出台《关于加强文化基础设施建设构建公共文化服务体系“三年行动”（2017—2019 年）的实施意见》。

全市获批中央资金支持县级全民健身中心 1 个、乡镇项目 2 个，中央预算投资建设项目 5 个，省级社区多功能运动场 10 个。全面完成第二批农村广播“村村响”工程验收工作，累计投入资金 10681.588 万元。完成第六次全市公共图书馆评估定级工作。完成第二批贫困地区行政村设备采购配送和农家书屋图书补充配送。开展全民阅读“七进”系列活动 20 余场次。放映农村公益电影 6.7663 万余场和广场公益电影 945 场。

相继举办“迎新春庆元宵猜灯谜”活动、“宝庆群艺汇”全市群众文化品牌活动、“欢乐潇湘”全省群众文艺汇演活动、全市桥牌比赛、全民健身日启动式暨大祥区广场舞比赛、邵阳市第四届羽毛球赛、邵阳市第五届体育舞蹈锦标赛等，获“欢乐潇湘”全省群众文艺汇演活动一等奖 2 个，二等奖 3 个，三等奖 3 个。

举办社会体育指导员培训班，共培训各类体育社会指导员

321人；对212名选派到县乡承担“三区”人才支持计划的文化工作者进行集中培训。邵阳市“阳光工程”中西部农村文化志愿服务项目办被文化部评为全国优秀基层项目办。

【文物保护】 2017年，邵阳市“宝庆府古城墙”“魏源故居”“中国工农红军第七军指挥所旧址”—龙氏宗祠3个文物保护项目主体修缮工程成功纳入2018年度全国重点文物保护单位项目计划书。全年争取2018年度省级文物保护专项经费1502万元，计划项目7个。完成蔡锷故居环境治理等30个文保单位保护设计方案的编制评审工作；启动“洞口宗祠建筑群”二期修缮等10余个工程项目；绥宁侗寨申遗阶段工作进展顺利；全市28个国保省保集中成片传统村落范围内文保单位的保护工作进展顺利。在召伯窑址调查勘探，发现15个窑区，500米长青石板路1段、龙头村游家岭汉墓群1处，共出土110余件器物和样品。该召伯窑址为资江流域烧制最早、规模最大的民窑。

【非物质文化遗产保护】 2017年，邵阳市利用非遗资源，做好文旅融合。举办“邵阳非遗过大年”系列活动、全国首个“文化和自然遗产日”系列宣传活动、“2017BMW中国文化之旅”湖南非遗探访活动邵阳站系列活动，承办城步“六月六”山歌节、绥宁四八姑娘节、隆回花瑶“讨僚皈”、武冈六月六尝新节等系列文化节庆活动。创新发展思路，引导社会力量参与非遗保护，建立蓝印花布、宝庆竹刻、滩头木版年画等生产性保护基地，探索建立花瑶文化生态保护区、以苗绣、罗溪熬茶习俗、油茶习俗等项目促进非遗精准扶贫工作。加强对外交流，组织各类非遗项目参加“走进非遗——2017年迎新年传统手工艺博览会”、第三届“湘鄂赣皖”四省非物质文化遗产联展、深圳文博会等展览展示活动，组织省祁剧保护传承中心参加“中国—东盟戏剧周”活动。

【文化市场管理】 2017年，邵阳市举办广播电视节目现场监评会，提升业内人士新闻宣传、新闻撰稿等业务水平。组织开展全市安全播出自查自纠、隐患排查、回头整治三个阶段的大检查，确保党的十九大等重点时段转播和传输中央广播电视节目的绝对安全。出台《邵阳市文化市场综合执法改革实施方案》，理顺文化市场综合执法关系；开展文化市场行政审批规范化建设，优化审批程序；开展全市文化市场综合执法队伍技能练兵比武和执法案卷评查活动，提升依法行政水平；开展知识产权日、“绿书签”等系列宣传活动，为市场主体营造良好发展环境。围绕“两节”“两会”“十九大”等重要节点，开展“春雷”“利剑”“清源”“净网”“秋风”“护苗”“固边”、安全生产大检查、地面无线数字电视广播秩序专项整治和打击治理“黑广播”等专项整治活动，严厉打击意识形态领域文化阵地违法违规活动，依法查处网络传播淫秽色情信息、非法接受境外节目等典型案件，取缔上网服务场所2家；多举措巩固政府机关软件正版化工作成果，推进企业软件正版化工作进程；加强对卫星地面接收设施的监管，确保歌舞娱乐场所和广电市场的有效监管。开展“扫黄打非”进基层。各乡镇（街道）、村（社区）成立“扫黄打非”工作机构，在“扫黄打非”信息管理系统共录入基层工作机构3791个，覆盖率达99%。邵东县大禾塘街道、城步苗族自治县蒋坊乡铺头村和隆回县六都寨镇被评选为湖南省“扫黄打非”基层示范点，新宁县水庙镇水庙社区被评选为全国“扫黄打非”基层示范点。

【市场监管专项行动】 邵阳市文化市场综合执法局共出动检查9429人次，检查各类文化经营场所4908家次，受理12345热线举报68件，查办各类违法案件18件。开展“扫黄打非”的“净网”“清源”“护苗”“秋风”等专项行动，集中整顿出版物市场，开展校园周边文化市场专项整治行动，进一步净化社会文化环境和网络文化环境。全年共收缴盗版书刊、教辅读物1.6万余册（包括散页）、非法光盘300余盘。开展网吧管理专项整治行动，重点整治网吧接纳未成年人的违法行为，全面清理整治网吧未按规定核对、登记上网消费者有效身份证件、未采取信息网络安全技术措施和经营管理技术措施的违法行为，以及网吧治安安全和消防安全隐患，形成严管重罚、齐抓共管的长效网吧管理机制。开展“零点”夜查行动，查处含有淫秽色情、暴力等内容的演出，关停无照、无证经营娱乐场所；开展学考高考期间“静音”行动；开展点播影院的专项检查；针对全市网站，尤其是文学、视频网站，应用软件商店、移动客户端运营情况进行全面清查。

【文化产业】2017 年，邵阳市文化产业增加值突破 81 亿元，较 2016 年增长 14.4%，占 GDP 比重为 4.82%。成立全市文化体育产业发展领导小组，组织编制《邵阳市文化体育产业四年发展规划（2017—2020）》《关于加快推进全市文化体育产业发展“四年行动计划”（2017—2020）工作实施方案》，召开文体产业发展调度会议和产业组成员单位联席会议，为文体产业发展指明方向。经招商引资，浙江宾王集团、广东中旅集团、长沙创元集团等大型文化和文化地产企业落户邵阳，中联影城、恒温游泳馆均于年内开工建设。全市 23 家影城，实现年票房收入 7000 万元，排名保持湘西南第一。促进体育彩票销量增长，年内完成体彩销售 60835 万元，新增网点 43 个，实现社会效益和经济效益“双赢”。

（办公室）

新华书店

【概况】湖南省新华书店有限责任公司邵阳分公司是一家以出版物发行为主营业务的国有企业，其前身邵阳市新华书店创建于 1950 年 1 月，是邵阳市创立最早的文化企业之一。2017 年，公司隶属于湖南省新华书店有限公司、湖南出版投资控股集团和中南出版传媒集团股份有限公司，经营项目主要涵括中外文图书、教材、音像制品、电子出版物、文化用品、期刊的批发零售和教育培训等。辖 9 个县（市）分公司、网点遍布全市，拥有总资产 9.19 亿元，员工近 1000 人。公司获“中国书刊发行行业双优单位”、全国精神文明建设工作先进单位、全国新闻出版行业服务社会主义新农村建设出版发行先进集体等称号。

【发行管理】2017 年，新华书店邵阳分公司严格执行进货管理制度，坚决抵制反动的、错误的、不健康的东西侵蚀，反对盗版、侵权图书捣乱文化市场秩序。坚持把宣传党的路线方针政策放在首位，做好党和国家重要文献、政治读物、马列著作以及党中央治国理政新理念新思想新战略等重大主题的发行工作，完成《习近平谈治国理政》《习近平总书记系列重要讲话读本》等优秀出版物的供给。秉承“质优价廉，学生自愿”原则，做好教材教辅发行工作，保障全市中小学“课前到书，人手一册”的政治任务。同时承担和落实农村义务教育阶段学生教材的免费供应工作。

【第三届“书香邵阳·全民阅读”活动】2017 年，新华书店邵阳分公司举办第三届“书香邵阳·全民阅读”活动，开展爱心卡进企业、进机关、进学校、进社区、进家庭等“五进”活动，形成“人人爱读书、处处飘书香”的良好氛围；全面推进书香校园建设，组织“工具书进校园”“名家进校园”“书香进校园”等系列校园阅读活动，为教师专业发展、学生健康成长提供精神动力和智力支持；贯彻“好书伴我行·日读月谈季评”读书学习活动，推出经典书目，拓宽活动形式，吸引众多读书爱好者踊跃参与。

【“书里书外”】“书里书外”是新华书店邵阳分公司创新运作的子品牌，2017 年已建成书里书外江北店、红旗路店、爱莲店、友阿国际广场店，经营面积达 1700 平方米，经营项目以图书为主线，发展多元业态，强化文化创意，提升阅读体验。通过“书里书外”开展“第三课堂”“邵阳文艺家沙龙”“品读间”“名家讲座”共 97 场活动，打造成邵阳读书人聚会、侃书、品茗，享受书香咖啡的时尚文化空间，满足不同人群需求的图书之家，成为青少年的阅读场所，国学讲堂、文艺家沙龙的活动基地。

【“共享阅读”】推进共享书店是新华书店邵阳分公司先行先

试探索全民阅读的新突围、新路子。2017年8月19日，公司在旗下的特色书店“书里书外”启动“共享书店”，创办全省首家共享书店，店内所有图书向会员敞开借阅，帮助读者消除阅读成本、降低阅读门槛、提高阅读频次，实现“由买书到借书”“把书店变成自家书房”“由个人阅读到共享阅读”的重大转变，最大限度地推进全民阅读。

【“智慧书城”】2017年2月，新华书店邵阳分公司9家分公司中心门店“阅达·智慧书城”同步上线，全面实现掌上运营，开创全民购书新体验。这一举措打破地域限制，让每一家连锁门店都能为全市读者提供服务。读者通过手机微信，轻松实现图书导航、查询、下单、支付、在线体验、会员服务等智能服务。同时成立物流配送中心，让每一笔订单可以及时响应，让每一位用户满意，由此实现全市连锁门店由线下经营向线上线下一体化运营转型升级。

【“友阿海外购”】2017年，新华书店邵阳分公司在“友阿国际广场”进驻邵阳之时，积极与其洽谈，取得“友阿海外购”邵阳地区总代理，12月在友阿国际广场和湘中图书城开设“新华友阿海外购”，为公司产业发展提供新路子，为邵阳人们提供全球进口正品，创造购物新体验。

（谢水森）

档　案

【概况】2017年，邵阳市档案局获评全省档案工作优秀单位，获全国档案法律法规知识普及宣传活动优秀组织奖，首次获全市社会管理综合治理工作先进集体称号；获全市文明单位、全市财政决算工作和固定资产清理工作先进单位等称号；刘爱民、周后平、刘巧萍、海飚4人入选全省档案专家信息库。

【全国首创领导干部离任档案工作审查制度】2017年，城步苗族自治县印发《城步苗族自治县县管领导干部离任档案工作审查制度（试行）》，规定县属各单位党政正职在调任、转任、轮岗、免职、辞职、退职之前，必须接受任期内档案工作审查，审查不合格的一律不得离任或暂缓离任。这一制度的实施，首次将档案工作纳入领导干部的任免程序。省档案局专门下文在全省各市州进行推介，《中国档案报》第二版大幅报道该项制度的实施，省内怀化市、娄底市以及浙江省的一些市、县档案部门专门派人到城步学习成功经验。

【档案业务工作】2017年，邵阳市档案局把档案年检年审和规范化管理合格认证工作统一起来，全年年检136个单位，合格率为100%，优秀率为30.9%；将“美丽乡村”建档任务纳入对县市区的绩效考核，全市共完成200个“美丽乡村档案室”市级合格认证；精准扶贫档案和土地承包经营权确权登记档案工作全面铺开；组织学习《第二次全国地名档案管理办法》并在大祥区开展试点，通过充分调研和制定统一业务规范，在全省地市州中较早全面铺开此项工作；所有县级局馆长分别参加在北京、长沙举办的2期轮训班，选派干部参加档案数字化、编研、规范化、展览、农村土地确权等业务学习，进一步提高档案干部队伍的履职与创新能力；在全市档案系统中建立QQ、微信群开展档案业务网上指导；继续推进《会计档案管理办法》《精准扶贫档案管理办法》《村级档案管理办法》等业务规范性文件的贯彻实施；按照新馆搬迁与移交档案要求，对市级综合档案馆馆藏档案进行了认真清理；发出文件要求各档案移交单位凡是移交进市档案新馆的档案，一律按照全市统一要求进行信息化加工处理，做到电子档案和纸质档案同步移交进馆，没有电子版的一律不接收；根据国家档案局9号令要求，对机关业务档案和文书档案一并移交；对市直各随迁单位进行至少一次业务指导，共同制定好档案移交方案，确保移交质量。

【档案宣传与执法】2017年，邵阳市档案局连续三年被湖南省档案局评为全省档案宣传工作先进单位，曾爱国、胡正加获全省档案宣传先进工作者称号。举办“6·9国际档案日”和“12·4国家宪法日”系列宣传活动，参与国家档案局、省档案局的相关活动，上下联动，宣传档案法律法规知识，提高依法治档和依法行政意识能力。在国家档案局举办的“档案——我们共同的记忆”主题征文中，市档案局周后平撰写的《档案带给烈士后裔的传奇》获优秀奖。实行行政审批和行政许可双公示制度，精简行政许可项目，由原来的三项合并为一项（权限内档案管理审批）。清理规范公共服务事项，公布档案利用服务、政府公开信息服务、档案从业人员培训、爱国主义教育基地、档案宣传教育和业务培训、档案业务咨询服务、档案工作规范化管理等级评定共7项事务的办理流程和咨询、监督电话等。与相关职能部门合作开展档案执法检查，并对相关责任单位下发整改通知书。

【新档案馆建设】2017年，邵阳市新档案馆建设进展顺利，邵东、城步和邵阳3县的新档案馆建成并投入使用，洞口县新馆建成并开始搬迁准备，武冈市新馆封顶，隆回县拉通新馆新址道路，绥宁、新邵、新宁、北塔4县区的新馆已选址并敲定建设班子、实施方案与建设时间表。邵阳市档案新馆建成并完成内部设施安装。

【档案查阅利用服务】2017年，邵阳市各级国家综合档案馆全年新接收各类档案58272卷、184975件；继续做好国有改制企业档案的寄存接收工作，全年共接收10206卷；全市各级档案馆共保存3256个全宗的纸质档案1458202卷、1304666件，保存照片档案63623张、底图档案3748张。全年接待查阅利用档案人员21282人次，利用档案资料共计63265卷次、21359件次。加强各级综合档案馆工作人员心态教育，提倡“工匠”精神；继续推行上班时间延时查档、节假日预约查档、查档效果跟踪咨询、档案证明实名签字等制度。

【档案征集与编研开发】2017年，邵阳市档案局先后派人赴北京、湖北、西安、芷江等地，征集到邵阳籍开国中将李寿轩、姚喆将军，原兰州军区副参谋长周美华少将，革命烈士宋汉武、李国重等邵阳籍名人的珍贵档案，形成“邵阳将军”档案全宗群。市特色档案馆全年征集档案资料28卷册。对收集进馆的档案，进行及时宣传，先后在各级报刊杂志网站上发表《毛泽东三点姚喆将》《获得毛泽东墨宝的七位邵阳人》《汉口宝庆码头》《邵阳一封直呈蒋介石的反腐实名举报信》《革命烈士宋汉武的两封家书征集进馆》等文章30余篇。邵阳市首个国家级重点档案开发项目《抗日战争档案汇编》专题项目之《抗战时期邵阳县国民政府抚恤档案汇编》定稿送审，绥宁县的《绥宁县抗战档案汇编》完成初稿编纂；市第二个国家级重点档案开发项目《抗日战争档案汇编——邵阳地方抗日武装档案》完成立项报批；省级重点档案开发项目《邵阳市政权建设与党和国家领导人关怀湖南档案专题数据》完成汇编前各项准备；市馆及武冈市、新宁县配合省局开展《民国档案文件级目录数据库》建设，总计上报文件级电子目录10万余条。

【信息化工作】2017年，邵阳市将档案数字化工作纳入全市绩效考核指标，全市新增数字化档案700万页，其中市级综合档案馆100万页，县级综合档案馆平均新增50万页。市档案馆与省档案馆绑定，与江苏省档案馆进行电子档案异地备份。洞口县对档案信息化建设进行顶层设计，由县两办发文：凡需接收进馆的档案一律先数字化后再进馆；做到了统筹兼顾，全县一盘棋，统一使用一种管理软件；凡需数字化档案的单位，要先与县档案局协调，数字化后必须经县档案局审核验收后方可付款。

【精准扶贫】2017年，邵阳市档案局对口帮扶新邵县寸石镇寸石村，完成光伏产业53千瓦，硬化村级公路8公里、农网改造286户、电商服务平台建设500平方米、保坎维修108立方米、危房改造10户、生态补偿600户、小额金融贷款10人；维修近3000米长的水渠，修建1个拦水蓄水水坝，改造5口山塘，集中栽种近800亩油茶林地。全村建档立卡的贫困户共79户353人，已脱贫71户321人。该村总体达到“两确保”“两完善”，通过国家、省两级检查验收，退出贫困村。

【档案学会工作】2017年，邵阳市档案学会举办年会，117个会员单位的150余名档案工作者参会，收到档案专业论文23篇，评出并表彰6篇等级论文，其中武冈市档案局张刚撰写的《县级国家综合档案馆可持续发展探讨》、刘生贵撰写的《浅谈基层精准扶贫档案的归档》获二等奖。全年全会在市级及以上各媒体上共发表各类文章55篇。在省档案学会第二十五次学术论文评选中，邵阳市推荐的7篇论文有6篇获等次奖。市科研课题《关于档案保管保护费用成本的研究》顺利结题并获省级专家验收通过。

（胡正加）

体　育

【群众体育】2017年，邵阳市共参加省级以上全民健身群众体育活动6次，举办全市全民健身活动10次。参加湖南省第八届全民健身节暨湖南省“龙果江杯”健身气功站点联赛，获八段锦集体赛、五禽戏集体赛一等奖。参加湖南省体育行业职业技能游泳救助项目比赛，获团队赛三等奖和优秀组织奖。参加第六届国际演武大会，获43枚金牌、4枚银牌、3枚铜牌。筹备第十三届湖南省运动会，成立筹备委员会，推进比赛场馆建设，做好分赛场场地设施检查，制定参赛任务及奖励办法。

【青少年体育】2017年，邵阳市以规划备战第十三届省运会为契机，青少年竞技体育实现重大突破。根据竞赛规程制定目标任务，完善奖励政策，做好运动员注册参赛工作。在市体校新增跆拳道项目，提升该项目夺金竞争力。组织运动员参加省级各项目锦标赛，提前进入备战状态，共派出400余人的队伍，参加射击等15个项目的角逐，获金牌19枚，银牌26枚，铜牌22枚。成功举办全省青少年摔跤锦标赛、第25届全市中小学生田径运动会等青少年体育赛事。

（周　洋）

广播电视

【概况】2017年，邵阳广播电视台新闻综合频道《邵阳新闻联播》通过主题策划和多方联动，每个月均设有战役性宣传，先后推出“新愿景·新邵阳”等30多个专栏，播发稿件4000多篇。交通频道围绕产业兴邵、精准扶贫等重大主题开展系列宣传报道，同时重点关注民生，推动相关部门为老百姓解决生产生活中的难点问题。公共频道加强动态报道，策划《了不起　我的邵阳》特别报道，从点到面，多侧面报道市直各单位、各部门在党的十八大以来取得的成绩。邵阳城市报紧扣“两中心一枢纽”建设、创建全国文明城市等题材，推出20多个专刊特刊。音乐频道将公益宣传作为宣传重点，创建国家文明城市、创建国家卫生城市、党的十九大宣传以更接地气、更为大众所接受的形式制作，传递社会正能量。邵阳传媒网集纳广电旗下6大媒体官方微博和12个栏目微信公众号，打造立体传播矩阵，优质流畅同步直播、转播广播2个频率、电视2个频道的节目。

2017年，邵阳广播电视台盘活培训大楼、广电大厦等资源资产，调整经营结构，探索多元化经营，想方设法开展传媒广告、媒体活动、专题制作、电影票房等多种业务，拓展市场，严格执行新的《广告法》，强化广告报单、制作、播出监管，全年没有发生一起违法违规违纪广告，台本部共完成创收3792万元，同时向市财政争取拨款490多万元，基本保障各项开支和正常运转。落实值班制度，加强技术防护，确保所有广播电视节目的播出安全，安全播出实现零事故。

【宣传党的十九大精神】2017年，邵阳广播电视台台属各媒体以迎接、学习、宣传、贯彻党的十九大作为全年新闻报道工作的主轴和主线，整合多部门采编力量，实行联合集团作战。2～3月开辟“春满邵阳”专栏，5～10月相继推出“喜迎十九大·全市重点工程巡礼”“砥砺奋进的五年”“喜迎十九大·建设新邵阳”“新支部、新作为、新作风”“我为党旗红”“十九大时光”“新时代　新变化”“喜庆十九大”“学习贯彻十九大精神”“厉害了，我的邵阳”等30多个专栏，累计播发相关动态消息、连续报道、系列报道、挂栏报道2997条，真实报道邵阳市加快“两中心一枢纽”建设、省市重点工程建设实况和全市人民欢庆党的十九大盛况，客观报道邵阳各行各业的先进典型，大张旗鼓宣传邵阳近年经济建设、政治建设、文化建设、社会建设、生态建设、党的建设所取得的成就。特别是9月29日至10月23日，新闻综合频道整合从台领导到频道负责人、部室主任、编辑、记者等50多人的团队，分成5个小组，分赴8县1市，完成16期48集、总时长356分钟的大型特别报道《看得见的幸福》，以讲故事的手法，全方位、多角度、多侧面、接地气地立体呈现邵阳各地的发展变化，该节目主题突出、形式活泼，有高度、有厚度、有深度、有广度，分量足、影响大，受到市领导龚文密、刘事青、周迎春的多次表扬，中共湖南省委宣传部发专文予以表扬。

【外宣上稿】2017年4月，邵阳广播电视台组织精干力量，设立重点报道部，加强报道策划，健全落实奖勤罚懒、奖优罚劣机制，推出一批又一批有影响、有分量的新闻稿件被上级媒体采用，上稿的数量稳月增长，上稿的质量日趋优良。5月份开始，在湖南卫视新闻联播每个月1分钟以上单稿都在5条以上。10月7日，新闻综合频道采制的电视长消息《肖笑波：服务好群众　让祁剧更有戏》成为湖南卫视新闻联播全省党代表风采开篇之作，播出时长2分钟，获湖南省台领导和专家首肯。10月18日，邵阳台将《学习十九大报告：邵阳对照年度目标查漏补缺》传送到湖南卫视，成为全省第一个也是当晚唯一一个在湖南卫视新闻联播播发学习收看党的十九大开幕式的地市级媒体。党的十九大召开后，邵阳台《邵阳路桥海外项目部党员学习十九大报告》《学习十九大报告：土地承包期再延迟30年·邵阳种粮大户吃下定心丸》《邵阳北塔区："村村响"广播传递十九大声音》等稿片在湖南卫视众多同类题材中脱颖而出，并连续播发；《邵阳武冈：扶贫干部在贫困村述职　群众评议扶贫效果》在10月26日湖南卫视新闻联播中以要闻形式播出，时长达2分31秒，成为全省第一条贯彻落实党的十九大精神的典型报道，卫视通联部随后将此稿件作为贯彻党的十九大精神报道样板，要求各地记者学习参考。

【宣传创优】2017年，邵阳广播电视台坚持用创新驱动创优，以评奖促动创优，以创优促动精品节目生产，创作出一批反映时代精神、具有邵阳特色的优秀作品。在3月下旬举行的湖南广播电视奖复评中，报送作品35件，涵盖广播电视长短消息、新闻专题、系列报道、连续报道、新闻论文、新闻名专栏、社教专题、特别节目、优秀栏目、广播文艺、广告信息、宣传片、集中竞赛13个类别，获18个奖项，其中交通频道的《医改"手术刀"该动向哪里?》、新闻综合频道的《医改新路》、邵阳城市报的《警惕搞"数字脱贫"》、公共频道的《失业保险宣传片》等5件作品荣膺一等奖，另有6件作品获二等奖、6件作品获三等奖，获奖等级、获奖比例和获奖数目再次名列全省前茅，连续第14年获湖南广播电视优秀组织奖。在4月底举行的湖南新闻奖评选中，报送的18件作品获一等奖1个、二等奖3个、三等奖4个，获奖份额名列同市媒体之首，在全省14个市州再次排在前列。在11月揭晓的第27届中国新闻奖评选中，交通频道主创的广播新闻专题《医改"手术刀"该动向哪里?》获二等奖，这是邵阳新闻界有史以来获得的最高奖项。此外，组织进行年度邵阳广播电视奖评选活动，为县市台评比出28件获奖作品，带动和推进全市广电系统精品节目的生产和创作。

【大型活动】2017年，邵阳广播电视台主动对接和联合相关单位相继举办大型文体、经贸、公益等活动。2月，邵阳广电传媒承办第三届邵阳市少儿春节联欢晚会，参加海选少儿1000多人，海选节目100多个，入选晚会节目16个；晚会4个小时直播，全网浏览量达100万人次。4~8月，邵阳台旗下交通频道、新闻综合频道、邵阳传媒网三大主流媒体联袂举办"悦读邵阳——2017中国语文朗读"邵阳赛区评选活动，历时近4个月，吸引近1万名选手参加。5~6月，广电传媒联合市关工委举办邵阳市第一届少儿文化艺术节，设少儿六一文艺汇演、少儿原创作文大赛、青少年优秀书画作品展等四大主题活动，参与者、观赏者达数万人。6月，交通频道承办2017"爱心送考"大型公益活动，参加"爱心送考"私家车、出租车1000多台。6~9月，新闻综合频道承办湖南省"欢乐潇湘"第七届全民广场舞邵阳区比赛，来自8县1市3区的400多支队伍1万多人参赛。8～11月，交通频道承办首届“邵阳好司机”大型公益活动，分“挑战百日零违法”、寻找“邵阳好司机”“好司机健康甩油跑”3个项目，5000多名遵纪守法的司机参加。10～12月，公共频道承办第五届道德模范暨“最美人物”评选表彰活动，分类评选表彰助人为乐、见义勇为、诚实守信、敬业奉献、孝老爱亲模范1至3名、最美人物10名。

【设备改造】2017年7月，邵阳广播电视台争取财政支持，为新闻综合频道投入600多万元，一次性购置高清摄像机22台，完成10套编辑系统、传输线路和全套播出设备的高清改造，7月28日成功试播，8月底正式播出。新闻综合频道自此实现采编播全体高清化，赶上发达地区市级台的先进水平，视音频质量基本上和省级媒体保持同步。公共频道完成湖南公共频道机房的搬迁和升级工作，信号质量大幅提高。新媒体“爱上邵阳”建成上线，广播交通、音乐频道改造播出机房电源线路，增加一路光纤信号，使播出系统传输环节更加安全可靠。湖南有线邵阳网络公司在5月完成配电房改造工程，满足公司未来20年内办公和生产用电需求，6月将电视和宽带传输割接到新播出机房，整个搬迁过程没有出现一起片区停播和故障现象，搬迁完工为日后的安全播出提供可靠保障。

【内部管理】2017年8月开始，邵阳广播电视台党委成立分别由台领导挂帅的5个工作组，采取有力措施，强化管理，广告费清欠、资产清查、广电星苑拆迁、广电综合楼开发项目善后、广电影城工伤事故处理等一批棘手问题和矛盾得到有效解决和管控。9月，在市直广电系统开展“广电要发展，我们怎么办?”建言献策活动，共收到建议意见313篇27万多字，300多位广电员工就广电发展方向、新闻宣传、广告经营、人事改革等方面提出真知灼见。邵阳台根据收集的意见和建议，梳理和完善已有的管理制度，重新出台宣传、广告、技术播出、上班考勤、人事、财务、办公后勤等方面管理制度。同时，台党委宣布严肃工作纪律的“十一条严禁”，要求做到令行禁止，激发干部职工谋事、干事热情。

（罗小华）

邵阳日报社

【概况】2017年，邵阳日报社旗下《邵阳日报》《邵阳晚报》和“云邵阳”移动新闻客户端、邵阳新闻在线网站、官方微信、官方微博开展党的十九大精神宣传、“二中心一枢纽”建设、“产业兴邵看实体”等主题宣传，全市“两会”、第三次邵商大会等重大政务活动报道实现“零差错”。相继开展抗洪救灾报道，环保整治、精准扶贫、创国家卫生城市和全国文明城市、旅游开发、项目建设、招商引资、民主法治建设、基层换届、“两学一做”制度化常态化、作风建设、平安邵阳建设等活动报道，推出一批重大典型。同时结合重大活动，出品“砥砺奋进的五年”特别报道、《向人民汇报》特刊、邵商大会特刊等。结合“走转改”，策划推出新春走基层系列《听记者讲“故”事》、岁月如歌·纪念高考40周年等特别策划。推出“邵阳好人”“身边的感动”“镜戒”“晒晒我们的好日子”“知丑明羞”等栏目，弘扬社会主义核心价值观。精心刊发“2017热点话题谈心录”系列重大组稿。

建成“中央厨房”和“云邵阳”，报社与新华社“现场云”签约，打通直播通道。与人民日报社签约，接入《人民日报》“中央厨房”，成为全国党媒平台的内容供应与取用主体，为邵阳的对外宣传打通新渠道。随着“中央厨房”建设和“云邵阳”手机移动新闻客户端上线，邵阳日报社的全媒体“中央厨房”技术水平领先于中西部省份同级别的地市州党报。到年底，报社的微博粉丝达30万，微信粉丝达10万，“云邵阳”粉丝接近4万，远超纸媒读者数量。

在2016年度湖南新闻奖评选中，报社连续第7年获湖南新闻奖一等奖，与长沙、株洲、衡阳稳居第一方阵。邵阳新闻在线网站连续第四年获中国地市新闻网联盟全国地市网络媒体最具创新力十强品牌。

【“砥砺奋进的五年”专栏】 2017年，邵阳日报社为做好喜迎党的十九大的报道，上半年推出“砥砺奋进的五年”专栏。9月3日开始，“砥砺奋进的五年”主题报道推出大型系列综述，分“全面建成小康社会、全面深化改革、全面推进依法治国、全面从严治党、群众幸福感”五个系列，每个系列明确中层骨干统筹，每天一篇，每篇都力求点面结合、见人见事、图文并茂。报社在内部优稿评定时，拿出专项指标进行奖励。同时，每周刊出一到两期规模为4个整版的“迎接党的十九大胜利召开”特别报道，全面系统、生动准确地报道五年来邵阳经济社会发展成果和人民群众切身感受的巨大变化。

【“学习宣传贯彻十九大精神”专题报道】 2017年，邵阳日报社在学习宣传贯彻落实党的十九大精神的报道时，力求做到出新出彩。推出《邵阳日报》系列评论员文章，以“新时代 新邵阳——学习贯彻党的十九大精神”专栏为总揽，开设“拥抱新时代 邵阳加油干——学习贯彻党的十九大精神访谈录”“新时代新气象新作为”等专栏专题，在理论、评论版（《观察与思考》《热评》）集中刊发一批“党的十九大报告解读”理论文章和学习体会。省委宣传部第199期《新闻阅评》以《为“拥抱新时代 邵阳加油干”叫好》为题，对报社党的十九大宣传策划及其报道给予高度评价。

【全媒体“中央厨房”系统上线运营】 2017年，邵阳日报社立足党报超越纸媒，构建媒体融合的邵阳模式，其全媒体“中央厨房”系统于7月底正式上线运营，标志着邵阳日报社融媒体建设发展转型走上新高度。全媒体“中央厨房”包括采编系统、指挥系统、舆情监测系统、资源管理系统、发布系统。依托全媒体“中央厨房”系统平台，报社形成全媒体共平台生产和分渠道多形式发布的快速、高效、便捷的生产业态。全媒体指挥中心通过“中央厨房”系统，可实现新闻采编发布在纸媒、电脑、手机端上的即时调度、同步策划、即时采集、同步多形式发布，整体上提升新闻传播的广度、深度、力度。全媒体“中央厨房”的建成，为邵阳日报社转型为多介质、多途径传播的“通讯社”形态的报业集团奠定了技术基础，提供了硬件支撑。全媒体“中央厨房”系统兼具社会服务功能，配套的资源管理系统和舆情监测系统为报社面向社会做好信息收集、整理、检索、分析和咨询提供技术支持。远程采编和指挥系统具备为各级政府、部门和企事业单位提供专门网站托管服务的能力。7月30日，省委常委、宣传部长蔡振红来报社调研“中央厨房”建设时给予高度评价。

【“云邵阳”移动新闻客户端上线】 2017年10月13日，邵阳日报社“云邵阳”移动新闻客户端正式上线，时任省人大常委会党组书记、副主任韩永文出席上线仪式。报社把移动新闻客户端定位为新闻+政务+服务的平台。“云邵阳”上线后，一批融媒体作品取得非常好的传播效果。报社新媒体在2017年抗洪救灾报道中进行全方位图文、视频、音频及直播报道。其中《七月的邵阳》单稿阅读量达68万多次。加强“汇聚邵商力量 建设美好家园”组合宣传，话题通过云邵阳直播、新华社现场云直播等形式，使邵商大会全球瞩目，双平台累计阅读量破20万人次。党的十九大召开后，“云邵阳”推出“拥抱新时代 邵阳加油干”和“学习宣传贯彻党的十九大精神”两个专题，阅读量均超过10万。

【产业经营】 2017年，邵阳日报社细化行业分线，降低经营成本，加强新媒体营销工作。商业广告突出“活”字；行政事业类服务突出“细”字，进一步细分；新媒体广告突出“新”字，给新媒体运作人充分的自主权；活动类立体创收突出“实”字，重点做好房交会等活动。进一步规范广告发布流程和发票、合同管理，加强对广告发生和广告活动的日常监管和管理，广告报表由制作、财务、监察三级复核，完善广告经营部门新的收入分配制度。严守广告法规，杜绝虚假广告，严控医疗、药品广告。全年无广告违纪违法刊登情况。广告发生额比上年增加140万元。注重抓《邵阳日报》《邵阳晚报》私费订户的续订和拓展，保持发行队伍稳定；抓订户维护，保持发行数量的动态平稳。全年日报日均发行量在 5.4 万份以上，晚报日均发行量在 1.8 万份以上。

【报社集团化改革】 党的十八大后，邵阳日报社历史上“事业单位企业化管理”的模式与新形势发展已格格不入。为适应新形势，解决运行中遇到的编制、融资、办企业、岗位设置等问题，报社实行集团化改革，清晰区分党报的新闻事业功能和作为传媒机构的文化产业功能。改革后，报社在出版方面可实现传统媒体与新媒体融合发展；在产业发展方面可实现经营部门由模拟公司化市场主体向完全公司化市场主体转变，经营范围由单一报纸出版业向新闻宣传服务、互联网服务和文化传播业转变。2017 年 12 月底，市委办公室、市政府办公室发出《关于成立邵阳日报报业传媒集团有限公司的通知》，标志着邵阳报业集团成立，报社集团化改革基本完成。

【邵阳日报社整体搬迁】 2017 年 10 月，邵阳日报社整体搬迁到邵阳大道传媒产业中心办公，由全省办报基地较差社一跃成为全省基地最好的市州报社。邵阳传媒产业中心总占地 25 亩，规划建筑面积 3.8 万平方米，总投资概算 1.46 亿元。包括报业大厦、彩印中心、传媒创作创意创业中心和记者公寓四个功能区，分三期建设。第一期总面积 19970 平方米的报业大厦和彩印中心已投入使用。第二期总面积 11063 平方米的地下车库（人防工程）和记者公寓以及第三期总面积 7020 平方米的“传媒创作创意创业”中心将相继开工建设。2017 年，报社被确定为高校毕业生就业见习基地，并与邵阳学院达成在邵阳学院建设大学生记者站共识。

（曾国栋）

卫计与食品药品监管

卫生和计划生育

【概况】2017年，邵阳市卫生和计划生育委员会在职在岗干部职工88人，其中委机关在职干部42人，党员39人，硕士研究生1人，本科文化32人，大专文化10人。挂靠单位1个，即市计生协会秘书处（副处级）；直属事业单位4个（正科级），即公共卫生计生服务和药具管理站、信息中心、卫生计生培训和医学考试站、医疗事故技术鉴定工作办公室。主管事业单位10个，即市中心医院（正处）、市疾控中心（正处）、市中医医院（副处）、市妇幼保健院（副处）、市卫生计生综合监督执法局（参公副处，原市卫生监督所），以及市脑科医院、市中西医结合医院、市第二人民医院、市中心血站、市医疗卫生紧急救援中心5个正科单位。

2017年，邵阳市成功创建为国家卫生城市，市脑科医院被评为全国卫生计生系统先进集体；全市计划生育工作、卫生重点工作被评为全省良好单位；市卫生计生委获全市抗洪救灾、社会管理综合治理、防范处理邪教工作先进集体，全市安全生产工作、计划生育工作优秀单位，全市统计工作、信访工作、市级美丽乡村建设办点示范工作、应急管理工作、政务信息工作、公共机构节能工作先进单位等称号。

【健康邵阳建设全面启动】2017年，中共邵阳市委、市人民政府召开高规格、大规模的全市卫生与健康大会，出台《邵阳市卫生与健康事业发展中长期规划》以及落实国家和省里大会精神的指导性文件，提出健康城市建设方案，推进村卫生室规范化建设。全市投入约10亿元，完成2891个村卫生室规范化建设，其中新建村卫生室492个，改扩建村卫生室1297个，与村级服务平台共建的1131个。12个县市区结合自身实际，相继召开会议，出台健康规划文件。同时，开展爱国卫生工作，成功创建成功国家卫生城市。基本公共卫生服务代表全省接受“国检”并取得较好成绩。重大疾病防控免费救治救助农民工尘肺病人1600名，成功处置10起人感染H7N9疫情，没有出现重大传染病疫情处置不力出现二代病例的现象，没有发生传染病暴发与流行。麻疹、乙肝、新生儿破伤风、乙脑、流脑等疾病发病率降低到历史最低水平，其中麻疹疫情是近6年同期报告病例最少的一年。成功应对6月特大洪涝灾害，实现“大灾之后无大疫”防控目标。

【医疗体制改革】2017年，邵阳市公立医院改革实现全覆盖，全部推行药品“零差率”销售，结束60多年的“以药补医”时代。公立医院落实药品采购“两票制”，药品价格明显降低。推动公立医院实施按病种收付费工作，首批开展实施106个病种。家庭医生签约服务进展顺利，全市家庭医生签约覆盖率达到39.4%，慢性病等重点人群签约覆盖率达到69.9%。三级公立医院全部参与医联体建设，组建63家医共体或医联体。市中医医院与4家二级中医医院结成双向转诊定点指导医院，与中南大学肝胆胰微创外科研究所结成医疗联合体，与中山大学肿瘤防治中心签订泛中南地区肿瘤专科（单病种）联盟协议。加强卫生计生综合监督管理，全市共取缔非法行医场所26起，查处“两非”典型案例40例，为全省“两非”整治工作先进单位。食品安全风险监测获全市先进。

【医疗服务】2017年，邵阳市加强产科质量建设，畅通危重孕产妇急救绿色通道，全市孕产妇死亡控制在13.6/10万人，5岁以下儿童死亡控制在5.62‰，均低于省定工作目标。重点民生实事项目完成两癌筛查16.7万人，产前筛查5.7万人，均超出湖南省定目标。隆回县成功创建为全国妇幼优质服务示范县和儿童早教示范基地，实现零的突破。全面完成出生缺陷综合防治各项工作指标，全市出生缺陷发生率控制在较低水平。

继续推进“抗菌药物整治”和“改善医疗服务行动”，全面落实“巡查、点评、约谈、通报、处罚”制度，提升医疗服务水平。全市各级公立医院门诊满意度、住院满意度、医务人员满意度均有所提高。各级医院感染管理控制体系基本建立。邵阳市电子化注册管理改革、医院感染管理、平安医院建设、器官捐献、腹膜透析、血液管理、H7N9救治7项工作获湖南省卫生计生委肯定。绥宁县人民医院被评为全省首批“平安医院”创建示范单位。邵阳县的终末期肾病患者腹膜透析治疗分级管理服务工作，获国家和省、市多家媒体进行现场采访和跟踪报道。全市无偿献血采集人数、采集量、临床供血量“三项指标”均实现历史性的突破，在全省市州采供血机构排名均处于前列，确保市临床用血需要。

开展群众满意乡镇卫生院和社区卫生服务中心创建活动，创建国家群众满意的乡镇卫生院28家、全省群众满意社区卫生服务中心3家。启动基层医疗卫生服务能力提升年活动，提升基层医疗卫生机构服务能力；发挥国家资金项目效益，国家配备健康一体机注册率、使用率均达到100%，农村居民在家门口就能完成7项身体指标检测。加强乡村医生队伍建设，推荐204名青年参加本土化乡村医生培养，其中省级财政培养40名，县级资金培养164名。

增强中医药服务能力，广泛学习宣传《中医药法》。实施“五名”工程和中医药传承创新工程，曾立清等22人获第二批“邵阳市名中医”称号。加快中医馆建设，已有108家建好并投入使用。

【计生服务】2017年，邵阳市计生服务管理全面转型。全市共出生人口10.85万人，人口自然增长率7.14‰，常住人口符合政策生育率91.96%，出生人口性别比110.43，全面完成省定责任目标，继续保持全省计生工作良好单位称号。严格计划生育审查，市本级共审查拟表彰单位556个，审查各类人员3026人，因计生问题否决30人；全市共审查村支“两委”提名候选人38743人次，因计生问题否决3906人。构建计划生育信用体系，将117名违法生育对象纳入法院失信惩戒名单。落实计划生育奖扶制度，各级财政共安排资金2亿多元。重视流动人口服务管理，促进家庭发展和流动人口基本公共卫生计生服务均等化，成功创建2个省级流动人口基本公共卫生计生均等化服务示范街道。各级计生协会广泛开展健康教育和主题宣传，“5.29”群众性主题宣传活动渐成品牌；积极参与健康扶贫，开展生育关怀行动，推进计划生育基层群众自治“四级联创”和流动人口计生协示范点建设。

【健康扶贫】2017年，邵阳市推出并落实健康扶贫工作10条措施，即发放贫困人口居民健康疾病诊疗指导卡、提高城乡医保报销比例、实行9种大病定额包干救治、推行家庭医生签约服务、实行“先诊疗后付费”和“一站式”结算制度、动员社会力量救助、加强村级卫生室建设、推进医联体建设、推动对口支医、开展一对一帮扶。全市共核准因病致贫返贫8.22万户、27.4万人，需救治人数92783人，已救治81882人，其中大病集中救治18706例，慢病签约服务85539人，重病兜底保障1689人。通过提高医保报销比例、加大政府财政兜底力度及各定点医院予以减免等措施，全市贫困人口救治资金达3.97亿元，贫困人口医疗费用实际报销比例达83.66%。

【基础建设】2017年，邵阳市市区民营医疗机构组建8个党支部。全市卫生计生系统持续开展“雁过拔毛”式腐败问题专项整治，整改和处理一批突出问题。推进信息系统互联互通工程，完成隆回、洞口2县基层远程医疗诊室建设。加快项目建设，投资13.96亿元的市中心医院东院建设项目全面完工；投资8.5亿元的市第二人民医院易地搬迁项目完成投资0.6亿元；投资3.9亿元的市双清养老康复大楼建设项目完成投资1亿元。完成住院医师规范化培训、助理全科医生培养、农村订单定向免费医学生招录、全科医生转岗培训等任务。组织开展全市实验室生物安全专项督查。组织开展依法行政示范单位创建活动，新宁县安山乡、隆回县北山镇2个卫生计生办成功创建为“全省卫生计生依法办事示范窗口”。全市年内没有发生大的恶性涉医案（事）件，没有发生大的安全事故。组织参加全省卫生应急技能竞赛，获全省卫生应急技能竞赛团体二等奖，人感染H7N9、H5N6禽流感及6月洪灾防疫等应急准备及处置工作得力。

（黄东升）

食品药品监督管理

【概况】2017年，邵阳市食品药品监督管理局先后获全省食品药品监管系统先进单位、全市食品安全监管工作先进单位、市级文明标兵单位、全市督查工作先进单位、全市计划生育工作先进单位、全市应急管理工作先进单位等多项荣誉称号。

【完善监管体制机制】2017年，邵阳市9个综合设置的县（市）食品药品监督管理局全部如期更名挂牌为食品药品工商质量监督管理局。全市建立行政执法与刑事司法相衔接的工作机制，健全案件线索通报、案情通报、信息共享、案件移送制度。其中在市公安局专门设立食品药品侦查机构，于7月在市食药监局建立检察机关工作联络室，9个县级公安机关设立食品药品侦查中队，安排专职人员负责食品药品涉刑案件的侦查，强化食品安全的法治保障。同时，在全市乡镇设立食品药品监管派出机构90家，其中有71个建立快速检测室，占比79%；有79家派出机构配备执法车辆，占比88%。各乡镇动物防疫站加挂畜禽水产品质量安全监管工作站牌子，明确专职质量安全监管人员和工作职责；全市201个乡镇均建立农产品质量安全监管机构，90%以上达到规范化要求。在村一级确定食品及食用农产品质量安全协管员，初步形成市、县、乡（镇）、村四级质量安全监管网络。邵阳市食品药品监管局增设食盐安全监管机构，增加编制，各县市区政府相继出台改革方案。全市各级政府列入本级财政预算的食品药品监管专项经费达1962.29万元，比往年增长35.44%。

【行政审批改革】2017年，邵阳市全面推行食品生产企业“SC证”，实施食品流通许可、餐饮服务许可“两证合一”。落实湖南省食品生产加工小作坊许可、小餐饮经营许可和食品摊贩登记管理办法，开展食品“三小”行业治理。开展“减证便民”活动，重新调整行政权力，其中新增1项，变更32项，取消5项，共依法受理药品、医疗器械、食品生产、经营许可事项328起，办结率和群众满意率均为100%，投诉率为零。

【食品药品安全监管】2017年，邵阳市强化突出问题治理，开展食品小作坊、小餐饮、小超市（“三小”行业）、药品流通领域、农村食品安全、农贸市场、校园及周边食品安全“护苗”行动、老年人保健食品安全“护老”行动以及冷冻肉制品、水产品、网络订餐、婴幼儿配方乳粉、中药饮片、医疗机构制剂、体外诊断试剂、酒类等20余项专项整治。强化日常监管，重点检查大宗食品、食用农产品、学校及其周边的小食品、旅游景区的食品、婴幼儿配方乳粉、酒类市场、蛋糕店和食品添加剂等重点品种和区域；推进“明厨亮灶”和示范学校创建工作，重点开展学校及周边食品安全专项检查。完成全市“两会”、党代会、招商引资交流会各项重要会务食品安全保障，加强对市直50家餐饮单位的规范管理，确保持证率和量化分级均达100%。加强对药品、医疗器械、化妆品在生产、流通、使用单位的监管，组织开展中药生产中提取和提取物使用、原料药、基本药物、使用特殊药品作为原料药、医用氧、中药饮片、定制式义齿生产企业、注射用透明质酸钠等重点品种的专项检查，针对药品和医疗器械流通领域存在的突出问题，组织开展专项整治行动，强化高风险品种监管，及时排除安全隐患。结合国家食品药品监督管理总局、湖南省食品药品监督管理局飞行检查，组织全市41家药品批发、零售连锁企业法人、负责人、质量负责人、质量管理部门负责人集体约谈，市食品药品监督管理局组织飞行检查药品零售企业71家，收回GSP证书34家；检查医疗器械经营企业21家，发出责令整改15份，立案5起，收回经营许可证1家。

【食品药品稽查打假】2017年，邵阳市采取市县两级上下联动模式，对邵东县廉桥中药材市场进行4次集中整治行动。检查经营户1840家次，抽检中药材216批次，立案51起。根据湖南省食品药品监督管理局统一部署，开展3次打击零售药店非法渠道购进药品“护康”集群战，现场查获非法渠道购进的稳心胶囊等药品40余种，2500余盒，货值金额20多万元。针对突出问题、重点区域、重点产品，开展稽查5大集群战役，查办某连锁超市销售不合格食品案、某医疗机构使用劣药九味肝泰胶囊案、某药品生产企业生产销售劣药碳酸锂片案等19件大案要案。全市查处各类违法案件1534起（其中食品类622起，药品类778起，医疗器械70起，保健食品27起，化妆品37起），涉案货值900万元，没收假劣物品货值200.58万元，取缔无证经营35起，捣毁制假窝点1个，移送司法机关的案件6起，

【食品药品检验检测】2017年，邵阳市推进食品药品检验项目建设。由市人民政府划拨15亩土地并兜底解决建设资金，新建市食品药品检验检测中心，开工建设前的各项工作大部分已完成。同时，督促加快邵东、洞口、武冈3个“区域性食品安全检验检测中心”项目建设进程。截至12月底，洞口县项目全面竣工，武冈市、邵东县项目完成主体工程建设。进一步加大监督抽验工作力度，完成食品监督抽样检验852批次，合格率为96.83%，同比提高2.43个百分点；完成药品监督抽样检验884批次，合格率为95.36%，同比提高2.58个百分点。完成核查处置32批次不合格食品，处置率、完成率、公开率均为100%。完成各类不良反应监测报表9860份，新增各类上报窗口25个。

【食品药品安全示范创建】2017年6月开始，邵阳市食品药品监督管理局牵头组织在全市范围内开展食品药品安全示范创建活动，坚持以群众满意为宗旨，以提质提标为着力点，通过夯实基础，突破难点，创新引领，实现有序推进，成效显著。至年底，全市申请验收示范单位335家，经市、县两级食安委严格验收评估，评选出全市食品药品安全示范单位95家，并予以授牌。通过示范创建，树立标杆、建好样板，促使全市食品行业内部管理更加规范、基础建设更加完善、安全生产和守法经营自律意识进一步加强，企业发展后劲和市场竞争力实现新的提升。

【助推“创国文”工作】2017年，邵阳市在“创建国家文明城市”迎省测评期间，市食品药品监督管理局联合大祥、双清、北塔3区食品药品监督管理局开展“文明餐桌”、酒类专项整治、餐饮行业大排查、食品三小行业集中整治等各项工作任务。形成“全员上阵、领导包片、科室包段、个人包店”的创建机制，共督促检查生产经营企业3000多家。经过反复监督指导、督促整改，市区食品生产经营企业实施硬件提质改造，软件配套升级，经营许可证、健康证持证率达90%以上，环境整洁有序，索证索票完整，持证餐饮企业量化分级管理率达100%，食品安全管理水平大幅提升。

（何　洁）

县市区情

邵东县

县领导成员名单（2017年）

中共县委书记：
沈志定
中共县委副书记：
周玉凡
周　平
县委常委（书记、副书记不重列）：
欧阳学
袁胜良
周永红（2017.10免）
池航兵
彭　韬
刘长峰
曾剑萍（女）
尹安中
刘永格
贺文彪
邓波涛（2017.10任）
县人大常委会主任：
王定松
县人大常委会党组副书记：
肖新华
罗　飚
肖志军
县人大常委会副主任：
肖新华
李本功
曾庆龙
周军亮
张志红
县人民政府县长：
周玉凡
副县长：
袁胜良
彭　韬
贺文彪（2017.02任）
贺铁民
罗　莉（女，2017.10免）
陈博文
谢伟宏
肖洋扬（2017.08代，11任）
杨振明
王智刚
县政协主席：
申桂荣
县政协副主席：
申　荣
郭竟成
谢光远（兼）
周益智（兼）
朱石乔
县人民法院院长：
谭莉娜（女）
县人民检察院检察长：
吴青山

概述

2017年，邵东县辖18个镇，4个乡，3个街道办事处，1个林场，521个村民委员会，58个居民委员会（社区）。土地总面积1778.5平方公里，耕地面积89.49万亩，其中水田62.39万亩，旱田27.1万亩。全县年末总户数399471户，总人口1340574人。年平均气温17.7℃，最高气温37.4℃，最低气温-2.1℃。全年降水总量1105.4毫米，全年日照总时数1247.9小时。

2017年，邵东县围绕建设“三个邵东”、打造“三张名片”的总体目标，坚持“兴工旺商、转型升级”的发展战略，扭住振兴实体经济主线，推进创新升级发展，推进重点项目建设，推进社会和谐稳定，重返全省县域经济十强行列。

全年实现地区生产总值381.6亿元，增长10.1%；固定资产投资307.9亿元，增长17.1%；财政总收入23.25亿元，增长13.2%；规模工业增加值138.7亿元，增长10.1%；社会消费品零售总额171.9亿元，增长12.5%。主要经济指标增速超过全省十强县平均水平，县域经济综合实力位列全省第四。产业结构持续优化，三次产业结构为14.0∶46.8∶39.2。新增规模以上工业企业88家，申请纳入高新技术产业统计笼子企业89家，深圳显创光电、甘肃康视达、杭州先临三维等27家高新企业落户邵东。

全年粮油播种面积173.25万亩，总产58.21万吨，出栏生猪126.6万头，保住全国粮食生产大县、全国生猪调出大县和全省油料产出大县称号。黄草坪林场获评国家油茶良种基地。建立农产品基地27.5万亩，农业规模化产业企业达136家，建设高标准农田1.48万亩，水稻耕种收综合机械化率达70.16%。解决31.5万人的集中供水问题。

全年新增限额以上商贸企业52个，进出口总额6.8亿美元，同比增长18%。成功举办首届国际五金机电博览会，参展企业619家，现场签单交易12.6亿元。国际商贸城筹备开业，星沙物流园加速推进。新引进湘淮村镇银行、光大银行、交通银行，县内商业银行增至13家。年末各银行机构贷款余额220亿元，新增54.73亿元，新增存贷比达69.72%。五好皮具箱包、福强立体农业2家公司在湖南股交所挂牌，锐科机器人在中国青年创新创业板挂牌上线。

2017年，邵东县全面深化放管服改革、供给侧结构性改革、商事制度改革、供销体制改革、农业农村综合改革。清理权力事项98项，房地产去库存面积19.7万平方米，办理两证整合营业执照9514户，颁发不动产权证书10167本，完成农村土地确权颁证的外业指界55.88万亩，流转土地16.71万亩。开工建设重点项目132个，完成投资138.6亿元。开展重点项目“春雷行动”和“百日会战”大接龙，一批重大基础设施项目、产业项目和民生项目相继建成。出台《关于实施创新驱动战略加快发展实体经济的意见》等一系列支持政策，设立产业引导基金20亿元、创投基金4亿元。孵化高新技术企业13家，新增科技成果转化示范企业5个，专利授权258件。县经济开发区跻身全省“十强”园区，生态产业园获评全省“大众创业万众创新”示范基地。湘商产业园标准化厂房竣工120万平方米，签约入驻企业175家，投产89家。黑田铺包装印刷产业园、廉桥医药科技工业园、仙槎桥五金科技工业园和团山打火机工业园加快建设。“1+4”工业园区发展格局初步形成。

2017年，邵东县兴和大道东延、北岭路、金龙路、衡宝路改造基本完成，滨河路、新凤路等28条园区道路建设加速推进；胜利街、百宝路等32条背街小巷完成“白改黑”；污水处理厂二期投入运营；县城第二水源竣工通水；垃圾站、公厕升级改造全面完成；园区“四个一”工程完成目标任务；实施县城增绿补绿工程，城区主干道绿化带得到全面修复，全年增加绿化树1万棵。开展城市管理综合整治行动，脏乱差面貌彻底改观，城乡环境卫生工作年度综合考核排名全市第一。殡仪馆投入使用，县城禁放和殡葬改革初战告捷。省级文明县城成功创建，撤县设市工作取得实质性进展。打通省级贫困村“断头路”114公里，提质改造农村公路168公里，“八老”公路全线通车。气化邵东有序推进，乡镇管道燃气铺设50公里。实施“穿衣戴帽”、民居改造、美化亮化工程，惠及村民10万余人。全省美丽乡村先进县通过验收，仙槎桥镇青山村获评全国文明村。

全年整改落实中央环保督察组交办问题49个、省市交办突出问题16个。关停非法黏土砖厂77家，退出造纸企业7家，淘汰黄标车1202辆。界岭、团山等乡镇的矿涌水污染得到有效治理。继续实施“四边五年”绿色行动，完成人工造林3.71万亩，建设森林防火隔离带110公里。全年空气优良率达85%。

2017年，邵东县城镇居民人均可支配收入29822元，农村居民人均可支配收入18972元，分别增长11.5%、12%。新增城镇就业6292人，失业人员再就业

2912人。城乡低保医保、农村养老补助、特困对象补助达到省级指导标准。村干部待遇逐年提高。省定14项重点民生实事全部完成。投入1.5亿元新建、改造校舍12.21万平方米；创新学校、城区六完小新校区竣工；县高考综合成绩连续15年居邵阳市首位，纯粹教育品牌被央媒推介。新建村卫生室51个，改建村卫生室419个，免费孕前检查10228人，居民健康档案建档率84.05%。新增养老床位413张。群众文艺文化活动丰富多彩，现代大型戏剧《暗香》获第31届田汉戏剧奖剧本二等奖，承办湖南省“经济强县杯”篮球赛获冠军。“村村响”系统和广播电视发射台建成投入使用。开展“信访大稳控、矛盾大调处、隐患大排查、干部大走访、治安大整治”五大专项行动，一批信访积案、矛盾纠纷、安全隐患得到有效解决。8~12月连续5个月实现进京非访零登记、零事故。吸取“8·22”较大安全生产事故教训，狠抓安全生产责任落实，全年生产安全事故比上年下降28.6%。开展狂飙行动、缉枪治爆等专项行动，落实“一村一辅警”，提前一年完成“公安消防大建设三年行动”目标任务。廉桥派出所被评为全国优秀基层派出所。建成美好社区13个。村级换届选举工作全面完成。

2017年，邵东县推进脱贫攻坚，统筹各类扶贫资金10.76亿元，完成40个省定贫困村的退出和2.075万贫困人口的脱贫任务。光伏扶贫助力2453户贫困户脱贫，特色种养带动11247户贫困户增收，小额信贷扶持3200户贫困户受益，“百企千人计划”吸纳4875名贫困劳动力就业。年内新建集中供水工程80个，硬化村组道路116公里。危房改造3300户，易地扶贫搬迁313户1216人。

2017年，邵东县改进政府服务。规范行政依法，坚持重大事项集体决策，重新修订政府工作规则，全面实行政府预决算、部门预决算、公共资源配置等领域信息公开。清理规范性文件98项。开展“七五”普法。严格执行重大事项向人大报告、向政协通报制度，办理代表建议228件、政协提案216件。推进“两学一做”学习教育常态化、制度化。推广电子政务，全面开展网上审批服务，打造“阳光便民”政务直通车，“12345”政府公共服务平台受理来电5590件，处置满意率96%。落实政府系统全面从严治党责任，建立“互联网+监督”信息工作平台，有效监控、预警和规范权力运行。进一步规范机关单位差旅费标准，严明公务接待管理、外出学习考察、会议活动等纪律规定，“三公”经费下降15.8%。强化审计监督，开展审计项目43项，节支1.55亿元。

【推动企业转型升级】2017年，邵东县在湖南省率先出台《关于实施创新驱动战略加快发展实体经济的意见》，设立18类31项奖励和支持政策，振兴实体产业。德沃普电气“100MW级液流电池储能技术”成为全省唯一获2017国家重点研发计划“智能电网技术与装备”重点专项立项的项目，东亿电气生产线实现自动化改造，亿利金属实施标准化生产工艺，为全县企业转型升级树立标杆。7月11日，中共湖南省委书记、省人大常委会主任杜家毫在邵东调研时，对邵东湘商产业园建设成就及利用高新技术改造提升传统产业的做法给予充分的肯定。

【开展最严环保整治】2017年3月7日，邵东县召开全县环境保护工作大会，以中央环保督察为契机，开展“蓝天·净水”环境突出问题大排查大整治。期间共整改落实中央环保督察组交办的问题49个、省市交办的突出问题16个；关停非法黏土砖厂77家，退出造纸企业7家，淘汰“黄标车”1202辆；界岭、团山等乡镇的矿涌水污染得到有效治理；污水处理厂一期提标改造完成，二期建成营运，兴隆工业区污水处理厂开工建设，城区污水统一收集处理排放系统初步畅通，污水处理率达90.1%，空气优良率达85%，环境质量不断改善。

【举办首届邵东五金机电国际博览会】2017年4月6日，首届“中国·邵东五金机电国际博览会”在邵东县城开幕，参展企业619家，现场签章交易12.6亿元。邵东五金科技创新产业园快速推进，邵阳市首家技术全球领先的高端数控装备企业湖南宁庆航空航天智能装备有限公司、全球规模最大的产供销一体化企业湖南联邦五金相继落地，邵东“五金之乡”强势崛起，五金产业正在集群化、智能化、个性化的道路上大步迈进。

【邵东智能制造技术研究院挂牌开业】2017 年 8 月 25 日，邵东智能制造技术研究院挂牌开业，“邵东制造”向“邵东智造”“邵东创造”蜕变。2017 年邵东智能制造技术研究院组织 6 次招商对接会，引进先临三维科技、中捷精密智造、飞拓自动化等 8 个高新技术企业落户邵东。锐科机器人在中国青年创新创业板成功挂牌上线，实现高新技术企业融资新突破。此外，该研究院搭建科技众包平台，柔性引进教授、博士等高端人才 20 余人，协助企业开展技术研发 10 余项，申请专利 50 余项，智能制造为邵东发展源源不断注入新动能。

【邵东八老公路全线通车】2017 年 9 月 30 日，邵东县历经 4 年多，纵贯县境 68 公里的南北走向大动脉——八老公路全线贯通，沿途 8 个乡镇 10 万居民出行更加便捷。

【邵东国际商贸城一期全面建成】2017 年 12 月 20 日，占地 400 余亩、总投资 39 亿元、总建筑面积 105 万平方米、可容纳 3 万经营户的邵东国际商贸城一期全面建成，即将开业，成为重振邵东商贸雄风的标志性事件，对推动全县市场升级、产业转型、城市提质具有重大意义。截至年底，全县共有 114 家出口实绩企业、26 个海外营销中心、110 个境外销售批发中心、3680 个零售店铺，推动邵东经济从外向型向开放型跨越。

（金彪南）

新 邵 县

县领导成员名录（2017 年）

中共县委书记：
阳晓华

中共县委副书记：
陈历贤
杨韶辉

县委常委（书记、副书记不重列）：
石亮明（2017.05 免）
杨肇晖（2017.05 任）
曾志红
邹功树
贺永亮
何美艳（女，2017.12 免）
李志林（2017.06 免）
张晨阳
陈学先
赵汉华（挂职，2017.07 免）
周军军（挂职，2017.08 任）

县人大常委会主任：
李永平

县人大常委会党组书记：
李永平

县人大常委会党组副书记：
周后鹏

县人大常委会党组副主任：
周后鹏
刘建明
康正刚
乔立新
谢跃东

县人民政府县长：
陈历贤

副县长：
石亮明（常务，2017.05 免）
杨肇晖（2017.05 任）
戴哲建
赵汉华（挂职，2017.07 免）
张晨阳
陈名洋（2017.06 免）
金　艳（女）
文　宁
曾　艺
李繁荣
汤先吾
刘山鸣（2017.07 任）
哈斯巴根（挂职，2017.07 任）
凌小红（挂职，2017.10 任）

县政协主席：
陈军渝

县政协党组书记：
陈军渝

县政协党组副书记：
周晓荣

县政协副主席：
夏专业
田丰硕
欧阳文杰（兼）
何燕燕（女，兼）

县人民法院院长：
邓星西

县人民检察院检察长：
焦毕华（女）

概述

2017 年，新邵县辖有 13 个镇，2 个乡，有 378 个村、34 个社区，城镇区域村（社区）138个。总面积1763平方公里，其中落实粮食种植面积62.65千公顷、油料种植面积6.95千公顷、蔬菜种植面积11.24千公顷。年末全县公安户籍总户数为24.03万户，户籍总人口83.01万人。常住人口78.23万人，其中城镇人口29.99万人，乡村人口48.24万人，城镇化水平达到38.34%，比上年提高2.01个百分点。公安登记出生人口9245人，出生率11.09‰；死亡人口3927人，死亡率4.71‰；自然增长率为6.38‰。年平均气温正常偏高，为17.8℃，比常年高0.8℃。年极端最高气温38.8℃，出现时间7月27日和7月28日。年极端最低气温-2.0℃，出现时间12月20日。全年日照时数正常偏少，全年日照总时数为1326.2小时，较常年偏少165.3小时。人均水资源1772立方米，年降水量1160毫米。

新邵县地处湖南省第二成矿富集地带，矿藏资源极其丰富，是湖南省“有色金属之乡”。截至2017年已发现的矿种33种，查明资源储量的矿种22种，其中能源矿产2种，金属矿产15种，非金属矿产14种。实施地质勘查项目（含续作项目）16个。

全年实现地区生产总值137.98亿元，比上年增长（下同）6.9%。其中，第一产业增加值32.34亿元，增长4.3%；第二产业增加值48.68亿元，增长3.4%；第三产业增加值56.96亿元，增长11.7%。按常住人口计算，人均GDP为17644元。一、二、三产业比重为23.4∶35.3∶41.3，对GDP增长的贡献率分别为4.1%、26.7%、69.2%。

全年财政总收入119136万元，增长9.1%，其中税收收入71690万元，增长28.3%。税收占财政总收入的比重达60.2%。其中：上划中央收入28092万元，增长32.7%；上划省级收入6977万元，增长17.6%；一般预算收入84067万元，增长2.4%。全年一般预算支出462803万元，同比增长11.5%。其中：一般公共服务支出36240万元，增长13.3%；农林水事务支出62448万元，下降13.0%；社会保障支出81990万元，增长7.6%；教育支出93501万元，增长10.1%；科学技术支出1269万元，增长7.5%；文化体育与传媒支出12900万元，增长28.4%；医疗卫生支出56700万元，增长8.0%；节能环保支出7859万元，增长18.0%；城乡社区事务支出14424万元，增长104.2%；住房保障支出25663万元，增长4.2%；粮油物资储备管理事务支出713万元，增长133.0%。财政总收入占GDP的比重达8.6%。

全年投入资金5187万元完成农村危房改造2130户，投入资金2330.5万元实现农村饮水安全巩固提升23300人，投入资金3340万元实现特困移民解困避险搬迁安置835人，投入资金106.89万元帮助55名0~6岁残疾儿童实施抢救性康复，投入资金4702.93万元完成农村公路提质改造建设132.7公里，投入资金1258.02万元完成农村公路安保设施建设89.35公里，投入资金40.3万元新增城镇就业5031人，投入资金103300万元完成城市棚户区改造3978套，投入资金267.24万元完成农村适龄妇女（35~64岁）“两癌”免费检查16000人，投入资金75万元新增养老床位31张，投入资金1800万元新增社会治安视频监控摄像头600个，投入资金1042.65万元完成农村宽带网络升级改造123个行政村，投入资金1255万元完成16个行政村配电网改造，投入资金100.12万元完成孕产妇产前免费筛查6080人。

全年落实粮食种植面积62.65千公顷，实现粮食总产32.29万吨，分别增长1.2%、2.1%。油料种植面积6.95千公顷，油料总产量1.30万吨，分别增长4.5%、4.5%。水果总产量8.59万吨，增长1.3%。蔬菜种植面积11.24千公顷，增长1.1%，蔬菜总产量20.20万吨，增长1.7%。全年出栏肉猪104.14万头，增长3.1%，出栏牛3.78万头，出栏羊6.94万头，分别增长-0.5%、5.2%。全年肉类总产量8.77万吨，其中：猪肉产量7.49万吨，分别增长2.9%、3.0%。禽蛋产量3120吨，增长4.7%。水产品产量14975吨，比上年增长7.0%。

全县农产品加工企业达452

家，其中国家级及省级龙头企业5家。实现销售收入67亿元，实现利税5.72亿元，分别比上年增长123.3%、58.0%。

全年开工各类水利工程10700处，水利工程投入资金2.6亿元，水利工程完成土石方86万立方米，治理水土流失面积8.9平方公里，新增农田有效灌溉面积0.02万公顷，新增节水灌溉面积0.01万公顷。全县拥有农业机械总动力25.3万千瓦，农村用电量26165.89万千瓦时。全年化肥施用量（折纯）1.58万吨。全县农作物遭受自然灾害面积1.81万公顷，其中成灾面积1.39万公顷。

全年全部工业实现增加值41.35亿元，比上年增长2.9%，其中规模以上工业增加值下降0.8%。规模以上工业企业中，轻工业增长20.4%，重工业下降8.7%。规模工业企业115家，实现营业收入188.5亿元，比上年同期增长5.5%。规模工业实现利税12.56亿元，实现利润总额9.47亿元，产品销售率99.1%。规模工业主要产品产量有：10种有色金属产量3300吨，比上年下降20%；水泥产量43.41万吨，增长19%；机制纸及纸板产量12.79万吨，增长7%。规模以下工业全年完成总产值29.23亿元，增长1.0%。

全县建筑业增加值74256万元，增长6.6%。资质等级内建筑业企业实现利润总额7855.8万元，增长24.0%，房屋建筑施工面积130.4万平方米，增长11.3%、房屋建筑竣工面积76.3万平方米，增长25.6%。

全年固定资产投资完成167.97亿元，比上年增长10.5%。其中工业投资48.04亿元，基础设施投资37.92亿元，民生投资10.46亿元，生态投资6.61亿元，高新技术产业投资2.08亿元。按产业分，第一产业29.91亿元，第二产业50.31亿万元，第三产业87.75亿元。

2017年末全县公路里程2281公里。全社会货物周转量22.44亿吨公里，比上年下降5.0%，旅客周转量8.60亿人公里，比上年下降6.0%。全年邮电业务总量29364万元；固定电话用户1.94万户；移动电话年末用户37.73万户。电话普及率为50.7部/百人，计算机互联网络用户6.33万户。全年共接待国内旅游者430万人次，比上年增长38.7%，实现旅游收入26亿元。

全年实现社会消费品零售总额70.48亿元，比上年增长10.9%，其中限额以上企业（单位）消费品零售额30.46亿元，增长21.5%。按销售单位所在地分，城镇62亿元，比上年增长11%，乡村8.48亿元，比上年增长10.2%。按行业分，批发、零售贸易业58.88亿元，比上年增长11.1%，住宿餐饮业11.60亿元，比上年增长9.9%。

全年实际利用外资2362万美元。实际引进境内省外资金6138万元，其中工业实际利用境内省外资金4526万元，分别比上年增长10.2%、11.6%。引进亿元以上项目13个。完成外贸进出口总额2390万美元，其中出口2378万美元，进口12万美元，分别比上年增长90.5%、94.0%、-59.1%。

全年税收入库72462万元，比上年增长22.1%。按税收体制分，中央税28864万元，省级税6977万元，县级税36621万元。按征收渠道分，国税系统完成42870万元，比上年增长40.7%，地税系统完成29592万元，增长2.5%。年末全县金融机构各项存款余额193.17亿元，增长16.2%。其中，单位存款余额52.18亿元，增长19.2%；城乡居民储蓄存款140.98亿元，增长15.1%。年末全县金融机构各项贷款余额84.75亿元，增长11.6%。其中，短期贷款20.98亿元，增长24.2%，中长期贷款63.73亿元，增长7.9%。

全县拥有艺术表演团体16个，文化馆1个，公共图书馆1座，放映农村公益电影7788场。县级电视台1个，有线电视台1个，有线电视用户14.2万户，电视综合人口覆盖率98%，广播人口覆盖率100%。有运动场26个。全年开展全面健身项目13项次，全面健身运动参加人数15万人。新建农民体育健身工程的行政村71个。有非物质文化遗产项目线索80条，调查项目52个，有“非遗”名录共31项。其中列入国家级保护名录1项，省级2项，市级5项，县级23项。

全县拥有各类学校305所。

其中；小学171所，特殊学校1所。年末在校学生12.9万人，其中在校高中生、初中生、小学生、幼儿园分别为16180人、28896人、58018人、21500人。小学适龄儿童入学率、毕业生升学率均达100%。各类民办学校70所，民办学校在校学生15040人。

全县共有卫生机构28个，其中医院、卫生院27个，妇幼保健计划生育服务中心1个，疾病预防控制中心1个。全县卫生机构拥有3103张床位，卫生技术人员1965人，其中执业医师和执业助理医师855人，注册护士793人。

全年专利申请282件，授权专利139件，签订技术合同48项，技术合同成交金额3270万元。全县高新技术产品生产企业31家，高新技术产业实现产值73.85亿元，实现增加值14.07亿元。

2017年全县计划生育率91.06%。男女婴儿出生性别比109.72∶100。农村部分计划生育家庭扶助对象553人，发放奖励扶助金53.09万元；独生子女伤残死亡家庭扶助对象28人，发放扶助金12.01万元。

全年居民人均可支配收入14575元，比上年增长10.9%。城镇居民人均可支配收入24449元，增长8.7%。其中，工资性收入14237元，增长10.1%，经营净收入1175元，比上年增长4.5%，财产性净收入1031元，下降3.3%，转移净收入8006元，增长8.7%。农村居民人均可支配收入10020元，增长10.5%。其中，工资性收入3907元，增长11.6%，经营净收入2121元，增长17.5%，财产净收入3.4元，下降96.7%，转移净收入3989元，增长9.2%。

全年居民人均消费支出11595元，实际增长10.5%。城镇居民人均消费支出14298元，增长0.7%，其中食品烟酒支出5741元，下降2.4%，衣着支出977元，增长1.8%；居住支出2667元，增长13.0%；生活用品及服务支出693元，下降2.8%；交通通信支出1047元，增长11.8%；教育文化娱乐支出2319元，增长1.2%；医疗保健支出709元，下降19.1%；其他用品和服务支出146元，下降22.5%，城镇居民恩格尔系数为40.2%。城镇居民人均拥有房屋面积39.84平方米。农村居民人均生活消费支出10348元，增长16.6%，其中食品烟酒支出3234元，下降1.2%；衣着支出389元，增长1.1%；居住支出2124元，增长8.1%；生活用品及服务支出428元，增长8.5%；交通通信支出1593元，增长160.0%；教育文化娱乐支出1311元，增长16.7%；医疗保健支出1110元，增长15.7%；其他用品和服务支出160元，下降3.7%，农村居民恩格尔系数为31.3%。农村居民人均拥有房屋面积77.6平方米。

全年参加基本医疗保险人数74.18万人、参加城镇基本养老保险职工人数3.27万人、参加工伤保险职工人数4.27万人，参加生育保险职工人数2.92万人，参加失业保险职工人数1.90万人，领取失业保险金人数1432人。城镇人口登记失业率为3.15%，失业人员再就业人数2591人。城镇低保对象月人均补助290元，保障对象已达到6004人，城镇低保金共发放3022万元；农村低保对象月人均补助148元，共有12905人享受农村最低生活保障金，低保金共发放5860万元。销售社会福利彩票2912万元，募集社会福利资金248万元，直接接收社会捐赠680万元。

全年共发生各类生产安全事故11起，死亡7人；工矿商贸企业从业人员10万人死亡1人；共发生道路交通事故8起；道路交通死亡率5人/万辆。

存在的主要困难和问题：经济总量不大，发展质量不高，产业结构不优，经济综合基础比较薄弱；财政增长乏力，收支矛盾十分突出；脱贫攻坚任务艰巨，民生社会事业历史欠账较多；城镇基础较差，规划、建设、管理等任务艰巨；发展环境不优，政府职能转变不够，干部的工作能力有待加强。

【新邵县成功创建市级卫生县城】2017年，新邵县投入创卫资金近4亿元。推动建设和改造城市道路8条，全面完成第二批小街小巷和赛双清公园改造；推进新城镇建设，思源实验学校建成并投入使用、枫树坑水库县城引水6月26日正式供水、资江风光带左岸一桥至二桥和右岸印机厂段全面建成、金三角人防工程主体工程完工，县城面貌大为改观。11月16～17日，邵阳市考核专家组到新邵县考核验收创建“市级卫生县城”工作。专家组对照创卫标准，采取听汇报、查阅资料、现场抽查和走访群众相结合的方式，对新邵县创卫工作进行考核并给予87.6分高分，新邵县成功创建市级卫生县城。

【“美丽乡村”建设】2017年9月14日新邵白水洞风景名胜区成功创建3A景区，潭府新农村生态园被评为五星级乡村旅游服务区，坪上镇清水村成功入选“全国生态文化村”。“美丽乡村”建设促进新邵旅游业的发展，全年实现旅游收入26亿元。

【交通条件改善】2017年，新邵县坪上综合客运枢纽主体工程完工；衡邵高速新邵连接线完成扫尾，邵坪高速L5连接线基本完工；S244县城至烂坝公路改造部分建成通车；S334张家冲至罗桥段、塘白旅游公路建设推进；S232太芝庙至雀塘段建设启动；S235小庙头至石背垅（含九头岩大桥）已招投标；G207县城绕城线（含沙湾大桥）、S232雀塘至渡头桥新邵段项目前期工作正式启动。完成县乡道改造主体工程17公里，开工建设21公里；农村公路提质改造133公里、安保工程111公里。

【孙氏正骨术入选湖南省传统中药丛书】2017年3月13日，“湖南省非物质文化遗产传统中药丛书”编纂专家论证会在新邵正大邵阳骨伤科医院举行，国家级非物质文化遗产孙氏正骨术入选该丛书编纂内容。孙氏正骨术诞生于清代晚期，源于药王孙思邈的医术，是新邵县龙山脚下的孙氏家族将家传的武伤医术与梅山医学中的接骨术、中医骨伤学及道教医学相结合而创立的独具特色的正骨医术，有完整的系统的理论体系和技术体系。2014年孙氏正骨术被国务院确定为第四批国家级非物质文化遗产代表性项目。

（陈远渡、曾瑞姣）

隆 回 县

县领导成员名录（2017年）

中共县委书记：

马健强

中共县委副书记：

刘　军

曾秦伟

县委常委（书记、副书记不重列）：

唐前启

车　茂

陈立君

肖松海（2017.8免）

邓闽榕（2017.8任）

潘光明（2017.12免）

刘科棉

彭　迪（女，挂职）

范志锋

姚文娟（女）

刘爱龙（挂职，2017.5任）

陈　亮（挂职，2017.8任）

曹　锣（挂职，2017.11任）

县人大常委会主任：

刘焕华

县人大常委会副主任：

黄富华

罗海波

刘海秋

刘汉才

高述晚

县人民政府县长：

刘　军

副县长：

车　茂

彭　迪（挂职）

刘爱龙（挂职，2017.1任）

申松能

奉锡样（瑶族）

谭　敏（女）

宁玉光

李　博

刘华中

马建军（挂职，2017.8任）

曹　锣（挂职，2017.12任）

县政协主席：

黄和健

县政协副主席：

黄红波

刘　芬（女）

胡芒权

范吉权（兼）

阳振华（兼）

县人民法院院长：

周继耐

县人民检察院检察长：

刘建明

概述

2017年，隆回县辖19个建制镇，5个乡（其中少数民族乡2个），514个行政村，43个居委会，15个社区居委会。土地总面积2867.67平方公里，耕地面积73875.92公顷。年末总人口128.41万人，常住人口114.46万人。年平均气温17.6℃，年降水量1182.7毫米，日照时数1404.5小时，年极端最高气温37.6℃，年极端最低气温-1.8℃。农村生活污水处理率64.3%，空气质量达标率88.8%。

全年地区生产总值171.88亿元，同比增长8.5%，其中第一产业增加值39.17亿元，比上年增长4.5%；第二产业增加值44.46亿元，比上年增长6.5%；第三产业增加值88.25亿元，比上年增长11.4%，全县一、二、三产业结构比例数由上年的24.2∶26.2∶49.6调整为22.79∶25.86∶51.35。三产业占GDP比重提升较快，现代服务业发展较快。

全年农林牧渔及服务业总产值65.04亿元，比上年增长4.6%，其中农业总产值39.18亿元，增长2.1%；林业总产值2.23亿元，增长4.4%；牧业总产值21.61亿元，增长8.7%；渔业总产值1.61亿元，增长7.5%；服务业总产值0.51亿元，增长7.4%。全年农作物播种面积151.15千公顷，增长1.35%，其中粮食播种面积77.67千公顷，增长0.73%。粮食总产量46.46万吨，增长0.81%；全年农作物受灾面积7143公顷，成灾面积5714公顷，绝收1714公顷。规模养殖场因环境整治而减少，但全县养殖数量仍保持增长。500头以上的生猪规模场389个，其中5000头以上的3个。年出栏50头以上的肉牛养殖场33个；年出栏100头以上的肉羊养殖场33个；年存栏1万羽的蛋鸡场6个；年存栏5万只以上的肉鸡场1个。农业机械总动力340614千瓦，同比增长2.3%，全年农村用电量15928.72万千瓦时，增长9.44%，化肥施用量115877.36吨，增长1.33%。2017年，隆回县获国家农情信息工作先进县、全国平安农机示范县、全省粮食生产先进县、全省畜牧水产工作先进县等荣誉。滩头镇入选全省美丽乡镇示范镇，南岳庙镇原石蒜村、司门前镇五通村、岩口镇向家村获评“湖南省美丽乡村建设示范村”，山界回族乡老屋村获评省级历史文化名村。

全年实现工业总产值197.18亿元，增长15.6%，工业增加值52.27亿元，同比增长8.5%。年内新增规模以上工业企业22家，年末达131家。规模以上工业企业完成总产值197.18亿元，同比增长15.6%，完成销售产值197.18亿元，同比增长15.6%。利润总额3.57亿元，同比下降7.1%；利税总额6.02亿元，同比增长4.7%。规模工业企业产品产量中，发电量14.59亿千瓦时，增长11.68%；水泥164.5万吨，增长5.4%；机制纸2.2万吨，增长22.2%；饮用水41.3万吨，增长25.2%；自来水1720.27万立方米，增长7.2%；鞋200万双，增长13.6%。

全年全社会固定资产投资额为176.1亿元，较上年增长14.1%（调整后）。其中，第一产业投资36.9亿元，占总投资的20.9%，第二产业投资88.3亿元，占总投资50.1%，第三产业投资50.9亿元，占总投资29%。完成建筑业总产值31亿元，增长14.4%。全县具有资质等级建筑企业14家，实现建筑业增加值93834万元，同比增长2.5%。全县开工建设投资项目611个，其中本年新开项目476个，完成投资167.6亿元，同比增长24%。开工建设5000万元以上投资项目57个，其中本年新开工项目52个，完成投资59.86亿元，同比增长31.9%。房地产开发投资8.5亿元，增长15.3%。商品房销售面积30.79万平方米。

全县财政总收入达到120730万元，同比增长9.66%，其中地方一般预算收入77475万元，增长3.48%，财政总收入占GDP的比重为7.02%。财政总支出564520万元，同比下降2.78%，公共财政支出483625万元，减少5.32%。其中，农林水事务支出98369万元，增长16.09%；教育支出133362万元，增长0.81%；医疗卫生支出75714万元，下降2.48%；社会保障和就业支出77127万元，下降0.66%。年末金融机构本外币存款余额

322.4亿元，比年初增加34.74亿元，其中储蓄存款242亿元，比年初增加28.27亿元。各种本外币贷款余额128.12亿元，比年初增27.13亿元，其中中长期贷款余额95.88亿元，较年初增加19.88亿元。全年保费收入34131.8万元，各项赔款和给付支出22832万元。

全年实现社会消费品零售总额97.2亿元，增长10.6%。其中，限额以上实现317392.1万元，同比增长30%；限额以下实现654258.3万元，同比增长3.1%。招商引资新引进亿元以上重大项目12个，实际利用内资158.63亿元，同比增长21.03%；实际利用外资3124.2万美元，同比增长32.1%。外经外贸加快发展，全县进出口总额完成1.73亿美元，同比增长60.2%。共有外贸自营进出口权证的企业28家，其中2017年新增8家，有进出口实绩的企业19家。全年共争取省承接产业转移发展加工贸易支持资金56万元，争取财政奖补资金62万元。电子商务有序推进。全县共落地全国性电商平台3家（京东、苏宁易购、邮乐购），区域性电商平台5家（厂家网、惠农网、搜农坊、村村乐、520生活圈）；本地自建的成熟电商平台3家（老百姓易购网、三隆通、智慧隆回），建设网销农产品直供基地3个。

全年公路客运1545.2万人次，增长1.9%，旅客周转量为536939万人公里，增长12.1%，公路货运量为883.8万吨，同比增长1.4%，公路货物周转量为122807万吨公里，增长4.4%。全年邮政业务总量8919万元，同比增长22.3%，函件23.77万件，报刊期发数1327.83万份，报刊流转额1142.4万元，集邮23.79万枚。年末固定电话用户3.7户，移动电话56.9户，互联网使用用户数6.52万户。

全年景区景点共接待游客172万人次，旅游收入达11.5亿元，同比分别增长41%和42%。魏源故居成功创建国家AAA级旅游景区，弥补了5年来A级旅游景区创建的空白。

全县各类学校单位数794所，各类学校在校学生数238585人，其中中等职业教育在校学生6954人，普通高中在校学生69762人，初中及小学在校学生达161869人。高考一本上线698人，二本及以上上线人数1793人，3人被清华大学录取。学生获国家级一等奖以上奖项8个，5所学校获评全国青少年校园足球特色学校。全社会R&D经费投入完成2.65亿元，财政科技支出达839万元。建设科技创新支撑平台、星创天地、众创空间3家，实现高新科技产值达97.89亿元，高新技术产品增加值25.96亿元，增长22.9%。

年末拥有文化站26个，公共图书馆1个，公共图书馆藏书13.23万册，文化馆1个，共有县级广播电台1座，电视台3座，中、短波广播发射台15座，有线电视用户26.86万户，乡及乡级以上农村有线广播站数26个，广播综合人口覆盖率和电视综合人口覆盖率达100%，农村有线广播入户率63.3%。实施政府采购公共文化服务，组织42个业余剧团完成特困地区送戏下乡314场。全县体育事业经费投入604万元，拥有体育场地1221个，其中体育馆10座，运动场1143个，游泳池8个，各种训练房60个。举办县级以上运动会22次，达到国家体育锻炼标准人数27万人。全年获得省级比赛奖牌13枚，其中金牌4枚。全县卫生机构38个，医院、卫生院床位数4566张，卫生技术人员2828人，其中执业医师和执业助理医师1308人，护师、护士数877人。

年末全县总人口为128.41万人，常住人口114.46万人，男女性别比为112.28：100。人口出生率11.65‰，死亡率7.11‰，自然增长率4.54‰，城市化率35.69%。城镇居民人均可支配收入为23217元，较上年增长8.5%。年末城镇居民每百户家庭拥有彩电110台，电脑76台，空调65台，普通电话35部，移动电话239部，冰箱102台。农村居民人均可支配收入9174元，比上年增长13.3%，农民人均生活消费支出7038.73元，比上年增长20%。年末农村居民每百户家庭拥有彩电100台，移动电话138部，固定电话24部，冰箱38台。

全县重点民生实事10个大项，14个考核指标全部完成任务，其中5个超额完成任务。全县参加基本养老保险人数72.08万人。参加失业保险人数2.9万人，参加工伤保险人数5.28万人，参加生育保险人数2.49万人。五项保险累计总参保199.21万人。年内新增就业4955人，失业人员再就业2606人，城镇零就业家庭实现100%动态援助。社会福利得到提高。享受救济的城乡困难户人次数达33013人次，较上年减少77095人次，城镇低保人数达4899人，农村低保人数达28114人，全年销售社会福利彩票2840万元。全县脱贫人口3.7万人，建档立卡贫困村退出64个。

已探明境内无烟煤7558万吨，锰矿46万吨，铅矿7313吨，锌矿1447吨。

全年发生生产安全事故7起，比上年减少12起，死亡7人，比上年减少11人；亿元GDP生产安全事故死亡人数0.041人。

【脱贫攻坚】2017年，隆回县举全县之力开展脱贫大攻坚。组建脱贫攻坚指挥部，副科级以上单位全部成立扶贫办。全面落实“三走访三签字”，层层签订责任状，健全完善考核办法，制定出台督查巡查和问责追责办法。实行驻村帮扶“扶一带一”，继续开展“心连心手牵手”结对帮扶活动，实现贫困村和贫困户帮扶全覆盖。开展精准识别和精准退出集中整改，“三率一度”大幅提升。加大涉农资金整合力度，共统筹整合资金5.09亿元。按每村不低于120万元的规模，由贫困村自主实施扶贫项目。出台产业扶贫以奖代扶政策，鼓励贫困户自主发展生产。新增扶贫小额贷款2.18亿元。“扶贫特惠保”覆盖所有贫困人口。建成村级电商扶贫服务站点52个。教育扶贫、健康扶贫等行业政策有效落实。为贫困人口安排2943个村级卫生保洁员、生态护林员等公益性岗位，帮助他们实现稳定增收脱贫。易地扶贫搬迁安置2779人。发展村级集体经济，全面启动贫困村光伏扶贫电站建设。开展社会扶贫日“百企帮百村”活动，72家企业与贫困村结对，推进社会扶贫网上线。截至年底，全县脱贫3.7万贫困人口、退出64个贫困村，仍有8.6万人口没有脱贫、127个贫困村没有脱贫退出。

【招商引资】2017年2月中旬，隆回县在深圳市举办隆回产业招商推介会，与广东惠电科技发展有限公司达成投资意向，该项目9月落户隆回，年底正式开工。4月上旬，组织召开异地商会代表恳谈会暨招商推介会，在会上推介县重点招商项目。4月下旬，中共隆回县委副书记、县人民政府县长刘军带队参加2017“港洽周”湖南邵阳（深圳）招商推介会，会上成功签约隆回装配式建筑科技项目及江子田水电站项目。7月和9月，组织100多名老乡分别在广东省东莞市和贵州省贵阳市召开“迎老乡、回故乡、建家乡”招商座谈会，并与“世界500强企业”华润电力控股有限公司进行对接。2017年全县新引进亿元以上重大项目12个，分别是总投资20亿元的隆回县邦盛物流国际商贸城项目、总投资10.67亿元的龙瑶幽谷花卉生态观光园项目、总投资10亿元的桃源古镇生态休闲旅游度假中心项目、总投资8亿元的魏源文化创意产业园项目、总投资10亿元的年产3000万双运动鞋及人工智能化建设项目、总投资3亿元的隆回缤纷天地商业广场项目、总投资2.5亿元的江子田电站项目、总投资3亿元的年产8000套高低压配电设备项目、总投资2亿元的桃花坪高新农业博览园项目、总投资2亿元的裘皮产业园项目、总投资1亿元的隆回中民筑友装配式建筑科技项目、总投资1亿元的年产200万件高尔夫球系列产品建设项目。

【城乡建设】2017年，隆回县突出规划引领，编制完成县城教育、交通、消防3个专项规划。推进路网建设，隆回大道、魏源大道、环城北路站前段等项目进展顺利，民族大道、环城南路中段、火车站站前广场、龙门路相继开工建设。强化城镇管理，全面推行网格化管理模式，实施占道经营、小广告牛皮癣、噪声油污污染等专项整治，开展扬尘治理百日行动，创新环卫清扫保洁机制，市容秩序全面改善。滩头镇被认定为全省美丽乡镇示范，岩口镇向家村获评“湖南省美丽乡村建设示范村”，山界回族乡老屋村被评为省级历史文化名村。开展环保专项整改，中央环保督查交办件全部办结，关闭取缔所有非法黏土砖厂和采山砂点，退养规模养殖场29个，六都寨水库网箱养鱼全面取缔，县城公交线路实现新能源车全覆盖，北山垃圾填埋场整改启动建设。

【完成村级组织换届选举工作】2017年，隆回县按照中共湖南省委组织部《关于在并村改革中加强村级组织建设的指导意见》的要求，超前谋划，做好村级组织换届选举工作。2016年年底即在所有合并村建立新的村级临时党组织，选派党组织书记。2017年2月完成全县村级财务清理、审计。县委组织部组织精干力量下乡授课，在全县农村和社区党员中广泛开展“我是党员、向我看齐，齐心协力抓好换届”的主题春训，开展“扪心三问”专题讨论。选择三阁司镇石岭、石笋寨、红星3个村试点，积累换届选举经验。县委成立村级换届工作领导小组，编印《村（社区）党组织和村（居）民委员会换届选举工作手册》《隆回县村（社区）“两委”换届选举工作日志》，下发《村（社区）党组织换届选举操作流程》《村级换届选举操作模板》《村（社区）党组织换届选举工作资料清单》进行指导。县纪委、县组织部等8部门联合发布《关于依法严厉打击村（社区）“两委”换届选举中违纪违法行为的通告》，编印省委“八个严禁”、市委“七个严禁”“九种情形”1万余份张贴到乡镇和村（社区）。县派出10个换届选举工作风气监督组，建立信访、电话、网络“三位一体”举报平台，畅通反映违反换届纪律问题举报专用通道，确保村（社区）“两委”换届工作风清气正。各乡镇党委严格按照选举工作有关规定和程序组织实施。至6月28日，全县572个村（居、社区）全部完成换届选举，514个村民委员会全部实行直接选举，直选率达100%；58个社区居民委员会实行直接选举41个，实行间接选举17个。全县新一届村（社区）“两委”班子成员大专以上学历302人、妇女干部819人、平均年龄45岁，结构更趋合理，队伍更趋年轻化。

【县域旅游】2017年，隆回县围绕“商旅活县”发展战略，坚持全域旅游发展。魏源故居成功创建国家3A级旅游区，弥补了5年来A级景区创建的空白。实施大湘西精品线路项目建设，狐狸岛项目投资5000多万元，完成环岛护坡、西岸护堤、环岛游步道、河道清理、拦水坝修建等。桃源古镇、桃花坪高新农业博览园项目均完成总规评审，稳步推进虎形山花瑶景区建设。实施乡村旅游扶贫，共有8个省市级旅游扶贫重点村、1018户、3580名贫困人口通过发展旅游业脱贫。发展“旅游+”新业态，指导三阁司、羊古坳、司门前、周旺等乡镇举办“千亩花海、大美沙坪”赏花之旅、“踏春赏花品美食、稻田公园逛农展”“古风新韵春天里”等赏花活动，吸引各方游客40余万人次。全年全县共接待游客172万人次，同比增长21%，实现旅游收入11.5亿元，同比增长22%。被评为邵阳市旅游工作优秀单位。

【隆回县监察委员会挂牌成立】2017年11月20日，隆回县成立深化监察体制改革试点工作小组及办公室，先后7次召开县委常委会、县改革试点工作小组会，就改革工作进行部署和推进。制定《隆回县深化国家监察体制改革试点工作实施细则》和确定监察委人事安排。县纪委先后3次召开改革试点工作小组办公室会议，与县人大机关、县委组织部、县编办等部门联动，做好人员、机构、职能等相关准备工作。做到机构、职数、编制“三个不增加”，从县检察院转隶人员14名、选调人员4名，增设3个纪检监察室。12月27日，县人民代表大会选举产生县监察委员会主任，由县纪委书记兼任。由县人大常委会任命监察委员会副主任、委员，副主任由纪委副书记兼任，转隶的反贪局长任监察委员会委员。12月28日，县监察委员会挂牌成立。

【隆回第一家院士工作站成立】2017年11月30日，由邵阳市院士专家工作站建设领导小组办公室、隆回县人民政府、邵阳市科学技术协会联合主办，隆回县科学技术协会协办的“湖南盛世丰花生物科技有限公司院士工作站”授牌仪式在隆回县举行。隆回湖南盛世丰花生物科技有限公司是一家专业从事金银花产业深加工，以隆回金银花为主要原料，生产金银花双抗素及其衍生动物饲料添加剂产品的高科技企业，其主要产品为金银花双抗素和金银花生物活性饲料，既可以防治动物疫病，又可以提高动物免疫力和肉质品质。该公司利用隆回金银花产量大、疗效好的优势，加入黄岑、连翘等共同组方，研制“双抗素”饲料添加剂，该配方具有辛凉解表、清热解毒之功，可以抗病毒、抗感染及增强机体免疫功能作用。对治疗各家畜系统感染，特别是病毒性疾病疗效较好，为中医药运用于畜牧保健做出有益尝试。中国工程院院士印遇龙领衔组建“院士工作站”，并担任项目首席科学家进行专题开发研究。这2个项目已申报国家发明专利，获湖南省科技厅重大专项支持，是省人民政府重点项目，建设制造强省重大项目。

（张柏雄）

洞 口 县

县领导成员名录（2017年）

中共县委书记：

艾方毅

中共县委副书记：

周乐彬

欧阳向东（2017.10免）

贺朝晖（2017.10任）

县委常委（书记、副书记不重列）：

贺朝晖

李恒荣

杨芳德

刘文龙

邓　勇

曾泽群

刘　芸

吴方定

县人大常委会主任：

曾晓桃（女）

县人大常委会副主任：

吴华玉（女）

张建云（党外）

吴中华

甘建华

谢　雄

县人民政府县长：

周乐彬

副县长

刘文龙（常务）

罗崇雄

刘德雄（2017.08免）

杨　俐

肖　磊

文立斌

尹小龙

罗　静（2017.10任）

张晓凤（挂职，2017.08任）

谭清华（挂职，2017.11任）

县政协主席：

孙立志

县政协副主席：

欧阳远新

王周龙

周国清（兼）

尹琪峰（兼）

蒋建德（兼）

县人民法院院长：

李　林

县人民检察院检察长：

唐智友

概述

2017年，洞口县辖21个乡镇（其中3个瑶族乡），3个街道办事处，334个行政村，28个社区居委会，7078个村（居）民小组。

全年完成地区生产总值168.22亿元，按可比价计算，同比增长7.4%，经济增长自2011年以来稳中趋缓。其中，第一产业完成增加值54.78亿元，增长4.2%；第二产业完成增加值54.66亿元，增长7.1%；第三产业完成增加值58.78亿元，增长10.8%。按常住人口计算，人均生产总值20855元（现价），比上年增长9%。三次产业结构由上年的33.3∶32.6∶34.1调整为32.6∶32.5∶34.9，三产业比重比上年提高了0.8个百分点。自2015年以来第三产业在三次产业中占比最高，三次产业对经济增长的贡献率分别为18.2%、32.1%、49.7%，分别拉动GDP增长1.3、2.4和3.7个百分点。

在全县生产总值中，工业增加值占地区生产总值的比重为23.5%，工业对经济增长的贡献率达19.8%，拉动GDP增长1.5个百分点；新增规模工业企业8家，产值过亿元的企业达到54家；高新技术产品实现增加值22.82亿元，占规模工业比重为57.6%；园区规模工业增加值达到26.2亿元，占全部规模工业增加值比重为70.7%；工业投资完成64.4亿元，增长12.6%；节能降耗成效显著，万元规模工业增加值能耗下降1.2%。

全县完成财政总收入9.31亿元，比上年增长0.4%，其中一般预算收入6.48亿元，下降9.3%；上划中央收入2.27亿元，增长38.4%；上划省级收入0.56亿元，增长14.1%。全县财政总支出52.73亿元，增长10.5%。财政总收入中税收收入5.83亿元，比上年增长5.3%；税占比为62.6%，比上年提升3个百分点。

全县农业总产值89.05亿元，比上年增长4.2%。全年粮食播种面积达到90.14千公顷，比上年增加0.86千公顷，粮食总产量45.91万吨，增产1.7%，其中：水稻产量38.08万吨，增产0.7%；油料总产量3.75万吨，增产4.7%；水果总产量15万吨，增产0.3%。畜牧养殖业持续稳定发展，全年肉类总产量18.28万吨，比上年增产6.25%；禽蛋产量1096吨，增产0.2%；水产品产量1.74万吨,增产3.16%；蔬菜产量43.99万吨，增产1.3%。全县优质稻种植面积43.24千公顷，占水稻播种面积的61.7%，比上年增长0.32%。发展药材1.67千公顷，比上年减少4.6%；油料种植面积25.62公顷，增加3.2%；蔬菜种植面积19.84千公顷，增长0.25%。全年农村用电量1.22亿千瓦时，比上年减少0.4%。年末拥有农业机械总动力73.06万千瓦，增长2.8%。

全年农村公路建设完成投资9421.9万元，比上年增长2.4倍，提质改造农村公路140.8公里，完成农村公路安保设施建设231公里；117个贫困村全部实现了宽带网络升级改造；行政村配电网改造全面铺开。

全年完成造林面积2.93千公顷，比上年增长21.8%，迹地更新1334公顷，增长64.1%，零星植树95万株；年末森林蓄积量达到974.14万立方米，森林覆盖率为60.1%。

全年全部工业增加值39.59亿元，比上年增长5.9%。其中，规模以上工业企业增加值增长6%。主要工业产品产量逐年增加，全县规模以上工业产品产量中，水泥218.1万吨，增产10.1%；发电量27518万千瓦时，增长24.3%；机制纸及纸板3万吨，增产20%；加工大米29.9万吨，比上年增长2%；罐头8.4万吨，增产25.4%。全县规模以上工业企业实现产品销售率达99%。工业企业经济效益继续有所回升，规模以上工业企业全年完成利税总额9.31亿元，增长5.6%，实现工业税收12110万元，增长10.6%。

全年建筑业实现增加值15.13亿元，比上年增长10.7%。全县三级及三级以上建筑企业9家，完成总产值11.35亿元，增长25.8%，实现利税总额12398万元，增长11.2%；房屋建筑施工面积118.1万平方米，房屋竣工面积55.8万平方米，分别比上年增长27%和63%。

全年完成全社会固定资产投资218.43亿元,比上年增长12.9%，其增速较GDP增速快5.5个百分点，投资总额大幅增加。其中城镇投资214.77亿元，增长24.4%；其中全县工业投资64.4亿元，增长12.6%，占全社会固定资产投资的比重为29.5%。重点工程进展顺利，全县109个在建重点工程年内完成投资110亿元。

全县房地产开发投资3.67亿元，比上年增长15.5%。商品房竣工面积11.71万平方米，比上年增长81.8%；商品房销售面积9.59万平方米，同比下降68%。

全年实现社会消费品零售总额81.52亿元，比上年增长11%，增速逐年放缓。分城乡看，城镇实现消费品零售总额72.16亿元，增长11.1%；农村9.36亿元，增长10.5%；城镇消费快于农村消费增长。分行业看，限上贸易批发零售贸易业零售额31.81亿元，增长20.5%；住宿餐饮业3.0亿元，增长11.9%。

全年外贸进出口总额10042万美元，比上年增长10.6%，其中出口总额8382美元，增长9.9%。全县主要出口商品有成品鞋、肉制品、足球等品类，产品销往美国、澳大利亚、意大利、日本、韩国、爱尔兰等国及中国香港地区。

全年实际利用境外资金2611万美元，比上年增长16.2%；实际利用内资86.89亿元，比上年增长20.9%。

全县接待国内外旅游者179.57万人次，比上年增长

28.6%，实现旅游收入15.78亿元，增长57.2%。

2017年洞口县重点民生“实事”目标考核共14个项目，全部完成目标任务。农村危房改造目标任务3200户，完成3266户；农村饮水安全巩固提升目标任务2.35万人，完成3.5万人；完成特困移民解困避险搬迁安置目标任务166人；帮助0～6岁残疾儿童实施抢救性康复26名；农村公路提质改造目标任务140公里，完成140.8公里；完成农村公路安保设施建设231公里；新增城镇就业目标任务4890人，完成4910人；完成城市棚户区改造目标任务3000套；农村适龄妇女“两癌”免费检查目标任务28500人，完成29054人；完成新增养老床位59张；新增社会治安视频监控摄像头500个；完成农村宽带网络升级改造目标任务117个贫困村；完成行政村配电网改造16个；孕产妇产前免费筛查目标任务5323人，完成5348人。

全年交通运输和邮电通信业实现增加值2.66亿元，比上年增长1.8个百分点。全县拥有各种机动车辆36618辆，全年各种运输完成货物周转量187150万吨公里，比上年增长30%；旅客周转量493079万人公里，增长30%；客货换算周转量211708万吨公里，增长30.2%。

全年邮电业务总量60846万元，比上年增长31.4%，其中邮电业务总量6165万元，增长18.9%；电信业务总量54681万元，增长33.0%。年末局用交换机总容量6.67万门，比上年增长11.2%。固定电话用户53796户，下降1.6%；移动电话用户48.65万户，增长9.6%，移动电话普及率达56.8%。计算机互联网宽带用户达9.5万户，增长21.6%。

年末全县金融机构各项存款余额244.61亿元，比年初增加27.35亿元。其中，非金融企业存款21.03亿元，新增1.12亿元；广义政府存款33.39亿元，新增2.09亿元；城乡居民储蓄存款189.94亿元，新增23.93亿元。年末各项贷款余额85.98亿元，比年初增加6.99亿元，其中短期贷款25.09亿元，比年初增加8.82亿元；中长期贷款51.24亿元，比年初减少4.45亿元。存贷比为100∶35.1。

全年保费收入4.35亿元，比上年增长21.6%。其中，财产险保费收入0.87亿元，寿险保费收入3.48亿元，分别比上年增长22.8%、21.3%。支付各类赔款及给付1.72亿元，增长18.6%。其中财产险赔付0.66亿元，寿险赔付1.06亿元，分别比上年增长16.2%和20.5%。

全县拥有普通中学57所，其中县镇38所，农村19所，全年普通高中招生5091人，初中招生12158人，高中在校学生16695人，初中在校学生34694人，小学毕业生升入初中的升学率达100%；中等职业学校5所，招生3035人，在校学生9354人；普通小学189所，全年招生11835人，在校学生71593人，小学学龄儿童入学率为100%；特殊教育学校1所，在校学生527人；县幼儿园1所，社会力量办幼儿园118所，全县幼儿班804个，在园幼儿24707人。

年末拥有各类专业技术人员25668人，科研机构14个。全年组织实施各类科技计划项目41项，其中省级1项、市级5项、县级35项；R&D内部经费支出4.8亿元，同比增长16.2%。高新技术企业43家，实现高新技术产品增加值22.82亿元，同比增长16.7%，高新技术增加值占规模工业增加值的的比重达57.6%。

全县有文化馆1个，文物管理站1个，公共图书馆1个，博物馆3个，档案馆1个，向社会开放档案2300人次。全县有线电视台1座，电视转播发射台1座，全年制作电视节目时间530小时，全年播放电视节目时间2600小时，电视综合覆盖率达100%，有线电视用户达到10.18万户，其中农村有线电视用户4.22万户。

全县医疗卫生机构37个，年末实际开放床位2564张，卫生技术人员2749人，执业医师846人，执业助理医师421人，注册护士1515人。农村有医疗点的村（含农村社区）334个，100%的村建立了医疗点。全民疾病预防控制体系进一步加强。精心组织全县“体育三下乡”活动。全县拥有晨、晚练站点242个，每天相对稳定的活动人数18

万人；全年举办全民健身运动63次，参加人数1.3万人次。

全年出生人口12264人，出生率为13.67‰；死亡人口4915人，死亡率为5.48‰；全年净增人口7349人，人口自然增长率为8.19‰。年末全县总人口（户籍人口）为89.69万人，常住人口为80.66万人，其中城镇人口35.77万人，占44.35%；乡村人口44.89万人，占55.65%。城镇人口比上年增加2万人，城镇化率达44.35%，比上年提高1.91个百分点。

年末城乡居民人均可支配收入15236元，比上年增长11.2%。城镇居民人均可支配收入24803元，比上年增加1973元，增长8.6%；农村居民人均可支配收入9709元，比上年增加1028元，增长11.8%。居民人均住房使用面积79.5平方米。

城乡基本社会养老保险覆盖率98%，参保人数为45.98万人，其中机关事业单位养老保险参保人数2.32万人。城镇职工基本医疗保险参保人数3.69万人，城乡居民基本医疗保险参保人数73.97万人；参加失业保险单位231家，参保职工人数2.7万人，登记失业率为4%；参加工伤保险单位450家，参保人数3.7万人。

全县耕地面积54.19千公顷，其中水田面积43.9千公顷，旱地面积10.29千公顷。境内共有大小溪河130多条，分属资、沅两大水系，水能理论蕴藏量达22.5万千瓦，可开发量18.4万千瓦。已探明的矿产有烟煤、石煤、油、油页岩、铁、锰、镍等20多种。其中以煤、铁、锰藏量较多。其中铁储量16753万吨，煤2672万吨，石灰石2651万吨，炭质页岩1809吨，锰507.6万吨。

县区空气质量达到二级标准。全年造林面积2.93千公顷。全县森林覆盖率为60.1%。国家级森林公园1个，面积24690公顷。

【洞口县连续四年获评湖南省安全生产先进单位】2017年，洞口县委、县人民政府召开会议专题研究部署安全生产工作82次，党政领导带队检查或现场调研145次。各乡镇（街道、管理区）及安委会成员单位主要领导会议专题研究部署、带队检查1442次。下(转)发各类安全生产文件102个、召开各类工作会议12次、开展县级综合督查4次、工作督导3次，迎接省市督查暗访考核15次，牵头或协调处置新平断桥、洞口塘“三无”游船、高沙新辉燃气站、山门五金厂危房等26处县级重大安全隐患。开展“春雷2017”、安全生产大检查”“打非治违”等系列重大专项整治行动，出动执法人员3762人次，检查生产经营单位4977家，排查一般隐患7018起，并全部完成整改。列入并上报重大事故隐患“一单四制”管理17处。下达执法文书2229份，立案调查359起，下达行政处罚决定书359份，经济处罚490.48万元，行政拘留64人，刑事拘留6人，责令停产停业183家，问责领导干部12人。危险化学品、烟花爆竹、非煤矿山、农业机械、特种设备、河道采砂、旅游等行业实现“零死亡”。全县投入资金90余万元，建立27块高炮宣传牌、35块电子显示屏、104块固定宣传窗，安委办开办“洞口安全生产手机报”，县电视台设立《安全在线》专栏。全年受理群众来信来访320余起。到年底，全县共发生各类生产安全事故10起，死亡11人（其中经营性道路交通事故7起，死亡8人；建筑施工3起，死亡3人），亿元GDP事故死亡率0.0654。事故起数、死亡人数占全省事故统计口径内的65%。连续50个月杜绝较大及以上生产安全事故发生，连续4年荣获湖南省安全生产先进单位称号。

【洞口县农地抵押贷款试点扩面提质】洞口县为全国首批“农村承包土地的经营权抵押贷款”试点县。2017年，中国人民银行洞口县支行力推农地抵押贷款，助力洞口扶贫攻坚。会同县人民政府多措并举，确保试点扩面提质。升格试点领导小组、绘好路线图、排出时间表；增加风险补偿资金至1000万元，实行计提贷款风险准备金税前抵扣，与担保和保险公司精准对接；全县金融机构与县人民政府签订责任状，承诺2017年新增贷款1.2亿元，6月底前到位7300万元，推进农地抵押贷款试点工作。同时，强化奖惩考核，加大政策宣传。试点工作纳入县重大改革范畴进行考核督导；纳入县绩效文明考核和金融机构试点贷款纳入县金融目标管理考核及人民银行对金融机构综合评价范畴；试点不作为的金融机构列为金融监管的重点对象，同时纳入央行货币政策工具支持的“黑名单”。开展“百日攻坚行动”，进一步明确和细化工作目标和责任。到年末，全县发放农村承包土地的经营权抵押贷款 2650 万元。

【洞口县“雪峰蜜橘生态高效种植及精深加工产业化”国家科技项目通过中期评估】2017 年，由湖南省科技厅、财政厅组成的专家组对洞口县“雪峰蜜橘生态高效种植及精深加工产业化”国家科技项目进行中期评估。专家组通过对项目实施基地和龙头企业进行实地考察，听取项目实施工作汇报，核查国家专项资金拨付文件、资金使用账册以及相关图片资料，对洞口县项目实施取得的成效给予充分肯定，一致同意通过中期评估。2014 年，由洞口县人民政府组织申报的“雪峰蜜橘生态高效种植及精深加工产业化”项目被列入国家科技部科技富民强县项目，获专项资金 190 万元，这是洞口县第一个国家科技富民强县项目，也是邵阳市获资金额度最大的同类型国家级科技项目。项目实施后，洞口县利用国家“三区”人才计划实施契机，联合高等院校和科研院所开展 4 项关键技术研究；示范推广 7 项蜜橘栽培新技术；引进 4 个蜜橘新品种；开发 1 个新产品并成功上市；开展技术培训 48 期，编印技术及培训资料 3.2 万册，发放科普资料 1.4 万余份，技术培训 2.16 万人次，培养、引进产业技术骨干 128 人；新扩集中连片的橘园 1 万余亩；直接参与项目的农户达到 8750 人，辐射带动农民 3.1 万人，人均农民纯收入增长显著；新建基层科技信息示范站点 8 个；新建农产品交易平台 3 个，建立示范基地 39 个，为洞口县蜜橘产业的发展提供有力的科技支撑。

【洞口县电子商务发展迅猛】2017 年，洞口县重视电子商务进农村工作，致力打造“智慧洞口”，建设“电商服务快县”。京东、苏宁、中国惠农网、闹市街、邮乐购、易购等大型电子商务平台在洞口县网上交易活跃，全县有快递公司 33 家。农家好伙计电商公司、云创电商公司、邮政洞口支公司为代表的本土电商在工业品下乡、农产品进城中成效良好，对雪峰蜜橘、茶叶、卤菜、腊制品、山地鸡等农林特产品进行市场开拓和销售。全县年电子商务交易额突破 10 亿元。湖南农家好伙计 2017 年 3 月被湖南省商务厅认定为省级电商示范企业。随着 2016 年 10 月由县财政补贴招商引资的农村淘宝落户，洞口县成为邵阳市第一家引进农村淘宝的县市，到 2017 年底农村淘宝村级服务站已有 38 家正式开业，县级服务中心于 9 月投入运营。7 月“乐村掏”落户洞口，8 月洞口县成功争创全国电子商务进农村示范县，前期 1500 万元扶持资金到位。全年举办电商扶贫、网店开办、农业技术讲座培训等各类培训班 12 期，培训 2000 多人。同时，突出电子商务“一县一品”工作，打造“雪峰蜜橘”和“古楼云雾茶”电商品牌。推行“互联网+基地”模式，对雪峰蜜橘由电商直销、包销。召开雪峰蜜橘产销对接洽谈会，组织省内外电商企业和县内 30 多家柑橘专业合作社和种植大户就如何对雪峰蜜橘进行网销营销、电商推广提出建议。10 月 25 日，县人民政府与湖南电视台快乐购频道合作，在茶铺管理区园艺场举办网上销售雪峰蜜橘直播活动，直播三段一天销售 8 万斤、4000 件，销售金额 67.2 万元。

（邓永康　曾　眉）

绥宁县

县领导成员名录（2017 年）

中共县委书记：

唐　渊

中共县委副书记：

罗玉梅（女）

吴　韬

县委常委（书记、副书记不重列）：

唐远伟

黄俊玲（女）

李玉贤

游庆康

张书杰

张圣勇

龙明主

洪煜东

肖杰华

县人大常委会主任：

袁景甫

县人大常委会副主任：

黄保昆

张晓霞（女）

苏跃中

黄先伟

袁子玖

县政协主席：

唐国瑚

县政协副主席：

杨先光

李铁军

李卫东

伍丹丹（女）

雷厚前

县人民政府县长：

罗玉梅（女）

副县长：

龙明主

唐　艳

戴先平

李旭宾

戴蹇吾

卫世刚

邓昌海

胡爱军

县人民法院院长：

李汉斌

县人民检察院检察长：

李学礼

概述

2017年，绥宁县辖9乡8镇（其中8个少数民族乡），土地总面积2927平方公里，耕地面积29.06千公顷（其中水田27.16千公顷）。年末总人口39.06万人，其中城镇人口12.20万人，城市化水平33.97%，人口出生率10.2‰，自然增长率5.9‰。

2017年，中共绥宁县委围绕建设“生态文明示范区，特色县域经济先导区，社会和谐稳定模范区”目标，打好产业发展、脱贫攻坚、环境治理三大战役，实现全县社会经济稳步发展。全年完成地区生产总值89.7亿元，增长7.4%；财政总收入5.46亿元，增长10.5%。税收收入达到3.42亿元，税收占财政收入的比重提高至62.63%，全体居民人均收入12689元，增长11.3%。确定旅游康养、农产品加工、楠竹新材料、绿色能源、矿泉水、医用器械、现代农业、商贸流通业八大重点产业，实现生产要素向重点产业集聚，促进产业结构进一步优化，三大产业的比重调整为22.3∶42.8∶34.9，第三产业的比重提高2.4个百分点。

全年粮食播种面积34万亩，总产14.6万吨。杂交水稻制种9.4万亩，总产值12.6亿元。发展制种大户1124户、制种专业合作社36个。建成制种省级特色示范园，面积3000亩。全省杂交水稻机械化制种技术推广会在绥宁县举行。新发展青钱柳1.9万亩、油茶1.8万亩、花猪1.6万头、步步高和新湘茂蔬菜基地1.2万亩。绥宁黔邵花猪在2017中国中部农博会上被评为“最受欢迎农产品”。完成无公害农产品认证2个、绿色食品认证2个、有机农产品认证1个。农业综合机械化水平达69%。

2017年，绥宁县坚持把特色园区作为实体经济发展的重要载体，“一区两园”建设全面拓展。全年园区完成总产值22亿元，税收5000多万元。以中集、银山、丰源为龙头的楠竹加工企业，年加工楠竹600多万根。坚持把湘商产业园建设作为产业发展的“一号工程”来抓，在人、财、物上予以重点保障，“新园区、新城区”格局基本形成。湘商产业园新建标准厂房2.6万平方米，贵太太茶油一期、绿洲惠康、新湘茂、百鼎科技等建成投产。宝鼎山风电场二、三期完成6公里场内路基建设。

加大旅游开发力度，全年旅游收入突破10亿元。上堡古国旅游开发完成投资2亿元，景区大门、游客服务中心、山地休闲酒店等项目相继开工。黄桑生态旅游区创4A景观通过质量评审。推进申遗区侗文化核心价值研究，建好上堡、大团的鼓楼、标识系统。插柳村“艺术园+旅游”扶贫成效明显。纳入大湘西精品旅游线路的9个村，基本完成游客中心、停车场和村貌改造等建设。随着黄桑巫傩艺术团走出湖南、走向世界，随着苗族四月八姑娘节、十月兄弟节、侗寨申遗等一个个民俗展示舞台的持续发力，生态民俗文化游成为绥宁旅游发展的一道靓丽风景线。做大电商创业孵化基地，全年销售收入突破3亿元。建成乡村电商服务站点20个、贫困户电商网站25个。金融机构加大支持实体经济力度，新增存贷比达到54%。

坚持以项目扩投资、稳增长。成立重点项目领导小组和6大会战指挥部、28个项目协调部，建立领导小组全局统筹、指挥部靠前指挥、协调部一线推进、业主单位具体负责的项目建设机制。全年项目开工33个，完成投资26.3亿元。交通方面，具有划时代意义的武靖高速即将通车；兴永郴赣铁路与中铁四院对接线路走向和站点设置，开始预可研；黄坪公路完工；枫香大道和枫黄路建设有序推进。农田水利方面，完成小农水重点县年度任务和蓼水河武阳至李熙桥河段、蓼水河黄土矿至红岩河段治理；水口乡曲溪村土地整治项目竣工；与长沙岳麓区达成增减挂钩节余指标转让协议，转让金额2.6亿元。推进电网建管，完成34个村电网升级改造、13个县城台区改造和11万户集抄电表改造，10千伏寨黄线建成。麻塘乡8个村电网陆续由国网绥宁供电公司接管，多年悬而未决的“老大难”问题将得到彻底解决。

全年完成投资5亿余元，推进县城基础设施和商住区建设。大汉风情商业街主体成形，一批商家入驻；县污水处理厂完成扩建并运行；九丰管道天然气站建成，县城居民将用上天然气；碧桂园和藏珑小区楼房开盘；2718户棚户区改造抓紧推进；虾子溪景观步行桥、长坪一期、绿洲大道至粮贸大楼段防洪景观工程、职教新区、县城东出口综合整治等一批县城骨干工程、民生工程、配套工程陆续建成或启动。县城管理水平进一步提高，54台新能源公交车投入运营，拆除大汉商业街违章棚架和武靖高速连接线沿线6个非法加工企业的厂房，中心街设置障碍球135个，绿洲大道新划车位210个，查处非法营运摩托车117台。武阳入选全国重点镇名单，人行道完成铺装，街道房屋进行立面改造。关峡新型园区和寨市旅游特色进一步凸显。金屋塘、瓦屋塘、河口等小城镇建设不断深化。

全年商品材年砍伐量减少28%，完成人工造林4.3万亩、公路和河道绿化176公里、义务植树86万多株。全县森林覆盖率达76%，森林蓄积量达1772万立方米，重要生态区域的林相明显改观，林分质量显著提高。森林防火成效突出，火灾次数同比减少68%。发展碳汇林3.5万亩，由湖南省林勘院统一挂网交易。投资近2000万元在34个村开展“秀美村庄”建设，田心、大园、花园阁等村的美丽乡村建设全面铺开。按期办结中央环保督察信访交办件15件，追责17人，刑事拘留3人；邵阳市人民政府交办的15个环境突出问题基本整改到位。拆除非法砖厂29家。开展“雷霆行动”，对40处非法采（洗）砂场、采石场进行集中整治，刑事立案30起，刑事拘留50人，已判决9人，4名党员受到留党察看一年处分，网上追逃7人，出台4条措施，有效解决非法采（洗）砂问题。全面落实河长制，明确河长526人，5公里以上的河流均实行“一河一档”、“一河一策”。县城区10蒸吨以下燃煤锅炉全面淘汰，注销黄标车90台。县级城镇空气质量排名保持全市第一，巫水河花园阁、游家湾和河口3个断面水质保持Ⅱ类，地表水水质总体为优。

全年脱贫14811人，贫困村退出21个。投资15亿元开展十大重点民生项目大会战。易地扶贫搬迁7300人；移民避险解困搬迁1131人；危房改造2718户；85个贫困村入股小城镇开发公司，160个小额基础设施项目全部完工；农村道路“窄加宽”完成年度任务，公路安防工程完工160公里，改造危桥5座；农村饮水巩固提升工程完成116处；村级综合服务平台新建33个、改扩建180个；村级卫生室开工147个；省定、市定10大类14项为民办实事任务基本完成。建成金融扶贫服务站85个，累计发放扶贫贷款1.49亿元。

全县实现每个乡镇有1所中心幼儿园，义务教育巩固率97.5%，高中毛入学率89.3%，高考本科上线439人。思源学校正式投入使用。整合医保政策，为贫困户安上“三提高、两补贴、一减免、一兜底”7道健康保险锁。中西医结合医院整体并入县人民医院。完成“两癌”免费检查8000例、孕产妇免费产前筛查2850例。人口和计划生育工作继续保持全省优秀单位称号。获评省级“散曲之乡”称号。民族排舞《坝那哦吙》获2017年全省“欢乐潇湘”群众文艺汇演一等奖。拥有中国摄影家协会会员8人、中国作协会员5人，人数在全市位列第一。农村广播村村响新增170个点。参加全国少数民族陀螺赛、全市少数民族传统体育运动会并取得优秀成绩。农村低保标准提高到3026元/年，连续调整提高企业退休人员基本养老金水平，城乡居民养老保险基础养老金实现四连调。新增住房公积金归集1.4亿元，发放贷款6000万元。开展食品安全专项整治行动，查处违法经营案件56件、刑事立案7件，全年没有发生重大食品安全事故。

全县八大类34项改革稳步推进。推进“放管服”改革，取消县级行政权力事项18项、合并40项。商事制度改革持续深化，新登记市场主体1974户。农村土地承包经营权确权登记已正式颁证。贫困村入股小城镇建设公司实现集体增收脱贫、“三个创新、三个从严”推进合并村换届等改革创新经验在省市推广。参加“港洽周”、2017邵商大会，引进正邦生态养殖、现代农业+电商扶贫等项目18个，合同投资56.6亿元。有进出口实绩企业达5家，预计实现进出口总额230万美元。

【发展速度与规模效益实现“双稳进”】2017年邵阳市对绥宁县考核的9大主要经济指标中，有4项指标排全市前6名，取得历史性好成绩。全年实现生产总值89.7亿元、增长7.4%。实现财政收入5.46亿元、增长10.56%，税收占财政收入的比重提高至62.63%。金融机构加大支持实体经济力度，新增存贷比达到54%。规模企业税收入库1.49亿元，同比增加7773万元，其中贵太太茶油1872万元、宝庆联纸1370万元、中集竹木1341万元、农商银行3610万元、烟草公司1278万元、国网绥宁供电公司2048万元、碧桂园587万元。“一区两园”完成税收5000多万元，年加工楠竹600余万根，贵太太茶油一期、绿洲惠康、新湘茂、百鼎科技等建成投产，效益逐步释放。

【项目建设与创新新开放实现“双驱动”】2017年，绥宁县开工项目33个，完成投资26.06亿元。武靖高速正式通车。兴永郴赣铁路开展预可研。农田水利和电网建管不断推进，完成国营电站13个村农网改造工作，困扰直供区群众40多年用电不正常的问题得到解决。实现国网绥宁供电公司对麻塘8个村电网的接管，数万群众用上放心电、安全电。推进全面深化改革，通过“放管服”改革，新登记市场主体1974户，农村土地承包经营权确权登记正式颁证。参加“港洽周”、邵商大会，引进项目18个，合同投资57亿元。加快电商发展，全年电商交易额实现2亿元。

【现代农业与文化旅游实现“双促进”】2017年，绥宁县杂交水稻制种产业总产值达12.6亿元，建成省级特色示范园1个。青钱柳、油茶、油菜、蔬菜和东山花猪发展规模进一步壮大。挖掘绥宁县山川秀美、民俗文化丰富、苗侗农产品特色鲜明等优势，文化旅游事业取得新发展。全年旅游收入达19亿元，县域旅游经济增长质量综合排名进入全省前10。上堡古国旅游开发完成投资1.5亿元，黄桑生态旅游区通过创4A景观质量评审。苗族四月八姑娘节、十月兄弟节、侗寨申遗等民俗展示舞台影响力与日俱增。

【生态文明与城乡管理实现“双提升”】2017年绥宁县商品材年砍伐量减少28%，完成人工造林4.3万亩。按期办结中央环保督察信访交办件15件，市政府交办的15个环境突出问题基本整改到位。开展“雷霆行动”，非法采（洗）砂问题得到有效解决。全面落实河长制，5公里以上的河流均实行“一河一档”、“一河一策”。年内县城空气质量排名保持全市第一，地表水水质总体为优。完成投资5亿余元，推进县城基础设施和商住区建设。大汉风情商业街人气趋旺。虾子溪景观步行桥、长坪一期、绿洲大道至粮贸大楼段防洪景观工程陆续建成。关峡、寨市、武阳、金屋塘、瓦屋塘、河口等小城镇建设不断深化。

【脱贫攻坚与民生改善实现“双突破”】2017年，绥宁县年脱贫14813人，贫困村退出21个。投资15亿元开展十大重点民生项目大会战。全年民生类支出占一般公共预算支出的比重超过70%。连续调整提高农村低保标准、企业退休人员基本养老金水平、居民医保补助标准。安全生产工作有力有序有效推进，无较大以上事故发生。抗洪救灾、“放管服”改革、人口计生、食品安全等工作获评全省先进（优秀），项目建设、安全生产获评全市先进（优秀），继续保持全市“平安县（市区）”称号，全国人大常委会民族乡工作专题调研会，全省杂交水稻机械化制种技术推广会、省政协湘菜产业服务精准扶贫座谈会，全市茶油产业扶贫现场对接会、全市交通运输项目建设推进会、全市政法综治工作座谈会、全市人口与出入境管理工作推进会、全市广播电视工作经验交流暨宣传创优表彰会等相继在绥宁县成功召开。

（刘永锋）

城步苗族自治县

县领导成员名录（2017年）

中共县委书记：

罗建南

中共县委副书记：

杨博理

杨映林

县委常委（书记、副书记不重列）：

杨锡英（女，苗族，2017.07免）

张虎生（2017.04免）

黄兆勇

谢卫东

李新平

罗小林

王炉军

王　新

马文高

方　凯

陈文华（2017.10任）

县人大常委会主任：

钟胤进

县人大常委会副主任：

杨同棠（苗族）

龙帮华（苗族）

李卫平（苗族）

刘文革（女、苗族）

唐勤阳

县人民政府县长：

杨博理（苗族）

副县长：

王　新

张虎生（2017.04免）

方　凯

熊雪娥

张晓忠

李　宪

唐承威

刘晨旭

李　辉（挂职，2017.04任）

邓安华（2017.08任）

县政协主席：

黄进录

县政协党组副书记：

王炉军

县政协党组副书记、副主席：

肖柏青

县政协副主席：

李良凤

李践生

罗景爱

陈立发

县人民法院院长：

彭志贤

县人民检察院检察长：

唐　贤

概述

2017年，城步苗族自治县辖6乡、6镇、1场、168个村，23个居委会，土地总面积264.71平方公里。年末总人口292033人，常住人口272932人，年内出生人口3896人，出生率14.59‰；死亡人口1563人，死亡率5.85‰；净增人口2333人，自然增长率8.74‰。全年最高气温36.9℃，最低气温-2.2℃，年平均气温17.2℃，年降水量1449.9毫米，年蒸发量781.7毫米，年无霜期307天。

全县实现地区生产总值397106万元，按可比价格计算，同比增长7.9%。其中：第一产业增加值104651万元，增长4.6%；第二产业增加值135015万元，增长6.5%；第三产业增加值157437万元，增长11.5%。三次产业结构从上年的28.4∶34∶37.6调整到26.4∶34∶39.6，一产业比重下降2个点，二产业比重持平，三产业比重上升2个点，三次产业结构更趋合理。按可比价、常住人口计算，人均地区生产总值14551元。

全县农林牧渔业总产值186651万元，较上年增长4.7%。其中，农业产值76653万元，增长2.5%；

林业产值16608万元，增长6.5%；牧业产值90314万元，增长6.2%；渔业产值1163万元，增长1.7%，农林牧渔服务业产值1912万元，增长7.4%。全县粮食播种面积15.68千公顷，比上年负增长1.9%；油料种植面积2.85千公顷，增长1.24%；蔬菜种植面积5.39千公顷，增长2.13%。全县粮食总产量79234吨，油料产量4022吨，水果产量44025吨，蔬菜产量98783吨，肉类总产量19768吨，水产品产量959吨。

全县27家规模工业实现增加值83980万元，增长10.4%。工业产品产销衔接良好，全年工业产品销售率99.3%，与上年持平。奶业仍是县内支柱产业之一，全年生产奶粉16370吨，实现产品转型，生产液态奶15348吨；其他主要工业产品：发电量6.19亿千瓦时，增长32.3%，增长明显；水泥6.3万吨；光电子器件1274万片，增长14.7%。

全县具有资质等级的建筑企业6家，完成建筑业总产值2.62亿元，同比增长28.4%；完成房屋建筑施工面积15.38万平方米，同比增长17.2%，竣工面积6.33万平方米，略有下降。全县具有资质等级的房地产开发企业4家，完成投资940万元，房屋施工面积46283平方米。

全年完成全社会固定资产投资522293万元，同比增长12.4%。共组织实施5000万元以上的重点投资项目21个，竣工重点项目4个。21个重点项目总投资54.07亿元，本年完成投资20.18亿元。白云大道、十里平坦风电场、金紫山风电场、乌鸡岭风电场、五团风电场、湘商产业园标准化厂房建设等重点项目投资占全县固定资产投资的38.6%，超额完成年度目标任务。向上申报项目80个，储备项目100个，争取资金3.36亿元。突破征地、拆迁、融资等瓶颈制约，实施重点项目47个，完成投资42.5亿元。一批重点项目相继建成或开工。武靖高速城步支线竣工通车，实现县城直接上高速。南山至绥宁古龙岩公路、西岩至威溪公路改扩建工程全面开工。实施32个村141条组道扩改建设工程。改造高标准农田6200亩，竣工54处农村饮水安全巩固提升工程，解决3.92万人饮水安全问题，全县农村饮水安全达标率98.53%。完成白云大道南段路基硬化工程，兴业路全线拉通，县城至茅坪供水项目实现通水，中医院搬迁工程开工建设。

配合南山国家公园管理局完成《湖南南山国家公园总体规划(草案)》编制，试点区域内自然资源调查登记工作基本完成。加强主动管控，停止批建试点区内所有水电开发项目。全面办结中央第六环保督察组的3件交办件，邵阳市人民政府交办的16个突出环境问题基本完成。推进白云湖饮用水源保护工作，全面关停小型造纸和黏土砖厂。完成造林绿化3.1万亩、退耕还林4500亩、封山育林184万亩，新造油茶林1.1万亩，完成13个秀美村庄建设，被评为全国绿化模范县。全年投入环保经费30多万元，已建成污水处理厂2个，村内垃圾及污水处理厂25处，污水集中处理率达90%。工业废水排放达标率95%、废气处理率93%、废物（渣）处理率达100%，工业固体废物综合利用率100%，空气质量优良以上天数331天，地表水质达标率达100%。森林覆盖率达78.5%。全面落实县、乡、村三级“河长制”，有效整治污水直排、垃圾倾倒、无序采矿等突出问题，开展“僵尸船”清理。

继续以节庆为平台加强对外推介促销，打造“生态城步·魅力苗乡”主题。全年各景点接待国内外游客首次突破200万人次，达208.87万人次，增速达38.3%，实现旅游综合收入15.4亿元，同比增长53.0%。

全年教育经费支出达4.46亿元。至年末全县普通中学25所，在校学生8826人；中等职业中学2所，在校学生739人；普通小学139所，在校学生22673人；特教学校1所，在校学生91人；幼儿园47所，在校幼儿8394人。全县小学专任教师1301人，普通中学教师961人，职业中学教师63人，特教教师8人。学龄儿童入学率、小学适龄儿童升学率、初中升学率均达100%，高中阶段毛入学率84%，九年义务教育巩固率99.2%。村小学现有危房面积2136平方米。全年义务教育为民办实事项目校（园）建设项目共6所，其中重点民生实事项目校

4所，幼儿园2所，共计投入1081万元，新增校园面积2866平方米，新增建筑面积3034.7平方米，新添置各类设施设备2544余件（套），新建各类功能室14间，新增设施设备价值375万元。

全年向上申报国家专利技术138项，获专利64件，在全市县市区中排名前列。全县拥有科技协会50个，会员3.8万人，从事科技活动人员达1.58万人，采取邀请专家授课、指导员讲课、科技特派员定点辅导和送科技下乡等形式开展农村实用技术培训。全年共开展各类技术培训142场次，受训人数1.6万人次，培养科技示范户53户。

年末全县有艺术表演团体10个，文化馆、站14个，艺术表演场所11个，公共图书馆1个，藏书8.6万册。有高标准电影院1个，全年放映电影3240场，观众18748人次，收入35万元。广播电视转播台1座，有线电视入户数5.8万户，电视人口覆盖率96%，有线电视入户率63.2%，全年公共文化财政支出达5678万元，增长8.6%。体育事业经费50余万元；“农民健身工程”运动见成效，全县达到国家体育锻炼标准人员达21.6万，体育场地430个，其中有运动场186个，各种训练场15个，体育场馆16个；年内举办县级以上运动会6次，参加人数达2.13万人次。

全年卫生事业经费开支26211万元。年末拥有各类卫生机构34个，其中医院19家（含4家私立医院）、卫生院12家、疾控中心1个、皮防站1个、妇育保健计划生育服务中心1个。有病床位1343张，拥有卫生工作人员965人，卫生技术人员689人，执业（助理）医生503人。实行住院和门诊统筹，不断提高住院医疗费补偿比例。城镇基本医疗保险参保单位367个，参保人数2.7万人，基本医疗保险统筹收入4285万元，统筹支付5261万元；全县共有22.79万人参加新型农村合作医疗，参合率达97.5%。全年共支出基金10091万元，新农合受益28.97万人，农民受益面129.6%，人均住院补偿金额3260元。急性传染病发病率和婴幼儿死亡率均低于5‰，卡介苗、脊髓灰质炎、百日破、麻疹、乙肝等疫苗接种率均在99.5%以上。大病互助基金收入290万元,同比增长17.9%，大病医疗支出132万元。

2017年，城步加强脱贫攻坚组织领导，相继成立脱贫攻坚领导小组和脱贫攻坚指挥部，形成县处级干部包片、县直机关包贫困村、乡镇包面上村的县乡村三级责任体系。共有25名处级干部，87个工作组，300名队员投入到脱贫攻坚工作中。全县减少贫困户2148户8784人，贫困发生率由2014年的22.4%下降到7.9%。实现34个国家级贫困村顺利退出。全年投入涉农资金8811万元，实施产业项目362个，带动贫困对象1.2万人增收。依托南山牧业、天元木业等龙头企业，投入资金1279.5万元，通过委托帮扶方式带动贫困人口12304人实现增收、稳收。

全县建成县级电子商务服务中心1家、乡镇电商服务中心13家、村级电商服务站191个，助力全县农副产品交易额突破3亿元。全县掀起电商创业浪潮，发展淘宝店铺1300多家，电子商务企业55家，微店3万多家，贫困群众搭上电商快车增收脱贫。

全年按时按质超额完成省重点民生实事项目10个。完成易地扶贫搬迁563户2574人，总投资1.5亿元。完成危房改造1000户、移民避险安置125户309人。对所有义务阶段和普通高中建档立卡家庭经济困难学生免除学杂费并实施困难补助，免费入学率达100%。发放各类助学金、困难补助等资金1143.4万元，资助贫困学生17981人次，“雨露计划”扶持1590人。全县953名兜底对象全部按政策保障兜底。贫困对象农村合作医疗参保率达100%，全部纳入城乡居民养老保险和大病救助范围。

全县居民人均可支配收入11261元，增长12.4%，其中城镇居民人均可支配收入21988元，较上年同期增长10.4%，农民人均可支配收入7160元，较上年同期增长15.9%。城乡居民可支配收入均以2位数增长，特别是农民人均可支配收入，增速连续两年位居全省第一位。

城乡居民社会养老保险参保人数为185335人，其中机关事业基本养老保险人数10647人，企业基本养老保险人数17813人，新型农村社会养老保险人数156875人。城镇登记失业人口1095人，城镇失业率3.84%。实现新增城镇就业人员3306人，实现城镇零就业家庭就业援助率100%。12678人纳入城乡低保，共发放低保金3782.8万元。其中，城镇居民低保人数7505人，发放低保金2117万元；农村居民低保人数5173人，发放低保金1665.8万元。

【省长许达哲调研城步脱贫攻坚、南山国家公园体制试点工作】2017年4月5~6日，湖南省委副书记、省人民政府省长许达哲在省委常委、常务副省长陈向群，省政府秘书长王群及省直有关部门负责人的陪同下，到城步苗族自治县调研脱贫攻坚、南山国家公园体制试点等工作。邵阳市委书记、市人大常委会主任龚文密，市长刘事青，城步县委书记罗建南、县人民政府县长杨博理等陪同调研。5日，许达哲一行走进丹口镇平南寨村、大唐华银南山风电场、南山牧业有限公司液态奶生产线，了解乡村建设和实体企业发展情况。并登上南山牧场紫阳峰，调研生态资源保护工作。当晚，许达哲主持召开座谈会，研究南山国家公园体制试点和脱贫攻坚工作。许达哲强调，要抢抓国家公园体制试点机遇，加快生态文明建设，扎实推进脱贫攻坚，做到统筹兼顾、务求实效，让老百姓得实惠更多、生活得更好。

【城步遭受两次特大洪灾】2017年6月24日至7月2日，城步经历入汛后最强降雨，全县降雨与历史同期相比异常偏多170%，呈现出降雨时间长、降雨量大、降雨面积广的特征。尤其是6月30日20时至7月1日20时，全县19个区域站均经历百年一遇特大暴雨，其中五团镇江头司村24小时降雨量达到218.6毫米。截至7月2日23时，全县13个乡镇场均遭受严重损失，受灾人口计10.9万余人，重灾人口达4万余人，累计损坏房屋3656间，其中倒塌房屋93间；全县农作物受灾面积达8.9万亩，其中绝收面积2.54万亩；因灾紧急转移安置人口22051人，其中集中安置5583人；县境内的道路、电力输送线路和水利设施损毁十分严重。初步估计，此次洪灾造成的直接经济损失达4.6亿元。

8月13日20时至8月14日9时，城步普降大到暴雨，县境北部的西岩镇、金紫乡、威溪乡、茅坪镇、蒋坊乡5个乡镇及儒林镇、长安营镇两个乡镇的局部地区严重受灾，部分房屋、稻田以及桥梁被冲毁。据初步统计，县境内多条道路出现塌方损毁，11条电线线路因倒杆断线故障停电。全县农作物受灾面积达6.67万亩，6家企业的设备、厂房和基地等方面受到严重损坏，累计损坏房屋318户432间。受灾人口达9万余人，直接经济损失达3.13亿元。

【2017·湖南（南山）六月六山歌节暨湘桂原生态风情节开幕】2017年7月29日晚，2017·湖南（南山）六月六山歌节暨湘桂原生态风情节开幕。湖南省委常委、省委宣传部部长蔡振红宣布开幕，中国少数民族文化艺术促进会副会长杨连福讲话，邵阳市委书记、市人大常委会主任龚文密出席，邵阳市委副书记、市长刘事青主持开幕式，县委书记罗建南致欢迎词。开幕式中进行湘桂原生态风情节会旗交接仪式。晚会分为“飞歌南山”“浪漫南山”“多彩南山”3个篇章，第三届全国六月六山歌大赛六大歌王（组合）、藏族灵魂唱作歌手龙泽索南、著名青年男高音歌唱家蓝剑陆续登台献唱，由城步苗族自治县、龙胜各族自治县、通道侗族自治县以及三江侗族自治县4县选送的《哩啦哩》《长发谣》《嘎纱棉》《芦笋踩堂庆丰年》等绚丽民族风情节目相继精彩上演。“2017·湖南（南山）六月六山歌节暨湘桂原生态风情节”共安排第三届全国六月六山歌大赛、湘桂风情旅游推介会、第三届城步山歌全民赛、六月六山歌节暨湘桂原生态风情节开幕式颁奖晚会、邵阳市首届乡村旅游文旅创客大赛五大主体活动，旨在实现区域合作，促进民族团结，加强文化交流，共同推进湘桂边界地区旅游产业发展。

【湖南南山国家公园管理局挂牌成立】2017年10月14日湖南南山国家公园管理局在城步正式挂牌，标志着湖南南山国家公园体制试点工作取得阶段性的成果。13日，湖南省委常委、常务副省长、湖南南山国家公园体制试点领导小组组长陈向群在邵阳市为湖南南山国家公园管理局授牌，湖南南山国家公园管理局党委书记、城步县委书记罗建南接牌。2016年7月，国家发展改革委正式批复同意设立湖南南山国家公园体制试点，湖南南山国家公园体制试点成为全国十个之一、湖南省唯一的国家公园体制试点。2017年3月，湖南南山国家公园体制试点筹备委员会挂牌成立。湖南南山国家公园管理局为公益一类事业单位，由省政府垂直管理，委托邵阳市政府代管，暂不确定机构级别。将南山风景名胜区管理处、金童山国家级自然保护区管理处、城步白云湖国家湿地公园管理处、两江峡谷国家森林公园管理处4个管理机构承担的管理职责整合划入湖南南山国家公园管理局。

【武靖高速城步段通车】 2017年12月31日上午9时9分，城步苗族自治县大竹坪、蒋坊2个上武靖高速公路的收费站同时亮“绿灯”通车，标志着城步可在县城北上高速公路。武靖高速公路地处湖南省邵阳市与怀化市境内，全长83.5公里，是湖南省西南地区与邵阳市、省会长沙之间联系的快速通道，也是邵阳市公路网主骨架的主要组成部分。武靖高速的开通，彻底改写城步、绥宁两县未有高速公路的历史，城步县城北、蒋坊、西岩等地可直接上高速公路。

武靖高速是一条典型的山区高速，具有地势高，桥梁多，护坡陡峭等特点，设计时速为100千米/小时。关辖至绥宁路段多为桥隧相连路段，设计时速为80千米/小时。武靖高速城步支线起于主线梅溪互通，止于城步县城北，全长11.475公里。武靖高速沿线景色优美，森林覆盖率高，并将少数民族文化特色融入到公路建设细节上，被称为邵阳最美高速路。

（刘运田）

武冈市

市领导成员名录（2017年）

中共市委书记：
侯　文

中共市委副书记：
唐克俭
刘贻银（2017.08免）
曹红旗（2017.08任）

市委常委（书记、副书记不重列）：
周玉祥
傅丽华
曾伟子（2017.05免）
罗　健（2017.08任）
刘旭明
胡志军
李跃平
李永宏
赵　虎（挂职，2017.03免）
邓印强

市人大常委会主任：
向方雪

市人大常委会党组书记：
彭嘉明（2017.03免）
向方雪（2017.03任）

市人大常委会党组副书记：
向方雪（2017.03免）
肖晓明
邓小兰（女）

市人大常委会党组副主任：
殷春华（女）
邓建雄
夏祥训
王光宇
刘涌涛

市人民政府市长：
唐克俭

副市长：
周玉祥
梁恩雄
李巧云（女）
殷绪成
毛政豪
钟　彪
陵建华（苗）
赵　虎（挂职，2017.03免）
卞建明（挂职）
李小为（挂职，2017.03任）
杨志刚（挂职，2017.06任）
邓彬彬（挂职，2017.09任）

市政协主席：
王小波

市政协副主席：
宋志刚
曾姝琼（女）
刘运合（兼）
谢　毅（兼）
黄家胜（兼）

市人民法院院长：
李冰寒

市人民检察院检察长：

范赞科

概述

2017年，武冈市辖14个乡镇和4个街道。土地总面积1539平方公里，其中耕地面积49.77千公顷。年末总人口83.79万人，其中城镇人口34.33万人。人口出生率13.79‰，自然增长率5.7‰，死亡率8.06‰。

全年实现地区生产总值143.34亿元，增长8.4%。第一、二、三产业增加值分别为46.89亿元、27.29亿元、69.16亿元，分别增长4.7%、6.1%、12.1%。三次产业结构为32.7∶19.0∶48.3。财政总收入10.29亿元，增长8.19%。一般（公共）财政预算收入7.28亿元，负增长1.81%。

全年实现工业增加值22.27亿元，增长5.7%。规模工业企业72家，规模工业增加值17.49亿元、销售产值80.23亿元，分别增长6.4%和14.1%；产销率为98.86%；实现利润3.17亿元、利税4.27亿元，分别增长19.6%和11.2%；亏损企业3家，企业亏损面为4.2%。工业企业年产值过亿元的20家、5000万元以上的48家。工业园区产值64.00亿元，增长9.4%。新招商企业13家，新开工企业15家，新竣工企业11家，新增规模企业12家。湘商产业园一期建成标准厂房30.8万平方米，投产24.8万平方米，签约企业57家，建成投产16家。湘商产业园二期工程加快推进，帝立德工业园智能制造项目开工建设。主要产品产量：水泥114.86万吨，规模工业企业大米13.73万吨，豆腐及豆制品21.14万吨，啤酒97993千升，特色产业总产值28.5亿元。

全年实现农林牧渔业总产值66.56亿元。农林牧渔增加值47.03亿元，增长4.7%。粮食作物播种面积76.23千公顷。主要产品产量：水稻34.3万吨，玉米10.2万吨；油料1.95万吨，水果11.29万吨。出栏肉猪154万头、家禽523万羽、肉类12.9万吨、水产品8785吨。现代农业提质增效。评为全省粮食生产先进县（市）、现代粮油协同创新示范县（市）。成功争取国家制种大县奖励项目，全省全程机械化制种培训现场会召开。农业行政执法案卷评审全省第一，法相岩农技站评为全国五星级站。投资1.78亿元，建成高标准农田9.61万亩。新增龙头企业3家、农民专业合作社55家。完成造林绿化14.24万亩，林木绿化率43.6%。

全年固定资产投资223.35亿元，增长13.5%。争取融资贷款、债券资金等各类项目建设资金49.69亿元。85个重点建设项目完成投资60亿元，增长16.1%，其中16个邵阳市重点建设项目完成投资23.5亿元。都梁文化产业园、狮子湖生态公园、云山4A景区创建、古城新区、博物馆等一批项目实施或完成。建筑业增加值5.13亿元，增长8.2%，资质等级建筑业企业房屋建筑施工面积160万平方米，增长-11.8%。联网直报房地产企业开发投资11.93亿元。城市建成区面积21.03平方公里，建成区绿地率30.9%、绿化覆盖率40.8%。

全年社会消费品零售总额83.58亿元，增长10.1%。新增规模商贸企业7家。建成电商村级服务站104个，网销额达到9.2亿元。外贸进出口总额807万美元，增长25.1%，实际利用外资3251万美元，增长17.0%。发布招商项目46个，概算总投资154.68亿元。引进实体产业项目25个。旅游收入8.20亿元，同比增长23%。云山景区建设投资7000万元。古城保护暨旅游开发投资1.62亿元。建成都梁小镇、嗨花弄等乡村旅游景点8个。

年内有高新技术企业26家，高新技术产品产值39.25亿元，增长0.8%。投入研究与试验发展（R&D）经费支出1.19亿元，专利申请214件，授权专利107件。163所学校“薄改”基本完成，义务教育合格制学校18所，成功创建国家农村职成教育示范县（市）。中等职业学校在校学生10338人、普通中学50127人、小学62034人、特殊教育学校216人、幼儿园23183人。小学、初中适龄儿童入学率均达100%，小学毕业生升学率100%。电视综合人口覆盖率98%。建成村级综合文化服务中心117个。70个行政村新建体育健身场所。送戏下乡70余场，放映农村公益电影6087场。开展全民健身活动15次，35万余人次参加。有各类卫生机构394个，床位3515张，卫生技术人员2849人。

全县参加新农合69.11万人，参合率达到97%，统筹地区政策范围内住院补偿率达68.7%。职工参加基本养老保险44705人、医疗保险41300人、失业保险金职工23681人、工伤保险职工42423人、参生育保险职工30500人。城镇居民基本医疗保险参保69708人。新增城镇就业人员4550人。帮助0~6岁残疾儿童实施抢救性康复19人。投入扶贫资金3.49亿元。农村公路建设提质改造34.9公里。农村饮水安全增加25781人。农村危房改造1519户。

存在的主要问题和困难：发展不平衡不充分的问题比较突出，经济总量不大，发展质量不高、创新能力不强；脱贫攻坚任务艰巨，民生领域还有不少短板，难以满足人民群众对美好生活的需求；安全生产、信访维稳压力较大，社会和谐稳定面临不少难题，治理能力有待加强；少数干部作风还要进一步加强，整体执政能力还有待进一步提升。

【邵阳武冈机场建成通航】 2017年3月28日，邵阳武冈机场试飞成功，6月28日正式通航。该机场项目是国家武陵山片区区域发展与扶贫攻坚项目。为民用定期航班国内旅游支线，兼顾保障抢险救灾和通用航空业务发展。项目总投资概算9.68亿元，1条2600米跑道，一座航站楼，4个C类机位站坪。机场飞行区等级为4C。通航郑州、北京、杭州、重庆等城市。年内旅客吞吐量8万人次。

【浪石村获批为第五批省级历史文化名村】 2017年，湖南省人民政府印发《关于批准公布第五批历史文化名镇名村名单的通知》，武冈市双牌镇浪石村等103个村获批为第五批省级历史文化村。浪石古民居是湖南省重点文物保护单位，距武冈市区60公里，是一处保存较完整、建筑风格独特的清代民居古建筑群。存石刻对联41副，据诗词楹联专业人士鉴定，浪石是对联集中、联语、书法、雕刻俱佳的古楹联村，在全国甚为罕见，极具文物考究意义和文化旅游价值。

【武冈市首家乡村公益书吧对外开放】 2017年5月19日，武冈市首家乡村公益书吧湾头桥镇八合公益书吧正式免费对外开放。八合公益书吧由创业青年邓弘坤、周小平及湾头桥镇司法所所长柳绿林发起。书吧占地50余平方米，以“来了，你就是主人”为理念，坚持不关门、不收费、不看管、不设防、夜晚不熄灯、借书不限量、还书不限期等“七不原则”，旨在为八合村民营造良好的文化氛围，优化业余学习环境，让大家爱上读书。书吧书籍内容涉及农业科技、儿童文学、老年生活、时事政治等多方面，村民借书还书自行登记即可，全年提供冷热纯净水免费饮用。

【武冈“最美学生”向上向善展风采】 2017年2月，2016年度全国“最美中学生”“最美中职生”寻访活动揭晓，武冈三中的刘洁、武冈市技工学校的刘玲分别被授予全国“最美中学生”“最美中职生”称号。此次活动由团中央学校部、全国学联秘书处、中国青年报社共同举办，面向全国中学、中等职业学校在校学生，寻访一批在热爱祖国、勤奋学习、科技创新、技术技能、志愿服务、热心助人、见义勇为、诚信友善、孝老爱亲、自强自立等方面表现突出、自觉树立和践行社会主义核心价值观的“最美中学生”和“最美中职生”。

（杨　峰　李建芳）

新 宁 县

县领导成员名录（2017年）

中共县委书记：

秦立军

中共县委副书记：

谭精益

佘芝云

县委常委（书记、副书记不重列）：

蔡治军

刘松荣

李荣卫

杨文国

匡丽群

林清华

潘功宏
黄红五
刘卫阳（2017.08任）
戴强华（2017.08任）
魏忠贤（2017.03免）
县人大常委会主任：
伍华珍
县人大常委会副主任：
唐吉宏
文维久
王岐全
苏　杰
兰忠明
县人民政府县长：
谭精益
副县长：
李荣卫
戴强华（2017.09任）
彭洪兵
王瑞虎
徐立华
刘颖彬
李爱铭
肖绍荣（2017.07任）
彭学雷（2017.07免）
魏忠贤（2017.03免）
尹黎明（2017.03免）
县政协主席：
蒋新雄
县政协副主席：
陈卫东
兰　平
王海昀
王礼平
尹大缓
县人民法院院长：
金治伍
县人民检察院检察长：
夏业伟

概述

2017年，新宁县辖8乡（2个少数民族乡），8镇。总面积2812平方公里，年末总人口65.21万人，其中常住人口58.73万人，城镇人口24.58万人，城镇化水平41.85%，性别比107.16%，人口出生率11.62‰，自然增长率7.01‰。年内气温最高38℃、最低-3.4℃；年降水量1230.6毫米。

全年实现国内生产总值1019014万元，同比增长8.7%。第一产业完成增加值258494万元，增长4.4%；第二产业完成增加值245602万元，增长4.8%；第三产业完成增加值514918万元，增长13.2%。按常住人口计算，人均生产总值17621元。比上年增加1483元，增长9.2%。三次产业结构为25.6∶24.1∶50.3。

全年实现农林牧渔业总产值330430万元，同比增长4.5%。其中农业213813万元，增长2.4%；林业11502万元，增长7.4%；牧业91831万元，增长8.8%；渔业9562万元，增长8.7%；农林牧渔服务业3722万元，增长7.4%。粮食总产量305228吨，增长0.4%；油料总产量11222吨，增长0.2%；烤烟总产量1968吨，下降21.6%；药材总产量5721吨，增长5.9%；蔬菜总产量153579吨,增长6.5%；瓜果总产量23599吨，下降1.1%；柑橘类水果总产量147878吨，增长7.1%；生猪出栏43.6万头，增长0.9%；肉类总产量41698吨，增长0.7%；水产品总产量6155吨，下降1.5%。

全年全部工业实现增加值181876万元，增长6.3%。其中，规模工业增长6.7%。园区规模工业增加值占规模工业增加值比重为72.03%。全县规模以上工业企业铁矿石原矿产量54.17万吨，下降4.9%；罐头5.82万吨，增长20.4%；果汁3.88万吨，增长14.4%；家具30.15万件，增长22.7%；发电量18.4亿千瓦时，增长2.5%，其中风力发电1.8亿千瓦时，增长29.9%；自来水生产量1328万立方米，增长16.7%；天然毛皮服装29.22万件，增长18.7%；皮革服装35.87万件,增长17.4%；机制纸及纸板3.4万吨，增长16.9%；人造板28.9万立方米，增长6.8%；锑金属含量3万吨，下降13.8%；饲料3.8万吨，增长12.2%；豆腐及豆制品2.46万吨，增长1.7%；精制茶2608吨，增长7.1%；塑料制品2998吨，增长20.2%；商品混凝土26.41万立方米，增长17.1%；电子元件238万只，增长10.3%；光电子器件125万只（片、套），下降8%；水质污染防治设备87套，增长1.2%。

全年建筑业实现增加值64058万元，同比增长0.6%，占第二产业的26.1%。9家资质以内建筑业企业签订合同金额16.05亿元，同比增长14.8%；完成总产值13.49亿元；增长16.5%。

全年完成固定资产投资951894万元，同比增长10.9%，其中5000万元及以上固定资产投资280638万元，同比增长14.9%；房地产投资72672万元，增长66.8%；工业投资244614万元，下降19.9%。商品房施工面积64.04万平方米，下降19.5%，竣工面积17.53万平方米，下降49.3%，销售面积34.08万平方米，增长117.9%，商品房每平方米均价2639元，比上年提高了250元，同比增长10.5%。实际利用内资780090万元，同比增长20.9%，实际利用外资2591万美元，增长14.7%，进出口总额9107万美元，增长241.5%。全县有自营进出口经营权企业30家，出口产品主要以裘革加工的围巾、貂皮大衣及机电产品、竹木加工产品、纺织产品等，裘革产业已成为该县外贸进出口的支柱产业，是全市外贸进出口的第二大支柱产业。出口主要国家和地区有欧洲各国、俄罗斯、哈萨克斯坦、格鲁吉亚、越南、泰国、新加坡、日本、韩国及中国香港、中国澳门和中国台湾等。

全县年末拥有营运的民用车辆1819台，其中客车288辆，货车1531台。年末道路运输从业人员4570人，年内公路通车总里程1953公里，全年完成货运周转量136817万吨公里，同比增长5.1%，完成客运周转量121573万人公里，负增长8.1%。

全年完成农村公路窄改宽提质改造126公里，完成普通公路安保设施建设103公里。金狮公路完成交工验收工作，洞新高速八角寨连接线主体工程完工，洞新高速县城连接线延伸段完成路基工程量的85%，新民大桥已完成工程量的37%。崀山高速（新白）进行前期专项评估，江黄公路完成外业验收，白公渡大桥原桥加固开工建设。

全年邮政业务总量5743万元，同比增长23.1%，报纸发行357.6万份，杂志发行35.7万份。电信业务总量达到43548万元，增长27.2%。互联网上网用户6.58万户，网络电视用户2.78万户，其中农村1.98万户；移动用户32.73万户，其中移动公司用户21.02万户，电信公司用户8.11万户，联通公司用户3.6万户。

全年接待游客735.8万人次，实现旅游总收入69.25亿元，实现门票收入24046.4万元，增长10.2%。2017年3月，崀山荣登旅游行业口碑榜，居“2016年度好评旅游景区（点）”榜首；6月，一渡水镇西村坊新列入湖南省首批经典文化村镇；新宁县老山界红色旅游区列入国家“长征主题景区”名录；11月，成功举办第三届脐橙文化旅游节，湖南满师傅生态文化产业园创成国家3A级旅游景区；12月，崀山获全省十大“平安景区”称号。

全年全社会消费品零售总额达505531万元，同比增长10.3%。批发零售业实现销售总额690743万元，增长12.9%；住宿和餐饮业实现销售总额152484万元，增长16.2%。

全县完成财政总收入81568万元，同比增长10.77%，其中税收收入47727万元，占58.51%。全县上划中央收入18667万元，增长44.18%；上划省级收入4497万元，增长23.51%。地方财政收入58404万元，增长2.38%，全县公共服务支出423042万元，增长20.36%。年末全县金融机构各项存款余额165.94亿元，比年初增加25.09亿元，同比增长17.8%；其中城乡居民储蓄存款余额122.4亿元，比年初增加16.5亿元，增长15.6%。年末全县金融机构各项贷款余额为71.79亿元，比年初增加16.16亿元，增长29.1%，金融存贷比为43.26%，比上年同期增长3.77个百分点。全县完成保费收入22511万元，同比增长40.4%，其中寿险保费收入16300万元，增长43.5%；财险保费收入6211万元，增长32.9%。保险业全年赔付5006万元，增长53.6%，赔付率22.2%。

年内全县有高新技术产品生产企业33家，实现总产值513286万元，增加值118860万元，利润总额31062万元，R&D经费支出7644万元。完成专利申请125件，专利授权74件，查处专利标识不规范行为39起，专利行政执法案件结案率100%。组织省级以上科技立项5项，培育产学研合作示范企业3个，引进新技术、新品种20项。探讨“三区”专家援建及科技扶贫工作，发展特色产业，带动农民致富。

年内全县拥有59所小学（79个教学点），在校学生51550人，小学专任教师1998人；拥有中学34所，在校学生28319人，中学专任教师1868人；拥有幼儿园88所，在园幼儿人数18389人，专任教师644人。年内完成8所义务教育合格制学校和2所农村公办幼儿园建设。资助普高家庭经济困难学生2228人，发放普高国家助学金222.88万元；资助义务教育阶段在校贫困寄宿生9870人、1142万元；资助家庭经济困难幼儿3048人、152.4万元。中职教育1623人享受助学金162.3万元，免学费2765人、331.8万元。166所农村义务教育学校实施营养改善计划，惠及学生5.8万人。

全年财政环境保护支出14149万元，同比增长63.82%。COD、氨氮、二氧化硫、氮氧化物等四种主要污染物排放总量分别削减738吨、57.6吨、16吨、6吨。城区和景区空气质量监测结果24小时在线对外公开发布，县城空气质量达标率88.32%。启动湖南与广西跨界水质断面联合监测工作，按要求对国控窑市断面入境水取送样、对饮用水金家坝水源地断面及省控宛家岔断面进行监测，全年地表水及集中式饮用水源地水质达标率100%。完成新造林3.7万亩，义务植树150万株，新建造林绿化示范基地16个。封山育林66.5万亩。活立木总蓄积量911.31万立方米，增长4.64%。森林覆盖率69.01%，国家级自然保护区面积32.58万亩。

全年文体与传媒支出9513万元，增长22.35%。馆藏图书7.12万册。为全县299个行政村的农家书屋新配书籍201种204册，实施直播卫星电视“户户通”工程，广播“村村响”工程全覆盖。县文体中心建设和湘军起源文化产业园建设相结合，已完成环评、可研、立项工作，完成196个农民健身工程项目。创作各类音乐、舞蹈、戏剧作品9件，组织美术、书法、摄影创作交流活动16次，创作的美术、书法、摄影作品在相关媒体发表的近300件。县运动员肖慧颖在阿什哈巴德第五届亚洲室内与武道运动会举重比赛中获女子48公斤级冠军。举办6次大型群众体育活动，组队参加邵阳市“欢乐潇湘”全民广场舞大赛荣获二等奖、邵阳市第十四届职工乒乓球赛获女子单打第一，女子团体第二；承办第十二届全市老年门球赛、2017年全省桥牌培训班、组织举办新宁县第三届乡镇三级社会体育指导员培训班、第三届农村社会体育辅导员培训班、新宁县全域旅游全民健身户外知识培训班、武术进校园培训班，派出工作人员参加省体育局举办的各种培训班6次。

年末全县拥有卫生机构755个，卫生技术人员2721人，床位数2945个，总资产57128.6万元，增长13%，总诊疗人次245万人次，卫生事业总收入73069.7万元。县中医医院整体搬迁项目11月28日举行开工仪式，完成三通一平，主体开工建设；卫生计生公共服务体系建设项目11月完成主体工程招投标。新建村卫生室76个，主体工程全部完工；改建村卫生室142个，全部挂牌投入使用。全县累计建立规模化居民健康电子档案55.02万份，规范化建档率95.8%。全县城乡居民医保参保532558人，补偿604107人次，参保居民住院费用平均实际补偿率46.17%，县乡两级政策范围内住院费用补偿率64.31%。全年共报告发生1例人感染H7N9禽流感病例，经抢救已痊愈；报告麻疹病例3例、手足口病1175例，其中重症11例，无死亡病例。开展尘肺病农民工基本医疗救治救助工作，完成100余例尘肺病农民工救治救助工作任务；实施农村适龄妇女“两癌”项目和孕产妇免费产前筛查项目，完成两癌筛查8030人，发现疾病560人，治疗560人，其中宫颈癌1人和乳腺癌1人；完成孕产妇产前免费筛查6300人，其中临界风险、高风险668人，高风险产前诊断561人，高风险产前诊断率83.98%，确诊9人，7人落实引产手术。

全年社会保障和就业财政支出58819万元，增长16.03%。年内新增城镇就业3852人。全年完成棚户区改造4098套，完成农村危房改造693户，抢救康复贫困残疾儿童58人。补助优抚对象5179人，城镇6183人享受最低生活保障，月人均救助

263.6元，农村6618人享受农村最低生活保障，月人均救助191.6元。农村五保集中供养422人，农村五保分散供养3828人，有农村幸福院20个，养老服务床位287张。完善城乡医疗救助，大病医疗救助870人，发放医疗救助金334.2万元，特大病门诊救助10341人次，发放救助金464.1万元；实施临时救助14420人，发放临时救助金1338万元，其中急难救助170人，发放救助金220万元；完善孤儿信息录入及档案整理，为313名孤儿发放基本生活费226万元；关心残疾人生活，发放残疾人二项补贴8293人；关心老龄事业、发放高龄补贴1275人、82.5万元。

【西村坊列入湖南省首批经典文化村镇】2017年6月12日，经过公示，新宁县一渡水镇西村坊正式列入湖南省首批经典文化村镇。西村坊古民居于清嘉庆年间修建，清乾隆十七年（1752年）全部竣工，距今已有300余年历史。分住宅、宗祠、会馆三大部分，总建筑面积达6218平方米。宗祠和会馆分别毁于1985年和1993年，仅存住宅面积为3168平方米。坐东北朝西南，主体三纵三横排列，组成9座风格各异，既统一又相对独立的四合院落。各庭院之间相距为2米，用青一色鹅卵石铺成的梅花图案形的防滑路面作为通道，且与水沟纵横交错，建筑布局十分规整，井然有序。建筑群雄伟古朴，座座飞檐翘角，画卉雕花，每座庭院外为卵石白粉花墙，内为木质结构，各院皆有精工石砌开井，每栋壁板门窗饰以各种花纹图案雕饰，古香古色。此建筑群规模之大、工艺之精为邵阳罕见，具有较高的历史、科学、艺术价值，堪称古建筑艺术之上乘之作。西村坊的房子建造全部是用青石一块一块搭筑而成，没用任何水泥等黏合材料。内部构造更独特，错综的回廊在院内比比皆是，屋通屋，房通房，内部就像一个大家庭全部汇集在一起，外部更像一个大堡垒，一条小溪围绕全村。

【潇湘100崀山国际越野赛激情开跑】2017年10月14日，2017潇湘100崀山国际越野赛在世界遗产地、国家5A级景区——新宁崀山景区鸣枪开跑。湖南省、邵阳市及新宁县相关领导出席开幕仪式，世界蹦床冠军杨玉洁，湖南省登山运动协会副主席、登顶珠峰英雄王洪明领跑越野赛。本次潇湘100崀山国际越野赛设置112千米、55千米、55千米团队组、30千米及7千米体验组5个组别。7时许比赛正式拉开序幕，来自世界各地的1000多名越野跑选手在崀山的美景中体验极限耐力的考验，越野200里跨越上千年，在上百千米的赛途中感受千年岁月的变迁。

【国家石漠公园通过国家评审】2017年11月30日国家林业局消息，《湖南新宁国家石漠公园总体规划（2017—2025年）》全票通过国家林业局评审。拟建的湖南新宁国家石漠公园规划面积911.4公顷，涉及3个乡镇7个村，由万塘、水庙、回龙寺3个独立片区组成。境内地貌类型属喀斯特丘岗型大石芽地貌，有石芽、石林、石墙、溶蚀洼地、溶蚀漏斗、落水洞、天坑、溶洞等类型，是湘南地区喀斯特地貌类型较为齐全的区域，旨在建成集喀斯特生态保护保育、地学科研与科普宣教、生态观光、乡村体验与户外探险于一体的国家石漠公园。《湖南新宁国家石漠公园总体规划（2017—2025年）》于2016年12月完成县级评审，2017年10月31日通过省级评审。申报新宁国家石漠公园是落实新宁县委“旅游立县、生态优先、产业互融、民生为本”发展战略和创建全国全域旅游示范县的具体行动，对进一步保护以崀山、舜皇山、夫夷江为中心的周边区域生态安全，构建全县重点区域生态保护网络，为崀山生态旅游和探索生态脆弱地区精准扶贫模式具有重要意义。

（倪新娟）

邵阳县

县领导成员名录（2017年）

中共县委书记：

蒋　伟

中共县委副书记：

袁玉华

夏贤钦

县委常委（书记、副书记不重列）：

赵逢春

王　俊（2017.11免）

罗翔国

刘凯涛（挂职）

周　彦

张鹤龄（2017.03免）

周可求

李江晖

张世杰（2017.11任）

王满元

尹　晖

县人大常委会主任、党组书记：

刘长明

县人大常委会党组副书记：

谢树新（正县级、2017.04退）

钟经球

肖湘政

县人大常委会副主任：

肖湘政

邓星强

蒋梅娥（女，兼）

张蒲生

罗立华

县人民政府县长：

袁玉华

副县长：

赵逢春

刘凯涛（挂职）

张鹤龄（挂职，2017.03免）

周跃平（2017.11免）

刘定湘

杨卫东

陈道文

杜　炎（挂职）

王　琪

刘　丹

马旭东（2017.08任）

唐军良（2017.11任）

县政协主席、党组书记：

李红平

县政协党组副书记：

吕　平（女）

县政协副主席：

吕　平（女）

罗耀国

伍芬东

唐志朴（兼）

黄小健（兼）

县人民法院院长：

蔡明清

县人民检察院检察长：

刘朝洪

概述

2017年，邵阳县辖12镇，8乡，3个农林场。总面积2001.01平方公里，耕地面积95.9687万亩。年末总人口105.9万人，其中城镇人口38.1万人，人口出生率12.26‰，人口自然增长率7.78‰。年内最高气温38.9℃，最低气温-2.3℃，年降水量1107.2毫米。

全年实现地区生产总值1437494万元，同比增长7.5%。其中，第一产业实现增加值335849万元，同比增长4%；第二产业实现增加值496529万元、增长6.9%，其中工业增加值394048万元、同比增长5.8%；第三产业实现增加值605116万元，同比增长10.3%；第一、二、三产业比重为23.36∶34.54∶42.1，分别比上年下降2.74个百分点、提升0.64个百分点、上升2.1个百分点。全年财政总收入96727万元，增长10.15%。地方财政收入67999万元，增长0.32%。

全年实现农林牧渔业总产值496793.9万元，实现增加值338593.6万元，按可比价计算，增长4.1%。主要农作物播种面积185.86万亩，增长1.72%。粮食种植面积125.22万亩，其中水稻种植面积94.24万亩，与上年基本持平。烟叶种植面积2.01万亩，增长0.75%。全年出栏生猪104.2万头，100头以上的规模养殖场577个，为全国畜牧大县种养结合整体推进试点县。新造优质油茶林40028.1亩，增长47.58%；垦复油茶林面积13005.1亩，全县油茶林总面积641794.5亩，年内新增29158.5亩；油茶籽产量达63000吨，同比增长43%，为中国特色农产品优势区、中国好粮油示范县，成功举办2017中国（邵阳）油茶产业精准扶贫研讨会暨油茶互联网博览会。农产品加工企业325家，其中市级以上龙头企业19家；市级以上农产品龙头企业完成销售收入27.1亿元。农民专业合作社822个，年内新增128个，新增农民专业合作社成员18807户；年内新入社成员1152户。全年水利工程共投入资金69457万元。兴建维修各类水利工程552处，完成水利工程土石方1.38亿立方米。水库除险加固6处，投入资金250万元。有效灌溉面积达46.12万亩，新增农田灌溉面积0.44万亩。全县拥有农业机械总动力523238千瓦，增长4.1%，年内机耕地面积1297800亩，增长22.8%。年内建设新农村示范村25个，塘渡口镇梅子院村、九公桥镇中和村创建省级美丽乡村，申报全国传统村落6个。

全年工业实现总产值1622674万元，同比增长7.92%；实现增加值394048万元，增长7.9%。77家规模工业完成产值1389197万元，增长12.1%；实现增加值357874万元，增长7%；非公有制规模以上工业实现增加值332529万元，增长7%。纳税100万元以上的工业企业8家，下降11.1%；税额7866.1万元，增长108%；其中纳税500万元以上的企业5家，纳税1000万元以上的企业2家。年内新增规模工业9家，工业集中区调区扩规1平方公里，引进学海文化、鑫肽生物、鸿泰科技等企业。

全年建筑业完成总产值230874万元，增长35%；实现增加值103210万元，同比增长11.8%。其中资质等级以上建筑企业完成建筑安装总产值32276万元，增长31.9%；实现利润总额2865万元，增长37%；房屋建筑施工面积240.4万平方米，增长34.6%；建筑竣工面积240.4万平方米，增长34.6%。年内有房地产开发公司25家，其中有资质证的房地产经营开发公司8家。全县房地产业实现增加值51271万元，增长2.7%。城镇居民困难户住房解决率55%；年内商品房竣工面积8.2万平方米，商品房期房销售面积6.1万平方米；商品房现房销售面积10.3万平方米；商品房空置面积22.6万平方米。新一轮县城总体规划通过初审，完成集镇总体规划和长乐、小溪市2个乡域村镇规划，全面完成沿河街“棚改”任务，发放奖补资金4.34亿元。完成开元大道、振羽大道二期、凤凰路“白改黑”工程，启动白虎街等县城主干道综合整治维修、背街小巷提质改造和县城第二污水处理厂建设。县一中新校区、县妇幼保健院搬迁等工程加快推进，五环全民体育健身中心建成开业。下花桥镇、五峰铺镇、塘田市镇分别被评为全国特色小镇、湖南美丽乡镇、湖南经典文化村镇，新建、改扩建村级综合服务平台393个、美好社区15个。

全年实现社会消费品零售总额944851.4万元，同比增长11.1%。按城乡分，城镇消费775309.2万元，增长11.32%；乡村消费169542.2万元，增长10.11%。限额以上批发零售贸易企业119家，完成零售额295041万元，增长22.8%；限额以下及个体批发零售业额221354.7万元，增长3.2%。全年实际利用外资2417万美元，增长14.9%；进出口总额7675万美元，增长45.5%。太平洋建设集团、现代农业集团、塑业集团、东湖环球旅游投资集团等大型企业进驻县内，京东、苏宁、厂家网在县域设立电商平台。全域旅游总体规划和金江湖运动旅游、河伯岭森林康养规划提交评审，金江湖3A景区创建通过市级评审，新建3星级农家乐8家。年内国内旅游274.22万人次，增长16.88%；实现国内旅游收入24.72亿元，增长34.66%。

全年完成固定资产投资2291711万元，增长12.1%。按经济类型分，国有经济固定资产投资555622万元，增长110.9%；非国有经济固定资产投资1701079万元，增长5.4%。其中，完成工业固定资产投资846143万元，增长0.9%；工业技改完成投资451490万元，增长24.4%。5000万元以上固定资产投资608168万元，负增长13.3%。其中重点工程项目，完成投资39.8亿元，增长20.9%。其中投资亿元以上重点工程项目17个，完成投资34.8亿元。全县13个省定重点民生实事项目全面完成目标任务，其中3个项目超额完成。落实为民办实事资金116421万元，其中国家投入资金18881.49万元，占总投入的16.2%；省级投入资金4749.11万元，占总投入的4.1%；市级投入资金213.7万元，占总投入的0.18%；县乡镇级投入资金10368.66万元，占总投入的8.9%；其他投入资金83568万元，占总投入的70.62%。S223、S238、Y043等交通项目进展顺利，天子湖国家湿地公园加快建设。邵阳国家油茶产业示范园建成开园，湖南省油茶产品质量检验检测中心落户园区，“国油网”上线运行，被授予“国家油茶交易示范中心”。

交通运输、仓储和邮政业全

年实现增加值27779万元，按可比价计算增长1.9%。全县铁路营运37.4公里，火车站2个；年末公路线路里程4644.667公里，其中高速公路55.156公里，一级公路41.217公里，二级公路318.749公里，三级公路128.322公里，四级公路2369.527公里。全年交通建设总投资7.891亿元，通村公路提质改造项目28个，里程共78.92公里；县乡公路改造项目1个，里程6.5公里。全年货物周转量60914.632万吨公里，客运周转量36406.662万人公里。全年完成邮政电信业务总量32428.12万元,增长12.36%。年内拥有乡镇邮政所25个，全年报刊发行631万份，增长12.08%；邮件投递825761件，增长9.53%；快递业11家，其中快递301597件，增长23.09%；信件投递59.12万封，增长18.03%；邮政网点28个。邮政农资下乡230.76万元，增长6.24%。年末拥有固定电话用户27288户，下降13.83%；新增光缆线路1452.17公里。年末电信互联网用户38528户，增长25.4%；本年新增互联网用户12439户，增长21.92%；年末基站1063座，增长108.4%；新增100座。年末拥有移动电话430809户，增长24.6%。年内全县有变电站21座，新增1座，水电站9座。全年用电量57085.2333万千瓦时，增长5.1%；其中居民生活用电27852.1896万千瓦时，增长8.75%；农业用电380.8786万千瓦时，增长75.31%；工业用电21793.6411万千瓦时，负增长0.33%。投入9624万元，完成行政村电网改造76个。

全年改造农村中小学危房2.5万平方米。年末拥有学校183所，其中普通高中6所；初级中学48所；小学129所。在校学生104706人，其中高（职）中生15112人，初中生30387人，小学生59207人。共有女学生48207人。毕业生24774人，其中高（职）中毕业生4655人，初中毕业生9957人，小学毕业生10162人；特殊学校在校生200人。公立幼儿园22所，全县幼儿园在园儿童18860人，比上年负增长0.36%，适龄人口入学率100%。享受免费教科书学生人数89594人。小学招生8256人，初中招生10289人，高中招生5336人，特殊学校招生9人。全县共有专职教师5919人。其中高（职）中专职教师704人，初中专职教师2285人，小学专职教师2930人。2015年县内参加高考人数4359人，本科上线人数1536人，其中一本325人。

年内全县国有事业单位专业技术人员9355人，其中女性4826人。高级技术职称人员690人。全县高新技术产品生产企业28个，科学研究与试验发展（R&D）经费支出23846万元，增长21.84%；其中地方财政安排科技支出5730万元，增长24.38%。全县申请专利322件，增长18.36%，授权专利152件，增长9.35%。签订技术合同1项，技术合同成交金额0.236亿元。

文化产业全年实现增加值71875万元，占GDP的5%。年末拥有县级文化馆1个，纪念馆5个；公共图书馆1个，藏书10.35万册；公共文化设施23个；拥有国家级非物质文化保护遗产项目2个，省级非物质文化保护遗产项目2个，市级非物质文化遗产保护项目4个。乡镇文化站23个，艺术表演场所1个。民间艺术表演团体30个，电影院2个，县级电影放映队1个，农村电影放映队38个，放映电影8228场次，电影观众65.8万人次，电影放映收入140万元。有中、短波广播发射台和转播台1个，电视台1座，广播电视机构23个。电视覆盖人口105.9万人，覆盖率为100%。有线电视入户数195624户，新增3912户。年末拥有运动场30个，新增体育馆1个，游泳池1个，各种训练房15个。五环体育中心正式投入使用，投入专项资金630万元。创建村级体育活动场所63个，配置设备63套。开展群众体育项目10场次，参与人数达2万人次；全民健身运动10场次，全民健身运动参加人数达20万人次；参加运动会共获得获市级以上奖牌6枚，省级以上奖牌5枚。全年体育彩票发行额500万元。年末共有卫生机构34个，其中医院、卫生院29个，妇幼保健院1个，专科疾病医院1所，疾病预防控制中心1个，卫生监督检验机构1个，共拥有床位3773张。其中乡镇卫生院26个，拥有床位1836张。年末共有卫生技术人员2365人，其中执业医师和助理医师1004人，注册护士926人。全年共诊疗人数1415878万人次，住院108727人次，出院106925人次，治愈率90.21%；新法接生率100%。拥有县级档案馆1个，现有档案室147个，其中省特级档案室4个，省一级档案室8个；馆藏各类档案17.49万卷（件）。

年末全县就业劳动力36.47万人，新增就业人员1.1984万人，城镇新增就业人员0.4647万人，年末城镇登记失业率3.88%，下岗职工再就业0.265万人。参加失业保险1.8万人；参加工伤保险4.0542万人，增长0.4%；领取企业基本养老保险离退休人员1.65万人；领取失业保险0.1万人。参加城乡居民基本医疗保险人数93.84万人；新型农村养老保险参保人数55.2155万人。城镇低保16082人，本年城镇居民得到政府最低生活保障193349人次，年末城镇低保累计发放保障金3849万元。农村居民得到政府最低保障20834人；其中集中供养五保936人，累计发放五保供养金3272万元；各类收养性福利单位床位1412张，城镇各种社区服务设施47个。销售社会福利彩票2488万元，筹集社会福利资金287万元。新建扩建乡镇敬老院1所。农村危房改造2349户，其中新建2171户，维修177户；共投入农村危房改造资金5626.5万元。全县城镇居民人均可支配收入24398元，增长8.8%，农村居民人均可支配收入9714元，增长10.6%。

全年投入专项扶贫资金3.82亿元，增长196%；帮助困难群众20.38万人，解决扶贫资金38238.8万元，按国家规定，以农民年人均纯收入3026元贫困线（2015年不变价）为标准，年度内扶贫开发建档立卡46579户/187022人，本年脱贫8585户/35806人，年末农村贫困人口20841户/78326人，同比减少31.79%。完成易地扶贫搬迁4700人，移民“避险解困”735人，改造农户C级危房2349座。启动贫困村道路改造625.5公里，补助或安排贫困对象就业4214人，教育“两免一补”92161人，补助困难学生16804人。选派第一书记（村委会顾问）220名，安排扶贫队员1627人，1.3万名党员干部与4.9万户贫困户结对帮扶。

存在的问题：县域发展不平衡、不充分的特征十分明显；经济总量小、结构不优、风险叠加的问题依然存在；脱贫任务重、压力大、困难多；基础设施欠账较多，资金、土地、资源等要素制约仍然突出，项目推进缓慢。

【2017中国(邵阳)油茶产业精准扶贫研讨会暨油茶互联网博览会】2017年10月27～29日，2017中国（邵阳）油茶产业精准扶贫研讨会暨油茶互联网博览会（以下简称油茶“两会”）在邵阳县召开。会议由中国林业产业联合会、中国绿色时报社主办，湖南广播电视台、中国林业产业联合会木本油料分会、中国林业产业联合会森林医学与健康促进会、北京中林依科生态工程技术有限公司、湖南省油茶产业协会、邵阳国家油茶产业示范园有限公司协办，邵阳县人民政府、邵阳市林业局、湖南省现代农业产业控股集团承办，以“弘扬油茶文化、发展油茶产业、拓宽销售渠道、开展精准扶贫、建设美好乡村”为主题。会议期间59家油茶加工龙头企业在南国油茶交易中心展示厅设置展位，并保留产品长期展示。湖南日恋茶油有限公司等15家企业与南国油茶交易中心签订油茶系列产品交易合作协议，产品交易合作资金在10亿元以上。邵阳县人民政府与湖南省现代农业产业集团签订油茶产业战略合作框架协议，与中农联控股有限公司签订湘西南农特产品电商物流园投资协议，与中南林业科技大学签订经济林产业发展校县合作框架协议，拟投资金额达36亿元。大会组委会向大会发布《邵阳油茶宣言》，向全国展示中国（邵阳）油茶产业发展的重大机遇和美好未来，为深化油茶交易打下坚实基础。

【棚改拆迁做到“三百两没有”】2017年，邵阳县启动实施涉及被征收人2050户、征收面积21万平方米的沿河街棚户区改造工程，共投入征收补偿资金10.5亿元。启动征收工作后，仅用24天完成房屋征收签约

95.5%，完成房屋腾空75.9%。53天实现百分百签约、百分百腾空、百分百拆除，没有出现大的信访事件、没有发生任何安全事故的“三个百分百、两个没有”的工作目标，打造邵阳“棚改速度”，被湖南省住建厅通报表扬为城市住房保障工作成效显著单位。

【7·2洪灾】2017年6月24日至7月2日，邵阳县遭遇连续10多天强降雨，持续时间之长、降雨量之大、影响范围之广、破坏程度之深，历史罕见。连续高强度的暴雨，导致山洪暴发，河水猛涨，地质灾害频发，大量农田被淹，烤烟、水稻、水利设施、道路交通、电力通信、工矿企业等受损严重。全县23个乡镇场全部受灾，受灾人口21.46万人，其中紧急转移安置人口14780人（含集中安置2320人、分散安置12460人，倒塌房屋175间58户，严重损坏房屋167间52户，转移人口9125人，直接经济总损失6.0亿余元。

（刘凤田　朱清平　孙益奇）

大 祥 区

区领导成员名录（2017年）

中共区委书记：

吴劲松

中共区委副书记：

黄艳娥（女）

阳志奇

区委常委（书记、副书记不重列）：

陈小飞

戴　翼

刘昆怀

唐青青（女）

贺光明

王振波

黄负平

王兰鹏

区人大常委会主任、党组书记：

刘曙光

区人大常委会党组副书记：

姜新祥（正县级）

李利群（女，正县级）

区人大常委会副主任：

姚　文

张雄燕（女）

谢新华

于代会

蒲秀连（女，兼）

区人民政府区长：

黄艳娥（女）

副区长：

陈小飞

李　平（女）

姚茂春

肖建华

唐　枝

肖小鑫

罗　杰

区政协主席：

陆先宏

区政协副主席：

李月华（女）

刘晓斌（兼，11月免）

李丽珍（女，兼）

袁文军

区人民法院院长：

张小林

区人民检察院检察长：

姚建军

概述

2017年，大祥区辖2个乡1个镇11个街道。土地总面积215平方公里，其中耕地面积9.9万亩。年末常住人口34.38万人，其中城镇人口26.74万人。人口出生率13.75‰，自然增长率7.9‰。年内气温最高38.9℃，最低-3.4℃；年降水量1261.1毫米。

全年实现地区生产总值155.1亿元，同比增长（下同）8.1%。第一、二、三产业产值分别为7亿元、58.3亿元、89.8亿元，分别增长3.5%、6.1%、9.8%。三次产业结构比为4.5∶37.6∶57.9。财政总收入6.3亿元，增长11.2%。一般预算收入3.9亿元，增长2.6%。全面建成小康社会标准基本达到，有望在全市率先全面建成小康社会，成为全市唯一连续四年获省级奖项的县市区。

全年工业总产值194.4亿元，增长20.5%。规模工业总产值176.9亿元，增长8%。规模工业增加值41.3亿元，增长8.3%。规模工业实现利润4.01亿元，实现利税6.74亿元。主要产品产量：发电量43.4亿千瓦时，硅酸盐水泥熟料169万吨，水泥293.8万吨，大米46.7万吨，石灰石63.6万吨，中成药1.8万吨。湘商农副产品加工物流园新增签约企业7家，新建标准化厂房4.5万平方米。大祥工业集中区完成技工贸总收入109.7亿元，完成园区投资10.4亿元。具备建筑资质等级的独立核算建筑企业26家，房屋建筑施工面积194.7万平方米，房屋竣工面积108.5万平方米，实现建筑业总产值36.8亿元。

全年农林牧渔业总产值10.4亿元，增长15%。粮食播种面积14.5万亩。主要产品产量：粮食5.9万吨，油料2307.8吨，蔬菜6.1万吨，水果1.6万吨，出栏生猪21万头，出笼家禽218万羽，肉类1.99万吨，禽蛋产量346吨，水产品3080吨。新建农业产业基地17个，新增农产品加工企业8家。完成植树造林1.2万亩，绿化河道3公里，建成绿色村庄17个。启动农村环境卫生清扫保洁和垃圾转运市场化运作试点工作。农村饮水安全巩固提升项目成功入选财政部第四批PPP示范项目库。国家农村一二三产业融合发展示范园项目进入全国首批创建笼子。

全年社会消费品零售总额68.8亿元，增长10.8%。限额以上批发和零售业零售额27.2亿元，增长16.8%；限额以上住宿和餐饮业零售额4.1亿元，增长30.1%。限额以上批发零售企业和住宿餐饮企业分别为33家和27家。进出口总额7410万美元，增长10%，其中出口额7408万美元。实际利用外资2524万美元，增长22.2%；实际利用内资111.9亿元，增长20.9%。

全年固定资产投资108.5亿元，增长15.5%，其中城镇投资82.3亿元，增长7.9%。实施重点项目122个，实际完成投资160亿元，征地5300亩，征收房屋20.6万平方米。桂花大桥、雪峰大桥、雪峰南路北段建成通车，湘中幼师高专建成并投入使用，“气化邵阳”大祥段完成管道铺设，邵阳市体育中心及周边路网、怀邵衡铁路主体工程基本建成，城区三环线、蔡锷大道（邵九公路）、邵阳站综合客运枢纽项目、邵阳市人防疏散基地紫霞公园、邵阳市人民电影院综合文化中心启动建设。

成功创建国家卫生城市，获全国文明城市提名资格。区数字化城管系统在全市率先建成使用，成功创建红旗路、双拥路、中心路“门前三包”示范街，农村环卫市场化运作全面推广，6个乡镇街道和50个村（社区）生活垃圾实现集中处理。89条道路卫生保洁实行市场化运作，逐步形成城乡统管的大城管格局。

全面完成或超额完成省、市10项重点民生实事项目任务。完成民生总投资近9亿元，发放各项涉农补贴资金4904万元。完成2016年7个安置点和2017年3个安置点建设，2018年662人易地扶贫搬迁任务全面启动并加快推进。启动实施省级贫困村18.8公里通村通组道路建设。8个省级贫困村“摘帽”，实现脱贫1820人。养老、医疗、生育、工伤、失业等社会保险扩面提效，城乡低保、医疗救助、残疾扶助、优抚政策得到落实。新增城镇就业4376人，农村劳动力转移就业784人，失业人员再就业2340人，“4050”等困难群体再就业822人，城镇登记失业率为4.3%。完成再就业培训2400人，培训农村劳动力1000人。完成6所城区学校提质改造，启动实施17所中小学校重建、改扩建工程。六岭、中驰、滑石村、戴家坪4个棚改项目启动征拆，深塘片区、白洲、三八亭、马蹄等9个棚改项目前期工作基本完成，城西、呙家园、邵府街3个棚改项目完成申报。开工建设75个村级规范化卫生室、45套乡镇小套房、43个农村综合服务平台和28个美好社区。

完成召伯窑址的调勘，启动国家文物保护申报工作。每万人口发明专利拥有量达2.12件，位居全市第二。全区有学校60所（不含幼儿园），其中市直学校12所，区属学校48所（普通中学6所，小学42所）。在校学生53878人，其中区属学校30414人（普通中学4439人，小学25975人）。普通中学招生1465人，小学招生4419人。普通中学毕业生1588人，小学毕业生4264人。小学升学率100%。区属各类医疗卫生机构128个，其中医院13个，床位5354张。医疗卫生机构专业卫生人员4172人，其中执业（助理）医师2208人。卫生机构全年门诊诊疗2035243人次，65岁以上老人健康检查27652人。城乡居民医疗保险参保人数达到18.9万人，参合率达98%。

存在的主要问题和困难：经济总量不大、发展速度不快、发展质量不优；骨干财源不强、新兴财源不多、财政收支矛盾大；信访维稳、安全生产、环境保护等矛盾多、压力大；少数单位和干部创新观念不强、责任意识不够、干事作风不实。

【抗洪救灾】2017年6月30日至7月2日，大祥区遭遇2次洪水袭击（其中特大洪水1次），市区最大洪峰水位达到218.68米、超警戒水位4.68米，辖区范围内9个街道23个社区受灾严重，最大被淹没深度达4.5米，被淹没面积达5.6平方公里，倒塌房屋198间，损坏房屋2266户4865间，农作物受灾面积1911公顷，受灾人口53853人，直接经济损失24405万元。洪灾期间，大祥区严格落实中共邵阳市委、市人民政府关于汛期“三个第一时间、两个确保”和“六个一律”工作要求，组织2000余名干部和武警官兵参与抗洪抢险和灾后重建工作，实现“不垮一坝、不死一人”目标，洪灾后未发生重大传染病疫情和食源性、水源性突发公共卫生事件。

【落实中央环保督察整改任务】2017年，大祥区及时高效处置中央第六环保督察组交办的信访案件15批次20件，按期完成邵阳市人民政府督办的8类突出环保问题整改任务，淘汰关闭落后产能及污染企业4家，取缔砂石场9家、黏土砖厂9家、非法水泥砖厂1家、禁养区内养殖场103家，完成红星社区夜宵一条街经营门店退市24家，完成珑湖、梅子井、资江二桥截污工程建设，妥善处理邵阳市生活垃圾填埋场环境污染信访问题。

【项目集中攻坚行动】2017年6月开始，大祥区响应中共邵阳市委、市人民政府“奋战五个月、喜迎十九大、建设新邵阳”的号召，按照集中人力精力、集中矛盾化解、集中强拆部署，强化工作调度、强化督查督办、强化奖惩考核，强化宣传氛围的“三集中、四强化”工作思路，开展市级重点项目集中攻坚行动。1个月内完成9个项目的征拆任务，共拆迁房屋373户415栋15.7万平方米，征地518亩。

【大祥区农村饮水安全巩固提升项目入选财政部第四批PPP示范项目】2017年7月，大祥区农村饮水安全巩固提升及环境综合整治项目立项，总投资1.69亿元。到年底，完成财政承受能力论证及资产转让评估等工作，并入选财政部第四批政府和社会资本合作示范项目库，成为邵阳市唯一一个入选财政部项目库的项目。该项目分2期实施，通过建设取水泵站、扩建自来水厂和输水配水管网，实现最大供水规模日供水能力2万立方米，建成后将解决全区13万余农村人口饮用水安全以及50个行政村和社区的环境问题。

（尹文彬　黄决新）

双清区

区领导成员名录（2017年）

中共区委书记：

郑再堂

中共区委副书记：

肖　平

邓　涛（2017.03免）

李叶松（2017.10任）

区委常委（书记、副书记不重列）：

唐曼玲（女，2017.10免）

张大敏

申琼豪

刘文伟

唐宏华

黄美南

阳恩平

何美艳（女，2017.11任）

于光庭

区人大常委会主任：

彭松青

区人大常委会党组第一副书记：

彭松青

区人大常委会党组副书记（正县级）：

孟增艳（女）

区人大常委会副主任：

林红金

黄小东

高小平

夏红波（女）

张小平（女）

区人民政府区长：

肖　平

副区长：

李谟旺

唐宏华
胡迪芬（女）
谢　旺
李卫军
郭　皓

区政协主席、党组书记：
马新祥

区政协党组副书记（正县级）：
曾更祥

区政协副主席：
刘诚龙（兼）
肖永丽（女，兼）
马　林
胡益平
鞠远英（兼）

区人民法院院长：
刘　瑜

区人民检察院检察长：
伍顺亮

概述

2017 年，双清区辖 1 个乡、2 个镇、9 个街道，其中高崇山镇和火车站乡世纪新村、栗山村、集仙村、红旗社区，渡头桥镇东城村、新群村、鸡笼村，爱莲街道砂塘村、云十村，兴隆街道财桥村自 9 月起由邵阳经济开发区托管。土地总面积 137.07 平方公里（含邵阳经开区，下同），耕地面积 6.63 万亩。常住人口 31.85 万人，其中城镇人口 26.47 万人，人口出生率 11.96‰，自然增长率 6.53‰。年内最高气温 41.4℃、最低气温 -1.8℃，年降水量 1246.8 毫米。

全年实现地区生产总值 153.45 亿元，同比增长 7.3%，其中第一、二、三产业分别完成 5.65 亿元、80.66 亿元、67.14 亿元，分别增长 3.5%、5.3%、10.1%。财政总收入 7.62 亿元，增长 9.6%。

全年规模工业总产值 261.99 亿元，增长 13.5%，实现增加值 66.7 亿元，增长 8.2%。出台《关于进一步服务工业企业发展的若干意见》，设立工业发展基金和企业创新奖、区长质量奖。新增规模工业企业 23 家，高新技术企业在库统计 44 家，实现增加值 35.3 亿元，增长 37.9%，增加值位居全市第三、3 区第一。"湘中"被评为中国驰名商标。宝东农牧成功挂牌"院士工作站"。中国彩虹集团特种玻璃、邵阳智能制造产业小镇等一批重点工业项目全面开工，品牌服饰产业园、发制品产业园等一批特色园区加速推进。

全年农林牧渔业总产值 8.66 亿元，增长 7.3%。建成连片蔬菜基地 2000 亩、花卉苗木基地 4000 亩、水产养殖基地 4000 亩。亿品农业、建利农业、雪峰农业来势良好，省级农业科技示范园二期建设启动，莲荷森林公园、马杨村杨梅园、渔长村葡萄园、寒梅村梅花园加快建设。培育扶持农民专业合作社 12 家，东烨专业合作社被评为全省示范社，双清区被评为全省供销合作社综合改革惠农服务综合示范区。

全年社会消费品零售总额达 129.12 亿元，增长 10.3%。出台《关于大力培植发展规模服务业和加强服务业统计工作的意见》，设立服务业发展引导基金 500 万元，大力扶持发展现代服务业。完成第三产业增加值 65.85 亿元，占 GDP 比重达到 44%。邵阳第一座城市综合体友阿国际广场正式开业，全国重点培育市场金罗湾国际商贸城一期、天娇国际汽配城、湘西南物流中心等专业市场建成营业，沃尔玛、碧桂园等国内外一线品牌进驻双清。新增限额以上批零住宿餐饮企业 19 家、规模以上服务业 19 家，新登记企业 984 家、个体户 2542 户。组建双清区社投公司，成功参股市中小企业融资担保公司。

全年固定资产投资 131.59 亿元，增长 11.5%。实施重点项目 105 个，完成投资 239.7 亿元，完成年度计划的 104.5%，其中 20 个市级考核项目开工率 95%，完成投资 37 亿元。全年共征地 3479 亩、拆迁房屋 538 栋 14.86 万平方米。气化邵阳一期如期通气，怀邵衡铁路双清段全线铺轨，怀邵衡铁路邵阳东货场加快建设，S231 竣工通车，L2 连接线全面建成，龙须塘片区环境综合整治"两沟两路"建设全面提速。市文化艺术中心"六馆一中心"全部建成并对外开放，市中心医院东院试运营，市一中搬迁项目全面开工，双清家苑 4 栋房屋封顶。亚洲富士电梯、小米智能电饭煲、通达汽车零部件生产线、圣菲达服饰、恒天九五邵阳纺机产业升级项目建成投产。邵阳金融城项目加快前期和招商工作，大汉·悦中心、卓嵩悦城进入装修阶段，市进出口通关服务中心、步步高新天地正式开工建设，宝骏物流园基本建成，湘西南物流中心即将承办第三届市农博会，机电大市场、湘西南粮食仓储中心等项目加快推进。

实施城市基础设施建设三年行动。新华南路隧道全线贯通，屏丰路建成通车，立新路三期、金龙路二期基本成型，建设北路隧道、高新路、平康路、砂塘路、邵水东路南段加快推进，市行政中心片区、邵阳经开区、佘湖新城配套路网不断完善。推进棚户区改造，永庆街、市工人文化宫片区等一批棚户区改造项目加速征拆，068、恒大中域等示范棚改项目加速建设，项目开工率、资金使用率居3区前列。城市管理基本实现网格化、精细化、数字化、人性化，城区禁炮、殡葬执法、“门前三包”和夜宵摊整治取得明显成效，三眼井食品城农贸市场成为全市样板市场。拆除存量违章建筑9.1万平方米。全面启动和推进创建全国文明城市工作。桥头街道肖家排社区荣获“全国最美志愿服务社区”称号，是全市唯一获此殊荣的社区。

农村基础设施进一步改善。云水铺水闸除险加固工程竣工，改造水渠11.85公里、山塘101口，建设高效节水灌溉面积1500亩，全省小农水重点县项目通过验收。完成市政管网延伸供水工程8处、提质改造供水工程3处，解决3800人的安全饮水问题。新建农村公路10公里，“窄改宽”农村公路13公里，高家桥危桥改造开工。

生态文明建设取得成效。中央环保督察组反馈意见和信访交办件全部整改办结到位。实施“四边五年”绿色行动和“三万株树木进城增绿行动”，新造林2000亩，城区移植树木4000株。全面部署落实河长制，区、乡、村三级河长开展巡河840次。完成邵水、红旗河黑臭水体治理。开展省级美丽乡村示范创建和城乡环境同治，两塘、马杨、姚喆等美丽乡村示范村村容村貌明显改观。

推进“放管服”改革，行政审批事项精简21%，“多证合一”全面施行。配合完成邵阳经开区管理体制改革，探索邵阳经开区托管“一镇十村”模式。全面完成城市管理综合执法改革，“大城管”格局基本形成。纪检监察体制改革、公车改革、法院检察院员额制改革、供销社综合改革、中介机构和行业协会商会脱钩按时完成，营改增、不动产登记改革全面落实。事业单位分类改革有序推进。公立医院改革全面启动，异地就诊联网结算正式实施。完成1.56万户3.27万亩土地经营权确权登记颁证。

坚持民生优先，全年用于民生领域的支出达9.2亿元，占公共财政预算支出的81%。组织1万余名党员干部奋战在抗洪一线，成功夺取防汛救灾的全面胜利。9个省级贫困村全部退出通过省级验收。12项民生实事全部完成或超额完成。企业离退休人员养老金实现“十二连调”，城乡居民医保合并完成。8151人实现就业或再就业，城镇登记失业率控制在4.3%以内。发放失地农民保障费用3.1亿元，为农民工追回工资360万元。完成4个养老服务示范点、8个日间照料中心建设。为6043名残疾人发放补贴360万元。

社会事业全面进步。成功通过国家义务教育均衡发展考核验收。完成第三次全国农业普查。完成村社区换届选举工作。投入2850万元建设美好社区，新建社区服务用房12栋。重建兴隆社区卫生服务中心，正式启动区人民医院搬迁，新建改建规范化村级卫生室46个。对区文化馆、图书馆和“八路军驻湘通讯处”进行维修改造，建成村级综合文化服务中心4个，集仙村、浏阳村综合文化服务中心成为全省示范点。全年累计化解信访积案21件，实现重要节日和十九大期间“零进京、零登记、零滞留”目标。“七五”普法全面实施，社区矫正中心投入使用。加强社会治安防控体系建设，开展公安机关“整治打击年、基本建设年、队伍提升年”活动，推行城区移动警务平台、农村“一村一辅警”，辖区刑事发案率同比下降19%，破案率提升20%，十九大期间确保“四个不发生”，经验做法被中央、省市媒体报道。国保工作连续12年排名全市第一。综治民调成绩排名3区第一。

存在的主要问题与困难：财

政刚性支出逐年增加，收支平衡压力持续较大；部分项目受制于资金、土地等瓶颈，落地难、见效慢；城乡基础设施和功能配套仍然滞后，承载能力有待加强；经开区托管“一镇十村”的工作磨合期仍然存在；群众利益诉求日趋多元，矛盾纠纷化解难度加大；干部工作作风有待改进，适应把握引领新常态的能力仍待提升。

【9个省级贫困村全部退出】2017年，双清区推行“单位帮村、干部包户、社会参与、政府托底”精准扶贫机制。整合各类扶贫资金3163万元。全面完成农村路面提质改造，建制村通班车率达100%；实现农村安全饮水全覆盖；贫困村全部实现光伏并网发电；完成农村电网改造，4G覆盖率达100%；建成果蔬、苗圃等特色农业基地2400余亩；发放小额信贷1190万元，受益870户，实现贫困家庭人员转移就业602人；全面落实教育扶贫和健康扶贫，贫困家庭综合保险覆盖率达100%；完成危房改造555户，易地扶贫搬迁31户71人。9个省级贫困村全部退出通过省级验收，减少贫困人口912人，为省定任务的247%，贫困发生率下降至0.6%，农民人均可支配收入增速达到11.4%。

【全面整改落实中央环保督察交办工作】2017年，中央第六环境保护督察组督察邵阳市环保工作，反馈整改意见涉及双清区问题5个，均为共性问题；接收中央环保督察组交办信访件6件。为抓好整改落实，双清区出台《双清区贯彻落实中央第六环境保护督察组督察反馈意见整改方案》，各乡镇、街道、区直（辖）有关部门党政主要负责人亲自抓、负总责，逐级传导压力，层层抓好落实。对涉及多个部门的整改任务，建立健全牵头单位和责任单位协调联动机制，形成推进整改落实工作合力。截至10月底，反馈的5个问题全部整改到位，6个信访交办件全部办结。同时，全区各级各部门以中央环保督察为契机，举一反三，加强环境监管和整治。全区共排查企业253家次，责令整改企业95家，关闭散乱小污企业49家，完成龙须塘片区环境综合整治3个重金属点源治理，133家养殖场实现关闭退养；全年立案查处22家，罚款73.7万元，移送公安拘留6人，其中行政拘留5人，刑事拘留1人。

【通过国家义务教育均衡发展考核验收】2017年，双清区被列为邵阳市唯一国家义务教育均衡发展考核验收县区。为做好迎检工作，双清区加强组织领导，先后召开5次区政府常务会和2次区委常委会，专题研究义务教育均衡发展工作，制定迎检方案，成立以区主要领导为组长的迎检工作领导小组。加大投入，在保持原有教育投入增长不变基础上，追拨经费3500万元，争取棚改资金1300万元用于学校基础设施改造。成立社投公司，注入优质资产2亿元，拓宽融资渠道。重点加强七个方面建设：加快基建步伐，对所有区属学校加大校舍建设和维修改造工作力度；加快功能室建设，恢复一批功能室，新建一批功能室，补充一大批教学仪器设备和图书；投入3200多万元，启动教育信息化“三通两平台”建设；加快体育运动场地建设；重点推进农村学校的“四改三化”，即“改食堂、改寝室、改旱厕、改澡堂”和“净化、亮化、绿化”；化解大班额，出台史上最严招生政策，实施阳光招生，杜绝择校，城区学校新生入学大班额问题得到有效解决；加强教师队伍建设，招聘教师80名，加强师资队伍管理，落实教师培训和交流制度。双清区在省市两项督导评估中被评为优秀，成功通过国家义务教育均衡发展考核验收。

【500万元重奖规模服务业企业】2017年，双清区为推动服务业企业扩规模、提档次、调结构，发挥服务业企业的带动作用，出台《关于大力培植发展规模服务业和加强服务业统计工作的意见》。专门设立区级服务业发展引导基金500万元，对通过兼并重组、“四众”（众创、众筹、众扶、众包）平台、引进国际国内知名品牌、完善服务产业链条等途径新组建的大型骨干龙头服务业单位和其中相关营利性服务业单位，年度营业收入连续3年分别达到5000万元和1500万元、1亿元和3000万元、3亿元和5000万元、5亿元和1亿元以上的，由区财政一次性分别奖补该大型骨干龙头服务业单位和其

中相关营利性服务业单位人民币50万元、100万元、200万元、300万元的40%，另60%由市财政承担。同时，鼓励和支持个体户转型为法人企业、工业企业逐步剥离非主营三产业务，对所有申报“入规入统”的个体户、企业和其他单位办证所需费用由区财政统筹解决。

（郑永湘　曾康平　龙玉源）

北 塔 区

区领导成员名录（2017年）

中共区委书记：

仇珂静（女，苗族，2017.06任）

中共区委副书记：

刘贻银（2017.07任）

蔡灿辉

区委常委（书记、副书记不重列）：

戴海文

张戈锐

夏　刊

吴名蒙

刘鹏高

罗　颢

朱　敏（2017.03免）

陈名洋（2017.06任）

戴求兵（2017.12任）

林彦博（2017.07免）

区人大常委会主任：

欧阳刚

区人大常委会副主任：

朱登国

唐朝宝

孙明理

刘海燕（女）

王春光

区人民政府区长：

刘贻银（2017.07任）

副区长：

陈名洋（2017.06任）

周　玲（女）

张亚云

曾静茜（女）

唐青山

张怡平

仇湘中

区政协主席：

丁祖忠（苗族）

区政协副主席：

林道藩

杨　斌（兼）

肖国球（兼）

陈黎明（兼）

叶三红（女）

区人民法院院长：

贺益清

区人民检察院院长：

田　晶（女，土家族）

概述

2017年，北塔区辖1个乡4个街道，土地总面积84.4平方公里，其中耕地面积2.86千公顷。年末总人口数10.72万人，人口出生率15.72‰，自然增长率8.68‰。年内气温最高37.5℃、最低-0.8℃；年降水量1222.9毫米。

全年实现地区生产总值37.12亿元，同比增长（下同）7.8%。第一、二、三产业产值分别为3.23亿元、19.34亿元、14.54亿元，分别增长3.5%、6.9%、10.4%。三次产业结构比为8.7∶52.1∶39.2。财政总收入5.66亿元，增长12.04%。受营改增影响，一般预算收入1.55亿元，减少344万元，减幅2.17%。

全年规模以上工业总产值127.47亿元，增长13.7%。优势产业继续发力，食品、纺织、建材等行业均保持稳步增长。全区3家产值过10亿元企业，完成工业产值55.31亿元，高新技术产业增加值占GDP比重达23.5%。

全年农林牧渔业总产值4.89亿元，增长3.2%。粮食播种面积3.02千公顷，其中水稻2.11千公顷；油料播种面积0.39千公顷；蔬菜播种面积1.42千公顷。主要产品产量：粮食1.85万吨，蔬菜4.12万吨，出栏生猪、牛、羊分别为11.7万头、3500头、4000只，出笼家禽191万羽，水产品1968吨。农业产业规模化发展，新申报市级农产品加工龙头企业3家，全年完成销售收入79.6亿元。北塔生态园、金泉溪、蒋家农庄、桂花湾等休闲农业企业年接待客流88万人次，完成营业收入4588万元。完成对龙塘水库的除险加固和枫林村肖家组地质灾害整体搬迁项目与新滩保护圈治理一期工程。以连片打造、整村推进的方式，抓好沐三村、李子塘村“五小水利”建设。全区12处农村饮水安全全覆盖暨巩固提升工程全面完成。造林200公顷，森林覆盖率34.43%。25个社区按美好社区创建要求和标准实现全覆盖，社区综合服务设施覆盖率100%。陈家桥村、同兴村、李子塘村3个省级美丽乡村通过验收。新滩镇街道获全省“和谐社区建设示范街道”称号，苗儿村被评为全省“农村社区示范村”，槐树社区被评为“湖南省综合减灾示范社区”。

全年固定资产投资45.02亿元，增长10.5%。实施重点项目88个，其中市级重点项目17个。成功引进“世界500强”企业2家；签约引进投资过1亿元的项目7个，合同引资40亿元。市民文化健康场馆项目完成前期工作；湘商文化旅游产业园进入全面招商阶段；湘窖二期扩改工程加快推进；湘窖酒业国家4A级工业旅游景区创建工作通过省级评审；中南五金机电汽配城建设项目2018年可投入运营。桂花大桥和雪峰大桥于国庆节前实现通车，怀邵衡铁路建设顺利推进。资江防洪堤建设完成腾地清表工作，资江北路的提质改造和“农排涵”改造基本完成。宝庆西路延伸段提质改造、中山路扩改工程、虎形山路、北塔公园及沿江大道、资江北路（宝江路至二桥段）、北塔大道北段等一大批城市主干道启动建设，魏源中路与邵西大道实现全线贯通。江岸景苑、恒大华府、中驰阳光里、西湖春天、九盛北海、玫瑰湾二期等房地产项目进展较快。

12项重点民生实事项目全面或超额完成。新增各类就业2339人；发放低保资金2070万元、医疗救助资金248万元；新增养老床位200张、社区日间照料中心9个、省级养老示范点4个。改造农村危房37户，完成第三批大中型水库移民避险解困搬迁安置3人，帮助0～6岁残疾儿童实施抢救性康复8人，农村适龄妇女“两癌”免费检查完成509人，孕产妇产前免费筛查702人。棚户区改造工程开工3964套。全面推进江馨裕泽园棚改安置小区建设，以安置先行的方式保障年度6个棚改项目顺利实施。

存在困难和问题：经济总量不大，发展质量不优；财税新增长点不多，收支矛盾依然突出；重大产业项目缺乏，实体经济发展水平不高；城市综合功能不强，基础设施建设仍需完善。

【禁养区退养清零工作全面完成】2017年，北塔区为确保资江河一级、二级饮用水源达标，4月起开展集中整治畜禽养殖污染活动，对资江河沿岸500米以内实行畜禽养殖退养清零。截至5月22日，禁养区内178家畜禽养殖场（户）全部关停退养，100%签订关停退养协议书。

【北塔区实现总体脱贫退出】2017年，北塔区投入各类扶贫资金7305万元，其中产业扶贫资金3000余万元。推进产业扶贫升级，打造“一村一品、一村一社”。升级基础设施，贫困村自来水通达率100%，农村道路通达率100%，村卫生室覆盖率100%。扩大光伏规模，实现12个贫困村光伏电站全覆盖。推进金融扶贫，建成12个村级金融扶贫工作站，发放扶贫小额信贷435万元。推进社会扶贫网建设，建成区级运行中心，社会扶贫网贫困户注册率108.88%，对接成功率61%，均超过湖南省定目标。2017年，北塔区实现全区总体脱贫退出。

（朱祥国　庞　艳）

政府文件选登

邵阳市人民政府
关于加快推进易地扶贫搬迁工作和
后续产业发展的实施意见

市政发〔2017〕1号

各县、市、区人民政府，市直易地扶贫搬迁联席会议成员单位：

易地扶贫搬迁工作是一项紧迫的政治任务，也是一项德政工程、民生工程。习近平同志近日指出：“打好脱贫攻坚战，是全面建设小康社会的底线任务”。邵阳作为全省易地扶贫搬迁脱贫攻坚的主战场之一，要把深入贯彻落实习近平同志重要指示精神，守住任务底线，取得搬迁攻坚实效，作为当前和今后一段时期的重要政治任务。根据中央、省关于做好易地搬迁工作的有关规定，为确保全市完成“十三五”时期99026人的易地扶贫搬迁工作任务，有力推进我市“两中心一枢纽”战略目标的实施，经市委同意，特提出以下实施意见。

一、指导思想和安置标准

深入贯彻习近平总书记关于精准扶贫、精准脱贫的系列重要讲话精神和中央扶贫开发工作会议精神，按照中央和省委、省政府关于打赢攻坚战的决策部署，把精准扶贫、精准脱贫作为基本方略，瞄准建档立卡的贫困人口，坚持群众自愿、积极稳妥的方针，坚持易地扶贫搬迁与新型城镇化、美丽乡村建设、农业现代化生态文明建设相结合，加大投入力度，创新投融资模式和组织方式，完善相关后续扶持政策，努力做到搬得出、稳得住、有事做、能致富，确保搬迁对象尽快脱贫，从根本上解决生计问题。在实施搬迁过程中，要始终坚持政府主导、群众自愿、量力而行、保障基本、科学规划、创新机制的原则，易地扶贫搬迁各项政策、各项资金都要精准集聚，优先保障建档立卡贫困人口搬迁安置和后续脱贫。积极探索资产收益扶贫机制，拓宽搬迁对象稳定增收渠道，搬迁安置与产业发展同步推进，实现稳定脱贫。

实施易地扶贫搬迁的建档立卡贫困户，其人均住房建设面积不超过25平方米，不低于23平方米；考虑到农民生产生活实际需要，安置地在农村的，每户（不论人口多少）可增加不超过25平方米的生产附属设施用房，增加面积建房资金由县市区统筹解决，不得由搬迁户负担。建档立卡贫困人口住房建设的最低补助标准为每平方米800元，具体补助标准由各县市区制定。各县市区在制定补助标准时，必须根据当地实际和不同安置方式，确保建档立卡贫困人口搬得出，不能因搬迁加重贫困人口负担。优化搬迁地点和安置方式。坚持小集中、就近安置为主，以业定搬、以产定搬，确保搬迁后能脱贫致富。集中安置区要充分考虑环境条件和就业容量，依托小城镇、产业园区、乡村旅游区等就业容量较大的区域实施，海拔在500米以上的高寒山区原则上不再设置集中安置点。分散安置要杜绝单门独户，做到几户适度集中，以节省用地、方便生活。

二、主要目标和工作任务

对全市“一方水土养不起一方人”地方建档立卡贫困人口实施易地扶贫搬迁，到2018年实现99026建档立卡贫困人口的搬迁安置，搬迁对象住房安全得到有效保障，安全饮水、出行、用电、通讯等基本生活需求得到基本满足，享有便利可及的教育、医疗等基本公共服务，迁出区生态环境明显改善，安置区特色产业加快发展，搬迁对象有稳定的收入渠道，生活水平明显提升，与全市人民一道同步进入全面小康社会。

2017年全市必须完成39978建档立卡贫困人口的易地扶贫搬迁安置工作，其中邵东县1216人，绥宁县7300人，新邵县4277人，大祥区2118人，洞口县6348人，邵阳县4700人，隆回县2778人，武冈市5060人，新宁县3309人，城步苗族自治县2500人，双清区372人。各县市区要根据上述搬迁规模进一步核实搬迁对象，将年度搬迁计划于2017年2月底前落实到户到人。上述计划搬迁对象必须是已列入“十三五”易地扶贫搬迁建档立卡的贫困人口，严格按照《湖南省建档立卡贫困户易地扶贫搬迁对象确认办法》的要求予以确认。各县市区2017年搬迁任务确需调整的，必须以县市区人民政府的正式文件详细说明情况并报省发改委和省扶贫办同意。2018年全市必须完成40124建档立卡贫困人口的易地扶贫搬迁安置工作。

各县市区要抓紧开展前期工作，分别在2017年和2018年2月底前选好址，3月底前开工建设。编制上报项目实施方案，每个项目都要编制实施方案。分散安置项目以县市区为单位打捆编制一个实施方案，集中安置项目以每个安置点为单位单独编制项目实施方案。项目实施方案应包括以下内容：1. 项目概况；2. 安置规模及安置人员名单；3. 主要建设内容及投资概算；4. 安置区平面布局、住房户型及实施效果图；5. 项目用地落实情况；6. 与搬迁贫困农户签订搬迁协议情况；7. 组织管理机构及相关保障措施；8. 项目批复文件（应包括实施方案批复）；9. 搬迁户迁出地周边环境照片2~3张（照片应注明搬迁户主姓名）；10. 搬迁户现居住老宅照片2张（照片应注明搬迁户主姓名）。各县市区要尽快开展实施方案编制工作，并将实施方案上报市联席办。

各县市区的易地扶贫搬迁要以搬迁入县城和中心城镇（集中安置）为主要方式，分别在县城和中心城镇建设一个样板集中安置点，规模要在200户600人以上。要切实用活用好易地扶贫搬迁工作中城乡建设用地增减挂钩政策，通过集中安置占补平衡，产生用地上结余指标，做好各项资金的筹划、使用工作。

三、安全生产和质量保证

易地扶贫搬迁工作任务重时间紧，面广线多，安全生产更加重要。各级各相关部门要将易地扶贫搬迁的安全工作落实到生产一线，落实到施工现场，坚持安全第一，层层压实责任，严查安全隐患，堵塞安全漏洞，杜绝重大事故发生。

（一）明确责任，严格落实监管措施。各地各有关部门要牢固树立“底线”思维和“红线”意识，坚决落实安全生产责任制，切实做到党政同责、一岗双责、失职追责。各县市区人民政府要按照属地管理原则，认真落实对辖区易地扶贫搬迁在建工程安全管理的统一组织领导责任。住建、交通运输、水利、发展改革、经信、国土、公安、质监等部门要依照有关法律法规和“谁主管谁负责”的安全监管原则，进一步加强对本行业易地扶贫搬迁在建工程的安全监管，督促在建工程项目施工单位落实安全生产第一责任，健全安全管理机构，完善制度和应急预案，强化施工现场安全监管。各级安全生产监管部门要加强对各类在建工程施工安全的综合监管，指导、督促有关部门认真落实安全监管责任，及时协调、配合做好在建工程施工安全监管工作。各地各有关部门要根据职责分工，理顺监管体制，健全监管网络，落实监管措施，切实做好易地扶贫搬迁在建工程的安全监管工作。

（二）全面排查，彻底消除安全隐患。各地各有关部门要针对易地扶贫搬迁在建工程施工安全工作特点，深入推进安全生产大排查、大管控、大整治“三大”行动，对本地区易地扶贫搬迁在建工程项目开展拉网式的安全隐患排查。对排查出来的安全隐患要拉条挂账，建立问题清单和整改责任清单，不折不扣把问题逐条整改到位。隐患排查整改要实行全覆盖、零容忍、严执法，做到深入细致、不留死角、不留盲区、不走过场，切实堵严安全监督漏洞，对隐患排查整改不到位的在建工程项目，一律责令停工，做到排查不过关、不安全不施工。

（三）严格执法，有效打击不法行为。各地各有关部门要严格执行工程建设审批程序。进一步完善建设项目流程，不得越权审批，不得擅自改变和减少法定审批环节，不得随意改变、压缩施工工期。要采取明查暗访等方式实施有效监督，加大现场执法力度，严厉查处不履行法定建设手续、不办理施工许可证和安全生产许可证、无人员考核合格证和操作资格证书擅自从事建筑施工活动的行为，以及无资质及超载资质范围承包、违法分包、转包工程、挂靠、以包代管等行为。要依法严厉打击，抓住关键环节，明确打击重点，对情节恶劣、屡禁不止、可能导致重特大事故的非法违法建设行为，要严格执法，铁腕整治，始终保持打击非法违法的高压态势和强烈震慑。

四、保障措施和监督考核

（一）加强组织领导。实行市委常委联县、部门分工负责帮扶、县市区具体抓落实的组织保障措施。市直单位实行政策帮扶、资金帮扶、技术帮扶、产业帮扶、信息帮扶，应帮尽帮。联系情况见表：

县市区	总任务（人）	2016 年完成（人）	2017 年任务（人）	2018 年任务（人）	挂点领导	帮扶单位
邵东县	2222	121	1216	885	龚文密	市扶贫办、国网邵阳供电公司
新邵县	8557	3982	4277	298	李万千	市农委、市水利局
隆回县	7272	1214	2778	3280	王昌义	市国土资源局、市人民银行
洞口县	15869	1256	6348	8175	蔡典维	市发展改革委、市住建局
绥宁县	19239	4098	7300	7841	陈　华	市经信委、市环保局
城步县	5487	640	2500	2347	邓广雁	市民政局、市商务局
武冈市	13535	1000	5060	7475	侯　文	市交通运输局、市公安局
新宁县	8551	498	3309	4744	周迎春	市旅游外事港澳侨务局、市林业局
邵阳县	12348	4750	4700	2898	刘事青	市财政局、市农发行
大祥区	5574	1365	2118	2091	李志雄	市教育局、市移民局
双清区	372	—	372	—	张殿文	市人社局、市卫生计生委
合计	99026	18924	39978	40124		

（二）加大政策扶持。除了中央、省里土地支持政策、财政支持政策、金融支持政策外，市、各县市区要注重以下扶持政策：

1. 产业发展扶持政策。后续产业发展与安置区建设可同步规划、同步建设。要依托贫困地区安置区优势资源，由各县市区政府引导发展特色产业，鼓励、支持搬迁群众开展设施农业、养殖业、种植业规模化经营，促进搬迁群众融入安置区农业产业发展。设立易地搬迁产业发展扶持资金，加大安置区产业发展资金扶持力度，促进整村推进、片区开发、劳动力培训转移、教育扶贫等开发项目和各类扶贫资金优先向安置地区倾斜。

2. 就业创业扶持政策。鼓励特色农业、旅游开发等产业项目的就业岗位向搬迁群众倾斜。建立农村就业困难家庭就业援助制度，结合扶贫开发、新农村建设、抢险救灾等工作，探索政府购买岗位、帮助农村就业困难家庭就业的新机制。鼓励和引导符合条件的搬迁贫困人口自主创业，创业人员优先享受当地创业优惠政策，允许申请就业小额担保贷款由财政全额贴息。

3. 公共服务及社保政策。坚持以新型城镇化促进安置区公共服务均等化，县、乡两级政府负责做好基础设施和公共事业建设，保证通水、通电、通路、通网，让搬迁群众享有便利可及的基本公共服务。搬迁对象户籍实行属地管理，减免户籍转换和户口迁移中的各类费用。切实维护搬迁对象农村土地（林地）承包经营、农村集体经济组织成员、村民自治等基本权益。

（三）强化监督管理。一是严格项目管理。建立项目公告公示制度，保障群众知情权、参与权和监督权。县市区根据易地搬迁项目年度任务，落实实施方案，明确每个建设项目期限、工作要求、实施主体和监管责任。扎实做好工程质量监管，落实法人责任制，招投标、工程监理制、合同管理制等相关制度，抓好项目竣工验收工作，并将易地扶贫搬迁的实施情况作为扶贫开发绩效考核的重要内容。二是加强资金管理。建立易地扶贫搬迁项目资金实行定期统计报告制度。县级项目实施主体应当及时向省市上报项目进度及各类资金使用情况。相关金融机构制定易地扶贫搬迁贷款管理办法，加强风险识别和风险防范，严格贷款用途管理，对贷款支持对象是否精准、贷款资金是否专款专用等进行监督检查，并作为贷款发放与回收的重要依据。市开行、市农发行对项目资金使用情况进行监管，一旦发现截留、挤占、挪用贷款资金等问题，有权停止办理相关项目资金的发放和支付，直至收回资金。监察、审计等部门应加大监督检查力度，对发现截留、挤占、挪用等违法违规行为，按国家有关规定处理。三是推进信息化管理。通过“互联网+易地扶贫搬迁信息管理系统”的建立，把各县市区的易地搬迁数据与互联网技术及地理信息系统有机结合起来，实现易地扶贫搬迁信息发布、综合情况报送、进度监控、统计分析以及搬迁对象后续跟踪典型示范推广等具体功能，使全市易地扶贫搬迁工作达到实时管理、精准管理。

（四）建立考核机制。采取多种方式对各县市区的易地扶贫搬迁工作进行全面考核。一是将各县市区人民政府、市直相关部门联系易地扶贫搬迁工作纳入绩效考核内容（占总分的10%）。二是市联席办组织市财政局、市扶贫办、市监察局、市住建局、市政府督查室等部门每月对各县市区易地扶贫搬迁工作实行量化考核。三是与省巡查组一起每个季度进行一次巡查考核。四是委托第三方评估考核，市联席办组织市专家库里的相关专家及社会组织、咨询公司等第三方评估机构，邀请市人大代表、市政协委员参加，通过监测数据分析、实地调研等方式，对易地扶贫搬迁工程实施进展、资金使用、搬迁对象脱贫发展等情况开展第三方独立评价。五是利用数据信息系统每月开展监测评估考核。经严格考核，对在全市易地扶贫搬迁工作中有突出表现的单位和个人给予通报表彰和奖励。

邵阳市人民政府

2017年2月27日

邵阳市人民政府
关于印发《邵阳市城乡居民
基本医疗保险实施细则》的通知

市政发〔2017〕3号

各县、市、区人民政府，市直各有关单位：

《邵阳市城乡居民基本医疗保险实施细则》已经市人民政府同意，现印发给你们，请认真遵照执行。

邵阳市人民政府

2017年3月29日

邵阳市城乡居民基本医疗保险实施细则

第一章　总　则

第一条　为确保全市城乡居民基本医疗保险（以下简称“城乡居民医保”）制度规范运行，根据《湖南省人民政府关于整合城乡居民基本医疗保险制度的实施意见》（湘政发〔2016〕14号）、《湖南省城乡居民基本医疗保险实施办法》（湘政发〔2016〕29号）和《邵阳市整合城乡居民医疗保险制度实施方案》（市政发〔2016〕6号）精神，结合我市实际，制定本细则。

第二条　城乡居民医保严格遵守国家、省、市人民政府及主管部门制定的基本原则和管理规定。

第三条　在本市行政区域内的城乡居民参加城乡居民医保适用本实施细则。

第二章　组织机构管理

第四条　市、县市区人力资源和社会保障部门是城乡居民医保工作的主管部门，按分级管理的原则行使城乡居民医保管理职能，承担所辖区域城乡居民医保制度的建立、完善和管理职能。具体负责城乡居民医保的发展规划、实施办法和相关政策的制定、基金运行管理指导和监督、队伍建设和培训、协议医疗机构服务行为规范和监管等工作。

第五条　市城乡居民医保经办机构承担辖区内同级定点医疗机构医疗行为的协议管理、政策执行及培训、异地就医即时结报和基金结算等工作。县级城乡居民医保管理服务中心承担本辖区城乡居民医保的业务管理、指导和经办服务。

第六条　市、县市区编制、发展改革、财政、教育、公安、卫生计生、民政、审计等有关部门按照各自职责，协助做好城乡居民医保相关工作。

第七条　县市区人民政府负责辖区内城乡居民医保组织参保和筹资工作，乡镇政府、街道办事处具体负责组织辖区内城乡居民医保的参保登记、缴费续保、政策宣传等工作。有条件的地方可以采取政府购买服务的方式，建立城乡居民医保村级（社区）协管员制度。

第三章　参保与筹资

第八条　城乡居民医保制度覆盖除职工基本医疗保险应参保居民以外的其他所有城乡居民，具体包括农村居民、城镇非从业居民、在校大中专学生，以及国家和我省规定的其他人员。

第九条　城乡居民参保实行年缴费制度，原则上每年8月1日至12月31日为下一年度的参保缴费期。城乡居民应在规定的参保缴费期内按规定一次性缴纳基本医疗保险费，才能享受相应的基本医疗保险待遇。

第十条　城乡居民以家庭、在校大中专学生以学校为单位，按照属地管理原则，整体在户籍（学校）所在地社区（村）缴费。

第十一条　非本市户籍常住人口（在校大中专学生除外）另须提供《居住证》和原户籍所在地城乡居民医保经办机构出具的未参保证明，到常居住地的居（村）委会办理缴费手续。

第十二条　对特困供养人员、计划生育特殊困难家庭成员（仅指夫妻男方60岁、女方49岁以上低收入特殊困难的失独家庭成员）、孤儿等参加城乡居民医保的个人缴费部分，通过医疗救助等渠道全额资助；对其他纳入低保对象参加城乡居民医保的个人缴费部分，通过医疗救助等渠道按照不低于当年个人缴费基数的30%予以资助；对建档立卡贫困人口中的非低保对象参加城乡居民医保的个人缴费部分，通过财政扶贫专项资金补助的渠道给予补贴，具体补贴标准由各县市区人民政府确定。

第十三条　按规定做好基本医疗保险关系转移接续工作。在本省范围内不得同时参加职工基本医疗保险和城乡居民医保，避免跨统筹地区重复参保，避免待遇重复享受。

第十四条　城乡居民医保各级财政补助资金由中央和地方财政按一定的比例予以补助。县级财政补助应纳入当年财政预算安排，于6月底以前足额拨付到位。筹资工作经费由当地财政按规定落实到位。

第四章　基金管理与使用

第十五条　城乡居民医保基金严格执行专户管理，各县市区应将原新农合基金财政专户和原城镇居民医保基金财政专户归并，整合建立城乡居民医保财政专户。城乡居民医保财政专户由统筹地区财政部门按规定在社会保障基金财政专户中设立。经办机构可在财政部门、人力资源社会保障部门认定的国有或国有控股商业银行设立城乡居民医保基金支出户和收入户，一个统筹地区至多开设一个支出户和一个收入户。

第十六条　城乡居民医保执行国家统一的基金预决算制度、财务制度和会计制度。城乡居民医保基金使用实行“独立核算、专款专用、收支两条线”管理，任何单位和个人不得挤占挪用。城乡居民医保基金银行计息按相关政策享受优惠利率，利息收入纳入基金专户管理。

第十七条　城乡居民医保原则上按照全省统一政策、基金市级统筹、县市区经办的模式管理。在基金未实行市级统筹前，仍按县级统筹管理。按《湖南省人民政府关于整合城乡居民基本医疗保险制度的实施意见》（湘政发〔2016〕14号）规定，建立市级基金风险调剂金制度。风险调剂金管理和使用办法由市人力资源社会保障部门会同财政部门另行制定。

第十八条　城乡居民大病保险实行市级统筹，以年度为周期，按当年筹资标准的5%左右提取大病保险统筹基金。

第十九条　城乡居民医保基金原则上按基本医疗住院统筹基金占75%、门诊统筹基金占15%、大病保险基金、风险调剂金及其他占10%比例分配控制使用。

第二十条　建立健全基金运行风险预警机制，合理控制城乡居民医保基金当年结余率和累计结余率，有效防范基金风险，提高基金使用效率。

第二十一条　参保居民在定点医疗机构住院或门诊发生的基本医疗费用，应当由城乡居民医保基金支付的部分，由城乡居民医保经办机构与定点医疗机构定期直接结算。在未实现跨省异地就医联网结算前，参保人在异地住院发生的基本医疗费用，按有关规定直接到参保地经办机构报销。

第五章　基本政策与待遇

第二十二条　城乡居民医疗保障待遇享受时间按自然年度（1月1日至12月31日）计算。城乡居民在参保缴费期内办理好参保手续的，从次年1月1日起享受医保待遇。新生儿及因户籍变动等客观因素导致未能在参保缴费期参保的，医保待遇享受时间按有关规定执行。

第二十三条　参保人员在城乡居民医保定点医疗机构基本医疗发生的医疗费用，执行以下支付标准：

（一）起付线：

1. 住院起付线以年度为周期实行动态调整机制。

2. 本省内省级定点医疗机构住院起付线严格执行省定标准，市级定点医疗机构由市人力资源和社会保障局确定。省外医疗机构住院原则上执行本省内同级定点医院起付线标准，具体标准由各县市区结合实际确定。

3. 县级及县级以下定点医疗机构起付标准，由各县市区人民政府确定，原则上乡镇卫生院、街道卫生服务中心不低于200元/次，县级医院不低于500元/次。

（二）报销比例：

1. 县级及县级以下定点医疗机构住院政策范围内的医疗费用报销比例，由各县市区人民政府结合实际确定，原则上乡镇卫生院、街道卫生服务中心报销比例不低于80%，县级医院报销比例不低于70%。

2. 本省内省级定点医疗机构住院基本医疗政策范围内费用报销比例按省定标准执行，市级定点医疗机构住院按市人力资源和社会保障局确定的标准执行，省外医院住院政策范围内基本医疗费用报销比例全市统一为50%。

第二十四条 城乡居民医保对儿童先心病、白血病等24种疾病救治暂统一按省卫生计生委、民政厅、财政厅《关于规范部分新农合重大疾病按病种付费工作的实施意见》（湘卫合管发〔2015〕2号）规定执行，实行单病种定额包干结算付费，规范临床路径管理，按照城乡居民医保基金与民政医疗救助资金、参保居民部分自付的方式结算定额包干费用。今后政策发生调整的，按省、市有关规定执行。

第二十五条 对经民政部门审定发证、已参加城乡居民医保的特困供养人员，因病住院原则上应选择户籍所在的乡镇卫生院或社区卫生服务中心就近就医，因病情需要转诊到县级定点医疗机构住院的，须按规定办理转诊手续。在县、乡两级住院的，按规定报销后的政策范围内的自负医疗费用，由民政医疗救助资金统筹解决。社会保障兜底脱贫对象参保人员因病住院，按相关规定提高基本医疗保障待遇。

第二十六条 参保居民跨年度住院的，以出院时间为准，享受当年医疗保险待遇。未按规定办理续保手续的，次年度发生的医疗费用不予报销。

第二十七条 城乡居民医保在一个结算年度内，基本医疗保险（不含城乡居民大病保险）累计最高支付限额统一为15万元。

第二十八条 住院基本医疗费用支付其他情形：

（一）因突发疾病急诊抢救转为住院治疗的，急诊抢救医疗费用与住院医疗费用合并计算；急诊抢救死亡的，对政策范围内的医疗费用，视同住院医疗费用按规定报销。

（二）因外出务工、长期在外地居住、转省外医疗机构治疗等特殊情形在异地就医住院时，应选择当地城乡居民医保定点医疗机构就诊，按规定及时报参保所在地城乡居民医保经办机构申请办理有关审批备案手续后，其发生的政策范围内住院医疗费用，可比照省内同级别定点医疗机构相关标准予以报销。不按规定报备的，按照省外医院住院标准报销。

（三）在非城乡居民医保定点医疗机构发生的医疗费用原则上不予支付（危急重症患者抢救除外）。

（四）分级诊疗制度实施后，未按照分级诊疗制度有关规定办理住院转诊手续的（危急重症患者抢救除外），住院基本医疗费用报销比例相应降低15个百分点。

第二十九条 完善城乡居民医保门诊医疗保障政策，兼顾普通门诊和特殊门诊医疗需求，按照城乡居民医保基金总额15%左右的比例，建立门诊医疗统筹基金。其中普通门诊实行按人头付费方式予以包干支付，暂不具备开展门诊统筹的县市区，过渡期内在规范基金管理的前提下，可实行门诊统筹个人账户；特殊慢病病种（包括癌症保守治疗用药）门诊按照“基金可控、合理确定、统一标准、严格程序、限额支付、费用分担”的原则确定报销标准，具体标准由各县市区人民政府结合当地实际确定。

第三十条 完善城乡居民大病保险政策，提高参保居民重大疾病保障待遇。市人力资源和社会保障局要在《邵阳市人民政府办公室关于全面开展城乡居民大病保险工作的通知》（市政办发〔2015〕54号）的基础上，将省定大病保险特殊药品纳入支付范围，并根据大病保险基金运行情况，适当调整扩大合规医疗费用范围。加强大病保险合同管理，优化补偿流程，提升服务质量和水平，提高参保人员满意度。

第三十一条 各县市区可结合基金运行实际适当调整意外伤害报销标准，提高保障水平。

第三十二条 对参保人员符合计划生育政策规定的生育医疗费用（含产前检查费）给予一次性补助，平产最高补助标准为1300元，剖宫产最高补助标准为1600元。孕产妇高危重症救治发生的政策范围内住院医疗费用参照疾病住院相关标准报销。

第三十三条 城乡居民医保执行全省统一的基本医疗保险药品目录、诊疗项目、医疗服务设施范围及支付标准。

第三十四条 参保人员发生的下列医疗费不属于城乡居民医保基金支付范围：

（一）应当从工伤保险基金中支付的；

（二）依照有关法律规定应当由第三人负担的；

（三）应当由公共卫生负担的；

（四）在境外（含港、澳、台地区）就医的；

（五）国家和我省规定不予支付的其他情形。

第三十五条 强化城乡居民医保与城乡医疗救助政策联动。对于经城乡居民医保、大病保险和其他补充医疗保险补偿后自负费用仍有困难且符合医疗救助条件的患者，由民政等部门及时落实相关救助政策。

第六章 监督管理

第三十六条 人力资源和社会保障部门要完善城乡居民医保定点医药机构协议管理办法，强化服务协议管理和周期评估，建立健全考核评价机制和动态的准入退出机制。按照分级管理的原则，严格有关规定及程序，审查确定城乡居民医保定点医药机构，并面向社会公示。

第三十七条 推进分级诊疗，形成基层首诊、双向转诊、急慢分治、上下联动的分级诊疗模式。引导参保居民合理就医，形成“小病不出乡、大病不出县”的就医模式。

第三十八条 全面推行以总额控制为基础的医保付费方式改革，积极推进按病种付费、按疾病诊断相关分组（DRGs）付费、按人头付费、按床日付费、总额预付等复合式支付方式。建立“医疗、医保、医药”三医联动管理机制，健全医保管理经办机构与定点医疗机构及药品供应商的谈判协商机制和风险分担机制，推动形成合理的医保支付标准，引导协议医疗机构规范服务行为，控制医疗费用不合理增长。

第三十九条 各级城乡居民医保管理经办机构应当依法履行职责，建立健全城乡居民医保业务、财务、基金安全、风险管理和内部审计制度，严格履行城乡居民医保服务协议，加强对定点医药机构履行服务协议情况的日常管理和监督检查。支持承办城乡居民大病保险的商业保险机构，按照相关规定程序，通过医疗巡查、医疗费用核查等形式，参与医疗服务行为和医疗费用监督。

第四十条 做好全省范围内住院即时结算工作，规范即时结报服务流程，逐步推进参保居民异地就医即时结算工作，方便参保人员就医和报销。

第四十一条 人力资源社会保障部门应当加强对城乡居民医保制度实施、经办机构职责履行情况的监督管理，加强对基金收支、管理工作的监督检查，督促城乡居民医保经办机构定期向社会公示基金管理和使用情况。

第四十二条 统筹地区人民政府要成立由政府相关部门、人大代表、政协委员、医疗机构、参保居民、专家学者等参加的城乡居民医保监督委员会，对基金的筹集、运行、使用和管理实施社会监督。

第四十三条 设立市城乡居民医保咨询专家委员会，实行医疗保险重大问题专家咨询、评估制度。

第四十四条 建立城乡居民医保三级定期公示制度。各级定点医疗机构和统筹地区城乡居民医保经办机构、村（居）民委员会要在醒目位置设公示栏，定期公示城乡居民医保主要政策、服务流程、医疗费用报销情况和监督举报电话等内容。

第四十五条 切实加强城乡居民医保基金监督管理，对违反《中华人民共和国社会保险法》和基本医疗保险制度政策等有关规定的行为，依法依规严厉查处。

第七章 经办能力建设

第四十六条 各县市区人民政府要加强城乡居民医保经办能力建设，加强乡镇、街道社会保障服务平台建设，落实办公场所，保障医疗服务监管用车，合理配备与城乡居民医保管理服务相适应的人员编制，足额安排工作经费，确保城乡居民医保经办服务工作的顺利开展。加大政府购买服务的力度，探索委托具有资质的商业保险机构等社会力量参与城乡居民医保经办服务。

第四十七条 各级城乡居民医保经办机构要完善管理运行机制，逐步实现精细化管理，规范优化经办服务流程，不断提高管理效率和服务水平。

第四十八条 市、县级财政部门要加大对医保信息系统建设的投入，按照标准统一、资源共享、数据集中、服务延伸的原则，建立健全覆盖全市城乡的医疗保险信息网络。统筹推进各级社会保障信息平台网络建设，推广“互联网+医保”益民服务。推动社会保障卡在城乡居民参保缴费、即时结算等工作中的广泛应用。

第四十九条 各县市区应加强城乡居民医保经办体系内部建设和经办人员岗位培训，提高经办效率和服务能力。

第八章 附 则

第五十条 因重大疫情、灾情及重大事故所发生的城乡居民医疗费用，由市、县市区人民政府综合协调解决。

第五十一条 城乡居民医保筹资标准和待遇标准等应根据社会经济发展和城乡居民医保基金运行状况及时进行调整。调整方案由市人力资源和社会保障局根据上级政策规定，会同有关部门研究制定。

第五十二条 各县市区人民政府应根据本细则制定具体实施方案。

第五十三条 本实施细则自发文之日起施行。

邵阳市人民政府关于印发《邵阳市妇女发展规划（2016—2020年）》和《邵阳市儿童发展规划（2016—2020年）》的通知

各县、市、区人民政府，市直各有关单位：

现将《邵阳市妇女发展规划（2016—2020年）》和《邵阳市儿童发展规划（2016—2020年）》印发给你们，请认真组织实施。

邵阳市人民政府

2017年4月18日

邵阳市妇女发展规划（2016—2020年）

男女平等是我国的基本国策，男女平等的实现程度是衡量社会文明的重要标志。妇女占我市人口的近半数，是科学发展的有力推动者，是和谐邵阳重要建设者，是我国经济社会发展不可替代的重要力量。保障妇女权益，促进妇女发展，推动性别平等，对促进我市经济社会发展有着重要意义。2012年，邵阳市人民政府颁布实施了《邵阳市妇女发展规划（2011—2015年）》，将妇女发展纳入邵阳市国民经济和社会发展总体规划，不断完善保障妇女合法权益的法规政策体系，强化政府责任，加大经费投入，加强全社会的宣传动员，积极促进妇女与经济社会同步协调发展。五年来，各级政府及有关部门认真履职，《邵阳市妇女发展规划（2011—2015年）》确定的目标任务基本实现，我市在促进妇女发展和男女平等方面取得了重大进展。这五年是我市妇女发展的历史较好时期之一。但是受多种因素制约，我市妇女发展仍面临诸多问题与挑战。从现在起到2020年，是我国全面建成小康社会的关键时期，既为妇女发展提供难得的机遇，也提出了新的挑战。促进妇女全面发展，实现男女平等任重道远。

依照《中华人民共和国宪法》、《湖南省实施〈中华人民共和国妇女权益保障法〉办法》的基本原则，根据《中国妇女发展纲要（2011—2020年）》和《湖南省国民经济和社会发展第十三个五年规划纲要》及《邵阳市国民经济和社会第十三个五年规划纲要》的总体目标和要求，结合我市妇女发展和男女平等的实际情况，制定本规划。

一、指导思想和基本原则

（一）指导思想

高举中国特色社会主义伟大旗帜，全面贯彻党的十八大和十八届三中、四中、五中、六中全会精神，以马克思、列宁主义、毛泽东思想、邓小平理论、“三个代表”重要思想、科学发展观为指导，深入贯彻习近平总书记系列重要讲话精神，坚持“四个全面”战略布局，贯彻创新、协调、绿色、开放、共享发展新理念，在促进经济社会发展进程中，落实男女平等基本国策，保障妇女合法权益，优化妇女发展环境，提高妇女社会地位，推动妇女平等依法行使民主权利，平等参与经济社会发展，平等享有改革发展成果。

（二）基本原则

1. 坚持统筹兼顾，促进妇女全面发展。从妇女生存发展的基本需求出发，着力解决关系妇女切身利益的现实问题，努力实现妇女在政治、经济、文化和社会等各方面的全面发展。

2. 坚持男女平等，营造和谐发展环境。完善和落实促进男女平等的法规政策，更加注重社会公平，构建和谐、文明、先进的性别文化，营造良好的社会环境，缩小男女社会地位差距，促进两性平等、和谐发展。

3. 坚持立足实际，推动妇女协调发展。加大对农村及贫困地区和民族地区妇女发展的支持力度，通过完善制度、增加投入、优化项目布局等措施，缩小城乡区域妇女在人均收入水平、生活质量、文化教育、医疗卫生服务、社会保障等方面的差距。

4. 坚持妇女参与，突出重点发展领域。依法保障妇女参与经济社会发展的权利，尊重妇女的主体地位，引导和支持妇女在推动社会主义经济建设、政治建设、文化建设、社会建设、生态文明建设和党的建设中，实现自身的进步与发展。

二、总体目标

坚持男女平等基本国策，促进妇女全面发展，促进两性和谐发展，促进妇女与经济社会同步发展。保障妇女平等享有基本公共卫生服务，生命质量和健康水平明显提高；平等享有受教育的权利和机会，受教育程度持续提高；平等获得经济资源和参与经济发展，经济地位明显提升；平等参与社会事务管理，参政水平不断提高；平等享有社会保障，社会福利水平显著提高；平等参与环境决策和管理，发展环境更为优化；保障妇女合法权益的法规政策体系更加完善，合法权益得到切实保障。

三、发展领域、主要目标和策略措施

（一）妇女与健康

主要目标：

1. 妇女在整个生命周期享有良好的基本医疗卫生服务，妇女的人均预期寿命延长。

2. 孕产妇死亡率控制在18/100000以下。逐步缩小城乡区域差距，降低流动人口孕产妇死亡率。

3. 妇女常见病定期筛查覆盖率城市达到90%以上，农村达到85%以上。提高宫颈癌和乳腺癌的早诊早治率，降低死亡率。

4. 妇女艾滋病感染率和性病感染率得到较好控制。孕产妇艾滋病、梅毒和乙肝检测率分别达到90%以上，感染艾滋病、梅毒和乙肝的孕产妇及所生儿童采取预防母婴传播干预措施比例均达到90%以上。

5. 降低孕产妇中重度贫血患病率。

6. 提高妇女心理健康和精神疾病预防知识知晓率。

7. 保障妇女享有避孕节育知情选择权，减少非意愿妊娠，降低人工流产率。

8. 育龄妇女计划生育技术指导咨询服务覆盖率达到90%以上，计划生育手术并发症发生率控制在1‰以下。

9. 提高妇女经常参加体育锻炼的人数比例。

策略措施：

1. 加大妇幼卫生工作力度。优化卫生资源配置，增加农村和边远地区妇幼卫生经费投入。加强各级妇幼保健机构建设，坚持妇幼保健机构的公益性质，健全妇幼卫生服务网络，完善基层妇幼卫生服务体系，为妇女提供均等化的保健服务。加快妇幼卫生人才培养，加强妇幼保健机构人员配备。加大执法监督力度，严肃查处危害妇女健康的非法行为。

2. 加强妇女健康相关科学技术研究。充分依靠科技进步，统筹和优化科技资源配置，组织跨部门、跨地区、跨学科协同攻关，强化生殖健康与妇科重大疾病防治科学研究，加强对妇女健康主要影响因素及干预措施等的研究；鼓励自主创新，促进成果转化，推广促进妇女健康的新技术和适宜技术。

3. 提高妇女生殖健康服务水平。深入研究实施全面两孩政策对妇幼保健等方面带来的新挑战，针对妇女生理特点，大力普及生殖健康知识，提高妇女自我保健意识和能力。提供规范的青春期、育龄期、孕产期、更年期和老年期妇女生殖保健服务，有针对性地解决妇女特殊生理时期的健康问题。

4. 保障孕产妇安全分娩。加强基层医疗保健机构产科建设和人员培训，提高产科服务质量和孕产妇卫生保健水平。孕产妇系统管理率达到90%以上，孕产妇住院分娩率达到99%以上，农村孕产妇住院分娩率达到96%以上。健全孕产妇医疗急救网络，推广适宜助产技术，加强孕产妇危重症救治。落实农村孕产妇住院分娩补助政策。为孕产妇提供必要的心理指导和健康教育，普及自然分娩知识，帮助其科学选择分娩方式，控制剖宫产率。

5. 加大妇女常见病防治力度。普及妇女常见病防治知识，知识普及覆盖率达到80%。建立妇女常见病定期筛查制度。大力实施全市农村适龄妇女“两癌”免费检查重点民生实事项目。加大检查与救助专项资金投入，扩大宫颈癌、乳腺癌检查救助覆盖范围。加强基层妇幼健康服务人员的卫生保健专业知识及服务能力培训。提高医疗保健机构宫颈癌、乳腺癌诊治能力，对贫困、重症患者治疗按规定给予补助。

6. 预防和控制艾滋病、性病传播。完善艾滋病和性病防治工作机制。针对妇女重点人群加强宣传教育，推广有效干预措施。强化对娱乐场所的监管，严厉打击吸毒、嫖娼等违法行为。将预防艾滋病、梅毒、乙肝母婴传播纳入妇幼保健日常工作，强化预防艾滋病、梅毒和乙肝母婴传播综合服务，孕产妇艾滋病、梅毒和乙肝检测率分别达到90%以上，感染艾滋病、梅毒和乙肝的孕产妇及所生儿童采取预防母婴传播干预措施比例均达到90%以上。

7. 提高妇女营养水平。大力开展健康和营养知识的宣传普及和教育，提倡科学、合理的膳食结构和习惯。为孕前、孕产期和哺乳期妇女等重点人群提供有针对性的营养指导和干预。预防和治疗孕产妇贫血。加强对食品生产和流通的监管。

8. 保障妇女享有计划生育优质服务。研究推广安全、有效、适宜的避孕节育新技术和新方法，推行避孕节育知情选择，提供避孕节育优质服务。加大避孕知识宣传力度，将青少年纳入重点宣传范围，提高妇女自我保护意识和选择科学合理避孕方式的能力，预防和控制非意愿妊娠和人工流产。强化男女共同承担避孕节育的责任意识，开发、研制男性避孕节育产品，动员男性采取节育措施，提高男性避孕方法使用比重。

9. 提高妇女精神卫生服务水平。建立覆盖城乡、功能完善的精神卫生防治和康复服务网络。针对妇女生理和心理特点，开展咨询和服务。加强精神卫生专业机构和医疗保健机构人员精神卫生知识培训。开展妇女产后抑郁症预防、早期发现及干预。开展反对针对妇女暴力行为的医疗干预服务，多部门联合为妇女提供知识普及、医疗及法律援助服务，改善妇女身心状况。

10. 加强流动妇女卫生保健服务。完善流动妇女管理机制和保障制度，逐步实现流动妇女享有与流入地妇女同等的卫生保健服务。加大对流动妇女卫生保健知识的宣传力度。

11. 引导和鼓励妇女参加经常性体育锻炼。加强对妇女体育健身活动的科学指导，提高妇女健身意识。积极发展城乡社区体育，鼓励妇女参与全民健身运动。加强对老年妇女、残疾妇女体育活动的指导和服务。

（二）妇女与教育

主要目标：

1. 教育工作全面贯彻性别平等原则。

2. 学前三年毛入园率达到85%，女童平等接受学前教育。

3. 九年义务教育巩固率达到98%，女童平等接受九年义务教育，消除女童辍学现象。

4. 高中阶段教育毛入学率达到93%，女性平等接受高中阶段教育。

5. 高等教育毛入学率达到50%，女性平等接受高等教育，高等学校在校生中男女比例保持均衡。

6. 高等学校女性学课程普及程度提高。

7. 提高女性接受职业学校教育和职业培训的比例。

8. 主要劳动年龄人口中女性平均受教育年限达到10.8年。

9. 女性青壮年文盲率控制在2%以下。

10. 性别平等原则和理念在各级各类教育课程标准及教学过程中得到充分体现。

策略措施：

1. 在教育法规、政策和规划的制定、修订、执行和评估中，增加性别视角，落实性别平等原则。

2. 切实保障女童平等接受学前教育。资助贫困家庭女童和残疾女童接受普惠性学前教育。提高农村学前教育普及程度，多形式增加农村学前教育资源，着力保证留守女童入园。

3. 确保适龄女童平等接受义务教育。加大对教育法、义务教育法等法律法规的宣传力度，提高家长保障女童接受义务教育的守法意识和自觉性。

4. 保障女性平等接受高中阶段教育。加大对农村和贫困地区高中阶段教育的扶持力度，满足农村和贫困地区女生接受高中阶段教育的需求。对普通高中家庭经济困难女生和残疾女生给予资助，保障女生不因家庭经济困难和个人生活困难辍学。逐步分类推进中等职业教育免除学杂费，保障未升入高中的女童在就业前接受必要的职业教育。

5. 提高女性接受高等教育的水平。采取积极措施，保障女性平等接受高等教育，提高女性主要劳动年龄人口中受过高等教育的比例。多渠道、多形式为贫困和残疾女大学生提供资助。

6. 满足妇女接受职业教育的需求。坚持职业学校教育与职业培训并举，为妇女接受职业教育提供更多的机会和资源。扶持农村和贫困地区妇女和残疾妇女接受职业教育。为失学大龄女童提供补偿教育，增加职业培训机会。组织失业妇女接受多种形式的职业培训，提高失业妇女创业和再就业能力。根据残疾妇女身心特点，合理设置残疾妇女职业教育专业。

7. 提高妇女终身教育水平。构建灵活开放的终身教育体系，为妇女提供多样化的终身教育机会和资源。鼓励妇女接受多形式的继续教育，支持用人单位为从业妇女提供继续教育的机会。提高妇女利用新型媒体接受现代远程教育的能力。

8. 促进妇女参与社区教育。整合、优化社区教育资源，发展多样化社区教育模式，丰富社区教育内容，满足妇女个性化的学习和发展需求。大力发展社区老年教育，为老年妇女提供方便、灵活的学习条件。

9. 继续扫除妇女文盲。通过组织补偿学习，深化扫盲和扫盲后的继续教育，加大扫除女性青壮年文盲工作力度。

10. 加大女性技术技能人才培养力度。完善科技人才政策，探索建立多层次、多渠道的女性科技人才培养体系。依托重点实验室、重大科研项目和重大工程建设项目，聚集、培养女性专业技术人才和技能人才。

11. 加强妇女理论研究和高等学校女性学学科建设。在社科基金等科研基金中增加社会性别和妇女发展的相关项目和课题，推动妇女理论研究。鼓励高等学校开设女性学专业或女性学课程，培养女性学专业人才。

12. 实施教育内容和教育过程性别评估。在课程和教材相关指导机构中增加社会性别专家。在教育内容和教育方式中充分体现社会性别理念，引导学生树立男女平等的性别观念。

13. 提高教育工作者的社会性别意识。加大对教育管理者社会性别理论的培训力度，在师资培训计划和师范类院校相关课程中增加性别平等内容，强化教育管理者的社会性别意识。提高各级各类学校和教育行政部门决策和管理层的女性比例。

14. 均衡中、高等教育学科领域学生的性别结构。鼓励全面发展，弱化性别因素对专业选择的影响。采取多种方式，鼓励更多女性参与高科技领域的学习研究。

（三）妇女与经济

主要目标：

1. 保障妇女平等享有劳动权利，消除就业性别歧视。

2. 妇女占从业人员比例保持在40%以上，城镇单位女性从业人数逐步增长。

3. 男女非农就业率和男女收入差距缩小。

4. 技能劳动者中的女性比例提高。

5. 高级专业技术人员中的女性比例达到30%以上。

6. 保障女职工劳动安全，降低女职工职业病发病率。

7. 确保农村妇女平等获得和拥有土地承包经营权。

8. 妇女贫困程度明显降低。

策略措施：

1. 加大妇女经济权利的法律保障力度。深入研究供给侧结构性改革和经济发展新常态背景下产业结构调整和产业升级对女性就业带来的挑战，制定和完善保障妇女平等参与经济发展、平等享有劳动权利的法规政策，确保妇女平等获得经济资源和有效服务。严格执行就业促进法、劳动合同法等法律法规。

2. 消除就业中的性别歧视。深入研究实施全面两孩政策对妇女就业等方面带来的新挑战，进一步完善相关政策、合理配置资源、增强服务能力，切实保障妇女合法权益。除法律规定不适合女性的工种和岗位外，任何单位在录用人员时不得以性别或变相以性别为由拒绝录用女性或提高女性录用标准，不得在劳动合同中规定或以其他方式变相限制女性结婚、生育。加大劳动保障监察执法力度，依法查处用人单位和职业中介机构的性别歧视行为。

3. 扩大妇女就业渠道。大力推进第三产业发展，为妇女创造新的就业机会和就业岗位。不断提高中小企业和非公有制企业吸纳妇女就业的能力。采取有效措施，推动妇女在新兴产业和新兴行业就业。制定实施更加积极的就业政策，强化对就业困难妇女的就业援助。引导妇女积极参与实施大众创业、万众创新行动计划，通过“互联网+”等多种方式。积极培育创客空间、创新工场和家政服务电商平台等新型孵化模式，完善创业扶持政策，为妇女创业提供技能培训、跟踪指导等服务，按规定落实国家相关税费减免、贷款贴息政策，支持和帮助妇女创业。

4. 促进女大学生充分就业。加强面向高校女大学生的就业指导、培训和服务，引导女大学生树立正确的择业就业观。深入推进大学生创业引领计划及离校未就业高校毕业生就业促进计划，不断完善女大学生自主创业扶持政策，开展女大学生创业培训及孵化服务，推动女大学生创业就业。

5. 为就业困难妇女创造有利的就业条件。按规定落实公益性岗位政策，扶持大龄、残疾等就业困难妇女就业。认真落实有关法律规定，支持生育妇女重返工作岗位。按规定落实社会保险补贴、培训补贴、创业担保贷款贴息等就业创业扶持政策，帮助失业妇女创业就业。

6. 改善妇女就业结构。加快城乡一体化进程，多渠道引导和扶持农村妇女向非农产业有序转移。完善人才培养、评价、激励等政策，加强对妇女的职业技能培训，提高初、中、高级技能劳动者中的女性比例。引导妇女积极参与科学研究和技术领域的发展，为她们成长创造条件。

7. 全面落实男女同工同酬。建立健全科学合理的工资收入分配制度，对从事相同工作、付出等量劳动、取得相同劳绩的劳动者，用人单位要支付同等劳动报酬。

8. 保障女职工职业卫生安全。广泛开展职业病防治宣传教育，提高女职工特别是灵活就业女职工的自我保护意识。加强职业病危害的管理与监督。将女职工特殊劳动保护作为劳动保障监察和劳动安全监督的重要内容。加强女职工劳动保护，禁止安排女职工从事禁忌劳动范围的劳动，减少女职工职业病的发生。

9. 保障女职工劳动权益。不断完善女职工劳动保护法规政策，加强法律法规和安全卫生知识的宣传教育及培训，提高女职工自我保护意识。规范企业用工行为，提高企业劳动合同签订率，推进已建工会的企业签订并履行女职工权益保护专项集体合同。依法处理侵犯女职工权益案件。

10. 保障农村妇女土地权益。落实和完善保障农村妇女土地权益的相关政策，纠正与法律法规相冲突的村规民约。建立健全农村集体资金、资产、资源管理等各项制度，推动出台农村集体经济组织内部征地补偿费分配使用办法，确保妇女享有与男子平等的土地承包经营权、宅基地使用权和集体收益分配权。

11. 提高农村妇女经济收入。大力推动农业生产互助合作组织发展，提升农业生产规模和经营收益。保障农村妇女享有各项农业补贴。围绕农产品产地初加工、休闲农业和乡村旅游等农村第二、第三产业发展，积极创造适宜农村妇女就业的岗位。开展便于农村妇女参与的实用技术培训和职业技能培训，帮助农村留守妇女和返乡妇女多种形式创业就业。支持金融机构、企业等组织与妇女组织合作，面向农村妇女开展金融服务和相关培训。

12. 加大对贫困妇女的扶持力度。制定有利于贫困妇女的扶贫措施，保障贫困妇女的资源供给。帮助、支持农村贫困妇女实施扶贫项目。创业担保贷款等项目资金向城乡符合政策规定条件的贫困妇女倾斜。引导贫困妇女积极参与精准脱贫行动计划，到2020年实现脱贫。

（四）妇女参与决策和管理

主要目标：

1. 积极推动有关方面严格落实女性在各级人大代表、政协委员以及人大、政协常委中的比例要求。

2. 换届时，市党委、人大、政府、政协和县市区党委、政府领导班子中至少各配备1名女干部，交叉任职的不重复计算。

3. 市政府工作部门领导班子中女干部数量在现有基础上逐步增加。

4. 县（处）级以上各级地方政府和工作部门领导班子中担任正职的女干部占同级正职干部的比例逐步提高。

5. 企业董事会、监事会成员及管理层中的女性比例逐步提高。

6. 职工代表大会、教职工代表大会中女代表比例逐步提高。

7. 村委会成员中女性比例达到30%以上。村委会主任中女性比例达到6%以上。

8. 居委会成员中女性比例保持在50%左右。

策略措施：

1. 制定和完善促进妇女参与决策和管理的相关法规政策。积极推动有关方面采取措施提高人大代表、政协常委中的女性比例，提高人大代表、政协委员、村民委员会、居民委员会中的女性比例及候选人中的女性比例。

2. 为妇女参与决策和管理创造良好社会环境。开展多种形式的宣传，提高全社会的性别平等意识，以及对妇女在推动民主法治进程和促进两性和谐发展中重要作用的认识。

3. 提高妇女参与决策和管理的意识和能力。面向妇女开展宣传培训，不断提高妇女民主参与意识和能力，鼓励和引导妇女积极参与决策和管理。保障女干部接受各类培训的机会，加大对基层女干部的培训力度，不断提高女干部政治文化素质和决策管理能力。

4. 完善干部人事制度和公务员管理制度。在干部选拔、聘（任）用、晋升中切实贯彻“民主、公开、竞争、择优”原则，保障妇女不受歧视。加强对公务员录用、培训、考核、奖励、交流、晋升等各环节的严格监管，保证妇女平等权利。

5. 加大培养、选拔女干部力度。贯彻落实相关法规政策中关于女干部培养选拔和配备的要求。建立培养、选拔女干部情况动态监督机制，将目标任务的完成落实情况纳入各级各部门年度绩效考核内容。通过培养、交流等形式，推动一定比例的女干部到重要部门、关键岗位担任主要领导职务。注重从基层、生产一线培养选拔女干部。逐步提高后备干部队伍中女干部的比例。

6. 推动妇女参与企业经营管理。深化企业人事制度改革，坚持公开、透明、择优的选拔任用原则，通过组织推荐、公开招聘、民主选举、竞争上岗等方式，使更多妇女进入企业的董事会、监事会和管理层。

7. 推动妇女广泛参与基层民主管理。完善村委会、居委会等基层民主选举制度，为妇女参与基层民主管理创造条件。完善以职工代表大会为基本形式的民主管理制度，保障企事业职工代表大会女代表比例与女职工比例相适应。

8. 拓宽妇女参与决策和管理的渠道。在制定涉及公众利益和妇女权益的重大决策时，充分听取女人大代表、女政协委员和妇女群众的意见和建议。大力开展多种形式的参政议政活动，为妇女参与决策和管理提供机会。

9. 提高妇联组织参与决策和管理的影响力。

充分发挥妇联组织代表妇女参与社会事务的民主决策、民主管理和民主监督的作用。充分吸收妇联组织参与有关妇女法规政策和重大公共政策的制定，反映妇女群众的意见和诉求。重视妇联组织在培养、推荐女干部和优秀女性人才，以及推动妇女参政议政等方面的意见和建议。

（五）妇女与社会保障

主要目标：

1. 城乡生育保障制度进一步完善，生育保险覆盖所有用人单位，妇女生育保障水平稳步提高。

2. 基本医疗保险制度覆盖城乡妇女，医疗保障水平稳步提高。

3. 妇女养老保障覆盖面逐步扩大。继续扩大城镇个体工商户和灵活就业妇女的养老保险覆盖面，大幅提高城乡居民基本养老保险妇女参保率。

4. 妇女参加失业保险的人数符合法规要求，失业保险待遇水平逐步提高。

5. 有劳动关系的女性劳动者工伤保险待遇有保障。

6. 妇女养老服务水平提高，以城乡社区为单位的养老服务覆盖率达到90%以上。

策略措施：

1. 加强妇女社会保障法制建设。贯彻落实社会保险法，制定配套法规，为妇女普遍享有生育保险、医疗保险、养老保险、失业保险和工伤保险提供法制保障。

2. 完善生育保障制度。推进生育保障用人单位全覆盖。逐步合并实施生育保险和城镇职工医疗保险，完善城乡生育保障制度，依法保障女性职工的生育权利。

3. 确保城乡妇女享有基本医疗保障。建立统一的城乡居民基本医疗保险制度，整合城镇居民医保、新农合制度管理和经办资源，逐步提高保障水平。

4. 完善覆盖城乡的养老保险制度。完善统账结合的城镇职工基本养老保险制度，促进商业保险与社会保险、补充保险相衔接，形成多层次的保障体系。按照国家统一部署，实现职工基础养老金全国统筹。建立基本养老金正常调整机制，逐步提高城乡居民基本养老保险基础养老金标准。

5. 进一步完善失业保险制度。提高失业保险覆盖率和统筹层次，切实保障女性失业者的失业保险合法权益。

6. 保障女性劳动者的工伤保险合法权益。扩大工伤保险覆盖范围，加大执法力度，确保各项工伤保险待遇的落实。

7. 完善城乡社会救助制度。建立与经济增长和物价水平相适应的救助标准调整机制，合理确定救助水平，对符合救助条件的妇女进行救助。

8. 倡导社会力量参与救助。大力支持和规范社会组织和公民的救助活动，鼓励社会组织开展公益活动，多方动员社会资源，为困难妇女提供救助。

9. 保障老年妇女享有基本养老服务。建立健全社会养老服务体系，加大老龄事业投入，发展公益性社区养老机构，加强养老服务队伍的专业化建设，提高社区的养老照护能力和服务水平。

10. 为残疾妇女提供社会保障。为重度和贫困残疾妇女参加社会保险提供保费补贴。多渠道保障残疾贫困妇女的基本生活。加强残疾人福利机构和康复服务机构建设，市、县普遍建立残疾人综合服务设施。推进残疾妇女社区康复。

（六）妇女与环境

主要目标：

1. 男女平等基本国策进一步落实，形成两性平等、和谐的家庭和社会环境。

2. 性别平等原则在环境与发展、文化与传媒、社会管理与家庭等相关政策中得到充分体现。

3. 完善传媒领域的性别平等监管机制。

4. 开展基于社区的婚姻家庭教育和咨询，建立平等、文明、和谐、稳定的家庭关系。

5. 鼓励和引导妇女做和谐家庭建设的推动者。

6. 开展托幼、养老家庭服务，为妇女更好地平衡工作和家庭责任创造条件。

7. 增加市、县妇女活动场所。到2020年，各县市区至少建立1个妇女活动中心。

8. 全面解决农村饮水安全问题，降低水污染对妇女健康的危害。农村人口自来水普及率提高到

80%以上。农村集中式供水受益人口比例提高到85%左右。

9. 农村卫生厕所普及率提高到85%。城镇公共厕所男女厕位比例与实际需求相适应。

10. 倡导妇女参与生态建设，践行低碳生活。引导农村妇女积极参与农村垃圾治理和美丽家园建设。

11. 提高妇女预防和应对灾害风险的能力，满足妇女在减灾中的特殊需求。

策略措施：

1. 加大男女平等基本国策的理论研究和宣传力度。将男女平等基本国策理论研究与中国特色社会主义理论研究相结合，不断丰富男女平等基本国策的理论基础。推动将男女平等基本国策宣传培训纳入各级党校、行政学院教学计划和各级干部培训规划。多渠道、多形式宣传男女平等基本国策，使性别平等理念深入社区、家庭，提高基本国策的社会影响力。

2. 制定和落实具有社会性别意识的文化和传媒政策。对文化和传媒政策进行社会性别分析、评估，反映对男女两性的不同影响和需求，制定促进两性和谐发展的文化和传媒政策，禁止性别歧视。

3. 大力宣传妇女在推动经济社会发展中的积极作用。在新闻出版、广播影视以及文学艺术等领域，充分展示妇女参与和推动经济社会发展及社会进步的成就、价值和贡献。大力宣传妇女中的先进模范人物，引导广大妇女发扬自尊、自信、自立、自强的精神。

4. 加强对传媒的正面引导和管理。加强新闻媒体对妇女工作的正面宣传和舆论引导，将社会性别意识纳入传媒培训规划，提高媒体决策和管理者及从业人员的社会性别意识。完善传媒监管机制，增加性别监测内容，吸纳社会性别专家参与传媒监测活动。

5. 提高妇女运用媒体获取知识和信息的能力。为妇女接触、学习和运用大众媒体提供条件和机会。支持和促进农村和贫困、流动、残疾等妇女使用媒体和通信传播技术。鼓励民间机构和企业等运用各类信息通信技术帮助农村和贫困地区妇女获得信息和服务。

6. 营造平等、和谐的家庭环境。通过开展多种形式的宣传教育活动，弘扬尊老爱幼、男女平等、夫妻和睦、勤俭持家、邻里团结的家庭美德，树立先进的性别文化，倡导文明、健康、科学的生活方式和男女共同承担家庭责任。

7. 深入开展家庭教育指导服务和宣传活动。充分发挥传统与现代传媒作用，普及家庭教育知识，帮助家长树立科学的教育理念，掌握正确方法。引导家长接受家庭教育指导服务和家庭教育实践活动。通过有效措施，吸纳妇女参与家庭教育研究，推广家庭教育成果。

8. 大力推进社区公共服务体系建设。发展面向家庭的公共服务，为夫妻双方兼顾工作和家庭提供支持。发展公共托幼服务，为婴幼儿家庭提供支持。强化城乡社区儿童服务功能，提高家务劳动社会化程度。

9. 减少环境污染对妇女的危害。完善环境监测和健康监测数据库，加强对环境污染的控制和治理，有效减少各种污染对环境的影响。提高生活垃圾减量化、资源化和无害化水平。加强清洁能源的开发利用，改善家庭能源结构。加大对从事有毒有害作业妇女健康的保护力度。

10. 组织动员妇女积极参与生态建设和环境保护。开展多层次、多形式的生态和环境保护宣传教育活动，增强妇女生态文明意识，提高妇女参与生态建设和环境保护的主动性。

11. 建立健全农村饮水安全保障体系。继续推进农村饮水安全巩固提升工程建设，大力发展农村自来水工程，加强农村饮水安全工程运行管理，落实管护主体，加强水源保护和水质监测，确保工程长期发挥效益。

12. 提高农村卫生厕所的普及程度。大力宣传改厕的重要意义，鼓励农民自觉改厕。加强对改厕工作的技术指导和服务。将改厕纳入新农村建设规划，改厕成效纳入政府年度工作考核范围。

13. 推动城镇公共厕所男女厕位比例与实际需求相适应。在场馆、商场等公共场所的建设规划中，从性别视角进行公共厕所的男女使用需求和效率的分析研究，充分考虑妇女生理特点，确定合理的男女厕位比例。

14. 在减灾工作中体现性别意识。根据妇女特殊需求，在减灾工作中对妇女提供必要的救助和服务。通过宣传培训，提高妇女预防和应对灾害的能力，吸收妇女参与相关工作。加强对灾区妇女的生产自救和就业指导。

（七）妇女与法律

主要目标：

1. 促进男女平等的地方性法规、规章和政策体系不断完善。

2. 加强对法规政策的性别平等评估。

3. 妇女依法维护自身合法权益的意识和能力不断增强。

4. 严厉打击强奸、拐卖妇女和组织、强迫、引诱、容留、介绍妇女卖淫等严重侵害妇女人身权利的犯罪行为。

5. 预防和制止针对妇女的家庭暴力。

6. 保障妇女在婚姻家庭关系中的财产权益。

7. 保障妇女依法获得法律援助和司法救助。

策略措施：

1. 不断完善保障妇女合法权益的法规、规章和政策体系。针对妇女权益保障中的突出问题，推动制定和完善相关法规，保障妇女在政治、文化教育、人身、财产、劳动、社会保障、婚姻家庭等方面的权利。

2. 建立健全地方法规政策性别平等评估机制，对本地区涉及性别平等和妇女权益保护的地方性法规、规章以及其他规范性文件开展咨询评估。对现行地方性法规、规章和政策中与性别平等原则不符的条款和内容进行清理。确保性别平等理念在政策法规中得到体现。

3. 保障妇女有序参与地方立法和公共政策制定。引导和鼓励广大妇女通过多种途径参与地方立法和公共政策制定，发表意见和建议。拓展妇联组织和其他妇女组织参与地方立法和公共政策制定的途径，广泛听取其意见和建议。

4. 支持和配合各级人大开展对维护妇女合法权益相关法律法规的执法检查，深入了解法律法规执行中的问题，提出解决问题的意见和建议。

5. 广泛深入宣传保障妇女合法权益的法律知识。加大普法力度，将保障妇女合法权益法律知识的宣传教育纳入全民普法规划，推动城乡社区普法工作深入开展。面向广大妇女多渠道、多形式开展专项普法活动。

6. 加强社会性别理论培训。将社会性别理论纳入司法和执法部门常规培训课程，提高司法和执法人员的社会性别意识。

7. 提高妇女在司法和执法中的影响力。鼓励和推荐符合条件的妇女担任人民陪审员。鼓励和推荐有专业背景的妇女担任人民检察院特约检察员或人民监督员。

8. 严厉打击组织、强迫、引诱、容留、介绍妇女卖淫犯罪活动。强化整治措施，加大监管力度，严厉查处涉黄娱乐服务场所，依法从严惩处犯罪分子。加大社会治安综合治理力度，鼓励群众对涉黄违法犯罪活动进行举报和监督。

9. 加大反对拐卖妇女的工作力度。坚持预防为主、防治结合，提高全社会的反拐意识和妇女的防范意识。加强综合治理，加大对拐卖妇女犯罪行为的打击力度。加强被解救妇女身心康复和回归社会的工作。

10. 预防和制止针对妇女的家庭暴力。加强《反家庭暴力法》的宣传教育和贯彻落实，增强全社会自觉抵制家庭暴力的意识和能力，提高受家庭暴力侵害妇女的自我保护能力，完善预防和制止家庭暴力多部门合作机制以及预防、制止、救助一体化工作机制。市县两级人民政府可以单独或者依托救助管理机构设立临时庇护场所，为家庭暴力受害人提供临时生活帮助。

11. 有效预防和制止针对妇女的性骚扰。建立健全预防和制止性骚扰的法规和工作机制，加大对性骚扰行为的打击力度。用人单位采取有效措施，防止工作场所的性骚扰。

12. 维护婚姻家庭关系中的妇女财产权益。依照有关法律规定，在审理婚姻家庭和继承案件中，体现性别平等；在离婚案件审理中，考虑婚姻关系存续期间妇女在照顾家庭上投入的劳动、妇女离婚后的生存发展以及抚养未成年子女的需要，实现公平补偿。

13. 维护农村妇女在村民自治中的合法权益。贯彻落实村民委员会组织法，保障妇女依法行使民主选举、民主决策、民主管理、民主监督的权利。乡（镇）人民政府对报送其备案的村民自治章程、村规民约、征地补偿安置分配方案等重大事项的报告审查制度，发现有与宪法、法律、法规和国家政策相抵触，含有歧视妇女或损害妇女合法权益内容的，应及时予以纠正。

14. 及时受理侵害妇女权益案件。依照有关法律规定，对涉及妇女个人隐私的案件，在诉讼过程中采取措施使受害妇女免受二次伤害。

15. 依法为妇女提供法律援助。提高法律援助的社会知晓率，鼓励符合条件的妇女申请法律援助并为其提供便利。进一步扩大法律援助覆盖面，健全完善法律援助工作网络。鼓励和支持法律服务机构、社会组织、事业单位等为妇女提供公益性法律服务和援助。

16. 依法为妇女提供司法救助。依法为涉法涉诉妇女提供司法救助，实行诉讼费的缓交、减交或免交。建立完善刑事被害人救助制度，对因受犯罪侵害而陷入生活困境的妇女实行救助，保障受害妇女的基本生活。

四、组织实施

（一）加强对规划实施工作的组织领导。各级人民政府负责实施本规划。各有关部门、相关机构和社会团体结合各自职责，承担落实规划中相应目标任务。各级政府妇儿工委负责规划实施的组织、协调、指导和督促。

（二）制定地方妇女发展规划和部门实施方案。县级以上地方人民政府依据本规划，结合实际制定本地区妇女发展规划。全市各级各有关部门、相关机构和社会团体结合各自职责，按照任务分工，制定实施方案，形成全市妇女发展规划体系。

（三）将规划纳入我市国民经济和社会发展总体规划。在国民经济和社会发展总体规划中体现男女平等基本国策，将妇女发展的主要指标纳入经济和社会发展总体规划及专项规划，统一部署，统筹安排，同步实施，同步发展。

（四）保障妇女发展的经费投入。各级人民政府将实施规划所需经费纳入财政预算，并根据工作实际需要逐步增加。重点扶持农村、贫困地区和少数民族地区妇女发展。动员社会力量，多渠道筹集资金，支持妇女发展。

（五）建立健全实施规划的工作机制。建立政府主导、多部门合作、全社会参与的工作机制，共同做好规划实施工作。建立目标管理责任制，将规划主要目标纳入相关部门、机构和社会团体的目标管理和考核体系，考核结果作为对领导班子和有关负责人综合考核评价的重要内容。健全报告制度，各有关部门每年向本级政府妇儿工委和上级主管部门报告规划实施的情况，各级妇儿工委每年向上级妇儿工委报告本地区规划实施的总体情况。健全会议制度，定期召开各级妇儿工委全体会议，汇报、交流实施规划的进展情况。健全监测评估制度，明确监测评估责任，加强监测评估工作。

（六）坚持和创新实施规划的有效做法。及时开展对妇女发展和权益保护状况的调查研究，掌握新情况，分析新问题，为制定相关法规政策提供依据。加强妇女发展领域理论研究，总结探索妇女发展规律和妇女工作规律。不断创新工作方法，通过实施项目、为妇女办实事等方式解决重点难点问题；通过分类指导、示范先行，总结推广经验，推进规划实施。

（七）加大实施规划宣传力度。多渠道、多形式面向各级领导干部、妇女工作者、广大妇女和全社会宣传规划内容及规划实施中的典型经验和成效，宣传促进妇女发展的法规政策，营造有利于妇女发展的良好社会氛围。

（八）加强实施规划能力建设。将实施规划所需知识纳入培训计划，举办多层次、多形式培训，增强政府及各有关部门、机构相关人员、相关专业工作者实施规划的责任意识和能力。

（九）鼓励妇女参与规划实施。妇女既是规划实施的受益者，也是规划实施的参与者。实施规划应听取妇女的意见和建议。鼓励妇女参与规划实施，提高参与意识和能力，实现自身发展。

五、监测评估

（一）对规划实施情况进行年度监测、中期评估和终期评估。及时收集、整理、分析反映妇女发展状况的相关数据和信息，动态反映规划目标进展情况。在此基础上，系统分析和评价规划目标达标状况，评判规划策略措施和实施工作效果、效率、效益预测妇女发展趋势。通过监测评估，准确掌握妇女发展状况，制定和调整促进妇女发展的政策措施，推动规划目标的实现。

（二）各级妇儿工委设立监测评估领导小组，负责组织领导监测评估工作，审批监测评估方案，审核监测评估报告等。监测评估领导小组下设监测组和评估组。

监测组由各级统计部门牵头，承担规划目标任务的相关部门共同组成。负责规划监测统计工作的指导和人员培训，研究制定监测统计方案，收集、整理、分析数据和信息，撰写并提交年度监测报告等。

评估组由各级妇儿工委办公室牵头，承担规划目标任务的相关部门以及相关领域的专家学者共同组成，制定评估方案，组织开展评估工作，撰写并提交评估报告等。

（三）各级政府要将监测评估工作所需经费纳入财政预算。各级人民政府及有关部门结合监测评估结果开展宣传，研究利用监测评估结果加强规划实施。

（四）建立妇女发展综合统计制度，规范和完善与妇女生存、发展有关的统计指标和分性别统计指标，将其纳入部门常规统计或统计调查。建立和完善市县各级妇女发展监测数据库。

（五）各级妇儿工委成员单位、相关机构及有关部门要向同级统计部门报送年度监测数据，向同级妇儿工委提交中期和终期评估报告。

邵阳市儿童发展规划
（2016—2020年）

儿童是祖国的未来，是社会发展的重要资源。促进儿童发展，对于全面提高中华民族的素质，具有不可替代的作用。儿童时期是人生发展的关键时期。以科学的儿童发展观为指导，为儿童提供必要的发展条件和机会，最大限度地满足儿童的发展需要，发挥儿童的潜能，将为儿童一生的成长奠定重要基础。

2012年，邵阳市人民政府颁布实施了《邵阳市儿童发展规划（2011—2015年）》，将儿童发展纳入邵阳市国民经济和社会发展总体规划，从儿童健康、教育、法律保护和环境等领域提出了儿童发展的主要目标和策略措施。五年来，各级政府及有关部门认真履职，加快完善保护儿童权利的法规政策，强化政府管理儿童事务的责任，促进儿童事业与经济社会同步发展，全市儿童事业取得了历史性进步，这五年是我市儿童发展的历史较好时期，但是受社会经济发展水平、社会文化环境等多种因素制约，我市儿童发展和权利保护依然面临许多问题和困难。未来的五年，是我国全面建成小康社会的关键时期，儿童发展面临前所未有的机遇，同时，也对儿童发展提出了新的要求和挑战，促进儿童发展和权利保护仍然是今后一个时期儿童工作的重大任务。

依照《中华人民共和国未成年人保护法》等相关法律法规，根据《中国儿童发展纲要（2011—2020年）》和《湖南省国民经济和社会发展第十三个五年规划纲要》及《邵阳市国民经济和社会发展第十三个五年规划纲要》的总体目标和要求，结合我市儿童发展实际，制定本规划。本规划所指儿童为出生至未满18周岁的人。

一、指导思想和基本原则

（一）指导思想

高举中国特色社会主义伟大旗帜，全面贯彻党的十八大和十八届三中、四中、五中、六中全会精神，以马克思、列宁主义、毛泽东思想、邓小平理论、“三个代表”重要思想、科学发展观为指导，深入贯彻习近平总书记系列重要讲话精神，坚持“四个全面”战略布局，深入贯彻落实儿童优先原则，保障儿童生存、发展、受保护和参与的权利，缩小城乡区域儿童发展差距，提升儿童福利水平，提高儿童整体素质，促进儿童健康、全面发展。

（二）基本原则

1. 儿童优先原则。在制定地方法规、政策规划和配置公共资源等方面优先考虑儿童的利益和需求。

2. 儿童最大利益原则。从儿童身心发展特点和利益出发处理与儿童相关的具体事务，保障儿童利益最大化。

3. 依法保护原则。在儿童身心发展的全过程，依法保障儿童合法权利，促进儿童全面健康成长。

4. 儿童平等发展原则。创造公平社会环境，确保儿童不因户籍、地域、性别、民族、信仰、受教育状况、身体状况和家庭财产状况受到任何歧视，所有儿童享有平等的权利与机会。

5. 儿童参与原则。鼓励并支持儿童参与家庭、文化和社会生活，创造有利于儿童参与的社会环境，畅通儿童意见表达渠道，重视、吸收儿童意见。

二、总体目标

完善覆盖城乡儿童的基本医疗卫生制度，提高儿童身心健康水平；促进基本公共教育服务均等化，保障儿童享有更高质量的教育；扩大儿童福利范围，建立和完善适度普惠的儿童福利体系；提高儿童工作社会化服务水平，创建儿童友好型社会环境；完善保护儿童的法规体系和保护机制，依法保护儿童合法权益。

三、发展领域、主要目标和策略措施

（一）儿童与健康

主要目标：

1. 严重多发致残的出生缺陷发生率逐步下降，减少出生缺陷所致残疾。

2. 婴儿和5岁以下儿童死亡率分别控制在6.5‰和9‰以下。降低流动人口中婴儿和5岁以下儿童死亡率。

3. 减少儿童意外伤害所致死亡和残疾。降低18岁以下儿童意外伤害所致死亡率、残疾率。

4. 防控儿童常见疾病和艾滋病、梅毒、结核病、乙肝等重大传染性疾病。

5. 纳入国家免疫规划的疫苗接种率以乡镇为单位达到95%以上。

6. 新生儿破伤风发病率以县为单位控制在1‰以下。

7. 低出生体重发生率控制在4%以下。

8. 0～6个月婴儿纯母乳喂养率达到50%以上。

9. 5岁以下儿童贫血患病率控制在12%以下，降低中小学生贫血患病率。

10. 5岁以下儿童生长迟缓率控制在7%以下，低出生体重发生率降低到5%以下。

11. 提高中小学生身体素质。控制中小学生视力不良、龋齿、超重/肥胖、营养不良发生率。5岁以下儿童肥胖发生率控制在3%以下。

12. 降低儿童心理行为问题发生率和儿童精神疾病患病率。

13. 提高适龄儿童性与生殖健康知识普及率。

14. 减少环境污染对儿童的伤害。

策略措施：

1. 加大妇幼卫生经费投入。优化卫生资源配置，增加农村和贫困地区妇幼卫生经费投入，促进儿童基本医疗卫生服务的公平性和可及性。

2. 加强妇幼卫生服务体系建设。市、县均设置1所政府举办、标准化的妇幼保健机构。加强县、乡、村三级妇幼卫生服务网络建设，完善基层妇幼卫生服务体系。加强儿童医疗保健服务网络建设，二级以上综合医院设置儿科，增加儿童医院数量，规范新生儿病室建设。加强儿童卫生人才队伍建设，提高儿童卫生服务能力。加强儿科医生数量配备，扩大高校招生和培养比例。在儿科、儿童保健人员职称评定方向给予政策倾斜。

3. 加强儿童保健服务和管理。深入研究实施全面两孩政策对儿童保健等方面带来的新挑战。促进儿童早期发展，建立培训示范基地。加强爱婴医院建设管理，推进儿童医疗保健科室标准化建设，开展新生儿保健、生长发育监测、营养与喂养指导、早期综合发展、心理行为发育评估、咨询、指导、干预等服务。逐步扩展国家基本公共卫生服务项目中的儿童保健服务内容。3岁以下儿童系统管理率和7岁以下儿童保健管理率均达到80%以上。

将流动儿童纳入流入地社区儿童保健管理体系，提高流动人口中的儿童保健管理率。

4. 完善出生缺陷防治体系。落实出生缺陷防治办法，将其纳入各级政府目标管理考核内容。落实出生缺陷三级防治措施，加强婚前医学检查知识宣传，规范落实检查项目，改进服务模式，提高婚前医学检查率。加强孕产期合理营养与膳食指导。健全产前筛查诊断网络，提高网络机构诊断服务能力，早诊断、早干预。加强新生儿疾病筛查、诊断、治疗和跟踪随访，扩大筛查病种。先天性甲状腺功能减低症、新生儿苯丙酮尿症等遗传代谢性疾病筛查率达到80%以上，新生儿听力筛查率达到65%以上，提高确诊病例治疗率和康复率。加大出生缺陷防治知识宣传力度，提高目标人群出生缺陷防治知识知晓率。

5. 加强儿童疾病防治及相关科学技术研究。扩大免疫规划范围，加强疫苗冷链系统建设和维护，规范预防接种行为。以城乡社区为重点，普及儿童健康基本知识。加强儿童健康相关科学技术研究，促进成果转化，推广适宜技术，降低新生儿窒息、肺炎和先天性心脏病等的死亡率。规范儿科诊疗行为。鼓励儿童专用药品研发和生产，扩大基本药物目录中儿科用药品种和剂型范围，完善儿童用药目录。将预防艾滋病母婴传播、先天梅毒和乙肝综合服务纳入妇幼保健常规工作，孕产妇艾滋病、梅毒和乙肝检测率分别达到90%以上，感染艾滋病、梅毒、乙肝的孕产妇及所生儿童采取预防母婴传播干预措施比例均达到90%以上。

6. 预防和控制儿童意外伤害。制定实施多部门合作的儿童意外伤害综合干预行动计划，加大执法和监管力度，为儿童创造安全的学习、生活环境，预防和控制溺水、跌伤、交通伤害等主要伤害事故发生。将安全教育纳入学校教育教学计划，中小学校、幼儿园和社区普遍开展灾害避险以及游泳、娱乐、交通、消防安全和产品安全知识教育，提高儿童家长和儿童的自护自救、防灾避险的意识和能力。建立健全学校和幼儿园的安全、卫生管理制度和校园伤害事件应急管理机制。建立完善儿童意外伤害监测系统和报告制度。提高灾害和紧急事件中保护儿童的意识和能力，为受灾儿童提供及时有效的医疗、生活、教育、心理康复等方面的救助服务。

7. 改善儿童营养状况。完善和落实支持母乳喂养的相关政策，积极推行母乳喂养。开展科学喂养、合理膳食与营养素补充指导，提高婴幼儿家长科学喂养知识水平、育儿技能水平。加强医疗卫生人员技能培训，预防和治疗营养不良、贫血、肥胖、维生素D缺乏性佝偻病等儿童营养性疾病。实施贫困地区学龄前儿童营养与健康干预项目，继续推行中小学生营养改善计划。

8. 提高儿童身体素质。合理安排学生学习、休息和娱乐时间，保证学生睡眠时间和每天一小时校园体育活动。鼓励和支持学校体育场馆设施在课余和节假日向学生开放。完善并落实学生健康体检制度和体质监测制度，建立学生体质健康档案。

9. 加强对儿童的健康指导和干预。开展家庭育儿技能培训，帮助家长或监护人掌握促进儿童生长发育和健康的技能。加强托幼机构和中小学校卫生保健管理，对儿童开展疾病预防、心理健康、生长发育与青春期保健等方面的教育和指导，提高儿童身心健康素养水平。帮助儿童养成健康行为和生活方式。加强儿童视力、听力和口腔保健工作。严禁向儿童出售烟酒和违禁药品。预防和制止儿童吸烟、酗酒和成瘾物质使用。

10. 构建儿童心理健康公共服务网络。儿童医院、精神专科医院、精神卫生中心和有条件的妇幼保健机构设儿童心理科（门诊），配备专科医师。学校设心理咨询室，配备专职心理健康教育教师。开展精神卫生专业人员培训。

11. 加强儿童生殖健康服务。将性与生殖健康教育纳入义务教育课程体系，增加性与生殖健康服务机构数量，加强能力建设，提供适合适龄儿童的服务，满足其咨询与治疗需求。

12. 保障儿童食品、用品安全。完善婴幼儿食品、用品的检测标准和质量认证体系，强化生产经营企业的质量意识，建立婴幼儿食品安全监测、检测和预警机制，加强农村地区食品市场监管，严厉打击制售假冒伪劣食品的违法犯罪行为。加强婴幼儿用品、玩具生产销售和游乐设施运营的监管。健全儿童玩具、儿童用品等的缺陷产品召回制度。

13. 加大环境保护和治理力度。控制和治理大气、水、土地等环境污染以及工业、生活和农村面源污染，加强饮用水源保护。加强监管，确保主要持久性有机污染物和主要重金属（铅、镉等）暴露水平符合标准。

（二）儿童与教育

主要目标：

1. 促进 0 ~3 岁儿童早期综合发展。

2. 基本普及学前教育。学前三年毛入园率达到 85% 。

3. 义务教育巩固率稳定在 98% 以上。确保流动儿童平等接受义务教育，保障残疾儿童接受义务教育。

4. 普及高中阶段教育，毛入学率达到 93% 。

5. 中等职业教育规模扩大，办学质量提高。

6. 保障所有儿童享有公平教育，均衡配置教育资源，缩小城乡差距、区域差距、校际差距。

7. 学校标准化建设水平提高，薄弱学校数量减少。

8. 教育质量和效益不断提高，学生综合素质和能力全面提升。

策略措施：

1. 落实教育优先发展战略。切实保证经济社会发展规划优先安排教育发展，财政资金优先保障教育的投入，公共资源优先满足教育和人力资源开发需要。完善体制和政策，鼓励社会力量兴办教育，不断扩大社会资源对教育的投入。

2. 依法保障儿童受教育的权利。各级政府要组织和督促适龄儿童入学接受义务教育，帮助解决适龄儿童接受义务教育的困难，采取措施防止其辍学。父母或其他监护人要保障适龄儿童依法接受并完成义务教育。学校要耐心教育、帮助品行有缺点、学习有困难的学生，不得违反法律和国家规定开除或变相开除学生。

3. 促进基本公共教育服务均等化。坚持基本公共教育的公益性和普惠性，加快建立城乡一体化的教育发展保障机制和基本公共教育服务体系，均衡配置教师、设备、图书、校舍等资源，推进义务教育均衡发展。实行统一的城乡义务教育经费保障机制。加快义务教育标准化学校建设和“全面改薄”进程，推进城乡义务教育学校校舍、场所达标建设，基本实现办学条件现代化，消除城市义务教育“大班额”、农村学校“大通铺”问题。建立县域内公办义务教育学校教师“县管校聘”及校长教师轮岗交流制度

4. 普及高中阶段教育。优化高中阶段学校布局，推进普通高中和中等职业学校协调发展。扶持集中连片特困地区和民族地区高中学校建设。继续办好示范高中，推进特色高中、综合高中建设，推动普通高中多样化、特色化发展。完善普通高中家庭经济困难学生国家资助制度，率先对建档立卡家庭困难学生实施普通高中免除学杂费。

5. 大力发展职业教育。实施卓越职业院校建设计划，支持建设一批区域特色鲜明、对接产业紧密、办学定位准确的卓越职业院校。实施特色专业体系建设计划，扶持建设一批示范性特色专业群和特色专业。支持中高等职业院校改善基本办学和实习实训条件，建设开放型公共技能实训基地，支持区域性、行业性公共实训中心建设。支持技工院校改革发展。逐步分类推进中等职业教育免除学杂费工作。

6. 积极开展 0-3 岁儿童科学育儿指导。积极发展公益性普惠性的儿童综合发展指导机构，以幼儿园和社区为依托，为 0-3 岁儿童及其家庭提供早期保育和教育指导。加快培养 0-3 岁儿童早期教育专业化人才。

7. 提升学前教育发展水平。加快发展公办幼儿园，实施第二轮学前教育三年行动计划，新建、改扩建一批公办幼儿园，支持农村、贫困地区发展学前教育，建立政府主导、社会参与、公办民办并举的办园格局。鼓励利用中小学布局调整、乡镇区划调整后的富余公共资源改建成幼儿园。每个乡镇至少办好一所公办中心幼儿园，大村独立建园，小村设分园或联合办园，人口分散地区提供灵活多样的学前教育服务。支持民办幼儿园提供普惠性服务，满足实施全面两孩政策后新生幼儿学前教育需求。

8. 确保受人口流动影响儿童平等接受义务教育。坚持以流入地政府管理为主、以全日制公办中小学为主解决流动儿童就学问题。制定实施流动儿童义务教育后在流入地参加升学考试的办法。

9. 关爱留守儿童。贯彻落实《国务院关于加强农村留守儿童关爱保护工作的意见》，全面建立家庭、政府、学校尽职尽责，社会力量积极参与的农村留守儿童关爱保护体系，有效运行强制报告、应急处置、评估帮扶、监护干预等农村留守儿童救助保护机制。加快农村寄宿制学校建设，优先满足留守儿童住宿需求。

10. 保障特殊困难儿童接受义务教育权利。落实孤儿、残疾儿童、贫困儿童就学资助政策。加快发展特殊教育，基本实现市、县 30 万人口以上、残疾儿童较多的建立 1 所特殊教育学校；扩大残疾儿童随班就读、普通学校特教班和寄宿制残疾学生的规模，提高残疾儿童受教育水平。为流浪儿童、有严重不良行为和违法犯罪行为的儿童平等接受义务教育创造条件。提升特殊教育普及水平和教育质量。

11. 加快发展少数民族和民族地区儿童教育事业。加大对民族教育的支持力度，积极推进民族地区、偏远山区改善中小学办学条件，巩固提高义务教育水平，促进女童接受学前和高中阶段教育。加大民族地区师资培养培训力度。进一步完善对民族地区教育的支援工作。

12. 全面推进素质教育。树立科学的教育观，全面贯彻教育方针，坚持面向全体学生、促进学生德智体美全面发展，提高学生的学习能力、实践能力、创新能力、社会适应能力和思想道德素质、科学文化素质、健康素质。

13. 加强和改进学校思想道德教育。坚持育人为本、德育为先，把社会主义核心价值体系融入教育全过程。把德育渗透于教育教学各个环节，贯穿于学校教育、家庭教育和社会教育各个方面。创新德育形式，丰富德育内容，不断提高德育工作吸引力和感染力，增强德育工作的针对性和实效性。

14. 提高儿童科学素养水平。开展多种形式的科普和社会实践活动，增强儿童对科学技术的兴趣和爱好，培养儿童科学探究能力和综合运用知识解决问题的能力。利用科技馆、科研院所等科普教育基地和青少年科技教育基地等资源，为儿童提供科学实践的场所和机会。建立校外科学实践活动与学校课程相衔接的机制。加强校内外结合的儿童科普网络建设，建立和巩固一支专兼职相结合的儿童科普队伍。

15. 推进教育综合改革。改革人才培养模式，构建促进学生德智体美全面发展的育人制度体系。推进管办评分离，构建学校依法办学，政府、社会、师生广泛监督的现代学校制度体系。深化考试招生制度改革，探索九年一贯制学区管理新模式。推进教师资格、职称、定期注册制度改革。鼓励社会力量和民间资本提供多样化教育服务。

16. 加强教师队伍建设。建立师德建设长效机制，强化立德树人、为人师表意识。构建以师范院校为骨干，综合类高等院校为支撑，优质中小学实践基地为基础，教师发展中心为纽带的教师培养培训体系。扩大公费定向师范生培养规模，到 2020 年，使公费定向师范毕业生成为义务教育阶段乡村教师补充的主渠道。实施中小学幼儿园骨干教师、名师名校（园）长工程、职业院校“双师型”教师队伍建设工程。

17. 全面推进教育现代化和信息化。提高农村中小学校接入互联网的比例，扩大优质教育资源覆盖面，基本建成覆盖城乡各级各类学校的教育信息化体系。

18. 建设民主、文明、和谐、平等、安全的友好型学校。建立尊师爱生的师生关系。制定完善校园欺凌的预防和处理制度、措施。保障学生参与学校事务的权利。创造有利于学生身体健康的学习、生活条件，提供安全饮用水和卫生厕所，改善寄宿制学校学生食堂和住宿条件。

19. 完善学校收费管理与监督机制。完善学校收费管理办法，规范学校收费行为和收费资金使用管理。

（三）儿童与福利

主要目标：

1. 扩大儿童福利范围，推动儿童福利由补缺型向适度普惠型的转变。

2. 保障儿童享有基本医疗卫生服务，提高儿童基本医疗保障覆盖率和保障水平，为贫困和大病儿童提供医疗救助。

3. 基本满足流动和留守儿童基本公共服务需求。

4. 满足孤儿生活、教育、医疗和公平就业等基本需求，通过家庭寄养和收养帮助孤儿回归家庭。

5. 提高0~6岁残疾儿童抢救性康复率。

6. 减少流浪儿童数量和反复性流浪。

7. 增加孤儿养护、流浪儿童保护和残疾儿童康复的专业服务机构数量。市、重点县市区建立1所具有养护、医疗康复、教育、技能培训等综合功能的儿童福利机构和1所流浪儿童救助保护机构。

8. 保障受艾滋病影响儿童和服刑人员未满18周岁子女的生活、教育、医疗、公平就业等权利。

策略措施：

1. 提高面向儿童的公共服务供给能力和水平。完善基本公共服务体系，增加财政对儿童福利的投入，逐步实现儿童基本公共服务均等化。

2. 保障儿童基本医疗。完善儿童基本医疗保障，逐步提高儿童医疗保障水平，减轻患病儿童家庭医疗费用负担。

3. 提高儿童医疗救助水平。加大对大病儿童和贫困家庭儿童的医疗救助。对贫困家庭儿童、孤儿、残疾儿童参加城镇居民基本医疗保险及新型农村合作医疗个人缴纳部分按规定予以补贴。

4. 扩大儿童福利范围。建立困境儿童福利保障制度。完善城乡居民最低生活保障制度，通过分类施保提高贫困家庭儿童生活水平。探索对儿童实施营养干预和补助的方法，改善儿童营养状况。逐步提高农村义务教育寄宿制学校家庭经济困难学生生活补助标准，扩大补助范围。

5. 建立健全孤儿保障制度。落实孤儿社会保障政策，满足孤儿生活、教育、医疗康复、住房等方面的需求。帮助有劳动能力的适龄孤儿就业。完善艾滋孤儿救助机制，建立受艾滋病影响儿童和服刑人员未成年子女的替代养护制度，为受艾滋病影响儿童和服刑人员未成年子女的生活、教育、医疗、公平就业提供制度保障。

6. 完善孤儿养育和服务模式。加强儿童福利机构建设，全面提高儿童福利机构的管理服务水平。探索适合孤儿身心发育的养育模式。严格规范孤儿收养制度，完善孤儿收养制度，规范家庭寄养，鼓励社会助养。建立和完善家庭寄养和亲属监护养育的监督、支持和评估体系，提高家庭寄养孤儿和亲属监护养育孤儿的养育质量。

7. 建立完善残疾儿童康复救助制度和服务体系。建立0~6岁残疾儿童登记制度，对贫困家庭残疾儿童基本康复需求按规定给予补贴。优先开展残疾儿童抢救性治疗和康复，提高残疾儿童康复机构服务专业化水平。以专业康复机构为骨干、社区为基础、家庭为依托建立残疾儿童康复服务体系，加强残疾儿童康复转介服务，开展多层次职业培训和实用技术培训，增强残疾儿童生活自理能力、社会适应能力和平等参与社会生活的能力。

8. 加强流浪儿童救助保护工作。完善流浪儿童救助保护网络体系，健全流浪儿童生活、教育、管理、返乡保障制度，对流浪儿童开展教育、医疗服务、心理辅导、行为矫治和技能培训。提高流浪儿童救助保护工作专业化和社会化水平，鼓励并支持社会力量保护和救助流浪儿童。探索建立流浪儿童早期预防干预机制。

9. 建立和完善流动儿童和留守儿童服务机制。积极稳妥推进户籍制度和社会保障制度改革，逐步将流动人口纳入当地经济社会发展规划。建立16周岁以下流动儿童登记制度，为流动儿童享有教育、医疗保健等公共服务提供基础。整合社区资源，完善以社区为依托，面向流动人口家庭的管理和服务网络，增强服务意识，提高服务能力。坚持政府主导，把农村留守儿童关爱保护工作作为各级政府重要工作内容，落实县、乡（镇）人民政府属地责任，强化民政等有关部门的监督指导责任，健全农村留守儿童关爱服务体系和救助保护机制，强化家庭监护主体责任，切实保障农村留守儿童合法权益。

（四）儿童与社会环境

主要目标：

1. 营造尊重、爱护儿童的社会氛围，消除对儿童的歧视和伤害。

2．适应城乡发展的家庭教育指导服务体系基本建成。

3．儿童家长素质提升，家庭教育水平提高。

4．为儿童提供丰富、健康向上的文化产品。

5．保护儿童免受网络、手机、游戏、广告、图书和影视中不良信息的影响。

6．培养儿童阅读习惯，增加阅读时间和阅读量。90%以上的儿童每年至少阅读一本图书。

7．增加县、乡两级儿童教育、科技、文化、体育、娱乐等课外活动设施和场所，坚持公益性，提高利用率和服务质量。鼓励城乡社区配备专（兼）职社会工作者或通过政府购买社会工作机构服务的方式，引导社会力量参与，为儿童提供社工服务。到2020年，市、县市区至少要建立1个儿童活动中心。

8．90%以上的城乡社区建设1所为儿童及其家庭提供游戏、娱乐、教育、卫生、社会心理支持和转介等服务的儿童之家。

9．保障儿童参与家庭生活、学校和社会事务的权利。

10．保障儿童享有闲暇和娱乐的权利。

策略措施：

1．广泛开展以儿童优先和儿童权利为主题的宣传教育活动，提高公众对儿童权利尤其是儿童参与权的认识。

2．将家庭教育指导服务纳入城乡公共服务体系。普遍建立各级家庭教育指导机构，所有中小学校建立家长学校或家庭教育指导服务点。培养合格的专兼职家庭教育工作队伍。加大公共财政对家庭教育指导服务体系建设的投入，鼓励和支持社会力量参与家庭教育工作。

3．开展家庭教育指导和宣传实践活动。多渠道、多形式持续普及家庭教育知识，确保儿童家长每年至少接受2次家庭教育指导服务，参加2次家庭教育实践活动。加强家庭教育研究，促进研究成果的推广和应用。

4．为儿童成长提供良好的家庭环境。倡导平等、文明、和睦、稳定的家庭关系，提倡父母与子女加强交流与沟通。预防和制止家庭虐待、忽视和暴力等事件的发生。

5．创造有益于儿童身心健康的文化环境。引导各类媒体制作和传播有益于儿童健康成长的信息，增强文化产品的知识性、趣味性。积极组织适合儿童的文化活动，大力培育儿童文化品牌。加强文化市场监管，加大查处传播淫秽、色情、凶杀、暴力、封建迷信和伪科学的出版物及儿童玩具、饰品的力度。

6．规范与儿童相关的广告和商业性活动。严格执行相关法规政策，禁止母乳代用品广告宣传，限制规范与儿童有关的产品（服务）广告及烟酒广告播出。规范和限制儿童参加商业性演出和活动。

7．为儿童健康上网创造条件。在公益性文化场所和儿童活动场所建设公共电子阅览室，为儿童提供公益性上网服务。社区公益性互联网上网服务设施，对儿童免费或优惠开放。推行绿色上网软件，加强对网络不良信息的打击和治理，净化互联网环境。加强对互联网上网服务营业场所的管理。互联网上网服务营业场所严格实行消费者实名登记制，并在显著位置设置未成年人禁入标志，不得允许未成年人进入。加大对“黑网吧”的打击力度。家庭和学校加强对儿童上网的引导，防止儿童沉迷网络。

8．净化校园周边环境。落实维护校园周边治安秩序、确保校园安全的相关措施，在学校周边治安复杂地区设立治安岗进行巡逻，向学校、幼儿园派驻保安员。校园附近严格按规定设交通警示标志和安全设施，派民警或协管员维护地处交通复杂路段的小学、幼儿园周边道路的交通秩序。加强对校园周边商业网点和经营场所的监管，校园周边200米以内禁设网吧、游戏厅、娱乐场所。

9．加大儿童活动设施建设。将儿童活动设施和场所建设纳入地方经济社会发展规划，增加彩票公益金对儿童活动设施和场所的投入，加大对农村地区儿童活动设施和场所建设和运行的扶持力度。规范儿童课外活动设施和场所的管理，各类文化、科技、体育等公益性设施和场所对儿童免费或优惠开放，并根据自身条件开辟专门供儿童活动的区域。加强爱国主义教育基地建设。

10. 强化城乡社区儿童服务功能。切实加大城乡社区儿童之家建设力度，建立和运行社区儿童服务和保护体系，充分挖掘和合理利用社区资源，动员学校、幼儿园、医院等机构和社会团体、志愿者参与儿童保护。整合社区资源建设儿童活动场所，配备专兼职工作人员，提高运行能力，为儿童及其家庭提供服务。

11. 为儿童阅读图书创造条件。推广面向儿童的图书分级制，为不同年龄儿童提供适合其年龄特点的图书，为儿童家长选择图书提供建议和指导。增加社区图书馆和农村流动图书馆数量，公共图书馆设儿童阅览室或图书角，有条件的县市区建儿童图书馆。“农家书屋”配备一定数量的儿童图书，广泛开展图书阅读活动，鼓励和引导儿童主动读书。

12. 保障儿童的参与和表达权利。将儿童参与纳入儿童事务和儿童服务决策过程，决定有关儿童的重大事项，吸收儿童代表参加，听取儿童意见。畅通儿童参与和表达渠道，增加儿童社会实践机会，鼓励儿童参与力所能及的社会事务和社会公益活动，提高儿童的社会参与能力。

13. 增强儿童环保意识。创建生态文明宣传教育阵地，开展生态文明宣传教育，鼓励儿童积极参与生态文明建设。

14. 加强儿童社会工作者队伍建设。强化对儿童工作人员的社会工作能力培训，积极发挥社会工作专业人员在为儿童提供服务、维护儿童权益方面的作用。

（五）儿童与法律保护

主要目标：

1. 保护儿童的法规政策和工作机制更加完善。

2. 贯彻落实保护儿童的法律法规和政策，儿童优先和儿童最大利益原则进一步落实。

3. 依法保障儿童获得出生登记和身份登记。

4. 出生人口性别比升高趋势得到遏制，出生人口性别比趋向合理。

5. 完善儿童监护制度，保障儿童获得有效监护。

6. 中小学生普遍接受法治教育，法律意识、自我保护意识和能力明显增强。

7. 预防和打击侵害儿童人身权利的违法犯罪行为，禁止对儿童实施一切形式的暴力。

8. 依法保护儿童合法财产权益。

9. 禁止使用童工（未满16周岁儿童）和对儿童的经济剥削。

10. 保障儿童依法获得及时有效的法律援助和司法救助。

11. 预防未成年人违法犯罪，降低未成年罪犯占刑事罪犯的比重。

12. 司法体系进一步满足儿童身心发展的特殊需要。

策略措施：

1. 继续完善保护儿童的地方法规和政策。推进儿童福利、学前教育、家庭教育等工作。清理、修改、废止与保护儿童权利不相适应的法规政策。增强保护儿童相关法规政策的可操作性。

2. 加强法治宣传教育。提高家庭、学校、社会各界和儿童本人保护儿童权利的法治观念、责任意识和能力。

3. 加强执法监督。明确执法主体，强化法律责任，定期开展专项执法检查。加强对执法人员儿童权益保护知识和技能培训，增强儿童权益保护观念，提高执法水平。

4. 落实儿童出生登记制度。提高社会各界对出生登记的认识，完善出生登记相关制度和政策。加强部门协调和信息共享，简化、规范登记程序。

5. 消除对女童的歧视。宣传性别平等观念，增强全社会性别平等意识。建立有利于女孩及其家庭的利益导向机制，提高农村生育女孩家庭的经济社会地位。加大对利用B超等进行非医学需要的胎儿性别鉴定和选择性别人工终止妊娠行为的打击力度。

6. 建立完善儿童监护监督制度。提高儿童父母和其他监护人的责任意识，建立儿童虐待问题强制报告制度。探索建立可操作的监护权干预和转移办法，依法剥夺严重虐待儿童的监护人的监护资格。

7. 保护儿童人身权利。加强社会治安综合治理，严厉打击强奸、拐卖、绑架、虐待、遗弃等侵害儿童人身权利的违法犯罪行为和组织、胁迫、诱骗儿童犯罪的刑事犯罪。严厉打击利用儿童进行扒窃、乞讨、卖艺、卖淫等违法犯罪行为。保护儿童免遭一切形式的性侵犯。建立受暴力伤害儿童问题的预防、强制报告、反应、紧急救助和治疗辅导工作机制。整合资源，探索建立儿童庇护中心。加强预防和打击拐卖儿童犯罪的宣传教育，提高儿童及其家长“防拐”意识和能力，为被解救儿童提供身心康复服务，妥善安置被解救儿童。禁止用人单位招用未满16周岁儿童，禁止介绍未满16周岁的儿童就业。建立健全监督惩罚机制，严厉打击使用童工的违法行为。严格执行国家对已满16周岁未满18周岁未成年工的保护规定，禁止安排未成年工从事过重、有毒、有害等劳动或危险作业。依法保护儿童的隐私权。

8. 加强儿童财产权益保护。依法保障儿童的财产收益权和获赠权、知识产权、继承权、一定权限内独立的财产支配权。

9. 健全儿童权益保障网络。为儿童提供专业化维权服务，有效保障儿童合法权益。确保各级法律援助机构优先提供儿童法律援助，进一步扩大儿童法律援助覆盖面，提高儿童依法维权的意识和能力，促进学校、社会、家庭对维护儿童权益的认识和实践能力。

10. 推动建立和完善适合未成年人的专门司法机构。贯彻未成年人保护法，推进未成年人案件办理专门化。加快建设公安机关办理未成年人案件专门机构或落实专门人员。

11. 完善涉嫌违法犯罪的儿童处理制度。对涉嫌违法犯罪的儿童，贯彻教育、感化、挽救的方针，坚持教育为主、惩罚为辅的原则，依法从轻、减轻或者免除对违法犯罪儿童的处罚。贯彻落实未成年人刑事案件诉讼程序。

12. 完善具有严重不良行为儿童的矫治制度。建立家庭、学校、社会共同参与的运作机制，对有不良行为的儿童实施早期介入、有效干预和行为矫治。加强对具有严重不良行为儿童的教育和管理，探索专门学校教育和行为矫治的有效途径和方法，保障专门学校学生在升学、就业等方面的同等权利。做好社区矫正未成年人的帮教工作。

四、组织实施

（一）加强对规划实施工作的组织领导。各级人民政府负责实施本规划。各有关部门、相关机构和社会团体结合各自职责，承担落实规划中相应目标任务。各级政府妇儿工委负责规划实施的组织、协调、指导和督促。

（二）制定本地儿童发展规划和部门实施方案。县级以上人民政府依据本规划，结合实际制定本地区儿童发展规划。各有关部门、相关机构和社会团体结合各自职责，按照任务分工，制定实施方案，形成全市儿童发展规划体系。

（三）加强本规划与国民经济和社会发展总体规划及部门规划衔接。在经济和社会发展总体规划中体现儿童优先原则，将儿童发展的主要指标纳入经济和社会发展总体规划及专项规划，统一部署，统筹安排，同步实施，同步发展。

（四）保障儿童发展的经费投入。各级政府将实施规划所需经费纳入财政预算，并根据工作实际需要逐步增加。重点扶持贫困地区和少数民族地区儿童发展。动员社会力量，多渠道筹集资金，支持儿童发展。

（五）建立健全实施规划的工作机制。建立政府主导、多部门合作、全社会参与的工作机制，共同做好规划实施工作。建立目标管理责任制，将规划主要目标纳入相关部门、机构和社会团体的目标管理考核体系，考核结果作为对领导班子和有关负责人综合考核评价的重要内容。健全报告制度，各有关部门每年向本级政府妇儿工委和上级主管部门报告规划实施的情况，各级妇儿工委每年向上级妇儿工委报告本地区规划实施的总体情况。健全会议制度，定期召开各级妇儿工委全体会议，汇报、交流实施规划的进展情况。健全监测评估制度，明确监测评估责任，加强监测评估工作。

（六）坚持和创新实施规划的有效做法。及时开展对儿童发展和权益保护状况的调查研究，掌握新情况，分析新问题，为制定相关法规政策提供依据。加强儿童发展领域理论研究，总结探索儿童发展规律和儿童工作规律。不断创新工作方法，通过实施项目、为儿童办实事等方式解决重点难点问题；通过分类指导、示范先行，总结推广经验，推进规划实施。

（七）加大实施规划宣传力度。多渠道、多形式面向各级领导干部、儿童工作者、广大儿童和全社会宣传规划内容及规划实施中的典型经验和成效，宣传促进儿童保护和发展的法律法规政策，营造有利于儿童生存、保护、发展和参与的社会氛围。

（八）加强实施规划能力建设。将儿童优先原则的相关内容及相关法律法规和方针政策纳入各级行政学院培训课程。将实施规划所需知识纳入培训计划，举办多层次、多形式培训，增强政府及各有关部门、机构相关人员、相关专业工作者实施规划的责任意识和能力。

（九）鼓励儿童参与规划实施。儿童既是规划实施的受益者，也是规划实施的参与者。实施规划应听取儿童的意见和建议。提高儿童参与规划实施的意识和能力，实现自身发展。

五、监测评估

（一）对规划实施情况进行年度监测、中期评估和终期评估。及时收集、整理、分析反映儿童发展状况的相关数据和信息，动态反映规划目标进展情况。在此基础上，系统分析和评价规划目标达标状况，评判规划策略措施和规划实施工作的效果、效率、效益预测儿童发展趋势。通过监测评估，准确掌握儿童发展状况，制定和调整促进儿童发展的政策措施，推动规划目标的实现，为规划未来儿童发展奠定基础。

（二）各级妇儿工委设立监测评估领导小组，负责组织领导监测评估工作，审批监测评估方案，审核监测评估报告等。监测评估领导小组下设监测组和评估组。

监测组由各级统计部门牵头，承担规划目标任务的相关部门共同组成。负责规划监测工作的指导和人员培训，研究制定监测方案，收集、整理、分析数据和信息，撰写并提交年度监测报告等。

评估组由各级妇儿工委办公室牵头，承担规划目标任务的相关部门以及相关领域的专家学者共同组成，制定评估方案，组织开展评估工作，撰写并提交评估报告等。

（三）各级政府要将监测评估工作所需经费纳入财政预算。各级政府及有关部门结合监测评估结果开展宣传，研究利用监测评估结果进一步推动规划实施。

（四）建立儿童发展综合统计制度。规范和完善与儿童生存、发展有关的统计指标和分性别统计指标，将其纳入部门常规统计和统计调查。建立和完善市、县两级儿童发展监测数据库。

（五）各级妇儿工委成员单位、相关机构及有关部门要向同级统计部门报送年度监测数据，向同级妇儿工委提交中期和终期评估报告。

邵阳市人民政府
关于加快推进“一核一带多点”
工业走廊建设的实施意见

市政发〔2017〕14号

各县、市、区人民政府，邵阳经开区，市直有关单位：

加快推进“一核一带多点”工业走廊建设，是中共邵阳市委、市人民政府对接国家“一带一路”、省“一核三级四带多点”等发展战略的基础上用新理念引领新发展作出的重大决策，是实施“二中心一枢纽”战略的重大举措，是“产业兴邵”的重大抓手。为早日完成目标任务，并报经市委同意，特制定如下实施意见。

一、指导思想

全面贯彻落实党的十八大和十八届三中、四中、五中、六中全会精神，深入贯彻落实习近平总书记系列重要讲话精神，适应新常态、引领新常态，以创新、协调、绿色、开放、共享的发展理念为指引，以拓展经济增长新空间、提升经济增长新动能为目标，以重点企业、重点项目为支撑，引导资源的合理配置、推动要素高效集聚，打造出“核引领、带支撑、点补充”的区域发展新格局，为全面实施“小康邵阳”和“二中心一枢纽”战略目标奠定坚实的基础。

二、发展目标

到2020年，在东起邵东与娄底接口，西至洞口与怀化接口约百公里长的沪昆高速沿线，建成以邵阳经济开发区为“核”，以沪昆高速及G320国道沿线周边工业园区（集中区）、重点乡（镇）为产业发展带，以市辖区内非沿线已被省人民政府批准设立的经济开发区、工业集中区和重点行政乡、镇为“多点”的工业走廊。具体工业产业的发展目标为：

——**规模效益大幅提升**：以大投入推进大发展，到2020年，累计工业投资达到6000亿元；区域内全部工业总产值达3600亿元，规模工业总产值达3000亿元，年均增长9%；规模工业增加值达到650亿元，年均增长9%；规模工业利税150亿元，工业增加值占GDP的比重达到35%；规模以上工业企业达到1500家。努力打造湘中湘西南规模最大、覆盖人口最多的工业中心。

——**骨干企业支撑有力**：力争培育年产值超100亿元的龙头企业2-3家，超50亿元的企业6-8家，超10亿元的企业50家，超1亿元的企业800家，新增规模企业500家，形成以超100亿元企业为龙头、超亿元企业为主体、规模以上企业为基础的企业梯度发展格局。

——**产业结构更趋合理**：食品、建材、装备制造、特色轻工四大支柱产业迅速壮大，其中轻工产业过1000亿元，食品工业产值过650亿元，装备制造过400亿元，建材过500亿元。生物医药、新能源、新材料等战略性新兴产业和高新技术产业增加值占比重分别达到25%和35%；生产性服务业增加值增速明显高于第三产业平均增速，形成若干个生产性服务业集聚区。

——**创新能力显著增强**：完善以企业为主体、市场为导向、政产学研用相结合的制造业创新体系。创建国家企业技术中心和国家工业设计中心各

1家，培育省级以上企业技术中心和技术创新示范企业30家。深化产学研合作，开展产学研用协同创新，设立院士专家站5个、博士后流动站10个。推动大众创新、万众创业，创立省级创客中心3-5家。到2020年，R&D支出占GDP的比重达到2.3%；规模以上工业新产品产值率达到25%；人均工业劳动生产率达到12万元。努力打造产学研一体化的区域创新高地。

三、总体布局

按照统筹安排、发挥优势、辐射带动、有效调控、环保优先原则，根据区位条件、资源禀赋、产业基础等因素，因地制宜地明确“核、带、点”优先发展的主导产业及目标（详见产业发展指导目录），促进“引领发展、协同发展、错位发展”，构建“核引领、带支撑、点补充”的产业发展新格局。具体任务是：

——**“核”引领**：利用邵阳经开区调区扩区的契机，依托重点骨干企业、国家创业示范基地、国家产业融城示范区、国家农业科技园、雀塘循环经济产业园、北塔文化创意产业园，通过产业升级和战略性新兴产业培育引进，努力创建国家级经开区，把邵阳经开区打造成邵阳产业发展的核心。更好发挥四大引领作用，建成为区域内的机制创新先导区、新型产业工业集聚区、科技创新示范区、生产配套服务区、开放发展引领区、亲清政商关系和武陵山片区扶贫攻坚示范区。机制引领方面，率先实现园政合一改革，探索飞地经济、园区共建模式，创新投融资体制改革，在积极发行债券融资、鼓励各种所有制主体参与园区建设运行、支持企业IPO上市、在政策允许范围内自主制定招商引资优惠政策等方面先行先试，带动区域内园区体制机制创新。产业引领方面，迅速做强做大产业，突出传统产业提升和新兴产业培育，积极推进“总部经济+卫星厂+基地”模式，通过延链、补链，带动沿线园区协同发展。到2020年，规模企业总数300家以上，技工贸总收入达1000亿元，其中规模以上工业总产值达800亿元，规模以上工业增加值达240亿元，固定资产投资达200亿元，完成重点技改项目20个，重点招商引资项目100个。科技引领方面，率先建立院士专家站、国家级技术中心、工业设计中心、博士后流动站，围绕邵阳工业发展，提高研发水平，突破一批关键技术，研发一批高新产品，培育一批新型业态，带动区域内产业转型升级。服务引领方面，围绕网络经济、现代物流等，大力推进邵阳东货场、湘西南物流中心等项目建设，加快建成一批生产性服务业集聚区。大力支持电子商务平台建设，强化电子商务对传统产业的支撑作用；加快海关建设，提高通关便利化水平，积极设立出口加工区，促进外向型经济发展。积极发展会展、金融服务、软件和信息服务等业态，不断提升对工业经济发展的服务支撑能力。

——**“带”支撑**：依托“沪昆高速”及320国道，以共同的交通优势和各自的资源禀赋和产业基础为支撑，因地制宜，百花齐放，迅速做大工业经济总量，拉长做粗产业链条。沪昆高速百公里工业走廊带上形成不少于10个特色鲜明、结构合理、发展潜力大、竞争力强、有相当规模的工业集聚地，产值突破2000亿元，沿线重镇规模工业企业数不少于50家，产值不少于50亿元。同时，积极打造邵东的廉桥镇—黑田铺镇—两市镇—周官桥镇—仙槎桥镇产业连接带、隆回的桃洪镇—荷香桥镇—六都寨镇—金石桥镇产业连接带、新邵的酿溪镇—严塘镇—寸石镇—坪上镇产业连接带、洞口的洞口镇—高沙镇产业连接带、邵阳县的塘渡口镇—九公桥镇—长阳铺镇产业连接带。

——**“多点”补充**：依托核、带周边其它省级经济开发区、工业集中区和重点行政乡镇，以特有的资源为支撑，以特色工业园区、工业集中区、产业集聚区为载体，以丰富的林农产品、草山、旅游等资源为基础，以“互联网+”和新一代信息技术为手段，培育一批专业化园区和特色小微园区。每个县市区的省级经济技术开发区、工业集中区，培育工业企业数达150家左右、工业总产值达200亿元左右。

四、实施路径

紧紧围绕核、带、点的定位和目标，巩固发展传统优势产业，培育发展战略性新兴产业，鼓励发展潜在优势产业。依托重点企业和重点项目（详见附件2），全面实施六大工程。

——**实施项目投资拉动工程**：突出项目建设。坚持把重点项目作为加快走廊建设的唯一载体。加大项目推进协调力度，强化项目信息共享，大力抓好省市重点项目的报批和落地，促进项目早落地、早竣工、早投产。强化工业项目开工率、竣工率、投产率考核，健全完善项目跟踪服务和精准帮扶机制，加强项目建设的跟踪分析和督促检查，及时解决项目建设中遇到的突出问题，确保项目有序推进、顺利实施。突出招商引资。坚持把招商引资作为加快经济发展的唯一手段，以合作方向为指南。创新招商引资方式，从政府主导向政府招商与市场化招商相结合转变，组建专业化招商团队，大力拓展产业链招商、以商招商等新途径。突出做好“邵商回归”文章，积极承接产业转移，迅速掀起“引老乡、回故乡、建家乡”和“迎老乡、回故乡、建家乡”的新高潮。突出“招大商”，健全完善招商引资重大项目库，主动加强与邵商、央企、世界500强等龙头企业的对接，积极承接产业转移，着力引进实施一批投资规模大、科技水平高、发展前景好、示范带动强的好项目，力争引进投资规模超10亿元的先进制造业项目50个以上。突出技改提质。坚持把推进技改作为拉动投资的重要环节，立足传统产业为主的发展实际，对接智能制造和“机器换人”国家行动规划，积极争取国省专项支持，大力实施构建图中龙头企业提质、扩容、增效的重点技改项目，加大项目补助力度，实现劳动生产率和增加值率双提升（牵头单位：市经信委，责任单位：市发改委、市商务局、各县市区政府、园区管委会）。

——**实施主导产业培育工程**：提升壮大传统支柱产业。产品结构由低端向中高端转变。引导食品、竹木、建材等资源型产业企业跳出粗加工的模式，加快技术更新改造，提高技术装备水平，积极向精深加工迈进，提升产品附加值。经营业态由散小向抱团转变。引导小五金、箱包、打火机等轻工业企业，通过扶持龙头、股份重组、行业协会等方式，抱团发展，走集约化、专业化、大型化发展道路，做大做强。生产加工由手工向智能转变。重点围绕食品、轻工等劳动密集型产业，引入自动化、信息化手段改造，推进“机器换人”，提高产品品质，降低生产成本。大力引进战略性新兴产业。坚持把引进战略性新兴产业作为招商引资的重中之重，对接国家产业政策取向，制定我市战略性新兴产业引进培育五年行动计划，重点瞄准信息技术、先进装备、生物医药、航空航天、高性能数控机床和智能机器人等重点项目，紧盯不放，尽快落地。重点打造三大产业城：即以湖汽为依托的汽车城；以德澳通航、海明堡（低空航空器）为依托的航空城，以分享集团（呼叫中心）、彩虹集团（盖板玻璃）、北京小米科技有限公司（智能家居）为依托的电子信息城。积极挖掘潜在优势产业。立足自然资源优势、人力资源优势和广阔的市场优势，认真调研，找准潜在优势产业，加大培育力度，打造新的工业经济增长点。重点要围绕资源引产业，围绕产业建基地，围绕草山资源、地下优质矿泉水、林木产品、果蔬、中药材等优质资源，树立“大健康”理念，大力开发优质奶制品、矿泉水、绿色生态食品和保健品。围绕风能、太阳能、水能和生物质等资源，大力开发新能源。围绕旅游市场、生活消费品市场和文化消费市场，紧跟市场需求，开发一批文化创意产业、旅游工艺品产业和特色小商品产业（牵头单位：市经信委，责任单位：市发改委、市商务局、各县市区政府、园区管委会）。

——**实施创新驱动发展工程**：加快科技创新。构建以市场为导向、企业为主体、产学研相结合的技术创新体系，搭建公共型研发、新产品孵化和产业化平台，优化促进企业技术进步的政策，综合运用科技创新政策，鼓励企业更加注重技术创新和政产学研合作，提高自主创新能力，紧跟市场需求及趋势，开发新技术、新产品。促进管理创新。推进园区管理机制创新，加快“园政合一”改革进程，加快审批权限下放园区进程，完善园区财政预算和独立核算机制。积极推行政企分开、政资分开，实行管理机构与开发运行企业分离。积极推进园区合作共建，理顺合作双方管理、投入、分配机制。积极引导企业建立现代企业制度，建立科学的领导体制和组织管理制度，推动家族式企业建立现代管理制度，培育一批技术管理水平高、抵抗风险能力强、可持续发展能力强的现代优秀企业。优化产业组织创新。优化企业组织结构、生产经营和发展模式，推动组织模式创新、营运模式创新，鼓励中小企业“专、精、特、新”发展，形成更多集团型、母子式公司模式，形成大、中、小企业协调发展的企业组织格局，提升市场竞争优势，实现“小产品、大市场、大产业”（牵头单位：市科技局，责任单位：市经信委、各县市区政府、园区管委会）。

——**实施基础配套提升工程**：强化基础设施配套。根据“一核一带多点”产业布局，优先布局交通、电力、能源、通讯、供水、供气、地下管网、污水处理等项目，实现园区道路、国省干线、高速公路、铁路、机场的紧密对接，提高电力、能源的可靠性、稳定性，彰显区域内“低成本优势”，提升区域的产业承载力和吸引力。每个省级以上园区建成与交通大动脉的快速通道，建有110千伏以上的专用变电站。强化生产性服务业配套。围绕网络经济、现代物流、工业设计、总部经济等，重点在“核”和“带”上规划布局一批生产性服务业集聚区。着力引进知名电商企业，培训一批“网商大军”，强化电子商务对传统产业的支撑作用；实施新一轮物流业发展规划，建设一批重点物流园区；积极发展会展、金融服务、软件和信息服务等业态，不断提升对工业经济发展的服务支撑能力。强化公共服务配套。突出公共服务建设，敢于适度超前，千方百计加快教育、医疗等公共服务设施建设，鼓励和吸引社会力量参与教育、医疗等事业和市场建设，加快建设商贸、体育、文化、娱乐等配套设施，在项目、资金、土地、人员编制等要素保障方面重点倾斜，加快产城融合发展，全面提升园区营商环境。增加园区公交线路和班次，提高园区与邻近区域的通班率，有条件的园区，借鉴外地先进做法，采取补贴形式，实行“免费公交”（牵头单位：各县市区政府、园区管委会，责任单位：市经信委、市发改委、市交通运输局、市卫计委、市规划局、市公用事业局、市商务局、市国土资源局、国电邵阳供电公司）。

——**实施集聚集约发展工程**：引导产业集聚。要坚持规划引领环评先行，引导优质项目向园区集中，促进园区向专业化、集群化发展，促进产业和企业向集聚化、集约化发展。引导同类产业、关联企业集聚发展，建设专业化的“园中园”，促进产业、知识技术、人才和服务向基地集聚，提高公共设施的利用率，围绕装备制造、生物医药、食品加工、皮革、发制品、服装箱包等，打造一批标志性的产业集群。延伸产业链条。围绕骨干大型企业，着力引进上下游配套企业，按照“骨干企业+配套企业+原料基地+设计研发+售后服务”模式，打造全生态产业链条。提高亩产效益。推进园区集约利用土地、提高土地利用效率，从建设用地开发强度、土地投资强度、单位面积税收的管控和综合效益等方面加强园区土地集约利用评价。积极推行在园区建设多层标准厂房，并充分利用地下空间。推进清洁生产。引导企业积极参与碳交易市场建设和运行，帮助企业做好环评、稳评等项目前期工作，指导企业科学制定环境问题解决方案，指导工作园区和企业推进绿色工厂建设（牵头单位：各县市区政府、园区管委会，责任单位：市国土资源局、市经信委、市发改委、市环保局）。

——**实施质量品牌创建工程**：提升产品质量。坚持质量为先，着力提升产品质量控制技术，夯实质量发展基础，大力弘扬“工匠精神”，提高质量精细化管理水平，实现“人无我有、人有我优”的特色产品。加强质量考核，积极推行“市长质量奖”做法，鼓励企业创建全国“工业质量标杆企业”和“工业产品质量控制和技术评价实验室”，引导企业积极申报“湖南省工业质量标杆企业”，走以质取胜的发展道路。推进标准化生产。健全产品质量标准体系，鼓励支持企业制定和实施与国际先进水平接轨的制造业质量、安全、卫生、环保、能耗等有关标准。推进标准、计量、认证认可、检验检测能力建设，在制造业重点优势领域，打造一批国、省级检验检测中心为重点的公共服务平台。实施品牌战略。完善品牌培育机制，加大品牌培育力度。大力开展“知名品牌创建示范区建设”，推进地理标志产品保护与发展。指导企业做好商标注册工作，积极争创中国驰名商标、省著名商标。开展工业品牌建设试点示范，每年培育10家左右“邵阳市工业品牌建设示范企业”，鼓励和支持企业创建“国家、省级工业品牌培育示范企业”。支持企业追求卓越品质，形成具有自主知识产权的名牌产品。从工业发展基金中单列专项资金，用于邵阳名优品牌的宣传和推广，提高邵品知名度，帮助企业拓展营销市场（牵头单位：市质监局，责任单位：市经信委、市工商局、市科技局、各县市区政府、园区管委会）。

五、保障措施

——**加强组织领导**。成立“一核一带多点”工业走廊建设领导小组，由市委书记任顾问，市长任组长，市政府常务副市长、市委分管工业常委、全体副市长任副组长，各县市区及市直相关部门负责人为成员。领导小组办公室设市经信委（具体名单附后）。各县市区相应设立领导小组及办公室。建立“一核一带多点”产业体系建设统计评价指标体系，健全考评激励机制（考核办法另行制定），加大考核力度，考核结果与绩效评估、评优评先挂钩，作为干部提拔任用的重要依据。每年单列一定的评先评优指标。对推进工作不力、排名末尾的单位进行通报批评，并对其主要负责人约谈；对连续两次排名末尾的，对其主要负责人诫勉谈话；对在工作失职、渎职的，严肃问责追责。

——**强化要素保障**。加大财政资金支持力度。市本级工业发展基金在每年2000万元的基础上每年视财力情况适当增加，其中80%用于“一核一带多点”项目的落地、生根，发展和壮大以及提高对企业的综合配套能力。对各地项目和重大技改项目进行贴息或无偿补助，各县、市均要设立与财力相适应的发展基金。加大政策落实力度。凡列入“一核一带多点”的产业项目在土地、水、电、气、通讯等方面给予优先保障、优先实施。将“一核一带多点”建设纳入城乡建设和土地利用总体规划，确保各地（除绥宁、城步、新宁外）每年新增建设用地60%以上用于发展工业。拓宽融资渠道。在鼓励金融机构加大对实体经济支持力度的同时，实施“四大工程”：即市本级产业发展基金不少于30亿元、东部县产业发展基金不少于15亿元、西部县市产业发展基金不少于5亿元的“基金工程”；市中小企业担保公司的资本金由1亿元扩大到3亿元后单笔担保额度可达3000万元的“金担工程”；市政府出资2亿元为企业过桥、维稳维信的“金桥工程”；企业上市的“绿色通道工程”。强化人才支撑。实施企业经营管理人才素质提升计划，培养造就一批优秀企业家和高水平经营管理人才，提高现代经营管理水平和企业竞争力。全面落实人才引进优惠政策，在重点产业领域，大力引进高端人才、急需紧缺人才及其创新团队；围绕产业需求，大力发展职业技术教育，采取“订单式”人才联合培养机制，加快高技能技术人才培养，培育“邵阳工匠”群体。

——**全面高效服务**。树立“每个部门都是服务部门、每个岗位都是服务岗位、每个公务员都是服务员”的理念，切实转变政府职能，该下放的权限一律下放到位，对已经明确下放的事项落实情况进行专项督查。实行全程代办制度。对重点工业项目各项审批手续，加强指导，明确代办主体，全程代办，一包到底。实现限时办结制度。属市县审批项目，所有入园项目行政审批手续一律在园区办理，在5-7个工作日办结；属省级部门审批项目，用地、环评、能评、立项等审批手续由当地职能部门全程代办，2个月内办结。实行第三方评价制度。重点对《关于降低实体经济企业成本的若干意见》（市政发〔2016〕9号）的落实情况、行政审批情况、企业帮扶情况等，邀请第三方评价机构，进行评价，定期通报评价结果，作为全市优化环境考核的重要依据。实行企业无干扰工作日制度和涉企执法检查申报备案制度。凡当地职能部门和单位需进入园内对企业进行检查，须事先告知园区管委会方可入园进行执法检查。同时，从严整肃发展环境。对强行承揽劳务运输和工程业务、强行索价等违法行为，公安机关要迅速予以查处；构成犯罪的，依法追究刑事责任。

邵阳市人民政府
2017年8月28日

邵阳市人民政府关于进一步加强食品安全工作的实施意见

市政发〔2017〕16号

各县、市、区人民政府，邵阳经开区，市直各相关单位：

为进一步健全食品安全治理体系，全面提升食品安全治理能力和保障水平，根据《湖南省人民政府关于加强食品安全工作的意见》（湘政发〔2016〕30号）精神，结合我市实际，现就加强食品安全工作提出以下实施意见：

一、总体要求

（一）指导思想。全面贯彻落实党的十八大以来的各项方针政策，深入学习贯彻习近平总书记系列重要讲话精神，大力实施食品安全战略，加快完善统一权威的食品安全监管体制，构建预防为主、风险管理、全程控制、社会共治的食品安全治理体系，以最严谨的标准、最严格的监管、最严厉的处罚、最严肃的问责，切实保障人民群众“舌尖上的安全”。

（二）工作目标。到2020年，建立与我市经济社会发展水平相适应的现代食品安全治理体系。监管体制机制进一步完善，诚信体系基本建立，食品生产经营者主体责任意识进一步增强，食品产业规模化水平进一步提高，规模以上食品生产经营企业普遍推行良好生产经营规范，食品安全抽检监测、投诉举报和宣传教育培训体系更加完善，社会共治体系基本形成，不发生系统性区域性食品安全事故，群众食品安全满意率达到80%以上，食用农产品监测合格率达到97%以上，食品安全监督抽检合格率达到98%以上。

二、全面落实食品安全责任

（一）强化食品安全属地责任。实施食品安全“一把手”工程，各级政府主要负责人为第一责任人，分管负责人为直接责任人，每年政府常务会议至少二次专题研究食品安全工作，协调解决重点难点问题。合理划分市级与县级、县级与乡镇级以及各职能部门之间食品安全职责事权，厘清监管范围和责任边界，优化监管模式，彻底堵塞食品安全漏洞。层层签订食品安全责任状，强化责任落实。

（二）强化食品安全监管责任。各级食安委成员单位、各有关部门要按照法律法规和职责分工做好食品安全监管工作，根据全市食品安全工作要点制定本部门的年度工作计划并组织落实，切实履行监管责任，严把食品安全从农田到餐桌的每一道关口。

（三）推动落实企业主体责任。食品生产经营者、集中交易市场开办者、网络食品交易第三方平台提供者等要对食品安全负首要责任，建立健全进货查验、出厂检验、索证验票、购销台账记录、产品追溯等管理制度，大力推进管理体系建设，鼓励企业实施良好生产经营规范。加强全员全过程食品安全管理。

三、完善食品安全监管体制

（一）构建统一权威的监管体制。加快完善统一权威的食品安全监管体制，规范基层食品药品监管机构名称。综合设置食品药品监管机构的地区，要将食品安全作为综合执法的首要责任，配齐配强监管机构和执法人员，食品执法人员要按总人口万分之二的比例配备。要将食品安全监管服务纳入社会综治网格化管理，大力推行食品安全网格化监管模式。建立职业化检查员队伍，严格上岗资质要求。

（二）健全协作联动机制。强化各级食安委职能，加强各级食安办工作力量，充分发挥综合协调、督促检查、评议考核作用。农业部门牵头建立健全食用农产品产地准出与市场准入管理无缝衔接机制和跨部门、跨地区食品安全信息通报、联合执法、隐患排查、事故处置等协调联动机制。加强食品安全监管部门（食安）、农产品质量安全监管部门（农安）和公安“三安联动”，推动食品安全全程追溯和监管执法等方面的合作。

（三）加强基层监管力量。按照“有机构、有人员、有职责、有手段”的要求，加大跨部门编制调剂力度，各地要充实一线食品监管执法人员，优化监管队伍结构，加强乡镇监管机构规范化建设，重点保障办公场所、执法车辆、快速检测、执法取证、应急处置等执法执勤装备及经费。各乡镇（街道）要将食品安全工作列为重要职责内容，明确1名领导分管食品安全工作，做好食品安全信息报告、协助执法和宣传教育等工作；每村（社区）配备1名负责食品安全和农产品质量安全监管的协管员，其工资报酬纳入县级财政预算。

四、加大食品安全综合治理力度

（一）加大源头治理力度。加强农业投入品生产经营和使用管理，实施农药化肥使用零增长工程，着力解决农药兽药残留超标问题。加强畜禽疫病防控，加强辖区畜禽源头检疫管理工作，规范畜禽屠宰管理，完善畜禽无害化处理补贴政策，严防病死病害畜禽进入屠宰和肉制品加工环节。加强产地环境保护，加大大气、水、土壤污染治理力度，降低污染物排放对食品安全的影响。落实粮食重金属污染治理各项措施。

（二）加大风险防控力度。加强风险监测工作，研究建立风险等级评价体系，制定食品生产经营风险分级管理办法，分级分类开展“双随机一公开”检查和监督抽检。到2020年，各级行政区域内食品抽检监测数量不低于4批次/千人·年。完善食品安全风险会商和预警交流机制，整合利用食品安全风险监测、监督抽检数据，加大分析研判力度，提高数据利用效率。加强应急工作，健全突发事件信息直报和舆情监测网络体系，食安办牵头组建食品安全专家队伍，拓展风险交流渠道和形式。

（三）加大重点整治力度。针对风险程度较高的重点食品、重点区域、重点时段，制定食品安全风险隐患、突出问题和监管措施清单，开展专项整治。加强农村食品安全治理，规范农村集体聚餐管理，开展农村学校饮用水、学校食堂及校园周边食品、旅游景区食品等安全整治。规范食用农产品批发市场安全监管。加强对小摊贩、小作坊、小餐饮的监管。

（四）加大稽查打假力度。坚持重典治乱，严厉打击食品安全违法犯罪行为。推进公安机关食品安全犯罪侦查能力建设。健全行政执法与刑事司法衔接机制，建立行政执法机关、检察机关、审判机关信息共享、案情通报、案件移送制度，加强对违法线索、案件信息的系统分析，依法严厉打击行业“潜规则”，加大食品稽查执法和案件查办公示力度。

（五）加大社会共治力度。加强投诉举报体系建设，畅通投诉举报渠道，完善投诉举报奖励制度。加强科普宣传，每年开展“食品安全宣传周”等活动，完善广播电视、报纸杂志、门户网站、微信等立体宣传平台。推进食品安全信用体系建设，制定实施“黑名单”制度，在金融、土地、许可等领域对失信行为进行联合惩戒。推动食品行业协会加强行业自律。引导食品生产经营企业和学校食堂参加食品安全责任保险。大力开展国家和省级食品安全城市、农产品质量安全县和出口食品农产品质量安全示范区创建活动。

五、加强食品安全监管能力建设

（一）加快执法与标准体系建设。完善食品安全行政执法程序，规范执法行为，全面落实行政执法责任制。督促企业严格执行国家和地方食品安全标准，鼓励企业制定并执行比国家或地方食品安全标准更严格的标准。

（二）加快检验检测体系建设。加强食品和农产品质量安全检验检测资源整合。按照省级检验检测机构为龙头、市级为骨干、县级为基础、乡镇（街道）监管所快筛快检为网底、社会第三方机构为补充的原则，统筹规划全市食品检验检测体系和农产品质量安全检验检测体系。重点建设市级食品药品检测中心和区域性食品检测机构。建立检验检测机构结果互认共享机制。积极探索政府购买第三方检验检测机构服务方式。指导支持生产经营企业加强自检测能力建设。

（三）加快信息化建设。应用现代信息技术，创新监管执法方式，依托现有电子政务和业务系统等资源，建设“智慧食药监”信息化工程项目。到2020年，构建食品药品监管综合信息平台，满足市、县、乡三级行政执法、信息监测、应急管理、公共服务、决策支持和内部管理需求。加快推进重点食品追溯体系建设，综合利用监管部门、检验检测机构、生产经营企业、第三方社会中介组织等数据资源，2020年形成全覆盖全过程可追溯的电子监管网络。

六、促进食品产业科学发展

（一）推动产业转型升级。推进食品产业供给侧结构性改革，开展食品工业增品种、提品质、创品牌“三品”专项行动，加快推进现代先进加工技术应用，提高精深加工产品比重，培育宝庆特色食品品牌。设立市级食品工业园，逐步发展壮大食品产业园区，鼓励支持企业通过实施“互联网+”、兼并重组等方式做大做强，鼓励支持小作坊、小摊贩、小餐饮改进生产经营条件，进入集中固定场所生产经营，逐步实现规范化生产。

（二）营造良好发展环境。落实简政放权、放管结合、优化服务的改革要求，建立食品安全监管负面清单、权力清单、责任清单。大力实施“多证合一”、“电子证照”，鼓励监管方式创新，强化事中事后监管，优化流程，缩短时限，支持大众创业、万众创新。加强对企业的指导和帮扶，积极提供政策法规、技术培训、市场信息等服务，切实维护企业合法权益，营造公平公正、开放有序的市场环境。

七、强化食品安全保障措施

（一）加大经费投入。建立与经济社会发展水平相适应的食品安全监管经费保障机制，确保食品安全监管保障经费逐年增长。近三年重点解决食品监管执法车辆等装备、检验检测设备、监管执法人员轮训等突出问题。按规定加强县市区、乡镇（街道）执法监测专用车、现场快速检测设备配备，基层食品药品监管所（乡镇派出机构）建立快速检测室及配备快速检测装备的比例达到100%。实施人才队伍建设工程，执行监管人员三年轮训计划，提高监管队伍素质。

（二）强化考核问责。将食品安全工作全面纳入各级政府绩效考核、综治工作（平安建设）考评和“小康邵阳”考核范围。各级食安委不定期对下级人民政府食品安全工作进行督查，每年对下级人民政府及有关部门食品安全工作进行评议考核并通报结果。考核结果作为综合评价领导班子和领导干部的重要依据。对考核不合格的，由上级食安委对该地区主要负责人和分管负责人进行约谈。发生重大食品安全事故的地区，在年度食品安全工作考评和文明城市、卫生城市等创建工作中实行“一票否决”。完善食品安全责任追究制，加大问责力度。对在食品安全工作中作出突出贡献的单位和个人，按照国家、省、市有关规定给予表彰、奖励。

各县市区人民政府要根据本地实际，抓紧制定具体实施意见，认真组织实施。

邵阳市人民政府

2017年10月31日

附：2017年邵阳市人民政府发文件总目录

市政发〔2017〕1号　关于加快推进易地扶贫搬迁工作和后续产业发展的实施意见

市政发〔2017〕2号　关于印发《邵阳市加强农村留守儿童关爱保护工作实施方案》的通知

市政发〔2017〕3号　关于印发《邵阳市城乡居民基本医疗保险实施细则》的通知

市政发〔2017〕4号　关于印发《邵阳市妇女发展规划（2016—2020年）》和《邵阳市儿童发展规划（2016—2020年）》的通知

市政发〔2017〕5号　关于加快推进残疾人小康进程的实施意见

市政发〔2017〕6号　关于市城区全面禁止燃放烟花爆竹的通告

市政发〔2017〕7号　关于设立娄邵铁路（邵阳段）线路安全保护区的通告

市政发〔2017〕8号　关于加快推进国际产能合作的意见

市政发〔2017〕9号　关于化解房地产库存促进房地产市场健康发展的意见

市政发〔2017〕10号　关于2017年征兵的命令

市政发〔2017〕11号　关于整合优化建设工程防雷许可的实施意见

市政发〔2017〕12号　关于下放一批经济管理权限的通知

市政发〔2017〕13号　关于取消和下放一批行政许可事项的通知

市政发〔2017〕14号　关于加快推进“一核一带多点”工业走廊建设的实施意见

市政发〔2017〕15号　关于大力培植发展规模服务业和加强服务业统计工作的意见

市政发〔2017〕16号　关于进一步加强食品安全工作的实施意见

市政发〔2017〕17号　关于调整六岭公园恢复性建设及周边棚户区改造项目国有土地上房屋征收补偿方案相关事项的公告

市政发〔2017〕18号　关于邵阳市加快促进物流业降本增效的意见

市政发〔2017〕19号　关于切实加强生产经营门店消防安全管理的通告

市政发〔2017〕20号　关于对高污染排放机动车实施交通限制通行措施的通告

市政发〔2017〕21号　关于淘汰黄标车的公告

市政发〔2017〕22号　关于做好2016年退出现役士兵接收安置工作的通知

市政发〔2017〕23号　关于公布规范性文件清理结果的决定

市政发〔2017〕24号　关于加强行政审批事中事后监管工作的意见

市政发〔2017〕25号　关于第三批清理规范12项市政府部门行政审批中介服务事项的决定

市政发〔2017〕26号　关于加强困境儿童保障工作的通知

统计资料

2017 年邵阳市国民经济和社会发展总量指标

指　　标	2017 年	指　　标	2017 年
人口与就业		产　业	
一、人口（万人）		一、农　业	
年末总人口	826.46	耕地面积（千公顷）	448.23
男性人口	435.86	农林牧渔业从业人员（万人）	223.85
女性人口	390.60	农林牧渔业总产值（亿元）	502.43
二、就业（万人）		#农业	278.78
从业人员数	521.05	林业	18.13
#职工人数	33.73	牧业	181.00
宏观经济		渔业	16.48
一、国民核算（万元）（当年价格）		农林牧渔服务业产值	8.05
生产总值	16914995	主要农产品产量	
第一产业	3334662	粮食（万吨）	325.38
第二产业	5951343	棉花（吨）	263
第三产业	7628990	油料（吨）	181453
国内支出总额	16914995	烤烟（吨）	10360
#最终消费	12425491	茶叶（吨）	5415
居民消费	8980530	柑桔（万吨）	46.57
政府消费	3444961	肉类总产量（万吨）	83.23
资本形成总额	16127424	水产品（吨）	10.97
固定资本形成总额	15837487	二、工业	
存贷增加	289937	全部工业总产值（当年价格）（万元）	27474696
二、固定资产投资（万元）		总计中：规模工业	23676039
全社会固定资产投资总额	18401002	非规模工业	3798657
#国有单位	3732079	规模工业中：轻工业	12374055
集体单位	182068	重工业	11301984
个体经济	642231	主要工业产品产量	
三、财政（万元）		原煤（万吨）	17.56
财政总收入	1533567	发电量（亿千瓦小时）	113.96
#地方财政收入	975525	饮料酒（万吨）	21.81
财政总支出	5107924	机制纸及纸板（万吨）	67.19
四、物价总指数（%）		农用化肥（万吨）	
商品零售价格总指数	100.8	水泥（万吨）	1118.18
居民消费品价格总指数	101.1	独立核算工业企业财务指标	
五、利用外资（万美元）		固定资产原值（万元）	65349817
实际利用外资	26622	固定资产净值（万元）	

续上表

指　　标	2017 年	指　　标	2017 年
三、建筑业（四级及四级以上建筑业）		普通中学	430309
建筑企业年平均人数（人）	116258	小学	619655
建筑业总产值（万元）	3826353	二、科技	
施工房屋面积（万平方米）	3550.49	中级技术职称以上人员（万人）	
竣工房屋面积（万平方米）	1635.18	科学事业费支出（万元）	28879
四、交通运输		三、文化	
货运量（万吨）	23969.2	公共图书馆藏图书册数（万册）	233.9
#铁路	337.7	电视人口覆盖率（%）	97.88
公路	23658.5	广播人口覆盖率（%）	92.74
水运	310.7	**家庭、生活、环境**	
客运量（万人次）	11964.9	一、家庭	
#铁路	296.9	城镇居民平均每户家庭人口（人）	3.21
公路	11919.4	农村居民平均每户常住人口（人）	3.40
水运	45.5	二、婚　姻	
五、邮电通讯业		结婚数（对）	48710
邮电业务总量（万元）	719534	离婚数（对）	14946
函件（万件）	449.2	三、居住（平方米/人）	
报刊期发数（万份）	65.63	城市居民人均居住面积	56.0
交换机容量（万门）	834.65	农村居民人均居住面积	60.4
电话机（万部）	46.02	四、生活	
城　市	18.82	城市居民可支配收入（元）	25029
农　村	19.66	农村居民人均纯收入（元）	10756
移动电话（万户）	491.98	城乡居民储蓄存款余额（亿元）	1867.95
计算机互联网用户数（户）	548957	五、工资福利	
六、国内商业		在岗职工平均工资（元）	58665
社会消费品零售总额（万元）	8959660	六、卫生	
七、外贸		医院（个）	91
进出口总额（万美元）（海关口径）	169473	医生（人）	12799
进口额	10741	护士（人）	13060
出口额	158732	医院床位（张）	37328
八、金融保险		七、市政建设	
金融机构存款（亿元）	2795.05	自来水供应量（万立方米）	
#储蓄存款	1867.95	下水道总长（公里）	590
金融机构贷款（亿元）	1269.59	城市煤气供应量（万立方米）	4057
保险业务收入（万元）	725831	石油液化气供应量（吨）	4100
保险业务支出（万元）	270036	公共汽车总数（辆）	518
教育、科技、文化		营运线路长度（公里）	
一、教育		绿地面积（公顷）	2885
专任教师数（人）		八、环境、灾害	
普通高等学校	1962	治理污染资金使用额（万元）	
中等专业学校（含职业中学）	2321	环境污染事故数（次）	
普通中学	28121	火灾发生数（次）	
小学	23984	火灾经济损失（万元）	576
在校学生（人）		交通事故发生数（次）	335
普通高等学校	36310	交通事故经济损失（万元）	163
中等专业学校（含职业中学）	72376		

2017 年邵阳市各县（市、区）总产出（现行价）

单位：万元

	邵阳市	双清区	大祥区	北塔区	邵东县	新邵县	邵阳县
总产出	38046864	4963601	3676959	1740244	10823263	3475415	3966363
农林牧渔业	5024334	86585	103509	50554	800932	462131	496794
农业	2787823	35770	53744	21010	545332	239635	294833
林业	181267	40	834	352	3567	16292	20416
畜牧业	1809983	36862	31221	21712	194993	185243	160501
渔业	164805	3812	3705	3003	49676	12029	15543
农林牧渔服务业	80456	10101	14005	4477	7364	8932	5501
工业	17755821	2541458	1546426	1377034	6219369	1639729	1906542
采矿业	1888641	35117	79284	58062	631356	195461	681492
开采辅助活动	9237	42	7869		51969	920	1394
制造业	14805130	2434968	914384	1284059	5566354	1434495	893293
金属制品、机械和设备修理业	22304	2936	78714		58137	1279	1803
电力、煤气及水的生产和供应业	1062050	71373	552758	34913	21659	9773	331757
建筑业	3359512	1059546	398156	74695	1491860	306085	355107
批发和零售业	1227982	165424	305930	10362	473593	115726	122462
批发业	400626	124793	16818	1023	58555	34235	29579
零售业	827356	40631	289112	9339	415038	81491	92883
交通运输、仓储和邮政业	903625	185968	43046	33195	175198	83990	57125
铁路运输业	62825	1441			18280		1171
道路运输业	781313	158423	39152	31145	147913	76340	53756
水上运输业	144	1798				453	1009
邮政业	59343	6182	3894	2050	9005	7197	1189
住宿和餐饮业	716546	58513	43242	15775	154336	26780	96297
住宿业	92677	15753	4039	1209	30577	3876	11272
餐饮业	623869	42760	39203	14566	123759	22904	85025
信息传输、计算机服务和软件业	598348	48527	97340	23803	49650	32111	15653
电信、广播电视和卫星传输服务	569039	48527	96867	22519	49650	32111	15653
其他信息活动	29309		473	1284			
金融业	1055344	68531	39567	17973	64685	28225	30579
货币金融服务	811792	58838	29093	15811	52527	24138	23939
资本市场服务	58829				6		
保险业	176195	9643	6640	2162	12145	4087	6640
其他金融业	8528	50	3834		7		
房地产业	763902	45522	216606	8654	228414	34525	100607
房地产开发经营	216492	16459	142601	2101	3930	1955	8733
其他房地产活动	51890	1791	3004	163	1209	1009	1261
自有房地产经营活动	495520	27272	71001	6390	223275	31561	90613
租赁和商务服务业	242577	29461	61189	7838	53190	25676	12213
科学研究、技术服务和地质勘查业	104830	20025	19558	1793	5927	2276	1450
水利、环境和公共设施管理业	173368	16082	5531	6997	16833	5401	2620
居民服务和其他服务业	1788515	324022	189221	29716	356325	215215	300240
教育	1095094	67971	161775	19556	199123	89891	85871
卫生、社会保障和社会福利业	1055764	121676	203240	14339	284323	168049	81286
文化、体育和娱乐业	284381	22262	56123	8413	75642	32938	9557
公共管理和社会组织	1896921	102028	186500	39547	173863	206667	291960
第一产业	4943878	76484	89504	46077	793568	453199	491293
第二产业	21083792	3598026	1857999	1451729	7601123	1943615	2258452
第三产业	12019194	1289091	1729456	242438	2428572	1078601	1216618

续上表

	隆回县	洞口县	绥宁县	新宁县	城步县	武冈市
总产出	2721920	4917724	3282878	2725082	949375	3073941
农林牧渔业	650444	890517	307102	330430	186651	658686
农业	391770	446557	140317	213813	76654	328389
林业	21361	30806	44162	11502	16608	15327
畜牧业	216101	369156	116671	91831	90314	295378
渔业	16074	29649	3727	9562	1163	16862
农林牧渔服务业	5138	14349	2225	3722	1912	2730
工业	518732	2203412	2195371	953597	423470	1164187
采矿业	29645	258958	119846	176028	11104	43930
开采辅助活动	325	206	1707	763	10	3500
制造业	463761	1820786	1941897	698513	332997	1058071
金属制品、机械和设备修理业	533	2016	2599	954	337	46929
电力、煤气及水的生产和供应业	25326	123668	133628	79056	79369	62186
建筑业	119293	529310	50224	300294	33714	122836
批发和零售业	156437	167432	63702	196543	51451	157957
批发业	5790	6992	29639	7032	13256	36123
零售业	150647	160440	34063	189511	38195	121834
交通运输、仓储和邮政业	67351	93691	44139	73260	23917	121772
铁路运输业						
道路运输业	49485	90300	39476	65788	21508	111629
水上运输业						435
邮政业	17866	3391	4449	5743	2409	9708
住宿和餐饮业	33956	89280	47820	66297	14946	47971
住宿业	9481	10902	3216	5218	3223	2412
餐饮业	24475	78378	44604	61079	11723	45559
信息传输、计算机服务和软件业	34716	54673	22460	86571	19118	62162
电信、广播电视和卫星传输服务	32534	54673	19387	82171	19118	56905
其他信息活动	2182		3073	4400		5257
金融业	56398	66863	23772	49225	17971	34259
货币金融服务	37991	57530	19208	26368	10654	29482
资本市场服务	193					
保险业	11339	9235	4564	22857	7317	4777
其他金融业	6875	98				
房地产业	142518	73955	24634	165165	15012	82868
房地产开发经营	47815	7594	1110	467	642	7225
其他房地产活动	926	3318	2129	197		1888
自有房地产经营活动	93777	63043	21395	164501	14370	73755
租赁和商务服务业	25415	17067	4756	15948	3154	20440
科学研究、技术服务和地质勘查业	6829	4915	2342	3817	1442	8430
水利、环境和公共设施管理业	37095	2693	3575	7513	960	8535
居民服务和其他服务业	193544	287730	265761	27212	36317	95314
教育	252037	71738	38059	119326	34497	112256
卫生、社会保障和社会福利业	160547	109739	116965	62128	36493	196755
文化、体育和娱乐业	53352	33045	21632	105197	8996	10419
公共管理和社会组织	213256	221664	50564	162559	41266	169094
第一产业	645306	876168	304877	326708	184739	655956
第二产业	637167	2730500	2241289	1252174	456837	1236594
第三产业	1439447	1311056	736712	1146200	307799	1181391

2017 年邵阳市各县（市、区）生产总值（现行价）

单位：万元

	邵阳市	双清区	大祥区	北塔区	邵东县	新邵县	邵阳县
地区生产总值	16914995	1534502	1550856	371246	3815505	1379786	1437494
农林牧渔业	3377020	62253	77955	35245	536957	327815	338594
农业	2075741	23876	42995	17595	405727	189671	217144
林业	128122	24	526	186	2538	7975	19498
畜牧业	1030067	30227	24181	12865	94475	118463	89399
渔业	100732	2328	2179	1736	30550	7271	9808
农林牧渔服务业	42358	5798	8074	2863	3667	4435	2745
工业	4972068	600304	487958	173761	1605525	413518	394048
采矿业	639397	6649	15595	7874	312112	66378	182178
开采辅助活动	4127	9	121		6928	377	310
制造业	3986623	571697	292092	160816	1284264	343525	202347
金属制品、机械和设备修理业	5817	710	2429		12672	549	419
电力、煤气及水的生产和供应业	346048	21958	180271	5071	9149	3615	9523
建筑业	989219	207022	98064	19653	201541	74256	103210
批发和零售业	862273	110103	69444	7934	380225	71301	67940
批发业	330707	82608	4521	504	73336	21151	7944
零售业	531566	27495	64923	7430	306889	50150	59996
交通运输、仓储和邮政业	415836	66465	37965	18141	105024	38024	27779
铁路运输业	37397	578			12133		733
道路运输业	363710	56463	33626	16899	89549	34192	25292
水上运输业	124	706				208	723
邮政业	14605	2154	4339	1242	3342	3624	1031
住宿和餐饮业	344875	28553	42770	5717	54511	10762	17652
住宿业	40760	7321	3977	372	12840	1595	2317
餐饮业	304115	21232	38793	5345	41671	9167	15335
信息传输、计算机服务和软件业	256041	33400	33457	17112	96981	21060	13989
电信、广播电视和卫星传输服务	237788	33400	33337	15914	96981	21060	13989
其他信息活动	18253		120	1198			
金融业	698981	35884	111574	11382	67050	14540	20910
货币金融服务	534316	33699	99468	10734	62000	13676	16936
资本市场服务	51634				174		
保险业	107016	2171	7981	648	4694	864	3974
其他金融业	6015	14	4125		182		
房地产业	717009	41202	47142	6951	149878	32635	51271
房地产开发经营	205813	12877	23484	1260	16787	1152	3907
其他房地产活动	49387	4933	1150	104	1067	710	1774
自有房地产经营活动	461809	23392	22508	5587	132024	30773	45590
租赁和商务服务业	136643	12238	46370	3716	17108	12474	7966
科学研究、技术服务和地质勘查业	84124	9268	15070	807	16374	800	1365
水利、环境和公共设施管理业	83573	10616	7822	6120	20461	3180	1596
居民服务和其他服务业	1157799	131974		17296	154917	91941	76240
教育	807844	51089	79889	13493	142055	66923	118570
卫生、社会保障和社会福利业	637710	55703	96088	6480	93146	65159	56582
文化、体育和娱乐业	211148	9495	42531	5383	54678	20131	7806
公共管理和社会组织	1162832	68933	111620	22055	119074	115267	131976
第一产业	3334662	56455	69881	32382	533290	323380	335849
第二产业	5951343	806607	583472	193414	1787466	486848	496529
第三产业	7628990	671440	897503	145450	1494749	569558	605116

续上表

	隆回县	洞口县	绥宁县	新宁县	城步县	武冈市
地区生产总值	1718767	1682218	897448	1019014	397106	1433403
农林牧渔业	394285	554221	212950	260649	105836	470261
农业	244269	324200	104536	184093	48905	272727
林业	14184	21164	27646	9891	13900	10591
畜牧业	124042	184209	77353	59002	41138	174716
渔业	9226	18234	2314	5508	711	10867
农林牧渔服务业	2564	6414	1101	2155	1182	1360
工业	351335	395943	360233	181876	120819	222698
采矿业	17589	53197	21021	35712	3614	29030
开采辅助活动	201	68	292	146	3	435
制造业	313258	317492	325484	128896	102496	182975
金属制品、机械和设备修理业	383	591	364	186	103	680
电力、煤气及水的生产和供应业	20488	25254	13728	17268	14709	10693
建筑业	93834	151349	22294	64058	14302	51331
批发和零售业	85356	51594	38284	33389	22608	68692
批发业	1488	3882	18376	2017	5618	16896
零售业	83868	47712	19908	31372	16990	51796
交通运输、仓储和邮政业	43166	26651	17748	33567	9923	60807
铁路运输业						
道路运输业	32255	24435	15506	30670	8822	55760
水上运输业						1297
邮政业	10911	2216	2098	2091	1101	3750
住宿和餐饮业	23989	24133	14832	17464	7523	20305
住宿业	6072	3216	804	4048	1563	2100
餐饮业	17917	20917	14028	13416	5960	18205
信息传输、计算机服务和软件业	24366	31348	16562	44219	10602	30187
电信、广播电视和卫星传输服务		31348	14626	41970	10602	27338
其他信息活动	1102		1936	2249		2849
金融业	31111	24980	11949	17902	9809	23479
货币金融服务	20003	21861	10945	9588	7565	20550
资本市场服务	114	398				
保险业	7382	2546	1004	8314	2244	2929
其他金融业	3612	175				
房地产业	81574	60463	17626	29180	12058	43303
房地产开发经营	30935	13875	697	306	367	6040
其他房地产活动	505	8274	1129	126		2085
自有房地产经营活动	50134	38314	15800	28748	11691	35178
租赁和商务服务业	19531	10214	2235	15587	1187	16029
科学研究、技术服务和地质勘查业	5522	4981	1218	1986	361	7270
水利、环境和公共设施管理业	19637	2845	2242	3993	645	7010
居民服务和其他服务业	117960	107962	71427	16843	10980	73556
教育	139674	48785	30447	73232	12231	101910
卫生、社会保障和社会福利业	108460	50129	40938	43535	13117	139700
文化、体育和娱乐业	33078	18759	8653	76863	4657	8450
公共管理和社会组织	145889	117861	27810	104671	40448	88415
第一产业	391721	547807	211849	258494	104654	468901
第二产业	444585	546633	381871	245602	135015	272914
第三产业	882461	587778	303728	514918	157437	691588

2017年邵阳市各县（市、区）最终消费

单位：万元

	邵阳市	双清区	大祥区	北塔区	邵东县	新邵县	邵阳县
最终消费支出	12425491	702745	1110822	146718	1489474	1180661	1296350
一、居民消费支出	8980530	564066	549656	119828	1097472	1019291	1117386
（一）城镇居民	5707557	485357	448617	85543	705536	470143	610300
1. 食品烟酒	2008443	186899	177344	37693	354489	167626	213604
2. 衣着	367222	37104	4750	5431	32676	28535	137314
3. 居住（含自由住房服务）	1073331	41615	43504	8686	80027	77873	40890
4. 生活用品及服务	380611	39159	37125	3858	23917	20225	30508
5. 交通和通信	415213	81483	45597	6016	65217	30583	67126
6. 教育文化娱乐	707966	42493	74972	19766	56399	67712	
7. 医疗保健	420509	43391	51723	2700	42267	38188	45771
8. 银行中介服务	158253						48824
9. 保险服务	34884						
10. 其他商品和服务	141125	13213	13602	1393	50544	39401	26263
（二）农村居民	3272973	78709	101039	34285	391936	549148	507086
1. 食品烟酒	1336043	35707	54230	8891	162566	158450	246797
2. 衣着	138713	6063	5644	2108	50493	19055	20385
3. 居住（含自由住房服务）	782182	9449	11802	9087	28338	104067	94077
4. 生活用品及服务	195153	6175	5274	4390	26283	20950	14585
5. 交通和通信	232214	8594	4657	3448	32939	78044	30307
6. 教育文化娱乐	202213	5998	9062	4529		64219	48605
7. 医疗保健	291622	5298	8051	1061	58527	83751	35535
8. 银行中介服务	44475				26922		
9. 保险服务	2702						
10. 其他商品和服务	47656	1425	2319	771	5868	20612	16795
二、政府消费支出	3444961	138679	561166	26890	392002	161370	178964

续上表

	隆回县	洞口县	绥宁县	新宁县	城步县	武冈市
最终消费支出	1101508	1299035	361552	702988	296742	889881
一、居民消费支出	1012332	1118779	320430	452894	258032	752665
（一）城镇居民	555426	536656	143368	164786	130246	391782
1. 食品烟酒	246682	127276	51132	45126	29524	114085
2. 衣着	60123	56468	16243	12214	10472	24848
3. 居住（含自由住房服务）	54196	62648	23475	37603	32393	35060
4. 生活用品及服务	31214	31564	9927	6003	7189	75297
5. 交通和通信	36955	56965	13511	14111	10082	47159
6. 教育文化娱乐	63297	118542	23005	41929	25586	
7. 医疗保健	36904	28654	4296	7015	11325	46528
8. 银行中介服务		162				30880
9. 保险服务		5621				
10. 其他商品和服务	26055	48756	1779	785	3675	17925
（二）农村居民	456906	582123	177062	288108	127786	360883
1. 食品烟酒	269891	218562	60860	94482	33904	175060
2. 衣着	12051	28657	7608	10778	6244	11385
3. 居住（含自由住房服务）	33894	59864	35525	56920	32829	33376
4. 生活用品及服务	26011	20145	9134	5992	5645	19437
5. 交通和通信	34590	102856	15755	30120	14472	31966
6. 教育文化娱乐	39112	63352	37239	53715	21669	51569
7. 医疗保健	35857	26854	8288	25977	10150	29850
8. 银行中介服务						
9. 保险服务		5212				
10. 其他商品和服务	5500	56621	2653	10124	2873	8240
二、政府消费支出	89176	180256	41122	250094	38710	137216

2017 年邵阳市城镇单位从业人员平均人数

单位：人

	总　计	国有单位	城镇集体单位	其他单位
总　计	367823	189230	15171	163422
按执行会计标准类别分组				
1. 企业	197354	23554	12939	160861
2. 事业	109311	105685	2222	1404
3. 机关	56188	56188		
4. 民间非营利组织	560	29		531
5. 其他	4410	3774	10	626
按国民经济行业分组				
（一）农、林、牧、渔业	3447	3000	20	427
（二）采矿业	4723	75		4648
（三）制造业	46216	1278	375	44563
（四）电力、热力、燃气及水生产和供应业	6238	3500	13	2725
（五）建筑业	77716	4751	10057	62908
（六）批发和零售业	10277	2075	1526	6676
（七）交通运输、仓储和邮政业	11356	8643	161	2552
（八）住宿和餐饮业	1496	104	3	1389
（九）信息传输、软件和信息技术服务业	4167	168		3999
（十）金融业	22841	2335	792	19714
（十一）房地产业	4311	122		4189
（十二）租赁和商务服务业	3574	1045	90	2439
（十三）科学研究和技术服务业	2691	2135		556
（十四）水利、环境和公共设施管理业	3815	3646	122	47
（十五）居民服务、修理和其他服务业	1032	61	3	968
（十六）教育	58894	54941	406	3547
（十七）卫生和社会工作	34132	30838	1590	1704
（十八）文化、体育和娱乐业	1455	1115	13	327
（十九）公共管理、社会保障和社会组织	69442	69398		44

邵阳市各县（市、区）财政总收入

单位：万元

	2017 年	2016 年	2015 年	2014 年
全市合计	1533567	1411345	1307821	1169755
市本级	439988	413728	371666	330334
双清区	57780	52596	60041	55078
大祥区	63466	57069	52741	46852
北塔区	24207	21962	21028	18989
邵东县	232446	205349	189353	169869
新邵县	119136	109188	101563	92181
邵阳县	96726	87812	83691	73883
隆回县	120730	110091	101498	90530
洞口县	93125	92745	85849	76582
绥宁县	54555	49344	46401	42678
新宁县	81569	73637	69313	61730
城步县	47010	42779	39518	35239
武冈市	102829	95045	85159	75810

邵阳市各县（市、区）财政总支出

单位：万元

	2017 年	2016 年	2015 年	2014 年
全市合计	5107924	4738295	4321331	3463587
市本级	701912	772028	722662	567066
双清区	137386	126286	111553	90900
大祥区	141406	140343	108670	82224
北塔区	77137	63586	69568	46951
邵东县	605660	545637	470271	388136
新邵县	462212	415225	371092	311595
邵阳县	532640	469618	435997	362014
隆回县	556579	510827	511627	381821
洞口县	476804	422217	422258	319725
绥宁县	272350	248397	265492	208902
新宁县	422848	352626	298068	241222
城步县	249045	234966	189531	180938
武冈市	471945	436539	344542	282093

2017年邵阳市城乡居民人均可支配收入与总支出情况

单位：元

指标名称	总计	城镇住户	农村住户
第一部分　可支配收入	16353.02	25029.17	10756.30
一、工资性收入	8498.04	13389.26	5342.87
（一）工资	8138.91	12906.91	5063.22
1. 按月发放的工资	5636.82	10971.71	2195.45
2. 补发工资	92.13	219.14	10.20
3. 不按月发放的奖金津贴过节费等	2409.96	1716.06	2857.57
（二）实物福利	10.59	12.63	9.27
（三）其他	348.54	469.72	270.38
二、经营净收入	2760.40	3121.22	2527.65
（一）第一产业经营净收入	1063.32	72.87	1702.22
（二）第二产业经营净收入	152.98	105.81	183.41
（三）第三产业经营净收入	1544.11	2942.54	642.03
三、财产净收入	1134.96	2645.00	160.88
（一）利息净收入	11.35	20.04	5.75
（二）红利收入	168.42	384.84	28.82
1. 集体分配的红利	1.48	2.66	0.72
2. 其他红利收入	166.94	382.18	28.10
（三）储蓄性保险净收益	1.77	0.00	2.91
（四）转让承包土地经营权租金净收入	13.32	0.13	21.83
（五）出租房屋财产性收入	266.01	669.96	5.44
（六）出租机械专利版权等资产的收入	9.76	23.27	1.05
（七）其他财产净收入	273.19	549.29	95.09
（八）房屋虚拟租金	391.13	997.48	0.00
四、转移净收入	3959.62	5873.70	2724.90
（一）转移性收入	4427.85	6742.34	2934.84
1. 养老金或离退休金	2236.56	5004.94	450.76
2. 社会救济和补助	124.32	109.14	134.11
3. 政策性生活补贴	25.24	31.29	21.34
4. 报销医疗费	186.18	123.92	226.35
5. 家庭外出从业人员寄回带回收入	1000.31	716.33	1183.49
6. 赡养收入	667.68	485.10	785.46
7. 其他经常转移收入	145.21	265.30	67.75
8. 从政府和组织得到的实物产品和服务折价	1.97	2.64	1.54
9. 现金政策性惠农补贴	40.37	3.68	64.03
（二）转移性支出	468.23	868.64	209.94
1. 个人所得税	3.32	8.35	0.08
2. 社会保障支出	361.25	663.98	165.97
3. 外来从业人员寄给家人的支出	0.00	0.00	0.00
4. 赡养支出	55.19	97.71	27.77
5. 其他转移性支出	48.47	98.61	16.12

续上表

指标名称	总计	城镇住户	农村住户
（1）经常性捐赠支出	8.22	8.80	7.84
（2）经常性赔偿支出	0.00	0.00	0.00
（3）其他经常转移支出	40.25	89.81	8.28
第二部分　总支出	16047.13	20595.11	13113.37
一、消费支出	11640.18	15769.24	8976.65
（一）食品烟酒	3915.40	5178.48	3100.62
（二）衣着	647.69	1045.40	391.14
（三）居住	2436.63	3300.62	1879.30
（四）生活用品及服务	685.18	952.89	512.49
（五）交通通信	1091.63	1400.23	892.56
（六）教育文化娱乐	1939.36	2804.67	1381.17
（七）医疗保健	761.82	863.39	696.30
（八）其他用品和服务	162.47	223.57	123.06
二、生产经营费用支出	1064.54	350.60	1525.08
（一）第一产业经营费用支出	768.83	38.07	1240.21
（二）第二产业经营费用支出	58.00	9.25	89.46
（三）第三产业经营费用支出	237.71	303.29	195.41
三、财产性支出	3.44	3.52	3.39
（一）生活贷款利息支出	2.70	1.89	3.22
（二）其他财产性支出	0.74	1.63	0.17
四、转移性支出	468.23	868.64	209.94
（一）个人所得税	3.32	8.35	0.08
（二）社会保障支出	361.25	663.98	165.97
（三）外来从业人员寄给家人的支出	0.00	0.00	0.00
（四）赡养支出	55.19	97.71	27.77
（五）其他转移性支出	48.47	98.61	16.12
五、部分商业保险支出	11.85	17.80	8.02
六、购置资产及非经常性转移支出	2652.65	3303.96	2232.51
（一）购置资产支出	855.51	874.98	842.94
（二）非经常性转移支出	1797.14	2428.98	1389.57
七、借贷性支出	206.24	281.34	157.79
（一）存入储蓄款	45.68	98.89	11.35
（二）借出款	17.70	0.00	29.11
（三）归还借款	84.98	60.50	100.77
（四）购买有价证券	0.00	0.00	0.00
（五）其他投资支出	0.42	0.00	0.69
（六）归还住房贷款	49.99	112.52	9.65
（七）归还汽车贷款	5.63	4.69	6.23
（八）归还教育贷款	0.00	0.00	0.00
（九）归还其他贷款	1.86	4.74	0.00
（十）其他借贷支出	0.00	0.00	0.00

2017年邵阳市各县（市、区）城乡居民收入

单位：元

地　区	城乡合计收入	城镇居民收入	农村居民收入
邵阳市	16353	25029	10756
双清区	25300	26946	17789
大祥区	24096	26255	17461
北塔区	21625	24087	15939
邵东县	23807	30100	18945
新邵县	14575	24449	10020
邵阳县	14568	24398	9714
隆回县	13055	23217	9174
洞口县	15419	24803	9709
绥宁县	12689	22871	9211
新宁县	13973	23599	9109
城步县	11261	21988	7160
武冈市	16030	24395	10779

2017年邵阳市各县（市、区）城乡居民支出

单位：元

地　区	城乡居民家庭消费支出	城镇居民家庭消费支出	农村居民家庭消费支出
邵阳市	11640	15769	8977
双清区	18743	19833	13773
大祥区	19715	21759	13435
北塔区	13734	13301	14734
邵东县	14486	18288	11549
新邵县	11595	14298	10348
邵阳县	11542	14853	9907
隆回县	8658	12898	7039
洞口县	11727	15332	9533
绥宁县	8493	11280	7541
新宁县	10226	13563	8540
城步县	9539	13678	7957
武冈市	10961	14032	9033

2017年邵阳市各县（市、区）限额以上单位社会消费品零售总额

单位：万元

指标名称 \ 地区	全市	双清区	大祥区	北塔区	邵东县	新邵县
社会消费品零售总额	4419091.1	1155318.3	331101.4	74227.2	703108.2	304601.1
一、按销售单位所在地分						
城镇	4278339.8	1154377.6	320259.2	70205.9	654195.4	272663.4
其中：城区	1700984.5	962454.5	306686.5	70205.9		
乡村	140751.3	940.7	10842.2	4021.3	48912.8	31937.7
二、按行业分						
1. 批发业	244153.2	1603.5	7330.5	35668.6	95840.0	3405.3
2. 零售业	3888910.7	1143338.6	278421.2	27175.9	561525.3	267714.3
3. 住宿业	84419.3	693.5	19648.5		5378.8	5255.8
4. 餐饮业	201607.9	9682.7	25701.2	11382.7	40364.1	28225.7

续上表

指标名称 \ 地区	邵阳县	隆回县	洞口县	绥宁县	新宁县	城步县	武冈市
社会消费品零售总额	382350.7	317392.1	348090.2	143165.0	145826.6	117837.3	396073.0
一、按销售单位所在地分							
城镇	361982.1	305663.8	339501.2	139754.3	145826.6	117837.3	396073.0
其中：城区							361637.6
乡村	20368.6	11728.3	8589.0	3410.7			
二、按行业分							
1. 批发业	31465.4	17001.4	7343.2	29162.0	3295.3	12038.0	0.0
2. 零售业	337510.4	252982.2	310804.3	97593.8	120922.9	100885.4	390036.4
3. 住宿业	453.3	29505.9	12454.9		6104.2	3400.2	1524.2
4. 餐饮业	12921.6	17902.6	17487.8	16409.2	15504.2	1513.7	4512.4

2017 年邵阳市城市社会经济基本情况

指标	计量单位	2017 年		2016 年	
		全市	市辖区	全市	市辖区
一、行政区划					
所辖行政区数	个	3		3	
所辖行政县（旗）数	个	8		8	
所辖行政县级市数	个	1		1	
二、人口规模					
常住人口	万人	737.54	76.95	732.15	76.74
其中：城镇人口	万人	338.46	61.09	322.08	60.31
常住人口城镇化率	%	45.89			
年末户籍人口	万人	826.46	70.08	830.08	70.41
其中：女	万人	353.77	37.71	392.33	34.79
户籍人口城镇化率	%	25.41			
年平均人口	万人	828.27	70.25	825.72	70.23
年出生人口	人	97865	8865	98766	8555
年死亡人口	人	124077	8658	33057	3385
年末总户数	万户	225.46	23.70	244.09	24.06
三、资源环境					
（一）土地					
行政区域土地面积	平方公里	20830	436	20830.00	436.00
建成区面积	平方公里	232	73	208.55	72.00
现状建设用地面积	平方公里	211.02	71.18	192.68	66.44
其中：居住用地	平方公里	75.78	26.33	69.33	24.56
公共管理与公共服务设施用地	平方公里	26.79	8.87	26.47	8.20
商业服务业设施用地	平方公里	19.58	4.92	18.56	4.43
工业用地	平方公里	12.43	4.36	11.12	3.73
物流仓储用地	平方公里	8.50	2.85	8.23	2.31
道路交通设施用地	平方公里	18.27	5.95	16.18	5.80
公共设施用地	平方公里	13.21	4.52	13.57	4.20
绿地与广场用地	平方公里	36.46	13.38	29.22	13.21
本年征用土地面积	平方公里	7.69	1.50	9.16	2.00
其中：耕地面积	平方公里	1.51	0.78	0.92	0.45
实际新增建设用地面积	平方公里				
绿化覆盖面积	公顷	11176	3650	9652	3465

续上表

指标	计量单位	2017年		2016年	
		全市	市辖区	全市	市辖区
其中：建成区面积	公顷	9388	3050	8128.54	2885
建成区绿化覆盖率	%				
绿地面积	公顷	8807	2885	7127.72	2682
其中：建成区面积	公顷	7582	2468	6369.81	239
建成区绿地率	%				
公园绿地面积	公顷	2447	870	2224.71	860
公园面积	公顷	2447	870	1815.17	730
森林覆盖率	%	60.51			
（二）水资源					
水资源总量	万立方米	1703000	–	1624000	
供水总量	万立方米	263500	22000		
用水总量	万立方米	263500	22000		
其中：工业用水量规模以上	万立方米	26896.29	12425.22		
其中：用新水量	万立方米	8538.82	3141.69		
重复用水量	万立方米	16480.40	16200.87		
（三）环境					
废水排放总量	万吨	16443.00			
化学需氧量排放量	吨	63694			
氨氮排放量	吨	8352			
工业废水排放量	万吨	1125.00		1978	
工业化学需氧量排放量	吨	1651			
工业氨氮排放量	吨	110			
工业化学需氧量去除率	%	88.00			
工业氨氮去除率	%	90.00			
废气排放总量	万立方米				
二氧化硫排放量	吨	14377			
氮氧化物排放量	吨	9604			
工业废气排放量	万立方米	4000000.00		5280490.17	
工业二氧化硫排放量	吨	10181		13545.66	
工业氮氧化物排放量	吨	8994		9927.15	
工业二氧化硫去除率	%	86.00			
工业氮氧化物去除率	%	45.00			
工业烟（粉）尘排放量	吨	6240		8694.94	

续上表

指标	计量单位	2017 年		2016 年	
		全市	市辖区	全市	市辖区
一般工业固体废物综合利用率	%	70.00		67.34	
城镇污水处理率	%	89.32		89	
污水处理厂集中处理率	%	81.20		83	
生活垃圾无害化处理率	%	94.24		98	
空气质量达到及好于二级的比例	%	77			
可吸入颗粒物（PM10）年平均浓度	μg/m3	74	78		
可吸入细颗粒物（PM2.5）年平均浓度	μg/m3	50	56		
四、经济发展					
（一）地区生产总值（当年价格）	万元	16914995	3456604	15302577	3122444
其中：第一产业增加值	万元	3334662	158718	3268118	154287
第二产业增加值	万元	5951343	1583493	5437376	1456201
其中：工业增加值	万元	4972068	1262023		
第三产业增加值	万元	7628990	1714393	6597083	1511956
人均地区生产总值	元	23018	44979	20987	40758
地区生产总值（2015 年价格）	万元	16267248	3346671	15053506	3107690
地区生产总值增长率	%	8.1	7.7	8.0	8.3
（二）财政					
地方一般公共预算收入	万元	975525	237669		
其中：税收收入	万元	489388	122799	434854	107746
其中：企业所得税	万元	39241	9999	28561	7537
个人所得税	万元	25164	5416	21136	5735
地方一般公共预算支出	万元	5234599	767716		
其中：一般公共服务支出	万元	829692	79848	519736	47484
科学技术支出	万元	28879	2618	21675	3009
教育支出	万元	909327	79394	765952	67978
文化体育与传媒支出	万元	135771	11993	113529	10205
医疗卫生与计划生育支出	万元	632548	27793	509223	22170
节能环保支出	万元	128331	20129	75736	13141
城乡社区支出	万元	501469	190649	423898	203348
交通运输支出	万元	87068	20482	196550	32694
社会保障和就业支出	万元	984483	159206	836520	184870
住房保障支出	万元	181891	37695	220161	41423
（三）金融					

续上表

指标	计量单位	2017年		2016年	
		全市	市辖区	全市	市辖区
年末金融机构人民币各项存款余额	万元	27950478	7913677	24471241	6838242
其中：住户存款余额	万元	18679468	3745693	16566370	3470220
年末金融机构人民币各项贷款余额	万元	12695893	4486272	10529969	3720067
（四）固定资产投资					
固定资产投资（不含农户）	万元	18401002	2850870	16276438	2574395
房地产开发投资	万元	1692529	762064	1457223	657982
其中：住宅	万元	1251116	600526	972957	469585
全年新增固定资产	万元	13065144	1319654	10139349	823713
（五）房地产					
商品房销售面积	万平方米	448.83	177.57	437.29	147.89
其中：住宅	万平方米	377.39	149.19	381.73	136.39
其中：别墅、高档公寓	万平方米	11.02	7.63	2.76	1.60
商品房销售额	万元	1793599	845027	1436141	558201
其中：住宅	万元	1309748	617847	1127301	477922
其中：别墅、高档公寓	万元	48836	27365	10026	5616
待售面积	万平方米	136.51	61.93	180.90	109.52
（六）对外贸易					
货物进口额（海关数）	万美元	10742		9713	
货物出口额（海关数）	万美元	158732		120798	
外商直接投资合同项目	个			18	6
当年实际使用外资金额	万美元	26622	4936	22547	4178
（七）规模以上工业					
工业企业数	个	1255	204	1140	189
其中：内资企业	个	1229	192	1114	177
其中：国有企业	个	14	3	23	8
私营企业	个	1068	188	1091	169
港、澳、台商投资企业	个	15	7	14	8
外商投资企业	个	11	5	12	4
工业总产值（当年价）	万元	23676039	5663591	21211641	5039696
其中：内资企业	万元	22942967	5228789	20471436	4597411
其中：国有企业	万元	517335	472304	593679	534814
私营企业	万元	22425632	4756485	19877757	4062597
港、澳、台商投资企业	万元	416846	264684	421353	271821

续上表

指标	计量单位	2017 年		2016 年	
		全市	市辖区	全市	市辖区
外商投资企业	万元	316226	170118	318852	170464
平均用工人数	万人	25. 85	4. 29	21. 41	3. 79
资产总计	万元	8995468	2481180		
固定资产合计	万元	4515107	1429352	5167361	1206442
流动资产合计	万元	2389907	983342	2284959	1059909
主营业务收入	万元	21719801	4935664	19046311	4098485
主营业务成本	万元	18570713	4448671	16830726	3605599
主营业务税金及附加	万元	171078	62996	174133	75578
利润总额	万元	1376907	292034	657307	164070
本年应交增值税	万元	184321	73354	142179	47274
（八）贸易					
社会消费品零售总额	万元	9262369	2107125	8348161	1907708
限额以上批发零售业法人企业数	个	776	120	675	112
其中：零售业	个	665	110	569	102
限额以上批发零售业商品销售额	万元	4859879	2294694	5217777	1911666
限额以上住宿餐饮业法人企业数	个	210	44		
限额以上住宿餐饮业营业额	万元	271391	64741		
（九）旅游					
入境游客	人次	103741		20350	
其中：外国人	人次	12941		3393	
港、澳、台同胞	人次	90800		16957	
国际旅游（外汇）收入	万美元	2580		621	
国内游客	人次	12395500		20335600	
国内旅游收入	万元	3304300		1624900	
五、科技创新					
科技活动人员	人	8422	1893	7565	1330
R&D 人员	人	6136	1286	5122	999
R&D 内部经费支出	万元	187926		169361	41812
专利申请数	件	3202		2786	644
专利授权数	件	1766		1522	374
其中：发明专利	件	86		96	36
六、人民生活					
（一）就业					

续上表

指标	计量单位	2017 年		2016 年	
		全市	市辖区	全市	市辖区
从业人员期末人数（城镇）	人	374769	126677	374396	127173
第一产业（农、林、牧、渔业）	人	3445	214	3048	186
第二产业	人	140282	62423	142118	62486
其中：采矿业	人	4654	72	6368	102
制造业	人	46842	17705	48872	18477
电力、热力、燃气及水生产和供应业	人	6295	1429	7169	1510
建筑业	人	82491	43217	79709	42397
第三产业	人	231042	64040	229230	64501
其中：批发和零售业	人	10461	3416	11000	3663
交通运输、仓储及邮政业	人	11069	6425	11522	6828
住宿和餐饮业	人	1490	181	1591	189
信息传输、软件和信息技术服务业	人	4179	2255	4307	2320
金融业	人	23279	16835	22344	15930
房地产业	人	4364	1902	4441	2078
租赁和商业服务业	人	3672	1224	2410	115
科学研究和技术服务业	人	2690	980	2660	1162
水利、环境和公共设施管理业	人	3617	645	4009	701
居民服务、修理和其他服务业	人	1018	315	1078	281
教育	人	59568	7444	57701	7880
卫生和社会工作	人	34331	9286	33353	9197
文化、体育和娱乐业	人	1446	450	1535	518
公共管理、社会保障和社会组织	人	69858	12682	71279	13639
国际组织	人	0.00	0.00	0	0
城镇私营和个体从业人员	人	922600	209800	902580	201385
城镇登记失业人数	人	27956	7168	25457	6249
城镇登记失业率	%	3.96	4.23		
（二）收入					
在岗职工平均人数	万人	30.19	8.30	30.6	8.48
在岗职工工资总额	万元	1812470	507730	1628057.00	463496.30
在岗职工平均工资	元	58665	58722	52334	51813
城镇居民人均可支配收入	元	25029	26277	22996	23119
其中：工资性收入	元	13389	15725	7598	13847
经营净收入	元	3121	1352	2546	1188

续上表

指标	计量单位	2017 年		2016 年	
		全市	市辖区	全市	市辖区
财产净收入	元	2645	2947	921	2692
转移净收入	元	5874	6254	3690	3651
（三）消费					
城镇居民人均消费支出	元	15769	19852	14298	17022
其中：食品烟酒	元	5178	6294	4898	5734
衣着	元	1045	1261	1019	1210
居住	元	3301	4388	2762	3531
生活用品及服务	元	953	1100	823	810
交通和通信	元	1400	1618	1230	1671
教育文化和娱乐	元	2805	3731	2431	2837
医疗保健	元	863	1100	905	1036
其他用品及服务	元	224	361	229	191
（四）生活质量					
每百户居民家庭拥有量					
家用汽车	辆	24	34	20	24
洗衣机	台	98	100	96	98
电冰箱（柜）	台	97	102	96	98
彩色电视机	台	120	115	117	111
空调	台	79	118		
移动电话	部	231	231	227	220
其中：接入互联网	部	116	127	104	110
计算机	台	64	65	63	66
其中：接入互联网	台	50	48	50	40
城镇居民人均住房建筑面积	平方米	59	57	54	59
居民消费价格指数（上年为 100）	%	101.1		101.7	
七、公共服务					
（一）教育					
普通高等学校数	所	3		2	2
成人高等学校数	所	5	5	5	5
中等职业教育学校数	所	62	26	59	24
普通中学数	所	466	25	462	36
普通小学数	所	1112	94	1178	94
幼儿园数	所	1550	179		

续上表

指标	计量单位	2017 年		2016 年	
		全市	市辖区	全市	市辖区
普通高等学校专任教师数	人	1962		1565	1565
成人高等学校专任教师数	人	110	110	110	110
中等职业教育专任教师数	人	2321	497	2404	603
普通中学专任教师数	人	28121	2684	24134	2543
普通小学专任教师数	人	23984	2748	26151	2677
幼儿园专任教师数	人	8215	1486		
普通本专科在校学生数	人	36310		29208	29208
成人本专科在校学生数	人	9401	9401	9411	9411
中等职业教育在校学生数	人	72376	24782	72644	24100
普通中学在校学生数	万人	43.03	4.59	41.94	4.51
普通小学在校学生数	万人	61.97	6.18	62.58	6.06
幼儿园在园幼儿数	人	213232	24212		
（二）文体					
剧场、影剧院数	个	30	12	9	3
公共图书馆数	个	14	5		
公共图书馆图书藏量	万册	233.85	112.33	146.7	52
博物馆数	个	1	1		
体育场馆数	个	22	3	20	6
（三）医疗					
医疗卫生机构数	个	7198	497		
其中：医院数	个	91	29		
医疗卫生机构床位数	张	37328	9427	34165	8712
其中：医院床位数	张	26638	8632		
卫生技术人员数	人	31893	8547		
其中：执业（助理）医师数	人	9615	2778	9037	3400
注册护士	人	13060	4291	12057	2381
（四）社会保障					
城镇职工基本养老保险参保人数	人	553403	241641	460969	174612
城镇居民基本养老保险参保人数	人	4217000	240500	4043526	189851
城镇职工基本医疗保险参保人数	人	538100	209100	528401	201097
城镇居民基本医疗保险参保人数	人	6788800	520600	857737	301236
失业保险参保人数	人	308638	114914	301495	112665
工伤保险参保人数	人	533449	157000	528212	156623

续上表

指标	计量单位	2017年		2016年	
		全市	市辖区	全市	市辖区
生育保险参保人数	人	335777	96580	335721	96693
提供住宿的各类社会服务机构数	个	96	3		
其中：养老服务机构数	个	79	3		
提供住宿的各类社会服务机构床位数	张	8329	175		
其中：养老服务机构床位数	张	6975	175		
不提供住宿的各类社会服务机构数	个	877	104		
其中：社区服务机构数	个	863	103		
城镇居民最低生活保障人数	人	94248	32157	133883	40301
（五）公共安全					
交通事故死亡人数	人	57	13	83	12
交通事故损失额	万元	163.18	100	440	108
火灾事故死亡人数	人	5	0	8	
火灾事故损失额	万元	576	212	920	241
刑事案件立案数	起	4940	1873	3612	807
刑事罪犯人数	人	4411	762	4211	790
其中：青少年人数（年龄14-25周岁）	人	829	97	1012	172
八、基础设施					
城市维护建设资金支出	万元				187703
（一）交通运输					
年末实有城市道路面积	万平方米		1346		1250
境内公路总里程	公里	22499		22137	
其中：高速公路里程	公里	632		504	
民用汽车拥有量	辆	469094		413289	
其中：私人汽车拥有量	辆	443286		384358	
年末实有公共汽（电）车营运车辆数	辆		518		384
公共汽（电）车客运总量	万人次		8930		8724
年末实有出租汽车运营车数	辆		1100		1100
轨道交通运营线路总长度	辆	0	0	0	0
轨道交通客运总量	万人次	0	0	0	0
公路客运量（全社会）	万人	11919.35		12719.72	
公路货运量（全社会）	万吨	23658.51		22505.42	
水运客运量（全社会）	万人	45.50		57.42	
水运货运量（全社会）	万吨	310.66		378.14	

续上表

指标	计量单位	2017 年		2016 年	
		全市	市辖区	全市	市辖区
民用航空客运量	万人	8.22		0	
民用航空货邮运量	吨	0		0	
沿海港口货物吞吐量（规模以上）	万吨	0		0	
内河港口货物吞吐量（规模以上）	万吨	0		0	
（二）邮电通信					
年末邮政局（所）数	处	245	24	245	24
邮政业务收入	万元	72413.80		58026.73	
电信业务收入	万元	647120.42		818485.81	
固定电话年末用户数	万户	46.02		50.62	
移动电话年末用户数	万户	491.98		451.53	
其中：3G 以上移动电话用户	万户	369.24		35.15	
互联网宽带接入用户数	万户	54.90		52.22	
（三）能源电力					
能源生产总量	万吨标准煤	473.88			
能源消费总量	万吨标准煤	787.84			
规模以上工业能源生产量	万吨标准煤	402.04			
规模以上工业能源消费量	万吨标准煤	276		279.9	
全社会用电量	万千瓦时	812183		774509	
其中：工业用电	万千瓦时	350797		336801	
城乡居民生活用电	万千瓦时	313691		299232	
其中：城镇居民生活用电	万千瓦时	131792			
（四）生活设施					
城市市政基础设施建设投资额	万元	456972	283136		
年末排水管道长度	公里		590		543.5
年末供水综合生产能力	万立方米/日		51.5		51.5
售水量	万吨		5837		5767
其中：居民家庭用水量	万吨		3963		3940
供气总量（人工煤气、天然气）	万立方米		4057		3225
其中：居民家庭用气量	万立方米		3282		2319
液化石油气供气总量	吨		4100		4660
其中：居民家庭用量	吨		3600		4100

说明：1. 表中指标值为 0 的表示无发生数。2. 表中指标值为空的表示免报数。

2017年邵阳市各县（市、区）农林牧渔业总产值（现价）

单位：万元

市县名称	农林牧渔业总产值	农业产值	林业产值	牧业产值	渔业产值	农林牧渔服务业产值
邵阳市	5024334.3	2787824.3	181266.5	1809982.7	164804.8	80456
双清区	86585.4	35769.7	40	36862.1	3812.3	10101.3
大祥区	103509.3	53743.8	833.9	31221.2	3705.2	14005.1
北塔区	50553.9	21009.6	352.4	21712.1	3003.2	4476.6
邵东县	800931.7	545332.1	3566.8	194993	49675.5	7364.4
新邵县	462131.3	239635.5	16291.6	185242.9	12028.9	8932.3
邵阳县	496793.9	294833.2	20416.4	160500.7	15543	5500.7
隆回县	650444.2	391770.5	21361.4	216100.6	16073.8	5137.9
洞口县	890516.6	446557.2	30805.7	369156.1	29649.2	14348.4
绥宁县	307101.6	140317.3	44162.1	116671	3726.5	2224.6
新宁县	330429.9	213813.1	11501.5	91831.3	9562.2	3721.9
城步县	186650.8	76653	16608.1	90314.1	1163.3	1912.4
武冈市	658685.6	328389.3	15326.7	295377.6	16861.7	2730.3

2017年邵阳市各县（市、区）农林牧渔业增加值（现价）

单位：万元

市县名称	农林牧渔业增加值	农业增加值	林业增加值	牧业增加值	渔业增加值	农林牧渔服务业增加值
邵阳市	3377019.9	2075740.9	128122.4	1030067.1	100732.2	42357.4
双清区	62252.8	23876.3	24.1	30226.9	2327.4	5798.1
大祥区	77954.7	42995.1	526.2	24180.8	2178.7	8073.9
北塔区	35244.7	17595.5	186.1	12864.4	1735.8	2862.8
邵东县	536956.8	405727.0	2537.8	94474.1	30550.4	3667.5
新邵县	327815.5	189671.5	7974.7	118462.9	7271.5	4434.9
邵阳县	338593.6	217144.6	19497.6	89398.9	9807.6	2744.8
隆回县	394284.8	244268.9	14184.0	124041.8	9226.3	2563.8
洞口县	554220.9	324200.5	21163.5	184208.9	18234.3	6413.7
绥宁县	212950.1	104536.4	27645.5	77352.9	2314.2	1101.2
新宁县	260648.7	184093.1	9891.3	59001.6	5507.8	2155.0
城步县	105836.3	48904.6	13901.0	41138.1	710.8	1181.9
武冈市	470261.0	272727.3	10590.7	174715.9	10867.4	1359.7

邵阳市规模工业产销总值完成情况

单位：万元、%

项　　目	工业总产值（当年价）		工业销售产值（当年价）		产品销售率	
	2017 年	2016 年	2017 年	2016 年	2017 年	2016 年
邵阳市	23676039	20947758	23464239	20539969	99.11	98.05
在总计中：国有企业	517335	501757	508696	495229	98.33	98.70
在总计中：集体企业	2904	2814	2904	2814	100.00	100.00
在总计中：股份合作企业	21453	18833	21453	18833	100.00	100.00
股份制企业	20707581	17982505	20526515	17600831	99.13	97.88
外商及港澳台商投资企业	733072	740205	731495	739132	99.78	99.86
其它经济类型企业	1693694	1701644	1673176	1683130	98.79	98.91
在总计中：大中型工业企业	7595622	6921748	7466353	6602749	98.30	95.39
在总计中：国有及国有控股企业	584118	497235	568658	490137	97.35	98.76
在总计中：轻工业	12374055	10265800	12330285	9962279	99.65	97.04
重工业	11301984	10681958	11133954	10577690	98.51	99.02
总计中：省级及以上产业园区企业	18732170	16116721	18563353	15756133	99.10	97.76
非公有制企业	22135732	19568190	21949151	19184592	99.16	98.04
总计中：国有控股企业	797889	690140	780806	681590	97.86	98.76
市　区	5663591	5066627	5314816	4795052	91.91	93.16
双清区	2619953	2308130	2543702	2268869	97.09	98.34
大祥区	1768919	1637506	1768490	1637542	99.98	100
北塔区	1274719	1120991	1002624	888641	78.65	81.14
邵东县	6868595	5873723	6829837	5846252	99.44	98.71
新邵县	1932911	1815671	1916055	1803534	99.13	99.09
邵阳县	1389197	1239632	1387954	1239632	99.91	99.78
隆回县	1971778	1705448	1971778	1705880	100.00	100
洞口县	1882347	1707465	1882228	1707236	99.99	99.8
绥宁县	1984168	1772694	1912078	1697004	96.37	97.32
新宁县	824190	726215	814134	719689	98.78	98.76
城步县	347692	324761	345341	322659	99.32	99.12
武冈市	811570	715522	1090019	703032	134.31	97.71
在总计中：县域工业	18012448	16286600	18149424	15744918	103.03	98.92

注：以上数据为快报数。

2017年邵阳市规模工业增加值完成情况

单位：万元、%、个

项目	工业增加值（当年价）		比上年增长（%）	企业单位数
	12月	全年		
邵阳市	725780	5350611	7.3	1255
分轻重工业：轻工业	444942	2863726	13.1	635
重工业	280839	2486885	1.5	620
总计中：国有企业	14983	115346	2.6	13
集体企业	30	318	1.5	1
股份合作企业	189	3308	10.9	1
股份制企业	655540	4668091	8.6	1130
外商及港、澳、台商投资企业	23962	207949	2.0	26
其他经济类型企业	31076	355598	-2.6	84
总计中：国有控股企业	27959	227659	8.8	44
总计中：大中型工业企业	238514	1733027	5.5	151
其中：国有控股企业	21609	166000	9.8	
总计中：省级及以上产业园区（含集中区）	608418	4247721	9.9	807
非公有制企业	670101	4948818	7.4	1157
市　区	192594	1385171	6.3	204
双清区	68594	667247	8.2	128
大祥区	80074	413219	8.3	49
北塔区	43926	304705	6.7	27
邵东县	192147	1386790	10.1	382
新邵县	63184	418215	-0.8	115
邵阳县	47788	355872	7.1	77
隆回县	80361	522701	8.5	131
洞口县	35461	370590	6.0	105
绥宁县	56847	463156	7.2	76
新宁县	23638	189244	6.7	65
城步县	14324	83980	6.4	28
武冈市	19437	174893	6.4	72
在总计中：县域工业	533187	3965441	7.7	1051

注：以上数据为快报数。

2017 年邵阳市交通运输主要统计指标

指标名称	计量单位	2017 年	2016 年
一、公路线路到达数	公里	22499	22137
1. 高速公路	公里	632	504
2. 一级公路	公里	54	80
3. 二级公路	公里	1366	1371
4. 三级公路	公里	636	499
5. 四级公路	公里	16309	15819
二、天然河道里程	公里		
其中：通航里程	公里	837	837
其中：全年通航	公里	837	837
三、公路桥梁年末实有数	米/座	90858. 11/3672	80529. 79/3183
四、民用营业性客货车辆	辆	30466	42440
1. 营业性客车	辆	4243	4385
2. 营业性货车	辆	26223	38055
五、民用运输船舶数	艘	74	472
净载重量	吨位	1815	17693
载客量	客位	1341	2539
功率	千瓦	2489. 62	15760
六、全社会客货运输量			
货物周转量	万吨公里	4838310. 8	4604334. 1
公路	万吨公里	4828318. 5	4592205. 5
水运	万吨公里	9992. 3	12128. 6
货运量	万吨	23969. 2	22883. 6
公路	万吨	23658. 5	22505. 4
水运	万吨	310. 7	378. 1
旅客周转量	万人公里	490541. 4	533515. 5
公路	万人公里	490260. 9	533157. 3
水运	万人公里	280. 5	358. 3
客运量	万人	11964. 9	12777. 1
公路	万人	11919. 4	12719. 7
水运	万人	45. 5	57. 4
七、港口货物吞吐量	万吨	210. 2	351. 8
其中：出口	万吨	0	0
八、汽车站个数	个	63	104
其中：客运站	个	63	104
发送旅客运量	万人	5788	6860
九、铁路运输			
旅客运输量	万人	296. 9	286. 6
货物吞吐量	万吨	337. 7	225. 5

2017年邵阳市各县（市、区）邮电通信业务情况

	计量单位	合计	区	邵东县	新邵县	邵阳县
邮电通信业务总量	万元	719534.2	166173.5	117545.3	54748.4	56871.9
邮政业务总量	万元	72413.8	10135.3	15401.6	6144.1	6799.8
电信业务总量	万元	155435.9	45198.4	26499.0	11531.8	12425.1
移动业务总量	万元	263817.0	56768.9	41710.8	20851.6	20590.4
联通业务总量	万元	224635.4	53379.6	33531.7	15983.8	16830.5
铁通业务总量	万元	3232.1	691.3	402.3	237.0	226.1
邮路总长度（单程）	公里	7206.8	3925.8	743.0	212.0	390.0
农村投递路线长度（单程）	公里	17989.3	643.0	2686.0	2392.0	2817.0
邮政电信局所	处					
其中：邮政局所	处	245.0	24.0	38.0	21.0	25.0
电信业营业网点总数	个	1793.0	224.0	306.0	154.0	151.0
电信业务委代办点总数	个	1587.0	241.0	241.0	139.0	156.0
移动通信用户期末数	万户	492.0	105.0	79.6	38.2	42.8

续上表

	计量单位	隆回县	洞口县	绥宁县	新宁县	城步县	武冈市
邮电通信业务总量	万元	89560.8	61096.9	32995.9	49489.1	29764.1	61288.4
邮政业务总量	万元	9019.5	6164.8	3891.8	5743.3	2078.5	7035.2
电信业务总量	万元	15005.1	12759.8	6470.6	10166.6	4656.2	10723.4
移动业务总量	万元	34463.2	25038.9	12998.0	19498.7	8502.0	23394.5
联通业务总量	万元	30613.2	16882.2	9446.3	13882.4	14288.1	19797.7
铁通业务总量	万元	459.9	251.3	189.3	198.2	239.3	337.6
邮路总长度（单程）	公里	240.0	238.0	497.0	355.0	261.0	345.0
农村投递路线长度（单程）	公里	1582.0	1701.0	1652.0	1928.3	776.0	1812.0
邮政电信局所	处						
其中：邮政局所	处	28.0	24.0	26.0	19.0	17.0	23.0
电信业营业网点总数	个	243.0	185.0	118.0	178.0	65.0	169.0
电信业务委代办点总数	个	211.0	150.0	84.0	126.0	78.0	161.0
移动通信用户期末数	万户	60.6	45.6	22.8	38.4	15.9	43.1

2017 年邵阳市各县（市、区）限额以上单位社会消费品零售总额

单位：万元

指标名称	全市	双清区	大祥区	北塔区	邵东县	新邵县
社会消费品零售总额	4419091.1	1155318.3	331101.4	74227.2	703108.2	304601.1
一、按销售单位所在地分						
城镇	4278339.8	1154377.6	320259.2	70205.9	654195.4	272663.4
其中：城区	1700984.5	962454.5	306686.5	70205.9		
乡村	140751.3	940.7	10842.2	4021.3	48912.8	31937.7
二、按行业分						
1. 批发业	244153.2	1603.5	7330.5	35668.6	95840.0	3405.3
2. 零售业	3888910.7	1143338.6	278421.2	27175.9	561525.3	267714.3
3. 住宿业	84419.3	693.5	19648.5		5378.8	5255.8
4. 餐饮业	201607.9	9682.7	25701.2	11382.7	40364.1	28225.7

续上表

指标名称	邵阳县	隆回县	洞口县	绥宁县	新宁县	城步县	武冈市
社会消费品零售总额	382350.7	317392.1	348090.2	143165.0	145826.6	117837.3	396073.0
一、按销售单位所在地分							
城镇	361982.1	305663.8	339501.2	139754.3	145826.6	117837.3	396073.0
其中：城区							361637.6
乡村	20368.6	11728.3	8589.0	3410.7			
二、按行业分							
1. 批发业	31465.4	17001.4	7343.2	29162.0	3295.3	12038.0	0.0
2. 零售业	337510.4	252982.2	310804.3	97593.8	120922.9	100885.4	390036.4
3. 住宿业	453.3	29505.9	12454.9		6104.2	3400.2	1524.2
4. 餐饮业	12921.6	17902.6	17487.8	16409.2	15504.2	1513.7	4512.4

2017年邵阳市分县（市、区）对外经济主要指标

指标名称	实际利用外资（万美元）	实际利用内资（亿元）	进出口总额（万美元）	出口总额（万美元）
全市	26622	1399.67	169473	158732
市直		64.45		
邵阳经开区	1719	30.89		
双清区	2412	126.34	38604	33269
大祥区	2524	111.90	7360	7358
北塔区		70.96	5522	5522
邵东县	3176	184.90	67971	65384
新邵县	2362	146.70	2390	2378
邵阳县	2417	152.14	7675	7675
隆回县	3124	158.63	17252	16109
洞口县	2611	86.89	10042	8382
绥宁县		50.66	190	190
新宁县	2591	78.01	9107	9106
城步县		56.67	2552	2552
武冈市	3686	80.53	807	806

2017年邵阳市旅游业主要经济指标

指标名称	计量单位	本年	去年同期	比上年增长（%）
国内旅游人数	万人次	3794.81	3248.70	16.81
国内旅游收入	亿元	330.43	248.50	32.97
境外入境人数	人次	103741	74100	40.00
外国人	人次	12941	8741	48.05
港、澳、台同胞	人次	90800	65359	38.93
国内游客过夜旅游者	万人次	1239.55	1467.44	-15.53
国际旅游外汇收入	万美元	2579.50	1848.84	39.52

2017年邵阳市各类学校及在校学生、招生、毕业生、教职工数

单位：所、人

	普通高等学校	中等职业技术学校	普通中学			普通小学	幼儿园
			合计	初中	高中		
学校数	3	62	466	395	71	1112	1550
在校学生数	36310	72376	430309	298955	131354	619655	213232
招生数	9903	27965	134180	103285	44258	99409	—
毕业生数	9296	24573	133339	95328	38852	103208	—
教职工数	2667	2951	30471	—	—	24456	16533
专任教师数	1962	2321	17487	—	—	23984	8215

邵阳市卫生机构、床位及人员数

机构分类	机构个数（个）	实有床位数（张）	在岗职工（人）	技术人员（人）
总　计	7198	37328	46678	31893
一、医院	91	26638	24039	19933
综合医院	62	19114	18139	15261
中医医院	12	4389	4151	3426
中西医结合医院	1	435	483	401
专科医院	16	2700	1266	845
口腔医院	1	10	23	19
眼科医院	2	130	159	94
肿瘤医院	1	100	133	80
妇产（科）医院	2	63	122	88
精神病医院	5	2146	631	425
皮肤病医院	1	20	37	22
骨科医院	1	101	46	36
其他专科医院	3	130	115	81
二、基层医疗卫生机构	6916	9919	18354	9583
社区卫生服务中心（站）	56	813	1056	874
社区卫生服务中心	28	788	958	784
社区卫生服务站	28	25	98	90
卫生院	202	9094	7718	6160
乡镇卫生院	202	9094	7718	6160
中心卫生院	60	4634	4184	3290
乡卫生院	142	4460	3534	2870
村卫生室	6059	0	8370	1371

续上表

机构分类	机构个数（个）	实有床位数（张）	在岗职工（人）	技术人员（人）
门诊部	7	12	61	39
综合门诊部	4	0	13	13
中医门诊部	1	0	6	4
专科门诊部	2	12	42	22
诊所、卫生所、医务室	592	0	1149	1139
诊所	504	0	993	986
卫生所、医务室	88	0	156	153
三、专业公共卫生机构	187	771	4242	2350
疾病预防控制中心	13	0	907	596
省辖市（地区）属	1	0	204	135
地辖市属	4	0	128	89
县属	8	0	575	372
其他	0	0	0	0
专科疾病防治院（所、站）	7	66	147	85
专科疾病防治所（站、中心）	7	66	147	85
皮肤病与性病防治所（中心）	7	66	147	85
健康教育所（站、中心）	1	0	4	1
妇幼保健院（所、站）	13	705	1254	1013
省辖市（地区）属	1	71	158	131
地辖市属	4	120	200	145
县属	8	514	896	737
其他	0	0	0	0
妇幼保健院	10	705	1214	980
妇幼保健所	2	0	31	25
妇幼保健站	1	0	9	8
采供血机构	1	0	88	67
卫生监督所（中心）	13	0	371	297
地辖市属	5	0	147	125
县属	8	0	224	172
其他	0	0	0	0
计划生育技术服务机构	139	0	1471	291
四、其他卫生机构	4	0	43	27
临床检验中心（所、站）	1	0	8	4
其他	3	0	35	23

注：本表人员合计中包括乡村医生6319人和卫生员680人；不含乡镇卫生院在村卫生室工作的执业（助理）医师、注册护士数。

2017年邵阳市社会救济、社会福利情况

	计量单位	2017年	备注
一、社会救济和福利费用			
（一）国家支出	万元		
1. 抚恤事业费	万元	50615.10	包括死亡抚恤、伤残抚恤、在乡复员、退伍军人生活补助、优抚事业单位、义务兵优待金、其他优抚支出
2. 社会救济福利事业费	万元	156669.7	社会福包括儿童福利、老年人福利、残疾人福利、殡葬、社会福利事业单位、其他社会福利支出；社会救助包括最低生活保险、临时救助、特困人员救助供养、其他生活救助、医疗救助。
3. 离退休费	万元	268.6	包括地方的行政和事业单位离退休支出
4. 自然灾害救济费	万元	10478.00	包括生活救助费、紧急抢救安置转移灾民支出、救灾储备支出、灾后重建补助以及其它救助
5. 其他民政事业救济费	万元	1020.9	
（二）集体供给			
1. 优抚对象优待总金额	万元	46398.70	包括死亡抚恤、伤残抚恤、在乡复员、退伍军人生活补助、义务兵优待金、其他优抚支出
2. 社会困难户集体补助金额	万元	99039.5	主要包括城市农村低保户
3. 孤、老、残、幼集体供养金额	万元	12022.2	包括儿童福利、老年人福利、残疾人福利。
4. 集体办光荣院集体供给	万元	805	属于优抚事业单位
5. 集体办敬老院集体供给	万元	2127	集中供养特困人员基本生活救助资金
二、享受补助、救济人员			
（一）乡村社会困难户得到救济	人次	2934103	
其中：得到国家定期定量救济	人	129564	统计单位人，主要指农村低保
（二）城镇社会困难户得到救济	人次	1380708	
其中：得到国家定期定量救济	人	94248	统计单位人，主要指城市低保
三、婚姻登记情况			
（一）准予登记结婚	对	48710	
其中：初婚	人	78108	
再婚	人	19312	
（二）离婚人数	对	14946	
其中：民政局准予	对	14946